新工科·普通高等教育机电类系列教材

机械制造技术

第 2 版

主　编　张善文　李益民　葛正辉
副主编　张燕军　张　兵　吴　闯
参　编　魏新龙　刘思幸　丁　爽　葛文军
主　审　黄鹤汀

机械工业出版社

本书内容包括金属切削基本原理、机械加工方法及装备、机械制造工艺与夹具设计原理、制造技术新发展等。为适应培养生产一线应用型机械专业人才的需要，本书强调应用性和能力培养，注重突出知识要点和基本概念，加强理论联系工程实际。通过引用典型实例进行分析，用图、表来表达叙述性的内容，使读者能加深对所学内容的理解，较好地掌握机械制造技术的基本理论，培养读者分析和解决生产实际问题的能力。

本书可作为普通高等院校机械制造技术课程教材，也可供从事机械制造相关工作的工程技术人员参考。

图书在版编目（CIP）数据

机械制造技术/张善文，李益民，葛正辉主编．—2 版．—北京：机械工业出版社，2023.9（2025.1重印）

新工科·普通高等教育机电类系列教材

ISBN 978-7-111-73071-2

Ⅰ.①机… Ⅱ.①张…②李…③葛… Ⅲ.①机械制造工艺-高等学校-教材 Ⅳ.①TH16

中国国家版本馆 CIP 数据核字（2023）第 071198 号

机械工业出版社（北京市百万庄大街22号　邮政编码100037）

策划编辑：余　皞　　　　　责任编辑：余　皞
责任校对：樊钟英　刘雅娜　封面设计：陈　沛
责任印制：张　博

中煤（北京）印务有限公司印刷

2025 年 1 月第 2 版第 2 次印刷

184mm×260mm · 22 印张 · 544 千字

标准书号：ISBN 978-7-111-73071-2

定价：69.80 元

凡购本书，如有缺页、倒页、脱页，由本社发行部调换

电话服务	网络服务
客服电话：010-88361066	机 工 官 网：www.cmpbook.com
010-88379833	机 工 官 博：weibo.com/cmp1952
010-68326294	金　书　网：www.golden-book.com
封底无防伪标均为盗版	机工教育服务网：www.cmpedu.com

序

20世纪末、21世纪初，在社会主义经济建设、社会进步和科技飞速发展的推动下，在经济全球化、科技创新国际化、人才争夺白炽化的挑战下，我国高等教育迅猛发展，跨入了高等教育大众化阶段，使高等教育理念、定位、目标和思路等发生了革命性变化，正在逐步形成以科学发展观和终身教育思想为指导的新的高等教育体系和人才培养工作体系。在这个过程中，一大批应用型本科院校和高等职业技术院校异军突起，超常发展，1999年已见端倪。当时我们敏锐地感到，这批应用型本科院校的崛起，必须有相应的应用型本科教材来满足教学需求，否则就有可能回到老本科院校所走过的学术型办学路子。2000年下半年，我们就和机械工业出版社、扬州大学工学院、南京工程学院、河海大学常州校区、淮海工学院、南通工学院、盐城工学院、淮阴工学院、常州工学院、江南大学等12所高校在南京工程学院开会，讨论策划编写出版机电类应用型本科系列教材问题，规划出版38种，并进行了分工，提出了明确的规范要求，得到江苏省各方面的支持和配合。2001年5月开始出书，到2004年7月已出齐38种，还增加了3种急需的教材。据调查，用户反映良好，并反映这个系列教材基本上体现了我在序中提出的四个特点，符合地方应用型工科本科院校的教学实际，较好地满足了一般应用型工科本科院校的教学需要。用户的评价使我们很高兴，但更是对我们的鞭策和鼓励。实际上，这一轮机电类教材存在的问题还不少，需要改进的地方还很多。我们应当为过去取得的进步和成绩而高兴，同时，我们更应当为今后这些进步和成绩的进一步发展而正视自己。我们并不需要刻意去忧患，但确实存在值得忧患的现实而不去忧患就很难有更美好的明天。今后怎么办？这是大家最关注的问题，也是我们亟待研讨和解决的问题。我们应该以对国家对人民对社会对受教育者高度负责的精神重新审视这一问题，以寻求更好的解决方案。我们认为，必须在总结前一阶段经验教训的新起点上，坚持以国家新时期教育方针和科学发展观为指导，坚持高标准、严要求，坚持"质量第一、多样发展、打造精品、服务教学"的方针，把下一轮机电类教材修订、编写、出版工作做大、做优、做精、做强，为建设有中国特色的高水平的地方工科应用型本科院校做出新的更大贡献。

一、坚持用科学的方法指导教材修订、编写和出版工作

应用型本科院校是我国高等教育在推进大众化过程中崛起的一种新的办学类型，它除应恪守大学教育的一般办学基准外，还应有自己的个性和特色，就是要在培养具有创新精神、创业意识和创造能力的工程、生产、管理、服务一线需要的高级技术应用型人才方面办出自己的特色和水平。应用型本科人才的培养既不能简单"克隆"现有的本科院校，也不能是原有专科培养体系的相似放大。应用型人才的培养，重点仍要思考如何与社会需求的对接。既要从学生的角度考虑，以人为本，以素质教育的思想贯穿教育教学的每一个环节，实现人的全面发展；又要从经济建设的实际需求考虑，多类型、多样化地培养人才。但最根本的一条还是坚持面向工程实际，面向岗位实务，按照"本科学历+岗位技术"的双重标准，有针对性地进行人才培养。根据这样的要求，"强化理论基础，提升实践能力，突出创新精神，

优化综合素质"应当是工作在一线的本科应用人才的基本特征，也是本科应用型人才的总体质量要求。

培养应用型人才的关键在于建立应用型人才的培养模式。而培养模式的核心是课程体系与教学内容。应用型的人才培养必须依靠应用型的课程和内容，用学科型的教材难以保证培养目标的实现。课程体系与教学内容要与应用型人才的知识、能力、素质结构相适应。在知识结构上，科学文化基础知识、专业基础知识、专业知识、相关学科知识等四类知识在纵向上应向应用前沿拓展，在横向上应注重知识的交叉、联系和衔接。在能力结构上，既要强化学生运用专业理论解决实际问题的实践能力、组织管理能力和社会活动能力，还要注重思维能力和创造能力的培养，使学生思路清晰、条理分明，有条不紊地处理头绪纷繁的各项工作，创造性地工作。能力培养要贯彻到教学的整个过程之中。如何引导学生去发现问题、分析问题和解决问题应成为我们应用型本科教学的根本。

探讨课程体系、教学内容和培养方法，还必须服从和服务于大学生全面素质的培养。要通过形成新的知识体系和能力延伸来促进学生思想道德素质、文化素质、专业素质和身体心理素质的全面提高。因此，要在素质教育的思想指导下，对原有的教学计划和课程设置进行新的调整和组合，使学生能够适应社会主义现代化建设的需要。我们强调培养"三创"人才，就应当用"三创教育"、人文教育与科学教育的融合等适应时代的教育理念，选择一些新的课程内容和新的教学形式来实现。

研究课程体系，必须看到经济全球化与我国加入世界贸易组织以及高等教育的国际化对人才培养的影响。如果我们的课程内容缺乏国际性，那么我们所培养的人才就不可能具备参与国际事务、国际交流和国际竞争的能力。应当研究课程的国际性问题，增设具有国际意义的课程，加快与国外同类院校的课程接轨。要通过努力借鉴国外同类应用型本科院校的办学理念和培养模式来优化我们的教学。

在教材编、修、审全过程中，必须始终坚持以人的全面发展为本，紧紧围绕培养目标和基本规格进行活生生的"人"的教育。我们修订和编写教材，提供教学用书，最终是为了把知识转化为能力和智慧，使学生获得谋生的手段和发展的能力。因此，在修订、编写教材过程中，必须始终把师生的需要和追求放在首位，努力提供教的方便和学的便捷，努力为教师和学生留下充分展示自己教和学的风格和特色的发展空间，使他们游刃有余，得心应手，还能激发他们的科学精神和创造热情，为教和学的持续发展服务。教师是课堂教学的组织者、合作者、引导者、参与者，而不应是教学的权威。教学过程是教师引导学生，和学生共同学习、共同发展的双向互促过程。因此，修订、编写教材对于主编和参加编写的教师来说，也是一个重新学习使思想水平、学术水平不断提高的过程，决不能丢失自我，决不能将"枷锁"移嫁别人，这里"关键在自己战胜自己"，关键在自己的理念、学识、经验和水平。

二、坚持质量第一，努力打造精品教材

教材是教学之本。大学教材不同于学术专著，它既是学术专著，又是教学经验之理性总结，必须经得起实践和时间的考验。学术专著的错误充其量只会贻笑大方，而教材之错误则会遗害一代青年学子。有人说："时间是真理之母"。时间是对我们所编写教材的最严厉的考官。目前，我们的教材才使用了几年，还很难说就是好教材。因为前一阶段主要是解决有无问题，用户还没有来得及去总结和反思，所以有的问题可能还没有来得及暴露。我们必须清醒地看到这一点。今后，更要坚持高标准、严要求，用航天人员"一丝不苟""一秒不

差"的精神严格要求我们自己,确保教材质量和特色。为此,必须采取以下措施:第一、高等教育的核心资源是一支优秀的教师队伍,必须重新明确主编和参加编写教师的标准和要求,实行主编招标和负责制,把好质量第一关;第二、教材要从一般工科本科应用型院校实际出发,强调实际、实用、实践,加强技能培养,突出工程实践,内容适度简练,跟踪科技前沿,合理反映时代要求,这就要求我们必须严格把好教材编写或修订计划的评审关,择优而用;第三、加强教材编写或修订的规范管理,确保参编、主编、主审以及交付出版社等各个环节的质量和要求,实行环节负责制和责任追究制;第四、确保出版质量;第五、建立教材评价制度,奖优罚劣。对经过实践使用、用户反映好的教材要进行修订再版,切实培育一批名师编写的精品教材。出版的精品教材必须和多媒体课件配套,并逐步建立在线学习网站。

三、坚持"立足江苏、面向全国、服务教学"的原则,努力扩大教材使用范围,不断提高社会效益

下一轮教材编写和修订工作,必须加快吸收有条件有积极性的外省市同类院校、民办本科院校、独立学院和有关企业参加,以集中更多的力量,建设好应用型本科教材。同时,要相应调整编审委员会的人员组成,特别要注意充实省内外的优秀的"双师型"教师和有关企业专家。

四、建立健全用户评价制度

要在使用这套教材的省市有关高校开展教材使用质量跟踪调查,并建立网站,以便快速、便捷、实时地听取各方面的意见,不断修改、充实和完善我们的教材编写和出版工作,实实在在地为教师和学生提供精品服务,实实在在地为培养高质量的应用型本科人才服务。同时也努力为造就一批工科应用型本科院校高素质高水平的教师提供高质量的服务。

本套教材的编审和出版一直得到机械工业出版社、江苏省教育厅和各主编、主审以及参加编写高校的大力支持和配合,在此一并表示衷心感谢。今后,我们应一如既往地更加紧密地合作,共同为工科应用型本科院校教材建设做出新的贡献,为培养高质量的应用型本科人才做出新的贡献,为建设有中国特色社会主义的应用型本科教育做出新的努力。

普通高等教育机械工程及自动化专业
机电类系列教材编审委员会
主任　教授　邱坤荣

前　言

"机械制造技术"是机械设计制造及其自动化专业的一门主要专业基础课程。本书为适应应用型本科机械专业人才培养目标的需要，在总结近几年的教学改革实践经验和兄弟院校对本课程内容设置提出的意见和建议的基础上，按照加强基础、拓宽面向、突出应用、更新知识的改革思路编写了本书。近几年来，随着行业需求的变化以及新工科的要求，我们重新组织修订了本书。

本书内容包括金属切削基本原理、机械加工方法及装备、机械制造工艺与夹具设计原理、制造技术新发展等。为适应培养生产一线应用型机械专业人才的需要，本书强调应用性和能力培养，注重突出知识要点和基本概念，加强理论联系工程实际。通过引用典型实例进行分析，用图、表来表达叙述性的内容，使学生能加深对所学内容的理解，较好地掌握机械制造技术的基本理论，培养学生分析和解决生产实际问题的能力。

本次修订由张善文、李益民、葛正辉任主编，张燕军、张兵、吴闯任副主编，其中绪论由张善文编写、第一章由刘思幸编写，第二章由葛文军、张善文编写，第三章由李益民、张燕军、丁爽编写，第四章由葛正辉编写，第五章由张燕军、张善文编写，第六章由魏新龙编写，第七章由张兵、吴闯、张善文编写。全书由张善文统稿，由扬州大学黄鹤汀教授主审。同时，扬州大学周骥平教授对本书内容的选择提出了许多建设性的意见。在此一并表示衷心感谢！

本书为扬州大学精品本科教材，由扬州大学精品本科教材建设工程项目和扬州大学出版基金资助，得到扬州大学功率半导体智能制造装备产教融合基地、扬州大学国家现代产业学院—智能制造装备产业学院和江苏省本科高校产教融合型品牌专业—扬州大学机械设计制造及其自动化专业的支持。

由于编者水平有限，书中难免有错漏及不当之处，恳请广大读者多提宝贵意见。

编　者

目　　录

序
前言
绪论 ··· 1

第一章　金属切削过程及其控制 ·· 4
第一节　金属切削基本知识 ·· 4
第二节　刀具材料 ·· 11
第三节　金属切削过程的变形 ·· 16
第四节　切削力 ·· 25
第五节　切削热和切削温度 ··· 31
第六节　刀具磨损与刀具使用寿命 ··· 35
第七节　切削加工条件的合理选择 ··· 41
第八节　磨削 ··· 52
习题与思考题 ··· 57

第二章　机械加工方法及装备 ·· 59
第一节　金属切削机床概述 ··· 59
第二节　车削与车床 ·· 68
第三节　其他加工方法与机床 ··· 78
习题与思考题 ··· 110

第三章　机床夹具设计原理 ··· 112
第一节　机床夹具概述 ·· 112
第二节　工件在夹具中的定位 ·· 114
第三节　工件在夹具中的夹紧 ·· 132
第四节　典型机床夹具 ·· 140
第五节　现代机床夹具 ·· 146
第六节　机床夹具设计方法 ··· 158
习题与思考题 ··· 160

第四章　机械加工质量及控制 ·· 163
第一节　机械加工精度概述 ··· 163
第二节　工艺系统的几何误差对加工精度的影响 ·· 166
第三节　工艺系统受力变形引起的误差 ··· 172

第四节	工件残余应力引起的加工误差	180
第五节	工艺系统热变形引起的加工误差	182
第六节	加工误差的统计分析	186
第七节	提高加工精度的工艺措施	195
第八节	机械加工表面质量	197
第九节	机械加工中的振动	205
习题与思考题		212

第五章 工艺规程设计 ... 217

第一节	工艺规程概述	217
第二节	机械加工工艺规程设计	224
第三节	工艺尺寸链	247
第四节	数控加工工艺设计	260
第五节	计算机辅助工艺规程设计	271
第六节	机器装配工艺规程设计	274
习题与思考题		298

第六章 典型零件加工 ... 304

第一节	轴类零件加工	304
第二节	箱体类零件加工	312
第三节	圆柱齿轮加工	323
习题与思考题		329

第七章 制造技术新发展 ... 331

第一节	新制造技术概述	331
第二节	超精密加工技术	333
第三节	特种加工技术	336
第四节	增材制造技术	338
第五节	智能制造技术	340
习题与思考题		342

参考文献 ... 343

绪 论

一、制造业与制造技术

制造业是将各种原材料加工制造成可使用的工业品或生活消费品的行业。制造业的先进与否是一个国家经济发展水平的重要标志。制造业在多数国家尤其是发达国家的国民经济中占有十分重要的位置，是国民经济的支柱产业。据统计，工业化国家中以各种形式从事制造活动的人员约占全国从业人数的四分之一。我国的制造业在工业总产值中占了 40%。可以说，制造业是国家的立国之本，没有发达的制造业，就不可能有国家的真正繁荣和富强。

制造技术是按照人们所需目的，运用主观掌握的知识和技能，操纵可以利用的客观物质工具和采用有效的方法，使原材料转化为物质产品的过程所施行的手段的总和，是生产力的主要体现。制造技术是制造企业的技术支柱，是制造企业持续发展的根本动力。实践证明，忽视制造技术的发展，就可能导致经济发展走入歧途。例如，在 20 世纪 70 年代到 80 年代间，美国一度受所谓制造业已成为"夕阳工业"的思潮影响，忽视制造技术的提高与发展，致使制造业急剧滑坡，在汽车、家电等方面受到了日本的有力挑战，丧失了许多市场，导致了 20 世纪 90 年代初的经济衰退。这一严重局面使得美国决策层重新审视自己的产业政策，于 20 世纪 80 年代中期，制订了一系列民用技术开发计划并切实加以实施，特别是将 1994 年确定为美国的先进制造技术年，作为当年重点扶植的唯一领域，使先进制造技术得到长足的发展，促进了美国经济的全面复苏，夺回了许多原先失去的市场。1998 年爆发的东南亚经济危机，从另一个侧面反映了一个国家发展制造业的重要性。一个国家，如果把经济的基础放在旅游、金融、房地产、服务业上，而无自己的制造业，这个国家的经济就容易形成泡沫经济，一有风吹草动就会发生经济危机。这也进一步表明制造业是一个国家国民经济赖以发展的基础，是国家经济实力和科技水平的综合体现，是每一个国家任何时候都不能掉以轻心的关键行业。

机械制造业是完成机械产品的决策、设计、制造、装配、销售、售后服务及后续处理等的行业，其中包括对零件的加工技术、加工工艺的研究及其工艺装备的设计制造。机械制造业担负着为国民经济建设提供生产装备的重任。因此，机械制造业是国家工业体系的重要基础和国民经济的重要组成部分，机械制造业水平的提高与进步将对国民经济的发展和科技、国防实力产生直接的作用和影响，是衡量一个国家科技水平的重要标志之一，在综合国力竞争中具有重要的地位。

二、机械制造技术的现状与发展前景

改革开放以来，我国制造业有了显著的发展，无论是总量还是技术水平，都有了很大的提高，在产品研发、技术装备和加工能力等方面都取得了很大的进步，为国民经济、国防和科技的发展提供了有力的支持。工业制成品在出口商品总额中的比重不断提高，我国正由初级产品出口国发展为制成品大国，通过国际贸易，逐步融入全球国际分工体系之中，成为其中不可分割的一个部分。2021 年 4 月，联合国工业发展组织发布的《工业竞争力绩效指数（CIP）报告 2020》（Competitive Industrial Performance Report 2020）显示，自 2010 年以来，中国制造业生产规模已连续 11 年位居世界第一。2012—2020 年，中国工业增加值由 20.90 万亿元增长到了 31.31 万亿元，其中制造业增加值由 16.98 万亿元增长到 26.59 万亿元，占全球比重由 22.50%提高到近 30%。

尽管我国制造业的综合技术水平有了大幅度提高，但与工业发达国家相比，我国制造业依然是大而不强，劳动生产率及工业增加值低，低水平生产能力过剩，高水平生产能力不足，技术创新能力相对薄弱，产品技术含量和附加价值较低。同时，我国制造业的结构不尽合理，装备制造业薄弱，制造企业的规模普遍偏小，不能形成规模效应，产品缺乏国际竞争力。此外，产业间、企业间协同发展不够，制造企业缺乏"外包非核心业务、专注打造核心竞争力"的思维，涉及领域众多、专业化不强，难以与上下游企业形成有效的分工协作机制，没有形成"1+1>2"的效果，导致产业核心竞争力弱。

随着科技、经济、社会的日益进步和快速发展，日趋激烈的国际竞争及不断提高的人民生活水平对机械产品在性能、价格、质量、服务、环保及多样性、可靠性等多方面提出的要求越来越高，对先进的生产技术装备、科技与国防装备的需求越来越大，机械制造业面临着新的发展机遇和挑战。

微电子技术、信息技术、计算机技术、互联网技术、物联网技术、人工智能技术和大数据分析技术，以及材料科学、生命科学和宇航科学等交叉学科的迅猛发展，为现代制造技术的诞生和发展提供了足够的技术支撑。现代制造技术的发展趋势可以归结为机电产品要"精""极""文"，制造过程要"绿""快""省""效"，制造方法要"数""自""集""网""智"，这 12 个方面的发展趋势将彼此渗透，相互依赖，相互促进，并形成一个有机整体服务于现代制造技术。

三、本课程的目的、要求和特点

通过本课程的学习，要求学生能从技术与经济紧密结合的角度出发，围绕加工质量和交货期，掌握整个制造系统的规划设计，选择优化和运作监控的基本知识，能在宏观上和全局上对生产活动和生产组织有清楚的认识，而不能仅仅局限于单个工序及其优化的知识。要求掌握机械制造过程中包括传统和现代的各种常用加工方法和制造工艺，以及与之有关的切削机理、加工原理、切削参数的选用、加工质量的分析与控制方法等。具体要求为：

1）掌握金属切削的基本规律，具有根据加工条件合理选择刀具种类、刀具材料、刀具几何参数、切削用量及切削液的能力。

2）掌握常用机械加工方法和常用机床的用途、工艺范围以及机床夹具的设计原理，能够合理地选择加工方法、机床和夹具，具有通用机床传动链分析与调整能力。

3）掌握拟订机械加工工艺规程（含数控加工）和机器装配工艺规程的基本知识及有关计算方法，具有拟订中等复杂程度零件机械加工工艺规程的能力。

4）掌握机械加工精度和表面质量的基本理论和基本知识，初步具备分析解决现场工艺问题的能力。

5）对机械制造技术的新发展有一定的了解。

本课程的特点是涉及面广、综合性高、实践性强，对初学者来说会有一定的难度。对于生产原理与管理模式，没有足够的实践基础也很难准确地把握与理解。因此，在学习本课程时，应理论联系实际、重视实践性教学环节，通过生产实习、课程实验、课程设计、现场教学及工厂调研等来更好地体会和加深理解所学内容，并在理论与实际的结合中，培养分析和解决实际问题的能力。

第一章

金属切削过程及其控制

金属切削加工就是在机床上利用金属切削刀具切去工件上多余的（或预留的）金属层（加工余量），以获得具有一定表面精度（尺寸、形状和位置精度）和表面质量的机械零件的加工方法。

金属切削过程是工件和刀具相互作用的过程。伴随切削过程，会产生切削变形、切削力、切削热和刀具磨损等一系列现象。本章在介绍金属切削基本知识的基础上，对切削过程中的上述现象进行研究，揭示它们的产生机理和相互之间的内在联系。深入研究金属切削基本理论和规律，对控制切削过程、保证加工质量、提高生产效率和降低生产成本具有重要意义。

第一节 金属切削基本知识

一、切削运动与切削参数

（一）切削运动

在金属切削中，为了切除工件上多余的金属，形成所需要的表面，刀具和工件之间必须要有一定的相对运动，称为切削运动。切削运动可分为主运动和进给运动。

1. 主运动

主运动是刀具和工件间主要的相对运动，它是使刀具切削刃及其邻近的刀具表面切入工件材料，使被切削层转变为切屑，从而形成工件新表面的运动。在切削运动中，主运动速度最高、消耗功率最大，是切下切屑所必需的基本运动。主运动可以由工件完成，也可以由刀具完成，如车削时工件的旋转运动和牛头刨床刨削时刀具的直线运动。切削加工中主运动只有一个。主运动速度是矢量，有大小和方向，如图 1-1 所示。主运动速度称为切削速度，用符号 v_c 表示。

2. 进给运动

进给运动是使新的金属不断投入切削的运动，它保证切削工作连续或反复进行，从而切除切削层形成所需工件表面。

进给运动速度较低，消耗功率也小。进给运

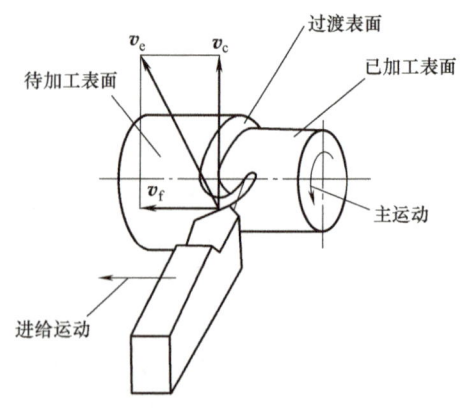

图 1-1 外圆车削时的切削运动

动可由刀具完成（如车削），也可由工件完成（如铣削）；进给运动可以是一个，也可以是几个；进给运动可以是连续运动，也可以是间隙运动；进给运动速度是矢量，有大小和方向，如图 1-1 所示。进给运动的速度称为进给速度，用符号 v_f 表示。

3. 合成切削运动

主运动和进给运动可以同时进行（如车削、铣削），也可交替进行（如刨削）。当主运动和进给运动同时进行时，刀具切削刃上某一点相对工件的运动称为合成切削运动。合成切削运动的速度称为合成切削速度，用符号 v_e 表示。图 1-1 给出了车刀进行普通外圆车削时的切削运动，图中表示了合成切削速度 v_e、切削速度 v_c 和进给速度 v_f 之间的关系。

各种切削加工的切削运动形式如图 1-2 所示。

（二）加工表面

在切削过程中，工件上通常存在着三个不断变化的切削表面，如图 1-1 所示。

1）待加工表面。工件上即将被切除的表面。

2）已加工表面。工件上已切去切削层而形成的新表面。

3）过渡表面（又称加工表面）。工件上正被刀具切削着的表面，介于已加工表面和待加工表面之间。

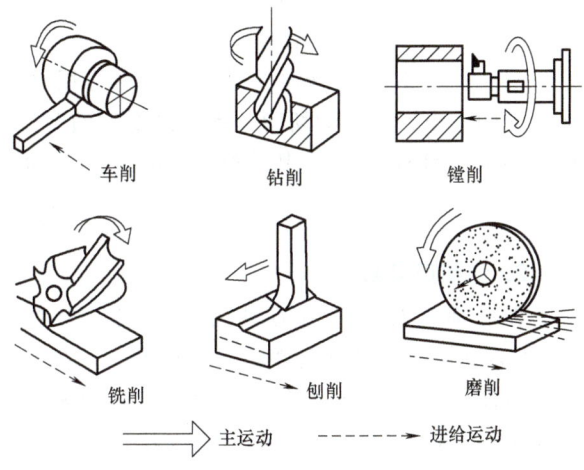

图 1-2 各种切削加工方法及运动形式

（三）切削要素

切削要素主要指切削过程中的切削用量和切削层参数。

1. 切削用量

（1）切削速度 v_c　刀具切削刃上选定点相对于工件主运动的速度，单位为 m/s（或 m/min）。主运动是旋转运动时，切削速度计算公式为

$$v_c = \frac{\pi d n}{1000} \tag{1-1}$$

式中，d 为工件（或刀具）切削处的最大直径（mm）；n 为工件（或刀具）的转速（r/s 或 r/min）。

在生产中，磨削加工速度的单位为米/秒（m/s），其他加工的切削速度单位为米/分（m/min）。在转速 n 值一定时，切削刃上各点的切削速度不同。考虑到刀具的磨损和已加工表面质量等因素，计算时，应取最大的切削速度。例如外圆车削时计算待加工表面上的速度（用 d_w 代入公式），内孔镗削时计算已加工表面上的速度（用 d_m 代入公式），钻削时计算钻头外径处的速度。

（2）进给量 f　工件或刀具每转一转（或每往复一次），两者在进给运动方向上的相对位移量，称为进给量，单位为 mm/r（或 mm/行程）。对于铣刀、铰刀等多齿刀具，还规定每刀齿进给量 f_z，单位为 mm/z。

进给速度 v_f、进给量 f 和每齿进给量 f_z 三者之间的关系为

$$v_f = nf = nzf_z \tag{1-2}$$

式中，v_f 为进给速度（mm/min）；n 为刀具的转速（r/min）；f 为进给量（mm/r）；z 为刀齿齿数；f_z 为每齿进给量（mm/z）。

（3）背吃刀量 a_p　在垂直于主运动方向和进给运动方向组成的工作平面内测量的刀具主切削刃与工件切削表面的接触长度。对于外圆车削，背吃刀量为工件上已加工表面和待加工表面间的垂直距离，单位为 mm，即

$$a_p = \frac{d_w - d_m}{2} \tag{1-3}$$

式中，a_p 为背吃刀量（mm）；d_w 为工件加工前（待加工表面）的直径（mm）；d_m 为工件加工后（已加工表面）的直径（mm）。

v_c、f、a_p 构成了普通外圆车削的切削用量三要素。在金属切削过程中，切削用量三要素选配的大小，将影响切削效率的高低，通常用切削用量三要素乘积作为衡量指标，称为材料切除率，用 Q_z 表示，其单位为 mm^3/min，即

$$Q_z = 1000 v_c f a_p \tag{1-4}$$

2. 切削层参数

在切削过程中，由刀具切削刃在一个单动作（或指刀具切削刃走过工件的一个单程，或指只产生一圈过渡表面的动作）中所切除的工件材料层，称为切削层。切削层的大小和形状直接决定了刀具切削部分所受载荷的大小及切下切屑的形状和尺寸。为了简化计算工作，切削层的表面形状和尺寸，通常都在垂直于切削速度 v_c 的平面内观察和度量，如图 1-3 所示。切削层参数有切削厚度 h_D、切削宽度 b_D 和切削面积 A_D。

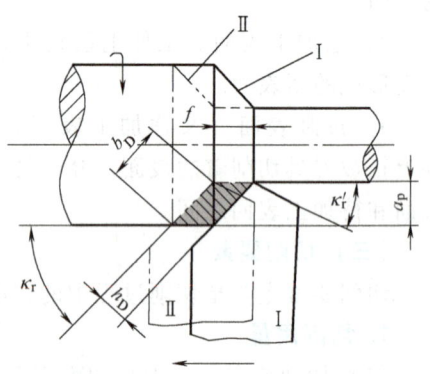

图 1-3　外圆纵车时切削层的参数

（1）切削厚度 h_D　在过渡表面法线方向上测量的切削层尺寸，即相邻两过渡表面之间的距离。h_D 反映了切削刃单位长度上的切削载荷。由图 1-3 得

$$h_D = f \sin\kappa_r \tag{1-5}$$

式中，h_D 为切削厚度（mm）；f 为进给量（mm/r）；κ_r 为车刀主偏角（°）。

（2）切削宽度 b_D　沿过渡表面测量的切削层尺寸。b_D 反映了切削刃参加切削的工作长度。由图 1-3 得

$$b_D = \frac{a_p}{\sin\kappa_r} \tag{1-6}$$

式中，b_D 为切削宽度（mm）；a_p 为背吃刀量（mm）。

可见，在 f、a_p 一定的条件下，主偏角 κ_r 越大，切削厚度 h_D 也就越大，但切削宽度 b_D 越小；同样，在主偏角 κ_r 越小时，切削厚度 h_D 越小，切削宽度 b_D 越大；当 $\kappa_r = 90°$ 时，$h_D = f$，$b_D = a_p$。

(3) 切削面积 A_D　切削厚度与切削宽度的乘积。由图 1-3 得

$$A_D = h_D b_D = f a_p \tag{1-7}$$

式中，A_D 为切削面积（mm^2）。

切削面积 A_D 只是名义上的切削面积。实际切削面积等于名义切削面积减去残留面积。

残留面积是指刀具副偏角 $\kappa_r' \neq 0$ 时，经过刀具切削后，残留在已加工表面上的不平部分的剖面面积。残留面积影响零件表面粗糙度。

二、刀具角度

(一) 刀具切削部分的组成

切削刀具的种类繁多，结构各异，但是它们的基本功能都是在切削过程中用切削刃从工件上切下多余的金属，因此它们的切削部分都具有共同的特征。外圆车刀是最基本、最典型的切削刀具，故通常以外圆车刀为代表来说明刀具切削部分的组成。如图 1-4 所示，车刀由切削部分（刀头）和夹持部分（刀体）构成。刀具上承担切削工作的部分称为刀具的切削部分。外圆车刀切削部分的结构要素及其定义如下：

1) 前面（前刀面）。刀具上切屑流过的表面。

2) 后面（后刀面）。是指与工件上过渡表面相互作用和相对着的刀面。

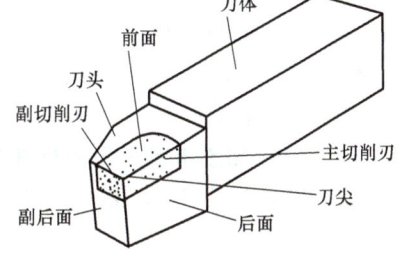

图 1-4　刀具切削部分的组成

3) 副后面（副后刀面）。是指与工件上已加工表面相互作用和相对着的刀面。

4) 主切削刃。指前面与后面相交的交线，它完成主要的切削工作。

5) 副切削刃。指前面与副后面相交的交线，它配合主切削刃完成切削工作，并最终形成已加工表面。

6) 刀尖。刀尖是主、副切削刃连接处的一段切削刃。为了强化刀尖，许多刀具都在刀尖处磨出直线或圆弧形过渡刃，如图 1-5 所示。

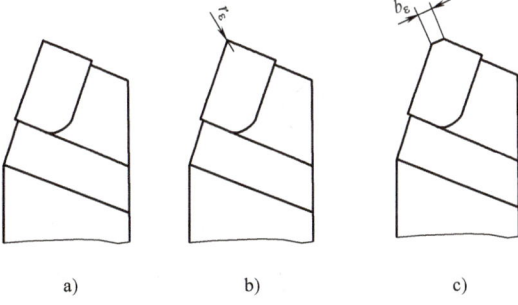

图 1-5　刀尖的类型

(二) 刀具标注角度

刀具要从工件上切下金属，必须具有一定的切削角度，也正是由于切削角度才决定了刀具切削部分各表面在空间的位置。为了确定刀具前面、后面及切削刃在空间的位置，首先应建立参考系。它是一组用于定义和规定刀具角度的各基准坐标平面。刀具角度参考系分为刀具静止参考系和刀具工作参考系。在静止参考系下定义的刀具角度称为刀具标注角度，它是刀具在设计、制造、刃磨和测量时确定的刀具角度；在工作参考系下定义的刀具角度称为刀具工作角度，它是刀具在使用状态下的角度。

1. 刀具静止参考系

为了便于测量，在建立刀具静止参考系时，特别确定如下两点假设：

1) 只考虑进给运动方向，不考虑其大小，即 $f = 0$。

2）安装车刀时，刀杆中心线与假定进给运动方向垂直；刀尖与工件回转中心等高。

由此可见，静止参考系是在简化了切削运动和规定刀具安装位置的条件下建立的参考系。静止参考系中最常用的刀具角度参考系是正交平面参考系，如图1-6所示，其他参考系有法平面参考系、假定工作平面参考系等。

正交平面参考系由以下三个在空间相互垂直的参考平面构成，如图1-6所示：

1）基面 p_r。通过主切削刃上某一点并与该点切削速度方向相垂直的平面。基面通常平行于刀具的安装面（底面）。

2）主切削平面 p_s。通过主切削刃上某一点，与主切削刃相切并垂直于基面的平面。

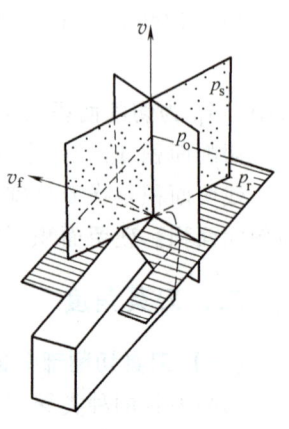

图1-6　刀具正交平面参考系

3）正交平面 p_o。通过切削刃上某一点，同时垂直于基面与切削平面的平面。它垂直于切削刃在基面上的投影。

2. 正交平面参考系刀具的标注角度

刀具在正交平面参考系中的刀具标注角度如图1-7所示。

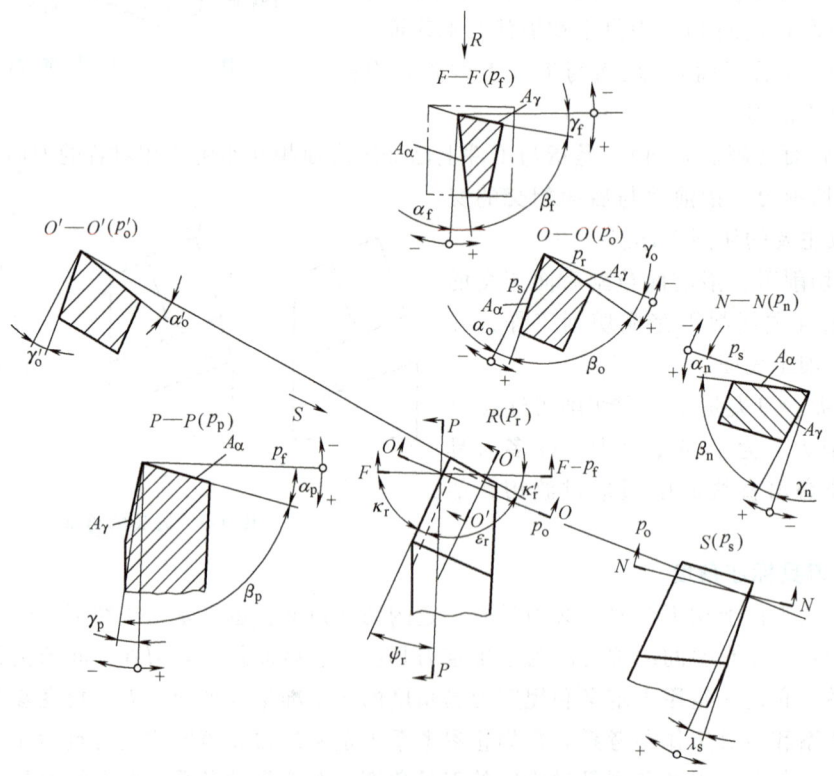

图1-7　刀具在正交平面参考系内的刀具标注角度

（1）在基面中测量的刀具角度

1）主偏角 κ_r。主切削刃在基面上的投影与进给运动方向的夹角。主偏角一般为正值。

2）副偏角 κ_r'。副切削刃在基面上的投影与进给运动反方向的夹角。副偏角一般为正值。

3)刀尖角 ε_r。在基面中测量的主、副切削平面间的夹角。该角度是派生角度,如图 1-7 所示。

$$\varepsilon_r = 180° - (\kappa_r + \kappa_r') \tag{1-8}$$

(2)在切削平面中测量的刀具角度 在切削平面内测量的主切削刃与基面之间的夹角,称为刃倾角 λ_s。当主切削刃呈水平时,$\lambda_s = 0°$;刀尖为主切削刃最低点时,$\lambda_s < 0°$;刀尖为主切削刃上最高点时,$\lambda_s > 0°$。

(3)在正交平面中测量的刀具角度

1)前角 γ_o。在正交平面内测量的前面与基面之间的夹角。前角表示前面的倾斜程度,有正、负和零值之分,其符号规定如图 1-7 所示。

2)后角 α_o。在正交平面内测量的主后面与切削平面之间的夹角。后角表示主后面的倾斜程度,一般为正值。

3)正交楔角 β_o。在正交平面内测量的前、后面间的夹角。该角度是派生角度,它与前角、后角有如下关系

$$\beta_o = 90° - (\gamma_o + \alpha_o) \tag{1-9}$$

在上述的刀具角度上,主偏角 κ_r、刃倾角 λ_s、前角 γ_o、后角 α_o 决定了主切削刃及其前、后面在空间的方位,其中主偏角 κ_r、刃倾角 λ_s 决定了主切削刃在空间的方位,主偏角 κ_r、刃倾角 λ_s、前角 γ_o 决定了前面在空间的方位,主偏角 κ_r、刃倾角 λ_s、后角 α_o 决定了后面在空间的方位,即所谓的"一刃四角"。对副切削刃而言,同样有四个角:副偏角 κ_r'、副刃倾角 λ_s'、副前角 γ_o'、副后角 α_o',其定义方法与主切削刃上的四种角度类似。对于"三面两刃一刀尖"的普通外圆车刀,由于主、副切削刃共用一个前面,副刃倾角 λ_s'、副前角 γ_o' 就成为派生角度,可以由其他角度推导出来。故要完全确定这些刀面和切削刃在空间的位置,除了前角 γ_o、后角 α_o、主偏角 κ_r、副偏角 κ_r' 和刃倾角 λ_s 这 5 个基本角度外,还需要增加一个确定副后面在空间位置的角度,即副后角 α_o'。

副后角 α_o' 为在副正交平面(过副切削刃上一点且垂直于副切削刃在基面上投影的平面)内测量的副后面与副切削平面(过副切削刃上一点与副切削刃相切且垂直于基面的平面)之间的夹角。副后角表示副后面的倾斜程度,一般也为正值。

由上面分析可知,对"三面两刃一刀尖"的外圆车刀,只需要 6 个基本角度就可以确定这些刀面和切削刃在空间的位置。

(三)刀具的工作角度

在实际切削加工中,由于刀具安装位置和进给运动的影响,刀具角度的标注参考系会发生变化。为此,需要引入一个工作参考系来进行描述。

1. 刀具工作参考系的建立

在刀具静止参考系中定义基面时,只考虑了主运动,不考虑进给运动大小,即是在假定运动条件下确定的参考系。但刀具在实际使用时,这样的参考系所确定的刀具角度,往往不能确切地反映切削加工的真实情形。只有用合成切削运动方向来确定参考系,才符合切削加工的实际。

刀具工作参考系是用来定义刀具进行切削加工时几何参数的参考系。该参考系考虑了切削运动和实际安装情况对几何参数的影响。刀具工作参考系同刀具静止参考系在定义时的唯

一区别是：用合成切削速度 v_e 取代主运动速度 v_c，用实际进给运动方向取代假定进给运动方向。

工作基面 p_{re}，通过主切削刃上某一点并与该点合成切削速度方向相垂直的平面。

工作切削平面 p_{se}，通过主切削刃上某一点，与切削刃相切且垂直于工作基面的平面。

工作正交平面 p_{oe}，通过主切削刃上某一点，同时垂直于工作基面和工作切削平面的平面。

工作法平面 p_{ne}，通过主切削刃上某一点并垂直于切削刃的平面。

工作平面 p_{fe}，通过主切削刃上某一点，平行于进给运动方向且垂直于工作基面的平面。

工作背平面 p_{pe}，通过主切削刃上某一点，同时垂直于工作基面和工作平面的平面。

研究刀具工作角度的变化趋势，对刀具的设计、制造和优化有着重要的指导意义。

2. 刀具工作角度的分析

（1）横向进给运动对刀具工作角度的影响　以切断为例，在不考虑进给运动时，车刀切削刃选定点相对于工件的运动轨迹为一圆周，切削平面 p_s 为通过切削刃上该点切于圆周的平面，基面 p_r 为平行于刀杆底面同时垂直于 p_s 的平面，γ_o、α_o 为标注前角和后角。当考虑横向进给运动之后，切削刃选定点相对于工件的运动轨迹为一平面阿基米德螺旋线，如图 1-8 所示。按合成切削速度 v_e 方向确定的工作基面 p_{re} 和工作切削平面 p_{se} 分别相对原来的切削平面 p_s 和基面 p_r 都偏转一个角度 η（合成切削速度角），使车刀的工作前角 γ_{oe} 增大，工作后角 α_{oe} 减小。

$$\gamma_{oe} = \gamma_o + \eta \quad (1-10)$$

$$\alpha_{oe} = \alpha_o - \eta \quad (1-11)$$

$$\tan\eta = \frac{f}{\pi d} \quad (1-12)$$

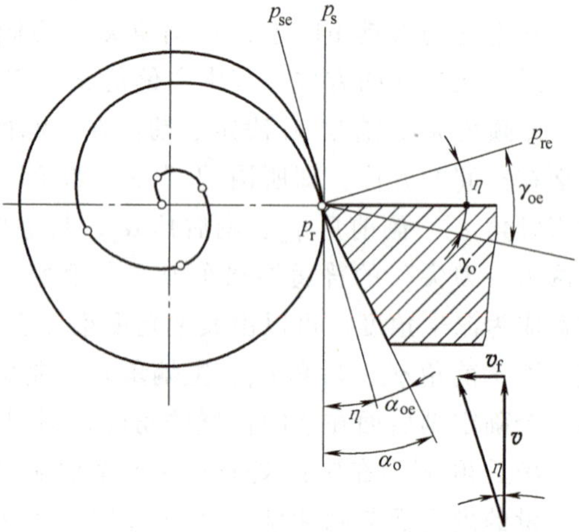

式中，η 为合成切削速度角，它是同一瞬时主运动方向与合成切削运动方向之间的夹角，在工作平面中测量；f 为工件每转一转时刀具的横向进给量；d 为在横向进给切削过程中，切削刃上选定点处的工件中心的直径，该直径是一个不断改变的数值。

图 1-8　横向进给运动对刀具工作角度的影响

由式（1-12）可知，切削刃越接近工件中心，d 值越小，则 η 值越大。因此，在一定的横向进给量 f 下，当切削刃接近工件中心时，η 值急剧增大，工作后角 α_{oe} 将变为负值，此时，刀具已不再是切削工件而成了挤压工件。横向进给量 f 的大小对 η 值也有很大的影响。f 增大则 η 值增大，也有可能使 α_{oe} 变为负值。因此，对于横向切削的刀具，不宜选用过大的进给量 f，并应适当加大刀具后角 α_o。

（2）刀具安装位置对工作角度的影响

1）车刀安装高度对工作角度的影响。安装刀具时，如果刀尖（或切削刃上选定点的位置）高于或低于工件轴线，将引起工作前角 γ_{oe} 和工作后角 α_{oe} 的变化。以车刀切槽为例，若不考虑进给运动，由于刀尖安装高于工件轴线，使其工作基面和工作切削平面的位置发生变化，刀具的工作前角增大，工作后角减小，如图 1-9 所示。若刀尖安装低于工件轴线，则情况正好相反。加工内圆表面时，工作角度的变化情况与加工外圆表面相反。

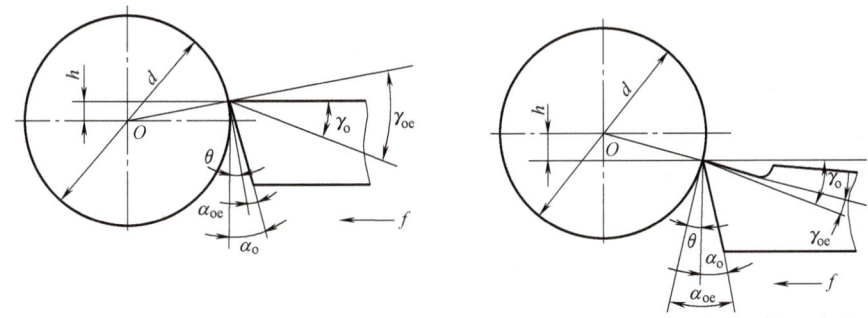

图 1-9 车刀安装高度对工作角度的影响

2）车刀安装偏斜对工作角度的影响。当车刀刀杆的纵向轴线与进给方向不垂直时，将会引起工作主偏角 κ_{re} 和工作副偏角 κ'_{re} 的变化，如图 1-10 所示。

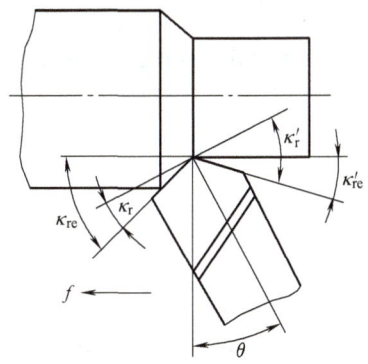

图 1-10 车刀安装偏斜对工作角度的影响

第二节 刀 具 材 料

刀具切削性能的好坏，取决于构成刀具切削部分的材料、几何形状和刀具结构。金属切削过程除了要求刀具具有适当的几何参数外，还要求刀具材料对工件有良好的切削性能。材料、结构和几何形状是刀具切削性能评估的三要素。金属切削过程中的加工质量、加工效率、加工成本，在很大程度上取决于刀具材料的合理选择，因此刀具材料的正确选择和合理使用十分重要。

一、刀具材料应具备的性能

刀具切削部分的材料在切削时要承受高压、高温、摩擦、冲击和振动，因此应具备以下基本性能：

（1）高的硬度和耐磨性 刀具要从工件上切去多余的金属，其硬度要大于工件材料的硬度，常温下硬度需在 62HRC 以上，并要求耐磨性好。

(2) 足够的强度和韧性　在切削过程中，刀具要承受切削力、冲击和振动，刀具材料必须具有足够的抗弯强度和冲击韧性，以避免崩刃和折断。

(3) 高的耐热性与化学稳定性　耐热性是指刀具材料在高温下保持硬度、耐磨性、强度和韧性的能力。刀具材料耐热性好，则允许的切削速度高，抵抗塑性变形能力强。化学稳定性是指刀具材料在高温下不易和工件材料及周围介质发生化学反应的能力。化学稳定性越好，刀具的磨损越慢。

(4) 良好的工艺性和经济性　刀具材料应有锻造、焊接、热处理、磨削加工等良好的工艺性，要有好的导热性，以利于切削热的传导，降低切削区温度，延长刀具寿命。刀具材料应便于刀具的制造，资源丰富，价格低廉。

二、常用刀具材料

刀具材料种类很多，目前常用的刀具材料有工具钢（包括碳素工具钢、合金工具钢和高速工具钢），硬质合金［包括钨钴类硬质合金、钨钛钴类硬质合金和钨钛钽（铌）类硬质合金］，陶瓷和超硬刀具材料。一般机械加工使用最多的刀具材料是高速工具钢和硬质合金。各类刀具材料的主要物理力学性能见表1-1。

表1-1　各类刀具材料的主要物理力学性能

材料种类		相对密度	硬度 HRC (HV)	抗弯强度 σ_{bb} /GPa	冲击韧度 a_K /(mJ/m²)	热导率 λ /[W/(m·K)]	耐热温度 /℃	切削速度比值
工具钢	碳素工具钢	7.6~7.8	60~65 (81.2~84)	2.16		41.87	200~250	0.32~0.4
	合金工具钢	7.7~7.9	60~65 (81.2~84)	2.35		41.87	300~400	0.48~0.6
	高速工具钢	8.0~8.8	63~70 (83~86.6)	1.96~4.41	0.098~0.588	16.75~25	600~700	1~1.2
硬质合金	钨钴类	14.3~15.3	(89~91.5)	1.08~2.16	0.019~0.059	75.4~87.9	800	3.2~4.8
	钨钛钴类	9.35~13.2	(89~92.5)	0.882~1.37	0.0029~0.0068	20.9~62.8	900	4~4.8
	含有碳化钽、铌类						1000~1100	6~10
	碳化钛基类	5.56~6.3	(92~93.3)	0.78~1.08			1100	6~10
陶瓷	氧化铝陶瓷	3.6~4.7	(91~95)	0.44~0.686	0.0049~0.0117	4.19~20.93	1200	8~12
	氧化铝碳化物混合陶瓷			0.71~0.68			1100	6~10
	氮化硅陶瓷	3.26	(5000)	0.735~0.83		37.68	1300	
超硬材料	立方碳化硼	3.44~3.49	(8000~9000)	0.294		75.55	1400~1500	
	人造金刚石	3.47~3.56	(10000)	0.21~0.48		146.54	700~800	25

1. 高速工具钢

它是一种加入较多钨、钼、铬、钒等合金元素的工具钢。热处理后硬度可达62~

66HRC，抗弯强度约 3.3GPa，有较高的热稳定性、耐磨性、耐热性。切削温度在 500～650℃时仍能进行切削。由于热处理变形小、能锻易磨，所以特别适合于制造结构和刃形复杂的刀具，如钻头、成形车刀、成形铣刀、齿轮刀具、螺纹刀具和拉刀等。

（1）高速工具钢的分类

1）按用途可分为通用高速工具钢和高性能高速工具钢。

2）按制造工艺可分为熔炼高速工具钢、粉末冶金高速工具钢和表面涂层高速工具钢。

3）按基本化学成分可分为钨系高速工具钢和钼系高速工具钢。

（2）常用高速工具钢的牌号与性能　高速工具钢是一种综合性能良好的刀具材料，常用高速工具钢的牌号与性能见表 1-2。

表 1-2　常用高速工具钢的牌号与性能

类别		牌号	硬度 HRC	抗弯强度 /GPa	冲击韧度 /(MJ/m²)	高温硬度（600℃）HRC	性能及应用场合
通用高速工具钢		W18Cr4V	≥63	≈3.34	0.294	48.5	综合力学性能和可磨削性能好，通用性强，广泛用于制造钻头、铰刀、丝锥、铣刀、齿轮刀具及拉刀等
		W6Mo5Cr4V2	≥63	≈4.6	≈0.5	47～48	强度高，热塑性好，耐热性、可磨性稍次于 W18Cr4V，适用于制造热成形刀具和承受冲击、结构薄弱的刀具
		W9Mo3Cr4V	≥63	≈4.5	≈0.40	—	耐热性、热塑性、热处理性能均较好，综合性能优于 W18Cr4V 与 W6Mo5Cr4V2，刀具寿命较长，用于制造加工普通轻合金、钢和铸铁的刀具
高性能高速工具钢	高钒	W6Mo5Cr4V3	65～67	≈3.136	≈0.245	52	制造要求耐磨性和耐热性较高的，韧性较好的，形状稍微复杂的刀具，如拉刀、铣刀等
	含铝	W6Mo5Cr4V2Al	68～69	≈3.43	≈0.3	55	综合性能好，价格低廉，可塑性、可磨性较差，适合制造铣刀、钻头、滚刀、拉刀等
	含钴	W6Mo5Cr4V2Co5	66～68	≈2.92	≈0.294	54	较 W6Mo5Cr4V2 提高了热硬性，改善了耐磨性，有较好的可加工性，一般用作齿轮刀具、铣削工具等，供切削硬质材料用
		W2Mo9Cr4VCo8	66～70	≈2.75	≈0.25	55	硬度、热硬性、耐磨性及可磨性均较好，但强度及冲击韧性较低。用于加工耐热不锈钢、高强度和高温合金等难切削材料，适合制造铣刀、钻头、滚刀、拉刀等

1）通用高速工具钢。在通用高速工具钢中，W18Cr4V（简称 W18）属钨系高速工具钢，有良好的综合性能，在 600℃高温下硬度为 48.5HRC，热处理性能和磨削加工性能好，可以制造各种复杂刀具。但由于钨价高，热塑性差，碳化物分布不均匀等原因，目前国内外已很少采用。W6Mo5Cr4V2（简称 M2）属钨钼系高速工具钢，是国内外广泛使用的牌号。以 Mo 代 W（质量分数为 1% 的 Mo 可以代替 2% 的 W，减少钢中的合金元素），使碳化物分布细小均匀，具有良好的力学性能，抗弯强度与韧性高，刃磨工艺性好，可做尺寸较小、承受冲击力较大的刀具；热塑性好，可用于制造热轧刀具，如热轧钻头等。

2）高性能高速工具钢。高性能高速工具钢是指在通用高速工具钢中增加碳、钒、钴或铝等合金元素，可使其常温硬度达 65~70HRC，耐磨性与热稳定性进一步提高。可以用于加工不锈钢、高温合金、耐热钢和高强度钢等难加工材料。典型牌号有 W2Mo9Cr4VCo8、W6Mo5Cr4V2Al。

3）粉末冶金高速工具钢。粉末冶金高速工具钢是用高压氩气或纯氮气雾化熔融的高速工具钢钢液而得到细小的高速工具钢粉末，在高温下将高速工具钢粉末压制成致密的钢坯，然后再锻压成材或制成刀具形状。粉末冶金的方法有效地解决了一般熔炼高速工具钢在铸锭时要产生粗大碳化物共晶偏析的难题，获得了细小均匀的结晶组织，具有良好的力学性能（强度、韧性分别是熔炼高速工具钢的 2~3 倍）、良好的刃磨性、淬火变形小（各向同性），耐磨性提高 20%~30%，适用于制造精密刀具、滚刀、插齿刀、拉刀和复杂成形刀具。

2. 硬质合金

硬质合金由高硬度、高熔点的金属碳化物（如 WC、TiC、TaC、NbC 等）和金属黏结剂（如 Co、Mo、Ni 等）用粉末冶金工艺制成，硬质合金刀具常温硬度为 69~81HRC，化学稳定性好，热稳定性好，耐磨性好，耐热性达 800~1000℃。硬质合金刀具允许的切削速度比高速工具钢刀具高 5~10 倍，以其优良的切削性能被广泛用作刀具材料（约占 50%），如大多数的车刀、面铣刀及深孔钻等，它还可用于切削高速工具钢刀具不能切削的淬硬钢等硬材料。但硬质合金抗弯强度低、冲击韧性差，较难加工，不易做成形状较复杂的整体刀具，因此目前还不能完全取代高速工具钢。常用的硬质合金有 K 类硬质合金、P 类硬质合金和 M 类硬质合金三类。

（1）K 类硬质合金　它以 WC 为基体，用 Co 作黏结剂，有时添加少量 TaC 或 NbC，有粗晶粒、中晶粒、细晶粒、超细晶粒之分。一般细晶粒比中晶粒在含 Co 量相同时，硬度、耐磨性要高些，但抗弯强度、韧性则低些。K 类硬质合金抗弯强度和韧性较好，可承受一定冲击载荷，切削刃可磨得较锋利，导热性好，主要用于短切屑材料的加工，如铸铁、冷硬铸铁、短切屑可锻铸铁、灰口铸铁等脆性材料的加工。常用牌号有 K01、K10、K20、K30。

（2）P 类硬质合金　它以 TiC、WC 为基体，用 Co（Ni+Mo、Ni+Co）作黏结剂。P 类硬质合金高温硬度和耐磨性好，抗月牙洼磨损的能力强，主要用于长切屑材料的加工，如钢、铸钢、长切屑可锻铸铁等的加工，但由于刀具材料中含有 Ti，宜和工件中的 Ti 起亲和反应，所以不宜切削含 Ti 元素的工件材料。常用牌号有 P01、P10、P20、P30。

（3）M 类硬质合金　它以 WC 为基体，用 Co 作黏结剂，有时添加少量 TiC（TaC、NbC）。在 M 类硬质合金中加入 TaC 或 NbC，这样可提高抗弯强度、疲劳强度、冲击韧性、抗氧化能力、耐磨性和高温硬度等。M 类硬质合金为通用合金，用于不锈钢、铸钢、锰钢、可锻铸铁、合金钢、合金铸铁的加工。常用牌号有 M10、M20。

为改善硬质合金性能，满足生产发展的需要，已研制出细晶粒、超细晶粒硬质合金。细晶粒合金平均粒度在 1.5μm 左右，超细晶粒硬质合金平均粒度在 0.2~1μm 之间。由于组织细化，黏结面积增加，提高了整体综合强度和硬度，可减少中低速切削时出现的崩刃现象。常用硬质合金的牌号与性能见表 1-3。

3. 涂层刀具材料

在韧性较好的刀具基体上，涂覆一层耐磨性好的难熔金属化合物，既能提高刀具材料的硬度和耐磨性，又能保证刀具有足够的韧性和强度。常用的涂层材料有 TiC、TiN、Al_2O_3 及其复合材料等，涂层厚度随刀具材料不同而异。

表 1-3 常用硬质合金牌号与性能

类别	组号	成分(质量分数,%)					物理力学性能				加工材料类别
		WC	TiC	TaC NbC	Co	其他	密度 /(g/cm^3)	热导率/ [W/(m·K)]	硬度 HRA (HRC)	抗弯强度 /GPa	
K 类	K01	97	—	—	3	—	14.9~15.3	87.92	91(78)	1.08	短切屑的黑色金属
	K10	93.5	—	0.5	6	—	14.6~15.0	79.60	91(78)	1.37	
	K20	94	—	—	6	—	14.6~15.0	79.60	89.5(75)	1.42	
	K30	92	—	—	8	—	14.5~14.9	75.36	89(74)	1.47	
P 类	P01	66	30	—	4	—	9.3~9.7	20.93	92.5(80.5)	0.88	长切屑的黑色金属
	P10	79	15	—	6	—	11~11.7	33.49	91(78)	1.13	
	P20	78	14	—	8	—	11.2~12.0	33.49	90.5(77)	1.2	
	P30	85	5	—	10	—	12.5~13.2	62.80	89(74)	1.37	
M 类	M10	84	6	4	6	—	12.8~13.3	—	91.5(79)	1.18	长切屑或短切屑的黑色金属和有色金属
	M20	82	6	4	8	—	12.6~13.3	—	90.5(77)	1.32	

4. 其他刀具材料

（1）陶瓷 陶瓷刀具材料是以氧化铝或以氮化硅为基体再添加少量金属，在高温下烧结而成的一种刀具材料。其优点是硬度高，耐磨、耐高温性能好，耐热温度可达1200℃以上，有良好的化学稳定性和抗氧化性，与金属的亲和力小、抗黏结和抗扩散能力强。但陶瓷抗弯强度低，冲击韧性差，易崩刃，所以使用范围受到限制，主要用于钢、铸铁类零件的车削、铣削精加工和半精加工。复合氧化铝陶瓷和复合氮化硅陶瓷（在Si_3N_4基体中添加TiC和Co，经热压而成），可切削冷硬铸铁和淬硬钢。

（2）金刚石 金刚石是碳的同素异形体，在高温、高压下由石墨转化而成，其刀具制品种类包括聚晶金刚石（PCD）、聚晶金刚石复合片（PDC）、单晶磨料金刚石砂轮等。由于金刚石硬度极高，耐磨性好，切削刃口锋利，刃部表面摩擦因数较小，不易产生黏结和积屑瘤，可用于加工硬质合金、陶瓷等硬度达65~70HRC的材料，也可用于加工高硬度的非金属材料，如石材、压缩木材、玻璃等，也可以用于加工复合材料，如树脂基、金属基和陶瓷基等复合材料，还可用于有色金属及其合金的精加工或超精加工。但金刚石刀具的耐热性差（800℃时即碳化失去其硬度），与铁有强烈的化学亲和力，不适合切削铁族材料。

（3）立方氮化硼 立方氮化硼（CBN）是一种人工合成的新型刀具材料，它由立方氮化硼在高温、高压下加入催化剂转化而成，其刀具制品种类包括整体式CBN刀具、聚晶立方氮化硼刀具（PCBN）（分为整体式和复合片式两种）、单晶磨料CBN砂轮等。它有很高的硬度（硬度仅次于金刚石），耐磨性好，耐热性好（可耐1400℃高温），导热性好，摩擦因数低，化学惰性大，与铁系金属在1300℃以下不易起化学反应。因此可用于高温合金、冷硬铸铁、淬硬钢等难加工材料的切削加工。

（4）新型刀具 添加稀土元素的硬质合金是刀具材料新品种之一。我国稀土元素资源丰富，对稀土硬质合金的研究开发领先于其他国家。经过测试，添加稀土元素后硬质合金的组织比较致密；室温硬度和高温硬度有所改善；断裂韧性和抗弯强度显著提高，分别提高20%和10%以上。通过试验发现稀土硬质合金与无稀土元素的原刀片相比，耐磨性和使用寿命均有不同程度的提高。

应当指出,在切削一般材料时大量使用的是普通高速工具钢及硬质合金刀具,只有在加工难加工材料时,才考虑选用新牌号合金或高性能高速工具钢,在加工高硬度材料或精密加工时,才考虑选用超硬刀具。

第三节 金属切削过程的变形

金属切削过程是指通过切削运动,刀具从工件上切下多余的金属层,形成已加工表面的过程。在这一过程中,始终存在着刀具切削工件和工件材料抵抗切削的矛盾,从而产生一系列现象,如切削变形、切削力、切削热与切削温度以及有关刀具的磨损与刀具寿命、卷屑与断屑等。对这些现象进行研究,揭示其内在的机理,探索和掌握金属切削过程的基本规律,对有效控制切削过程,保证加工精度和表面质量,提高切削效率,降低生产成本和劳动强度,具有十分重要的意义。

一、金属切削层的切削变形

1. 切削变形的力学本质

金属切削过程中切屑的形成过程就是切削层金属的变形过程。金属的变形有弹性变形、塑性变形。切削金属形成切屑的过程类似于金属材料受挤压作用,产生弹性变形进而产生剪切滑移的变形过程。

在材料力学实验中,已研究过金属受挤压的情况。如图 1-11a 所示为塑性金属受挤压的示意图,试件受压时,随着外力 F 的增加,金属内部应力增加,先产生弹性变形继而产生塑性变形,并使金属的晶格沿晶面发生滑移,滑移面 DA、CB 与外力 F 的方向大致成 45°,滑移到最后产生破裂。如图 1-11b 所示为金属切削过程示意图。DB 以上为切削层,与金属挤压试验相似,切削层受刀具挤压后也产生弹性变形和塑性变形,滑移面仍为 DA 和 CB,因 DB 以下为工件母体,受母体材料的阻碍金属只能沿 DA 滑移,当其与母体金属分离时,它就形成了金属切削过程中的切屑。实验表明,切屑的形成过程是被切削层金属受到刀具前面的挤压作用,迫使其产生弹性变形,当切应力达到金属材料屈服强度时,产生塑性变形的过程。

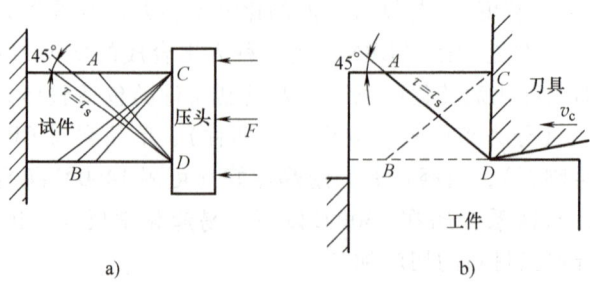

图 1-11 挤压与切削的比较

2. 金属切削层的三个变形区

根据金属切削实验中切削层的变形图片,可绘制如图 1-12 所示的金属切削过程中的滑移线和流线示意图。流线即被切金属的某一点在切削过程中流动的轨迹。按照该图,可将切削刃作用部位的切削层划分为三个变形区。

(1) 第一变形区 从 OA 线开始发生塑性变形,到 OM 线晶粒的剪切滑移基本完成。这一区域称为第一变形区(Ⅰ)。

(2) 第二变形区 切屑沿刀具前面排出时,进一步受到前面的挤压和摩擦,使靠近前面处的切屑底层金属纤维化,其方向基本上和前面平行。这部分区域称为第二变形区(Ⅱ)。

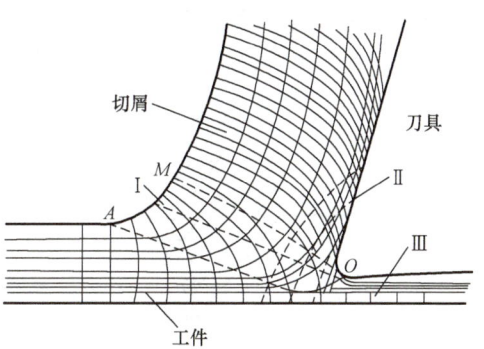

图 1-12 金属切削过程中的滑移线和流线示意图

由于第二变形区的刀屑间摩擦剧烈,使切屑底层金属流速减慢,形成滞流层。当滞流层金属与前面之间的摩擦力超过切屑本身分子间结合力时,滞流层就黏附在前面上接近切削刃的地方,形成积屑瘤。第二变形区的特点表现为切屑底部剧烈的变形和此处金属纤维化的方向与前面平行。

(3) 第三变形区 已加工表面受到切削刃钝圆部分与刀具后面的挤压和摩擦,产生变形与回弹,造成纤维化与加工硬化。这一部分区域称为第三变形区(Ⅲ)。

这三个变形区汇集在切削刃附近,此处的应力比较集中而复杂,金属的被切削层就在此处与工件母体材料分离,大部分变成切屑,很小的一部分留在已加工表面上。金属切削过程的本质是被切削层金属在刀具切削刃和前面的挤压作用下产生剪切滑移的过程。

3. 第一变形区内金属的剪切变形

如图 1-13 所示,随着切削运动的进行,切削层中金属某点 P 向切削刃逼近,到达 OA 线(OA、OB、…、OM 线为等切应力曲线)上点 1 的位置,OA 线上的切应力达到材料的屈服强度 τ_s,此时产生塑性变形,则点 1 在向前移动的同时,也沿 OA 滑移,其合成运动将使点 1 流动到点 2。2′-2 就是它的滑移量。随着 P 点继续向前运动并沿滑移线滑移,沿 3、4 点从前面流出,3-3′ 和 4-4′ 也称为滑移量。由于塑性变形过程中的加工硬化现象,随着滑移的产生,切应力将逐渐增加,滑移量也不断加大,直到点 4 位置,此时其流动方向与刀具前面平行,

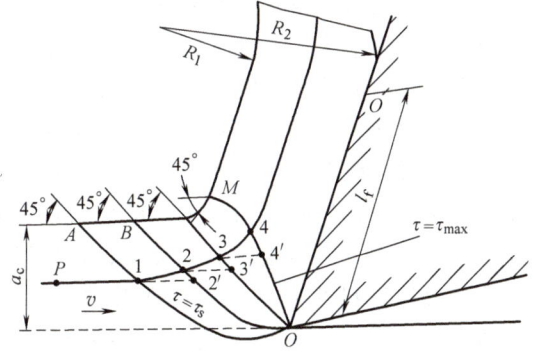

图 1-13 第一变形区金属的滑移

不再沿 OM 线滑移。所以 OA 叫始滑移线,OM 叫终滑移线。在 OA 到 OM 之间整个第一变形区内,其变形的主要特征就是沿滑移线的剪切变形,以及随之产生的加工硬化。

由于切屑形成过程的速率很快,时间很短,第一变形区 OA、OM 之间空间窄小。在一般切削速度范围内,第一变形区的宽度仅为 0.02~0.2mm,所以,可用一个面来代替它,此面称为剪切面,常用 OM 来表示。剪切面和切削速度方向间的夹角叫作剪切角,以 ϕ 表示。ϕ 为 40°~50°。

根据上述的变形过程,我们可以把塑性金属的切削过程粗略地模拟为如图 1-14a 所示的

示意图。被切材料好比一叠卡片 1′、2′、3′……，当刀具切入时，这叠卡片受力运动到 1、2、3……位置，卡片之间发生滑移，其滑移方向就是剪切面的方向。

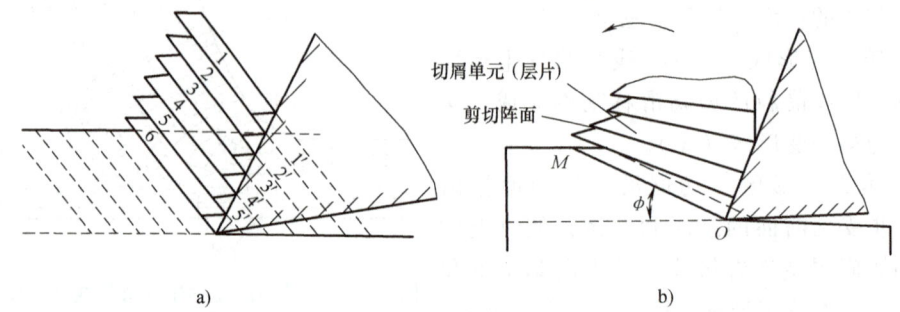

图 1-14　切削过程示意图

4. 第二变形区（刀-屑接触区）的变形和摩擦

第二变形区又称刀-屑接触区。切削层金属经过终滑移线 OM，变成切屑沿刀具前面流出时，切屑底层仍受到刀具前面的挤压和摩擦，这就使切屑底层继续发生变形，而且这种变形仍以剪切滑移为主，变形的结果使切屑底层的晶粒弯曲拉长，并趋向于与前面平行而形成纤维层。

在图 1-14a 中，我们只考虑剪切面的滑移，把各单元比喻为像平行四边形的薄片。但实际上由于第二变形区的挤压和摩擦，这些单元的底面被挤压伸长，它的形状不再是如图 1-14a 所示平行四边形，而是如图 1-14b 所示的梯形。许多梯形叠加起来，就造成了切屑的卷曲。

在切屑沿前面流出的前期过程中，切屑与前面之间压力为 2~3GPa，温度为 400~1000℃，在如此高压和高温作用下，切屑底层的金属会黏结在前面上，形成黏结层，黏结层以上的金属从黏结层上流过时，它们之间的摩擦就与一般金属接触面间的外摩擦不同，而成了黏结层与其上流动金属之间的内摩擦，这内摩擦实际就是金属内部的滑移剪切。

在切屑沿前面流出的后期，由于压力和温度降低，切屑底层与前面之间的摩擦就成了一般金属接触面间的外摩擦。在外摩擦情况下，摩擦力仅与正压力及摩擦因数有关，而与接触面积无关；在内摩擦情况下，摩擦力与材料的流动应力特性及黏结面积有关。刀-屑接触区通常以内摩擦为主，内摩擦力约占总摩擦力的 85%。

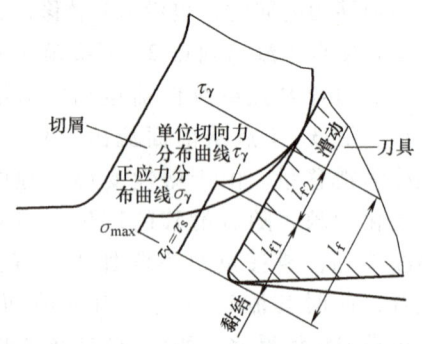

图 1-15　切屑和前面摩擦情况示意图

如图 1-15 所示，刀-屑接触区长度为 l_f，其中黏结部分长度为 l_{f1}，产生内摩擦；滑动部分长度为 l_{f2}，产生外摩擦。通过实验测出前面上的正应力 σ 和切应力 τ，它们的分布情况如图 1-15 所示，切屑与前面整个接触区的正应力 σ 以刀尖处最大，然后逐渐减少为零；切应力 τ 在黏结部分等于材料的剪切屈服强度 τ_s，在滑动部分由 τ_s 逐渐减少为零。

5. 第三变形区内金属的挤压摩擦变形

第三变形区位于与刀具后面接触的工件加工表面上，切削刃钝圆部分及后面与工件加工表面进行挤压和摩擦，使工件的表层金属产生变形，造成纤维化和加工硬化。

在实际切削过程中，刀具刃口不可能磨得绝对锋利，刀具上有刃口钝圆半径 r_n，同时刀具后面上会产生磨损（磨损量为 VB），如图 1-16a 所示。切削刃的切削情况对加工表面的形成有直接影响，有必要研究刃口处的切削状态和第三变形区的变形。

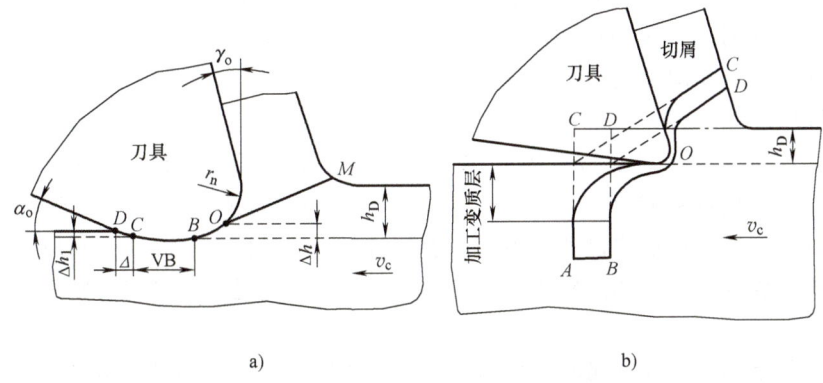

图 1-16　第三变形区的变形与加工表面的形成

当切削层的金属进入第一变形区后，产生塑性变形，晶粒伸长。进入第二变形区，原来伸长的晶粒变得更长而成纤维状，塑性变形进一步扩展、延伸，最后包围切削刃，如图 1-16b 所示。切削层在 O 点处分离为两部分：O 点以上部分成为切屑沿前面流出，O 点以下部分绕过切削刃沿后面流出变成已加工表面。由于刃口钝圆半径的存在，切削厚度 h_D 中 O 点以下厚度为 Δh 的部分无法切除，被挤压在工件表面上，然后被压金属材料表层产生弹性恢复量 Δh_1，导致已加工表面与刀具后面产生长度为 Δ 的附加接触，使已加工表面产生很大的塑性变形。

二、切屑的类型

由于工件材料不同，切削过程中的变形程度也就不同，因而产生的切屑种类也就多种多样。按照切屑形成的机理可将切屑分为以下四类，如图 1-17 所示。

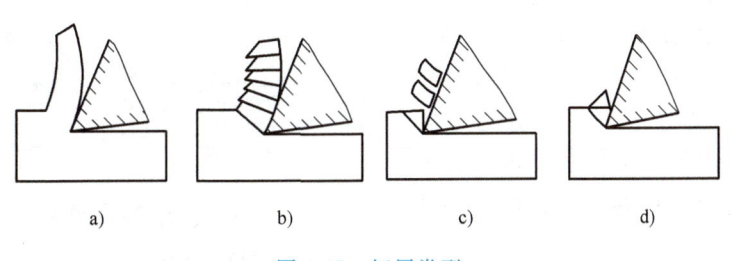

图 1-17　切屑类型
a）带状切屑　b）节状切屑　c）粒状切屑　d）崩碎切屑

1. 带状切屑

如图 1-17a 所示，带状切屑的外形呈带状，它的内表面是光滑的，外表面是毛茸的，加工塑性金属材料如碳钢、合金钢时，当切削厚度较小，切削速度较高，刀具前角较大时，一般常得到这种切屑。

2. 节状切屑

节状切屑又称挤裂切屑。如图 1-17b 所示，节状切屑的外表面呈锯齿形，内表面有时有裂纹。节状切屑大都在切削速度较低，切削厚度较大、刀具前角较小时产生。

3. 粒状切屑

当切屑形成时，如果整个剪切面上切应力超过了材料的破裂强度，则整个单元被切离，成为梯形的粒状切屑，如图 1-17c 所示。由于各粒形状相似，所以又叫单元切屑。这种切屑大都在切削速度低、切削厚度大、刀具前角小时产生。

4. 崩碎切屑

在切削脆性金属（铸铁、黄铜等）时，切削层几乎不经过塑性变形就产生脆性崩裂，从而使切屑呈不规则的颗粒状，如图 1-17d 所示。从切削过程来看，切屑在破裂前变形很小，和弹塑性材料的切屑形成机理也不同。它的脆断主要是由于材料所受拉应力超过了它的强度极限。加工脆硬材料，如高硅铸铁、白口铸铁等，特别是当切削厚度较大时，常得到这种切屑。

前三种切屑是切削塑性金属时得到的。形成带状切屑时，切削过程最平稳，切削力波动小，已加工表面的表面粗糙度值小。节状切屑与粒状切屑会引起较大的切削力波动，从而产生冲击和振动。生产中切削塑性金属时最常见的是带状切屑，有时得到节状切屑，粒状切屑则很少见。如果改变节状切屑的条件，进一步增大前角，提高切削速度，减小切削厚度，就可以得到带状切屑；反之，则可以得到粒状切屑。这说明切屑的形态是可以随切削条件转化的，掌握了它的变化规律，就可以控制切屑的变形、形态和尺寸，以达到断屑和卷屑的目的。

在加工脆性材料形成崩碎切屑时，它的切削过程很不平稳，已加工表面也粗糙，其改进办法是减小切削厚度，使切屑成针状和片状；同时适当提高切削速度，以增加工件材料的塑性。

前述是按切屑形成机理将切屑分成带状、节状、粒状和崩碎四种典型的切屑，但加工现场获得的切屑，其形状是多种多样的。按照切屑的外形可将其分为带状屑、C形屑、崩碎屑、宝塔状卷屑、长紧卷屑、发条状卷屑、螺卷屑等，如图 1-18 所示。

高速切削塑性金属时，如不采取适当的断屑措施，易形成带状屑。带状屑连绵不断，经常会缠绕在工件或刀具上，拉伤工件表面或打坏切削刃，甚至会伤人，所以，一般情况下应力求避免。车削一般碳素结构钢和合金结构钢工件时，采用带卷屑槽的车刀易形成C形屑，这是一种比较好的屑

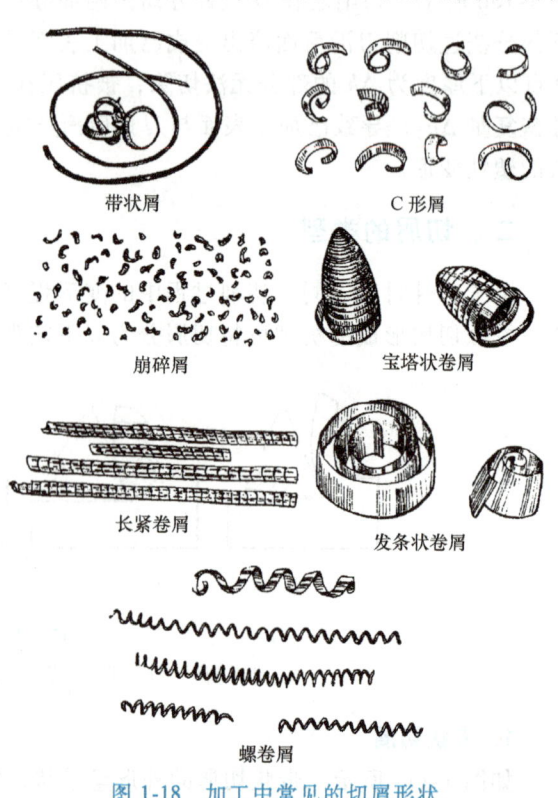

图 1-18 加工中常见的切屑形状

形。长紧卷屑在卧式车床上是一种比较好的屑形，但必须严格控制刀具的几何参数和切削用量才能得到。在重型机床上用大的背吃刀量、大进给量车削钢件时，多将车刀卷屑槽的槽底圆弧半径加大，使切屑卷曲成发条状。在自动机或自动线上，宝塔状卷屑是一种比较好的屑形。车削铸铁、黄铜等脆性材料时，如采用波形刃脆铜卷屑车刀，可使切屑形成螺状短卷。

由此可见，切削加工的条件不同，要求的切屑形状也不同，解决的方法一般是靠改变卷屑槽、断屑台的尺寸和切削用量，以达到控制切屑的形状和断屑的目的。在实际加工中，应用最广的切屑控制方法就是在刀具前面上磨制出断屑槽或使用压块式断屑器。

三、积屑瘤的成因及对切削过程的影响

1. 积屑瘤

在切削速度不高而又能形成带状切屑的情况下，加工一般钢料或铝合金等塑性材料时，常在刀具前面靠近刃口处黏附有一块剖面呈三角状的硬块，如图 1-19 所示，它的硬度很高，通常是工件材料硬度的 2~3 倍，在处于比较稳定的状态时，能够代替切削刃进行切削。这块黏附在前面上的金属称为积屑瘤。

图 1-19 积屑瘤

在切削塑性金属时，当切屑流经前面时，对前面有强烈的挤压摩擦作用，处于高温、高压状态，切屑的底部和前面之间发生强烈的摩擦。当刀屑接触面间达到一定温度同时压力又较高时，被切材料会黏结（冷焊）在前面上，形成滞流层。滞流层经强烈塑性变形并发生加工硬化，黏结在前面上。随着切削过程的进行，连续流动的切屑从黏在前面上的滞流层上流过时，如果温度与压力适当，切屑底部材料也会被阻滞在已经冷焊在前面上的金属层上，黏成一体，使黏结层逐步长大，直到该处的温度与压力不足以造成黏附为止，黏结层的逐层堆积最后形成了积屑瘤。

积屑瘤的产生及其成长与工件材料的性质、切削区的温度和压力分布有关。弹塑性材料的加工硬化倾向越强，越易产生积屑瘤；切削区的温度和压力很低时，不会产生积屑瘤；温度太高时，由于材料变软，也不易产生积屑瘤。在背吃刀量 a_p 和进给量 f 保持一定时，积屑瘤高度 H_b 与切削速度 v_c 有密切关系，因为切削过程中产生的热是随切削速度的提高而增加的。如图 1-20 所示，Ⅰ区为低速区，不产生积屑瘤；Ⅱ区积屑瘤高度随 v_c 的增大而增高；Ⅲ区积屑瘤高度随 v_c 的增大而减小；Ⅳ区不产生积屑瘤。

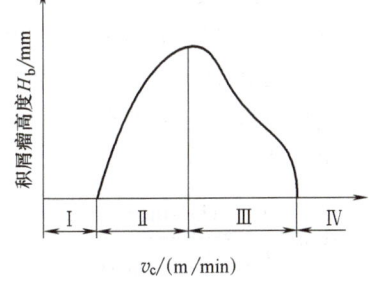

图 1-20 积屑瘤高度与切削速度的关系

2. 积屑瘤对切削过程的影响

积屑瘤黏附在前面上，它可替代刀具完成切削工作，有利于减少刀具磨损，提高刀具寿命，同时使刀具工作前角增大（积屑瘤前角可达 30°左右），有利于减小切削力和切削变形。但由于积屑瘤的形成过程是一个极不稳定的过程，在使用硬质合金刀具时，一旦积屑瘤发生破裂、脱落等现

象，就会导致硬质合金刀具颗粒剥落，反而使磨损加剧，影响刀具寿命。积屑瘤脱落后黏附在已加工表面上，会恶化表面粗糙度，影响已加工表面质量。积屑瘤整体（或部分）脱落、再生，会导致切削力的变化和振动的产生，由它堆积成的钝圆弧刃口造成挤压和过切现象，使切削厚度增大，加工精度降低。此外，由于积屑瘤轮廓形状不规则，切削刃上各点积屑瘤的伸出量各不相同，如图 1-21 所示，这样会影响零件加工的尺寸精度以及表面粗糙度。一般积屑瘤对切削加工过程的影响是不利的，在精加工时应尽可能避免积屑瘤的产生。但在粗加工时，有时可充分利用积屑瘤。

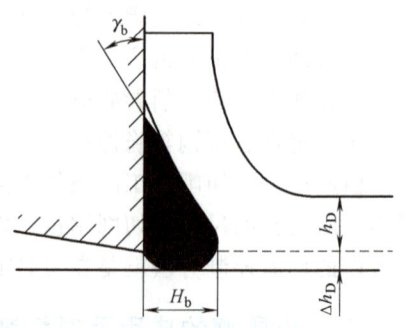

图 1-21 积屑瘤前角与伸出量

切削实验和生产实践表明，切削中碳钢时，温度在 300~380℃，积屑瘤的高度最大，温度超过 600℃ 时积屑瘤消失。

3. 防止积屑瘤的主要方法

可通过适当提高工件材料的硬度，提高刀具的刃磨质量，适当减小进给量，增大刀具前角，采用高润滑性的切削液等途径，使摩擦和黏结减少，防止积屑瘤的产生。

由于切削速度是通过切削温度影响积屑瘤的，因此，以切削 45 钢为例，在低速 $v_c<3\text{m/min}$ 和较高速度 $v_c\geqslant60\text{m/min}$ 范围内，合理调节各切削参数间关系，以防止形成中温区域，通过控制温度可以抑制积屑瘤的形成。

采用振动切削，减小刀具与工件的接触，可以防止积屑瘤的产生。

四、切削变形程度的表示方法

切削变形程度有三种不同的表示方法，分述如下。

1. 变形系数 Λ_k

在切削过程中，刀具切下的切屑厚度 h_{ch} 通常都大于工件切削层厚度 h_D，而切屑长度 l_{ch} 却小于切削层长度 l_c。切屑厚度 h_{ch} 与切削层厚度 h_D 之比称为厚度变形系数 Λ_{kD}（在 GB/T 12204—2010 中称为切屑厚度压缩比，用 Λ_h 表示）；而切削层长度与切屑长度之比称为长度变形系数 Λ_{kl}。切削变形系数的求法如图 1-22 所示。

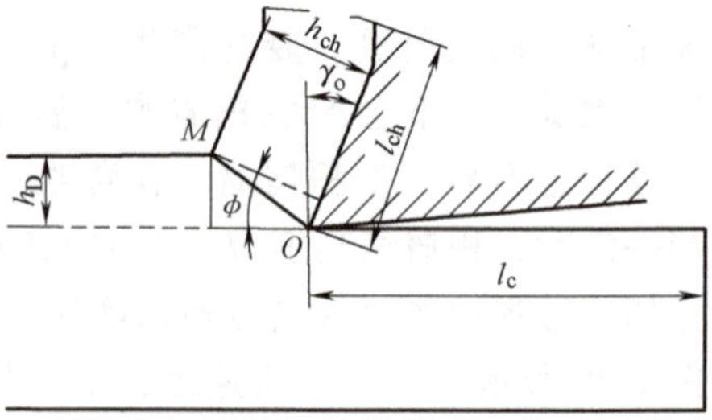

用公式表示为

$$\Lambda_{kD}=\frac{h_{ch}}{h_D}=\frac{\overline{OM}\sin(90°-\phi+\gamma_o)}{\overline{OM}\sin\phi}=\frac{\cos(\phi-\gamma_o)}{\sin\phi} \tag{1-13}$$

图 1-22 切削变形系数的求法

$$\Lambda_{kl}=\frac{l_c}{l_{ch}} \tag{1-14}$$

由于切削层变成切屑后，宽度变化很小，切削前、后的体积可以看成不变，故可求得

$$\Lambda_{kD}=\Lambda_{kl}=\Lambda_k \tag{1-15}$$

$\varLambda_{kD}$ 和 $\varLambda_{kl}$ 可统一用符号 $\varLambda_k$ 表示,称为变形系数。变形系数 $\varLambda_k$ 是一个大于 1 的数,$\varLambda_k$ 值越大,表示切下的切屑厚度越大,长度越短,其变形也就越大。由于变形系数 $\varLambda_k$ 直观地反映了切屑的变形程度,并且容易测量,故一般常用它来度量切屑的变形。但变形系数不能反映切削变形的全部情况,难以进行准确的定量描述,在某些情况下(如切削速度比较高的情况下)并不适用。

2. 相对滑移 ε

切削过程中金属变形的主要形式是剪切滑移,使用相对滑移(切应变)来衡量变形程度更为合理。如图 1-23 所示,平行四边形 OHNM 发生剪切变形后,变为平行四边形 OGPM,其相对滑移 ε 表示为

$$\varepsilon = \frac{\Delta s}{\Delta y} = \frac{\overline{NP}}{\overline{MK}} = \frac{\overline{NK}+\overline{KP}}{\overline{MK}} = \cot\phi + \tan(\phi-\gamma_o) \quad (1\text{-}16)$$

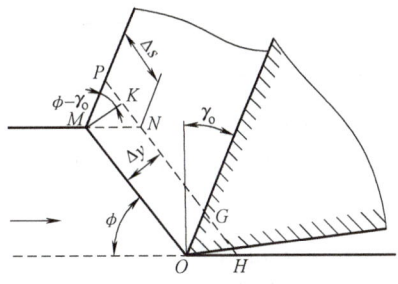

图 1-23 剪切变形示意图

用相对滑移 ε 的大小能比较真实地反映切削变形程度。

3. 剪切角 φ

剪切面和切削速度方向的夹角叫作剪切角。剪切角的大小也可以反映切削变形的大小。实验证明,对于同一工件材料,用同样的刀具,切削同样大小的切削层,当切削速度高时,剪切角 φ 较大,剪切面积变小,如图 1-24 所示,切削比较省力,说明切屑变形较小。相反,当剪切角 φ 较小,则说明切屑变形较大。

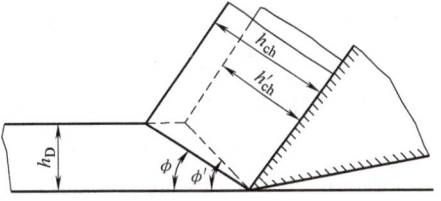

图 1-24 φ 角与剪切面面积的关系

在剪切面上,金属产生了滑移变形,最大切应力就在剪切面上。如图 1-25 所示为直角自由切削状态下的作用力分析。如图 1-25a 所示为切屑受到来自工件和刀具的作用力,如图 1-25b 所示为切屑作为隔离体的受力分析。上述两对力都画在切削刃的前方,就可以得到如图 1-26 所示的力与角度的关系图。在直角自由切削的前提下,作用在切屑上的力有:前面对其作用的法向力 F_n 和摩擦力 F_f,剪切面上的剪切力 F_s 和法向力 F_{ns},两对力的合力分别为 F_r 和 $F_{r'}$。假设这两个合力相互平衡(严格地讲,这两个合力不共线,有一个使切屑弯曲的力矩),F_r 称为切屑形成力,ϕ 是剪切角;β 是 F_n 与 F_r 之间的夹角,称为摩擦角;γ_o 是刀具前角。切削

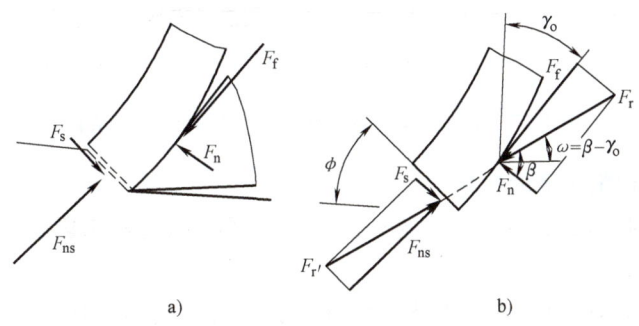

图 1-25 作用在切屑上的力

合力 F_r 的方向就是主应力的方向。根据材料力学平面应力状态理论,主应力方向与最大切应力方向的夹角应为 45°,即 F_s 与 F_r 的夹角应为 45°,故有

$$\phi + \beta - \gamma_o = \frac{\pi}{4}$$

$$\phi = \frac{\pi}{4} - \beta + \gamma_o \qquad (1\text{-}17)$$

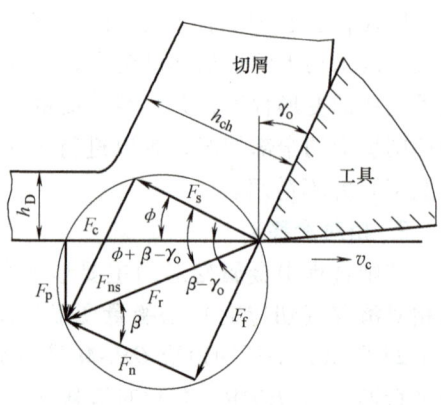

图 1-26 直角自由切削时力与角度的关系

分析上式可知:

1) 前角增大时,剪切角随之增大,变形减小。这表明增大刀具前角可减小切削变形,对改善切削过程有利。

2) 摩擦角增大时,剪切角随之减小,变形增大。提高刀具刃磨质量、采用润滑性能好的切削液可以减小前面和切屑之间的摩擦因数,有利于改善切削过程。

五、影响切削变形的主要因素

1. 工件材料的力学性能对切削变形的影响

工件材料的力学性能不同,切削变形也不同。材料的强度、硬度提高,切屑和前面的接触长度越短,导致切屑和前面的接触面积减小,前面上的平均正应力 σ_{av} 增大,刀屑间的摩擦因数减小,摩擦角 β 减小,剪切角 ϕ 增大,变形系数 Λ_k 将随之减小。

工件材料的塑性对切削变形影响较大,工件材料的塑性越大,切屑与前面的摩擦越大,切屑越易变形,切削变形越大。如图 1-27 所示为用不同前角刀具切削不同材料时的变形系数 Λ_k 值。可见,在同样的切削条件下,几种材料中 10 钢的塑性最大,变形系数 Λ_k 值也最大。

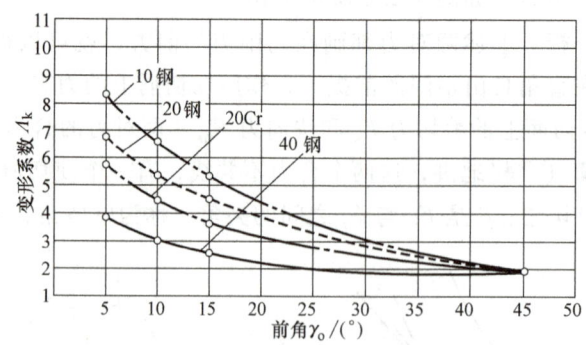

图 1-27 不同前角刀具切削不同材料时的变形系数

2. 切削速度对切削变形的影响

切削塑性金属时,切削速度是通过积屑瘤的生长和消失过程来影响切削变形的,呈驼峰曲线,如图 1-28 所示。

在积屑瘤增长的速度范围内,因积屑瘤导致实际工作前角增加,剪切角 ϕ 增大,变形系数 Λ_k 减小。在积屑瘤消失的速度范围内,实际工作前角不断减小、变形系数 Λ_k 不断上

升至最大值,此时积屑瘤完全消失。在无积屑瘤生成的切削速度范围内,随着切削速度进一步增大,变形系数 Λ_k 逐渐减小,主要是因为塑性变形的传播速度较弹性变形慢,切削速度越高,变形时间越短,切削变形越不充分,导致变形系数下降。此外,提高切削速度还会使切削温度增高,切屑底层材料的屈服强度因温度的增高而略有下降,导致前面摩擦因数 μ 减小,使变形系数 Λ_k 下降。当切削速度很高时,由于切削温度很高,切屑底层已微熔软化,此时,切削速度的变化对切削变形已无明显影响。

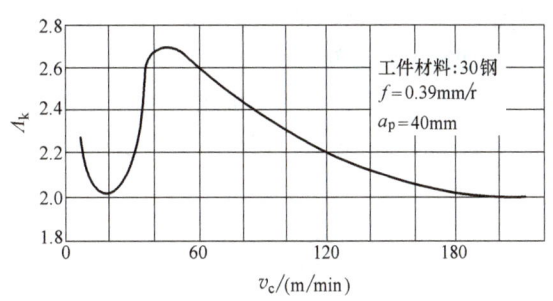

图 1-28 切削速度对切削变形的影响

切削铸铁等脆性材料,一般不生成积屑瘤,故随着切削速度增大,切削变形减小。

3. 进给量对切削变形的影响

在切削层金属变为切屑的过程中,沿切屑厚度方向的变形程度是不相同的。由于切屑沿前面流过时,其底层与前面产生剧烈的挤压与摩擦,使切屑进一步变形,因而其底层的变形比外层要大。因此,当进给量 f 增大时,切削层厚度 h_D 增大,切屑的平均变形减小,变形系数 Λ_k 减小。

4. 刀具前角对切削变形的影响

刀具前角 γ_o 越大,剪切角 ϕ 将随之增大,变形系数 Λ_k 将随之减小。这是因为前角越大,刀具越锋利,切削变形越小。但 γ_o 增大后,前面倾斜程度加大,切屑作用在前面上的平均正应力 σ_{av} 减小,使刀屑间平均摩擦因数增大,由此而促使切削变形的增大。但后者的影响要比前者的影响小,所以总的来说,前角的增大,使切削变形减小。

生产实践表明,采用大前角的刀具切削,切削刃锋利,切屑流动阻力小,因此,切削变形小,切削省力。

第四节 切 削 力

切削力是金属切削过程的重要物理量之一,是设计和使用机床、刀具、夹具以及在自动化生产中实施质量监控不可缺少的要素之一。切削力的大小将直接影响切削功率、切削热、刀具磨损及刀具寿命,因而影响加工质量和生产率。研究并掌握切削力的规律、基本计算和实验方法,具有重要意义。

一、切削力的来源与分解

1. 切削力的来源

切削过程中,刀具施加于工件使工件材料产生变形,并使多余材料变为切屑所需的力,称为切削力。切削力来自于金属切削过程中克服被加工材料的弹、塑性变形抗力和摩擦阻力。摩擦阻力包括刀具前面与切屑底面、后面与加工表面、副后面与已加工表面之间的摩擦力。如图 1-29 所示表示在直角自由切削时,作用于刀具前面上的弹、塑性变形抗力 $F_{n\gamma}$ 和刀屑间的摩擦力 $F_{f\gamma}$,作用在刀具后面上的弹、塑性变形抗力 $F_{n\alpha}$ 和刀具与已加工表面之间

的摩擦力 $F_{f\alpha}$，这些力的总和构成了作用在刀具上的合力 F。

2. 切削力的分解

在实际应用中，为便于机床、工艺装备的设计及工艺系统的分析，通常将合力 F 分解为相互垂直的三个分力：切削力 F_c、进给力 F_f、背向力 F_p，如图1-30所示。

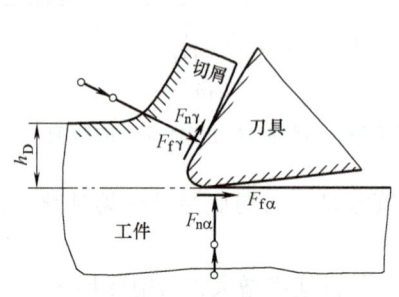

图1-29 切削力的来源

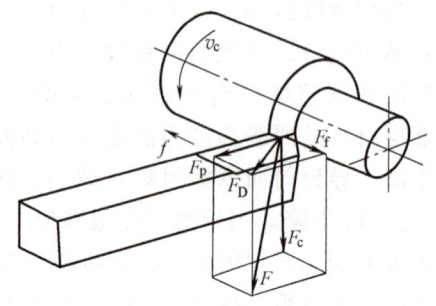

图1-30 切削力的分解

F_c 垂直于基面，与切削速度的方向一致，称为切削力（也称切向力）。它是计算机床功率以及设计机床、刀具和夹具的主要参数。

F_f 处于基面内并与进给运动方向平行，称为进给力（也称轴向力或走刀力）。它是设计机床进给机构或校核其强度的主要参数。

F_p 处于基面内并与进给运动方向垂直，称为背向力（也称切深抗力、径向力、吃刀力）。F_p 会使加工工艺系统（机床、刀具、夹具、工件）产生变形，对工件的加工精度影响较大，并影响工艺系统在切削过程中产生振动。

随着刀具几何参数、刀具材料以及切削用量的不同，F_p、F_f 相对于 F_c 的比值在一定的范围内变化。由图1-30可得

$$F = \sqrt{F_c^2 + F_D^2} = \sqrt{F_c^2 + F_p^2 + F_f^2} \tag{1-18}$$

式中，F_D 为总切削力在基面上的投影，也是背向力 F_p 与进给力 F_f 的合力，它们之间的关系为

$$F_f = F_D \sin\kappa_r \tag{1-19}$$

$$F_p = F_D \cos\kappa_r \tag{1-20}$$

由式（1-19）和式（1-20）可知，主偏角 κ_r 的大小影响 F_p 和 F_f 的配置。在进行细长轴、丝杠等工件车削时，只要采用大的主偏角，就可以使背向力大大减小，防止工件由于弯曲变形而产生直线度误差。当工艺系统刚性较差时，应尽可能使用大的主偏角刀具进行切削。

二、切削功率、单位切削力

1. 切削功率

消耗在切削过程中的功率称为切削功率，用符号 P_c 表示。因为在 F_p 方向没有位移，所以可近似认为 F_p 不消耗功率，切削功率为力 F_c 和 F_f 做功所消耗的功率之和。于是

$$P_c = \frac{F_c v_c}{10^3} + \frac{F_f n_w f}{10^6} \tag{1-21}$$

式中，P_c 为切削功率（kW）；F_c 为切削力（N）；v_c 为切削速度（m/s）；F_f 为进给力（N）；n_w 为工件转速（r/s）；f 为进给量（mm/s）。

略去进给运动的功率（它相对于 F_c 所消耗的功率来说一般很小，为 1%~2%），于是得到

$$P_c = \frac{F_c v_c}{1000} \tag{1-22}$$

为选择机床电动机，可根据切削功率（P_c）计算出机床电动机的功率（P_E）。在计算机床电动机的功率时，还应考虑到机床传动效率。

$$P_E \geq P_c / \eta_m \tag{1-23}$$

式中，η_m 为机床的传动效率，一般取为 0.75~0.85，大值适用于新机床，小值适用于旧机床。

切削功率的计算可为选择机床电动机功率、核算加工成本和计算能量消耗提供依据。

2. 单位切削力

单位切削面积上的切削力称为单位切削力，用 k_c（MPa）表示。

$$k_c = \frac{F_c}{A_D} = \frac{F_c}{a_p f} = \frac{F_c}{h_D b_D} \tag{1-24}$$

式中，F_c 为主切削力；A_D 为切削面积。

若已知单位切削力 k_c，就可通过式（1-24）求出主切削力 F_c。

三、切削力的测量及切削力经验公式

在生产实际中，切削力的大小一般采用由实验结果建立起来的经验公式计算。在需要较为准确地知道某种切削条件下的切削力时，还需进行实际测量。随着测试手段的现代化，切削力的测量方法有了很大的发展，在很多场合下已经能很精确地测量切削力。切削力的测量成了研究切削力的行之有效的手段。目前采用的切削力测量手段如下。

1. 测定机床功率，计算切削力

用功率表测出机床电动机在切削过程中所消耗的功率 P_E 后，可按下式计算出切削功率 P_c：

$$P_c = P_E \eta_m$$

在切削速度 v_c 已知的情况下，利用 P_c 即可求出切削力 F_c。这种方法只能粗略估算切削力的大小，不够精确。当要求精确知道切削力的大小时，通常采用测力仪直接测量。

2. 用测力仪测量切削力

目前常用的测力仪有电阻应变片式测力仪和压电式测力仪，其测量原理是利用切削力作用在测力仪的弹性元件上所产生的变形，或作用在压电晶体上产生的电荷经过转换后，读出 F_c、F_f、F_p 的值。在自动化生产中，还可利用测力传感装置产生的信号优化和监控切削过程。

3. 切削力的经验公式和切削力估算

目前，人们已经积累了大量的切削力实验数据，对于一般加工方法，如车削、孔加工和铣削等已建立起了可直接利用的经验公式。常用的经验公式可分为两类：

(1) 切削力的指数公式（经验公式）

$$F_c = C_{F_c} a_p^{x_{F_c}} f^{y_{F_c}} K_{F_c}$$

$$F_f = C_{F_f} a_p^{x_{F_f}} f^{y_{F_f}} K_{F_f} \quad (1\text{-}25)$$

$$F_p = C_{F_p} a_p^{x_{F_p}} f^{y_{F_p}} K_{F_p}$$

式中，C_{F_c}、C_{F_f}、C_{F_p} 为切削力系数，其大小取决于被加工材料和切削条件；x_{F_c}、y_{F_c}、x_{F_f}、y_{F_f}、x_{F_p}、y_{F_p} 为三个分力公式中背吃刀量和进给量的指数；K_{F_c}、K_{F_f}、K_{F_p} 为当实际加工条件与建立经验公式的试验条件不相符时，各种影响因素对各切削力公式的修正系数的乘积。各修正系数的值可查阅有关加工工艺手册。

表 1-4 列出了不同工况条件下进行切削加工试验经数据处理得到的上述有关系数和指数。

表 1-4 切削力公式中的系数和指数

加工材料	刀具材料	加工形式	主切削力 F_c				背向力 F_p				进给力 F_f			
			C_{F_c}	x_{F_c}	y_{F_c}	K_{F_c}	C_{F_p}	x_{F_p}	y_{F_p}	K_{F_p}	C_{F_f}	x_{F_f}	y_{F_f}	K_{F_f}
结构钢及铸铁 650MPa	硬质合金	外圆纵车、横车及镗孔	2795	1.0	0.75	-0.15	1940	0.9	0.6	-0.3	2880	1.0	0.5	-0.4
		切槽及切断	3600	0.72	0.8	0	1390	0.73	0.67	0	—	—	—	—
	高速工具钢	外圆纵车、横车及镗孔	1770	1.0	0.75	0	1100	0.9	0.75	0	590	1.2	0.65	0
		切槽及切断	2160	1.0	1.0	0								
		成形车削	1855	1.0	0.75	0								
不锈钢	硬质合金	外圆纵车、横车及镗孔	2000	1.0	0.75	0								
灰铸铁	硬质合金	外圆纵车、横车及镗孔	900	1.0	0.75	0	530	0.9	0.75	0	450	1.0	0.4	0
	高速工具钢	外圆纵车、横车及镗孔	1120	1.0	0.75	0	1165	0.9	0.75	0	500	1.2	0.65	0
		切槽及切断	1550	1.0	1.0	0								
可锻铸铁	硬质合金	外圆纵车、横车及镗孔	795	1.0	0.75	0	420	0.9	0.75	0	375	1.0	0.4	0
	高速工具钢	外圆纵车、横车及镗孔	980	1.0	0.75	0	865	0.9	0.75	0	390	1.2	0.65	0
		切槽及切断	1375	1.0	1.0	0	—	—	—	—	—	—	—	—
中等硬度不均质铜合金	高速工具钢	外圆纵车、横车及镗孔	540	1.0	0.66	0								
		切槽及切断	735	1.0	1.0	0								
铝及铝硅合金	高速工具钢	外圆纵车、横车及镗孔	390	1.0	0.75	0								
		切槽及切断	490	1.0	1.0	0								

(2) 用单位切削力计算主切削力

$$F_c = K_c a_p f K_{F_c} \quad (1\text{-}26)$$

式中，K_c 为单位切削力，其大小取决于被加工材料和切削条件；K_{F_c} 为当实际加工条件与实验条件不相符时，各种影响因素对切削力的修正系数的乘积。由于公式中未考虑进给量变化对单位切削力影响的非线性，为此应在修正系数中进行相应考虑。

表 1-5 为硬质合金车刀对部分常用金属材料进行切削实验求得的单位切削力 K_c 值。表中实验值是在固定进给量 $f=0.3$mm/r 及一定工况的条件下得到的，当进给量 f 和其他条件改变后，应乘以相应的修正系数 K_f 和 K_{F_c}，见表 1-6。

表 1-5 硬质合金外圆车刀切削金属时的单位切削力 K_c

加工材料				实验条件		单位切削力
名称	牌号	热处理状态	硬度 HBW	车刀几何参数	切削用量范围	K_c/MPa
碳素结构钢	Q235	热轧或正火	134~137	$\gamma_o=15°$ $\kappa_r=75°$ $\lambda_s=0°$ $b_{\gamma 1}=0°$ 前面带卷屑槽	$a_p=1\sim5$mm $f=0.1\sim0.5$mm/r $v_c=90\sim105$m/min	1884
	45		187			1962
	40Mn		212			1962
合金结构钢	45B	调质	229			2305
	40Cr		285			2305
不锈钢	07Cr18Ni11Ti	淬火回火	170~179	$\gamma_o=20°$ 其余同上		2453
灰铸铁	HT200	退火	170	前面无卷屑槽，其余同上	$a_p=2\sim10$mm $f=0.1\sim0.5$mm/r $v_c=70\sim80$m/min	1118
可锻铸铁	KTH300-06	退火	170			1344

表 1-6 进给量 f 对单位切削力的修正系数

f/(mm/r)	0.1	0.15	0.2	0.25	0.3	0.35	0.4	0.45	0.5	0.6
K_f	1.18	1.11	1.06	1.03	1.0	0.97	0.96	0.94	0.925	0.9

四、影响切削力的因素

实践证明，影响切削力的因素很多，主要有工件材料、切削用量、刀具几何参数、刀具材料、刀具磨损状态和切削液等。

1. 工件材料的影响

工件材料对切削力的影响是通过切削变形、刀具前面上的摩擦而起作用的。其中影响较大的因素主要是工件材料的强度、硬度和塑性。工件材料的强度或硬度越高，材料的屈服强度 τ_s 越高，切削力越大。例如高碳钢、中碳钢、低碳钢的硬度不一样，切削力就不一样。材料热处理状态不同，例如 45 钢正火、调质、淬火，得到的硬度不同，切削力也不同。切削力随着硬度的提高而增大。

在强度、硬度相近的情况下，材料的塑性、韧性越大，切屑与前面的摩擦就越大，故切削力越大。例如，不锈钢 07Cr18Ni11Ti 的强度、硬度与 45 钢（229 HBW）接近，但延伸率是 45 钢的 4 倍，加工硬化能力强，所以在同样的条件下产生的切削力较 45 钢增大 25%。铝、铜等有色金属，虽然塑性很大，但其加工硬化能力差，所以切削力小。切削脆性材料时，由于塑性变形小，形成的崩碎切屑与前面的摩擦小，故其切削力比较小。例如灰铸铁 HT200 与热轧 45 钢，两者的硬度接近，但前者的切削力小 40%。

2. 切削用量的影响

(1) 背吃刀量 a_p 和进给量 f 背吃刀量 a_p 和进给量 f 增大，分别使切削宽度 b_D 和切削厚度 h_D 增大，从而使切削面积 A_D 增大，变形抗力和摩擦力增大，而引起切削力增大。但是 a_p 和 f 增大的影响程度不同，当 f 不变，a_p 增大一倍后，b_D 和 A_D 也都增大一倍，使变形和摩擦成倍增加，而引起切削力成倍增大；当 a_p 不变，f 增大一倍时，虽然 h_D 和 A_D 也成倍增大，但 h_D 的增大使平均变形减小，故切削力增大不到一倍，为 70%~80%。实验的结果也表明了 a_p 与 f 对切削力影响程度不同，在切削力的经验公式中，通常 a_p 的影响指数 $x_F=1$，而 f 的影响指数 $y_F=0.75~0.9$。

在实际生产中，粗加工时可应用这个规律来提高生产率。在相同的切削条件下，为提高切削效率，增大进给量比增大背吃刀量有利于减小切削力。

(2) 切削速度 v_c 切削弹塑性材料时，在无积屑瘤产生的切削速度范围内，随着 v_c 的增大，切削力减小；这是因为 v_c 增大时，切削温度升高，摩擦因数 μ 减小，从而使 Λ_k 减小，切削力下降。在产生积屑瘤的 v_c 情况下，刀具的实际前角是随积屑瘤的成长与脱落变化的。在积屑瘤增长期，v_c 增大，积屑瘤高度增大，实际前角增大，Λ_k 减小，切削力下降；在积屑瘤消退期，v_c 增大，积屑瘤减小，实际前角变小，Λ_k 增大，切削力上升。

如图 1-31 所示为车削 45 钢时切削速度对切削力的影响曲线。当切削速度较低（5~20m/min）时，随着 v_c 的提高，切削变形减小，切削力减小；切削速度继续在 20~35m/min 范围内增加，切削变形增大，切削力增加；在切削速度大于 35m/min 时，由于切削温度上升，摩擦因数减小，切削力下降。一般切削速度超过 90m/min 时，切削力无明显变化。

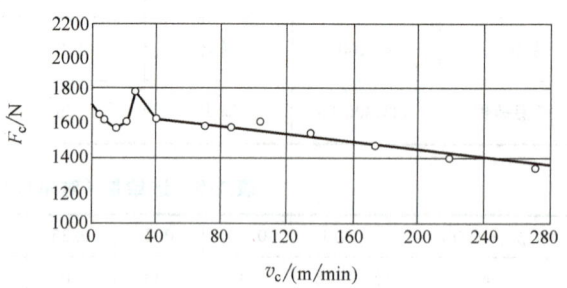

图 1-31 切削速度对切削力的影响

故切削塑性金属材料时，切削速度 v_c 对切削力的影响与对变形系数的影响相同，呈驼峰曲线。

切削铸铁等脆性材料时，被切材料的塑性变形及它与前面的摩擦均比较小，所以切削速度 v_c 对切削力 F_c 无明显的影响。

在实际生产中，如果刀具材料和机床性能允许，采用高速切削，既能提高生产效率，又能减小切削力。

3. 刀具几何参数的影响

1) 前角 γ_o。当前角 γ_o 增大时，剪切角 ϕ 增大，切削变形减小，从而使切削力减小。切削弹塑性材料时，γ_o 对切削力的影响较大；切削脆性材料时，由于切削变形很小，增大前角对减小切削力的作用不显著。

2) 主偏角 κ_r。主偏角 κ_r 的大小会影响切削截面形状和切削厚度 h_D 的大小，其次可改变切削力的大小和切削分力的比值。主偏角 κ_r 增大，背向力 F_p 减小，进给力 F_f 增大。主偏角的改变对主切削力影响较小。

3) 刀尖圆弧半径 r_ε。刀尖圆弧半径 r_ε 增大，则切削刃圆弧部分的长度增加，切削变形增大，使切削力增大。此外 r_ε 增大，整个主切削刃上各点主偏角的平均值减小，从而使 F_p

增大、F_f 减小。

4) 刃倾角 λ_s。改变刃倾角将影响切屑在前面上的流动方向,从而使切削合力的方向发生变化。增大 λ_s,F_p 减小,F_f 增大。λ_s 对 F_c 的影响不大。

5) 负倒棱 b_{r1}。为了提高刀尖部位强度、改善散热条件,常在主切削刃毗邻的前面上磨出一个带有负前角 γ_{o1} 的棱台,其宽度为 b_{r1}。负倒棱大大提高了正前角刀具的刃口强度,但同时也增加了负倒棱前角(负前角)参与切削的比例,负前角切削部分所占比例越大,切削变形程度越大,所以切削力越大。

4. 刀具磨损

后面磨损增大时,后面上的法向力和摩擦力都增大,故切削力增大。

5. 切削液

使用以冷却作用为主的切削液(如水溶液)对切削力影响不大,使用润滑作用强的切削液(如切削油)可使切削力减小。

6. 刀具材料

刀具材料与工件材料间的摩擦因数影响摩擦力的大小,导致切削力变化。在其他切削条件完全相同的条件下,用陶瓷刀具切削比用硬质合金刀具切削时的切削力小,用高速工具钢刀具进行切削的切削力大于前两者。

第五节 切削热和切削温度

切削热和切削温度是切削过程中产生的又一重要物理量。它们使机床、刀具、夹具及工件产生热变形,不但对刀具磨损和刀具寿命具有重要影响,还会影响工件的加工精度和表面质量。因此,研究切削热和切削温度具有重要的实用意义。

一、切削热的产生和传导

1. 切削热的产生

切削热是由切削功转变而来的。被切削的金属在刀具的作用下,发生弹性和塑性变形而耗功,这是切削热的一个重要来源。此外,切屑与前面、工件与后面之间的摩擦也要耗功,也产生出大量的热量。因此,切削时共有三个发热区域,即剪切面、切屑与前面接触区、后面与过渡表面接触区,如图 1-32 所示,三个发热区与三个变形区相对应。所以,切削热的来源就是切屑变形功和前面、后面的摩擦功。

2. 切削热的传导

切削热由切屑、工件、刀具及周围的介质(空气、切削液)向外传导。

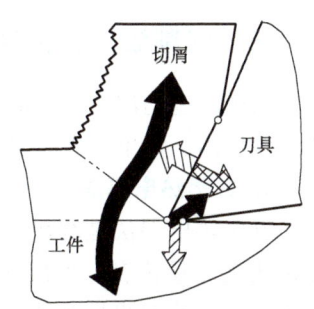

图 1-32 切削热的产生与传导

不同的加工方法其切削热由切屑、工件、刀具和介质传出的比例是不同的。车削钢不加切削液时,产生的切削热多数(为 50%~86%)由切屑带走,传入刀具的次之(占 10%~40%),传入工件中的热量最少(占 3%~9%)。切削速度越高,切削厚度越大,由切屑带走的热量就越多。钻削时,由于切屑不易从孔中排出,故被切屑、刀具带走的热量较少（切屑传出约28%，刀具传出约14.5%），切削热主要依靠工件传出（约52%）。磨削加工时，约有70%以上的热量瞬时进入工件，只有小部分通过切屑、砂轮、切削液和大气带走。

二、切削温度对切削过程的影响

切削热是通过切削温度影响切削加工过程的，切削温度的高低取决于切削热产生多少和切削热传导的快慢。切削温度是指切削过程中切削区域的温度。切削温度的升高对切削加工过程的影响主要有以下几方面。

1. 对工件材料物理力学性能的影响

金属切削时虽然切削温度很高，但对工件材料的物理力学性能影响并不大。实验表明，工件材料预热至500~800℃后进行切削，切削力明显降低。在生产中对难加工材料可进行加热切削。

2. 对刀具材料的影响

高速工具钢刀具材料的耐热性为600℃左右，超过该温度刀具失效。硬质合金刀具材料耐热性好，在高温800~1000℃时，强度反而更高，韧性更好。因此适当提高切削温度，可防止硬质合金刀具崩刃，延长刀具寿命。

3. 对工件尺寸精度的影响

例如车削工件外圆时，工件受热膨胀，外圆直径发生变化，切削后冷却至室温，工件直径变小，就不能达到精度要求。刀杆受热伸长，切削时的实际背吃刀量增加，使工件直径变小。特别是在精加工和超精密加工时，切削温度的变化对工件尺寸精度的影响特别大，因此控制好切削温度，是保证加工精度的有效措施。

4. 利用切削温度自动控制切削用量

大量切削试验表明，对给定的刀具材料、工件材料，以不同的切削用量加工时，都可以得到一个最佳的切削温度范围，它使刀具磨损程度最低，加工精度稳定。因此，可用切削温度作为控制信号，自动控制机床转速或进给量，以提高生产率和工件表面质量。

三、切削温度的测定方法

切削温度的测定方法很多，有热电偶法、热辐射法、远红外法和热敏涂色法等，但目前比较常用的、简单可靠的测量方法是热电偶法，包括自然热电偶法和人工热电偶法。

1. 自然热电偶法

自然热电偶法是利用工件材料和刀具材料化学成分的不同而构成热电偶的两极，并分别连接测量仪表，组成测量电路，刀具切削工件的切削区域产生高温形成热端，刀具与工件的导线引出端为热电偶冷端，冷、热端之间热电势由仪表（毫伏计）测定。切削温度越高，测得热电势越大，它们之间的对应关系可利用专用装置经标定得到，如图1-33所示。

2. 人工热电偶法

人工热电偶法是将两种预先经过标定的金属丝组成热电偶，热电偶的热端焊接在刀具或工件需要测定温度的指定点上，冷端通过导线串联在电位差计或毫伏计上，如图1-34所示。根据仪表上的指示值和热电偶标定曲线，可测得指定点的温度。

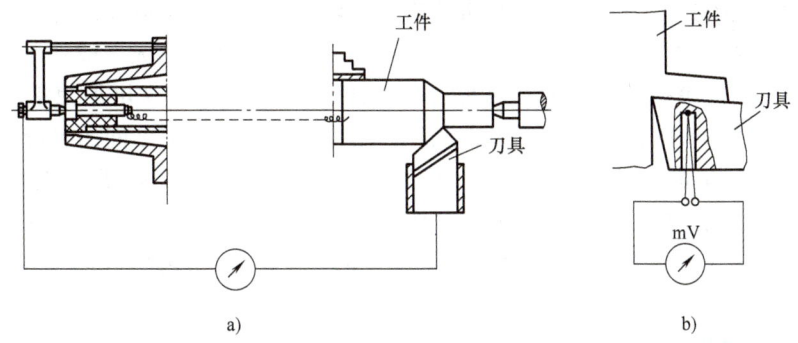

图 1-33 用自然热电偶法测量切削温度

四、影响切削温度的因素

1. 工件材料

在工件材料的力学性能中,对切削温度影响较大的是强度、硬度及导热系数。材料的强度、硬度越高,切削抗力越大,消耗的功越多,产生的热就越多;工件材料的导热系数则直接影响切削热的导出,导热系数越小,传散的热越少,切削区的切削温度就越高。

2. 切削用量

切削用量对切削温度的影响可以用实验公式来说明。通过自然热电偶法得到的实验公式为

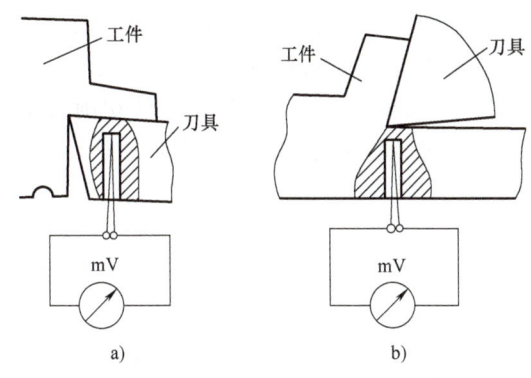

图 1-34 用人工热电偶法测量切削温度

$$\theta = C_\theta v_c^{z_\theta} f^{y_\theta} a_p^{x_\theta} \tag{1-27}$$

式中,θ 为刀具前面上刀-屑接触区的平均温度(℃);C_θ 为切削温度系数,主要取决于加工方法和刀具材料;z_θ、y_θ、x_θ 为切削速度、进给量、背吃刀量的影响指数。

由实验得到的高速工具钢和硬质合金刀具切削中碳钢时的 C_θ、z_θ、y_θ、x_θ 见表 1-7。

表 1-7 切削温度的系数及指数

刀具材料	加工方法	C_θ	z_θ			y_θ	x_θ
			$f=0.10$ mm/r	$f=0.20$ mm/r	$f=0.30$ mm/r		
高速工具钢	车削	140~170	0.35~0.45			0.20~0.30	0.08~0.10
	铣削	80					
	钻削	150					
硬质合金	车削	320	0.41	0.31	0.26	0.15	0.05

由式(1-27)和表 1-7 可看出:

1) 三个影响指数值均小于 1,说明切削速度、进给量、背吃刀量对切削温度的影响均是非线性的。

2）三个影响指数 $z_\theta > y_\theta > x_\theta$，说明切削速度对切削温度的影响最大，背吃刀量对切削温度的影响最小。这是因为 v_c、f 和 a_p 增加，切削变形功和摩擦功增大，故切削温度升高。v_c 增加使单位时间内的摩擦生热增多，因此对切削温度的影响较大；f 增加使平均切削变形减小而使功耗增加较少，故热量增加不多，此外，增大了刀具与切屑之间的接触面积，改善了散热条件；a_p 增加使切削宽度增加，增大了散热面积，所以对切削温度影响最小。

因此，在实际生产中，为了有效地控制切削温度以提高刀具使用寿命，在机床和工件加工要求允许的条件下，选用较大的背吃刀量 a_p 和进给量 f，比选用大的切削速度 v_c 更为有利。

3. 刀具几何参数

1）前角 γ_o。前角增大，由于塑性变形和切削力的减少，使切削温度下降，如图 1-35 所示。但当前角增加过大时，刀具切削部分的锲角过小，容热、散热体积减小，切削温度反而上升，因此前角应合理选配。

2）主偏角 κ_r。主偏角增大，使切削刃工作接触长度减小，切削宽度 b_D 减小，散热条件变差，使切削温度升高，如图 1-36 所示。

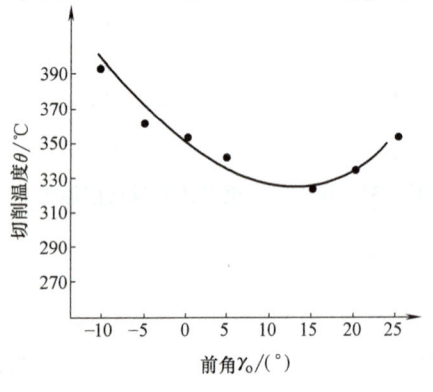

图 1-35 前角对切削温度的影响

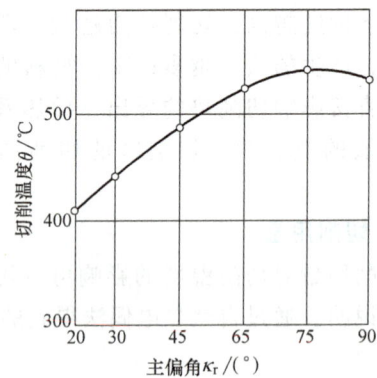

图 1-36 主偏角对切削温度的影响

3）负倒棱宽度 $b_{\gamma 1}$ 和刀尖圆弧半径 r_ε。负倒棱宽度 $b_{\gamma 1}$ 在 $0\sim 2f$ 范围内变化，刀尖圆弧半径 r_ε 在 $0\sim 1.5$mm 范围内变化，基本上不影响切削温度。因为负倒棱宽度及刀尖圆弧半径的增大，会使塑性变形区的塑性变形增大，但另一方面这两者都能使刀具的散热条件有所改善，传出的热量也有所增加，两者趋于平衡，所以对切削温度影响很小。

4. 刀具磨损

刀具后面磨损，后角减小，后面与工件间摩擦加剧，同时由于刃口磨损造成切屑形成过程的变形加剧，使切削温度增大。

5. 切削液

利用切削液的润滑功能降低摩擦因数，减少切削热的产生，也可利用它的冷却功能吸收大量的切削热，所以采用切削液是降低切削温度的重要措施。

切削液对切削温度的影响，与切削液的导热性能、比热容、流量、浇注方式以及本身的温度有很大的关系。从导热性能来看，油类切削液不如乳化液，乳化液不如水基切削液。

五、切削温度的分布

前面分析的为刀-屑接触区的平均温度。为了深入研究，还应该知道工件、切屑和刀具上各点的温度分布，这种分布称为温度场。

切削温度场可用人工热电偶法或其他方法测出。

如图 1-37 所示为切削钢料时实验测出的刀具前面和正交平面内的温度场。由此可分析归纳出一些切削温度分布的规律：

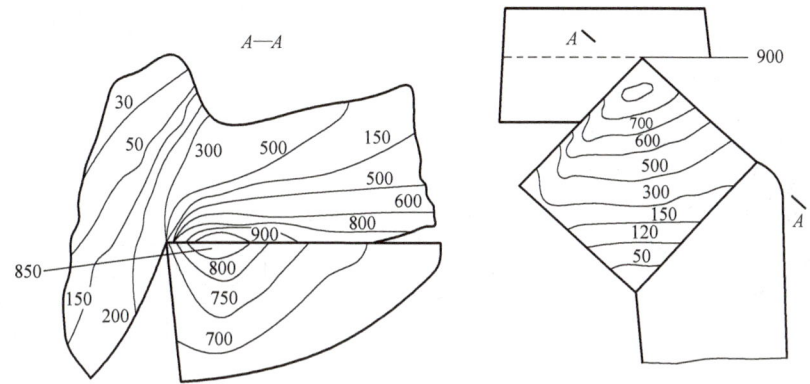

图 1-37　切屑、工件、刀具上的温度分布（单位：℃）

工件材料：GCr15　刀具材料：YT14　切削用量：$v_c=80\text{m/min}$　$a_p=1\text{mm}$　$f=0.5\text{mm/r}$

1）剪切面上各点的温度几乎相同，说明剪切面上各点的应力应变规律基本相同。

2）刀具前面、后面上最高温度不在切削刃上，而是在离切削刃有一定距离的地方。这是摩擦热沿着前面不断增加的缘故。

3）在剪切区域中，垂直剪切面方向上的温度梯度很大。

4）在靠近前面的切屑底层上温度梯度很大，离前面 0.1～0.2mm，温度就可能下降一半。

5）后面的接触长度较小，因此温度的升降是在极短时间内完成的。

6）工件材料塑性越大，则前面上的接触长度越大，切削温度的分布也就较均匀些；反之，工件材料的脆性越大，则最高温度所在的点离切削刃越近。

7）工件材料的导热系数越低，则刀具前面、后面的温度越高。

第六节　刀具磨损与刀具使用寿命

刀具切除工件余量的同时，本身也逐渐被磨损。当刀具磨损到一定程度时，如不及时重磨、换刀或刀片转位，刀具便丧失切削能力，从而恶化加工质量，产生不良后果。因此，研究刀具磨损的原因，防止刀具过早、过多磨损有重要的意义。

一、刀具磨损的形式

刀具磨损的形式有正常磨损和非正常磨损两类。前者是连续的逐渐磨损；后者包括脆性破损（如崩刃、碎断、剥落、裂纹破损等）和塑性破损两种。

1. 正常磨损

刀具的正常磨损形态如图 1-38 所示,包括下列几种形式:

(1) 前面磨损 前面磨损又称月牙洼磨损。在切削速度较高、切削厚度较大的情况下(一般 $h_D > 0.5 mm$)加工塑性金属时,刀具前面与切屑产生剧烈摩擦,切屑在前面上经常会磨出一个月牙洼,最大深度用 KT,宽度用 KB 表示如图 1-38a、b 所示。

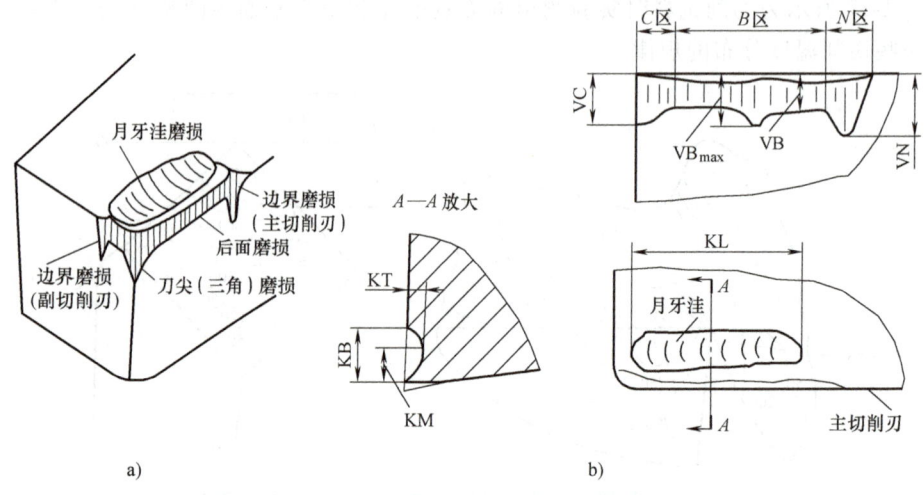

图 1-38 车刀典型磨损形态示意图

(2) 后面磨损 在切削脆性材料或在 $h_D < 0.1mm$ 的情况下切削塑性金属时,由于前面上刀-屑间的作用相对较弱,刀具后面和过渡表面之间存在强烈的摩擦,远比前面上的摩擦严重。因此在后面上毗邻切削刃的地方很快被磨出小棱面,这种磨损称为后面磨损。这种磨损可划分为三个区域:① 刀尖磨损 C 区,在刀尖附近,因强度低、温度集中所致,磨损量为 VC;② 中间磨损 B 区,在切削刃的中间位置,磨损量为 VB,局部出现最大磨损量 VB_{max};③ 边界磨损 N 区,在切削刃与待加工表面相交处,因高温氧化、表面硬化层作用造成最大磨损量 VN,如图 1-38b 所示。

(3) 前面和后面同时磨损 一般在以中等切削用量切削塑性金属材料时会出现这种形式的磨损。

2. 非正常磨损

刀具的非正常磨损是指在切削过程中,刀具的磨损量尚未达到磨钝标准值就突然无法正常使用,即刀具发生破损。刀具破损形式分为脆性破损和塑性破损两种。硬质合金和陶瓷刀具在切削时,由于机械和热冲击的作用,经常发生脆性破损,高速工具钢刀具由于耐热性差,则易发生塑性破损。

(1) 脆性破损 切削过程中有振动、冲击载荷的作用,刀具尚未发生明显磨损(VB ≤ 0.1mm),但切削部分却出现了切削刃微崩或刀尖崩碎、刀片或刀具折断、表层剥落、热裂纹等现象,使刀具不能继续工作,这种破损称为脆性破损。用脆性大的刀具材料(如硬质合金、陶瓷、立方氮化硼、金刚石等)切削高硬度的工件材料,以及在铣、刨等断续切削加工情况下,易发生刀具脆性破损。

(2) 塑性破损 切削时,刀具由于高温高压的作用,使刀具前面、后面的材料发生塑性变形，刀具丧失切削能力，这种破损称为塑性破损。高速工具钢刀具比硬质合金刀具更容易发生此类破损。

刀具磨损是客观存在的，刀具破损是可以预防的。防止刀具破损，一般可采取以下措施：

1）针对被加工工件材料和结构特点，合理选择刀具材料的种类和牌号。在保证刀具材料具备一定硬度和耐磨性的前提下，必须保证刀具材料具有必要的韧性。

2）合理选择刀具几何参数。通过调整刀具前角、后角、主偏角、副偏角、刃倾角等几何角度，保证切削刃和刀尖具有足够的强度和良好的散热条件。例如用正前角、负倒棱结构是硬质合金刀具防止崩刃的有效措施之一。

3）保证刀具焊接和刃磨质量，避免因焊接、刃磨不善而带来的各种缺陷。尽量使用机夹可转位不重磨刀具。

4）合理选择切削用量，避免过大的切削力和过高的切削温度，避免产生积屑瘤。

5）提高工艺系统的刚性，消除可能产生振动的因素，如加工余量不均匀，表面硬度不均匀，铰刀、铣刀等回转类刀具各刀齿的刃尖不在同一圆周上等。

6）采用正确的操作方法，尽量使刀具不承受或少承受突变载荷，合理使用切削液，为防止热裂效应，不要断续使用切削液冷却硬质合金、陶瓷等脆性大的刀具材料。

二、刀具磨损的原因

与一般机械零件的磨损相比，刀具的正常磨损具有下列特点：

1）刀具与切屑、工件之间接触的表面经常是新形成的表面。

2）表面间接触压力非常大，常常超过工件材料的屈服强度。

3）接触面的温度很高，切削钢料时，硬质合金刀具温度高达 800~1000℃，高速工具钢刀具温度可达 300~600℃。

刀具磨损经常是由于机械、热、化学三种效应综合作用的结果。造成刀具磨损有以下几种原因：

1）磨料磨损。在工件材料中存在氧化物、碳化物和氮化物等硬质点，在铸、锻工件表面上存在着硬夹杂物以及积屑瘤的碎片等，这些硬度极高的微小硬质点，可在刀具表面刻划出沟纹，致使刀具磨损，称为磨料磨损。

2）黏结磨损。切削时，切屑、工件与刀具前面、后面之间存在很大的压力和强烈的摩擦，使接触点产生黏结现象，即切屑黏结在刀具前面上。由于切屑在滑动过程中产生剪切破坏，带走刀具材料或使切削刃和前面小块剥落，称为黏结磨损。

3）扩散磨损。在高温作用下，使工件与刀具材料中合金元素在固态下相互迁移（扩散）而造成的刀具磨损，称为扩散磨损。刀具材料中的 C、Co、W 易扩散到切屑和工件中去，工件中的 Fe 也会扩散到刀具中来，这样就改变了原来材料的成分结构，使刀具材料变得脆弱，从而加剧了刀具的磨损，如图 1-39 所示。

4）氧化磨损。硬质合金刀具在切削温度达 700~800℃ 时，空气中的氧便与硬质合金中的钴及碳化钨、碳化钛等发生氧化作用，生成硬度和强度较低的氧化膜，该氧化膜在切削过程中被切屑或工件摩擦掉而形成磨损，该磨损称为氧化磨损。

5）相变磨损。当切削温度达到或超过刀具材料的相变温度时，刀具材料中金相组织将

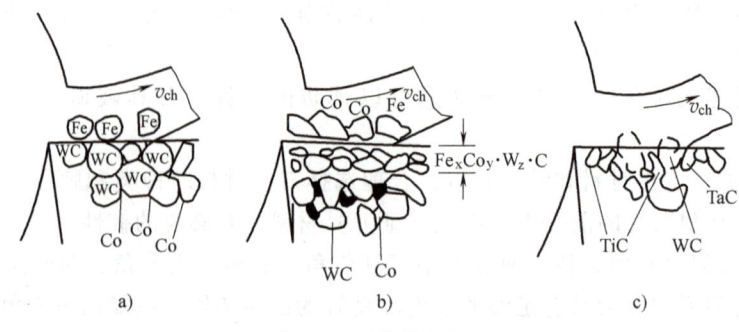

图 1-39 扩散磨损

a) 元素分布 b) WC、Co 扩散 c) TiC、TaC、WC 扩散

发生变化,硬度显著下降,引起的刀具磨损称为相变磨损。造成高速工具钢刀具失效的主要原因就是在 600℃ 切削温度时发生的相变磨损。

三、刀具磨损过程及磨钝标准

1. 刀具磨损过程

切削实验证明,刀具正常磨损过程一般分三个阶段,如图 1-40 所示:

(1) 初期磨损阶段(Ⅰ) 在该阶段新刃磨的刀具刚投入使用,其后面与过渡表面之间的实际接触面积很小,表面压力很大,因此磨损速度很快,磨损曲线在该阶段斜率较大。一般经研磨的刀具,初期磨损阶段时间较短。

(2) 正常磨损阶段(Ⅱ) 经过初期磨损阶段后,刀具后面上表面粗糙度值减小,与过渡表面的实际接触面积增大,接触压力减小,磨损速度缓慢。磨损随切削时间的延长而成正比地增加,曲线斜率较小,持续的时间最长。斜率的大小表示刀具正常工作时的磨损强度。

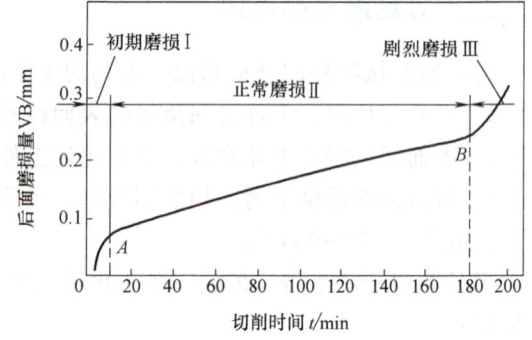

图 1-40 刀具磨损过程

(3) 剧烈磨损阶段(Ⅲ) 当刀具后面上的磨损宽度 VB 增大到一定数值时,摩擦加剧,切削力、切削热及切削温度急剧上升,使刀具材料的切削性能迅速下降,以致刀具产生大幅度磨损或破损而完全丧失切削性能。因此,当刀具磨损到剧烈磨损阶段之前,刀具必须更换、转位或重磨,否则将损坏刀具,恶化已加工表面,损伤机床设备。

2. 刀具的磨钝标准

刀具磨损值达到了规定的标准而不能继续使用,应该重磨或更换刀具(或更换刀片),这个规定的标准就是磨钝标准。

一般刀具的后面都发生磨损,而且测量也比较方便,因此,国际标准 ISO 统一规定以 1/2 背吃刀量处后面上测量的磨损宽度 VB 作为刀具的磨钝标准,如图 1-41 所示。在自动化生产中使用的精加工刀具,一般以工件径向的刀具磨损量作为衡量刀具的磨钝标准,称为刀具的径向磨损量 NB,如图 1-41 所示。由于加工条件不同,所规定的磨钝标准也有变化。例如精加工的磨钝标准取得小，粗加工的磨钝标准取得大。

磨钝标准的具体数值可从切削用量手册中查得。

四、刀具寿命

1. 刀具寿命的定义

刀具寿命是指一把刃磨好的新刀具从投入使用直至达到磨钝标准所经历的实际切削时间。对于可重磨刀具，刀具寿命是指刀具两次刃磨之间的实际切削时间。从第一次投入使用直至完全报废时所经历的实际切削时间，称为刀具总寿命。

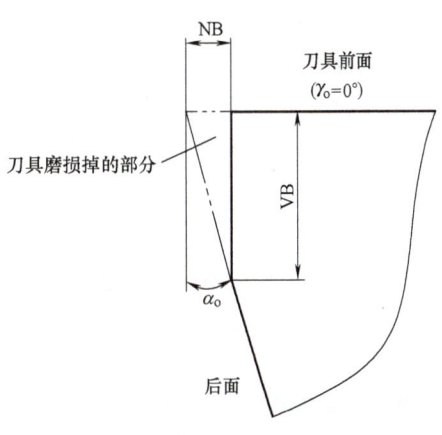

图 1-41 刀具的磨损量 VB 和 NB

对不重磨刀具，刀具总寿命等于刀具寿命；对可重磨刀具，刀具总寿命等于刀具的平均寿命与刃磨次数的乘积。刀具总寿命与刀具寿命是两个不同的概念。

对刀具磨损机理的研究表明，切削速度对刀具寿命的影响最大。在正常的切削速度范围内，取不同的切削速度进行刀具寿命实验，得到各种切削速度下的刀具磨损曲线如图 1-42 所示，这样可在规定的刀具磨钝标准下找到多组 $T-v_c$ 数据，经数据处理和回归分析后可得

$$v_c T^m = C \tag{1-28}$$

式中，v_c 为切削速度（m/min）；T 为刀具使用寿命（min）；C 为系数，与刀具、工件材料和切削条件有关；m 为指数，表示 $T-v_c$ 间的影响程度。

式（1-28）为重要的刀具寿命公式。在双对数坐标系中该方程为一直线，m 就是该直线的斜率，如图 1-43 所示。m 值大，切削速度对刀具寿命的影响小，这表明耐热性高的刀具材料，在高速切削时仍有较高的刀具寿命。总之，切削速度对刀具寿命的影响极大。当车削中碳钢和灰铸铁时，m 值大致为：高速工具钢车刀 $m=0.11$；硬质合金可焊接车刀 $m=0.2$；硬质合金可转位车刀 $m=0.25 \sim 0.3$；陶瓷车刀 $m=0.4$。

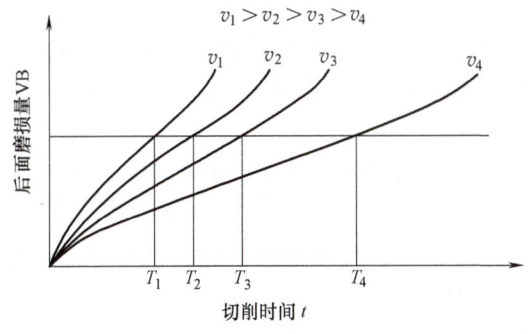

图 1-42 各种切削速度下的刀具磨损曲线

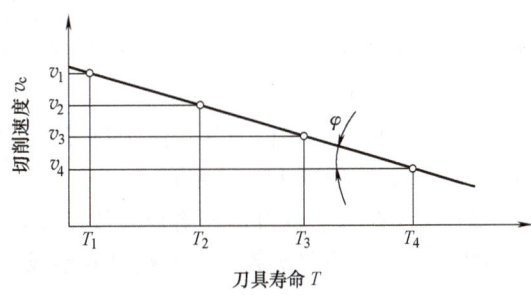

图 1-43 在双对数坐标系上的 $T-v_c$ 曲线

2. 刀具寿命与切削用量三要素间的关系

刀具寿命 T 与切削用量的一般关系可用下式表示

$$T = \frac{C_T}{v_c^x f^y a_p^z} \tag{1-29}$$

式中，C_T 为刀具寿命系数，与刀具、工件材料和切削条件有关；x、y、z 为指数，分别表示切削用量要素对刀具寿命的影响程度。

用硬质合金车刀切削屈服强度为 0.75GPa 的碳素结构钢时，在进给量 $f>0.75$mm/r 的条件下进行刀具寿命试验，通过数据处理得到的刀具寿命为

$$T = \frac{C_T}{v_c^5 f^{2.25} a_p^{0.75}} \tag{1-30}$$

从式（1-30）可看出，切削速度对刀具寿命的影响最大，进给量次之，背吃刀量影响最小。这与三者对切削温度的影响顺序完全一致。生产实践证明，切削用量是通过切削温度影响刀具磨损和刀具寿命的。

3. 刀具寿命的选择原则

刀具磨损到磨钝标准后即需要重磨或换刀，尤其在自动线、多刀切削及大批量生产中，一般都要求定时换刀。确定合理的刀具寿命一般有两种方法：一是以单位时间内加工工件的数量为最多的原则，或以加工每个工件的时间为最少的原则确定刀具寿命，即最大生产率寿命，用 T_p 表示；二是以单件工序成本最低的原则来确定刀具寿命，即经济寿命，用 T_c 表示。

最大生产率寿命 T_p 用公式表示为

$$T_p = t_c(1-m)/m \tag{1-31}$$

经济寿命 T_c 用公式表示为

$$T_c = (t_c + C_t/M)(1-m)/m \tag{1-32}$$

式中，t_c 为一次换刀所需时间（min）；m 为 v_c 对 T 影响程度指数；M 为全厂每分钟开支分摊到本零件的加工费用，包括工作人员开支和机床损耗等；C_t 为换刀一次所需费用，包括刀具砂轮消耗和工人工资等。

一般情况下多采用经济寿命，只有当生产任务急迫或生产中出现不平衡的薄弱环节时，才选用最大生产率寿命。机夹可转位刀具因其换刀时间短，刀具成本低而被广泛应用，机夹可转位刀具的经济寿命已非常接近最大生产率寿命，切削速度大大提高。

在生产中选择刀具寿命时，一般应考虑以下原则：

1）复杂的、高精度的、多刃的刀具寿命应选得比简单的、低精度的、单刃的刀具高。例如卧式车床用的高速工具钢车刀和硬质合金焊接车刀的寿命取为 60min，齿轮刀具的寿命则取为 200~400min。

2）对于机夹可转位刀具，由于换刀时间短，为使切削刃始终处于锋利状态，刀具寿命可选得低些，一般取 15~30min。

3）对于换刀、调刀比较复杂的数控刀具、自动线刀具以及多刀加工时，刀具寿命应选得高些，以减少换刀次数，保证整机和整线的可靠工作。

4）精加工刀具切削负荷小，刀具寿命应比粗加工刀具选得高些。

5）大件加工时，为避免一次进给中途换刀，刀具寿命应选得高些。

4. 影响刀具寿命的因素

刀具寿命除了受上述切削用量的影响外，还受下列因素影响：

（1）刀具几何参数　合理选择刀具几何参数能提高刀具寿命。其中对刀具寿命影响较大的是前角和主偏角。

增大前角,可使切削力减小,切削温度降低,刀具寿命提高。但前角太大,刀具强度降低,散热差,导致刀具寿命降低。因此,应选取合理的刀具前角,以获得高的刀具寿命。

减小主偏角、副偏角,增大刀尖圆弧半径,提高刀具强度和降低切削温度,均能提高刀具寿命。

(2) 刀具材料　刀具材料是影响刀具寿命的重要因素。合理选用刀具材料,采用涂层刀具和使用新型刀具材料,改善和提高刀具的切削性能,是提高刀具寿命和提高切削速度的重要途径之一。

(3) 工件材料　工件材料的物理力学性能也是影响刀具寿命的重要因素。工件材料的强度、硬度和韧性越高,延伸率越大,切削时切削温度也越高,刀具寿命就越低。

第七节　切削加工条件的合理选择

一、工件材料的可加工性

工件材料的可加工性是指在一定加工条件下,对某种材料切削加工时的难易程度,它直接影响金属切削加工过程。在生产实际中,金属切削加工的具体情况和要求不同,切削加工的难易程度也有所不同。例如,粗加工时,要求刀具的磨损慢和生产率高,而在精加工时,则要求能获得高的加工精度和较小的表面粗糙度值。显然,切削加工难易的含义是不同的。此外,普通机床与自动化机床,单件小批与成批大量生产,单刀切削与多刀切削等,都使可加工性的衡量标志不同。不锈钢在卧式车床上加工并不难,但在自动化生产线上,断屑困难,属难加工之列。因此评价工件材料的可加工性只能是一个相对指标或概念。

1. 工件材料可加工性的评定指标

在实际生产中,一般用相对可加工性 K_v 和一定刀具使用寿命下允许的切削速度 v_T 来衡量工件材料的可加工性。在其他条件相同的情况下,切削某种材料允许的 v_T 越高,材料的可加工性越好;相对可加工性 K_v 通常是以屈服强度 0.637GPa 的 45 钢的 v_{60}(刀具寿命为 60min 时所允许的切削速度,用 v_{60} 表示)为基准,写作 $(v_{60})_j$,将其他工件材料的 v_{60} 与之相比,其比值即为相对可加工性 K_v。即

$$K_v = \frac{v_{60}}{(v_{60})_j} \tag{1-33}$$

当 $K_v>1$ 时,该材料比 45 钢容易切削,例如有色金属 $K_v>3$;当 $K_v<1$ 时,该材料比 45 钢难切削,例如高锰钢、钛合金 $K_v \leq 0.5$,均属难加工材料。

2. 改善工件材料可加工性的途径

要改善工件材料的可加工性,可通过热处理方法改变材料的金相组织和力学性能,也可通过调整材料的化学成分等途径使其变得容易切削。生产实际中,热处理是常用的处理方法。例如,高碳钢和工具钢,采用球化退火改网状、片状的渗碳组织为球状渗碳组织。热轧中碳钢经过正火使其内部组织均匀,表皮硬度降低。低碳钢通过正火或冷拔以适当降低塑性,提高硬度。铸铁件进行退火,降低表层硬度,消除内部应力,以便于切削加工。

切削加工高强度、超高强度材料时,切削力比切削加工 45 钢时的切削力提高 20%~

30%,切削温度也高,刀具磨损快、寿命低,可加工性差。为此可采取以下改善措施:

1)为避免引起振动,工艺系统必须有足够的刚性,刀具的悬伸量应尽量小。

2)选用强度大、耐热、耐磨的刀具材料。

3)为防止崩刃,应增强切削刃和刀尖强度,前角应选小值或负值,表面粗糙度值应小,刀尖圆弧半径应在 0.8mm 以上。

4)粗加工一般应在退火或正火状态下进行。

5)适当降低切削速度。

切削加工硬度、强度低的高塑性材料时,由于这类材料的导热系数大,对可加工性有利,但塑性高、切削变形大、刀-屑接触长、易黏结冷焊,因此切削力也很大,并易生成积屑瘤,断屑困难,不易获得好的加工表面质量。可采取以下改善措施:

1)选用适宜的刀具材料,锋利的切削刃,以减小切削变形。

2)采用较高的切削速度和较大进给量、背吃刀量。

二、刀具材料的选择

在机械加工工艺系统中,能否充分发挥机床效率,保证加工质量,降低加工成本等,均与刀具材料的切削性能直接相关。因此,根据不同的工件材料和加工条件,选配合理的刀具材料,对切削加工过程来说极为关键。在加工难加工材料时,首先应考虑选用刀具材料的承受切削力高、耐热性好、刀具寿命长;其次应考虑刀具材料的抗弯强度好、导热系数大;还要考虑刀具材料的工艺性能好、成本合理。

刀具材料不同,刀具寿命就不同,所允许的切削速度也就不同。如图 1-44 所示描述了用不同刀具材料切削同一种工件材料(镍铬钼合金钢)的刀具寿命曲线。在同一刀具寿命的前提下,三种刀具材料允许的切削速度差距较大(特别是高速工具钢与硬质合金)。在同一切削速度的前提下,陶瓷刀具的刀具寿命明显高于硬质合金,因而选配新型刀具材料可大大提高生产率。

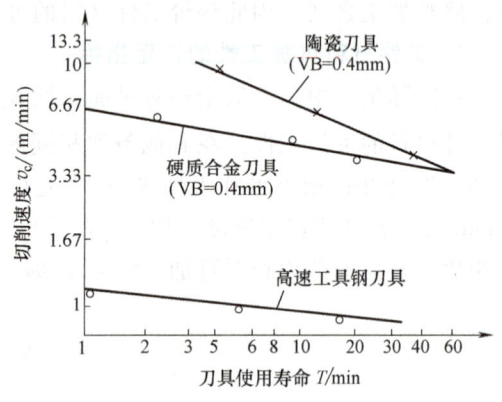

图 1-44 不同刀具材料的刀具寿命曲线

切削难加工材料时,为保证刀具寿命,不得不降低切削速度。工件材料的可加工性越好,允许的切削速度越高。

刀具材料主要根据工件材料、刀具形状和类型及加工要求等进行选择。低速切削刀具、复杂小型刀具选用高速工具钢;切削铸铁等脆性材料和有色金属,可选用钨钴类硬质合金;钨钴类硬质合金牌号中的数字表示合金中钴的质量分数的多少,钴的质量分数越多,表示合金的抗弯强度越好,适用于粗加工,钴的质量分数少的适用于精加工。切削钢等弹塑性材料,宜选用高温硬度和耐磨性好、抗月牙洼磨损能力强的钨钛钴类硬质合金;钨钛钴类硬质合金牌号中的数字表示 Ti 的质量分数。数字越大,表示 TiC 的质量分数越大,其高温硬度和耐磨性越好,适用于精加工;数字越小,表示 TiC 的质量分数越小,Co 的质量分数越大,抗弯强度好,适用于粗加工。由于刀具材料中含有 Ti,易和工件中的 Ti 起亲合反应,所以不宜切削含 Ti 元素的工件材料。切削含 Ti 的不锈钢及高温合金，也可选用 YG 类硬质合金。切削冷硬铸铁、有色金属及其合金可选用钨钽（铌）钴类硬质合金。

三、刀具几何参数的合理选择

刀具几何参数包括刀具角度、刀具的结构和形状、切削刃的形式等。合理的刀具几何参数是在保证加工质量的前提下，能够满足刀具使用寿命长、生产效率高、加工成本低的要求。刀具角度的选择主要包括刀具的前角、后角、主偏角和刃倾角的选择。刀具几何参数选配是否合理，对加工精度、表面质量、生产率以及经济性等均有较大影响。

1. 刀具角度的作用及其选择

（1）前角的作用及选择原则

1) 作用。前角 γ_o 对切削的难易程度有很大影响。增大前角能使切削刃变得锋利，使切削更为轻快，切削变形减小，并减小切削力和切削热。但前角过大，切削刃和刀尖的强度下降，刀具导热体积减小，影响刀具使用寿命。前角的大小对表面粗糙度、排屑和断屑等也有一定影响。合理的前角可使刀具锋利，切削温度降低而且可以提高刀具寿命和加工表面质量。

2) 选择原则。一般在保证加工质量和足够刀具寿命的前提下，尽可能选取大的前角。具体选择时，首先应根据工件材料选配。切削弹塑性材料时，为减小塑性变形，在保证足够的刀具强度前提下，尽可能选择大的前角；工件材料塑性越大，前角越大，切削铸铁等脆性材料时，应选取较小的前角。其次，应考虑刀具切削部分的材料。高速工具钢的抗弯强度和冲击韧性高于硬质合金，故其前角可大于硬质合金刀具；陶瓷刀具的脆性大于前两者，故其前角应最小。此外还应考虑加工要求。粗加工时，特别是工件表面有硬皮、形状误差较大和断续切削时，前角应取小值；精加工时，前角应取大值；成形刀具为减小切削刃形状误差，前角应取小值。

工件材料的强度、硬度低，前角应选得大些，反之小些；刀具材料韧性好（如高速工具钢），前角可选得大些，反之应选得小些（如硬质合金）；精加工时，前角可选得大些，粗加工时应选得小些。

（2）后角

1) 作用。后角 α_o 的主要功用是减小后面与工件间的摩擦和后面的磨损，其大小对刀具使用寿命和加工表面质量都有很大影响。一般，切削厚度越小，选择的刀具后角越大；加工工件材料越软，塑性越大，选择的后角越大。工艺系统刚性较差时，应适当减小后角，尺寸精度要求较高的刀具，后角宜取小值。

2) 选择原则。首先，粗加工时因切削力大，容易产生振动和冲击，为保证切削刃的强度，后角应取小值；精加工时，为保证已加工表面的质量，后角应取较大值。例如在切削 45 钢时，粗车取 $\alpha_o = 4° \sim 7°$，精车取 $\alpha_o = 6° \sim 10°$。其次，加工塑性和韧性大的材料时，工件已加工表面的弹性回复大，为减少摩擦，后角应取大值；加工脆性材料时，为保证刀具强度，一般选较小的后角。此外，高速工具钢刀具的后角可比同类型的硬质合金刀具后角稍大些，一般大 2°~3°。副后角的作用主要是减少副后面与已加工表面之间的摩擦，取值原则与后角相同，也可略小些。

（3）主偏角与副偏角的作用及选择原则

1) 作用。主偏角、副偏角的大小均影响加工表面的粗糙度,影响切削层的形状,切削分力的大小和比例,以及刀尖强度、断屑与排屑、散热条件等。

2) 主偏角的选择原则。粗加工时,主偏角应选大些,以减振、防崩刃;精加工时,主偏角可选小些,以减小工件表面粗糙度值;工件材料强度、硬度高时,主偏角应取小些(切削冷硬铸铁和淬硬钢时 κ_r 可取 15°),以改善散热条件,提高刀具寿命;工艺系统刚性好,应取较小的主偏角,刚性差时应取较大的主偏角。例如车削细长轴时常取 $\kappa_r \geq 90°$,以减小背向力。

3) 副偏角的选择原则。在工艺系统刚性允许的条件下,副偏角常选取较小的值,一般 $\kappa_r' = 5° \sim 10°$,最大不超过 15°;精加工刀具 κ_r' 应更小,必要时可磨出 $\kappa_r' = 0°$ 的修光刃。

(4) 刃倾角的作用及选择原则 刃倾角 λ_s 主要影响切削刃和刀头的强度、切屑流动的方向、切削刃的锋利性和切削分力的大小。

1) 作用。刃倾角的大小会影响切削刃和刀头的强度、切屑流动的方向、切削刃的锋利性和切削分力的大小,影响工件的变形和工艺系统的振动等。

2) 选择原则。一般根据工件材料及加工要求选择。对加工一般钢料或铸铁,粗加工时为保证刀具有足够的强度,通常取 $\lambda_s = -5° \sim 0°$,若有冲击载荷,取 $\lambda_s = -15° \sim -5°$;精加工时为使切屑不流向已加工表面,取 $\lambda_s = 0° \sim 5°$。如有加工余量不均匀、断续加工、剧烈冲击等现象,应选取绝对值较大的负刃倾角;进行微量精细切削时,$\lambda_s = 45° \sim 75°$。切削淬硬钢、高强度钢等难加工材料时,则取 $\lambda_s = -30° \sim -20°$。

2. 刀具几何参数选择举例

已知:工件材料为中碳钢的细长轴,加工设备为卧式车床。

加工要求:粗车外圆。

刀具几何参数的选择与分析:因工件材料的可加工性较好,切削过程中要解决的主要矛盾是防止工件产生弯曲变形。为此,要尽量减小背向力,车削时使用跟刀架和弹性顶尖,采用反向进给法,以增强工艺系统的刚性,防止振动的产生。

(1) 根据工件材料选配硬质合金为刀具材料

(2) 刀具几何参数选择 如图 1-45 所示:

1) 为减小背向力,取 $\gamma_o = 28° \sim 30°$,$\kappa_r = 75°$。

2) 由于前角较大,为使刃口有足够的强度,应修磨出负倒棱,取 $b_{r1} = 0.5 \sim 1.0$ mm,$\gamma_{o1} = -10°$。此时后角不能过大,取 $\alpha_o = 6°$,副后角取 $\alpha_o' = 8°$。刃倾角也不能过大,取 $\lambda_s = 3°$。

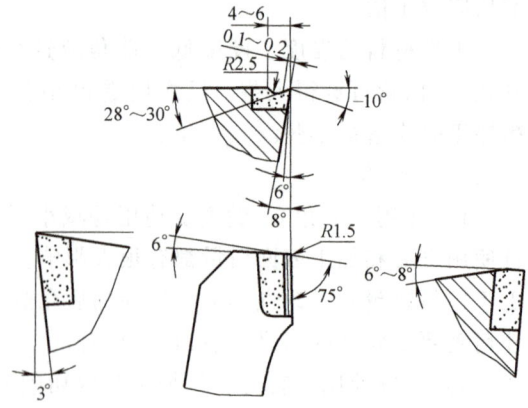

图 1-45 反向进给的细长轴车刀

3) 由于主偏角较大,为使刀尖有足够的强度,采用修圆刀尖,取 $r_\varepsilon = 1.5 \sim 2$ mm。

4) 为保证有效断屑,前面上磨出卷屑槽,槽宽 $L_{Bn} = 4 \sim 6$ mm,槽圆弧半径 $r_{Bn} = 2.5$ mm。

四、切削用量的选择

切削用量不仅是在机床调整前必须确定的重要参数,而且其数值合理与否对加工质量、加工效率、生产成本等有着非常重要的影响。所谓合理的切削用量，是指充分利用刀具切削性能和机床动力性能（功率、转矩），在保证加工质量的前提下，获得高生产率和低加工成本的切削用量。

1. 制订切削用量时考虑的因素

（1）切削加工生产率　在切削加工中，材料切除率与切削用量三要素 v_c、f、a_p 均保持线性关系，其中任一参数增大，都可使生产率提高。但由于刀具寿命的制约，当任一参数增大时，其他两参数必须减小。因此，在制订切削用量时，使三要素获得最佳组合，此时的高生产率才是合理的。

（2）刀具寿命　切削用量三要素对刀具寿命影响的大小，按顺序为 v_c、f、a_p。因此，从保证合理的刀具寿命出发，在确定切削用量时，应先采用尽可能大的背吃刀量；然后再选用大的进给量，最后按确定的刀具寿命求出切削速度，见式（1-34），或查阅切削用量手册。

（3）加工表面粗糙度　精加工时，增大进给量将增大加工表面粗糙度值。因此，它是精加工时抑制生产率提高的主要因素。

在多刀切削或使用组合刀具切削时，应按各把刀具允许的切削用量中最低的参数，作为调整机床的参数。对自动线各工位加工工序的切削用量，要按生产节拍进行平衡。

2. 切削用量制订的步骤（以车削为例）

（1）背吃刀量的选择　背吃刀量根据加工余量确定。粗加工时，尽量一次进给切除全部余量，在中等功率机床上，背吃刀量可达 8~10mm。若加工余量太大，机床功率和刀具强度不许可；若工艺系统刚性不足（如加工薄壁或细长轴工件），加工余量极不均匀，将引起很大振动；若冲击较大的断续切削，可分几次进给，如分两次进给，第一次的背吃刀量可取加工余量的 2/3~3/4，第二次的背吃刀量相应取小些，以保证精加工刀具有高的刀具寿命、高的加工精度和小的表面粗糙度值。半精加工时，背吃刀量可取 0.5~2mm。精加工时，背吃刀量可取 0.1~0.4mm。

（2）进给量的选择　粗加工时，进给量的选取主要考虑刀杆、切削刃、工件以及机床进给机构等的强度、刚度的限制。表 1-8 为在上述限制下制订的粗车进给量。

表 1-8　硬质合金车刀粗车外圆及端面的进给量

工件材料	车刀刀杆尺寸/mm	工件直径/mm	背吃刀量 a_p/mm				
			≤3	>3~5	>5~8	>8~12	>12
			进给量 f/(mm/r)				
碳素结构钢、合金结构钢及耐热钢	16×25	20	0.3~0.4	—	—	—	—
		40	0.4~0.5	0.3~0.4	—	—	—
		60	0.5~0.7	0.4~0.6	0.3~0.5	—	—
		100	0.6~0.9	0.5~0.7	0.5~0.6	0.4~0.5	—
		140	0.8~1.2	0.7~1.0	0.6~0.8	0.5~0.6	—
	20×30 25×25	20	0.3~0.4	—	—	—	—
		40	0.4~0.5	0.3~0.4	—	—	—
		60	0.6~0.7	0.5~0.7	0.4~0.6	—	—
		100	0.8~1.0	0.7~0.9	0.5~0.7	0.4~0.7	—
		140	1.2~1.4	1.0~1.2	0.8~1.0	0.6~0.9	0.4~0.6

(续)

工件材料	车刀刀杆尺寸 /mm	工件直径 /mm	背吃刀量 a_p/mm ≤3	>3~5	>5~8	>8~12	>12
			进给量 f/(mm/r)				
铸铁及铜合金	16×25	40	0.4~0.5	—	—	—	—
		60	0.6~0.8	0.5~0.8	0.4~0.6	—	—
		100	0.8~1.2	0.7~1.0	0.6~0.8	0.5~0.7	—
		400	1.0~1.4	1.0~1.2	0.8~1.0	0.6~0.8	—
	20×30 25×25	40	0.4~0.5	—	—	—	—
		60	0.6~0.9	0.5~0.8	0.4~0.7	—	—
		100	0.9~1.3	0.8~1.2	0.7~1.0	0.5~0.8	—
		400	1.2~1.8	1.2~1.6	1.0~1.3	0.9~1.1	0.7~0.9

半精加工、精加工时，主要按工件表面粗糙度的要求，根据工件材料、刀尖圆弧半径、切削速度按表 1-9 选择进给量。

表 1-9 按表面粗糙度选择进给量的参考值

工件材料	表面粗糙度 /μm	切削速度范围 /(m/min)	刀尖圆弧半径 r/mm		
			0.5	1.0	2.0
			进给量 f/(mm/r)		
铸铁、青铜、铝合金	Ra10~5	不限	0.25~0.40	0.40~0.50	0.50~0.60
	Ra5~2.5		0.15~0.20	0.25~0.40	0.40~0.60
	Ra2.5~1.5		0.10~0.15	0.15~0.20	0.20~0.35
碳钢及合金钢	Ra10~5	<50	0.30~0.50	0.45~0.60	0.55~0.70
		>50	0.40~0.55	0.55~0.65	0.65~0.70
	Ra5~2.5	<50	0.18~0.25	0.25~0.30	0.30~0.40
		>50	0.25~0.30	0.30~0.35	0.35~0.50
	Ra2.5~1.25	<50	0.10	0.11~0.15	0.15~0.22
		50~100	0.11~0.16	0.16~0.25	0.25~0.35
		>100	0.16~0.20	0.20~0.25	0.25~0.35

3. 切削速度的选择

根据已选定的背吃刀量 a_p、进给量 f 和刀具寿命 T，按下述公式计算切削速度 v_c：

$$v_c = \frac{C_v}{T^m a_p^{x_v} f^{y_v}} K_{v_c} \tag{1-34}$$

式中，C_v、x_v、y_v、m 的值见表 1-10，加工其他材料和用其他切削加工方法加工时的系数及指数可由切削用量手册查出；K_{v_c} 为切削速度的修正系数，是工件材料、毛坯表面状态、刀具材料、加工方式、主偏角、副偏角、刀尖圆弧半径、刀杆尺寸等对切削速度影响的修正系数的乘积，其值可由切削用量手册查出。

第一章 金属切削过程及其控制

表 1-10 外圆车削时切削速度公式中的系数和指数

工件材料	刀具材料	进给量 f /(mm/r)	公式中的系数和指数			
			C_v	x_v	y_v	m
碳素结构钢 屈服强度 0.65GPa	P10 （不用切削液）	≤0.30	291	0.15	0.20	0.20
		>0.30~0.70	242		0.35	
		>0.70	235		0.45	
	W18Cr4V W6M05Cr4V2 （用切削液）	≤0.25	67.2	0.25	0.33	0.125
		>0.25	43		0.66	
灰铸铁 190HBW	K20 （不用切削液）	≤0.40	189.8	0.15	0.20	0.20
		>0.40	158		0.40	

切削速度确定后，机床转速 n 为

$$n = \frac{1000v_c}{\pi d_w} \tag{1-35}$$

式中，n 为机床转速（r/min）；d_w 为工件未加工前的直径（mm）。

所选定的转速按机床说明书最后确定。在实际生产中，选择切削速度可参考表 1-11。从表中可看出，由于粗加工时 a_p、f 比精加工时大，所以前者的 v_c 选得比后者的小；工件材料的可加工性越差，v_c 选得越低；刀具材料的切削性能越好，v_c 也选择得越高。此外，在选择切削速度时，还应考虑以下几点：

1) 断续切削时，为减少冲击和热应力，应适当降低切削速度。
2) 选择的切削速度应避开易发生自激振动的临界速度。
3) 加工大件、薄壁件、细长件以及带氧化皮的工件时，应选较低的切削速度。
4) 精加工时，切削速度的选择应尽量避免积屑瘤产生的区域。
5) 校验机床功率后，如果超载，可采取降低切削速度的方法减小切削功率。

4. 切削用量选择举例

【例】 已知工件材料为 45 钢（热轧），$R_m = 0.637GPa$。毛坯尺寸 $\phi50mm \times 350mm$，装夹如图 1-46 所示。加工要求为外圆车削至 $\phi44mm$，表面粗糙度 $Ra3.2\mu m$，加工长度 300mm。机床采用 CA6140 卧式车床。刀具为焊接式硬质合金外圆车刀，刀具材料为 P10，刀杆截面尺寸为 16mm × 25mm；几何参数为 $\gamma_o = 15°$，$\alpha_o = 8°$，$\kappa_r = 75°$，$\kappa_r' = 10°$，$\lambda_s = 6°$，$r_\varepsilon = 1mm$，$b_{\gamma1} = 0.3mm$，$\gamma_{o1} = -10°$。试确定车削外圆的切削用量。

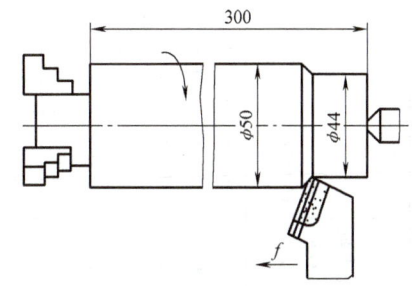

图 1-46 外圆车削尺寸

解：因表面粗糙度有一定要求，所以采用粗车、半精车两个工步加工。

(1) 粗车工步

1) 确定背吃刀量 a_p。因单边加工余量为 3mm，所以粗车取 $a_p = 2.5mm$。

表 1-11 车削加工的切削速度参考数值

加工材料		硬度 HBW	背吃刀量 a_p/mm	高速工具钢		硬质合金				陶瓷（超硬材料）刀具		说 明
				v_c/ (m/min)	f/ (mm/r)	未涂层		涂层				
						v_c/(m/min) 焊接式 | 可转位	f/ (mm/r)	材料	v_c/ (m/min) | f/ (mm/r)	v_c/ (m/min)	f/ (mm/r)	
易切削钢	低碳	100~200	1	55~90	0.18~0.20	185~240 | 220~275	0.18	P10	320~410 | 0.18	550~700	0.13	
			4	41~60	0.40	135~185 | 160~215	0.50	P20	215~275 | 0.40	425~580	0.25	
			8	34~55	0.50	110~145 | 130~170	0.75	P30	170~220 | 0.50	335~490	0.40	
	中碳	175~225	1	52	0.20	165 | 200	0.18	P10	305 | 0.18	520	0.13	
			4	40	0.40	125 | 150	0.50	P20	200 | 0.40	395	0.25	
			8	30	0.50	100 | 120	0.75	P30	160 | 0.50	305	0.40	
碳钢	低碳	125~225	1	43~46	0.18	140~150 | 170~195	0.16	P10	260~290 | 0.18	520~580	0.13	
			4	34~38	0.40	115~125 | 135~150	0.50	P20	170~190 | 0.40	365~425	0.25	
			8	27~30	0.50	88~100 | 105~120	0.75	P30	135~150 | 0.50	275~365	0.40	
	中碳	175~275	1	34~40	0.18	115~130 | 150~160	0.18	P10	220~240 | 0.18	460~520	0.13	
			4	23~30	0.40	90~100 | 115~125	0.50	P20	145~160 | 0.40	290~350	0.25	
			8	20~26	0.50	70~78 | 90~100	0.75	P30	115~120 | 0.50	200~260	0.40	
	高碳	175~275	1	30~37	0.18	115~130 | 140~155	0.18	P10	215~220 | 0.18	460~520	0.13	
			4	24~27	0.40	88~95 | 105~120	0.50	P20	145~150 | 0.40	280~335	0.25	
			8	18~21	0.50	69~76 | 84~95	0.75	P30	115~120 | 0.50	180~245	0.40	
合金钢	低碳	125~225	1	41~46	0.18	135~150 | 170~185	0.18	P10	220~235 | 0.18	520~580	0.13	
			4	32~39	0.40	105~120 | 135~145	0.50	P20	175~190 | 0.40	365~395	0.25	
			8	24~27	0.50	84~95 | 105~115	0.75	P30	135~145 | 0.50	275~335	0.40	
	中碳	175~275	1	34~41	0.18	105~115 | 130~150	0.18	P10	175~200 | 0.18	460~520	0.13	
			4	26~32	0.40	85~90 | 105~120	0.50	P20	135~160 | 0.40	280~360	0.25	
			8	20~24	0.50	67~73 | 82~95	0.75	P30	105~120 | 0.50	220~265	0.40	
	高碳	175~275	1	30~37	0.18	105~115 | 135~145	0.18	P10	150~190 | 0.18	460~520	0.13	
			4	24~27	0.40	84~90 | 115~115	0.40	P20	135~150 | 0.40	275~335	0.25	
			8	18~21	0.50	66~72 | 82~90	0.50	P30	105~120 | 0.50	215~245	0.40	
高强度钢		225~350	1	20~26	0.18	90~105 | 115~135	0.18	P10	150~185 | 0.18	380~440	0.13	>300HBW 时宜用 W12Cr4V5Co5 及 W2Mo9Cr14VCo8
			4	15~20	0.40	69~84 | 90~105	0.40	P20	120~135 | 0.40	205~265	0.25	
			8	12~15	0.50	53~66 | 69~74	0.50	P30	90~105 | 0.50	145~205	0.40	

（续）

加工材料	硬度 HBW	背吃刀量 a_p/mm	高速工具钢 v_c/(m/min)	高速工具钢 f/(mm/r)	硬质合金 未涂层 v_c/(m/min) 焊接式	硬质合金 未涂层 v_c/(m/min) 可转位	硬质合金 未涂层 f/(mm/r)	硬质合金 涂层 材料	硬质合金 涂层 v_c/(m/min)	硬质合金 涂层 f/(mm/r)	陶瓷（超硬材料）刀具 v_c/(m/min)	陶瓷（超硬材料）刀具 f/(mm/r)	说明
高速工具钢	200~275	1	15~24	0.13~0.18	76~105	85~125	0.18	M10,P10	115~160	0.18	420~460	0.13	>225HBW 时宜用 W12Cr4V5Co5 及 W2Mo9Cr4VCo8
		4	12~20	0.25~0.40	60~84	69~100	0.40	M20,P20	90~130	0.40	250~270	0.25	
		8	9~15	0.40~0.50	46~64	53~76	0.50	M30,P30	69~100	0.50	190~210	0.40	
不锈钢 奥氏体	135~275	1	18~34	0.18	58~105	67~120	0.18	K01,M10	84~160	0.18	275~420	0.13	>225HBW 时宜用 W12Cr4V6Co5 及 W2Mo9Cr4VCo8
		4	15~27	0.40	49~100	58~105	0.40	K20,M10	76~135	0.40	130~270	0.25	
		8	12~21	0.50	38~76	46~84	0.50	K20,M10	60~105	0.50	90~180	0.40	
不锈钢 马氏体	175~325	1	20~44	0.18	87~140	95~175	0.18	M10,P10	120~260	0.18	350~490	0.13	>275HBW 时宜用 W12Cr4V5Co5 及 W2Mo9Cr4VCo8
		4	15~35	0.40	69~115	75~135	0.40	M10,P10	100~170	0.40	185~335	0.25	
		8	12~27	0.50	55~90	58~105	0.50~0.75	M20,P20	76~139	0.50	120~245	0.40	
灰铸铁	160~260	1	26~43	0.18	84~135	100~165	0.18~0.25	K30,M20	130~190	0.18	395~550	0.13~0.25	>190HBW 时宜用 W12Cr4V5Co5 及 W2Mo9Cr4VCo8
		4	17~27	0.40	69~110	81~125	0.40~0.50		105~160	0.40	245~365	0.25~0.40	
		8	14~23	0.50	60~90	66~100	0.50~0.75		84~130	0.50	185~275	0.40~0.50	
可锻铸铁	160~240	1	30~40	0.18	120~160	135~185	0.25	M10,P10	185~235	0.25	305~365	0.13~0.25	
		4	23~30	0.40	90~120	105~135	0.50	M10,P10	135~185	0.40	230~290	0.25~0.40	
		8	18~24	0.50	76~100	85~115	0.75	M20,P20	105~145	0.50	150~230	0.40~0.50	
铝合金	120~150	1	245~305	0.18	550~610	max	0.25	K01,M10			365~395	0.075~0.15	
		4	215~275	0.40	425~550		0.50	K20,M10			245~760	0.15~0.30	
		8	185~245	0.50	305~365		1.0	K20,M10			150~460	0.30~0.50	
铜合金		1	40~175	0.18	84~345	90~395	0.18	K01,M10			305~146	0.075~0.15	
		4	34~145	0.40	69~290	76~335	0.40	K20,M10			150~855	0.15~0.30	
		8	27~120	0.50	64~270	70~305	0.75	K20,M20			90~550	0.30~0.50	
钛合金	300~350	1	12~24	0.13	38~66	49~76	0.12	K01,M10			365~395		高速工具钢采用 W12Cr4V5Co5 及 W2Mo9Cr4VCo8
		4	9~21	0.25	32~56	41~66	0.20	K20,M10					
		8	8~18	0.40	24~43	26~49	0.25	K30,M20					
高温合金	200~475	0.8	3.6~14	0.13	12~49	14~58	0.13				185	0.075	立方氮化硼刀具
		2.5	3~11	0.18	9~41	12~49	0.18				135	0.13	

2）确定进给量 f。根据工件材料、直径大小，刀杆截面尺寸及已定的粗车背吃刀量 a_p，从表 1-8 中查得 $f = 0.4 \sim 0.5$ mm/r。按机床操作说明书中实有的进给量，取 $f = 0.51$ mm/r。

3）确定切削速度。切削速度可由式（1-34）计算，也可根据已知条件和已确定的 a_p、f 值从表 1-11 中查得 $v_c = 90$ m/min。然后由式（1-35）计算机床主轴转速为

$$n = \frac{1000 v_c}{\pi d_w} = \frac{1000 \times 90}{\pi \times 50} \text{r/min} = 573 \text{r/min}$$

按机床说明书选取实际的切削速度 $n = 560$ r/min，实际切削速度为

$$v_c = \frac{\pi d_w n}{1000} = 87.9 \text{m/min}$$

4）校验机床功率（略）。

最终选配的粗车切削用量为 $v_c = 87.9$ m/min，$f = 0.51$ mm/r，$a_p = 2.5$ mm。

（2）半精车工步

1）确定背吃刀量 a_p，取 $a_p = 0.5$ mm。

2）确定进给量 f。根据表面粗糙度 $Ra = 3.2 \mu m$，刀尖圆弧半径 $r_\varepsilon = 1$ mm，从表 1-9 查得（预设 $v_c > 50$ m/min），$f = 0.30 \sim 0.35$ mm/r，按机床说明书上实有的进给量，确定 $f = 0.30$ mm/r。

3）确定切削速度。根据已知条件和已确定的 a_p、f 值从表 1-11 中查得 $v_c = 130$ m/min。然后计算出机床主轴转速为

$$n = \frac{1000 v_c}{\pi d_w} = \frac{1000 \times 130}{\pi \times (50-5)} \text{r/min} = 920 \text{r/min}$$

按说明书选取机床主轴实际转速为 900 r/min，故实际切削速度为

$$v_c = \pi(50-5)/1000 \times 900 \text{m/min} = 127.2 \text{m/min}$$

最终选配的半精车切削用量为 $v_c = 127.2$ m/min，$f = 0.3$ mm/r，$a_p = 0.5$ mm。

5. 提高切削用量的途径

（1）采用切削性能更好的新型刀具材料 例如在 $a_p = 1$ mm，$f = 0.18$ mm/r 的条件下，车削 350~400HBW 的高强度钢时，若用普通高速工具钢车刀可选切削速度 $v_c = 15$ m/min，而用硬质合金车刀，切削速度可提高到 $v_c = 76$ m/min，用涂层硬质合金车刀切削速度可达 $v_c = 130$ m/min，用陶瓷刀具可选择切削速度 $v_c = 335$ m/min。

（2）在保证工件力学性能的前提下，改善工件材料的可加工性 例如在 $a_p = 4$ mm、$f = 0.4$ mm/r 的条件下，用硬质合金刀具车削 70~225HBW 的中碳钢时，可选切削速度 $v_c = 100$ m/min，而加工同样硬度的易切削钢时，可选择切削速度 $v_c = 125$ m/min。

（3）改进刀具结构和选配合理刀具几何参数 例如采用可转位车刀可比焊接式车刀提高切削速度 15%~30%，采用良好的断屑装置也是提高切削效率的有效方法。

（4）提高刀具的制造和刃磨质量 例如采用金刚石砂轮代替碳化硅砂轮刃磨硬质合金刀具，刃磨后不会出现裂纹和烧伤，刀具寿命可提高 50%~100%。

（5）采用新型的、性能好的切削液和高效的冷却方法 例如可采用含有极压添加剂的切削液以及喷雾冷却法等。

五、切削液

在金属切削加工过程中，合理使用切削液能有效减小切削力，降低切削温度，延长刀具

寿命，减小工艺系统热变形，提高加工精度，保证加工表面质量。选用高性能切削液也是改善一些难加工材料可加工性的重要途径。

1. 切削液的作用

（1）冷却作用　切削液通过液体的热传导作用，把切削区内刀具、工件和切屑上大量的切削热带走，以降低切削温度，减小工艺系统的热变形。

（2）润滑作用　切削液的润滑作用在于减小前面与切屑、后面与工件之间的摩擦。它渗透到刀具、切屑和加工表面之间，其中带油脂的极性分子吸附在刀具的前面、后面上，形成物理性润滑膜。若与添加剂中的化学物质产生化学反应，还可形成化学吸附膜，从而在高温时能减小黏结和刀具磨损，减小加工表面粗糙度值，提高刀具寿命。

（3）清洗和排屑作用　切削液能对黏附在工件、刀具和机床表面的切屑和磨粒起清洗作用。在精密加工、磨削加工和自动线加工中，切削液的清洗作用尤为重要。深孔加工则完全是利用高压切削液排屑。

（4）防锈作用　切削液中加入防锈添加剂，使之与金属表面起化学反应生成保护膜，起到防锈、防腐蚀作用。

此外，切削液还应具有稳定性好、不污染环境、不伤害人体健康、配制容易、价廉等要求。

2. 切削液的分类

生产中常用的切削液可分为三大类：水溶液、乳化液、切削油。

（1）水溶液　水溶液的主要成分是水，冷却性能好，但润滑性差，易锈蚀金属。必须加入一定的添加剂（硝酸钠、碳酸钠、聚二乙酸），使其具有良好的防锈性能和润滑性能。

（2）乳化液　乳化液是用乳化油加水稀释搅拌后形成的乳白色液体。乳化油由矿物油、乳化剂及添加剂配制而成。乳化液具有良好的冷却作用，常用于粗加工和普通磨削加工中。高浓度乳化液以润滑作用为主，常用于精加工和使用复杂刀具的加工中。

（3）切削油　切削油的主要成分是矿物油，少数采用动植物油或复合油。纯矿物油不能在摩擦界面上形成坚固的润滑膜，润滑效果一般。常加入极压添加剂（硫、氯、磷等）和防锈添加剂，以提高其润滑性能和防锈性能。

矿物油包括机械油、轻柴油和煤油等。主要用于切削速度较低的精加工、有色金属加工和易切削钢加工。机械油的润滑作用较好，常用于普通精车和螺纹精加工中。煤油的渗透作用和冲洗作用较好，常用于精加工铝合金、精刨铸铁和用高速工具钢铰刀的铰孔中，能减小加工表面粗糙度值，提高刀具寿命。

（4）固体润滑剂　常用的固体润滑剂是二硫化钼（MoS_2）。由二硫化钼形成的润滑膜，其摩擦因数低（0.05~0.09）、熔点高（1185℃）。因此，切削时可将 MoS_2 涂在刀面上，也可添加在切削油中，可防止黏结和抑制积屑瘤形成，减小切削力，减小加工表面粗糙度值，延长刀具寿命，可用于车、钻、铰孔、深孔加工、螺纹加工、拉削和铣削加工中。

3. 切削液的选择和使用

（1）按工件材料选用　一般加工弹塑性材料时，需要切削液；加工脆性材料时，不用切削液。但在精加工铸铁及铜、铝等有色金属及其合金时，可用10%~20%的乳化液，加工铸铁时还可用煤油。加工难加工材料可选用极压切削油或极压乳化液，能使刀具寿命提高几倍，加工表面的表面粗糙度值减小。

（2）按刀具材料选用　由于高速工具钢刀具耐热性差，粗加工时应选用以冷却作用为主的切削液，以降低切削温度；在精加工时（包括铰削、拉削、螺纹加工、剃齿等），使用润滑性能好的极压切削油或高浓度的极压乳化液，以提高加工表面质量。硬质合金刀具由于耐热性好，一般不用切削液，必要时也可采用低浓度乳化液或水溶液，但必须连续充分供应，否则冷热不均会导致内应力增大，热裂效应增强。

（3）按加工方法选用　对半封闭、封闭状态的钻孔、铰孔、攻螺纹及拉削加工，冷却与排屑是主要问题，一般选用极压乳化液或极压切削油，以对切削区进行冷却、润滑和对切屑冲洗。磨削加工时，由于磨削区温度很高，磨屑会破坏已磨削表面质量，为此要求切削液具有良好的冷却、清洗、排屑和防锈性能，一般选用乳化液。

第八节　磨　　削

磨削在机械加工中是一种使用非常广泛的加工方法，其加工精度可达 IT5~IT6 级，加工表面的表面粗糙度值可小至 $Ra1.25$~$0.01\mu m$，镜面磨削时可达 $Ra0.04$~$0.01\mu m$。磨削对各种工件材料和各种几何表面都有广泛的适应性，它不仅可以作为一种精加工方法，而且其应用范围已扩大到对毛坯进行单位时间内金属切除量很大的加工（如蠕动磨削），并使之成为无须进行预先切削加工的最终加工工序。磨削的加工余量可以很小，在毛坯预加工工序如模锻、模冲压、精密铸造的精确度日益提高的情况下，磨削是直接提高工件精度的一个重要加工方法。磨削时，由于所采用磨具与一般金属切削所采用的刀具不同，且切削速度很高，因而磨削机理和切削机理就有很大的不同。

一、磨削特点

磨削加工是用高速回转的砂轮或其他磨具以给定的磨削深度对工件进行加工的方法。根据工件被加工表面的形状和砂轮与工件之间的相对运动，磨削分为外圆磨削、内圆磨削、平面磨削和无心磨削等几种主要加工类型。此外，还有对凸轮、螺纹、齿轮等零件进行磨削加工的专用磨床。

砂轮表面分布着无数磨粒，每个磨粒的棱角相当于一个刀具的切削刃口，当砂轮高速转动时，磨粒就从工件表层切去细微的金属切屑，切屑数量很大，但厚度很小。因此，磨削过程可以被看成类似于密齿切削刀具的超高速切削过程。

磨削和车削、铣削等加工方法一样，切削时切削刃使得工件表面发生弹性和塑性变形，产生切削作用和摩擦作用。磨削时，产生的切屑在显微镜下仔细观察，也可以看到带状切屑、节状切屑。磨削时看到的火花，是切屑在离开工件后氧化、燃烧的现象。

磨削加工与其他加工方法相比，具有以下特点：

1. 能获得很高的加工精度和小的表面粗糙度值

1）磨粒上锋利的切削刃，能够切下一层很薄的金属，切削厚度可以小到数微米。

2）磨床有较高的精度和刚度，并有实现微量进给的装置，可以实现微量切削。

3）磨削的切削速度高，磨削时有很多切削刃同时参与切削，每个磨粒只切下极细薄的金属，残留面积的高度小，有利于形成光洁的表面。

2. 磨削温度高

磨削的切削速度高，导致磨削温度高，加上砂轮的导热性很差，磨削产生的大多数磨削热传入工件，易造成工件表面烧伤和微裂纹。因此，磨削时应采用大量的切削液以降低磨削温度。

3. 磨削的背向力大

因磨粒负前角很大，且切削刃钝圆半径 r_n 较大，导致磨削背向力大于磨削切削力，会引起工件、夹具及机床产生弹性变形，影响加工精度。因此，在加工刚性较差的工件时（如磨削细长轴），应采取相应的措施，防止因工件变形而影响加工精度。

4. 砂轮有自锐作用

在磨削过程中，磨钝的磨粒会脱落而露出一层新的锋利磨粒，同时磨粒的破碎也会产生较锋利的新棱角，能够部分地恢复砂轮的切削能力，这种现象叫作砂轮的自锐作用，有利于磨削加工。

5. 能加工高硬度材料

磨削除可以加工铸铁、碳素结构钢、合金结构钢等一般结构材料外，还能加工一般刀具难以切削的高硬度材料，如淬火钢、硬质合金、陶瓷和玻璃等。但不宜精加工塑性较大的有色金属工件。

二、磨削运动与磨削用量

在磨削过程中，磨削速度，工件圆周进给速度、轴向进给量、径向进给量等，统称为磨削用量。合理选择磨削用量对保证磨削加工质量和提高生产率有很大影响。现以外圆磨削时所需要的磨削用量为例加以叙述，如图1-47所示。

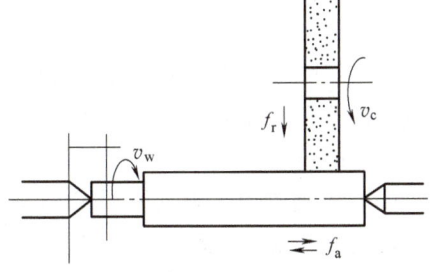

图1-47 外圆磨削运动与磨削用量

1. 磨削速度 v_c

砂轮高速旋转运动是主运动，磨削速度是指砂轮外圆的线速度

$$v_c = \frac{\pi d_o n_o}{1000 \times 60} \tag{1-36}$$

式中，d_o 为砂轮直径（mm）；n_o 为砂轮转速（r/min）。

2. 工件圆周进给速度 v_w

工件圆周进给速度是指工件外圆的线速度，单位为 m/min

$$v_w = \frac{\pi d_w n_w}{1000} \tag{1-37}$$

式中，d_w 为工件直径（mm）；n_w 为工件转速（r/min）。

3. 轴向进给量 f_a

轴向进给量是指工件转一周沿轴线方向相对于砂轮移动的距离，单位为 mm/r。通常 $f_a =$ (0.02~0.08)B，B 为砂轮宽度（mm）。

4. 径向进给量 f_r

径向进给量是指砂轮相对于工件在工作台每双（单）行程内径向移动的距离，f_r 的单位为 mm/双行程或 mm/单行程。

三、磨削过程

磨削时砂轮表面上有许多磨粒参与磨削工作，每个磨粒都可以看作是一把微小的刀具。磨粒的形状很不规则，其尖点的顶锥角大多为 90°~120°，如图 1-48 所示。磨粒上刃尖的钝圆半径 r_n 大约在几微米至几十微米之间，磨粒磨损后 r_n 值还将增大。由于磨粒以较大的负前角和钝圆半径对工件进行切削，磨粒接触工件的初期不会切下切屑，只有在磨粒的切削厚度增大到某一临界值后才开始切下切屑。磨削过程中磨粒对工件的作用包括滑擦、刻划（也称耕犁）和形成切屑三个阶段，如图 1-49 所示。

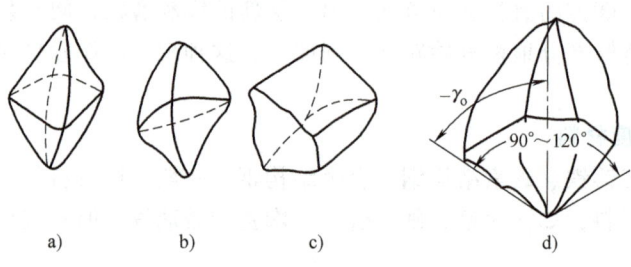

图 1-48 磨料的形状特征

（1）滑擦阶段 磨粒刚开始与工件接触时，由于切削厚度非常小，磨粒只是在工件上滑擦，砂轮和工件接触面上只有弹性变形和由摩擦产生的热量。

（2）刻划阶段 刻划阶段又称耕犁阶段。随着切削厚度逐渐加大，被磨削工件表面开始产生塑性变形，磨粒逐渐切入工件表层材料中。表层材料被挤向磨粒的前方和两侧，工件表面出现沟痕，沟痕两侧产生隆起，如图 1-49 中 N—N 截形图所示。此阶段磨粒对工件的挤压摩擦剧烈，产生的热量大大增加。

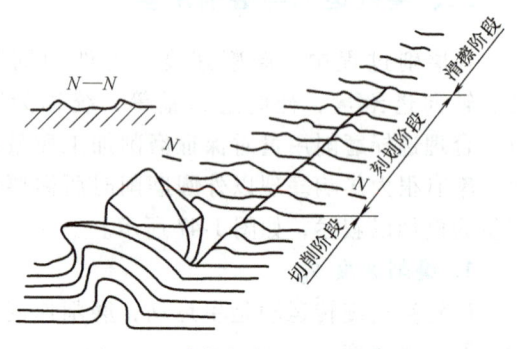

图 1-49 磨粒切削过程的三个阶段

（3）切削阶段 当磨粒的切削厚度增加到某一临界值时，磨粒前面的金属产生明显的剪切滑移形成切屑。

由图 1-49 可见，隆起现象不仅在刻划阶段有，在切削阶段也有。磨削过程中产生的沟痕两侧隆起现象对磨削表面粗糙度有较大影响。由实验可知，随着磨削速度的增加，隆起减小，这是因为在较高磨削速度条件下，工件材料塑性变形的传播速度远小于磨削速度，磨粒侧面的材料来不及变形。提高磨削速度对减小隆起量是有利的。

四、单颗磨粒的切削厚度

磨粒在砂轮表面上是随机分布的，且高低不平。为便于分析，现假设磨料前后对齐并均匀分布在砂轮外圆表面上。如图 1-50 所示为砂轮磨削平面时的情况，当砂轮上的点 A 旋转到点 B 时，工件上的点 C 在这段时间就移到了点 B，图 1-50 中面积 ABC 所包含的材料就被磨削掉了，磨去的最大切削厚度为 $\overline{BD}$。如果用 m 表示砂轮每毫米圆周上的磨粒数，则参加磨削的磨粒数为 $\overset{\frown}{AB} \times m$，其中弧长 $\overset{\frown}{AB}$ 单位为 mm。单颗磨粒的最大切削厚度 h_{Dgmax} 可用下式表示

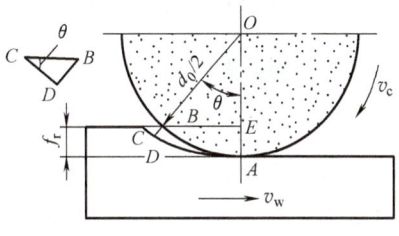

图 1-50 单颗磨粒的切削厚度分析

$$h_{Dgmax} = \frac{\overline{BD}}{\overset{\frown}{AB} m} \qquad (1\text{-}38)$$

图 1-50 中面积 BCD 可近似看成一直角三角形，由此知

$$\overline{BD} = \overline{BC}\sin\theta \qquad (1\text{-}39)$$

而

$$\overline{BC} = v_w t \qquad (1\text{-}40)$$

式中，v_w 为工件速度；t 为砂轮以速度 v_c 从点 A 转动到点 B 所花的时间

$$t = \frac{\overset{\frown}{AB}}{v_c}$$

将上式代入式（1-40），整理后得

$$\frac{\overline{BC}}{\overset{\frown}{AB}} = \frac{v_w}{v_c}$$

由图 1-50 知

$$\cos\alpha = \frac{\overline{OE}}{\overline{OB}} = \left(\frac{d_0}{2} - f_r\right) \Big/ \left(\frac{d_0}{2}\right) = \frac{(d_0 - 2f_r)}{d_0}$$

所以

$$\sin\theta = \sqrt{1-\cos^2\theta} = 2\sqrt{\frac{f_r}{d_0} - \frac{f_r^2}{d_0^2}}$$

通常 $d_0 \gg f_r$，得

$$\sin\theta = 2\sqrt{\frac{f_r}{d_0}} \qquad (1\text{-}41)$$

所以得

$$h_{Dgmax} = \frac{2v_w}{v_c m}\sqrt{\frac{f_r}{d_0}} \qquad (1\text{-}42)$$

式中，v_c 为砂轮速度（m/s）；v_w 为工件速度（m/s）；f_r 为径向进给量（mm）；d_0 为砂轮直径（mm）。

式（1-42）是在假定磨粒分布均匀的前提下得到的。实际上磨粒在砂轮表面上的分布是极不规则的，不同磨粒的切削厚度可能会相差很大。但仍可从式（1-42）对影响磨粒切削厚度的各有关因素做出以下定性分析：

1）工件速度 v_w 和径向进给量 f_r 增大时，h_{Dgmax} 将增大。
2）砂轮速度 v_c 和砂轮直径 d_0 增大时，h_{Dgmax} 将减小。
3）粒度号大（细粒度）的砂轮 m 大，h_{Dgmax} 相对较小。

单颗磨粒的切削厚度增大时，磨粒的切削负荷加重，磨削力增大，磨削温度升高，砂轮

磨损加快，工件已加工表面质量将变差。

五、磨削力

磨削与车削过程一样，也有磨削力 F 产生。磨削力来源于两个方面：一是磨削过程中工件材料发生弹性和塑性变形时所产生的阻力，二是磨粒与工件表面之间的摩擦力。以切除加工余量为主要目的的磨削，磨削力以前者为主；在通常的磨削中，尤其是精磨的无火花磨削阶段，磨削力主要是后者。

在外圆纵磨时，通常把磨削力分解为相互垂直的三个分力：主磨削力（切向磨削力）F_c，切深力（径向磨削力）F_p，进给力（轴向磨削力）F_f，如图 1-51 所示。与外圆纵车不同的是，磨削时 F_p 远大于 F_c，约为 2~4 倍，且单位磨削力 k_c 值也比普通切削大得多。这是由于磨削时切削厚度很小，磨粒上的刃口钝圆半径相对较大，绝大多数磨粒均呈负前角以及接触宽度大的缘故。

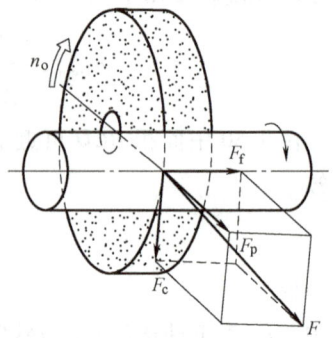

图 1-51 磨削力

六、磨削温度

1. 磨削温度

由于磨削时单位磨削力 k_c 比车削时大得多，切除金属体积相同时，磨削所消耗的能量远远大于车削所消耗的能量。这些能量在磨削中将迅速转变为热能，磨粒磨削点温度高达 1000~1400℃，砂轮磨削区温度也有几百度。磨削温度对加工表面质量影响很大，必须设法控制。

2. 影响磨削温度的因素

（1）砂轮速度 v_c　提高砂轮速度 v_c，单位时间通过工件表面的磨粒数增多，单颗磨粒切削厚度减小，挤压和摩擦作用加剧，单位时间内产生的热量增加，使磨削温度升高。

（2）工件速度 v_w　增大工件速度 v_w，单位时间内进入磨削区的工件材料增加，单颗磨粒的切削厚度加大，磨削力及能耗增加，磨削温度上升；但从热量传递的观点分析，提高工件速度 v_w，工件表面被磨削点与砂轮的接触时间缩短，工件上受热影响区的深度较浅，可以有效防止工件表面产生磨削烧伤和磨削裂纹，在生产实践中常采用提高 v_w 的方法来减少工件表面烧伤和裂纹。

（3）径向进给量 f_r　径向进给量 f_r 增大，单颗磨粒的切削厚度增大，产生的热量增多，使磨削温度升高。

（4）工件材料　磨削韧性大、强度高、导热性差的材料，因为消耗于金属变形和摩擦的能量大，发热多，这些材料的散热性能又差，故磨削温度较高。磨削脆性大、强度低、导热性好的材料，磨削温度相对较低。

（5）砂轮特性　选用低硬度砂轮磨削时，砂轮自锐性好，磨粒切削刃锋利，磨削力和磨削温度都比较低。选用粗粒度砂轮磨削时，容屑空间大，磨屑不易堵塞砂轮，磨削温度就低。

七、砂轮的磨损和修整

1. 砂轮的失效形式

砂轮的失效形式有：砂轮磨损、砂轮堵塞、砂轮失真。砂轮的磨损主要有：磨粒的磨耗磨损、磨粒的破碎磨损、磨粒的脱落磨损（结合剂破碎）。砂轮的堵塞主要原因是边界层切屑与工作磨粒之间的化学反应、磨粒的机械聚集、切屑间的压焊。砂轮的失真是指砂轮失去其原有廓形精度，这时砂轮虽然仍有切削能力，但也应视为失效。

砂轮磨损也分为初期磨损阶段、正常磨损阶段和剧烈磨损阶段三个阶段。在初期磨损阶段，磨损的主要原因是磨粒迅速破碎及少量结合剂的破碎；在正常磨损阶段，磨损的主要表现形式是砂轮的磨耗磨损；在剧烈磨损阶段，磨损的主要原因是黏结剂破碎，使磨粒大块掉落。

2. 砂轮的修整

砂轮修整的目的一是为了去除钝化和堵塞的磨粒，产生新的锋利的磨粒；二是为了获得足够的切削刃，降低加工表面粗糙度值；三是为了达到所需几何形状和精度的轮廓。

在磨削过程中，由于磨粒的切削刃逐步钝化，磨削力逐步增加，致使磨粒破碎或脱落，重新生成锋利的切削刃。这种特性称为自锐性。自锐性的结果，会使砂轮失去微刃性和等高性。而且实际上也不可能完全自锐，更难于控制，所以砂轮工作一定时间后，必须修整，否则就会引起振动、噪声，损伤工件表面质量，影响工件加工精度。砂轮的磨钝标准，是通过观察磨削时所产生的现象来确定的，一般包括：

1）粗磨时发生振动、噪声，说明砂轮已经磨钝（由于切屑、碎磨粒把砂轮堵塞，磨粒本身已磨损变钝），应立即修整砂轮。

2）精磨时，工件表面出现波浪痕迹或表面粗糙度值增大，说明砂轮已经磨钝，也必须修整砂轮。

修整砂轮用的工具如图 1-52 所示。砂轮修整的主要方法有：车削法、滚轧法和磨削法。

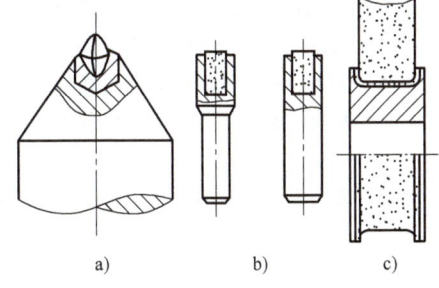

图 1-52　修整砂轮用的工具
a）大颗粒金刚石笔　b）多粒细碎金刚石笔
c）金刚石滚轮

习题与思考题

1-1　名词解释：基面、切削平面、刃倾角、剪切角、积屑瘤、单位切削力。

1-2　什么是切削用量三要素？在外圆车削中，它们与切削层参数有什么关系？

1-3　确定外圆车刀切削部分几何形状最少需要几个基本角度？试画图标出这些基本角度。

1-4　当 $\lambda_s = 0°$ 或 $\kappa_r = 90°$，或者两者同时满足时，哪些参考系彼此重合？

1-5　试述刀具标注角度和工作角度的区别。为什么车刀做横向切削时，进给量取值不能过大？

1-6　刀具切削部分的材料必须具备哪些基本性能？

1-7　常用的硬质合金有哪几类？如何选用？

1-8　金属切削过程的本质是什么？衡量指标有哪些？它们之间有何异同？

1-9　怎样划分切削变形区？第一变形区有哪些变形特点？

1-10 什么是积屑瘤？它对加工过程有什么影响？如何控制积屑瘤的产生？

1-11 试述影响切削变形的主要因素及影响规律。

1-12 常用的切屑形态有哪几种？它们一般都在什么情况下形成？如何对切屑形态进行控制？

1-13 影响切削力的主要因素有哪些？试论述其影响规律。

1-14 若要车削 45 钢的工件外圆，设刀具材料、几何参数、切削用量都符合实验条件（$\gamma_o = 15°$，$\kappa_r = 75°$，$\lambda_s = 0°$，无倒棱，$a_p = 4\text{mm}$，$f = 0.3\text{mm/r}$，$v_c = 100\text{m/min}$）。若单位切削力为 $k_c = 1962\text{MPa}$，试求主切削力 F_c 和切削功率 P_c。

1-15 当所选的切削用量经校验其切削功率超过机床功率时应如何解决？

1-16 试比较 a_p、f 对切削力、切削温度的影响有何异同？

1-17 刀具磨损有几种形式？各在什么条件下产生？

1-18 什么是刀具的磨钝标准？制订刀具磨钝标准要考虑哪些因素？

1-19 什么是刀具寿命和刀具总寿命？试分析切削用量三要素对刀具寿命的影响规律。

1-20 什么是最高生产率刀具寿命和经济刀具寿命？怎样合理选择刀具寿命？

1-21 试述刀具破损的形式及防止破损的措施。

1-22 何谓刀具合理几何参数？包含哪些内容？如何选择？

1-23 在 CA6140 型车床上车削外圆，已知：工件毛坯直径为 $\phi 70\text{mm}$，加工长度为 400mm；加工后工件尺寸为 $\phi 60_{-0.1}^{0}\text{mm}$，表面粗糙度为 $Ra3.2\mu\text{m}$；工件材料为 40Cr（$R_m = 700\text{MPa}$）；采用焊接式硬质合金外圆车刀（牌号为 YT15），刀杆截面尺寸为 $16\text{mm} \times 25\text{mm}$，刀具切削部分几何参数 $\gamma_o = 10°$，$\alpha_o = 6°$，$\kappa_r = 45°$，$\kappa_r' = 10°$，$\lambda_s = 0°$，$r_\varepsilon = 0.5\text{mm}$，$\gamma_{o1} = -10°$，$b_{\gamma 1} = 0.2\text{mm}$。试为该工序确定切削用量（CA6140 型车床纵向进给机构允许的最大作用力为 3500N）。

1-24 试论述切削用量的选择原则。

1-25 什么是砂轮硬度？如何正确选择砂轮硬度？

1-26 磨削外圆时磨削力的三个分力中以 F_p 为最大，车外圆时切削力的三个分力中以 F_c 为最大，为什么？

1-27 试用单颗磨粒的最大切削厚度公式，分析磨削工艺参数对磨削过程的影响。

第二章

机械加工方法及装备

金属切削机床是机械加工的主要设备。它是用切削、特种加工等方法将金属毛坯加工成机器零件的机器。虽然零件成形方法有很多，如铸造、锻造、焊接、快速成型等，但切削加工还是机器零件成形的主要加工方法，所以又称为工作母机，简称机床。

第一节 金属切削机床概述

一、机床的分类和型号的编制

（一）机床的分类

机床的品种和规格繁多，为了便于区别、使用和管理，需对机床加以分类并编制型号。机床的传统分类方法，主要是按其加工性质和所用的刀具进行的。根据国家制定的机床型号编制方法，目前将机床分为11大类：车床、钻床、镗床、磨床、齿轮加工机床、螺纹加工机床、铣床、刨插床、拉床、锯床和其他机床。在每一类机床中，又按工艺特点、布局形式和结构特性等不同，分为若干组。每一组又细分为若干系（系列）。

同类型机床按应用范围（通用性程度）又可分为：

1) 通用机床。可用于加工多种类型零件的不同工序，加工范围较广，通用性较强，但结构比较复杂。这种机床主要适用于单件小批量生产，例如卧式车床、万能外圆磨床及摇臂钻床等。

2) 专门化机床。它的工艺范围较窄，专门用于加工某一类或几类零件的某一道（或几道）特定工序，如曲轴车床、凸轮轴车床及丝杠铣床等。

3) 专用机床。工艺范围最窄，它一般是为某一特定零件的特定工序而设计制造的，适用于大批量生产，如车床导轨的专用磨床、各种组合机床等。

同类型机床按工作精度又可分为普通精度级机床、精密级机床和高精度级机床。机床按自动化程度可分为普通、半自动和自动机床。按质量与尺寸可分为仪表机床、中型机床（一般机床）、大型机床（质量大于10t）、重型机床（质量大于30t）和超重型机床（质量大于100t）。

按机床主要部件的数目，可以分为单轴、多轴或单刀、多刀机床等。

通常，机床根据加工性质进行分类，再根据其某些特点进一步描述，如多刀半自动车床、高精度外圆磨床等。

随着机床的发展,其分类方法也将不断发展。现代机床正向数控化方向发展,数控机床的功能日趋多样化,工序更加集中。现在一台数控机床集中了越来越多的传统机床的功能。例如,数控车床在卧式车床功能的基础上,又集中了转塔车床、仿形车床、自动车床等多种车床的功能;车削中心出现以后,在数控车床功能的基础上,又加入了钻、铣、镗等类机床的功能。又如,具有自动换刀功能的铣镗加工中心,习惯上称为加工中心(Machining Center,MC),集中了钻、铣、镗等多种类型机床的功能;有的加工中心的主轴既能立式又能卧式,即集中了立式加工中心和卧式加工中心的功能。可见,机床数控化引起了机床传统分类方法的变化,这种变化主要表现在机床品种不是越分越细,而是趋向综合。

(二) 机床型号的编制方法

机床型号是机床产品的代号,用以简明地表示机床的类型、通用特性和结构特性及主要技术参数等。我国现行的机床型号是按 2008 年颁布的 GB/T 15375—2008《金属切削机床 型号编制方法》编制的。此标准规定,机床型号由汉语拼音字母和数字按一定的规律组合而成,它适用于新设计的各类通用及专用金属切削机床、自动线,不包括组合机床、特种加工机床。

(1) 型号表示方法 通用机床的型号由基本部分和辅助部分组成,中间用"/"隔开,读作"之"。基本部分需统一管理,辅助部分是否纳入型号由企业自定。型号构成如下:

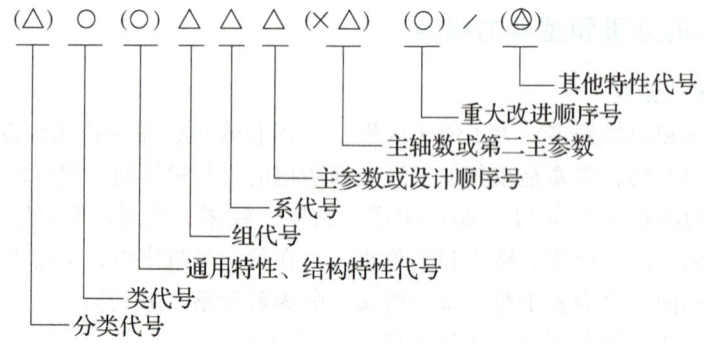

注:1.有"( )"的代号或数字,当无内容时则不表示,若有内容则不带括号;
2.有"○"符号者为大写的汉语拼音字母;
3.有"△"符号者为阿拉伯数字;
4.有"⊚"符号者为大写的汉语拼音字母、阿拉伯数字或两者兼有之。

(2) 机床类、组、系的划分及其代号 机床的类代号用大写的汉语拼音字母表示。必要时,每类又有若干分类。分类代号在类代号之前,作为型号的首位,并用阿拉伯数字表示。第一分类代号前的"1"省略,"2""3"分类代号则应予以表示。例如,磨床类分为M、2M、3M 三个分类。机床的类别和类代号及其读音见表 2-1。

表 2-1 机床的类别和类代号及其读音

类别	车床	钻床	镗床	磨床			齿轮加工机床	螺纹加工机床	铣床	刨插床	拉床	锯床	其他机床
代号	C	Z	T	M	2M	3M	Y	S	X	B	L	G	Q
读音	车	钻	镗	磨	二磨	三磨	牙	丝	铣	刨	拉	割	其

机床按其工作原理划分为 11 类。每类机床划分为 10 个组。每组机床又划分为 10 个系

（系列）。在同一类机床中，主要布局或使用范围基本相同的机床，即为同一组。在同一组机床中，其主要参数相同、主要结构及布局形式相同的机床，即为同一系。机床的组，用一位阿拉伯数字表示，位于类代号或通用特性代号、结构特性代号之后。机床的系，用一位阿拉伯数字表示，位于组代号之后。机床类、组划分及其代号参见 GB/T 15375—2008。

（3）机床的通用特性代号和结构特性代号　这两种特性代号，用大写的汉语拼音字母表示，位于类代号之后。

通用特性代号有统一的固定含义，它在各类机床型号中表示的意义相同。

当某类型机床，既有普通型又有某种通用特性时，则在类代号之后加通用特性代号予以区别。如果某类型机床仅有某种通用特性，而无普通型的，则通用特性不予表示。如 C1312 型单轴转塔自动车床，由于这类自动车床没有"非自动"型，所以不必用"Z"表示通用特性。当在一个型号中需同时使用两至三个通用特性代号时，一般按重要程度排列顺序。通用特性代号见表 2-2。

表 2-2　通用特性代号

通用特性	高精度	精密	自动	半自动	数控	加工中心（自动换刀）	仿形	轻型	加重型	柔性加工单元	数显	高速
代号	G	M	Z	B	K	H	F	Q	C	R	X	S
读音	高	密	自	半	控	换	仿	轻	重	柔	显	速

对主参数值相同而结构、性能不同的机床，在型号中加结构特性代号予以区分。根据各类机床的具体情况，对某些结构特性代号，可以赋予一定含义。但结构特性代号与通用特性代号不同，它在型号中没有统一的含义，只可在同类机床中起区分机床结构、性能的作用。当型号中有通用特性代号时，结构特性代号应排在通用特性代号之后。结构特性代号用汉语拼音字母（通用特性代号已用的字母和"I、O"两个字母不能用）表示，当单个字母不够用时，可将两个字母组合起来使用，如 AD、AE、…或 DA、EA、…。

（4）机床主参数和设计顺序号　机床主参数代表机床规格的大小，用折算值（主参数乘以折算系数）表示，位于系代号之后。常用机床型号中主参数有规定的表示方法。

对于某些通用机床，当无法用一个主参数表示时，则在型号中用设计顺序号表示。设计顺序号由 1 开始，当设计顺序号小于 10 时，由 01 开始编号。

（5）主轴数和第二主参数的表示方法　对于多轴车床、多轴钻床、排式钻床等机床，其主轴数应以实际数值列入型号，置于主参数之后，用"×"分开，读作"乘"。

第二主参数（多轴机床的主轴数除外）一般不予表示。如有特殊情况，需在型号中表示。在型号中表示的第二主参数，一般以折算成两位数为宜，最多不超过三位数。以长度、深度值等表示的，其折算系数为 1/100；以直径、宽度值等表示的，其折算系数为 1/10；以厚度、最大模数值等表示的，其折算系数为 1。

（6）机床的重大改进顺序号　当对机床的结构、性能有更高的要求，并需按新产品重新设计、试制和鉴定时，才按改进的先后顺序选用汉语拼音字母 A、B、C、…（但"I、O"两个字母不得选用），加在型号基本部分的尾部，以区别原机床型号。

（7）其他特性代号及其表示方法　其他特性代号置于辅助部分之首。其中同一型号机床的变型代号，一般应放在其他特性代号之首。

其他特性代号主要用以反映各类机床的特性，如：对于数控机床，可用来反映不同的控制系统等；对于加工中心，可用来反映控制系统、联动轴数、自动交换主轴头、自动交换工作台等；对于柔性加工单元，可用以反映自动交换主轴箱；对于一机多能机床，可用以补充表示某些功能；对于一般机床，可以反映同一型号机床的变型等。

其他特性代号，可用汉语拼音字母（"O、I"两个字母除外）表示，其中L表示联动轴数，F表示复合。当单个字母不够用时，可将两个字母组合起来使用，如AB、AC、AD等，或BA、CA、DA等。其他特性代号，也可用阿拉伯数字表示，还可用阿拉伯数字和汉语拼音字母组合表示。

二、机床的组成

为了实现加工过程中所需的各种运动，金属切削机床的基本组成需包含有执行机构、动力源、传动装置和支承系统等几个基本部分。

（1）执行机构　执行机构是执行机床运动的部件，如主轴、刀架、工作台等，其任务是装夹刀架或工件直接带动它们完成一定形式的运动（旋转或直线运动），并保证其运动轨迹的准确性。

（2）动力源　动力源是为执行机构提供运动和动力的装置，如交流异步电动机、直流或交流调速电动机和伺服电动机等。可以几个运动共用一个动力源，也可以每个运动有单独的动力源。

（3）传动装置（传动件）　传动装置是传递运动和动力的装置，通过它把执行机构和动力源或有关的执行机构联系起来，使执行机构获得一定速度和方向的运动，并使有关执行机构之间保持某种确定的相对运动关系。机床的传动装置有机械、液压、电气、气压等多种形式。传动装置还有完成变换运动的性质、方向、速度的作用。

（4）支承系统　支承系统是指将机床的机械本体，如床身、立柱、导轨等相关机械连接在内的支承结构。

（5）操纵控制系统　操纵控制系统对机床运动或动作进行控制，实现运动之间或动作的准确协调。

三、机床的运动分析

（一）工件表面的形状及其形成方法

机床在切削加工过程中，刀具和工件按一定的规律做相对运动，由刀具的切削刃切除毛坯上多余的金属，从而得到具有一定形状、尺寸精度和表面质量的工件。尽管机械零件的形状是多种多样的，但它的内、外表面轮廓的构成，却不外乎是几种基本的表面元素。这些表面元素是圆柱面、平面、圆锥面、螺旋面及各种成形表面，它们属于线性表面，如图2-1所示。任何一个表面都可看成是一条线（曲线或直线）沿着另一条线（曲线或直线）运动的轨迹，这两条线称为该表面的发生线，前者称为母线，后者称为导线。如图2-1a所示，平面是由直线1（母线）沿着直线2（导线）运动而形成；如图2-1b、c所示圆柱面和圆锥面是由直线1（母线）沿着圆2（导线）运动而形成；如图2-1d所示为圆柱螺纹的螺旋面，是由"∧"形线1（母线）沿着螺旋线2（导线）运动而成；如图2-1e所示为直齿圆柱齿轮的渐开线齿廓表面，是由渐开线 1（母线）沿着直线 2（导线）运动而形成的。

有些表面的两条发生线完全相同，但可以形成不同表面，例如，母线为直线，导线为圆，所需的运动相同，但由于母线相对于旋转轴的原始位置不同，所产生的表面也不同，可以是圆柱面、圆锥面或双曲面。

有些表面的母线和导线可以互换，如图 2-1a、b 所示；有些表面的母线和导线不可以互换，如图 2-1c、d 所示。在机床上加工零件时，是借助一定形状的切削刃及切削刃与被加工表面之间按一定规律做相对运动，形成所需的母线和导线。切削刃与所需形成的发生线之间的关系有三种：① 切削刃形状为一切削点；② 切削刃形状是一条切削线与要形成的发生线形状完全吻合；③ 切削刃的形状是一条切削线与所需形成的发生线的形状不吻合。

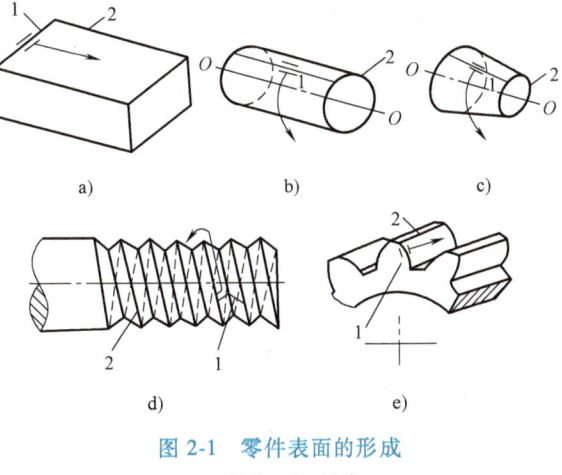

图 2-1　零件表面的形成

1—母线　2—导线

由于加工方法和使用的刀具切削刃的形状不同，机床上形成发生线的方法和需要的运动也不同，归纳起来有以下四种：

（1）轨迹法　如图 2-2a 所示，切削刃为切削点 1，它按一定的规律做轨迹运动 3，而形成所需要的发生线 2。所以采用轨迹法来形成发生线需要一个独立的成形运动。

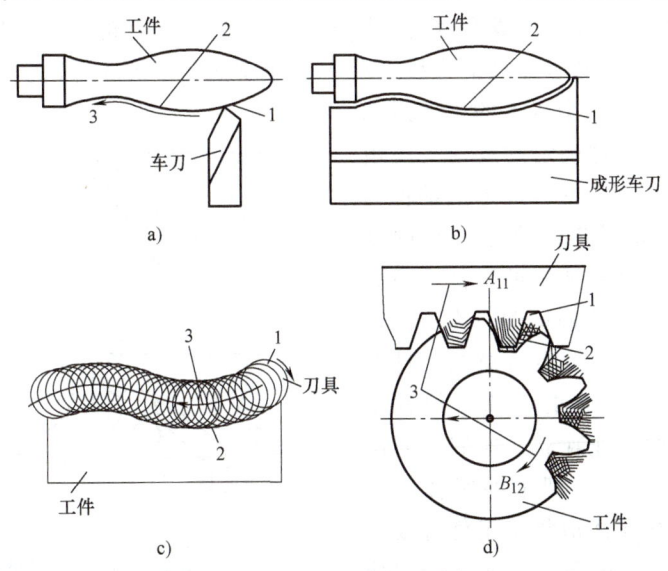

图 2-2　形成发生线的四种方法

（2）成形法　如图 2-2b 所示，切削刃为一条切削线 1，它的形状和长短与需要形成的发生线 2 完全一致。因此，用成形法来形成发生线不需要专门的成形运动。

（3）相切法　如图 2-2c 所示，切削刃为切削点，由于所采用加工方法的需要，该点是旋转刀具切削刃上的点 1，切削时刀具的旋转中心按一定规律做轨迹运动 3，它的切削点运动轨迹的包络线（相切线）就形成了发生线2。所以，用相切法形成发生线需要两个独立的成形运动（一个为刀具的旋转运动，一个是刀具中心按一定规律运动）。

（4）展成法　如图 2-2d 所示，刀具切削刃的形状为一条切削线1，但它与需要形成的发生线2不相吻合，发生线2是切削线1的包络线。因此，要得到发生线2（渐开线）就需要使刀具移动 A_{11} 和使工件做旋转运动 B_{12}，A_{11} 和 B_{12} 可看成是齿轮毛坯在齿条刀具上滚动分解得到的。因此，用展成法形成发生线时需要一个复合的成形运动，这个运动称为展成运动（即由 A_{11} 和 B_{12} 组成的展成线）。

（二）机床的运动

在金属切削机床上切削工件时，工件与刀具间的相对运动，就其运动性质而言，有旋转运动和直线运动两种。通常用符号 A 表示直线运动，用符号 B 表示旋转运动。但就机床上运动的功用来看，则可区分为表面成形运动、切入运动、分度运动、辅助运动、操纵及控制运动和校正运动等。

1. 表面成形运动

表面成形运动简称成形运动，是保证得到工件要求的表面形状的运动。表面成形运动是机床上最基本的运动，是机床上的刀具和工件为了形成表面发生线而做的相对运动。例如，如图 2-3a 所示是用尖头车刀车削外圆柱面时，工件的旋转运动 B_1 产生母线（圆），刀具的纵向直线运动 A_2 产生导线（直线）。形成母线和导线的方法，都属于轨迹法。B_1 和 A_2 就是两个表面成形运动。成形运动按其组成情况不同，可能是简单运动、复合运动或两者的组合。如果一个独立的成形运动，是由单独的旋转运动或直线运动构成的，则称此成形运动为简单的成形运动。如图 2-3a 所示，用尖头车刀车削外圆柱面时，工件的旋转运动 B_1 和刀具的直线移动 A_2 就是两个简单的成形运动。如图 2-3b 所示，用砂轮磨削外圆柱面时，砂轮和工件的旋转运动 B_1、B_2 以及工件的直线运动 A_3，也都是简单的成形运动。如果一个独立的成形运动，是由两个或两个以上的单元运动（旋转或直线）按照某种确定的运动关系组合而成，并且相互依存，这种成形运动称为复合的成形运动。如图 2-3c 所示，车削螺纹时，形成螺旋形发生线所需的工件与刀具之间的运动为相对螺旋轨迹运动。为简化机床结构和保证精度，通常将其分解为工件的等速旋转运动 B_{11} 和刀具的等速直线移动 A_{12}。B_{11} 和 A_{12} 彼此不能独立，他们之间必须保持严格的运动关系，即工件每转1转时，刀具直线移动的距离应等于工件螺纹的导程，从而 B_{11} 和 A_{12} 这两个单元运动组成一个复合的成形运动。如图 2-3d 所示，用

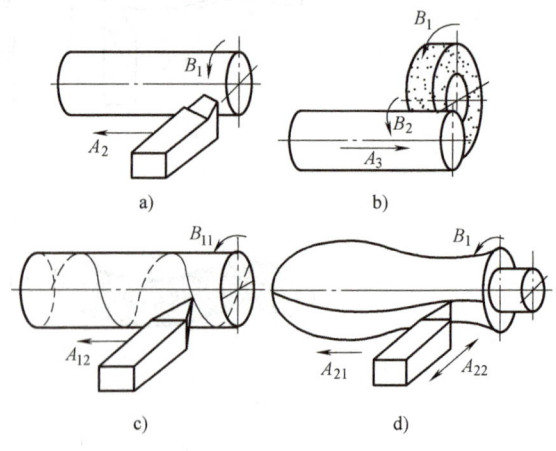

图 2-3　成形运动的组成

尖头车刀车削回转体成形面时，车刀的曲线轨迹运动通常是由方向相互垂直的、有严格速比关系的两个直线运动 A_{21} 和 A_{22} 来实现，A_{21} 和 A_{22} 也组成一个复合的成形运动。

成形运动按其在切削加工中所起的作用，又可分为主运动和进给运动。主运动是切除工件上的被切削层，使之转变为切屑的主要运动；进给运动是依次或连续不断地把被切削层投

入切削，以逐渐切出整个工件表面的运动。主运动的速度高，消耗的功率大；进给运动的速度较低，消耗的功率也较小。任何一种机床，必定有主运动，且通常只有一个，但进给运动可能有一个或几个，也可能没有（例如拉床）。主运动和进给运动可能是简单的成形运动，也可能是复合成形运动。

表面成形运动是机床上最基本的运动，其轨迹、数目、行程和方向等，在很大程度上决定着机床的传动和结构形式。显然，用不同工艺方法加工不同形状的表面，所需的表面成形运动也是不同的，从而产生了各种不同类型的机床。然而，即使用同一种工艺方法和刀具结构加工相同表面，由于具体加工条件不同，表面成形运动在刀具和工件之间的分配也往往不同。例如，车削外圆柱面，多数情况下表面成形运动是工件旋转和刀具直线运动。但根据工件形状、尺寸和坯料形式等具体条件不同，表面成形运动也可以是工件旋转并直线移动，或者刀具旋转和工件直线移动，或者刀具旋转并直线移动，如图 2-4 所示。表面成形运动在刀具和工件之间的分配情况不同，机床结构也不一样，这就决定了机床结构形式的多样化。

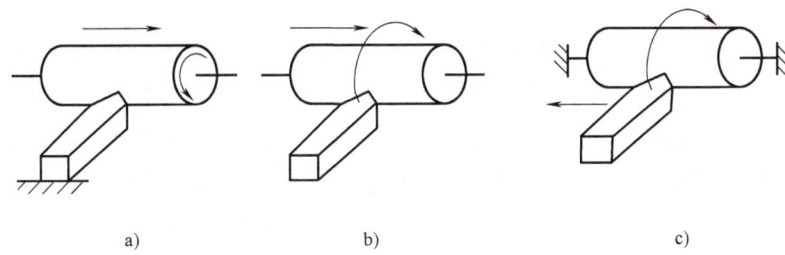

图 2-4　圆柱面的车削加工方式

2. 切入运动

用以实现使工件表面逐步达到所需尺寸的运动。

3. 分度运动

当加工若干个完全相同的均匀分布的表面时，为使表面成形运动得以周期地连续进行的运动称为分度运动。

分度运动可以是回转的分度，例如车多线螺纹，车完一个螺纹表面后，工件相对刀具要回转 $1/k$ 转（k——螺纹线数）才能车削另一条螺纹表面，这个工件相对刀具的旋转运动就是分度运动。分度运动也可以是直线移动，例如车多线螺纹时，在车完一条螺纹后，刀架移动一个螺距进行分度。

分度运动也可以是间歇分度，如自动车床的回转刀架的转位；也可以是连续的，如插齿机、滚齿机的工件分度等，此时分度运动包含在表面成形运动中。

分度运动可以是手动的、半自动的和自动的。

4. 辅助运动

为切削加工创造条件的运动称为辅助运动。例如工件或刀具的调位、快速趋近、快速退出和工作行程中空程的超越运动，以及修整砂轮、排除切屑、刀具和工件的自动装卸和夹紧等。

辅助运动虽然不直接参与表面成形过程，但对机床整个加工过程却是不可缺少的，同时还对机床的生产率、加工精度和表面质量有较大的影响。

5. 操纵及控制运动

操纵及控制运动包括起动，停止，变速，换向，部件与工件的夹紧、松开、转位以及自动换刀，自动测量，自动补偿等运动。

6. 校正运动

在精密机床上，为了消除传动误差的运动称为校正运动。如精密螺纹车床或螺纹磨床中的螺距校正运动。

（三）机床的传动联系和传动原理图

1. 机床的传动联系和传动链

机床上为了得到所需要的运动，需要通过一系列的传动把执行机构与动力源（如把主轴和电动机），或者把执行机构和执行机构（例如把主轴和刀架）之间联系起来，称为传动联系。构成一个传动联系的一系列顺序排列的传动机构，称为传动链。传动链中通常包含两类传动机构：一类是传动比和传动方向固定不变的传动机构，如定比齿轮副、蜗杆蜗轮副、丝杠螺母副等，称为定比传动机构；另一类是根据加工要求可以变换传动比和传动方向的传动机构，如交换齿轮变速机构、滑移齿轮变速机构、离合器换向机构等。传动链可以分为以下两类：

（1）外联系传动链　它是联系动力源（如电动机）和机床执行机构（如主轴、刀架、工作台等）之间的传动链，使执行机构得到运动和动力，而且能改变运动的速度和方向，但不要求动力源和执行机构之间有严格的传动比关系。此外，外联系传动链还包括变速机构和换向（改变运动方向）机构等。外联系传动链传动比的变化，只影响生产率或表面粗糙度，不影响发生线的性质。因此，外联系传动链不要求动力源与执行机构间有严格的传动比关系。例如，在车床上用轨迹法车削圆柱面时，主轴的旋转和刀架的移动就是两个互相独立的成形运动，有两条外联系传动链。主轴的转速和刀架的移动速度，只影响生产率或表面粗糙度，不影响圆柱面的性质。工件的旋转和刀架的移动之间，没有严格的相对速度关系。

（2）内联系传动链　当表面成形运动为复合的成形运动时，它由保持严格的相对运动关系的几个单元运动（旋转或直线运动）所组成，为完成复合的成形运动，必须有传动链把实现这些单元运动的执行机构与执行机构联系起来，并使其保持确定的运动关系，这种传动链叫作内联系传动链。例如，车削圆柱螺纹时需要工件旋转和车刀直线移动组成的复合运动，这两个单元运动应保持严格的运动关系：工件每转1转，车刀准确地移动工件螺纹一个导程的距离。联系主轴-刀架之间的螺纹传动链，就是一条内联系传动链。再如，用齿轮滚刀加工直齿圆柱齿轮时，滚刀每转 $1/K$ 转（K 是滚刀头数），工件必须转 $1/z_工$ 转（$z_工$ 为工件的齿数）。联系滚刀旋转和工件旋转的传动链，就是内联系传动链。

内联系传动链必须保证复合运动的两个单元运动保持严格的运动关系，其传动比是否准确以及由其确定的两个单元运动的相对运动方向是否正确，将会直接影响被加工表面的形状精度。如果传动比不准确，则车螺纹时就不能得到要求的导程，加工齿轮时就不能展成正确的渐开线齿形。因此，内联系传动链中不能有传动比不确定或瞬时传动比变化的传动机构，如带传动、链传动和摩擦传动等。

2. 传动原理图

为了便于研究机床的传动联系，常用一些简单的符号表示动力源与执行机构及执行机构与执行机构之间的传动联系，这就是传动原理图。传动原理图仅表示形成某一表面所需的成形、分度与表面成形直接关系的运动及其传动联系。如图2-5所示为传动原理图常用的一些示意符号。

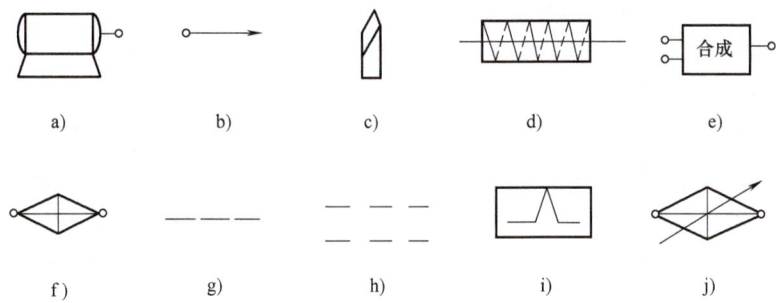

图 2-5 常用传动原理符号

a) 电动机 b) 主轴 c) 车刀 d) 滚刀 e) 合成机构 f) 传动比可变换的换置机构
g) 传动比不变的机械联系 h) 电的联系 i) 脉冲发生器 j) 快调换置机构—数控系统

如图 2-6 所示为卧式车床的传动原理图。卧式车床在形成螺旋表面时需要一个运动——刀具与工件间相对的螺旋运动。这个运动是复合运动。它可分解为两部分：工件的旋转 B_{11} 和车刀的纵向直线移动 A_{12}。因此，车床应有两条传动链：① 联系复合运动两部分 B_{11} 和 A_{12} 的内联系传动链：主轴—4—5—u_x—6—7—丝杠；② 联系动力源与这个复合运动的外联系传动链。外联系传动链可由动力源联系复合运动中的任一环节。考虑到大部分动力应输送给主轴，故外联系传动链联系动力源与主轴：电动机—1—2—u_v—3—4—主轴。

数控车床的传动原理图基本上与卧式车床相同，所不同的是许多地方用电联系代替机械联系，如图 2-7 所示。车螺纹时，脉冲发生器 P 通过机械传动装置（通常是一对齿数相等的齿轮）与主轴相联系，主轴每转 1 转，发出 N 个脉冲，经 3—4 至纵向快速调整换置机构 u_{c1} 和伺服系统 5—6 控制伺服电动机 M_1，它或经机械传动装置 7—8 或直接与滚珠丝杠连接传动滚珠丝杠，使刀架做纵向直线移动 A_2，并保证主轴每转 1 转，刀架纵向移动一个工件螺纹的导程。改变 u_{c1}，可使其输出脉冲发生变化，以满足车削不同导程的螺纹要求。

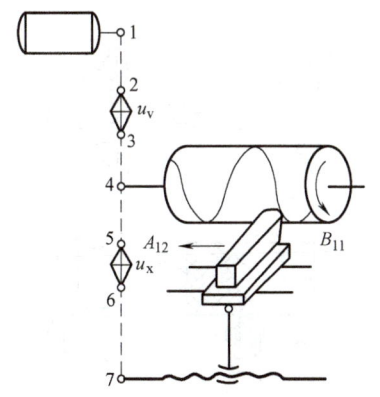

图 2-6 卧式车床的传动原理图

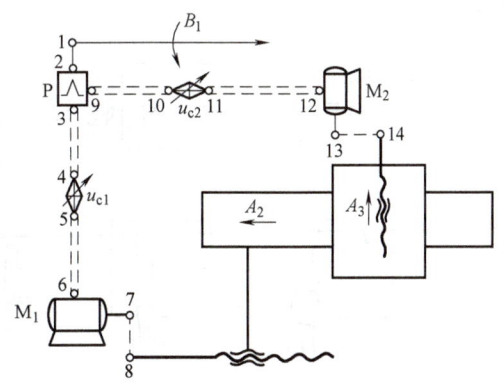

图 2-7 数控车床的螺纹链和进给链

此外，车削螺纹时，脉冲发生器还发出另一组脉冲，即主轴每转发出一个脉冲，称为同步脉冲。由于在加工螺纹时，必须经过多次重复车削才能完成，为了保证螺纹不乱扣，数控系统必须控制刀具的切削相位，以保证在螺纹上的同一切削点切入。同步脉冲是保证在螺纹车削中不产生乱扣的唯一控制信号。

车削端面螺纹时,脉冲发生器 P 发出的脉冲经 9—10—u_{c2}—11—12—M_2—13—14—丝杠使刀具做横向移动 A_3。

车削成形曲面时,主轴每转 1 转,脉冲发生器 P 发出的脉冲同时控制纵向移动 A_2 和横向移动 A_3。这时,联系纵、横向运动的传动链"A_2—纵向丝杠—8—7—M_1—6—5—u_{c1}—4—3—脉冲发生器 P—9—10—u_{c2}—11—12—M_2—13—14—横向丝杠—A_3 形成一条内联系传动链,u_{c1} 和 u_{c2} 同时不断地变化,以保证刀尖沿着要求的轨迹运动,以便得到所需的工件表面形状,并使 A_2、A_3 的合成线速度的大小基本保持恒定。

车削圆柱面或端面时,主轴的转动 B_1 和刀具的移动 A_2 或 A_3 是三个独立的简单运动,u_{c1} 和 u_{c2} 用以调整转速的高低和进给量的大小。

第二节 车削与车床

一、卧式车床的工艺范围及其组成

车床主要用于加工各种回转表面,如内外圆柱面、圆锥面、成形回转面和回转体的端面等。有的车床还能加工螺纹面。

车床的种类很多,按其结构和用途的不同,主要可以分为以下几大类:落地及卧式车床、立式车床、回轮及转塔车床、单轴和多轴自动和半自动车床、仿形及多刀车床、数控车床以及车削中心等。除此之外,还有各种专门化车床,如曲轴车床、凸轮轴车床、铲齿车床等。在大批大量的生产中还使用各种专用车床。在所有车床类机床中,以卧式车床应用最广。

卧式车床的工艺范围很广,能进行多种表面的加工,如内外圆柱面、圆锥面、环槽、成形回转面、端平面及各种螺纹等,还可进行钻孔、扩孔、铰孔和滚花等工作如图 2-8 所示。

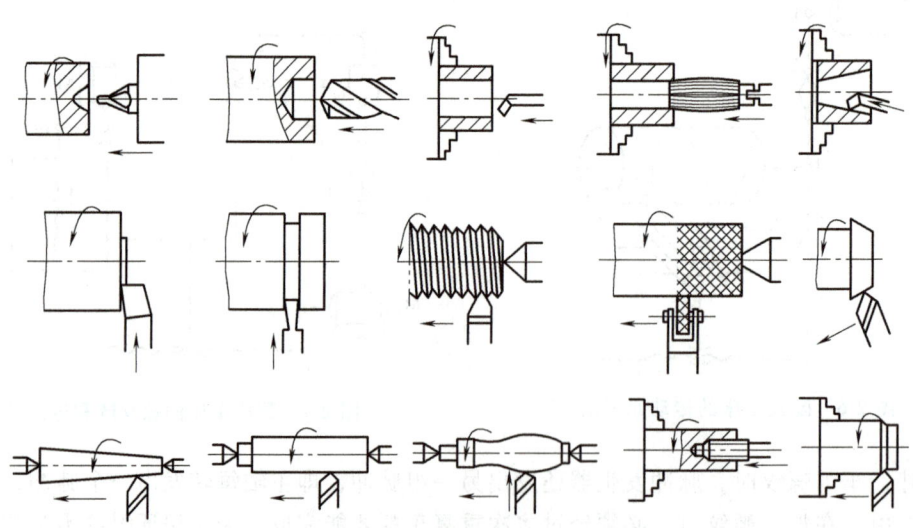

图 2-8 卧式车床所能加工的典型表面

卧式车床主要对各种轴类、套类和盘类零件进行加工，其外形如图 2-9 所示。它的主要部件由以下几部分组成：

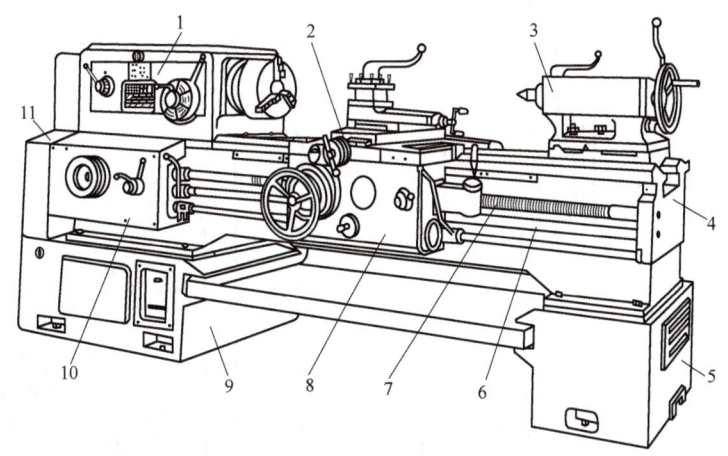

图 2-9　卧式车床的外形

1. 主轴箱

主轴箱 1 固定在床身 4 的左端，主轴箱内装有主轴和变速传动机构。主轴前端装有卡盘，用以夹持工件。电动机经变速机构把动力传给主轴，使主轴带动工件按规定的转速旋转，以实现主运动。

2. 刀架

刀架 2 位于床身 4 的刀架导轨上，并可沿此导轨纵向移动。刀架部件由几层刀架组成，它用于装夹车刀，并使车刀做纵向、横向或斜向运动。

3. 尾座

尾座 3 安装在床身 4 的右端的尾座导轨上，可沿导轨纵向调整位置。尾座的功用是用后顶尖支承长工件。尾座上还可以安装钻头等孔加工刀具进行孔加工。

4. 床身

床身 4 固定在左床腿 9 和右床腿 5 上。床身是车床的基本支承件。在床身上安装着车床的各个主要部件，使它们在工作时保持准确的相对位置或运动轨迹。

5. 溜板箱

溜板箱 8 固定在刀架 2 的底部，可带动刀架一起做纵向运动。溜板箱的功用是把进给箱传来的运动传递给刀架，使刀架实现纵向进给、横向进给、快速移动或车螺纹。在溜板箱上装有各种操作手柄或按钮。

6. 进给箱

进给箱 10 固定在床身 4 的左前侧，进给箱内装有进给运动的变换机构，用于改变机动进给的进给量或改变被加工螺纹的导程。11 为交换齿轮箱。

二、卧式车床的传动系统

CA6140 型车床是普通精度的卧式车床。如图 2-10 所示是其传动系统图。传动系统包括主运动传动链和进给运动传动链两部分。

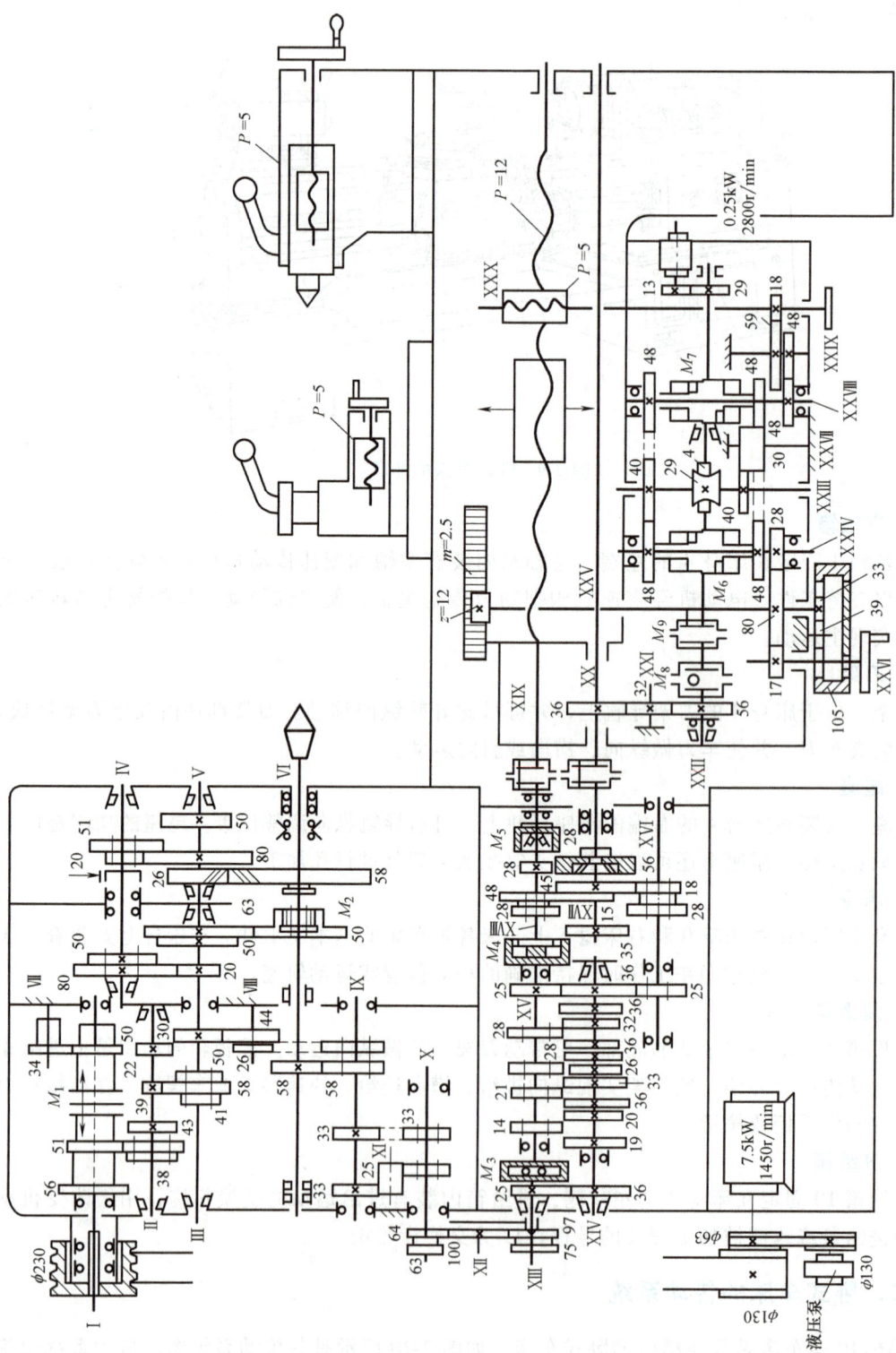

图 2-10 CA6140 型卧式车床的传动系统图

(一) 主运动传动链

主运动传动链的两末端件是电动机和主轴。它的功用是把动力源（电动机）的运动及能量传给主轴，使主轴带动工件旋转。卧式车床的主轴应能变速及换向。

1. 传动路线

运动由电动机经 V 带传至主轴箱中的轴 Ⅰ。在轴 Ⅰ 上装有双向多片式摩擦离合器 M_1。M_1 的功用为控制主轴（轴Ⅵ）正转、反转或停止。M_1 的左、右两部分分别与空套在轴 Ⅰ 上的两个齿轮连在一起。当离合器 M_1 向左接合时，主轴正转，轴 Ⅰ 的运动经 M_1 左部的摩擦片及齿轮副 56/38 或 51/43 传给轴 Ⅱ。当离合器 M_1 向右接合时，主轴反转，轴 Ⅰ 的运动经 M_1 右部的摩擦片及齿轮 z_{50} 传给轴Ⅶ上的空套齿轮 z_{34}，然后再传给轴 Ⅱ 上的齿轮 z_{30}，使轴 Ⅱ 转动。这时，由轴 Ⅰ 传到轴 Ⅱ 的运动多经过了一个中间齿轮 z_{34}，因此，轴 Ⅱ 的转动方向与经离合器 M_1 左部传动时相反。离合器 M_1 处于中间位置，左、右都不接合时，主轴停转。轴 Ⅱ 的运动可分别通过三对齿轮副 22/58、30/50 或 39/41 传至轴Ⅲ。运动由轴Ⅲ到主轴可以有两种不同的传动路线：

1) 当主轴需要高速运转（$n_主$ = 450~1400r/min）时，如图 2-10 所示，主轴上的滑动齿轮 z_{50} 处于左端位置，轴Ⅲ的运动经齿轮副 63/50 直接传给主轴。

2) 当主轴需以较低的转速运转（$n_主$ = 10~500r/min）时，主轴上的滑动齿轮 z_{50} 移到右端位置，使齿式离合器 M_2 啮合，于是轴Ⅲ上的运动就经齿轮副 20/80 或 50/50 传给轴Ⅳ，然后再由轴Ⅳ经齿轮副 20/80 或 51/50、26/58 及齿式离合器 M_2 传给主轴。

下面是 CA6140 型卧式车床主运动传动链的传动路线表达式：

$$\begin{pmatrix} 主电动机 \\ 7.5\text{kW} \\ 1450\text{r/min} \end{pmatrix} - \frac{\phi 130\text{mm}}{\phi 230\text{mm}} - Ⅰ - \left\{ \begin{matrix} M_1（左）\\（正转）\end{matrix} - \begin{Bmatrix} \frac{56}{38} \\ \frac{51}{43} \end{Bmatrix} \\ \begin{matrix} M_1（右）\\（反转）\end{matrix} - \frac{50}{34} - Ⅶ - \frac{34}{30} \end{right\} - Ⅱ - \begin{Bmatrix} \frac{39}{41} \\ \frac{30}{50} \\ \frac{22}{58} \end{Bmatrix} -$$

$$Ⅲ - \left\{ \begin{matrix} \frac{63}{50} \\ （高速路线）\\ \begin{Bmatrix} \frac{20}{80} \\ \frac{50}{50} \end{Bmatrix} - Ⅳ - \begin{Bmatrix} \frac{20}{80} \\ \frac{51}{50} \end{Bmatrix} - Ⅴ - \frac{26}{58} - M_2 \end{matrix} \right\} - Ⅵ（主轴）$$

2. 主轴的转速级数与转速计算

根据传动系统图和传动路线表达式，主轴可以得到 30 级转速，但由于轴Ⅲ—Ⅴ间的四种传动比为

$$u_1 = \frac{50}{50} \times \frac{51}{50} \approx 1 \qquad u_2 = \frac{50}{50} \times \frac{20}{80} = \frac{1}{4}$$

$$u_3 = \frac{20}{80} \times \frac{51}{50} \approx \frac{1}{4} \qquad u_4 = \frac{20}{80} \times \frac{20}{80} = \frac{1}{16}$$

其中，u_2 和 u_3 基本上相同，轴Ⅲ—Ⅵ间实际上只有 3 种不同传动比，故主轴正转的实际级数为 2×3×(2×2-1)= 18，加上经齿轮副 63/50 直接传动的 6 级高速转动，主轴正转时实际上只能获得 24 级不同转速。

同理，主轴反转时也只能获得：3+3×(2×2-1)= 12 级不同转速。

主轴的转速可应用下列运动平衡式计算：

$$n_{主} = n_{电} \times \frac{130}{230} \times (1-\varepsilon) \times u_{Ⅰ-Ⅱ} \times u_{Ⅱ-Ⅲ} \times u_{Ⅲ-Ⅵ}$$

式中，$n_{主}$ 为主轴转速（r/min）；ε 为 V 带传动的滑动系数，ε = 0.02；$u_{Ⅰ-Ⅱ}$、$u_{Ⅱ-Ⅲ}$、$u_{Ⅲ-Ⅵ}$ 为轴Ⅰ—Ⅱ、Ⅱ—Ⅲ、Ⅲ—Ⅵ间的可变传动比。

主轴的最低转速为

$$n_{\min} = 1450 \times \frac{130}{230} \times (1-0.02) \times \frac{51}{43} \times \frac{22}{58} \times \frac{20}{80} \times \frac{20}{80} \times \frac{26}{58} \text{r/min} \approx 10 \text{r/min}$$

主轴的最高转速为

$$n_{\max} = 1450 \times \frac{130}{230} \times (1-0.02) \times \frac{56}{38} \times \frac{39}{41} \times \frac{63}{50} \text{r/min} \approx 1400 \text{r/min}$$

（二）进给运动传动链

进给运动链是使刀架实现纵向或横向运动的传动链。传动链的两末端件是主轴和刀架。卧式车床在切削螺纹时，进给传动链是内联系传动链，即主轴每转 1 转，刀架的移动量等于被加工工件螺纹的导程。在切削圆柱面和端面时，进给传动链是外联系传动链。

CA6140 型车床能车削常用的米制、寸制、模数制及径节制四种标准螺纹；此外，还可以车削加大螺距、非标准螺距以及较精密的螺纹。它既可以车削右旋螺纹，也可以车削左旋螺纹。

1. 车米制螺纹

米制螺纹是我国常用的螺纹，其标准螺距值在国家标准中有规定。表 2-3 所示为 CA6140 型车床米制螺纹表。由此表可以看出，表中的螺距值是按分段等差数列的规律排列的，行与行之间成倍数关系。

表 2-3　CA6140 型车床米制螺纹表　　　　　　　　　　（单位：mm）

$u_{倍}$	L				$u_{基}$			
	$\frac{26}{28}$	$\frac{28}{28}$	$\frac{32}{28}$	$\frac{36}{28}$	$\frac{19}{14}$	$\frac{20}{14}$	$\frac{33}{21}$	$\frac{26}{21}$
$\frac{18}{45} \times \frac{15}{48} = \frac{1}{8}$	—	—	1	—	—	1.25	—	1.5
$\frac{28}{35} \times \frac{15}{48} = \frac{1}{4}$	—	1.75	2	2.25	—	2.5	—	3
$\frac{18}{45} \times \frac{35}{28} = \frac{1}{2}$	—	3.5	4	4.5	—	5	5.5	6
$\frac{28}{35} \times \frac{35}{28} = 1$	—	7	8	9	—	10	11	12

车削米制螺纹时，进给箱中的齿式离合器 M_3 和 M_4 脱开，M_5 结合，这时的传动路线为：运动由主轴Ⅵ经齿轮副 58/58、三星轮换向机构 33/33（车左螺纹时经 33/25×25/33）、

交换齿轮 63/100×100/75 传至进给箱的轴Ⅻ，然后由移换机构的齿轮副 25/36 传至轴ⅩⅢ，由ⅩⅢ经两轴滑移变速机构（基本螺距机构）的齿轮副传至轴ⅩⅣ，再由移换机构的齿轮副 25/36×36/25 传至轴ⅩⅤ，再经过轴ⅩⅤ与轴ⅩⅦ间的两组滑移齿轮变速机构（增倍机构）传至轴ⅩⅦ，最后由齿式离合器 M_5 传至丝杠ⅩⅧ，当溜板箱中的开合螺母与丝杠相啮合时，就可以带动刀架车削米制螺纹。

车削米制螺纹传动路线：

$$主轴Ⅵ-\frac{58}{58}-Ⅸ-\left\{\begin{array}{l}\frac{33}{33}（右螺纹）\\ \frac{33}{25}-Ⅹ-\frac{25}{33}（左螺纹）\end{array}\right\}-Ⅺ-\frac{63}{100}\times\frac{100}{75}-ⅩⅢ-\frac{25}{36}-ⅩⅣ$$

$$-u_{基}-ⅩⅤ-\frac{36}{25}\times\frac{25}{36}-ⅩⅥ-u_{倍}-ⅩⅧ-M_5（啮合）-ⅩⅨ（丝杠）-刀架$$

车削米制（右旋）螺纹的运动平衡式为

$$S=k\times P=1_{(主轴)}\times\frac{58}{58}\times\frac{33}{33}\times\frac{63}{100}\times\frac{100}{75}\times\frac{25}{36}\times u_{基}\times\frac{25}{36}\times\frac{36}{25}\times u_{倍}\times 12\text{mm}$$

式中，S 为螺纹导程（mm）；P 为螺纹螺距（mm）；k 为螺纹线数；$u_{基}$ 为轴ⅩⅢ-ⅩⅣ间基本螺距机构的传动比；$u_{倍}$ 为轴ⅩⅤ-ⅩⅥ间增倍机构传动比。

将上式化简后

$$S=7u_{基}\ u_{倍}$$

由 CA6140 型卧式车床加工米制螺纹的运动平衡式，适当地选择 $u_{基}$ 和 $u_{倍}$ 的值，就可得到被加工螺纹的导程 S。

扩大导程传动路线：

$$主轴Ⅵ-\left\{\begin{array}{l}（扩大导程）\frac{58}{26}-Ⅴ-\frac{80}{20}-Ⅳ-\left\{\begin{array}{l}\frac{50}{50}\\ \frac{80}{20}\end{array}\right\}-Ⅲ-\frac{44}{44}\times\frac{26}{58}\\ （正常导程）\frac{58}{58}\end{array}\right\}-Ⅸ-（接正常导程传动路线）$$

从传动路线表达式可知，扩大螺纹导程时，主轴Ⅵ到轴Ⅸ的传动比为：

当主轴转速为 40～125r/min 时

$$u_{扩 1}=\frac{58}{26}\times\frac{80}{20}\times\frac{50}{50}\times\frac{44}{44}\times\frac{26}{58}=4$$

当主轴转速为 10～32r/min 时

$$u_{扩 2}=\frac{58}{26}\times\frac{80}{20}\times\frac{80}{20}\times\frac{44}{44}\times\frac{26}{58}=16$$

所以，通过扩大导程传动路线可将正常螺纹导程扩大 4 倍或 16 倍。CA6140 型车床车削大导程米制螺纹时，最大螺纹导程为 192mm。

2. 车削模数制螺纹

模数螺纹主要用在米制蜗杆中。例如，Y3150E 型滚齿机的垂直进给丝杠就是模数螺纹。标准模数螺纹的导程（或螺距）排列规律和米制螺纹相同，但导程的数值不一样，而且数值中含有特殊因子 π。所以车模数螺纹时的传动路线与米制螺纹基本相同，唯一的差别就是这时的交换齿轮换成 64/100×100/97，移换机构的滑移齿轮传动比为 25/36，以消除特殊因子 π（其中 64/97×25/36≈7π/48）。

导出计算公式为

$$m = \frac{7}{4K} u_{\text{基}} \, u_{\text{倍}}$$

式中，K 为螺纹的线数。

3. 车削寸制螺纹

寸制螺纹又称英寸制螺纹，在采用寸制的国家中应用广泛。我国的部分管螺纹目前也采用寸制螺纹。

寸制螺纹的螺距参数为每英寸长度上的螺纹牙（扣）数，以 α 表示。因此寸制螺纹的导程为

$$S_\alpha = 1/\alpha(\text{in}) = 25.4/\alpha(\text{mm})$$

α 的标准值也是按分段等差数列的规律排列的，所以寸制螺纹的螺距和导程值是分段调和数列（分母是分段等差数列）。此外，还有特殊因子 25.4。车削寸制螺纹时，应对传动路线做出如下两点变动：

1) 在传动链中改变部分传动副的传动比，使其包含特殊因子 25.4。
2) 将上述车米制螺纹时的基本组的主动与从动传动关系颠倒过来，即轴 XIV 为主动，轴 XIII 为从动，这样基本组的传动比数列变成了调和数列，与寸制螺纹螺距（或导程）数列的排列规律相一致。其运动平衡式为

$$S_\alpha = 1_{(\text{主轴})} \times \frac{58}{58} \times \frac{33}{33} \times \frac{63}{100} \times \frac{100}{75} \times \frac{1}{u_{\text{基}}} \times \frac{36}{25} \times u_{\text{倍}} \times 12$$

$$= \frac{4}{7} \times 25.4 \times \frac{1}{u_{\text{基}}} \times u_{\text{倍}}$$

化简得

$$\alpha = \frac{7}{4} \times \frac{u_{\text{基}}}{u_{\text{倍}}}$$

通过选择 $u_{\text{基}}$ 和 $u_{\text{倍}}$，就可以车削所需要导程的寸制螺纹。

4. 车削径节制螺纹

径节螺纹主要用于同寸制蜗轮相配合，即为寸制蜗杆，以径节 DP（单位为牙/in）表示。径节表示齿轮或蜗杆折算到 1 英寸分度圆直径上的齿数，即径节 $DP=z/D$（z 为齿数，D 为分度圆直径，单位 in），所以径节螺纹的导程为

$$S_{DP} = \frac{\pi}{DP} = \frac{25.4K\pi}{DP}$$

径节 DP 也是按分段等差数列的规律排列的。车削径节螺纹的传动路线与车削寸制螺纹相同，即车削径节螺纹是在车削寸制螺纹传动路线的基础上，将交换齿轮组更换为 64/100×

100/97 及移换机构齿轮为 36/25 以消除 25.4π。

其运动平衡式为

$$S_{DP} = 1_{(主轴)} \times \frac{58}{58} \times \frac{33}{33} \times \frac{64}{100} \times \frac{100}{97} \times \frac{1}{u_{基}} \times \frac{36}{25} \times u_{倍} \times 12$$

化简得

$$DP = 7K \frac{u_{基}}{u_{倍}}$$

式中，K 为螺纹的线数。

上式被称之为加工径节制螺纹的换置公式，在 CA6140 型卧式车床上改变 $u_{基}$、$u_{倍}$ 的值，就可以车削常用的 24 种径节制螺纹。

(三) 机动进给

CA6140 型卧式车床的机动进给，主要是用来加工圆柱面和端面。为了减少螺纹传动链丝杠及开合螺母磨损，保证螺纹传动链的精度，机动进给传动链不采用丝杠与开合螺母啮合传动。其运动从主轴Ⅵ至进给箱轴ⅩⅦ的传动路线与车削螺纹时的传动路线相同。轴ⅩⅦ上的滑移齿轮 z_{28} 处于左位，使 M_5 脱开，从而切断进给箱与丝杠的联系，运动由齿轮副 28/56 传动至轴ⅩⅨ（光杠），又由 36/32×32/56 经由超越离合器 M_6、安全离合器 M_7 传动至轴ⅩⅩ（蜗杆轴），再经溜板箱中的传动机构，分别传至齿轮齿条机构和横向进给丝杠（轴ⅩⅩⅦ），使刀架做纵向或横向机动进给。溜板箱中的双向牙嵌离合器 M_8、M_9 和齿轮副组成的两个换向机构，分别用于变换纵向和横向进给运动的方向。利用进给箱中的基本螺距机构和增倍机构，以及进给传动链的不同传动路线，可获得纵向和横向进给量各 64 种。以下以纵向进给传动为例，介绍不同的传动路线时进给量的计算。

车削外圆柱或内圆柱表面时，可使用机动的纵向进给。车削端面时，可使用机动的横向进给。

(1) 传动路线　为了避免丝杠磨损过快以及便于工人操纵，机动进给运动是由光杠经溜板箱传动的。

(2) 纵向机动进给量　机床的 64 种纵向机动进给量是由 4 种类型的传动路线来传动的。当进给运动经车削米制螺纹正常螺距的传动路线时，可得到 0.08~1.22mm/r 的 32 种进给量，其运动平衡式为

$$f_{纵} = 1_{(主轴)} \times \frac{58}{58} \times \frac{33}{33} \times \frac{63}{100} \times \frac{100}{75} \times \frac{25}{36} \times u_{基} \times \frac{25}{36} \times \frac{36}{25} \times u_{倍} \times \frac{28}{56} \times \frac{36}{32} \times \frac{32}{56}$$
$$\times \frac{4}{29} \times \frac{40}{30} \times \frac{30}{48} \times \frac{28}{80} \times \pi \times 2.5 \times 12 \text{mm/r}$$

化简得

$$f_{纵} = 0.71 u_{基} u_{倍}$$

(3) 横向机动进给量　横向机动进给在其余纵向进给传动路线一致时，所得到的横向进给量是纵向进给量的一半。横向进给量的种数有 64 种。

为了避免两种运动同时产生而发生事故，纵向机动进给、横向机动进给及车螺纹三种传动路线，只允许接通其中一种，这是由操纵机构及互锁机构来保证的。

溜板箱中的双向牙嵌离合器 M_8 及 M_9 用于变换进给运动的方向。传动路线表达式为

主轴Ⅵ-(经由螺纹传动路线)-ⅩⅦ-M_5(脱开)-$\dfrac{28}{58}$-ⅩⅨ-$\dfrac{36}{32}\times\dfrac{32}{56}$-$M_6$-$M_7$-

$$\text{ⅩⅩ}-\dfrac{4}{29}\text{ⅩⅪ}-\begin{Bmatrix}\begin{bmatrix}M_8\uparrow\text{合}-\dfrac{40}{48}\\ M_8\text{中停}\\ M_8\downarrow\text{合}-\dfrac{40}{30}\times\dfrac{30}{48}\end{bmatrix}-\text{ⅩⅫ}-\dfrac{28}{80}-\text{ⅩⅩⅢ}-\dfrac{\text{齿轮}}{\text{齿条}}\left(\begin{matrix}z=12\\ m=2.5\text{mm}\end{matrix}\right)-\text{刀架纵向移动}\\ \begin{bmatrix}M_9\uparrow\text{合}-\dfrac{40}{48}\\ M_9\text{中停}\\ M_9\downarrow\text{合}-\dfrac{40}{30}\times\dfrac{30}{48}\end{bmatrix}-\text{ⅩⅩⅤ}-\dfrac{48}{48}\times\dfrac{59}{18}-\text{ⅩⅩⅦ}-\dfrac{\text{横向丝杠}}{\text{螺母}}-\\ (p=5\text{mm})\rightarrow\text{刀架横向移动}\end{Bmatrix}$$

(四)刀架的快速移动

刀架的快速移动可以使刀具快速地退离或接近加工部位,以减轻工人的劳动强度和缩短辅助时间。当刀架需要快速移动时,按下快速移动按钮,使快速电动机(0.25kW,2800r/min)的运动经齿轮副 13/29 传至轴ⅩⅩ,使轴ⅩⅩ高速转动,于是运动经溜板箱中与机动进给相同的传动路线传至刀架,使其实现纵向和横向的快速移动。

为了节省辅助时间及简化操作,在刀架快速移动过程中移动方向由溜板箱中的双向离合器 M_8 和 M_9 控制,不必脱开进给传动链。这时,为了避免转动的光杠和快速电动机同时传动导致轴ⅩⅩ损坏,在齿轮 z_{56} 及轴ⅩⅩ之间安装有超越离合器 M_6,以实现两种不同转速间的自动切换。

三、车刀

车刀是金属切削加工中使用最广泛的刀具,它可以用来加工各种内、外回转体表面,如外圆、内孔、端面、螺纹,也可用于切槽和切断等。车刀由刀体(夹持部分)和切削部分(工作部分)组成。按照不同的使用要求,可采用不同的材料和不同的结构。

(一)车刀的分类

车刀的分类方法较多,归纳起来有以下几种:
1) 按用途可分为外圆车刀、端面车刀、切断(槽)刀、镗孔刀、螺纹车刀等。
2) 按切削部分材料可分为高速工具钢车刀、硬质合金车刀、陶瓷车刀等。
3) 按结构可分为整体式车刀、焊接式车刀、机夹重磨式车刀、可转位车刀等。

(二)车刀的结构和应用

目前,硬质合金焊接式和可转位车刀应用最普遍,车刀的结构如图 2-11 所示。整体式结构一般仅用于高速工具钢车刀。硬质合金机夹式车刀,尤其是可转位车刀,发展更是迅猛,其在自动车床、数控车床和自动线上应用较为普遍,能有效地减少因换刀、刃磨所造成的停机时间,提高生产效率。在通用机床上机夹式和可转位车刀同样也有很大的优越性,这是车刀发展的主要方向。

(1) 硬质合金焊接式车刀 这种车刀是将一定形状的硬质合金刀片用焊料焊接在刀体的刀槽内制成的,如图 2-11a 所示。硬质合金焊接式车刀结构简单,制造方便,使用灵活性

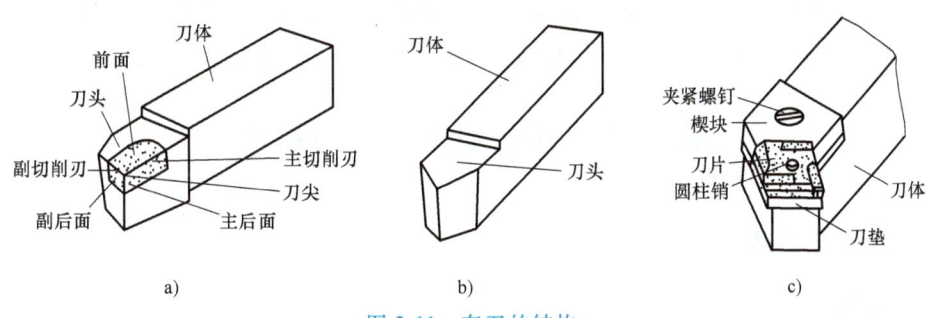

图 2-11 车刀的结构
a）硬质合金焊接式车刀 b）整体式车刀 c）可转位车刀

好，因而得到广泛使用。但也存在不少缺点，如刀片在焊接和刃磨时会产生内应力，易引起裂纹。刀体（一般为 45 钢）不便于重复使用，刀具的互换性差。

（2）硬质合金机夹式车刀（又称重磨式车刀） 这种车刀是用机械方法将硬质合金刀片夹固在刀体上，刀片磨损后，卸下后可重磨切削刃，然后再安装使用。与焊接式车刀相比，刀体可多次重复使用，且避免了因焊接而引起刀片产生裂纹、崩刃和硬度降低等缺点，提高了刀具寿命。上压机夹式车刀是用螺钉和压板从刀片的上面将刀片夹紧，并用可调节螺钉适当调整切削刃的位置，需要时可在压板前端钎焊上硬质合金作为断屑器。机夹式车刀刀片的夹固方式一般应保证刀片重磨后切削刃的位置有一定的调整余量，并考虑断屑要求。安装刀片可保留所需的前角，重磨时仅刃磨后面即可。此外，较常用的夹紧方式还有侧压式、弹性夹紧式及切削力夹紧式等。

（3）可转位车刀（又称机夹不重磨式车刀） 这种车刀是将机夹式车刀结构进一步改进的结果，是采用硬质合金可转位刀片的机械夹固式刀具。可转位刀片可为正多边形（如三角形、正方形等），周边经过精磨，刃口用钝后只需将刀片转位，即可使新的切削刃投入切削。当全部切削刃都用钝后可更换相同规格的新刀片。可转位车刀从简单刀具发展到多刃刀具，如钻头、铣刀及拉刀等，是当前刀具发展的一个重要方向。

可转位车刀由刀体、刀片、刀垫和夹紧螺钉组成，如图 2-11c 所示。可转位车刀与焊接式车刀相比，具有下列优点：

（1）提高刀具寿命 可转位车刀避免了焊接式车刀在焊接刀片时所产生的缺陷，刀具寿命一般比焊接式车刀提高 1 倍以上，并能使用较大的切削用量。

（2）节约大量的刀体材料 焊接式车刀的刀体一般只能焊一次刀片，而一把可转位车刀的刀体可重复使用多次，节约大量的刀体材料。

（3）保持切削稳定可靠 可转位刀片的几何参数及断屑槽的形状是压制成形的（或用专门的设备刃磨），采用先进的几何参数，只要切削用量选择适当，完全能保证切削性能稳定、断屑可靠。

（4）减少硬质合金材料的消耗 可转位刀片用废后，可回收利用，重新制造刀片或其他硬质合金刀具。

（5）提高生产效率 可转位车刀刀片转位、更换方便、迅速，并能保持切削刃与工件的相对位置不变，从而减少了辅助时间，提高了生产效率。

（6）有利于涂层刀片的使用 可转位刀片不焊接不刃磨，有利于涂层刀片的使用。涂层刀片耐磨性、耐热性好，可提高切削速度和使用寿命。此外，涂层刀片通用性好，一种涂层刀片可替代数种牌号的硬质合金刀片，减少了刀片的种类，简化了刀具管理。

第三节　其他加工方法与机床

一、钻削与钻床

(一) 钻床

钻床一般用于加工直径不大、精度要求不高的孔。其主要加工方法是用钻头在实心材料上钻孔，此外还可在原有孔的基础上进行扩孔、铰孔、锪平面、攻螺纹等加工。在钻床上加工时，通常是工件固定不动，主运动是刀具（主轴）的旋转，刀具（主轴）沿轴向的移动即为进给运动。钻床的加工方法及其所需运动如图2-12所示。

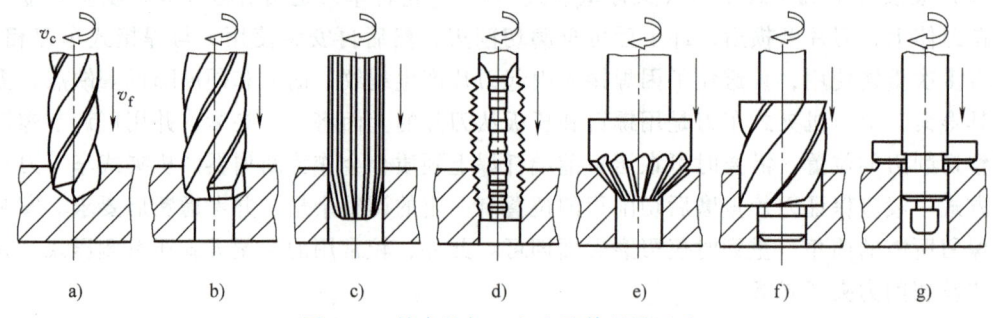

图2-12　钻床的加工方法及其所需运动

a) 钻孔　b) 扩孔　c) 铰孔　d) 攻螺纹　e)、f) 锪沉头孔　g) 锪端面

钻床可分为立式钻床、台式钻床、摇臂钻床及深孔钻床等。

1) 立式钻床。立式钻床主轴箱固定不动，用移动工件的方法使刀具旋转中心线与被加工孔的中心线重合，进给运动由主轴随主轴套筒在主轴箱中做直线移动来实现。立式钻床仅适用于单件、小批生产中加工中、小型零件。

2) 台式钻床。台钻的钻孔直径一般小于$\phi 16mm$。主要用于小型零件上各种小孔的加工。台钻的自动化程度较低，但其结构简单，小巧灵活，使用方便。

3) 摇臂钻床。对于大而重的工件，因移动不便，找正困难，不便于在立式钻床上加工。这时希望工件不动而移动主轴，使主轴中心对准被加工孔的中心（即钻床主轴能在空间任意调整其位置），于是就产生了摇臂钻

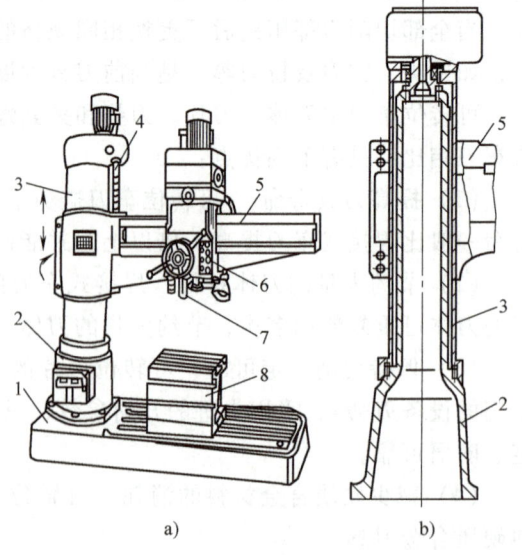

图2-13　摇臂钻床

1—底座　2—内立柱　3—外立柱　4—摇臂升降丝杠
5—摇臂　6—主轴箱　7—主轴　8—工作台

床,如图 2-13 所示为摇臂钻床。主轴箱 6 装在摇臂 5 上,可沿摇臂 5 的导轨移动,而摇臂 5 可绕内立柱 2 的轴线转动,因而可以方便地调整主轴 7 的位置,使主轴轴线与被加工孔的中心线重合。此外,摇臂 5 还可以沿立柱升降,以适应不同的加工需要。摇臂钻床的主轴箱、摇臂和立柱在主轴调整好位置后,必须用各自的夹紧机构将其可靠地夹紧,使机床形成一个刚性系统,以保证在切削力作用下,机床有足够的刚度和位置精度。

(二) 孔加工刀具

孔加工刀具按其用途分为两类:一类是用于在实体材料上加工出孔的刀具,如麻花钻、中心钻、深孔钻等;另一类是对已有孔进行再加工的刀具,如扩孔钻、锪钻、镗刀、铰刀、内拉刀等。

钻削在金属切削中应用广泛,麻花钻是钻削中最常用的刀具,它是一种形状复杂的双刃钻孔或扩孔的标准刀具。一般用于孔的粗加工,也可用于攻螺纹、铰孔、拉孔、镗孔、磨孔的预制孔加工。

(1) 麻花钻的结构 如图 2-14 所示。麻花钻由柄部、颈部和工作部分 3 个部分组成。

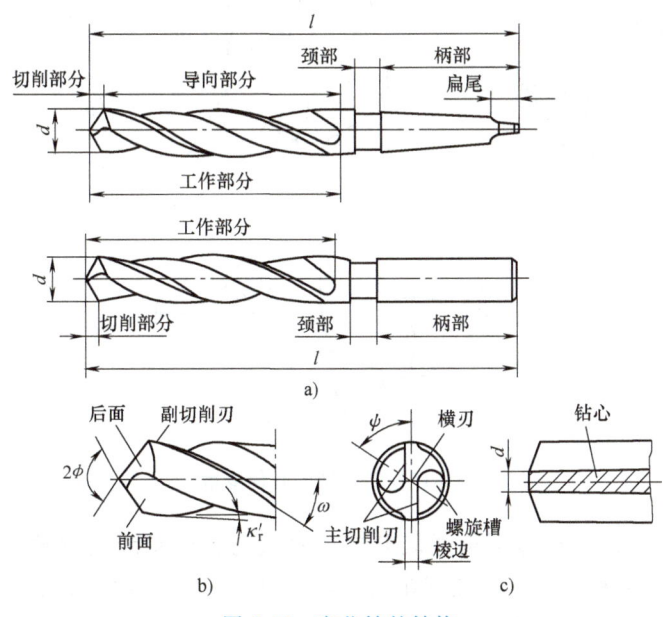

图 2-14 麻花钻的结构

1) 柄部。柄部是钻头的夹持部分,用于与机床的连接,并传递动力。按麻花钻直径的大小分为直柄(小直径)和锥柄(大直径)两种。

2) 颈部。颈部是工作部分和柄部间的过渡部分,供磨削时砂轮退刀和打印标记用。小直径直柄钻头没有颈部。

3) 工作部分。工作部分是钻头的主要部分,前端为切削部分,承担主要的切削工作;后端为导向部分,起引导钻头的作用,也是切削部分的后备部分。钻头的工作部分有两条对称的螺旋槽,是容屑和排屑的通道。导向部分有两条棱边即刃带。为减少与加工孔壁的摩擦,棱边直径磨有 (0.03~0.12)/100mm 倒锥量,形成副偏角 κ_r'。切削部分由两个前面、两个后面、两个副后面组成。螺旋槽的螺旋面形成了钻头的前面,与工件过渡表面(孔底)相对的端部曲面为后面,与工件已加工表面(孔壁)相对的两条棱边为副后面。螺旋槽与后面的两条交线为主切削刃,两个主切削刃由钻心连接。为增加钻头的刚度和强度,钻心制成正锥体。棱边与螺旋槽两条交线为副切削刃,两后面在钻心处的交线构成了横刃。

(2) 麻花钻的主要几何参数及其对钻削过程的影响(图 2-15)

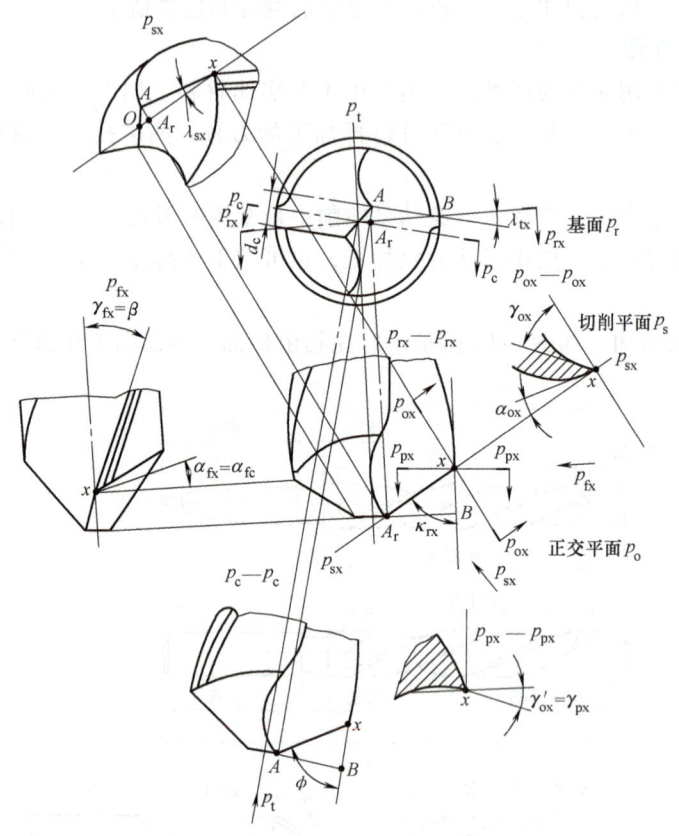

图 2-15 麻花钻的几何参数

1) 螺旋角 ω。指钻头棱边螺旋线展开成的直线与钻头轴线的夹角,如图 2-14b 所示。由于螺旋槽上各点的导程相同,因此麻花钻主切削刃上不同半径处的螺旋角不同,即螺旋角从外缘到钻头中心逐渐减小。螺旋角实际上就是钻头假定工作平面内的前角 γ_f。因此,较大的螺旋角使钻头的前角增大,故切削转矩和轴向力减小,切削轻快,排屑也较容易,但钻头刚性变差,螺旋角一般为 25°~32°。

2) 顶角 2ϕ 和主偏角 κ_r。钻头的顶角(即锋角)为两条主切削刃在与其平行的轴向平面上投影之间的夹角。标准麻花钻的顶角 $2\phi = 118°$,此时主切削刃是直线。顶角直接决定了主偏角的大小,且 ϕ 在数值上与主偏角很接近,因此一般常采用顶角代替主偏角来分析问题。顶角减小,切削刃长度增加,单位切削刃长度上的负荷降低,刀尖角 ε_r 增大,改善了散热条件,提高了钻头的寿命,同时轴向力减小。但切屑变薄,切屑平均变形增加,故使转矩增大。

3) 前角 γ_o。钻头的前角是在正交平面内测量的前面与基面的夹角。由于钻头的前面是螺旋面,且各点处的基面和正交平面位置亦不相同,故主切削刃上各处的前角也是不相同的，由外缘向中心逐渐减小。对于标准麻花钻，前角由 30° 逐渐变为 -30°，故靠近中心处的切削条件较差。

4) 后角 α_f。钻头的后角是在假定工作平面（即以钻头轴线为轴心的圆柱面的切平面）内测量的切削平面与后面之间的夹角。在切削过程中，反映了后面与工件过渡表面之间的摩擦关系，而且测量也比较容易。考虑到进给运动对工作后角的影响，同时为了补偿前角的变化，使切削刃上各点的楔角较为合理，并改善横刃的切削条件，麻花钻的后角刃磨时应由外缘处向钻心逐渐增大。一般后面磨成圆锥面，也有的磨成螺旋面或圆弧面。标准麻花钻的后角（最外缘）α_{fe} 为 8°~20°，大直径钻头取小值，小直径钻头取大值。

5) 横刃角度（图 2-16）。横刃角度包括横刃斜角、横刃前角与横刃后角。横刃斜角 ψ 为横刃与主切削刃在钻头端平面内投影之间的夹角，它是刃磨后面时形成的。标准麻花钻的 $\psi = 50° \sim 55°$。当后角磨得偏大时，横刃斜角 ψ 减小，横刃长度 b_ψ 增大。横刃是通过钻心的，并且它在钻头端面上的投影近似为一直线，因此横刃上各点基面和切削平面的位置是相同的。由于横刃的前面在基面的上方，横刃前角为负值（标准麻花钻 $\gamma_{o\psi} = -60° \sim -54°$）。横刃后角 $\alpha_{o\psi}$ 与 $\gamma_{o\psi}$ 互为余角，为较大的正值（标准麻花钻 $\alpha_{o\psi} = 30° \sim 36°$），因此在切削过程中，横刃的切削条件很差，会产生严重的挤压，对轴向切削力和孔的加工精度影响很大。

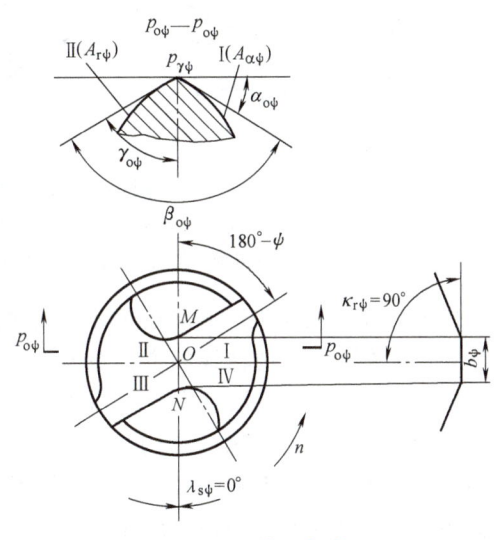

图 2-16 横刃角度

由于标准麻花钻在结构及几何参数上存在很多问题，如切削刃长、切屑较宽、前角变化大、排屑不畅、横刃部分切削条件很差等，因此在使用时常常需要根据具体使用条件进行修磨，以改变标准麻花钻切削部分的几何形状，改善其切削条件，提高钻头的切削性能。例如，将钻头磨成双重顶角，将横刃磨短并增大横刃前角，将两条主切削刃磨成圆弧刃，在钻头上开分屑槽等，都可大大改善钻头的切削效率，提高加工质量和钻头的寿命。

二、铣削与铣床

（一）铣床

铣床是机械制造行业中应用十分广泛的一种机床。铣床应用多刃刀具连续切削，生产效率高，而且还可以获得较好的表面质量。在铣床上可以加工平面（水平面、垂直面等）、沟槽（键槽、T 形槽、燕尾槽等）、分齿零件（齿轮、花键轴、链轮等）、螺旋表面（螺纹和螺旋槽）及各种曲面等，如图 2-17 所示为铣床加工的典型加工表面。

铣床的主要类型有：升降台式铣床、龙门铣床、工具铣床、圆台铣床、仿形铣床和各种专门化铣床等。如图 2-18 所示为卧式升降台铣床，其主轴 3 水平布置。床身 1 固定在底座 8 上，床身顶部的燕尾形导轨上装有悬梁 2，可沿主轴轴线方向调整其前后位置，刀杆支架 4 用于支承刀杆的悬伸端，升降台 7 装在床身 1 的垂直导轨上，可以上下（垂直）移动，升

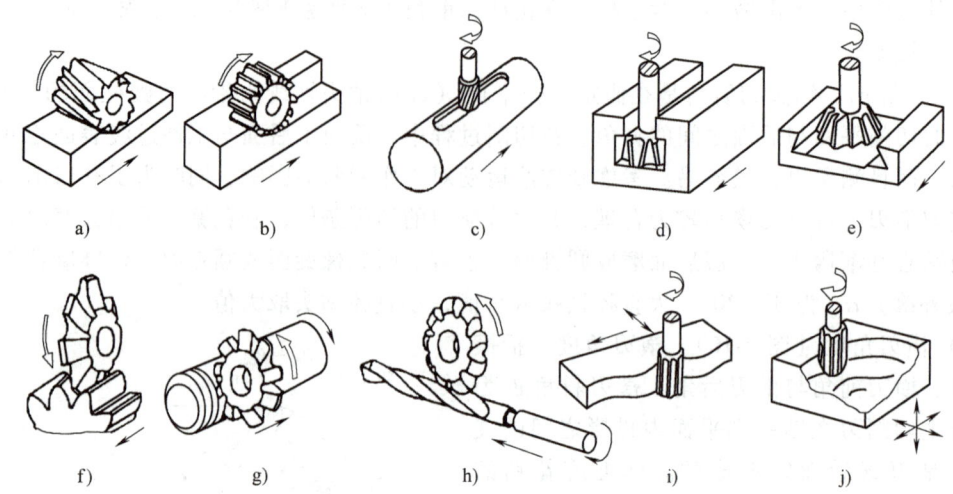

图 2-17 铣床加工的典型加工表面

a) 铣平面 b) 铣台阶 c) 铣键槽 d) 铣 T 型槽 e) 铣燕尾槽
f) 铣齿槽 g) 铣螺纹 h) 铣螺旋槽 i) 铣二维曲面 j) 铣三维曲面

降台内装有进给电动机。升降台的水平导轨上装有床鞍 6，可沿平行于主轴轴线的方向移动。工作台 5 装在床鞍 6 的导轨上，可沿垂直于主轴轴线的方向移动。

万能卧式升降台铣床的结构与卧式升降台铣床基本相同，但在工作台 5 和床鞍 6 之间增加了一层转盘。转盘相对于床鞍在水平面内可绕垂直轴线在 ±45° 范围内转动，用于铣削螺旋槽。

卧式升降台铣床配置立铣头后，可作为立式铣床使用。

立式升降台铣床的主轴为垂直布置，可用面铣刀或立铣刀加工平面、斜面、沟槽、台阶、齿轮及凸轮等表面。

（二）铣刀几何角度和铣削要素

1. 铣刀几何角度

铣削时的主运动是铣刀的旋转运动，进给运动一般是工件的直线或曲线运动。铣刀几何角度可以按圆柱形铣刀和面铣刀两种基本类型来分析。

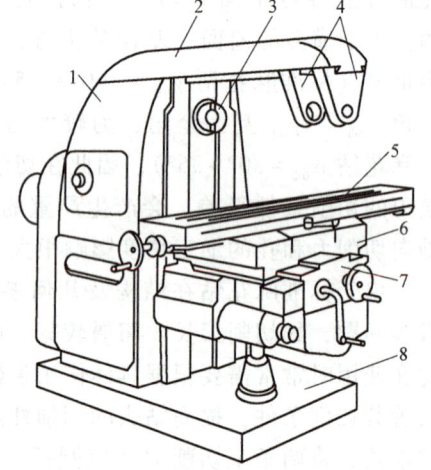

图 2-18 卧式升降台铣床

1—床身 2—悬梁 3—主轴 4—刀杆支架
5—工作台 6—床鞍 7—升降台 8—底座

（1）前角和后角 对于螺旋齿圆柱形铣刀，如图 2-19a 所示，为了便于制造，前角常用法前角 γ_n；规定在法平面 p_n 内测量。后角规定在正交平面 p_o 内测量。此时假定工作平面 p_f 是与 p_o 重合的，故 $\gamma_o = \gamma_f$，$\alpha_o = \alpha_f$，法前角 γ_n 与前角 γ_o 的关系为

$$\tan\gamma_n = \tan\gamma_o \cos\omega$$

式中，ω 为圆柱形铣刀的外圆螺旋角。

对于面铣刀，每个刀齿类似车刀，前角和后角除规定在正交平面 p_o 内测量，前角还规定在背平面 p_p、假定工作平面 p_f 内表示如图 2-19b 所示，因为机夹式面铣刀每个刀齿安装

在刀体上之前，相当于一把 γ_o、λ_s 为零度的车刀，以利于刀齿集中制造和刃磨。为了获得所需的切削角度，使刀齿在刀体中径向倾斜 γ_f 角、轴向倾斜 γ_p 角，需在刀体上开出相应的刀槽。若已确定 γ_o、λ_s 和 κ_r 值，可以算出 γ_f 和 γ_p：

$$\tan\gamma_f = \tan\gamma_o \sin\kappa_r - \tan\lambda_s \cos\kappa_r$$

$$\tan\gamma_p = \tan\gamma_o \cos\kappa_r - \tan\lambda_s \sin\kappa_r$$

（2）刃倾角　对于圆柱形铣刀，其螺旋角 ω 就是刃倾角 λ_s。它能使刀齿逐渐切入和切离工件，能增加实际工作前角，使切削轻快平稳；同时形成螺旋形切屑，排屑容易，防止切屑堵塞现象。一般细齿圆柱形铣刀 $\omega = 30° \sim 35°$，粗齿圆柱形铣刀 $\omega = 40° \sim 45°$。由于面铣刀铣削加工时冲击较大，加工钢和铸铁时一般取 $\lambda_s = -(5° \sim 15°)$。$\lambda_s$ 如图 2-19b 中 S 视图所示。

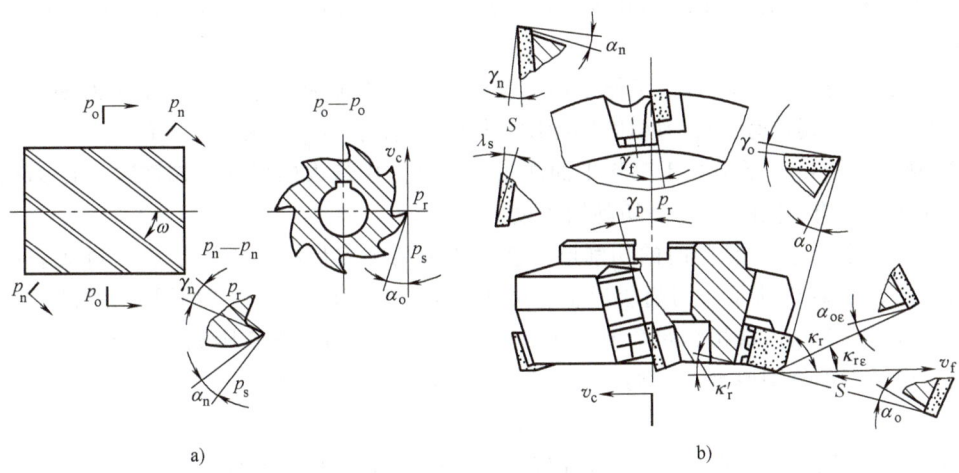

图 2-19　铣刀的几何角度
a) 螺旋齿圆柱形铣刀　b) 硬质合金面铣刀

2. 铣削要素

铣刀刀齿在刀具上的分布有两种形式。一种是分布在刀具的圆周表面上，一种是分布在刀具的端面上，分别对应的是圆周铣削和端铣。周铣法有两种铣削方式：逆铣法和顺铣法。

铣刀旋转切入工件的方向与工件的进给方向相反，称为逆铣；铣刀旋转切入工件的方向与工件的进给方向相同，称为顺铣。一般情况下，尤其是粗加工或是加工有硬皮的毛坯时，多采用逆铣。精加工时，加工余量小，铣削力小，不易引起工作台窜动，可采用顺铣。

（1）铣削用量　如图 2-20 所示，铣削用量有：

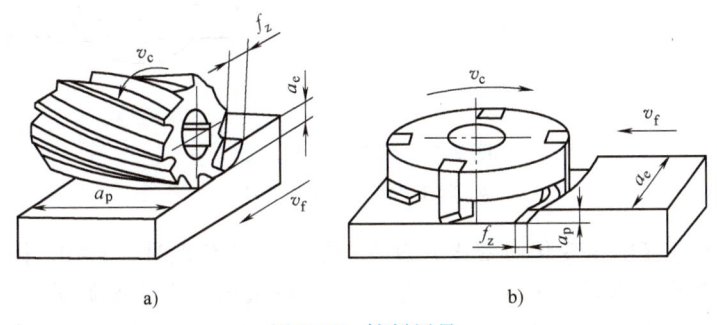

图 2-20　铣削用量
a) 圆周铣削　b) 端铣

1) 铣削速度 v_c。指铣刀切削刃选定点相对于工件主运动的瞬时速度。可按下式计算

$$v_c = \frac{\pi d n}{1000}$$

式中，v_c 为瞬时速度（m/min 或 m/s）；d 为铣刀直径（mm）；n 为铣刀转速（r/min 或 r/s）。

2) 进给量。

① 进给量 f 是指铣刀每转过一周相对于工件在进给运动方向上的位移量，单位 mm/r。

② 每齿进给量 f_z 是指铣刀每转过一齿相对工件在进给运动方向上的位移量，单位 mm/z。

③ 进给速度 v_f 是指铣刀切削刃选定点相对于工件的进给运动的瞬时速度，单位 mm/min。

3) 背吃刀量 a_p。指垂直于工作平面测量的切削层中最大尺寸（平行于铣刀轴测量的切削层最大尺寸）。端铣时，a_p 为切削层深度；圆周铣削时，a_p 为被加工表面宽度。

4) 侧吃刀量 a_e。指平行于工作平面测量的切削层中最大的尺寸。端铣时，a_e 为被加工表面的宽度；圆周铣削时，a_e 为切削层深度。

(2) 切削层参数 铣削时的切削层为铣刀相邻两个刀齿在工件上形成的过渡表面之间的金属层，如图 2-21 所示。切削层形状与尺寸规定在基面内度量，切削层参数有以下几个：

1) 切削厚度 h_D。指相邻两个刀齿所形成的过渡表面间的垂直距离，如图 2-21a 所示为直齿圆柱形铣刀的铣削厚度。当切削刃转到 F 点时，其切削厚度为

$$h_D = f_z \sin \psi$$

式中，ψ 为瞬时接触角，它是刀齿所在位置与起始切入位置间的夹角。

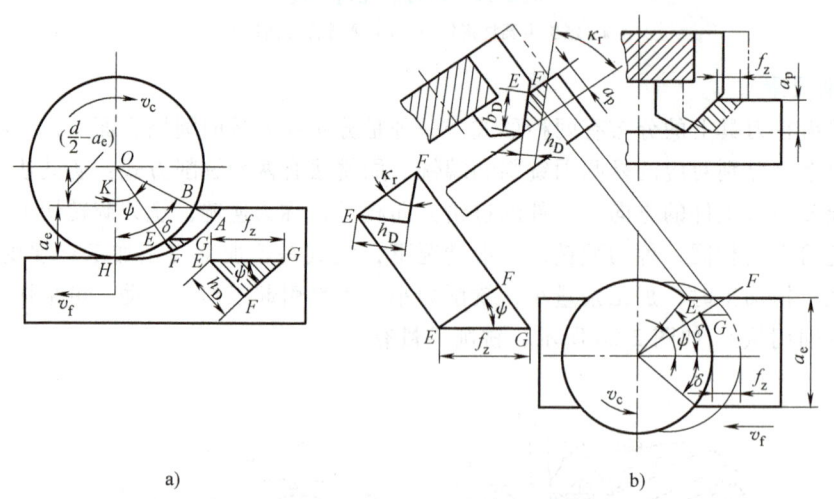

图 2-21 铣刀切削层参数

a) 圆柱形铣刀 b) 面铣刀

切削厚度随瞬时接触角变化而变化。刀齿在起始位置 H 点时，$\psi = 0$，因此 $h_D = 0$。刀齿转到即将离开工件的 A 点时，$\psi = \delta$，$h_D = f_z \sin \delta$，为最大值。由于螺旋圆柱形铣刀切削刃是逐渐切入和切离工件的，切削刃上的各点的瞬时接触角不相等，因此切削刃上各点的切削厚度也不相等。

如图 2-21b 所示为端铣时的切削厚度 h_D，刀齿在任意位置时切削厚度为

$$h_D = EF\sin\kappa_r = f_z\cos\psi\sin\kappa_r$$

端铣时，刀齿的瞬时接触角由最大变为零，然后由零变为最大。由上式知，刀齿刚切入工件时，切削厚度为最小，然后逐渐增大。到中间位置时，切削厚度为最大，然后逐渐减小。

2) 切削宽度 b_D。指切削刃参加工作的长度。直齿圆柱形铣刀的 b_D 等于 a_p，而螺旋齿圆柱形铣刀的 b_D 是随刀齿工作位置不同而变化的。刀齿切入工件后，b_D 由零逐渐增大至最大值，然后又逐渐减小至零，因而铣削过程较为平稳。端铣时每个刀齿的切削宽度始终保持不变，其值 $b_D = a_p/\sin\kappa_r$。

3. 常用的铣刀及其选用

1) 圆柱形铣刀。如图 2-22a 所示，只在圆柱表面上有切削刃，一般用于卧式铣床上加工平面。可分为粗齿和细齿两种，分别用于粗加工和精加工，其直径 $d = 50$mm、63mm、80mm、100mm。通常根据铣削用量和铣刀心轴来选择铣刀直径。

2) 硬质合金面铣刀（图 2-22b）。其圆周表面和端面上都有切削刃，一般用于高速铣削平面。目前广泛采用机夹可转位式结构，它是将硬质合金可转位刀片直接用机械夹固的方法安装在铣刀刀体上，磨钝后，可直接在铣床上转换切削刃或更换刀片。和高速钢圆柱形铣刀相比，它的铣削速度较快，加工生产率高，加工表面质量也较好。端铣时，根据侧吃刀量选择适当的铣刀直径：$D = (1.2 \sim 1.6)a_e$，并使面铣刀工作时有合理的切入角和切离角，以防止面铣刀过早地发生磨损。同一直径的可转位面铣刀的齿数分为粗、中、细齿三种。粗铣长切屑工件或同时参加切削的刀齿过多引起振动时可选用粗齿面铣刀。铣削短切屑工件或精铣钢件时可选用中齿面铣刀。细齿面铣刀的每齿进给量较小，常适用于加工薄壁铸件，在较小的 f_z 时，能使进给速度 v_f 增大，从而获得较高生产率。

3) 盘形铣刀。它分为错齿三面刃铣刀如图 2-22c 所示和槽铣刀。

槽铣刀只在圆柱表面上有刀齿，铣削时，为了减少两侧端面与工件槽壁的摩擦，两侧设有 30′ 的副偏角，一般用于加工浅槽。

薄片的槽铣刀也称锯片铣刀如图 2-22d 所示，用于切削窄槽或切断工件。

三面刃铣刀在两侧端面上都有切削刃，为了改善端面切削刃的工作条件，可以采用斜齿结构。但由于斜齿会使其中一个端面切削刃的前角为负值，故采用错齿的结构，即每个刀齿上只有两条切削刃并交错地左斜或右斜，它具有切削平稳，切削力小，排屑容易和容屑槽大的优点。三面刃铣刀常用于切槽和加工台阶面。

4) 立铣刀（图 2-22e）。其圆柱面上的切削刃是主切削刃，端面上的切削刃没有通过中心，是副切削刃。工作时不宜做轴向进给运动。一般用于加工平面、凹槽、台阶面以及利用靠模加工成形表面。国家标准规定，直径 $d = 2 \sim 71$mm 的立铣刀做成直柄或削平型直柄，直径 $d = 6 \sim 63$mm 做成莫氏锥柄，$d = 25 \sim 80$mm 做成 7:24 锥柄，直径 $d = 40 \sim 160$mm 做成套式立铣刀，此外还有可转位和硬质合金立铣刀。

5) 键槽铣刀（图 2-22f）。主要用于加工圆头封闭键槽。它有两个刀齿，圆柱面和端面上都有切削刃，端面切削刃延伸至中心，工作时能沿轴线做进给运动。按国家标准规定，直柄键槽铣刀直径 $d = 2 \sim 22$mm，锥柄键槽铣刀直径 $d = 14 \sim 50$mm。键槽铣刀直径的精度等级

有 e8 和 d8 两种，通常分别加工 H9 和 N9 键槽。

6）模具铣刀（图 2-22g）。它用于加工模具型腔或凸模成形表面。在模具制造中广泛应用，是钳工机械化的重要工具。它是由立铣刀演变而成。硬质合金模具铣刀可取代金刚石锉刀和磨头来加工淬火后硬度小于 65HRC 的各种模具，它的切削效率可提高几十倍。

7）角度铣刀（图 2-22h）。一般用于加工带角度的沟槽和斜面，分单角铣刀和双角铣刀。单角铣刀的圆锥切削刃为主切削刃，端面切削刃为副切削刃，双角铣刀的两圆锥面上的切削刃均为主切削刃，它分为对称和不对称双角铣刀。对称双角铣刀直径 $d = 50 \sim 100$mm，夹角 $\theta = 18° \sim 100°$。不对称双角铣刀直径 $d = 40 \sim 100$mm，夹角 $= 50° \sim 100°$。

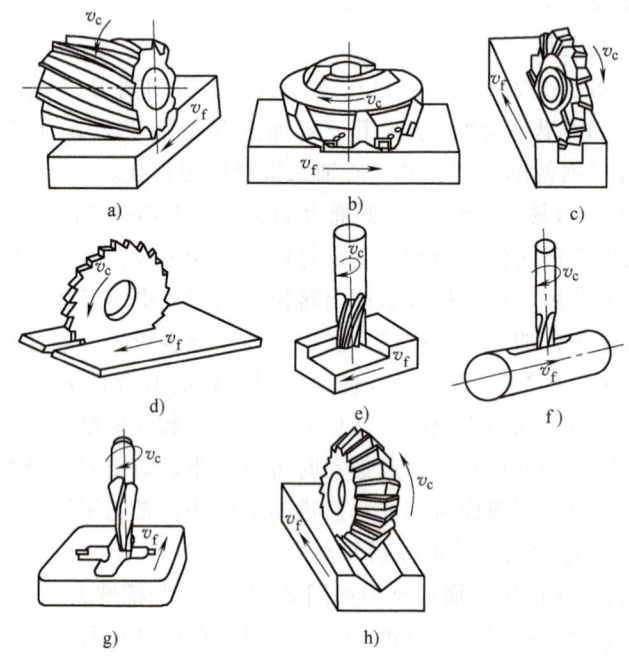

图 2-22 常用的铣刀

三、磨削与磨床

磨削的应用范围很广，它既可以用来加工金属材料，包括高强度合金钢、硬质合金等高硬度材料，也可以用来加工宝石、光学玻璃、陶瓷等非金属材料。磨削是目前半精加工和精加工的主要方法之一，并已逐步应用到了粗加工之中。磨削用的磨具主要包括：砂轮、油石、砂瓦、抛光轮等，其中砂轮是应用最广泛最重要的磨削工具。

（一）磨床

以磨料磨具（砂轮、砂带和研磨剂等）作为工具进行切削加工的机床，统称磨床。

磨床可以磨削各种表面，如内外圆柱面、圆锥面、平面、渐开线齿廓面、螺旋面以及各种成形面，还可刃磨刀具和进行切断等工作，应用范围十分广泛。

磨床的种类繁多，主要类型有：各类内、外圆磨床，各种平面磨床，工具磨床，刀具刃具磨床以及各种专门化磨床。

（二）M1432B 型磨床

1. 磨床的布局、用途及运动

（1）磨床的布局　如图 2-23 所示为 M1432B 型万能外圆磨床结构，它由下列主要部件组成。

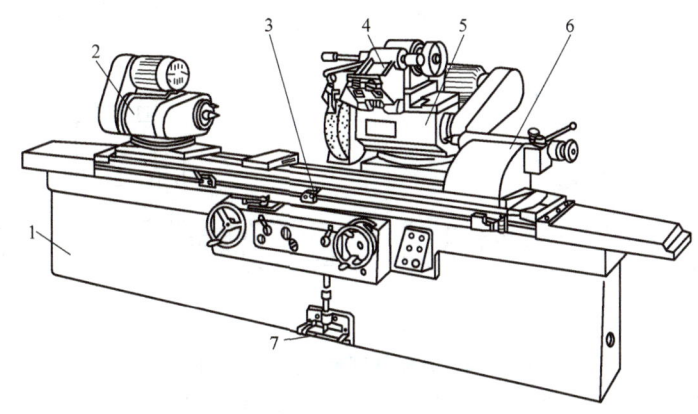

图 2-23　M1432B 型万能外圆磨床结构
1—床身　2—头架　3—工作台　4—内磨装置　5—砂轮架　6—尾架　7—脚踏操纵板

1）床身。床身是磨床的基础支承件，上面装有砂轮架、工作台、头架、尾架等，使它们在工作时保持准确的相对位置，其内部有油池和液压系统。

2）头架。头架用于安装及夹持工件，并带动工件旋转。在水平面内可绕垂直轴线转动一定角度，以便磨削锥度较大的内圆锥面。

3）工作台。工作台由上下两层组成。上工作台可相对于下工作台在水平面内偏转一定角度，以便磨削锥度不大的外圆锥面。上工作台的台面上装有头架和尾架，它们随工作台一起，沿床身导轨做纵向往复运动。

4）内磨装置。内磨装置用于支承磨削内孔用的砂轮主轴。该主轴由单独的电动机驱动。

5）砂轮架。砂轮架用于支承并传动高速旋转的砂轮主轴。砂轮架装在滑鞍上，利用横向进给机构可实现横向进给运动。当需磨削短圆锥面时，砂轮架可在水平面内绕垂直轴线转动一定角度。

6）尾架。尾架和头架的前顶尖一起支承工件。

（2）机床的用途　M1432B 型机床是普通精度级万能外圆磨床。它可以磨削内外圆柱面、内外圆锥面、端面等。这种机床的通用性好，但生产效率低，适用于单件小批量生产。

（3）机床的运动　如图 2-24 所示为万能外圆磨床加工示意图。由图 2-24 可以看出，机床必须具备以下运动：砂轮的旋转主运动 n_t，工件的圆周进给运动 n_w，工件的往复纵向进给运动 f_a，砂轮的周期或连续横向进给运动 f_r。此外，机床还有砂轮架快速进退和尾架套筒缩回两个辅助运动。

2. 磨床的传动系统

如图 2-25 所示为 M1432B 型万能外圆磨床的传动系统图。工作台的纵向往复运动、砂轮架的快速进退和自动周期进给、尾架套筒的缩回均采用液压传动，其余都由机械传动。

磨削方法一般分为纵向磨削和横向磨削，见表 2-4。

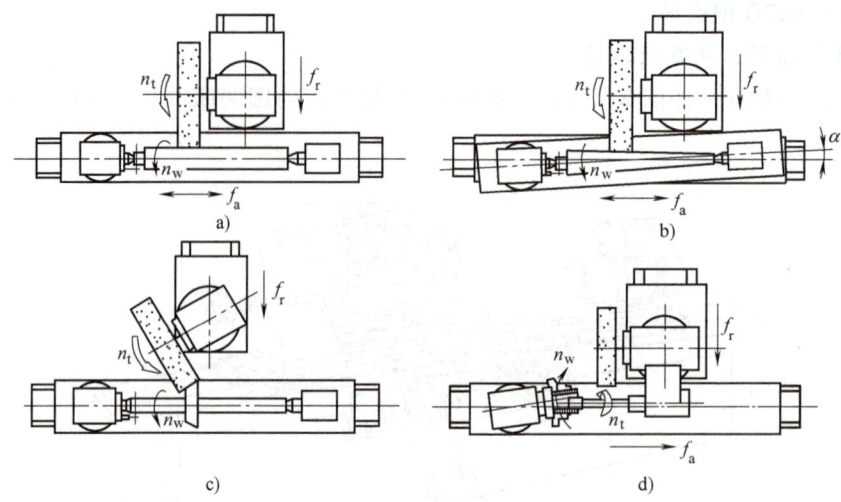

图 2-24 万能外圆磨床加工示意图

a）磨外圆柱面 b）扳转工作台磨长圆锥面 c）扳转砂轮架磨短圆锥面 d）扳转头架磨内圆锥面

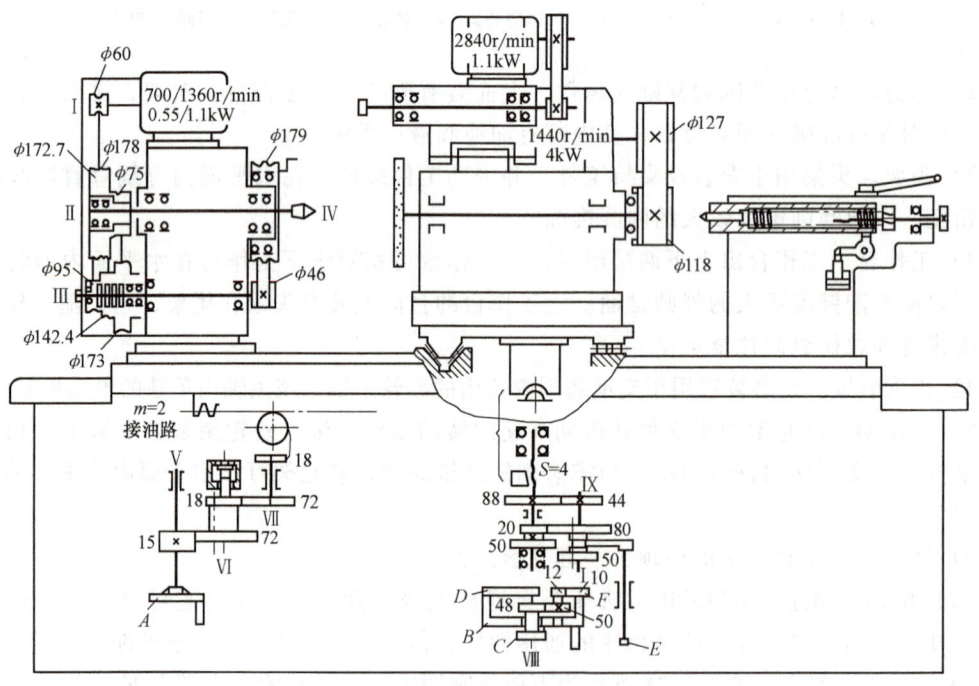

图 2-25 M1432B型万能外圆磨床的传动系统图

表 2-4 磨削方法

磨削方法	主 运 动	圆周进给运动	纵向进给运动	横向进给运动
纵向磨削方法	砂轮高速旋转运动,主轴有较高的旋转精度、刚度和抗振性	工件低速旋转运动	工作台纵向往复运动,精度较高	砂轮周期横向移动
横向磨削方法	砂轮高速旋转运动,主轴有较高的旋转精度、刚度和抗振性	工件低速旋转运动	无	砂轮连续或间断缓慢横向移动

纵向磨削方法具有磨削深度小、磨削力小、散热条件好，磨削精度较高，表面粗糙度值较小等优点；但由于工作行程次数多，生产率较低；它适用于在单件小批生产中磨削较长的外圆表面。

横向磨削方法的生产效率高，但加工精度低，表面粗糙度值较大；因为横向进给磨削时工件与砂轮接触面积大，因而磨削力大、发热量多、磨削温度高、工件易发生烧伤和变形；它适用于在大批大量生产中加工刚性较好的工件外圆表面。

（三）其他磨床

1. 无心外圆磨床

无心外圆磨床磨削时，工件放置在砂轮和导轮之间，由托板和导轮支撑，以工件被磨削的外圆表面本身作为定位基准面，因此无定位误差，如图2-26所示。为了加快成圆过程和提高工件圆度，进行无心磨削时，工件的中心必须高于砂轮和导轮的中心连线，使工件与砂轮及工件与导轮间的接触点不在同一直线上，工件上的某些凸起表面在多次转动中能逐渐磨圆。无心外圆磨床有两种磨削方式：① 贯穿磨削法（图2-26b）；② 切入磨削法（图2-26c）。

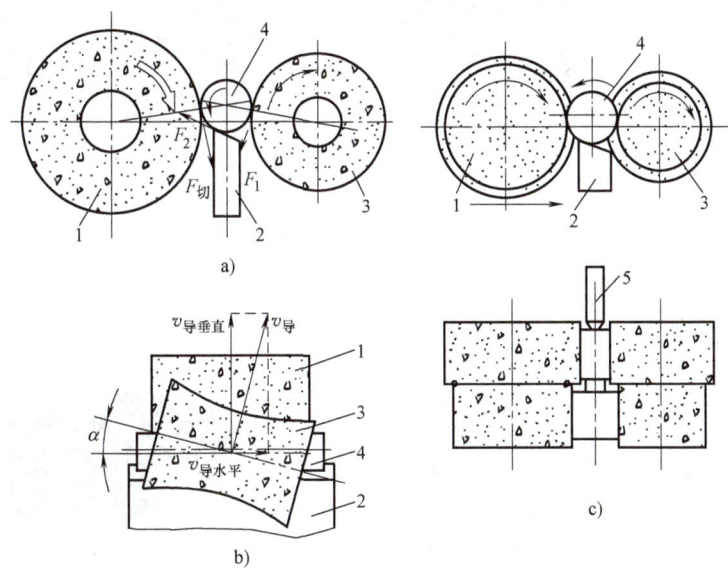

图 2-26 无心外圆磨床工作原理

1—砂轮 2—托架 3—导轮 4—工件 5—挡块

2. 内圆磨床

如图2-27所示为普通内圆磨床的磨削方法。如图2-27a、b所示为采用纵磨法或切入法磨削内孔。如图2-27c、d所示为采用专门的端磨装置，可在工件一次装夹中磨削内孔和端面。

3. 平面磨床

平面磨床主要用于磨削各种工件上的平面，其磨削方法如图2-28所示。圆台型只适用于磨削小零件和大直径的环形零件端面，不能磨削长零件。矩台型可方便地磨削各种零件，工艺范围较宽。卧轴矩台型磨床除了用砂轮的周边磨削水平面外，还可用砂轮磨削沟槽、台阶等侧平面。

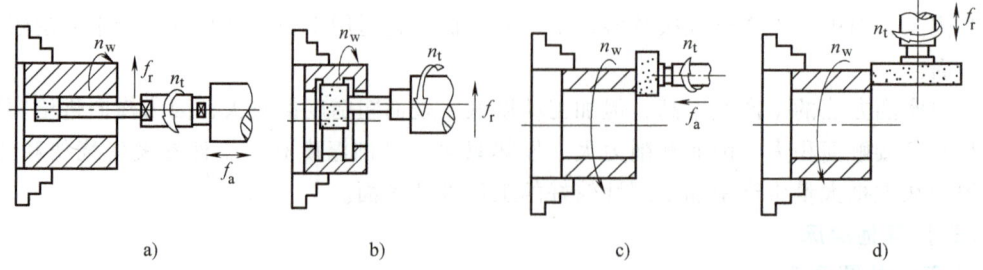

图 2-27　普通内圆磨床的磨削方法

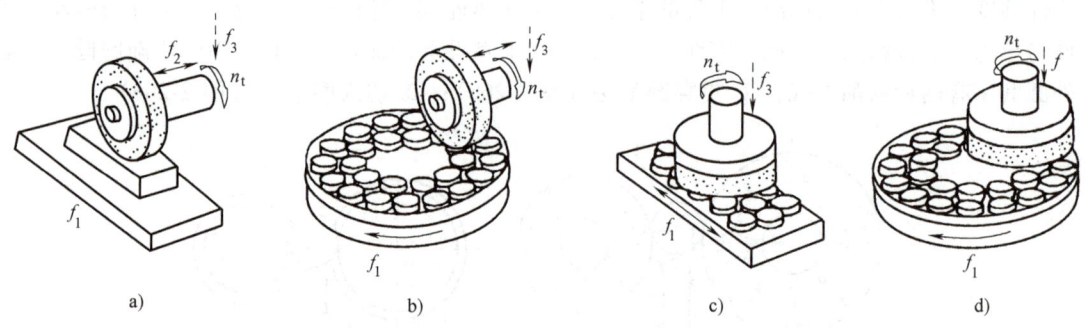

图 2-28　平面磨床的磨削方法
a）卧轴矩台型　b）卧轴圆台型　c）立轴矩台型　d）立轴圆台型

（四）砂轮

砂轮是最重要的磨削工具，它是由磨料和结合剂构成的多孔物体。其中磨料、结合剂和孔隙是砂轮的三个基本组成要素如图 2-29 所示。随着磨料、结合剂及砂轮制造工艺等的不同，砂轮特性可能差别很大，对磨削加工的精度、表面粗糙度和生产效率有着重要的影响。砂轮的特性由磨料、粒度、硬度、结合剂、组织及形状与尺寸等因素所决定。磨削加工时，必须根据具体的加工条件选用合适的砂轮，才能充分发挥砂轮的磨削性能。

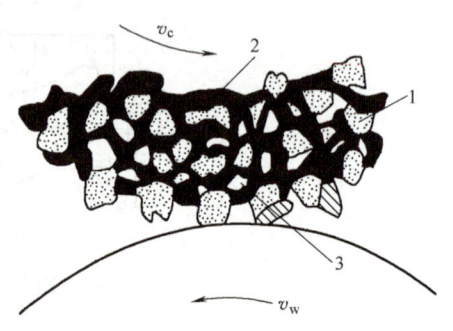

图 2-29　砂轮的构造
1—磨粒　2—结合剂　3—气孔

1. 磨料

磨料是制造砂轮的主要原料，直接担负着切削工作。因此，磨料必须锋利，并具备高的硬度、良好的耐热性和一定的韧性，在磨削过程中受力破碎后还要能形成锋利的几何形状。常用的磨料有氧化物系（刚玉类）、碳化物系和超硬磨料系三类，其特性和用途见表 2-5。

2. 粒度

粒度是指磨粒尺寸的大小，通常分为磨粒（颗粒尺寸>40μm）与微粉（颗粒尺寸≤40μm）两类。磨粒用筛选法分类，具体方法见国家标准规定（GB/T 2481）。

表 2-5 砂轮特性、代号和适用范围

磨料

系别	名称	代号	颜色	性能	适用范围
氧化物	棕刚玉	A	棕褐色	硬度较低，韧性较好	磨削碳素钢，合金钢，可锻铸铁与青铜
	白刚玉	WA	白色	较 A 硬度高，磨粒锋利，韧性差	磨削淬硬的高碳钢，合金钢，高速钢，磨削薄壁、成形零件
	铬刚玉	PA	玫瑰红色	韧性比 WA 好	磨削工具钢，不锈钢，成形磨削，高表面质量磨削
碳化物	黑碳化硅	C	黑色带光泽	比刚玉类硬度高，导热性好，但韧性差	磨削铸铁，黄铜，耐火材料及其他非金属材料
	绿碳化硅	GC	绿色带光泽	较 C 硬度高，导热性好，韧性较差	磨削硬质合金，宝石，光学玻璃
	碳化硼	BC	黑色	比刚玉的硬度高，C、GC 都硬，耐磨，高温易氧化	研磨硬质合金
超硬磨料	人造金刚石	D	白、淡绿、黑色	硬度最高，耐热性较差	研磨硬质合金，光学玻璃，宝石，陶瓷等高硬度材料
	立方氮化硼	CBN	棕黑色	硬度仅次于 D，韧性好	磨削高韧性能高速工具钢，不锈钢，耐热钢及其他难加工材料

粒度

类别	代号							适用范围
磨粒	F4 F5 F6 F7 F8 F10 F12 F14 F16 F20 F22							荒磨
	F24 F30 F36 F40 F46 F54 F60 F70 F80 F90							一般磨削，加工表面粗糙度 Ra 可达 0.8μm
	F100 F120 F150 F180 F220							半精磨，精磨和成形磨削，加工表面粗糙度 Ra 可达 0.16~0.8μm
微粉	F230 F240 F280 F320 F360 F400 F500							精磨，精密磨，超精磨，研磨，螺纹磨
	F600 F800 F1000 F1200 F1500 F2000							超精密磨，镜面磨，研磨 Ra 可达 0.012~0.05μm

结合剂

名称	代号	特性	适用范围
陶瓷	V	耐热，耐油和耐酸、碱的侵蚀，强度较高，较脆	除薄片砂轮外，能制成各种砂轮
树脂	B	强度高，富有弹性，具有一定抛光作用，耐热性差，不耐酸碱	荒磨砂轮，磨窄槽，切断用砂轮，高速砂轮
橡胶	R	强度更高，弹性更好，抛光作用好，耐热性好，耐油和酸，易堵塞	磨削轴承沟道砂轮，无心磨导轮，切割薄片砂轮，抛光砂轮

硬度

等级	超软			软			中软			中			中硬			硬		超硬
代号	D	E	F	G	H	J	K	L	M	N	P	Q	R	S	T	Y		
选择	磨未淬硬钢选用 L~N，磨淬火合金钢选用 H~K，高表面质量磨削时选用 K~L，刃磨硬质合金刀具选用 H~J																		
				磨削淬火钢，刀具刃磨			磨削热敏性不高的材料								磨削热敏性大的材料			

组织

组织号	0	1	2	3	4	5	6	7	8	9	10	11	12	13	14
磨粒率(%)	62	60	58	56	54	52	50	48	46	44	42	40	38	36	34
用途	成形磨削，精密磨削			磨削淬火钢，刀具刃磨						磨削韧性大而硬度不高的材料					

砂轮组成要素

磨料粒度的选择，主要与加工表面粗糙度和生产率有关。粗磨时，磨削余量大，要求的表面粗糙度值较大，应选用较粗的磨粒，因为磨粒粗、气孔大，磨削深度可较大，砂轮不易堵塞和发热。精磨时，余量较小，要求表面粗糙度值较低，可选取较细磨粒。一般来说，磨粒越细，磨削表面粗糙度越好。当工件材料硬度低、塑性大和磨削面积较大时，为了避免砂轮堵塞，也可采用粗粒度的砂轮。

3. 硬度

砂轮的硬度是指砂轮表面上的磨粒在磨削力作用下脱落的难易程度。砂轮的硬度软，表示砂轮的磨粒容易脱落。砂轮的硬度硬，表示磨粒较难脱落。砂轮的硬度和磨料的硬度是两个不同的概念。同一种磨料可以做成不同硬度的砂轮，它主要决定于结合剂的性能、数量以及砂轮制造的工艺。磨削与切削的显著差别是砂轮具有自锐性。选择砂轮的硬度，实际上就是选择砂轮的自锐性，希望还锋利的磨粒不要太早脱落，也不要磨钝了还不脱落。

砂轮的硬度从低到高分为超软、软、中软、中、中硬、硬、超硬7个等级见表2-5。

选择砂轮硬度的一般原则是：加工软金属时，为了使磨料不致过早脱落，则选用硬砂轮。加工硬金属时，为了能及时使磨钝的磨粒脱落，从而露出具有尖锐棱角的新磨粒（即自锐性），选用软砂轮。前者是因为在磨削软材料时，砂轮的工作磨粒磨损很慢，不需要太早地脱离；后者是因为在磨削硬材料时，砂轮的工作磨粒磨损较快，需要较快地更新。

工件材料的导热性差，易产生烧伤和裂纹时（如磨硬质合金等），应选用较软的砂轮。精磨时，为了保证磨削精度和表面粗糙度，应选用较硬的砂轮。粗磨时，为了提高磨削效率，应选用较软的砂轮。

4. 结合剂

砂轮中用以黏结磨料的物质称为结合剂。结合剂的性能对砂轮的强度、抗冲击性、耐热性、抗腐蚀性，以及对磨削温度和磨削表面质量都有较大影响。

常用结合剂的种类有陶瓷、树脂、橡胶及金属等。陶瓷结合剂的性能稳定，耐热、耐水油、耐酸碱，价格低廉，应用最为广泛。树脂结合剂强度高，韧性好，不怕冲击，多用于高速磨削和薄片砂轮。橡胶结合剂弹性和强度均比树脂结合剂大，但耐热性差，且不耐油，不耐酸，适用于无心磨的导轮、抛光轮、薄片砂轮等。金属结合剂韧性、成形性好，强度大，但自锐性能差，主要用于金刚石砂轮。

5. 组织

砂轮的组织是指组成砂轮的磨粒、结合剂、气孔三部分体积的比例关系。按磨粒在砂轮中所占体积的不同，砂轮的组织分为紧密、中等和疏松三大类。

组织号越大，磨粒所占体积越小，表明砂轮越疏松。这样，气孔就越多，砂轮不易被切屑堵塞，同时可把切削液或空气带入磨削区，使散热条件改善。但过分疏松的砂轮，磨粒含量少，容易磨钝，砂轮轮廓也不容易保持长久。生产中最常用的是中等组织（组织号4~7）的砂轮。

6. 砂轮的名称及形状

根据机床结构与磨削加工的需要，砂轮制成各种形状和尺寸，并已标准化。表2-6是常用的几种砂轮的名称、形状及用途。

砂轮的外径应尽可能选得大些，以提高砂轮的圆周速度，这样对提高磨削加工生产率与降低表面粗糙度值有利。此外，在机床刚度及功率许可的条件下，如选用宽度较大的砂轮，同样能收到提高生产率和降低表面粗糙度值的效果，但是在磨削热敏性高的材料时，为避免工件表面的烧伤和产生裂纹，砂轮宽度应适当减小。

表 2-6 常用砂轮的名称、形状及用途

砂轮名称	简 图	主 要 用 途
平形砂轮	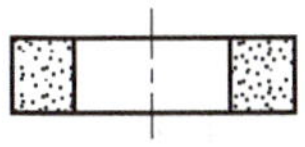	用于外圆磨、内圆磨、平面磨、无心磨、工具磨、螺纹磨和砂轮机等
圆盘砂轮	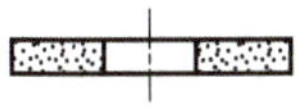	适用于切断和开槽等
筒形砂轮	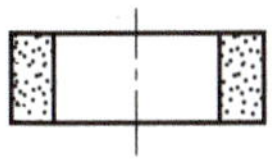	主要用于立式平面磨床
碗形砂轮	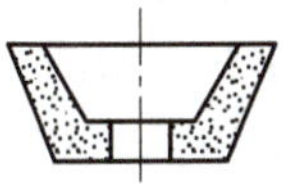	常用于刃磨刀具，也用于导轨磨削
蝶形砂轮	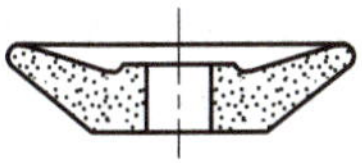	适用于磨削铣刀、铰刀、拉刀等
双斜边砂轮	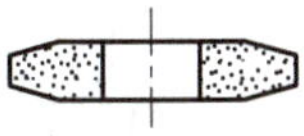	主要用于磨削齿轮齿面和单线螺纹
杯形砂轮	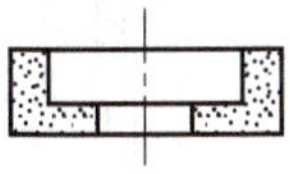	主要用于刃磨刀具，也可用于外圆磨

四、拉削与插削

拉削是用拉刀进行通孔、平面及成形表面加工的方法，如图 2-30 所示为适用于拉削的一些典型表面形状。

拉削时，拉刀使被加工表面一次切削成形，所以拉床只有主运动，没有进给运动。切削时，拉刀做平稳的低速直线运动。拉刀承受的切削力很大，通常是由液压驱动的。安装拉刀的滑座由液压缸的活塞杆带动。

拉削加工，切屑薄，切削运动平稳，因而有较高的加工精度（平面的位置精度可控制在 0.02~0.06mm 范围内）和较低的表面粗糙度值（$Ra<0.62\mu m$）。拉床工作时，粗、精加工可在拉刀通过工件加工表面的一次行程中完成，因此生产率较高，是铣削的 3~8 倍。但拉刀结构和形状复杂，精度和表面质量要求较高，故制造成本很高，因此仅适用于大批大量生产。

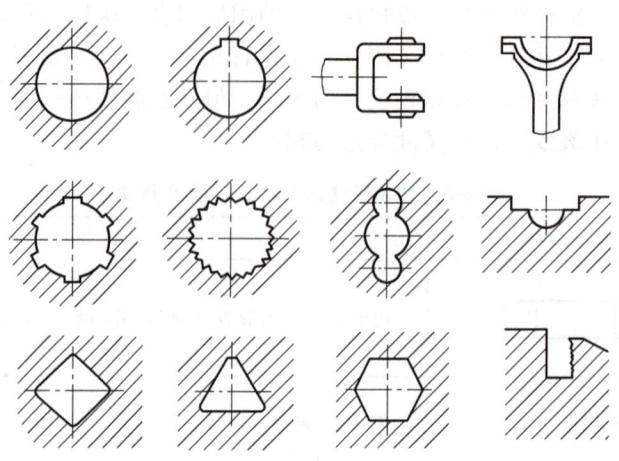

图 2-30 拉削加工典型表面

(一) 拉床

拉床是用拉刀进行加工的机床。拉床有内（表面）拉床和外（表面）拉床两类；有卧式的，也有立式的。拉床的主参数是额定拉力，通常为 50~400kN。如图 2-31 所示为几种常见拉床的示意图。如图 2-31a 所示为卧式内拉床，是拉床中最常用的，用以拉花键孔、键槽和精加工孔。如图 2-31b 所示为立式内拉床，常用于在齿轮淬火后，校正花键孔的变形。这时切削量不大，拉刀较短，故为立式，拉削时常从拉刀的上部向下推。如图 2-31c 所示为立式外拉床，常用于通槽、平面及成形表面的加工。如图 2-31d 所示为连续式外拉床，用于大批量生产中加工小型零件的外表面。

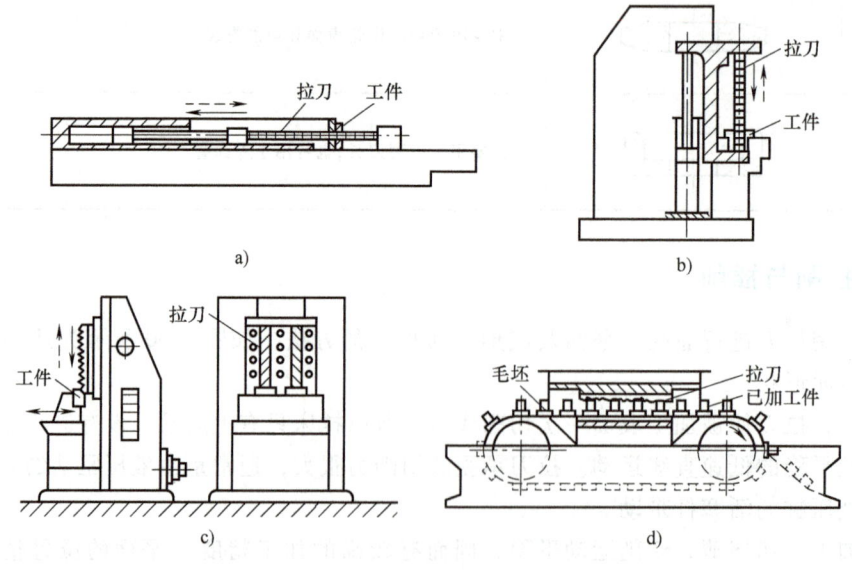

图 2-31 拉床

拉削时，工件应具有易于准确地安装在拉床上的形状，否则加工时易产生误差。工件在拉削前，若其端面未经加工，则应将其端面垫以球面垫圈，拉削时可以使工件上的孔自动调整到和拉刀轴线一致的方向。

(二) 圆孔拉刀

按加工表面部位不同，拉刀分为圆孔拉刀、花键拉刀、四方拉刀、键槽拉刀以及平面拉刀等。下面主要介绍圆孔拉刀。

1. 圆孔拉刀的组成

如图 2-32 所示，圆孔拉刀包括头部、颈部、过渡锥部、前导部、切削部、校准部以及后导部、尾部。对于长而重的拉刀还有后部。切削部分由粗切齿、过渡齿和精切齿组成。其结构参数主要有：齿升量 f_z，它是相邻刀齿的半径差，用以达到每齿切除金属层的作用。粗切齿齿升量按加工材料性能选取，应尽量取大，一般取 0.02~0.20mm；精切齿的齿升量一般取 0.01~0.02mm，但不小于 0.005mm；过渡齿的齿升量在粗切齿的齿升量和精切齿的齿升量之间逐齿递减，以逐步提高加工孔的质量。校准齿齿升量等于零，起最后修光、校准拉削表面作用。每齿上具有前角 γ_o（按加工材料不同在 5°~15° 间选取）、后角 α_o（通常为 1°30′~2°30′）及后角为 0° 的刃带宽 $b_{\alpha 1}$（一般为 0.1~0.3 mm）。

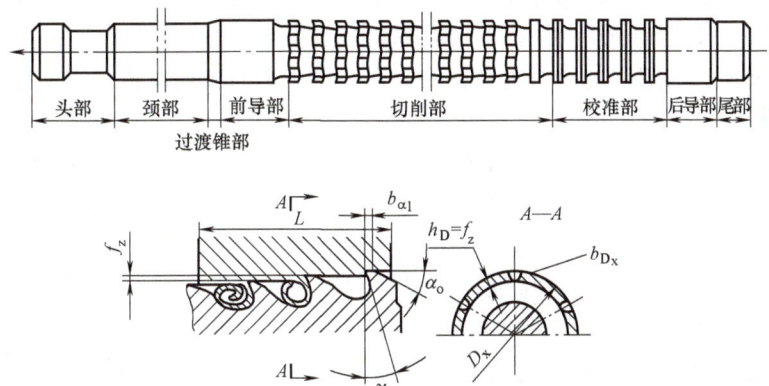

图 2-32 圆孔拉刀

相邻刀齿之间的轴向距离称为齿距 p，一般 $p=(1.2~1.9)\sqrt{L}$（L 为拉削长度），其影响拉刀刀齿容屑空间、拉刀强度和在加工长度 L 中的同时工作齿数 z_e。为确保拉削过程的平稳性，应满足 $z_e=3~8$。相邻齿间做出容屑槽，除精切齿的最后一个刀齿和校准齿之外，每个齿上都开有分屑槽，以确保卷屑、断屑和防止切屑堵塞。

2. 拉削方式

拉削方式是指拉刀逐齿从工件表面上切除加工余量的方式，主要包括分层式、分块式和组合式三种。分层式是指将加工余量分为若干分层，每层加工余量各用一个刀齿依次切除的方式。其特点是拉削余量少，齿升量小，拉削质量高。分块式是指每层加工余量经一组刀齿（2~4 个）共同切除，每个刀齿切去该层金属中的相互间隔的几块金属的方式。其特点是拉削余量多，齿升量大，拉刀长度较短，效率高，但拉削质量较差，可用来加工带有硬皮的铸件和锻件。粗切齿和过渡齿采用不分组的分块式结构，而精切齿采用分层式结构，该拉削方式为组合式。组合式拉削方式既缩短了拉刀的长度，提高了生产率，又能获得较好的加工表面质量。

3. 拉刀的合理使用

（1）防止拉刀断裂及刀齿损坏　拉削时刀齿上受力过大、拉刀强度不够，是损坏拉刀和刀齿的主要原因。影响刀齿受力过大的因素很多，如拉刀齿升量过大、刀齿径向圆跳动大、拉刀弯曲、预制孔太粗糙、工件夹持偏斜、切削刃各点拉削余量不均、工件强度过高、材料内部有硬质点、严重黏屑和容屑槽挤塞等。因此可采用如下措施解决：① 要求预制孔精度达到 IT10～IT8、表面粗糙度 $Ra \leqslant 5\mu m$，预制孔与定位端面垂直度偏差不超过 0.05mm；② 严格检查拉刀的制造精度，对于外购拉刀可进行齿升量、容屑空间和拉刀强度检验；③ 对难加工材料，采取适当热处理，改善材料的可加工性；④ 保管、运输拉刀时，防止拉刀弯曲变形和破坏刀齿。

（2）消除拉削表面缺陷　拉削时表面产生鳞刺、纵向划痕、压痕、环状波纹和啃刀等是影响拉削表面质量的常见缺陷。一般采取如下措施解决：① 提高刀齿刃磨质量，保持刀齿刃口锋利性，防止微纹产生，各齿前角、刃带宽保持一致；② 保持稳定的拉削，增加同时工作齿数，减小精切齿和校准齿齿距或做成不等分布齿距，提高拉削系统的刚度；③ 合理选用拉削速度，在较高的拉削速度时，拉削表面质量较高，所以应采用硬质合金拉刀、氮化钛涂层拉刀等；④ 合理选用切削液，拉削碳素结构钢、合金结构钢材料，选用极压乳化液、硫化油及极压添加剂切削油对提高拉刀寿命、减小表面粗糙度值均有良好效果。

（三）插床

（1）插床的组成及工艺范围　插床实质上是立式刨床。如图 2-33 所示，插床的滑枕 2 带动插刀在垂直方向做上下的往复直线运动——主运动。床鞍 6 可做横向进给，溜板 7 可做纵向进给，圆工作台 1 可带动工件回转。

插床的主要用途是加工工件的内表面，如内孔中的键槽、平面、多边形孔等，有时用于加工成形内外表面。插床与刨床一样，生产效率低，而且要有较熟练的技术工人，才能加工出要求较高的零件。

（2）插床附件　插床上用的装夹工具，除牛头刨床上一般常用的平口钳、压板、螺钉等装夹工具外，还有自定心卡盘、单动卡盘和插床分度头等。

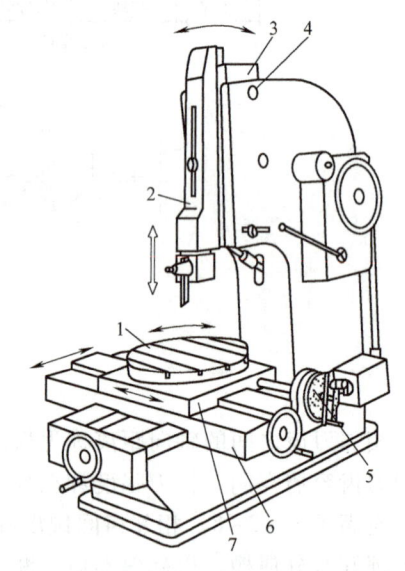

图 2-33　插床

1—工作台　2—滑枕　3—滑枕驱动架　4—轴
5—工作台分度机构　6—床鞍　7—溜板

在插床上加工孔内表面时，刀具要穿入工件的孔内进行插削，因此工件的加工部分必须先有一个孔，如果工件原来没有孔，就需要先加工一个足够大的孔，才能进行插削加工。

五、齿形加工

齿轮是最常用的传动件。齿轮的加工可采用铸造、锻造、冲压、切削加工等方法。齿轮加工机床是指利用专用切削刀具来加工齿轮轮齿的机床。

齿轮的切削加工，按其形成齿形的原理可分为成形法和展成法两大类。成形法加工齿轮所采用的刀具为成形刀具，切削刃为一条切削线，且切削刃形状与被切齿轮的齿槽及轮齿形状相吻合。这时采用的刀具是盘形齿轮铣刀和指形齿轮铣刀，形成母线的方法是成形法，不需要表面成形运动；形成导线的方法是相切法，需要两个成形运动，一个是铣刀绕自己轴线的回转运动，一个是铣刀回转中心沿齿坯轴向的直线移动。当铣完一个齿槽后，退回原处，进行分度，直到铣完所有齿槽为止。用成形法进行齿轮加工，所需的运动简单，不需要专门的齿轮加工机床，可以在通用机床上进行加工；但生产率低，加工精度也低，故适用于单件小批量生产。工业生产中广泛采用的是展成法加工，齿轮表面的渐开线用展成法形成，展成法具有较高的加工精度和生产率。属于展成法的有滚齿、插齿、梳齿、剃齿、研齿、珩齿、展成磨齿等。

（一）滚齿原理、滚刀与滚齿机床
1. 滚齿原理

滚齿加工是齿轮加工中最常用的一种展成法，可以用来加工外啮合的直齿轮、斜齿轮、标准齿轮和变位齿轮。加工齿轮的范围很大，模数从 0.1~40mm 的齿轮均可使用滚刀加工，且同一把齿轮滚刀可加工模数、压力角相同而齿数不同的齿轮。

用齿轮滚刀加工齿轮的过程，相当于一对交错轴斜齿圆柱齿轮啮合的过程，如图 2-34 所示。将其中的一个齿轮的齿数减少到几个或一个，螺旋角增大到很大，成蜗杆状，再开槽并铲背，使其具有切削性能，就成了齿轮滚刀。机床使滚刀和工件保持一对交错轴斜齿圆柱齿轮副啮合关系做相对旋转运动时，就可在工件上滚切出具有渐开线齿廓的齿槽。滚齿时，切出的齿廓是滚刀切削刃运动轨迹的包络线。所以，滚齿时齿廓的成形方法是展成法，成形运动是滚刀旋转运动和工件旋转运动组成的复合运动，这个复合运动称为展成运动。再加上滚刀沿工件轴线垂直方向的进给运动，就可切出整个齿长。

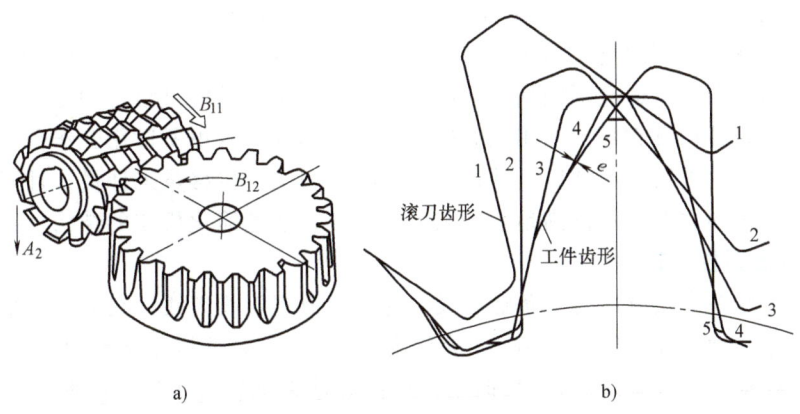

图 2-34 滚齿原理

2. 滚切直齿圆柱齿轮

加工直齿圆柱齿轮时，滚刀轴线与齿轮端面倾斜一个角度，其值等于滚刀螺旋升角，使滚刀螺纹方向与被切齿轮齿向一致。如图 2-35 所示为滚切直齿圆柱齿轮的传动原理图，为完成滚切直齿圆柱齿轮，它需要具有以下三条传动链：

（1）主运动传动链 电动机（M）—1—2—u_v—3—4—滚刀（B_{11}），是一条将运动源（电动机）与滚刀相联系的外联系传动链，实现滚刀旋转运动，即主运动。其中，u_v 为换置

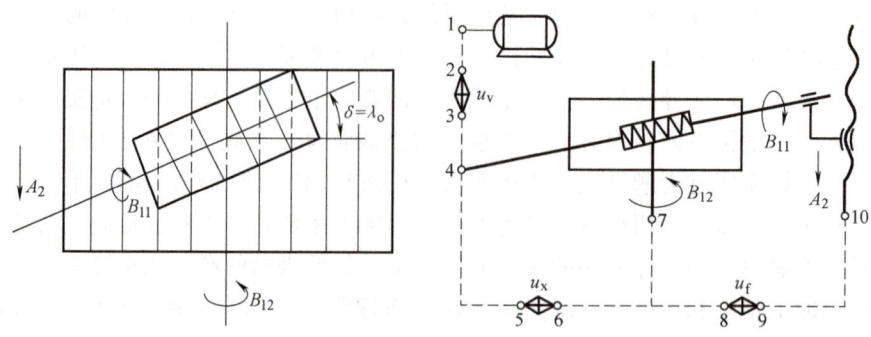

图 2-35 滚切直齿圆柱齿轮的传动原理图

机构,用以变换滚刀的转速。

(2) 展成运动传动链 滚刀(B_{11})—4—5—u_x—6—7—工作台(B_{12})。由于要求滚刀与工作台之间必须保持严格的传动比关系,实现渐开线齿廓的展成运动是一个复合成形运动(记为$B_{11}+B_{12}$),因而联系B_{11}和B_{12}的展成运动传动链是一条内联系传动链,对于头数为K的滚刀,展成运动传动链的两个末端件的计算位移关系为

$$滚刀转\ 1r \text{——} 工件 \frac{K}{z} r$$

式中,z为工件的齿数。

传动链中的u_x表示换置机构的传动比,用于适应工件齿数和滚刀头数的变化,其传动比的数值要求很精确。由于工作台(工件)的旋转方向与滚刀螺旋角的旋向有关,故在这条传动链中,还设有工作台变向机构。

(3) 轴向进给运动传动链 工作台(B_{12})—7—8—u_f—9—10—刀架(A_2),是一条外联系传动链,实现齿宽方向直线形齿形的运动。其中,换置机构为u_f,用于调整轴向进给量的大小和进给方向,以适应不同加工表面粗糙度的要求。轴向进给运动是一个独立的简单运动,作为外联系传动链它可以使用独立的运动源来驱动。这里所以用工作台作为间接运动源,是因为滚齿时的进给量通常以工件每转 1 转时,刀架的位移量来计量,且刀架运动速度较低,采用这种传动方案,不仅满足了工艺上的需要,还能简化机床的结构。

3. 滚切斜齿圆柱齿轮

斜齿圆柱齿轮在齿长方向为一条螺旋线,为了形成螺旋线齿线,在滚刀做轴向进给运动的同时,工件还应做附加旋转运动B_{22}(简称附加运动),且这两个运动之间必须保持确定的关系:滚刀移动一个螺旋线导程Ph时工件应准确地附加转过 1 转,因此,加工斜齿轮时的进给运动是螺旋运动,是一个复合运动。如图 2-36a 所示,设工件螺旋线为右旋,螺旋角为β,当刀架带动滚刀沿工件轴向进给f(单位为 mm),滚刀由a点到b点时,为了能切出螺旋线齿线,应使工件b'点转到b点,即在工件原来的旋转运动B_{12}基础上,再附加转动。当滚刀再进给一个f至c点时,工件再附加转动,使工件的c'点转到c点,以此类推,当滚刀进给至p点,正好等于一个螺旋线导程Ph时,工件上的p'点应转到p点,即工件应附加转动 1 转。附加运动用B_{22}表示,它的方向与工件在展成运动中的旋转运动B_{12}方向相同或者相反,这取决于工件螺旋线方向和滚刀(刀架)轴向进给方向A_{21};如果B_{22}和B_{12}同向,调整计算时附加运动取+1 转,反之,若B_{22}和B_{12}方向相反,则取-1 转。由上述分析可知,

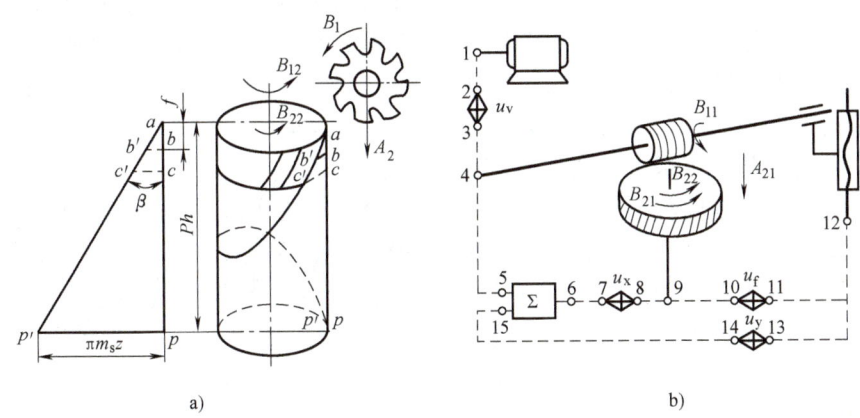

图 2-36 滚切斜齿圆柱齿轮的传动原理图
m_s—端面模数　z—工件齿数　β—工件螺旋角

滚刀的轴向进给运动 A_{21} 和工件的附加运动 B_{22} 是形成螺旋线齿线所必需的运动，它们组成了一个复合运动——螺旋轨迹运动。

实现滚切斜齿圆柱齿轮所需成形运动的传动原理如图 2-36b 所示，其中，主运动、展成运动以及轴向进给运动传动链与加工直齿圆柱齿轮时相同，只是在刀架与工作台之间增加了一条附加运动传动链：刀架（滚刀移动 A_{21}）—12—13—u_y—14—15—[合成]—6—7—u_x—8—9—工作台（工件附加运动 B_{22}），以保证刀架沿工作台轴线方向移动一个螺旋线导程 P_h 时，工件附加转±1 转，形成螺旋线齿线。显然，这是一条内联系传动链。传动链中的换置机构为 u_f，用于适应不同的工件螺旋线导程 P_h，传动链中也设有换向机构以适应不同的工件螺旋方向。由于滚切斜齿圆柱齿轮时，工作台的旋转运动既要与滚刀旋转运动配合，组成形成渐开线齿廓的展成运动，又要与滚刀刀架轴向进给运动配合，组成形成螺旋线齿长的附加运动，所以加工时工作台的实际旋转运动是上述两个运动的合成。为使工作台能同时接受来自两条传动链的运动而不发生矛盾，就需要在传动链中配置一个运动合成机构，将两个运动合成之后再传给工作台。

4. 齿轮滚刀及其选用

齿轮滚刀相当于一个齿数很少，螺旋角很大，而且轮齿很长的斜齿圆柱齿轮，因此，其外形就像一个蜗杆。为了使这个蜗杆能起到切削作用，需要在其圆周上开出几个容屑槽（直槽或螺旋槽），形成很短的刀齿，产生前面和切削刃。如图 2-37 所示，每个刀齿有两个侧刃和一个顶刃。同时，需对齿顶后面和齿侧后面进行铲齿加工，从而产生后角。但是，滚刀的切削刃必须保持在蜗杆的螺旋面上，这个蜗杆就是滚刀的铲形蜗杆，也称为滚刀的基本蜗杆。

从理论上分析，加工渐开线齿轮的齿轮滚刀基本蜗杆应该是渐开线蜗杆，它在端剖面内的截形应为渐开线，而在蜗杆基圆柱切平面内的截形是直线，在轴剖面和法

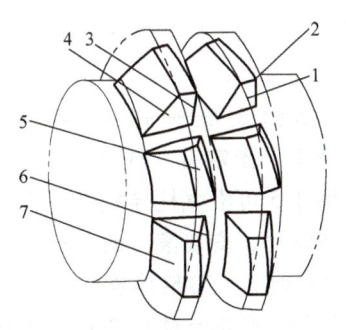

图 2-37 滚刀的基本蜗杆和切削要素
1—前面　2—顶刃　3、4—侧刃
5—顶后面　6、7—侧后面

剖面内的截形都是曲线，这对于滚刀的制造和检验较为困难。而阿基米德蜗杆齿形的轴向剖面是直线，实质上是一个梯形螺纹，其端剖面是阿基米德螺旋线；法向直廓蜗杆实质上是在法向剖面中具有直线齿形的梯形螺纹，其端剖面是延伸渐开线，它们的几何特征如图2-38所示。由于制造和检验较为方便，因此，实际生产中常采用阿基米德蜗杆或法向直廓蜗杆作为齿轮滚刀的基本蜗杆。这种以代用蜗杆作为滚刀基本蜗杆的设计方法称为滚刀的"近似造形法"。用阿基米德滚刀和法向直廓滚刀加工出来的齿轮齿形，理论上都不是渐开线，但是由于齿轮滚刀的分度圆柱上的导程角很小，故加工出来的齿形误差也很小，尤其是阿基米德滚刀，不仅误差较小，而且误差的分布对齿形造成一定的修缘，有利于齿轮的传动。因此，一般精加工和小模数

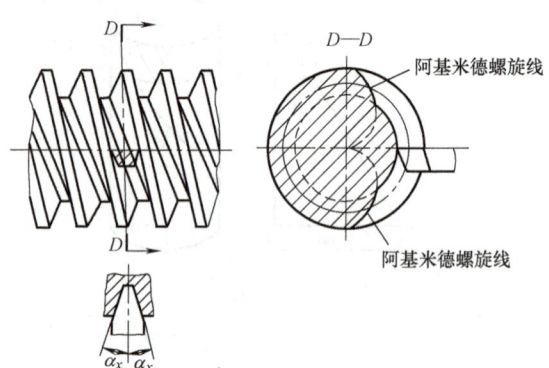

图2-38 阿基米德蜗杆几何特征

（$m \leqslant 10mm$）的齿轮滚刀，均为阿基米德滚刀；而粗加工和大模数齿轮加工多用法向直廓蜗杆滚刀，加工误差稍大。

用于加工压力角为20°的渐开线齿轮的齿轮滚刀已经标准化，均为阿基米德整体式滚刀，模数$m = 1 \sim 10mm$，单头，右旋，0°前角和直槽。其基本结构形式及主要结构尺寸可参见GB/T 6083—2016。在选用齿轮滚刀时，应注意以下几点：

1）齿轮滚刀的基本参数（如模数、压力角、齿顶高系数等）应按被切齿轮的相同参数选取。齿轮滚刀的参数标注在其端面上。

2）齿轮滚刀的精度等级，应按被切齿轮的精度要求或工艺文件的规定选取。

3）齿轮滚刀的旋向，应尽可能与被切齿轮的旋向相同，以减小滚刀的安装角度，避免产生切削振动，提高加工精度和表面质量。滚切直齿轮，一般用右旋滚刀；滚切左旋齿轮，最好选用左旋滚刀。

5. Y3150E型滚齿机

Y3150E型滚齿机为中型通用滚齿机，能加工直齿和斜齿圆柱齿轮，也可用手动径向进给加工蜗轮。滚齿机的主参数为最大工件直径。

如图2-39所示为该机床的外形图。床身1上固定有立柱2，刀架溜板3带动刀架体5可沿立柱导轨做垂直进给运动和快速移动，安装滚刀的刀杆4装在刀架体5的主轴上，刀架体连同滚刀一起可沿刀架溜板的圆形导轨在240°范围内调整安装角度。工件安装在工作台9的心轴7上或直接安装在工作台上，随工作台9一起转动。后立柱8和工作台9装在床鞍10上，

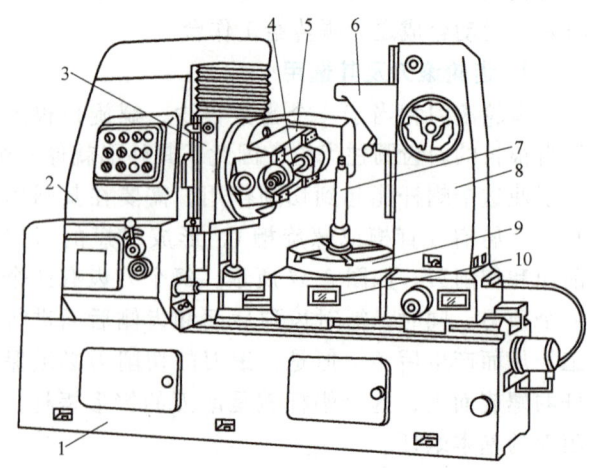

图2-39 Y3150E型滚齿机

1—床身 2—立柱 3—刀架溜板 4—刀杆 5—刀架体
6—支架 7—心轴 8—后立柱 9—工作台 10—床鞍

可沿床身的水平导轨移动，以调整工件的径向位置或做手动径向进给运动。后立柱的支架 6 可通过轴套或顶尖支承工件心轴的上端，以提高心轴的刚度，使滚切过程平稳。

（1）主运动传动链　如图 2-40 所示为 Y3150E 型滚齿机的传动系统图。机床的主运动传动链在加工直齿、斜齿圆柱齿轮和加工蜗轮时是相同的，对照图 2-35 和图 2-40，可找出它的传动路线为：电动机（M）—Ⅰ—Ⅱ—Ⅲ—Ⅳ—Ⅴ—Ⅵ—Ⅶ—Ⅷ（滚刀主轴），运动平衡式为

$$1430 \times \frac{115}{165} \times \frac{21}{42} \times u_{\text{Ⅱ-Ⅲ}} \times \frac{A}{B} \times \frac{28}{28} \times \frac{28}{28} \times \frac{28}{28} \times \frac{20}{80} = n_{\text{刀}}$$

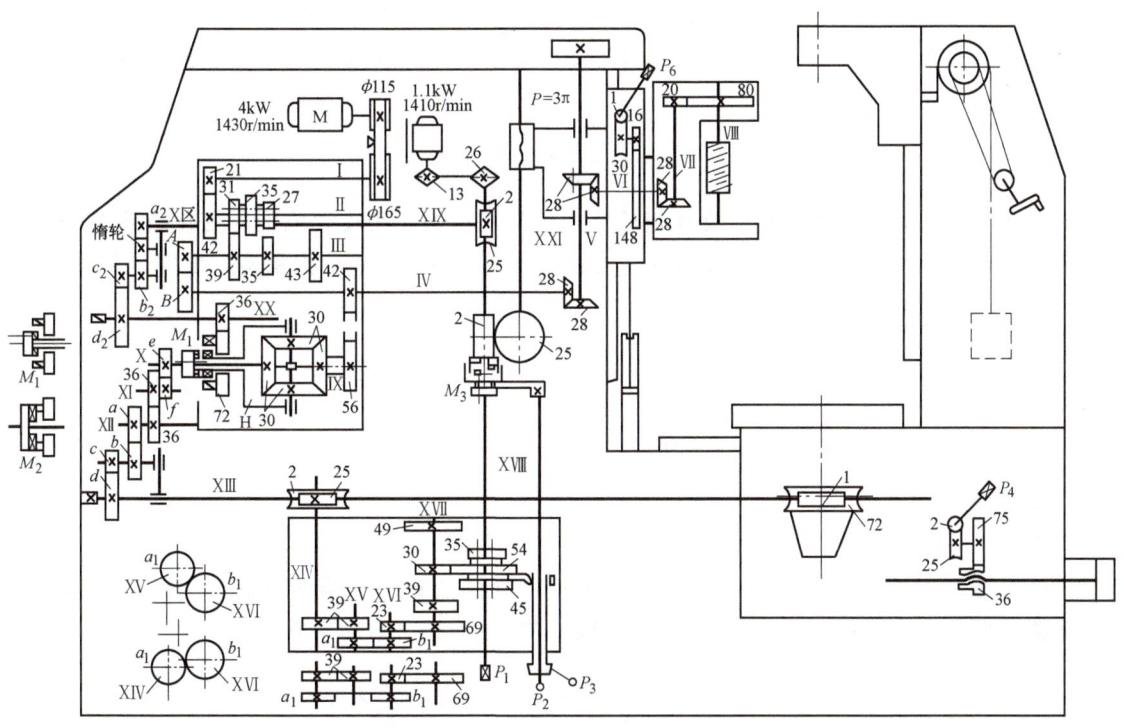

图 2-40　Y3150E 型滚齿机传动系统图

化简上式可推导出换置机构传动比 u_V 的计算公式：

$$u_V = u_{\text{Ⅱ-Ⅲ}} \times \frac{A}{B} = \frac{n_{\text{刀}}}{124.583}$$

式中，$u_{\text{Ⅱ-Ⅲ}}$ 为轴Ⅱ—Ⅲ之间的可变传动比；$\frac{A}{B}$ 为主运动变速齿轮的齿数比。

在Ⅱ轴和Ⅲ轴之间，用滑移齿轮可以得到三个传动比：27/43，31/39，35/35。滚刀转速 $n_{\text{刀}}$ 可根据切削速度和滚刀外径确定，然后再利用计算公式确定 $u_{\text{Ⅱ-Ⅲ}}$ 的值和交换齿轮齿数 A、B。交换齿轮 A/B 的值也有三种：22/44，33/33，44/22。由 $u_{\text{Ⅱ-Ⅲ}}$ 和 A/B 的组合，机床上共有转速范围为 40~250r/min 的 9 级主轴转速可供选用。

（2）展成运动传动链　加工直齿、斜齿圆柱齿轮和加工蜗轮时使用同一条展成运动传动链，传动路线为：滚刀主轴Ⅷ—Ⅶ—Ⅵ—Ⅴ—Ⅳ—Ⅸ—［合成］—$\frac{e}{f} \times \frac{a}{b} \times \frac{c}{d}$—ⅩⅢ—工

作台，其运动平衡式为

$$1_{(滚刀)} \times \frac{80}{20} \times \frac{28}{28} \times \frac{28}{28} \times \frac{28}{28} \times \frac{42}{56} \times u_{合1} \times \frac{e}{f} \times \frac{36}{36} \times \frac{a}{b} \times \frac{c}{d} \times \frac{1}{72} = \frac{K}{z}_{(工件)}$$

式中，$u_{合1}$ 为合成机构传动比。

Y3150E 型滚齿机使用差动轮系作为运动合成机构。加工直齿圆柱齿轮时，运动合成机构中用短齿离合器 M_1。此时，差动链没有运动输入，齿轮 z_{72} 空套在转臂 H 上，合成机构相当于一个刚性联轴器，将齿轮 z_{56} 与交换齿轮 e 刚性连接，合成机构的传动比 $u_{合1} = 1$。加工斜齿圆柱齿轮时，用长齿离合器 M_2 将转臂 H 和齿轮 z_{72} 连成一体，差动运动由 XX 轴传入。设转臂是静止的，则 z_{56} 与交换齿轮 e 的转速大小相等，方向相反，$u_{合1} = -1$。若不计传动比的符号，则两种情况下经过合成机构的传动比相同，将运动平衡式化简得出分度交换齿轮架传动比 u_x 的计算公式：

$$u_x = \frac{a}{b} \times \frac{c}{d} = \frac{f}{e} \times \frac{24K}{z}$$

式中的 e、f 交换齿轮称为结构性交换齿轮，用于工件齿数 z 在较大范围内变化时调整 u_x 的数值，保证其分子、分母相差倍数不致过大，从而使交换齿轮架结构紧凑。根据 z/K 值，e、f 可以有如下选择：

$5 \leq \frac{z}{K} \leq 20$ 时，取 e = 48，f = 24；

$21 \leq \frac{z}{K} \leq 142$ 时，取 e = 36，f = 36；

$\frac{z}{K} \geq 143$ 时，取 e = 48，f = 24。

(3) 轴向进给运动传动链　轴向进给运动传动链的首、末端件分别为工作台和刀架，传动路线为：工作台—XIII—XIV—XVII—XVIII—XXI—刀架，运动平衡式为

$$1_{(工件)} \times \frac{72}{1} \times \frac{2}{25} \times \frac{39}{39} \times \frac{a_1}{b_1} \times \frac{23}{69} \times u_{XVII-XVIII} \times \frac{2}{25} \times 3\pi = f$$

化简上式后得到换置机构（进给箱）传动比 u_f 的计算公式：

$$u_f = \frac{a_1}{b_1} \times u_{XVII-XVIII} = 0.6908f$$

式中，f 为轴向进给量 (mm/r)，根据工件材料、加工精度及表面粗糙度等条件选定；$\frac{a_1}{b_1}$ 为轴向进给交换齿轮（有四种）；$u_{XVII-XVIII}$ 为进给箱轴 XVII—XVIII 之间的可变传动比（有三种：39/45, 30/54, 49/35）。

u_f 值从 0.4 ~ 4mm/r 共 12 级供选用。

由于工作台的转动方向取决于滚刀螺旋角的方向，故在轴 XIV 与轴 XVI 之间设有正反向机构，运动可由 XIV 轴直接传至 XVI 轴，也可经由 XV 轴传至 XVI 轴，其传动比值相同，但 XVI 轴转向相反。

(4) 附加运动传动链　附加运动传动链是联系刀架直线移动（即轴向进给）A_{21} 和工作台附加旋转运动 B_{22} 之间的传动链。附加运动传动链在传动原理上为：丝杠 XXI—XVIII—

XIX—u_y—XX—[合成]—IX—u_x—XIII—工作台。运动平衡式为

$$\frac{Ph}{3\pi} \times \frac{25}{5} \times \frac{2}{25} \times \frac{a_2 c_2}{b_2 d_2} \times \frac{36}{72} \times u_{合2} \times \frac{e}{f} \times \frac{a}{b} \times \frac{c}{d} \times \frac{1}{72} = \pm 1_{(工件)}$$

式中，$u_{合2}$ 为运动合成机构在附加运动传动链中的传动比，$u_{合2} = 2$；$\frac{a}{b} \times \frac{c}{d}$ 为展成运动传动链交换齿轮传动比，$\frac{a}{b} \times \frac{c}{d} = \frac{f}{e} \times \frac{24k}{z}$；$Ph$ 为被加工齿轮螺旋线的导程（mm），$Ph = \frac{\pi m_n z}{\sin\beta}$；$m_n$ 为被加工齿轮法向模数（mm）；β 为被加工齿轮的螺旋角（°）。

化简上式后得

$$u_y = \frac{a_2}{b_2} \times \frac{c_2}{d_2} = \pm 9 \frac{\sin\beta}{m_n k}$$

对于附加运动传动链的运动平衡式和换置公式，有如下分析：

1）附加运动传动链是形成螺旋线的内联系传动链，其传动比数值的精确度，直接影响工件轮齿的齿向精度，所以交换齿轮传动比应配算准确。但是，换置公式中包含无理数 $\sin\beta$，这就给精确配算交换齿轮带来困难。因为交换齿轮个数有限，且与展成运动共用一套交换齿轮。为保证展成运动交换齿轮传动比绝对准确，一般先选定展成运动交换齿轮，剩下的交换齿轮供附加运动传动链中交换齿轮选择，故无法配算得非常准确，其配算结果和计算结果之间的误差，对于 8 级精度的斜齿轮，要精确到小数点后的第四位数字（即小数点后第五位才允许有误差），对于 7 级精度的斜齿轮，要精确到小数点后第五位数字，才能保证不超过精度标准中规定的齿向公差。

2）运动平衡式中，不仅包含了 u_y 而且包含有 u_x，这样的设置方案，可使附加运动传动链换置公式中不包含工件齿数这个参数。就是说，附加运动交换齿轮配算与工件的齿数无关。它的好处在于：一对互相啮合的斜齿轮（平行轴传动），由于其模数相同，螺旋角绝对值也相同，当用一把滚刀加工这一对斜齿轮时，即使这对齿轮的齿数不同，仍可用相同的附加运动交换齿轮。而且只需计算和调整交换齿轮一次。由于附加运动交换齿轮近似配算所产生的螺旋角误差，对两个斜齿轮是相同的，因此仍可使其获得良好的啮合。

3）Y3150E 型滚齿机展成运动的换置公式

$$\frac{a}{b} \times \frac{c}{d} = 24 \frac{K}{z} \quad (21 \leq z \leq 142)$$

$$\frac{a}{b} \times \frac{c}{d} = 48 \frac{K}{z} \quad (z \geq 143)$$

当被加工齿轮的齿数为质数时，由于质数不能分解因子，展成运动交换齿轮的 b、d 两个齿轮必须有一个齿轮的齿数选用这个质数或它的整数倍，才能加工出这个质数齿轮。由于滚齿机一般都备有齿数小于 100 的质数的交换齿轮，所以加工齿数小于 100 的质数齿轮时可以选到合适齿数的交换齿轮。但对于齿数大于 100 的质数齿轮（如 101，103，107，…），就选不到所需要的交换齿轮了，这时，仍可采用两条传动链并通过运动合成机构来实现所需的展成运动，完成齿数大于 100 的质数直齿圆柱齿轮的加工。

（5）刀架快速移动传动路线 利用快速电动机可使刀架做快速升降运动，以便调整刀架位置及在进给前后实现快进和快退。如图 2-40 所示，刀架快速移动的传动路线为

$$\text{快速电动机} - \frac{13}{26} \text{（链传动）} - M_3 - \frac{2}{25} - \text{XXI（刀架轴向进给丝杠XXI）}$$

此外，在加工斜齿圆柱齿轮时，起动快速电动机，可经附加运动传动链带动工作台旋转，还可检查工作台附加运动的方向是否符合附加运动的要求。

刀架快速移动的方向可通过控制快速电动机的旋转方向来变换。在Y3150E型滚齿机上，起动快速电动机之前，必须先将操纵手柄P_3放于"快速移动"位置上，此时轴XVIII上的三联滑移齿轮处于空挡位置，脱开轴XVII和轴XVIII之间的传动联系，同时接通离合器M_3，此时方能起动快速电动机。

在加工一个斜齿圆柱齿轮的过程中，附加运动传动链不允许断开，让滚刀在快速进退刀时按原来螺旋线轨迹运动，避免工件产生乱牙损坏刀具及机床。

6. 滚刀安装及调整

滚齿时，应使滚刀在切削点处的螺旋线方向与被加工齿轮齿槽方向一致，为此，安装时需将滚刀轴线与工件顶面成一定的角度，即为安装角，用δ表示。

加工直齿圆柱齿轮时，滚刀安装角$\delta = \pm \omega$（ω为滚刀的螺旋角），见表2-7。滚刀的扳动方向决定于滚刀的螺旋线方向。

表2-7 滚刀安装角及扳动方向

ω—滚刀螺旋角 δ—滚刀安装角 β—工件的螺旋角	右旋滚刀	左旋滚刀
直齿轮		
斜齿轮 右旋		
斜齿轮 左旋		

加工螺旋角为 β 的斜齿圆柱齿轮时，滚刀安装角 $\delta=\beta\pm\omega$。当 β 与 ω 同向时，取"$-$"号；当 β 与 ω 异向时，取"$+$"号。

（二）插齿原理、插齿刀及插齿机

1. 插齿原理

插齿机加工原理类似一对圆柱齿轮相啮合，其中一个是工件，另一个是具有齿轮形状的插齿刀。可见插齿机也是按展成法原理来加工圆柱齿轮的。如图2-41所示，插齿刀实质上是一个端面磨有前角，齿顶及齿侧均磨有后角的齿轮，它的模数和压力角与被加工齿轮相同。

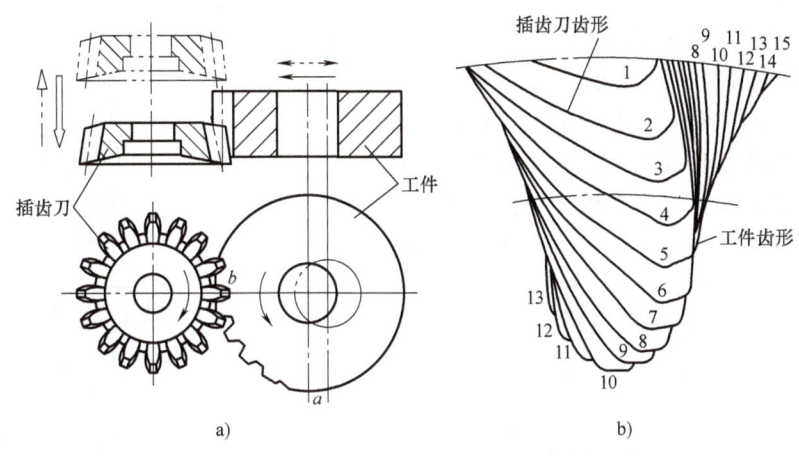

图 2-41 插齿原理

插齿时，插齿刀沿工件轴向做直线往复运动以完成切削运动，在刀具与工件轮坯做"无间隙啮合运动"的过程中，轮坯上逐渐地被切出全部齿廓。在加工过程中，刀具每往复一次，仅切出工件齿槽的一小部分，齿廓曲线渐开线是在插齿刀切削刃多次相继切削中，由切削刃各瞬时位置的包络线所形成，如图2-41所示。

由图2-41可知，加工直齿圆柱齿轮时插齿刀的旋转和工件的旋转组成复合的成形运动——展成运动，用以形成渐开线齿廓。插齿刀的上下往复运动（主运动）是一个简单成形运动，用以形成轮齿齿面的导线——直线。当需要插削斜齿齿轮时，插齿刀主轴是在一个专用的螺旋导轨上移动，这样，在上下往复运动时，由于导轨的导向作用，插齿刀有了一个附加转动。

插齿开始时，插齿刀和工件以展成运动（一对圆柱齿轮的啮合）关系做对滚运动。同时，插齿刀相对于工件做径向切入运动，直到全齿深为止。这时插齿刀和工件继续以展成运动关系对滚，当工件转过一周后，全部轮齿就切削出来。然后插齿刀与工件分开，机床停机。因此，插齿机除了两个成形运动外，还需要一个径向切入运动。此外，插齿刀在往复运动的回程时不切削。为了减少切削刃的磨损，机床上还需要有让刀运动，使刀具在回程时径向退离工件，切削时再复原。

2. 插齿刀

插齿刀用于按展成法加工内、外啮合的直齿和斜齿圆柱齿轮。插齿刀的特点是可以加工带台肩齿轮、多联齿轮和无空刀槽人字齿轮等。特形插齿刀还可加工各种其他廓形的工件，如凸轮和内花键等。

插齿刀的形状如同圆柱齿轮,但其具有前角、后角和切削刃。插齿时,它的切削刃随插齿机床的往复运动在空间形成一个渐开线齿轮,称为产形齿轮。展成运动一方面包络形成齿轮渐开线齿廓,另一方面又是切削时的圆周进给运动和连续的分齿运动。在开始切削时,还有径向进给运动,切到全齿深时径向进给运动自动停止。为了避免刀具后面与工件的摩擦,插齿刀每次空行程退刀时,应有让刀运动。

标准直齿插齿刀按其结构分为盘形、碗形和锥柄形三种,它们的主要规格与应用范围可参考有关手册。

3. 插齿机

用齿轮形插齿刀插削直齿圆柱齿轮时机床的传动原理如图2-42所示。

(1) 主运动传动链 电动机 M—1—2—u_v—3—4—5—曲柄偏心盘 A—插齿刀主轴,从而使插齿刀沿其主轴轴线做直线往复运动即主运动,这是一条将动力源(电动机)与插齿刀相联系的外联系传动链。在一般立式插齿机上,刀具垂直向下时为工作行程,向上为空行程。u_v为调整插齿刀每分钟往复行程数的换置机构。

(2) 展成运动传动链 插齿刀主轴(插齿刀转动)—蜗杆副 B—9—8—10—u_x—11—12—蜗杆副 C—工作台,是一条内联系传动链。加工过程中,插齿刀每转过一个齿时,工件也应相应的转过一个齿,从而实现渐开线齿廓的复合成形运动。

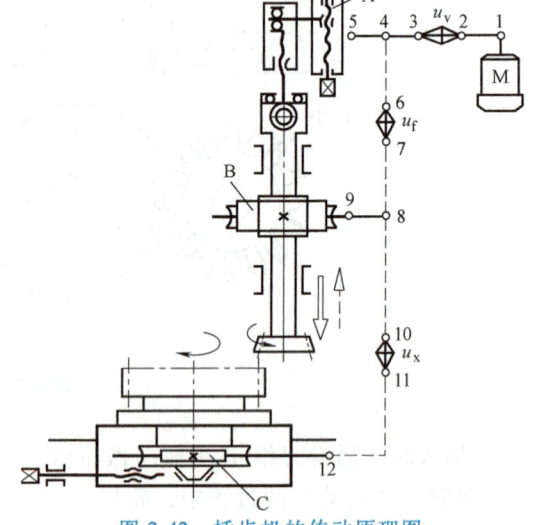

图 2-42 插齿机的传动原理图

(3) 圆周进给运动传动链 曲柄偏心盘 A—5—4—6—u_f—7—8—9—蜗杆副 B—插齿刀主轴转动,实现插齿刀的转动——圆周进给运动,插齿刀转动的快慢决定了工件轮坯转动的快慢,同时也决定了插齿刀每一次切削的切削负荷、加工精度和生产率。圆周进给量的大小用插齿刀每次往复行程中刀具在分度圆上所转过的弧长表示。故这条传动链虽是外联系传动链,但却以传动插齿刀往复的偏心盘作为间接动力源。

(4) 让刀运动及径向切入运动 让刀运动及径向切入运动不直接参与工件表面的形成过程,因此没有在图2-42中表示。

六、数控加工原理与数控加工机床

在机械制造业中,为解决大批大量生产的产品(如汽车,拖拉机等)的高产优质问题,常采用专用机床、组合机床、专用生产线或自动线等并配以相应的工艺装备,实行多刀、多工位同时加工。这些设备的初期投资费用大、生产准备时间长,且不适应产品的更新换代。而对约占机械加工总量80%以上的单件小批生产的产品,由于其品种多变而不宜采用专用机床,常采用通用机床并配以专用工艺装备。这种生产方式劳动强度大,效率低,并且加工精度难以保证。特别是在国防、航空、航天和深潜部门,其零件的精度要求非常高,几何形状也日趋复杂，且改型频繁，生产周期短。这就要求加工这些零件的机床不但具有高的精度和自动化程度，而且还要有很好的柔性，使其能迅速适应不同的几何形状零件的加工。数控机床就是在这样的背景下产生并发展起来的一种新型自动化机床，它较好地解决了小批量、品种变化多、形状复杂和精度高的零件的自动化加工问题。

数控机床也称数字程序控制机床，它是一种以数字量作为指令信息形式，通过电子计算机或专用电子计算装置，对这种信息进行处理而实现自动控制的机床。它综合应用了微电子技术、计算机技术、自动控制、精密测量、伺服驱动和先进机械结构等多方面的新技术成果，是一种集高效率、高柔性和高精度于一身的自动化机床，是一种典型的机电一体化的产品。数控机床发展趋势：进入 20 世纪 90 年代以来，随着国际上计算机技术突飞猛进的发展，数控技术不断采用计算机、控制理论等领域的最新技术成就，使其朝着运行高速化、加工高精化、功能复合化、控制智能化、体系开放化、驱动并联化、交互网络化、新数控标准 STEP-NC 的方向发展。

（一）数控加工原理

数控加工是指数控机床按照数控程序所确定的轨迹（称为数控刀轨）进行表面成形运动，从而加工出产品的表面形状。如图 2-43a 和 b 所示分别为一个平面轮廓加工和一个曲面加工的切削示意图。

数控刀轨是由一系列简单的线段连接而成的折线，折线上的结点称为刀位点。刀具的中心点沿着刀轨依次经过每一个刀位点，从而切削出工件的形状。

刀具从一个刀位点移动到下一个刀位点的运动称为数控机床的插补运动。

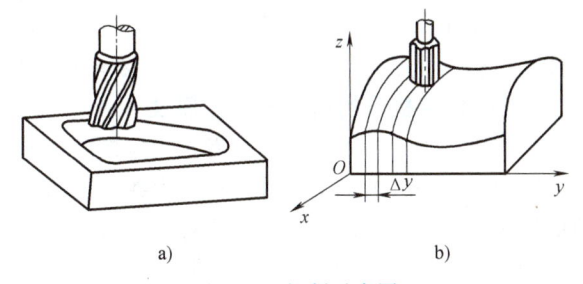

图 2-43 切削示意图

由于数控机床一般只能以直线或圆弧这两种简单的运动形式完成插补运动，因此数控刀轨只能是由许多直线段和圆弧段将刀位点连接而成的折线。

数控编程的任务是计算出数控刀轨，并以程序的形式输出到数控机床，其核心内容就是计算出数控刀轨上的刀位点。

刀具的表面成形运动通常分为主运动和进给运动。主运动指机床的主轴转动，其运动质量主要影响产品的表面粗糙度。进给运动是主轴相对工件的平动，其传动质量直接关系到机床的加工性能。

进给运动的速度和主轴转速是刀具切削运动的两个主要参数，对加工质量和加工效率有重要的影响。

（二）数控机床的特点及应用范围

1. 数控机床的特点

与传统机床相比，数控机床具有以下一些特点：

（1）**适应性广** 适应性即所谓的柔性，是指数控机床随生产对象变化而变化的适应能力。采用数字程序控制，当生产品种改变时，只要重新编制零件加工程序，就能实现对新零件的自动化生产。这对当前市场竞争中产品不断更新换代的生产模式是十分重要的，它为解决多品种、中小批量零件的自动化加工提供了极好的生产方式。

（2）加工精度高、质量稳定　数控机床是按照编写程序自动工作的，一般情况下工作过程不需要人工干预，这就消除了操作者人为产生的误差，零件的互换性好。

（3）生产率高　数控机床能够有效地减少零件的加工时间和辅助时间。数控机床刚性好，功率大，因而在机床上可以采用较大的切削用量，进行强力切削，同时还可以自动变速、自动换刀和自动装夹工件，大大缩短机加工时间和辅助时间。

（4）减轻劳动强度，改善劳动条件　由于数控机床是按所编程序自动完成零件加工的，操作人员主要是进行程序的输入、装卸零件、加工状态的观测、零件的检验等工作，劳动强度大大地降低。

（5）能实现复杂零件的加工　数控机床可以完成普通机床难以完成或根本不能进行的复杂曲面的零件加工，可以实现几乎是任意轨迹的运动和加工任何形状的空间曲面，适用于各种复杂形面的零件加工。对零件加工的适应性强、灵活性好。

（6）有利于现代化生产管理　数控机床的切削条件、切削时间等是由预先编制的程序决定的，都能实现数据化，有利于与计算机联网，构成计算机控制和管理的生产系统。

2. 数控机床的应用范围

根据以上特点，数控机床最适合在单件、小批生产条件下，加工具有以下特点的零件：用普通机床难以加工的形状复杂的曲线、曲面零件；结构复杂、要求多部位、多工序加工的零件；价格昂贵、不允许报废的零件；要求精密复制或准备多次改变设计的零件。

（三）数控机床的组成与工作原理

数控机床加工零件时，操作者首先应按图样的要求制订工艺过程，用规定的代码和程序格式编制加工程序，即把工艺过程转变为数控机床能接受的指令信息（即指令脉冲）；然后把这种信息输入数控装置，由数控装置对输入信息进行处理后，部分指令信息经伺服系统驱动机床的执行件（刀架或工作台）实现进给运动，另一部分指令则直接控制机床其他必要的动作（如主轴的变速、换向和起停，刀具的选择和交换，工件的夹紧和松开，切削液泵的起停等），使刀具与工件以及其他辅助装置能严格按照加工程序规定的动作顺序、运动轨迹和切削参数进行工作，从而加工出符合图样要求的零件。数控机床加工零件过程如图2-44所示。

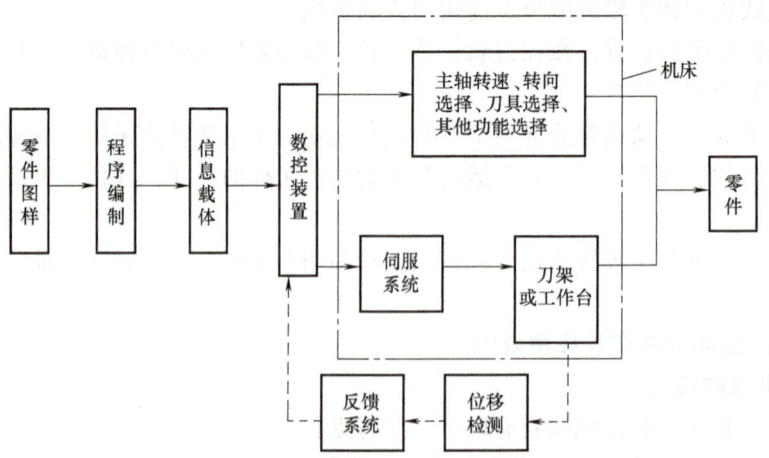

图2-44　数控机床加工零件的过程

在数控机床上加工零件时，由伺服系统接受数控装置送来的指令脉冲，并将其转化为执行件的位移。每一个脉冲可使执行件沿指令要求的方向走过一小段直线距离（0.01～

0.001mm），这个距离称为脉冲当量，因此执行件的运动轨迹是一条折线。为了保证执行件以一定的折线轨迹逼近所要加工的零件轮廓，必须根据被加工零件的要求准确地向各坐标分配和发送指令脉冲信号，这个分配指令脉冲信号的方法称为插补。一般数控装置都具有对基本直线和圆弧的插补功能。

数控机床一般由信息载体、数控装置、伺服驱动系统和机床的机械部件四部分组成。如图2-44所示的系统为开环系统（图中实线部分所示）。为了提高加工精度，也可加入位移检测装置和反馈系统（图中虚线部分所示），此时，该系统称为闭环系统。

（1）信息载体　信息载体又称控制介质，用于记录各种加工指令，以控制机床的运动，实现零件的自动加工。常用的信息载体有数据传输DNC、键盘输入、磁带和磁盘等，具体采用哪一种由数控装置的类型决定。

（2）数控装置　它是数控机床的核心，它接受输入装置输入的加工信息，经过数控装置的编译、运算和逻辑处理后，输出各种信号和指令控制机床的各个部分，进行规定的、有序的动作，完成零件的加工。这些控制信号中最基本的信号是：经插补运算决定的各坐标轴（即做进给运动的各执行部件）的进给速度、进给方向和位移量指令，伺服驱动系统驱动执行部件做进给运动。其他还有主运动部件的变速、换向和起停信号；选择和交换刀具的刀具指令信号；控制冷却、润滑液泵的起停，工件松开、夹紧，分度工作台转位等辅助指令信号等。

（3）伺服驱动系统　伺服驱动系统包括伺服驱动电动机、各种传动装置（如齿轮副、丝杠螺母副）和执行部件等，它是数控机床的执行部分。它的作用是根据来自数控装置的速度和位移指令控制执行部件的进给速度、方向和位移，使执行部件按规定轨迹移动或精确定位，加工出符合图样要求的工件。

（4）机床的机械部件　主要包括：主运动部件、进给运动部件（如工作台、刀架）和支承部件（如床身、立柱等），还有冷却、润滑、夹紧、换刀机械手等辅助装置。数控机床的机械部件的组成与普通机床相似，但传动机构要求更为简单，在精度、刚度、抗振性等方面要求更高，而且其传动和变速系统要便于实现自动化控制。

（四）数控加工中心

数控加工中心又称多工序数控机床，它带有刀库和自动换刀装置，它将数控铣床、数控镗床、数控钻床的功能组合在一起，零件在一次装夹后，可以对其大部分加工面进行铣、镗、钻、扩、铰及攻螺纹等多工序加工。加工中心能有效地避免由于多次安装造成的定位误差，又可以减少装卸工件、更换和调整刀具的辅助时间，近年来加工中心得以迅速发展。立式加工中心如图2-45所示，其加工对象主要为形状复杂、需进行多面多工序（如铣、钻、镗、铰和攻螺纹等）加工的箱体零件。

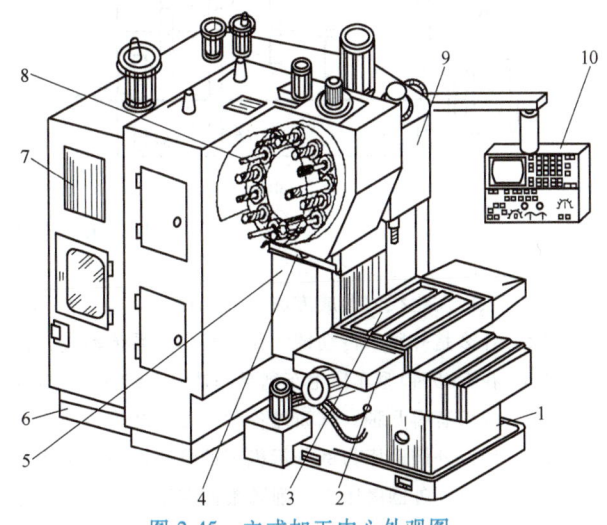

图2-45　立式加工中心外观图

1—床身　2—滑座　3—工作台　4—换刀机械手　5—立柱导轨
6—液箱　7—数控柜　8—刀库　9—主轴箱　10—操作面板

习题与思考题

2-1 机床有哪些基本组成部分？试分析其主要功用。

2-2 说出下列机床的名称、主参数、通用特性或结构特性：CM6163、CG1107、XK5040、TK6112、B2021A、MGB1432、ZK3050X16、L6120。

2-3 按如图 2-46 所示传动系统完成下列各题：

1) 写出传动路线表达式。

2) 分析主轴的转速级数。

3) 计算主轴的最高、最低转速。

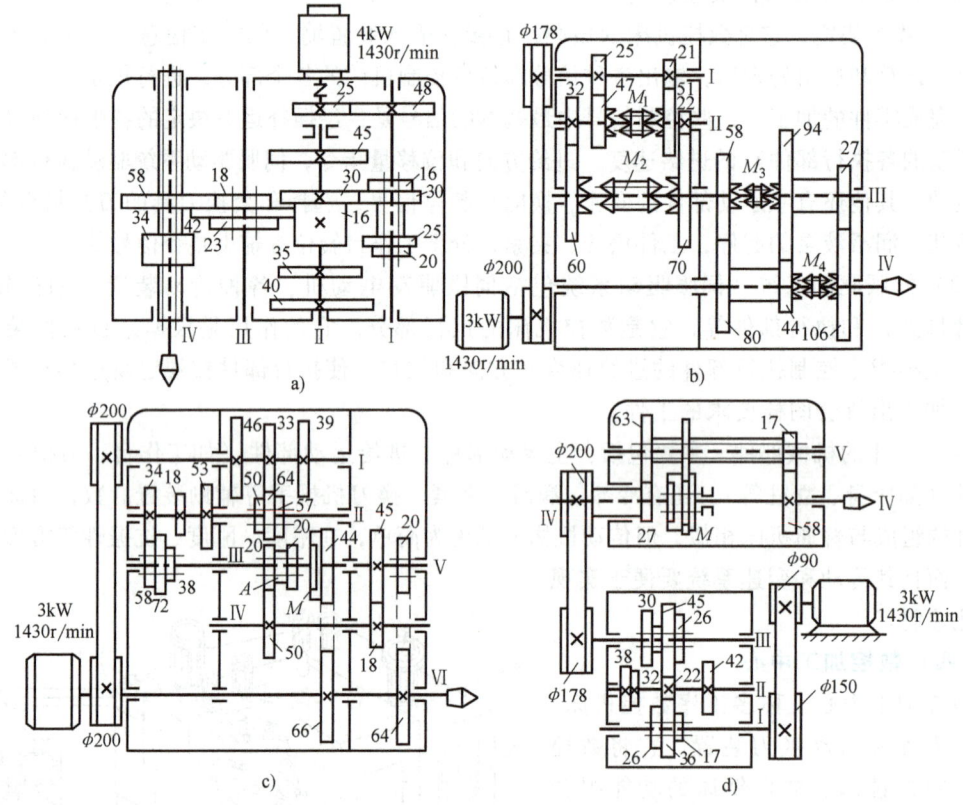

图 2-46 题 2-3 图

2-4 表面发生线的形成方法有哪几种？

2-5 什么是外联系传动链？什么是内联系传动链？各有何特点？

2-6 在 CA6140 型车床上车削米制螺纹①$p=3$；②$p=8$，$K=2$。试写出其传动路线表达式和运动平衡式。

2-7 车刀有哪几种？试简述各种车刀的结构特征及加工范围。

2-8 试以外圆磨床为例分析机床的哪些运动是主运动？哪些运动是进给运动？

2-9 在万能外圆磨床上磨削圆锥面有哪几种方法？各适用于什么场合？

2-10 在万能外圆磨床上，用顶尖支承磨削外圆和用卡盘支承磨削外圆，哪一种情况的加工精度高？为什么？

2-11 试分析比较中心磨和无心磨外圆的工艺特点和应用范围。

2-12 摇臂钻床可实现哪几个方向的运动？
2-13 刨削加工有何特点？拉削加工有何特点？
2-14 试分析比较钻头、扩孔钻的结构特点和几何角度。
2-15 用钻头钻孔，为什么钻出来的孔径一般都比钻头的直径大？
2-16 拉削速度并不高，但拉削却是一种高生产率的加工方法，原因何在？
2-17 为什么卧式车床的主运动和进给运动只用一台电动机传动，而卧式铣床则采用两台电动机分别驱动？
2-18 什么是逆铣？什么是顺铣？试分析逆铣和顺铣、对称铣和不对称铣的工艺特征。
2-19 滚切直齿圆柱齿轮时需要哪些基本运动？
2-20 插削直齿圆柱齿轮时需要哪些基本运动？
2-21 试分析比较滚齿、插齿的工艺特点和应用范围。
2-22 磨齿有哪些方法？各有何特点？各应用在什么场合？
2-23 数控机床有哪几个基本组成部分？各有何功用？

第三章

机床夹具设计原理

机床夹具是将工件进行定位、夹紧，将刀具进行导向或对刀，以保证工件和刀具之间有正确的相对位置关系的一种工艺装备，简称夹具。在成批、大量生产中，工件的装夹都是通过机床夹具来实现的。机床夹具是工艺系统的重要组成部分，它在生产中应用十分广泛。

第一节 机床夹具概述

一、机床夹具的作用

1. 保证加工精度和质量要求

用机床夹具装夹工件，能准确确定工件与刀具、机床之间的相对位置关系，可以保证加工精度和质量。例如图3-1所示套筒零件的 $\phi 6H7$ 孔的加工，就是用如图3-2所示的专用钻床夹具完成的。工件以内孔和端面在定位销6上定位，旋紧螺母5，通过开口垫圈4将工件夹紧，然后由装在钻模板3上的快换钻套1引导钻头或铰刀进行钻孔或铰孔。

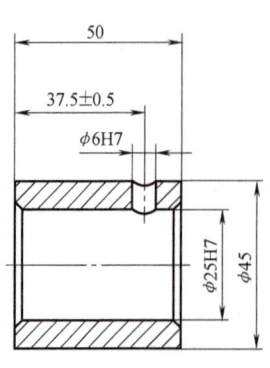

图3-1 套筒零件简图

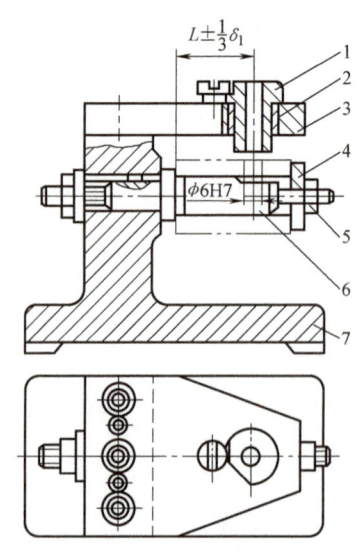

图3-2 套筒钻夹具
1—快换钻套 2—衬套 3—钻模板 4—开口垫圈
5—螺母 6—定位销 7—夹具体

2. 提高生产效率，降低加工成本

机床夹具能快速地将工件定位和夹紧，可以减少辅助时间，提高生产效率。如采用如图 3-2 所示专用钻孔夹具，省去了加工前在工件加工位置划十字中心线及在交点打样冲眼的时间，也省去了找正样冲眼位置的时间。

3. 减轻劳动强度，改善劳动条件，保障操作完全

机床夹具采用机械、气动、液动夹紧装置，可以减轻工人的劳动强度。

4. 扩大机床的工艺范围

利用机床夹具，能扩大机床的加工范围。例如，在车床或钻床上使用镗模可以代替镗床镗孔，使车床、钻床具有镗床的功能。

二、机床夹具的分类

1. 按夹具的应用范围分类

（1）通用夹具 通用夹具是指结构已经标准化，且有较大适用范围的夹具。例如，车床用的自定心卡盘和单动卡盘，铣床用的平口钳及分度头等。

（2）专用机床夹具 专用机床夹具是针对某一工件的某道工序专门设计制造的夹具。专用机床夹具适用于在产品相对稳定、产量较大的场合应用。

（3）组合夹具 组合夹具是用一套预先制造好的标准元件和合件组装而成的夹具。组合夹具结构灵活多变，设计和组装周期短，夹具零部件能长期重复使用，适用于在多品种单件小批生产或新产品试制等场合应用。

（4）成组夹具 成组夹具是在采用成组加工时，为每个零件组设计制造的夹具，当改换加工同组内另一种零件时，只需调整或更换夹具上的个别元件，即可进行加工。成组夹具适用于在多品种、中小批生产中应用。

（5）随行夹具 它是一种在自动线上使用的移动式夹具。在工件进入自动线加工之前，先将工件装在夹具中，然后夹具连同被加工工件一起沿着自动线依次从一个工位移到下一个工位，直到工件在退出自动线加工时，才将工件从夹具中卸下。随行夹具是一种始终随工件一起沿着自动线移动的夹具。

2. 按使用机床类型分类

机床类型不同，夹具结构各异，由此可将夹具分为车床夹具、钻床夹具、铣床夹具、镗床夹具、磨床夹具和组合机床夹具等类型。

3. 按夹具动力源分类

按夹具所用夹紧动力源，可将夹具分为手动夹紧夹具、气动夹紧夹具、液压夹紧夹具、气液联动夹紧夹具、电磁夹具、真空夹具等。

4. 按夹具所适用的工艺过程分类

按夹具所适用的工艺过程可分为机床加工夹具、装配夹具、焊接夹具以及检测夹具等。

三、机床夹具的组成

夹具一般由定位元件、夹紧装置、对刀元件、导向元件、连接元件以及夹具体等组成：

1. 定位元件

定位元件是用来确定工件正确位置的元件，包括工件在夹具中的正确位置以及夹具在机床工作台上的正确位置。被加工工件的定位基面与夹具定位元件直接接触或相配合。

2. 夹紧装置

夹紧装置是使工件在外力作用下仍能保持其正确定位位置的装置。

3. 对刀元件、导向元件

对刀元件、导向元件是指夹具中用于确定（或引导）刀具相对于夹具定位元件具有正确位置关系的元件，例如钻套、镗套、对刀块等。

4. 连接元件

夹具连接元件是指用于确定夹具在机床上具有正确位置并与之连接的元件，例如安装在铣床夹具底面上的定位键等。

5. 其他元件及装置

根据加工要求，有些夹具尚需设置分度转位装置、靠模装置、工件抬起装置和辅助支承等装置。

6. 夹具体

夹具体是用于连接夹具元件和有关装置使之成为一个整体的基础件，夹具通过夹具体与机床连接。

定位元件、夹紧装置和夹具体是夹具的基本组成部分，其他部分可根据需要设置。

第二节　工件在夹具中的定位

一、工件的定位

（一）工件的装夹

在机床上加工零件时，为了保证加工表面的尺寸、几何形状和相互位置精度等要求，必须进行正确的定位和夹紧。所谓定位是确定工件在机床上或夹具中占有正确位置的过程。所谓夹紧是工件定位后将其固定，使其在加工过程中保持定位位置不变的操作。这整个过程称为工件的装夹（或安装），即装夹是将工件在机床上或夹具中定位、夹紧的过程。定位和夹紧是两件事，定位不等于夹紧。

工件在机床上或夹具中装夹有以下三种主要的方法：

1. 直接找正装夹

工件的定位过程可以由操作工人直接在机床上利用千分表、划线盘等工具，找正某个有相互位置要求的表面，然后夹紧工件，称之为直接找正装夹。直接找正时工件的定位基准是所找正的表面，如图 3-3 所示。如图 3-3a 所示为在磨床上用单动卡盘装夹套筒磨内孔，先用百分表找正工件的外圆再夹紧，以保证磨削后的内孔与外圆同轴，工件的定位基准是外圆。

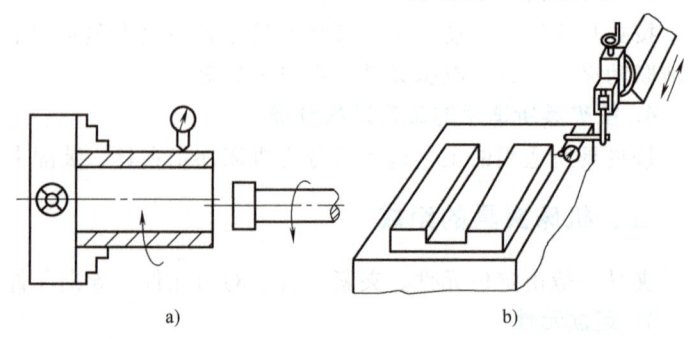

图 3-3　直接找正装夹

如图 3-3b 所示为在牛头刨床上用直接找正法刨槽，以保证槽的侧面与工件右侧面平行，工件的定位基准是右侧面。直接找正装夹效率低，但找正精度可以很高，适合于单件小批量生产或在精度要求特别高的生产中使用。

2. 划线找正装夹

这种装夹方法是按图样要求在工件表面上划出位置线以及加工线和找正线（找正线和加工线之间的距离一般为 5mm），装夹工件时，先在机床上按找正线找正工件的位置，然后夹紧工件。划线找正时工件的定位基准是所划的线，如图 3-4 所示。如图 3-4a 所示为某箱体的加工要求（局部），划线过程如下：① 找出铸件孔的中心 O，并划出孔的中心线 Ⅰ 和 Ⅱ，按尺寸 A 和 B 检查 E、F 面的余量是否足够，如果不够再调整中心线 Ⅰ；② 按照图样尺寸 A 要求，以孔中心为划线基准，划出 E 面的找正线 Ⅲ；③ 按照图样尺寸 B 划出 F 面的找正线 Ⅳ，如图 3-4b 所示。加工时，将工件放在可调支承上，通过调整可调支承的高度来找正划好的线 Ⅲ，如图 3-4c 所示。划线装夹不需要其他专门设备，通用性好，但生产效率低，精度不高（一般划线找正的对线精度为 0.1mm 左右），适用于单件、中小批量生产中的复杂铸件或铸件精度较低的机加工工序。

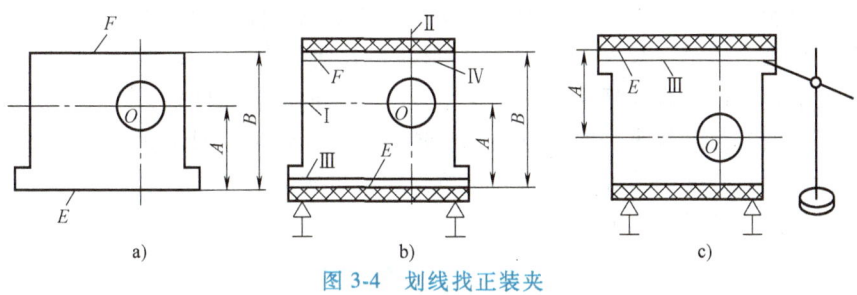

图 3-4 划线找正装夹

3. 夹具装夹

为保证加工精度要求和提高生产率，通常多采用夹具装夹。用夹具装夹工件，不再需要划线和找正，直接由夹具来保证工件在机床上的正确位置，并在夹具上直接夹紧工件。用夹具装夹操作比较简单，也比较容易保证加工精度要求，在各种生产类型中都有应用。

（二）定位原理

1. 六点定位原理

任何一个未受约束的物体，在空间都具有六个自由度，即沿 x，y，z 轴的平移运动（记为 $\vec{X}$，$\vec{Y}$，$\vec{Z}$）和绕 x，y，z 轴的转动（记为 $\widehat{X}$，$\widehat{Y}$，$\widehat{Z}$），如图 3-5 所示。因此，要使工件在空间具有确定的位置，就必须对这六个自由度加以限制。

在实际应用中，通常用一个支承点（接触面积很小的支承钉）限制工件一个自由度，这样，用空间合理布置的六个支承点限制工件的六个自由度，使工件的位置完全确定，称为"六点定位原理"。例如图 3-6a 所示长方体，在其底面布置 3 个不共线的支承点 1、2、3，限制 $\vec{Z}$、$\widehat{X}$ 和 $\widehat{Y}$ 三个自由度；在侧面布置两个支承点 4、5，限制 $\vec{Y}$ 和 $\widehat{Z}$ 两个自由度；在端面布置

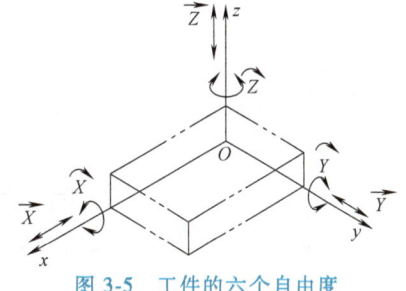

图 3-5 工件的六个自由度

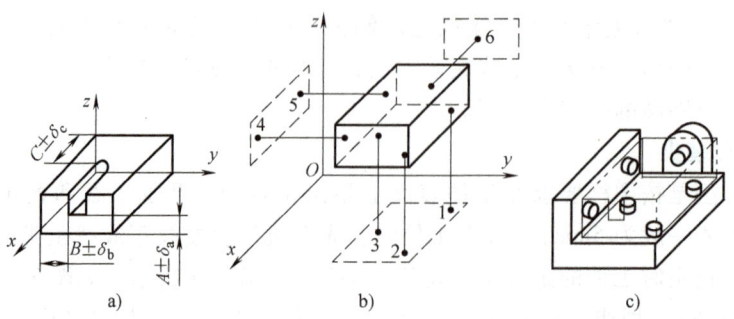

图 3-6 长方体定位时支承点的分布

一个支承点 6，限制 $\vec{X}$ 一个自由度，如图 3-6b、c 所示，这就完全限制了长方体工件的六个自由度。

2. 支承点与定位元件

由于工件的形状是千变万化的，工件在夹具中定位时，实际上是通过定位元件与工件定位基面接触来限制工件自由度的。用于代替支承点的定位元件的种类也很多，常用的有支承钉、支承板、长销、短销、长V形块、短V形块、长定位套、短定位套、固定锥销、浮动锥销等。除支承钉可以直观地理解为一个支承点外，其他定位元件相当于几个支承点，应由它所限制的工件的自由度数来判断。直接分析这些定位元件可以限制哪几个自由度，以及分析它们的组合限制自由度的情况，对研究定位问题有更实际的意义。表 3-1 列出了工件典型定位方式、定位元件及所限制的自由度。

表 3-1 典型定位元件的定位分析

工件的定位面		夹具的定位元件			
		定位情况	一个支承钉	两个支承钉	三个支承钉
平面	支承钉	图示			
		限制的自由度	$\vec{X}$	$\vec{Y}$、$\vec{Z}$	$\vec{Z}$、$\widehat{X}$、$\widehat{Y}$
	支承板	定位情况	一块条形支承板	两块条形支承板	一块矩形支承板
		图示			
		限制的自由度	$\vec{Y}$、$\vec{Z}$	$\vec{Z}$、$\widehat{X}$、$\widehat{Y}$	$\vec{Z}$、$\widehat{X}$、$\widehat{Y}$

（续）

工件的定位面	夹具的定位元件				
圆孔	圆柱销	定位情况	短圆柱销	长圆柱销	两段短圆柱销
		图示	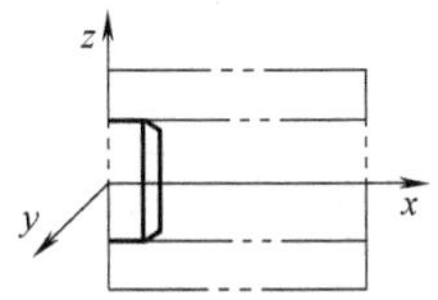	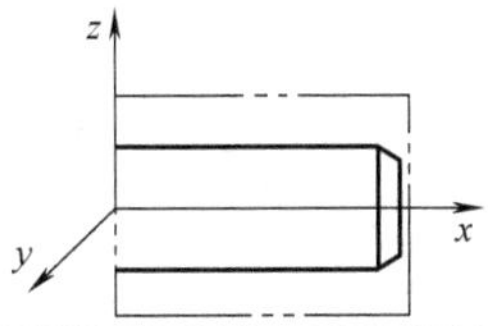	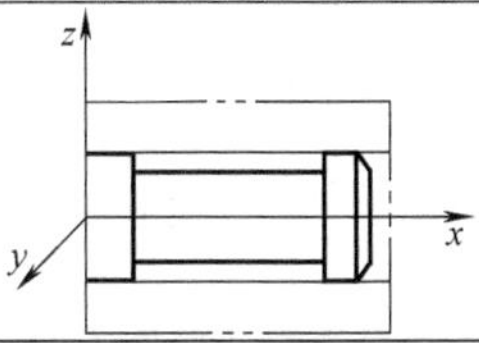
		限制的自由度	$\vec{Y}、\vec{Z}$	$\vec{Y}、\vec{Z}、\hat{Y}、\hat{Z}$	$\vec{Y}、\vec{Z}、\hat{Y}、\hat{Z}$
		定位情况	菱形销	长销小平面组合	短销大平面组合
		图示	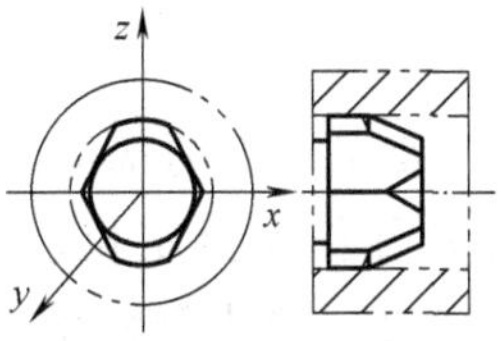	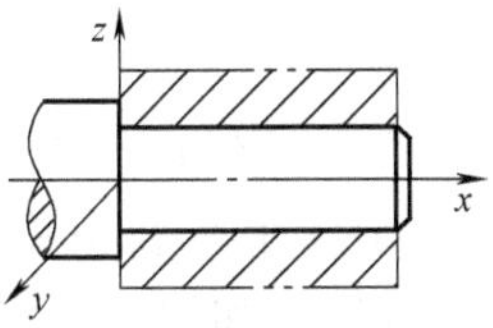	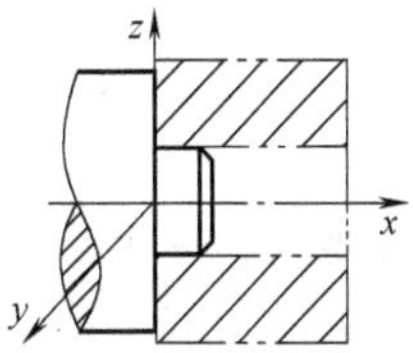
		限制的自由度	$\vec{Z}$	$\vec{X}、\vec{Y}、\vec{Z}、\hat{Y}、\hat{Z}$	$\vec{X}、\vec{Y}、\vec{Z}、\hat{Y}、\hat{Z}$
	圆锥销	定位情况	固定锥销	浮动锥销	固定锥销与浮动锥销组合
		图示	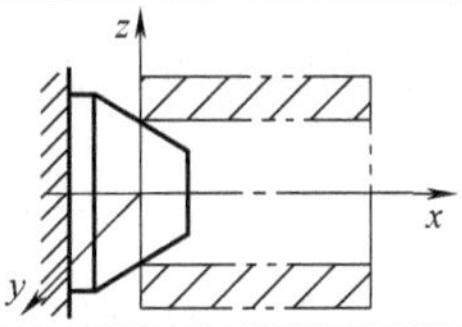	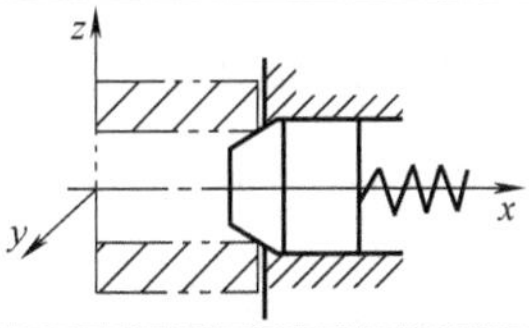	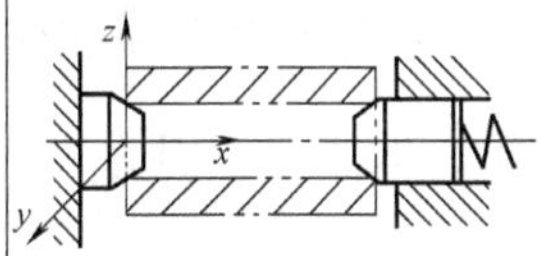
		限制的自由度	$\vec{X}、\vec{Y}、\vec{Z}$	$\vec{Y}、\vec{Z}$	$\vec{X}、\vec{Y}、\vec{Z}、\hat{Y}、\hat{Z}$
	心轴	定位情况	长圆柱心轴	短圆柱心轴	小锥度心轴
		图示	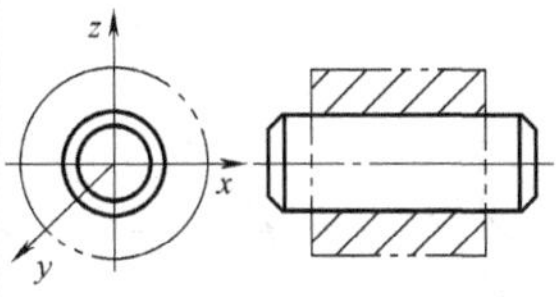	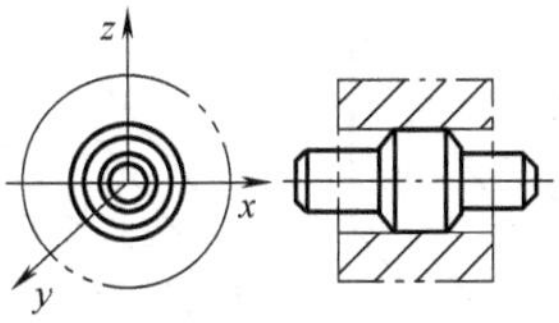	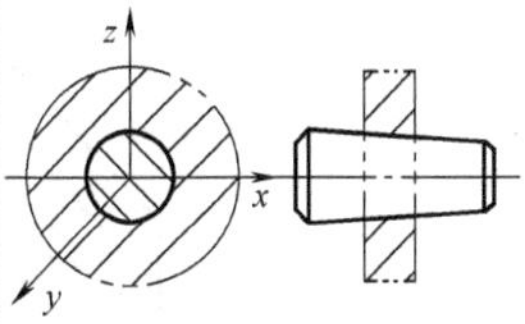
		限制的自由度	$\vec{X}、\vec{Z}、\hat{X}、\hat{Z}$	$\vec{X}、\vec{Z}$	$\vec{X}、\vec{Z}$
外圆柱面	V形块	定位情况	一短V形块	两个短V形块	一长V形块
		图示	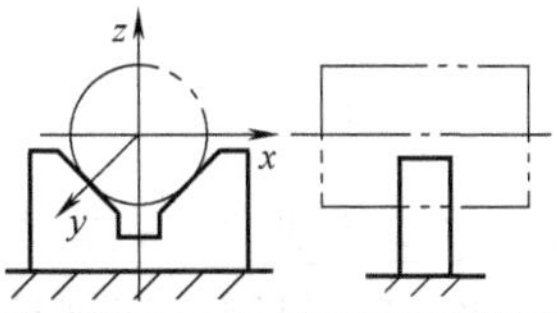	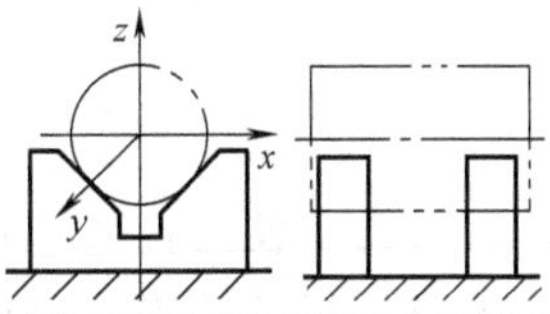	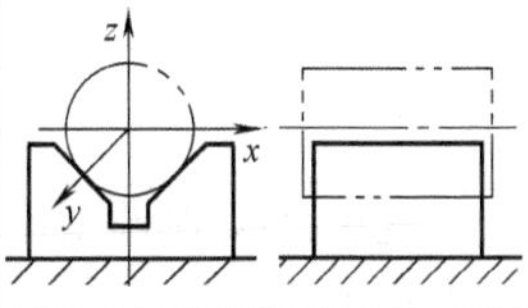
		限制的自由度	$\vec{X}、\vec{Z}$	$\vec{X}、\vec{Z}、\hat{X}、\hat{Z}$	$\vec{X}、\vec{Z}、\hat{X}、\hat{Z}$
	定位套	定位情况	一个短定位套	两个短定位套	一个长定位套
		图示	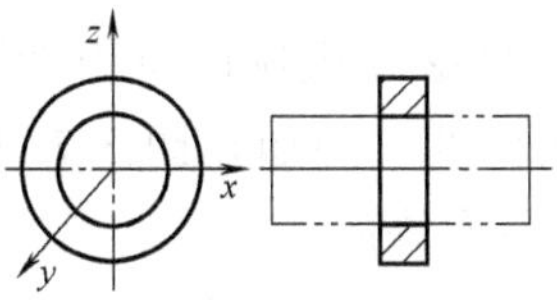	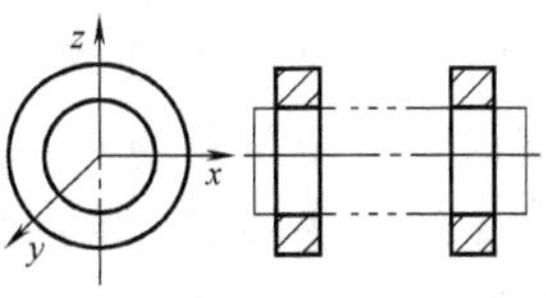	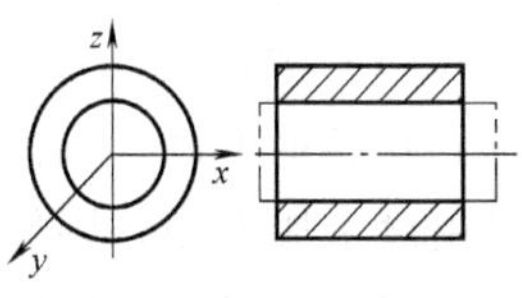
		限制的自由度	$\vec{X}、\vec{Z}$	$\vec{X}、\vec{Z}、\hat{X}、\hat{Z}$	$\vec{X}、\vec{Z}、\hat{X}、\hat{Z}$

（续）

工件的定位面	夹具的定位元件			
	定位情况	锥顶尖	弹簧锥顶尖	锥度心轴
圆锥孔	图示			
锥顶尖和锥度心轴	限制的自由度	$\vec{X}、\vec{Y}、\vec{Z}$	$\vec{Y}、\vec{Z}$	$\vec{X}、\vec{Y}、\vec{Z}、\hat{Y}、\hat{Z}$

3. 完全定位和不完全定位

根据工件加工面的位置精度（包括位置尺寸）要求，有时需要限制六个自由度，有时仅需要限制一个或几个（少于六个）自由度。前者称作完全定位，后者称作不完全定位。完全定位和不完全定位都有应用。如图 3-7 所示，若在工件上铣键槽，要求保证工序尺寸 x、y、z 及键槽侧面和底面分别与工件侧面和底面平行，那么加工时必须限制全部六个自由度，即采用完全定位，如图 3-7a 所示；若在工件上铣台阶面，要求保证工序尺寸 y、z 及其两平面分别与工件底面和侧面平行，那么加工时只要限制除 $\vec{X}$ 以外的五个自由度就够了，如图 3-7b 所示，因为 $\vec{X}$ 对工件的加工精度并无影响。若在工件上铣顶平面，仅要求保证工序尺寸 z 及与工件底面平行，那么只要限制 $\hat{X}$、$\hat{Y}$、$\vec{Z}$ 三个自由度就行了，如图 3-7c 所示。

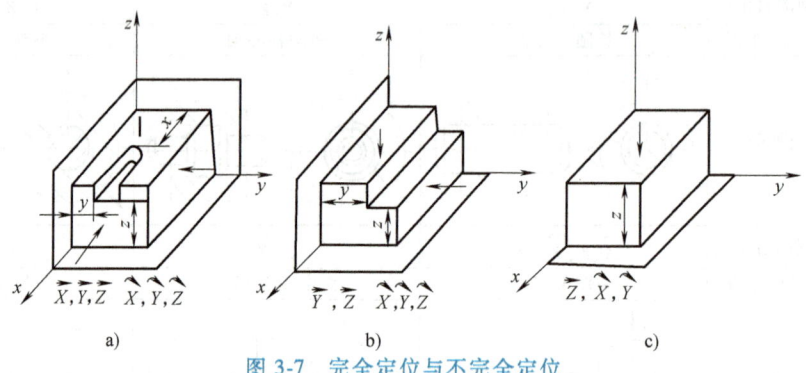

图 3-7 完全定位与不完全定位

这里必须强调指出，有时为了使定位元件帮助承受切削力、夹紧力或为了保证一批工件的进给长度一致，常常对无位置尺寸要求的自由度也加以限制。在这种情况下，对没有位置尺寸要求的自由度也加以限制，不仅是允许的，而且是必要的。

4. 欠定位和过定位

（1）欠定位 根据加工面位置尺寸要求，工件必须限制的自由度未予限制，称为欠定位。在确定工件定位方案时，欠定位是绝对不允许的。例如在图 3-7a 中，若沿 x 轴移动的自由度未加限制，则尺寸 x 就无法保证，因而是不允许的。

（2）过定位 工件在定位时，同一个自由度被两个或两个以上支承点重复限制的定位，称为过定位（或称重复定位）。过定位是否允许，应根据具体情况进行具体分析。一般情况下，如果工件的定位面为没有经过机械加工的毛坯面，或虽经过了机械加工，但仍然很粗糙，这时过定位是不允许的。如果工件的定位面经过了机械加工，并且定位面和定位元件的尺寸、形状和位置都做得比较准确，比较光整，则过定位不但对工件加工面的位置尺寸影响不大，反而可以增强工件的刚性，这时过定位是允许的。如图 3-8 所示给出了常见的几种过定位的实例。

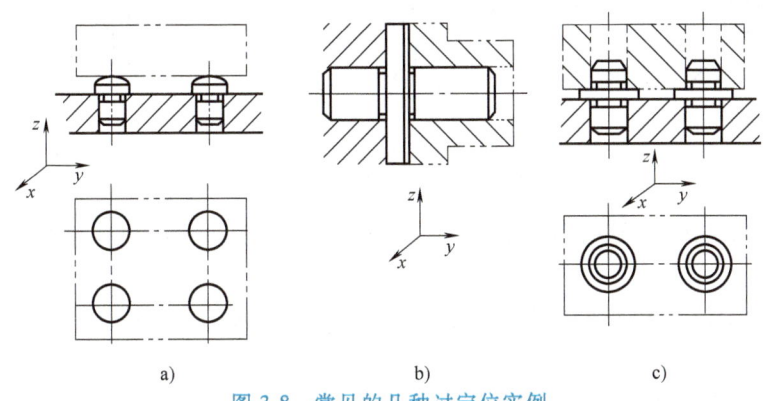

图 3-8　常见的几种过定位实例

如图 3-8a 所示为用四个支承钉支承一个平面的定位。四个支承钉只消除了 $\vec{Z}$、$\hat{X}$ 和 $\hat{Y}$ 三个自由度，所以这是过定位。如果定位表面粗糙，甚至未经加工，这时实际上就可能只是三点接触，而且对一批工件来说，有的工件与这三点接触，有的工件则与另三点接触。这样，工件占有的位置就不是唯一的了。为避免这种情况，可撤去一个支承点，然后再将三个支承点重新布置。也可将四个支承钉之一改为辅助支承，使该支承钉只起支承而不起定位作用。

如图 3-8b 所示为孔与端面联合定位的情况。由于大端面可限制三个自由度（$\vec{Y}$、$\hat{X}$、$\hat{Z}$），而长销可限制四个自由度（$\vec{X}$、$\vec{Z}$、$\hat{X}$、$\hat{Z}$），因此 $\hat{X}$，$\hat{Z}$ 受重复限制而出现了过定位。此时如果工件端面与轴线不垂直，则在轴向夹紧力作用下，将使工件或定位销产生变形而引起较大误差。

为改善此种情况，可采取如下措施：

1）长销与小端面组合，此时小端面只限制一个自由度 $\vec{Y}$ 如图 3-9a 所示。

2）短销与大端面组合，此时短销只限制两个自由度 $\vec{X}$ 与 $\vec{Z}$ 如图 3-9b 所示。

3）长销与球面垫圈组合，此时球面垫圈亦只限制一个自由度 $\vec{Y}$ 如图 3-9c 所示。

如图 3-8c 所示为利用工件底面及两销孔（定位销用短销）定位的情况。由于两短销均限制了 $\vec{Y}$ 自由度，因而产生过定位。此时由于同批工件两孔中心距及夹具两销中心距的误差，可能造成部分工件无法同时装入两定位销内的现象发生，称为过定位干涉。解决的办法是，将两定位销之一做成削边销，使之不限制 $\vec{Y}$ 自由度而避免过定位干涉的发生。

通常情况下，应尽量避免出现过定位。消除过定位及其干涉一般有两种途径：其一是改变定位元件的结构，以消除被重复限制的自由度；其二是提高工件定位基面之间及夹具定位元件工作表面之间的位置精度，以减小或消除过定位引起的误差。例如图 3-8a 所示的定位方案中，假如工件定位平面加工得很平，而四个支承钉工作表面又准确地位于同一平面内

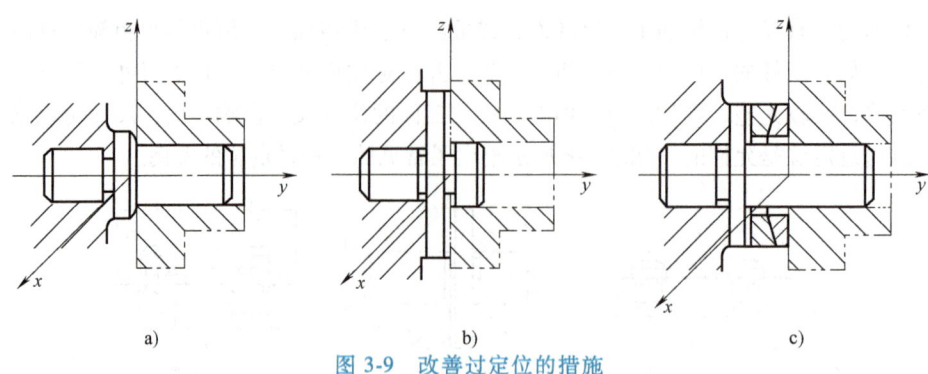

图 3-9 改善过定位的措施

(装在夹具上一次磨出),这时就不会因过定位造成不良后果,反而能增加定位的稳定性,提高支承刚度。

从上述关于定位问题的分析可以知道,在讨论工件定位的合理性问题时,主要应研究下面的三个问题:

1) 研究满足工件加工面位置度要求所必须限制的自由度。

2) 从承受切削力、设置夹紧机构以及提高生产率的角度分析在不完全定位中还应限制哪些自由度。

3) 在定位方案中,是否有欠定位和过定位问题,能否允许过定位的存在。

二、机床夹具定位元件

工件定位方式不同,夹具定位元件的结构形式也不同,这里只介绍几种常用的基本定位元件。实际生产中使用的定位元件都是这些基本定位元件的组合。

(一) 工件以平面定位常用的定位元件

1. 支承钉

常用支承钉的结构形式如图 3-10 所示。平头支承钉如图 3-10a 所示,用于支承精基准面;球头支承钉如图 3-10b 所示用于支承粗基准面;网纹顶面支承钉如图 3-10c 所示能产生较大的摩擦力,但网槽中的切屑不易清除,常用在工件以粗基准定位且要求产生较大摩擦力的侧面定位场合。一个支承钉相当于一个支承点,限制一个自由度;在一个平面内,两个支承钉限制两个自由度;不在同一直线上的三个支承钉限制三个自由度。

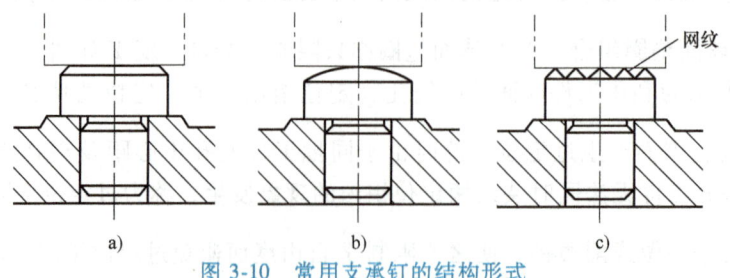

图 3-10 常用支承钉的结构形式

2. 支承板

常用的支承板结构形式如图 3-11 所示。平面型支承板如图 3-11a 所示,结构简单,但沉头螺钉处清理切屑比较困难,适用于作为侧面和顶面定位;带斜槽型支承板如图 3-11b 所示，在带有螺钉孔的斜槽中允许容纳少许切屑，适用于作为底面定位。当工件定位平面较大时，常用几块支承板组合成一个平面。一个支承板相当于两个支承点，限制两个自由度；两个（或多个）支承板组合，相当于一个平面，可以限制三个自由度。

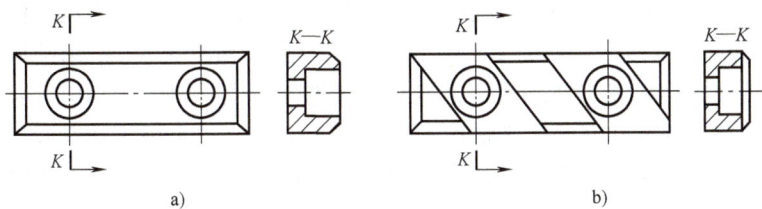

图 3-11　常用支承板的结构形式

3. 可调支承

常用可调支承结构形式如图 3-12 所示。可调支承多用于支承工件的粗基准面，支承高度可以根据需要进行调整，调整到位后用螺母锁紧。一个可调支承限制一个自由度。

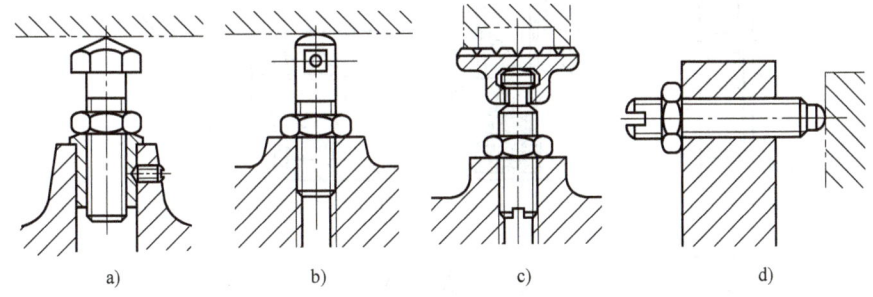

图 3-12　常用可调支承的结构形式

4. 自位支承

常用自位支承的结构形式如图 3-13 所示。由于自位支承是活动的或是浮动的，无论结

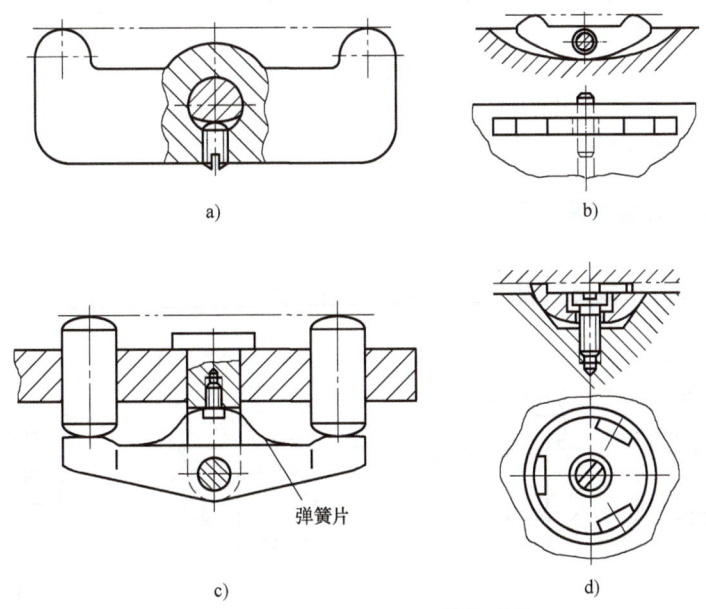

图 3-13　常用自位支承的结构形式

构上是两点或三点支承,其实质只起一个支承点的作用,所以自位支承只限制一个自由度。使用自位支承的目的在于增加与工件的接触点,减小工件变形或减少接触应力。

5. 辅助支承

辅助支承不能作为定位元件,不能限制工件的自由度,它只用以增加工件在加工过程中的刚性。如图 3-14 所示列出了辅助支承的几种结构形式。如图 3-14a 所示结构简单,但在调整时支承钉要转动,会损坏工件表面,也容易破坏工件定位;如图 3-14b 所示结构在旋转螺母 1 时,支承螺钉 2 受装在套筒 4 键槽中的止动销 3 的限制,只做直线移动;如图 3-14c 所示为自动调节支承,支承销 6 受下端弹簧 5 的推力作用与工件接触,当工件定位夹紧后,回转手柄 9,通过锁紧螺钉 8 和斜面顶销 7,将支承销 6 锁紧;如图 3-14d 所示为推式辅助支承,支承滑柱 11 通过推杆 10 向上移动与工件接触,然后回转手柄 13,通过钢球 14 和半圆键 12,将支承滑柱 11 锁紧。

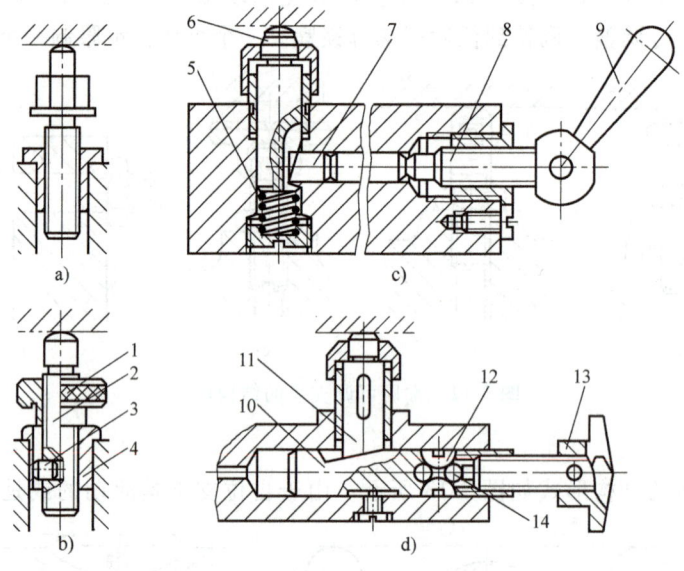

图 3-14 辅助支承的结构形式

1—螺母 2—螺钉 3—止动销 4—套筒 5—弹簧 6—支承销 7—顶销
8—锁紧螺钉 9、13—手柄 10—推杆 11—滑柱 12—半圆键 14—钢球

(二) 工件以孔定位常用的定位元件

1. 定位销

如图 3-15 所示为几种常用固定式定位销的结构形式。当工件的孔径尺寸较小时,可选

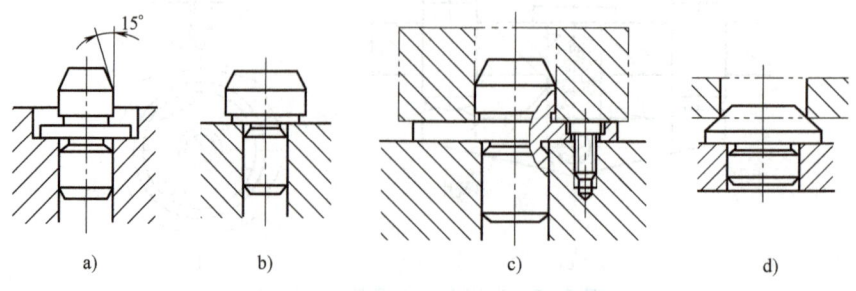

图 3-15 固定式定位销的结构形式

用如图 3-15a 所示的结构；当孔径尺寸较大时，选用如图 3-15b 所示的结构；当工件同时以圆孔和端面组合定位时，则应选用如图 3-15c 所示的带有支承端面的结构。用定位销定位时，短圆柱销限制两个自由度；长圆柱销可以限制四个自由度；短圆锥销如图 3-15d 所示限制三个自由度。

2. 心轴

心轴的结构形式很多，如图 3-16 所示为几种常用定位心轴结构形式。如图 3-16a 所示为过盈配合心轴，限制工件四个自由度；如图 3-16b 所示为间隙配合心轴，限制工件五个自由度（心轴外圆部分限制四个自由度，轴肩面限制一个自由度）；如图 3-16c 所示为小锥度（1∶5000~1∶1000）心轴，装夹工件时，通过工件孔和心轴接触表面的弹性变形夹紧工件。使用小锥度心轴定位可获得较高的定位精度，它可以限制五个自由度。

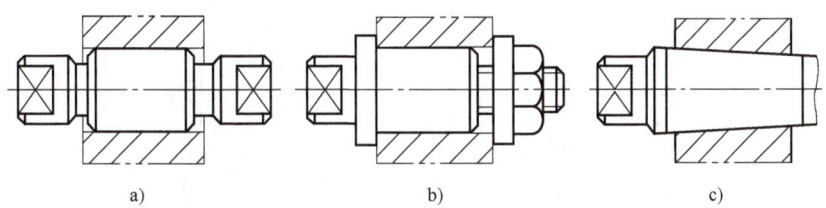

图 3-16 常用定位心轴的结构形式

（三）工件以外圆定位常用的定位元件

1. V 形块

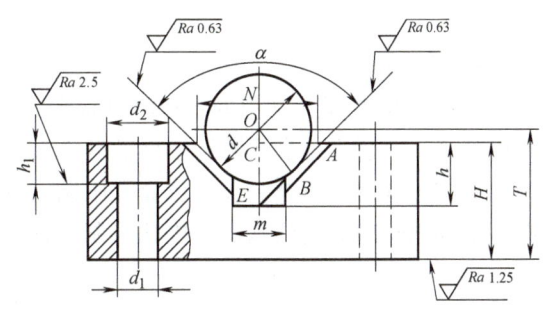

图 3-17 V 形块的结构尺寸

如图 3-17 所示，V 形块两工作平面间的夹角有 60°、90°、120° 三种，其中以 90° 应用最广，且结构已标准化。V 形块设计、安装的基准是检验心轴的中心。故 V 形块在夹具中的安装尺寸 T（定位高度）是 V 形块的主要设计参数，用来检验 V 形块制造、装配的精度。由图 3-17 可求出

$$T = H + \overline{OC} = H + (\overline{OE} - \overline{CE})$$

而

$$\overline{OE} = \frac{d}{2\sin(\alpha/2)}, \quad \overline{CE} = \frac{N}{2\tan(\alpha/2)}$$

所以

$$T = H + 0.5\left(\frac{d}{\sin(\alpha/2)} - \frac{N}{\tan(\alpha/2)}\right) \tag{3-1}$$

V 形块的结构形式如图 3-18 所示。如图 3-18a 所示为短 V 形块；如图 3-18b 所示为两短 V 形块组合，用于工件定位基面较长的情况；如图 3-18c 所示为分体结构的 V 形块，淬硬钢镶块或硬质合金镶块用螺钉固定在 V 形铸铁底座上，用于工件定位基面长度和直径均较大的情况；如图 3-18e、f 所示为两种浮动式 V 形块结构。当工件以粗基准或工件以阶梯圆柱面定位时，V 形块工作面的长度一般应为 2~5mm，如图 3-18d 所示，以提高定位的稳定性。用 V 形块定位，工件的定位基准始终在 V 形块两定位面的对称中心平面内，对中性能好。

一个短 V 形块限制两个自由度；两个短 V 形块组合或一个长 V 形块限制四个自由度；浮动式 V 形块只限制一个自由度。

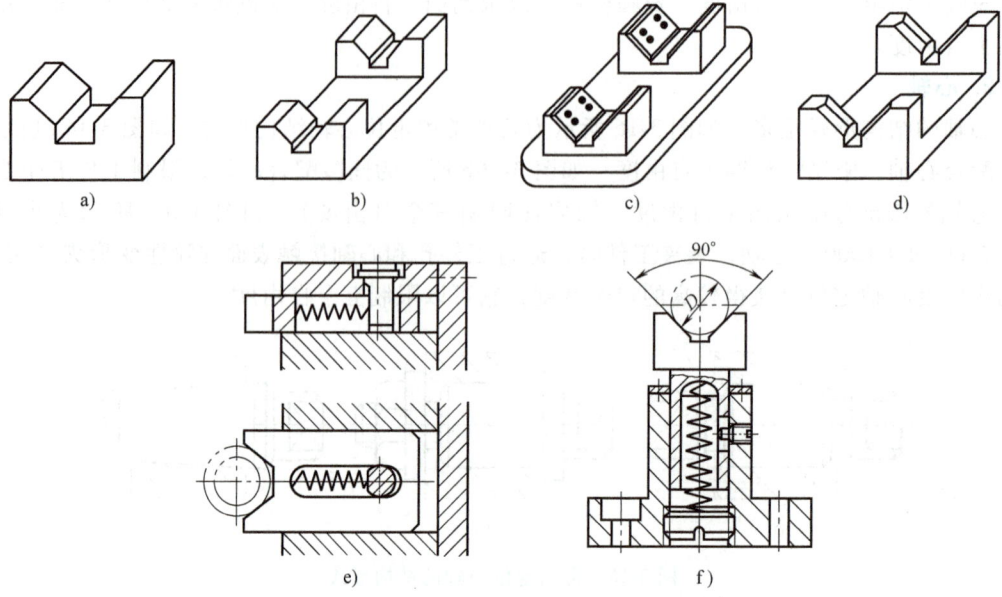

图 3-18　V 形块的结构形式

2. 定位套

如图 3-19 所示为常用的定位套结构形式。如图 3-19a 所示为用在工件以端面为主要定位基面的场合，短定位套孔限制工件的两个自由度；如图 3-19b 所示为用在工件以外圆柱表面为主要定位基面的场合，长定位套孔限制工件的四个自由度；如图 3-19c 所示为用于工件以圆柱面端部轮廓为定位基面，锥孔限制工件的三个自由度。

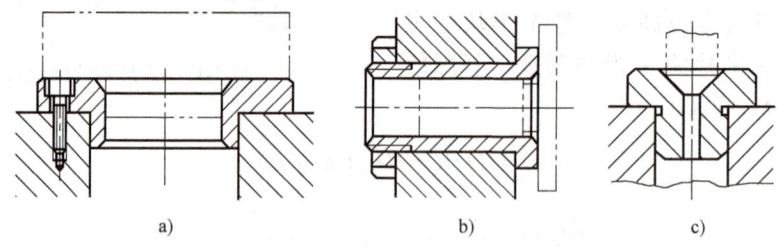

图 3-19　定位套的结构形式

3. 半圆孔

如图 3-20 所示为半圆孔定位装置。当工件尺寸较大，用圆柱孔定位不方便时，可将圆柱孔改成两半，下半孔用作定位，上半孔用于压紧工件。短半圆孔定位限制工件的两个自由度；长半圆孔定位限制工件的四个自由度。

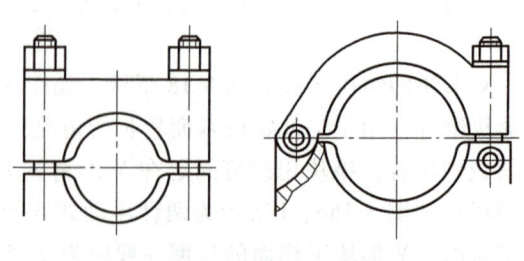

图 3-20　半圆孔定位装置

(四) 工件以组合表面定位常用的定位元件

在实际生产中，为满足加工要求，有时采用几个定位面相组合的方式进行定位。常见的组合形式有：两中心孔、一端面一孔、一端面一外圆、一面两孔等，与之相对应的定位元件也是组合式的。

在多个表面参与定位的情况下，按其限制自由度数的多少来区分，限制自由度数最多的定位面称为第一定位基准面或主基准面，次之称为第二定位基准面或导向基准，限制一个自由度的称为第三定位基准或定程基准。

在箱体类零件加工中，如车头箱，往往将上顶面以及其上的两个工艺孔作为定位基准，通称一面两销定位。顶平面限制了三个自由度，一个销是圆柱销，限制两个自由度，另一个是菱形销（或削边销），限制一个自由度，实现了完全定位。在夹具设计时，一面两销定位的设计按下述步骤进行，如图 3-21 所示。

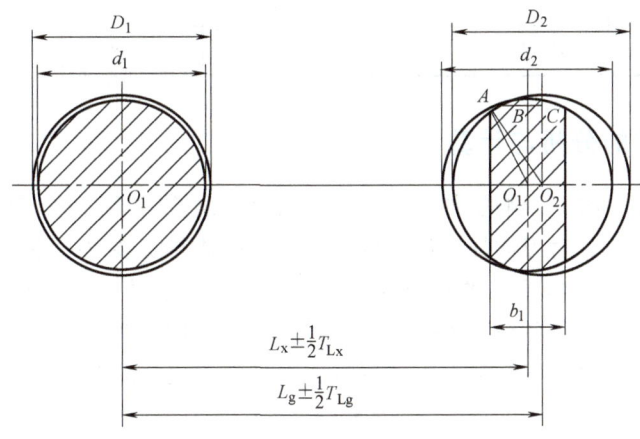

图 3-21 一面两销定位

一般已知条件为工件上两圆柱孔的尺寸及中心距，即 D_1、D_2、L_g 及其公差。

1. 确定夹具中两定位销的中心距 L_x

把工件上两孔中心距公差化为对称公差。即

$$L_g {}^{+T_{gmax}}_{-T_{gmin}} = L_g \pm \frac{1}{2} T_{Lg}$$

式中，T_{gmax}、T_{gmin} 为工件上孔间距的上、下极限偏差；T_{Lg} 为工件上两圆柱孔中心距的公差。

取夹具两销间的中心距为 $L_x = L_g$，中心距公差为工件孔中心距公差的 $1/5 \sim 1/3$，即 $T_{Lx} = (1/5 \sim 1/3) T_{Lg}$。销中心距及公差也化成对称形式：$L_x \pm \frac{1}{2} T_{Lx}$。

2. 确定圆柱销直径 d_1 及其公差

一般圆柱销 d_1 与孔 D_1 为基孔制间隙配合，d_1 公称尺寸等于孔 D_1 公称尺寸，配合一般选为 H7/g6，H7/f6，d_1 的公差等级一般高于孔的一级。

3. 确定菱形销的直径 d_2、宽度 b_1 及公差

可先按表 3-2 查 D_2，选定 b_1，按下式计算出菱形销与孔配合的最小间隙 Δ_{2min}，再计算

菱形销的直径。即

$$\Delta_{2\min} \approx 2b_1(T_{Lx}+T_{Lg})/D_2$$

$$d_2 = D_2 - \Delta_{2\min}$$

式中，b_1 为菱形销宽度（mm）；D_2 为工件上菱形销定位孔直径（mm）；$\Delta_{2\min}$ 为菱形销定位时销、孔最小配合间隙（mm）；T_{Lx} 为夹具上两销中心距公差（mm）；T_{Lg} 为工件上两孔中心距公差（mm）；d_2 为菱形销公称尺寸（mm）。

菱形销的公差可按配合 H/g，销的公差等级高于孔的一级来确定。

表 3-2 菱形销尺寸　　　　　　　　　　　　　　　　（单位：mm）

D_2	3~6	>6~8	>8~20	>20~25	>25~32	>32~40	>40~50
b_1	2	3	4	5	5	6	8
B	D_2-0.5	D_2-1	D_2-2	D_2-3	D_2-4	D_2-5	D_2-5

三、定位误差的分析与计算

使用夹具加工工件时，影响被加工零件位置精度的误差因素很多，其中来自夹具方面的有定位误差、夹紧误差、对刀或导向误差以及夹具的制造与安装误差等；来自加工过程方面的误差有工艺系统（除夹具外）的几何误差、受力变形、受热变形、磨损以及各种随机因素所造成的加工误差。上述各项因素所造成的误差总和应该不超过工件允许的工序公差，才能使工件加工合格。可以用下列加工误差不等式表示它们之间的关系：

$$\Delta_{dw} + \Delta_{za} + \Delta_{gc} < \delta_K$$

式中，Δ_{dw} 为与定位有关的误差，简称定位误差；Δ_{za} 为与夹具有关的其他误差，简称夹具制造安装误差；Δ_{gc} 为加工过程误差；δ_K 为工件的工序公差。

加工误差不等式把误差因素归纳为 Δ_{dw}、Δ_{za}、Δ_{gc} 三项，前两项与夹具有关，第三项与夹具无关。在设计夹具时，应尽量减小与夹具有关的误差，以满足加工精度的要求。在初步估算时，可粗略地先按三项误差平均分配，各不超过相应工序公差的 1/3。下面仅对其中的定位误差 Δ_{dw} 进行分析和计算。

（一）定位误差及其产生原因

同批工件在夹具中定位时，工序基准位置在工序尺寸方向或沿加工要求方向上的最大变动量，称为定位误差。引起定位误差的原因如下：

1. 由基准不重合误差 Δ_{bc} 引起的定位误差

在定位方案中，若工件的工序基准与定位基准不重合，则同批工件的工序基准位置相对定位基准的最大变动量，称为基准不重合误差，以 Δ_{bc} 表示。

如图 3-22a 所示零件，设 e 面已加工好，今在铣床上用调整法加工 f 面和 g 面。在加工 f 面时若选 e 面为定位基准如图 3-22b 所示，则 f 面的设计基准和定位基准都是 e 面，基准重合，没有基准不重合误差，尺寸 A 的制造公差为 T_A。加工 g 面时，定位基准有两种不同的选择方案：一种方案（方案 I）加工时选 f 面作为定位基准，定位基准与设计基准重合，没有基准不重合误差，尺寸 B 的制造公差为 T_B；但这种定位方式的夹具结构复杂，夹紧力的作用方向与铣削力方向相反，不够合理，操作也不方便。另一种方案（方案Ⅱ）是选用 e 面作为定位基准来加工 g 面如图 3-22d 所示，此时，工序尺寸 C 是直接得到的，尺寸 B 是间接得到的，由于定位基准 e 与设计基准 f 不重合而给 g 面加工带来的基准不重合误差等于设计基准 f 面相对于定位基准 e 面在尺寸 B 方向上的最大变动量 T_A。

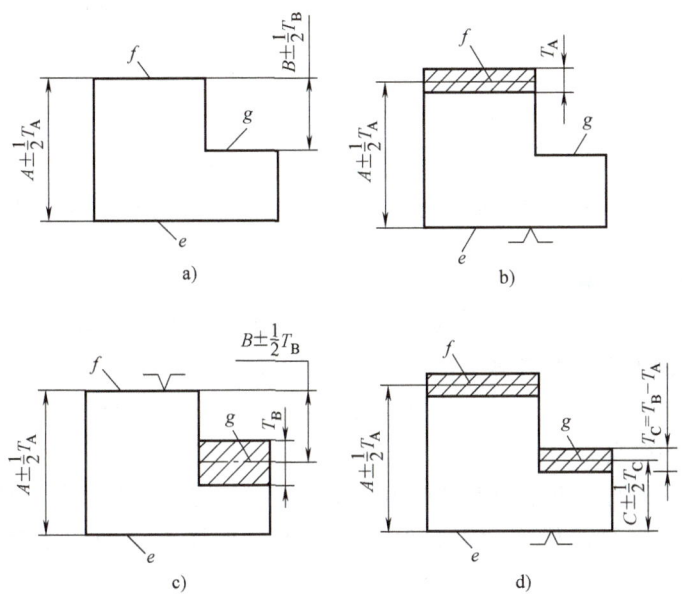

图 3-22 基准不重合误差分析示例
a) 零件图 b) 加工 f 面 c) 加工 g 面的方案Ⅰ d) 加工 g 面的方案Ⅱ

由于有基准不重合误差，使得加工如图 3-22 所示零件 g 面工序所要直接保证的尺寸 C 的制造公差缩小为 T_C（$T_C = T_B - T_A$），造成加工困难，也提高了加工成本。因此，只要条件许可，应尽量选择设计基准作为定位基准（或测量基准）。

定位基准与设计基准不重合时所产生的基准不重合误差，只有在采用调整法加工时才会产生，在试切法加工中不会产生。

2. 定位副制造不准确误差

工件在夹具中的正确位置是由夹具上的定位元件来确定的。夹具上的定位元件不可能按公称尺寸制造得绝对准确，它们的实际尺寸（或位置）都允许在分别规定的公差范围内变动。同时，工件上的定位基准面也会有制造误差。工件定位面与夹具定位元件共同构成定位副，由于定位副制造不准确引起的定位基准相对于刀具在加工尺寸方向上的最大变动量，称为定位副制造不准确误差（又称基准位移误差），以 Δ_{jw} 表示。

如图 3-23a 所示工件的孔装夹在水平放置的心轴上铣削上平面，要求保证尺寸 h，由于定位基准与设计基准重合，故无基准不重合误差；但由于工件的定位基面（内孔 D）和夹具定位元件（心轴 d_1）皆有制造误差，如果心轴制造得刚好为 $d_{1\min}$，而工件的内孔刚好为 $D_{\max}$，如图 3-23b 所示，当工件在水平放置的心轴上定位时，工件内孔与心轴在 P 点接触，工件实际内孔中心的最大下移量 $\Delta_{jw} = (D_{\max} - d_{1\min})/2$，$\Delta_{jw}$ 就是定位副制造不准确引起的误差。

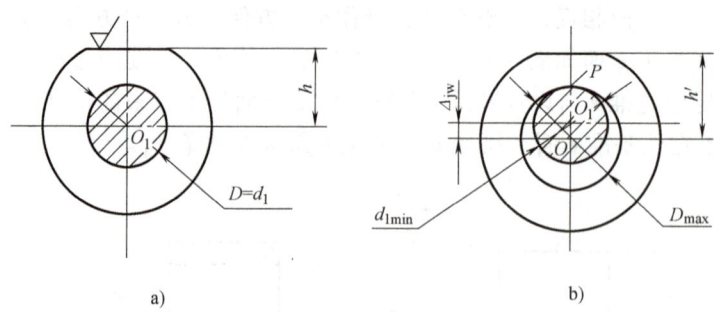

图 3-23 由定位副制造不准确引起的误差
a）孔和定位心轴不存在间隙时　b）孔和定位心轴存在间隙时

（二）定位误差的计算方法

如前所述，定位误差是由基准不重合误差 Δ_{bc} 和基准位移误差 Δ_{jw} 所引起，因此，先分别算出 Δ_{bc} 和 Δ_{jw} 的大小，然后将两者合成即为所求定位误差 Δ_{dw}。即

$$\Delta_{dw} = \Delta_{bc} \pm \Delta_{jw}$$

"+""-"号的确定方法：

1）分析定位基面直径由小变大（或由大变小）时，定位基准的变动方向。

2）当定位基面直径同样变化时，设定位基准的位置不变动，分析工序基准的变动方向。

3）两者的变动方向相同时，取"+"号，两者的变动方向相反时，取"-"号。

有时计算定位误差时，也可先画出工序基准相对于刀具（或机床）的两个极限位置，再根据几何关系求出这两个极限位置间的距离，并将其投影到加工尺寸方向上，便可求出定位误差。

（三）定位误差计算实例

1. 工件以平面定位

工件以平面定位时，基准位移误差 Δ_{jw} 主要是因平面度引起，由于很小，可以忽略不计。此时定位误差主要由基准不重合误差 Δ_{bc} 引起，即 $\Delta_{jw} = \Delta_{bc}$。基准不重合误差 Δ_{bc} 的大小就是工序基准与定位基准间尺寸（称为定位尺寸）的公差。以如图 3-22d 所示的定位方案为例，选用 e 面作为定位基准来加工 g 面，此时尺寸 B 的定位误差大小分析计算如下：

1）以平面定位，基准位移误差 $\Delta_{jw} = 0$；

2）以 e 面作为定位基准来加工 g 面，尺寸 B 的工序基准是 f 面，定位基准是 e 面，定位尺寸为 A，尺寸 A 的公差就是基准不重合误差 $\Delta_{bc} = T_A$；

3）尺寸 B 的定位误差 $\Delta_{dw}(B) = \Delta_{bc} + \Delta_{jw} = T_A + 0 = T_A$。

2. 工件以内圆定位

（1）工件以内圆表面与心轴（或定位销）固定单边接触　如图 3-23b 所示，工件以孔在水平放置的心轴上定位铣平面，工件因自重（或其他外力）作用使孔与心轴在上母线相接触，定位基准为孔的轴线，此时工序基准也是孔的轴线，所以

尺寸 h 的基准不重合误差为　　　　$\Delta_{bc} = 0$

基准位移误差为　　　　$\Delta_{jw} = (D_{max} - d_{1min})/2$

尺寸 h 的定位误差为 $\Delta_{dw}(h) = \Delta_{bc} + \Delta_{jw} = (D_{max} - d_{1min})/2$

（2）工件以内圆表面与心轴（或定位销）任意边接触　当工件以孔在垂直放置的心轴（或定位销）上定位时，孔与心轴（或定位销）就会出现任意边随机接触的情况。此时基准不重合误差随工序尺寸标注的不同而不同，基准位移误差为

$$\Delta_{jw} = D_{max} - d_{1min}$$

例 3-1　在套类零件上铣一键槽，要求保证尺寸：槽宽 $b = 12_{-0.043}^{0}$ mm，$l = 20_{-0.21}^{0}$ mm，$h = 34.8_{-0.16}^{0}$ mm，心轴水平放置，定位方案如图 3-24 所示。工件外圆 $d_1 = \phi40_{-0.016}^{0}$ mm，内孔 $D = \phi20_{0}^{+0.02}$ mm，心轴 $d = \phi20_{-0.02}^{-0.007}$ mm，计算工序尺寸 b、l、h 的定位误差是多少？

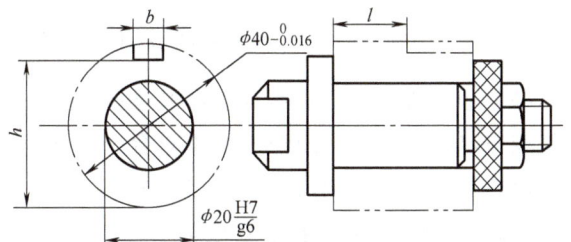

图 3-24　铣键槽定位误差计算

解：分别对各工序尺寸进行分析。

1）槽宽 $b = 12_{-0.043}^{0}$ mm：由铣刀宽度决定，与定位无关。

2）$l = 20_{-0.21}^{0}$ mm：定位基准与工序基准重合，且为平面定位，故 $\Delta_{dw} = 0$ mm。

3）$h = 34.8_{-0.16}^{0}$ mm：定位基准为外圆下母线，工序基准为内孔中心，两者不重合，存在基准不重合误差，$\Delta_{bc} = \dfrac{\delta_{d_1}}{2} = \dfrac{0.016}{2}$ mm $= 0.008$ mm。

由于心轴与定位孔是间隙配合，故存在基准位移误差：

$$\Delta_{jw} = \frac{(D_{max} - d_{1min})}{2} = \frac{20.02 - 19.98}{2} \text{mm} = 0.02 \text{mm}$$

因此，定位误差为

$$\Delta_{dw} = \Delta_{bc} + \Delta_{jw} = 0.008 \text{mm} + 0.02 \text{mm} = 0.028 \text{mm} < \frac{T}{3}$$

由于 $\Delta_{dw} = 0.028$ mm $< \dfrac{T}{3}$，故此方案能保证槽底位置尺寸 h。

3. 工件以外圆定位

如图 3-25 所示为工件以直径为 $d_{-T_d}^{0}$ 的外圆在 V 形块上定位铣键槽的情况。由于标注键槽深度的工序尺寸所选工序基准不同，它们所产生的定位误差也不相同。下面分三种情况讨论。

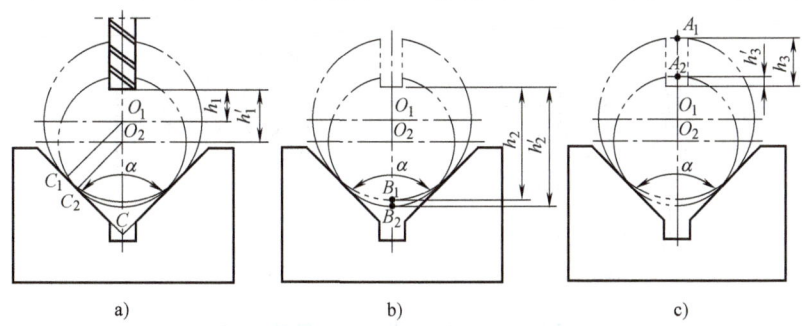

图 3-25　工件在 V 形块上定位

(1) 以工件外圆轴线为工序基准标注键槽深度尺寸 h_1（图3-25a） 工序尺寸 h_1 的工序基准与工件的定位基准（外圆轴线）重合，无基准不重合误差，即 $\Delta_{bc}(h_1)=0$；但是定位表面外圆和定位元件V形块有制造误差，故有基准位移误差 $\Delta_{jw}(h_1)$：

$$\Delta_{jw}(h_1)=\overline{O_1O_2}=\overline{O_1C}-\overline{O_2C}=\frac{\overline{O_1C_1}}{\sin(\alpha/2)}-\frac{\overline{O_2C_2}}{\sin(\alpha/2)}=\frac{d}{2\sin(\alpha/2)}-\frac{d-T_d}{2\sin(\alpha/2)}=\frac{T_d}{2\sin(\alpha/2)}$$

该铣键槽工序的定位误差为

$$\Delta_{dw}(h_1)=\Delta_{bc}(h_1)+\Delta_{jw}(h_1)=\frac{T_d}{2\sin(\alpha/2)} \tag{3-2}$$

(2) 以工件外圆下母线为工序基准标注键槽深度尺寸 h_2（图3-25b） 工序尺寸 h_2 的工序基准与定位基准（外圆轴线）不重合，存在基准不重合误差 $\Delta_{bc}(h_2)$，其值为工序基准相对于定位基准（外圆轴线）在工序尺寸 h_2 方向上的最大变动量，即 $\Delta_{bc}(h_2)=T_d/2$；此外，该铣键槽工序还存在基准位移误差 Δ_{jw}，其值同前，$\Delta_{jw}(h_2)=\overline{O_1O_2}=T_d/2\sin(\alpha/2)$。由于 $\Delta_{bc}(h_2)$ 与 $\Delta_{jw}(h_2)$ 在工序尺寸 h_2 方向上的投影方向相反，故其定位误差为

$$\Delta_{dw}(h_2)=\Delta_{jw}(h_2)-\Delta_{bc}(h_2)=\frac{T_d}{2\sin(\alpha/2)}-\frac{T_d}{2}=\frac{T_d}{2}\left[\frac{1}{\sin(\alpha/2)}-1\right] \tag{3-3}$$

(3) 以工件外圆上母线为工序基准标注键槽深度尺寸 h_3（图3-25c） 工序尺寸 h_3 的工序基准与定位基准不重合，存在基准不重合误差 $\Delta_{bc}(h_3)$，其值为工序基准相对于定位基准（外圆轴线）在工序尺寸 h_3 方向上的最大变动量，即 $\Delta_{bc}(h_3)=T_d/2$；此外，该铣键槽工序还存在基准位移误差 Δ_{jw}，其值同前，$\Delta_{jw}(h_3)=\overline{O_1O_2}=T_d/2\sin(\alpha/2)$。由于 $\Delta_{bc}(h_3)$ 与 $\Delta_{jw}(h_3)$ 在工序尺寸 h_3 方向上的投影方向相同，故其定位误差为

$$\Delta_{dw}(h_3)=\Delta_{bc}(h_3)+\Delta_{jw}(h_3)=\frac{T_d}{2\sin(\alpha/2)}+\frac{T_d}{2}=\frac{T_d}{2}\left[\frac{1}{\sin(\alpha/2)}+1\right] \tag{3-4}$$

在以上三种情况中，以下母线为工序基准时的定位误差最小；以上母线为工序基准时的定位误差最大。

4. 工件以一面两孔定位

工件以一面两孔定位，有可能出现如图3-26所示工件轴线偏斜的极限情况，即左边定位孔Ⅰ与圆柱销在上边接触，而右面的定位孔Ⅱ与菱形销在下边接触，工件轴线相对于两销轴线的偏转角为

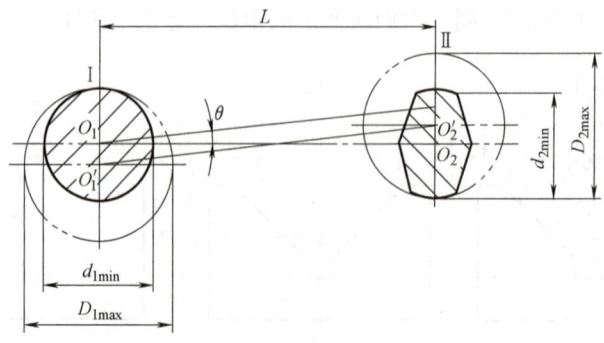

图3-26 一面两孔组合定位转角误差

$$\theta = \arctan \frac{\overline{O_1 O_1'} + \overline{O_2 O_2'}}{L}$$

$$\overline{O_1 O_1'} = \frac{1}{2}(T_{D1} + T_{d1} + \Delta_{S1})$$

$\overline{O_2 O_2'} = \frac{1}{2}(T_{D2} + T_{d2} + \Delta_{S2})$ 其中 Δ_{S1}、Δ_{S2} 分别为孔 Ⅰ 与孔 Ⅱ 的最小配合间隙,则

$$\theta = \arctan \frac{T_{D1} + T_{d1} + \Delta_{S1} + T_{D2} + T_{d2} + \Delta_{S2}}{2L} \tag{3-5}$$

现以一实例说明工件以一面两销(其中一个为菱形销)定位时定位误差的分析与计算。

例 3-2 工件以一面两孔为定位基面在垂直放置的一面两销上定位铣 A 面,如图 3-27 所示,要求保证工序尺寸 $H = 60 \pm 0.15$mm。已知:两定位基面孔直径 $D = \phi 12_{0}^{+0.025}$mm,两孔中心距 $L_2 = (200 \pm 0.05)$mm,$L_1 = 50$mm,$L_3 = 300$mm,两个定位销的直径尺寸分别为 $d_1 = \phi 12_{-0.020}^{-0.007}$mm,$d_2 = \phi 12_{-0.04}^{-0.02}$mm。试计算此工序的定位误差。

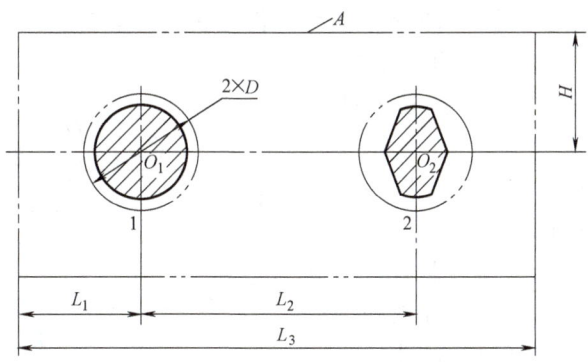

图 3-27 工件以一面两孔定位铣平面

解:工件在两定位销上定位时,相对于两定位销轴线 $O_1 O_2$,两定位孔轴线可以出现如图 3-28 所示的两个极限位置 $O_1' O_2'$ 和 $O_1'' O_2''$,使工序尺寸 H 的工序基准 $O_1 O_2$ 发生偏转,引起定位误差。

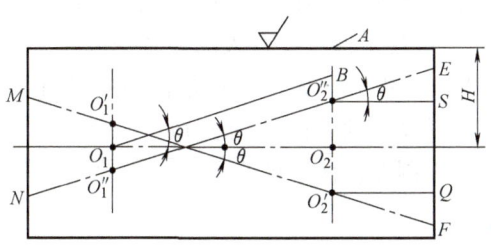

图 3-28 工序基准发生偏转引起定位误差

根据已知条件可求得:$\Delta_{S1} = D_{\min} - d_{1\max} = 0.007$mm,$\Delta_{S2} = D_{\min} - d_{2\max} = 0.02$mm。

由图 3-27 知 $\overline{O_1' O_1''} = T_{D1} + T_{d1} + \Delta_{S1} = (0.025 + 0.013 + 0.007)$mm = 0.045mm,

$\overline{O_2' O_2''} = T_{D2} + T_{d2} + \Delta_{S2} = (0.025 + 0.02 + 0.02)$mm = 0.065mm。

工序尺寸 H 的定位误差为

$$\Delta_{dw}(H) = \overline{EF} = \overline{O_2'O_2''} + \overline{ES} + \overline{QF} = \overline{O_2'O_2''} + 2(L_3 - L_2 - L_1)\tan\theta$$

而 $\tan\theta = \overline{O_2B}/\overline{O_1O_2} = (\overline{O_2'O_1''}/2 + \overline{O_1'O_1''}/2)/L_2 = (0.045/2 + 0.065/2)/200$

$$= (0.045 + 0.065)/400 = 0.000275$$

故 $\Delta_{dw}(H) = [0.065 + 2(300 - 200 - 50) \times 0.000275]\text{mm}$

$$\approx 0.093\text{mm}$$

计算结果表明，此工序的定位误差为 0.093mm。

第三节 工件在夹具中的夹紧

一、夹紧装置的组成和要求

1. 夹紧装置的组成

工件在夹具中正确定位后，由夹紧装置将工件夹紧。夹紧装置的组成如图 3-29 所示：

（1）动力装置 产生夹紧动力的装置。

（2）夹紧元件 直接用于夹紧工件的元件。

（3）中间传力机构 将原动力以一定的大小和方向传递给夹紧元件的机构。

如图 3-29 所示气缸 1 为动力装置，压板 4 为夹紧元件，由斜楔 2、滚子 3 和杠杆等组成的斜楔铰链传力机构为中间传力机构。

在有些夹具中，夹紧元件（例如图 3-29 中的压板 4）往往就是中间传力机构的一部分，难以区分，统称为夹紧机构。

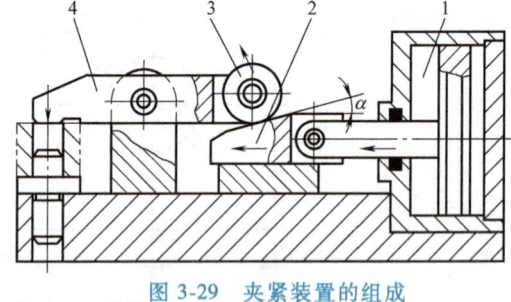

图 3-29 夹紧装置的组成

1—气缸 2—斜楔 3—滚子 4—压板

2. 对夹紧装置的要求

1）保证工作可靠，夹紧过程不得破坏工件在夹具中占有的定位位置。

2）保证加工精度，夹紧力要适当，既要保证工件在加工过程中定位的稳定性，又要防止因夹紧力过大损伤工件表面或使工件产生过大的夹紧变形。

3）保证生产率，操作安全、省力、方便。夹紧机构应具有自动化、智能化，夹紧动作力求迅速、便捷、可靠，与工件的产量和批量相适应。

4）结构应尽量简单，便于制造，便于维修。

二、夹紧力的确定

1. 夹紧力作用点的选择

1）夹紧力的作用点应正对定位元件或位于定位元件所形成的支承面内，以避免破坏定位或造成较大的夹紧变形。如图 3-30 所示两种情况均破坏了定位。

2）夹紧力的作用点应位于工件刚性较好的部位。如图 3-31 中实线箭头所示夹紧力作用点位置工件刚性较大，工件变形小；虚线箭头所示夹紧力作用点位置工件刚性小，工件变形大。

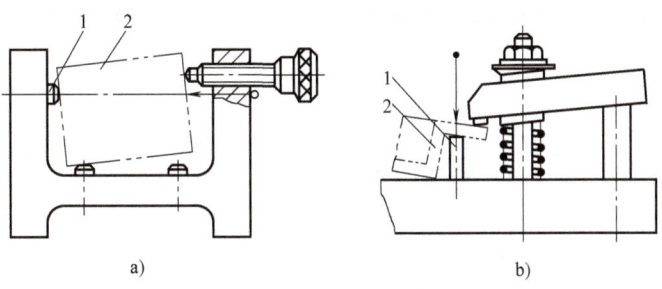

图 3-30 夹紧力作用点的选择
1—定位元件　2—工件

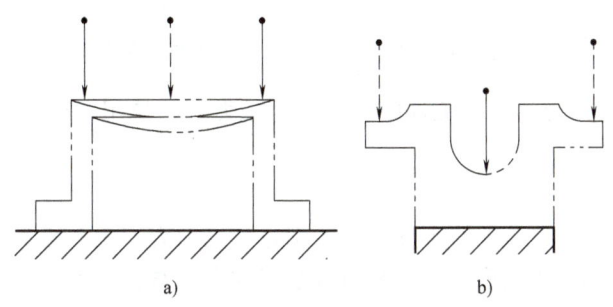

图 3-31 夹紧力的作用点应位于工件刚性较好的部位

3) 夹紧力作用点应尽量靠近切削部位,以提高工件切削部位的刚度和抗振性。如图 3-32 所示两种滚齿加工工件装夹方案中,如图 3-32a 所示夹紧力的作用点离工件加工面远,不正确;如图 3-32b 所示的夹紧力作用点选择正确。

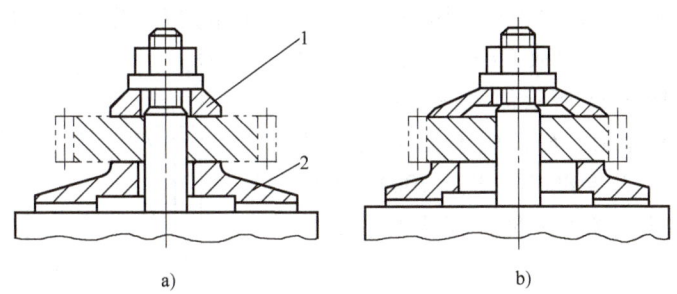

图 3-32 夹紧力的作用点应靠近加工表面
1—压盖　2—基座

2. 夹紧力作用方向的选择

1) 夹紧力的方向应有利于工件的准确定位,而不能破坏定位,一般要求主夹紧力应垂直于工件的主要定位基面。如图 3-33 所示镗孔工序要求保证孔轴线与 A 面垂直,夹紧力方向应与 A 面垂直。如图 3-33a 所选夹紧力作用方向正确;如图 3-33b 所选夹紧力作用方向不正确。

2) 夹紧力的作用方向应与工件刚度最大的方向一致,以减小工件的夹紧变形。如图 3-34 所示薄壁套筒的夹紧,用如图 3-34a 所示径向夹紧方式,由于工件径向刚度差,工件的夹紧变形大；用如图 3-34b 所示轴向夹紧方式，由于工件轴向刚度大，夹紧变形相对较小。

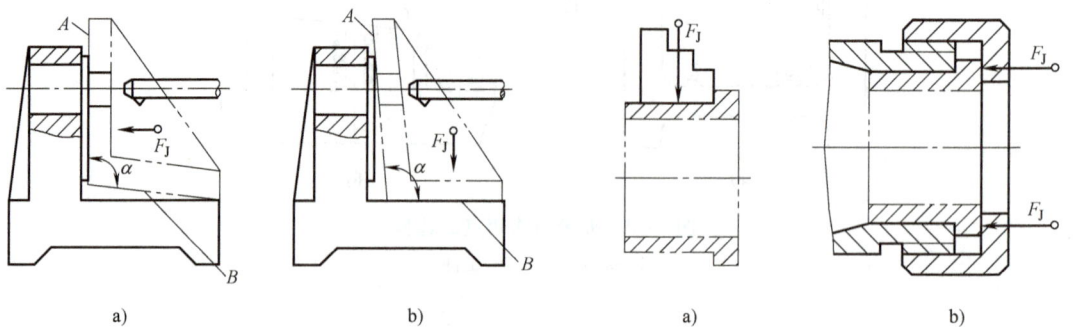

图 3-33 夹紧力应垂直于主要定位基面 　　图 3-34 夹紧力应与工件刚度最大方向一致

3) 夹紧力作用方向应尽量与工件的切削力、重力等的作用方向一致，这样可以减小夹紧力。

3. 夹紧力的估算

设计夹具，估算夹紧力是一件十分重要的工作。夹紧力过大会增大工件的夹紧变形，还会无谓地增大夹紧装置，造成浪费；夹紧力过小工件夹不紧，加工中工件的定位位置将被破坏，而且容易引发安全事故。

夹紧力大小需要准确的场合，一般可经过实验来确定。通常，由于切削力本身是估算的，工件与支承件之间的摩擦因数也是近似的，因此夹紧力也是粗略估算。

在确定夹紧力时，可将夹具和工件看成一个刚性系统，以切削力的作用点、方向和大小处于最不利于夹紧时的状况为工件受力状况。根据切削力、夹紧力、重力和惯性力等，列出工件的静力平衡方程式，求出理论夹紧力，再乘以安全系数 k，作为实际所需夹紧力，粗加工时取 $k=2.5\sim3$，精加工时取 $k=1.5\sim2$。

例 3-3 在如图 3-35 所示刨平面工序中，G 为工件自重，F 为夹紧力，F_c、F_p 分别为主切削力和背向力。已知：$F_c=800$N，$F_p=200$N，$G=100$N。问需施加多大夹紧力才能保证此工序加工的正常进行？

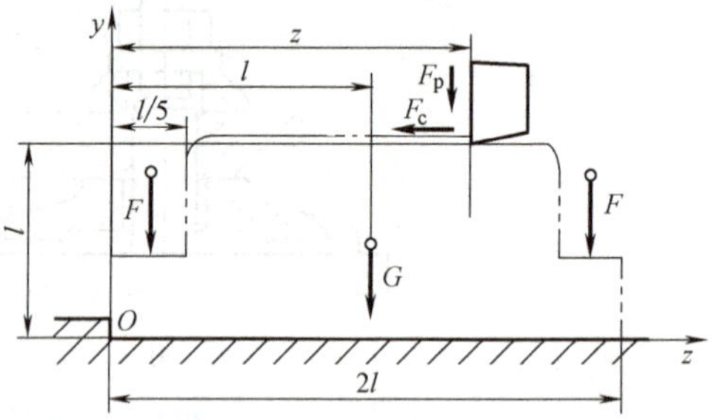

解：根据静力平衡原理，可列出作用在工件上所有作用力的静力平衡方程式：

$$F_c l - [Fl/10 + Gl + F(2l - l/10) + F_p z] = 0$$

图 3-35 夹紧力计算图例

从夹紧的可靠性考虑，在刀具终点时（即当 $z=l/5$ 时）是最不利情况。将相关已知条件代入上式，即可求得夹紧力 $F=330$N；取安全系数 $k=3$，最后求得需施加的夹紧力 $F=990$N。

三、典型夹紧机构

1. 斜楔夹紧机构

斜楔是夹紧机构中最基本的一种形式，从作用原理分析，螺旋夹紧机构和圆偏心夹紧机构都是斜楔的变型。如图 3-36a 所示为一钻床夹具，它用移动斜楔 1 产生的力夹紧工件2。如图3-36b所示为F_Q作用在斜楔上的受力情况。在F_Q作用下,斜楔与工件接触的一面受到工件对它的反作用力F_J(与斜楔对工件的作用力数值相同,方向相反)和摩擦力F_1的作用;斜楔与夹具体接触的一面受到夹具体对它的反作用力F_{N2}和摩擦力F_2的作用。将F_{N2}与F_2合成为F_{R2},然后再将F_{R2}分解为水平分力F_{Rx}和垂直分力F_{Ry}。根据静力平衡条件得

$$F_1 + F_{Rx} = F_Q$$
$$F_{Ry} = F_J$$
$$F_1 = F_J\tan\phi_1, F_{Rx} = F_{Ry}\tan(\alpha+\phi_2)$$

代入上式得
$$F_J = \frac{F_Q}{\tan\phi_1 + \tan(\alpha+\phi_2)} \tag{3-6}$$

式中,α为斜楔升角(°);ϕ_1为斜楔与工件间的摩擦角(°);ϕ_2为斜楔与夹具体间的摩擦角(°)。

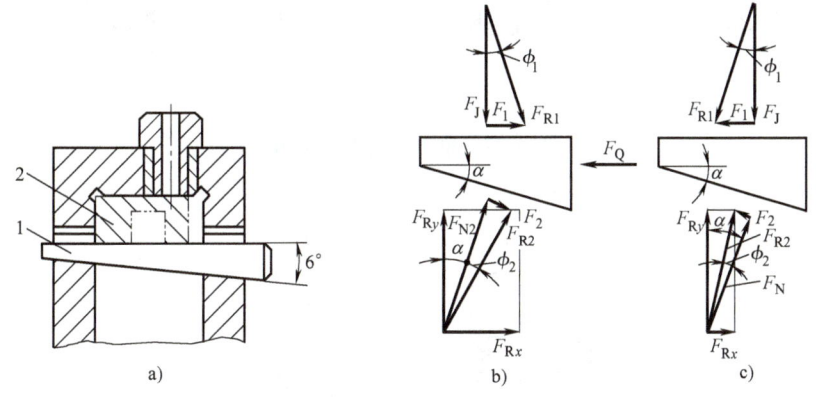

图3-36 斜楔夹紧
1—斜楔 2—工件

夹紧机构一般都要求自锁,即在去除作用力F_Q后,夹紧机构仍能保持对工件的夹紧,不会松脱。如图3-36c所示为去除作用力F_Q后斜楔的受力情况。斜楔实现自锁的条件为$F_1 > F_{Rx}$,由于$F_1 = F_J\tan\phi_1$,$F_J = F_{Ry}$;而$F_{Rx} = F_{Ry}\tan(\alpha-\phi_2) = F_J\tan(\alpha-\phi_2)$,代入自锁条件得
$$F_J\tan\phi_1 > F_J\tan(\alpha-\phi_2)$$

即 $\tan\phi_1 > \tan(\alpha-\phi_2)$

因α和ϕ_1、ϕ_2都很小,将上式化简即可求得斜楔夹紧机构实现自锁的条件为
$$\alpha < \phi_1 + \phi_2 \tag{3-7}$$

手动夹紧机构一般取$\alpha = \phi_1 \approx \phi_2 = 6° \sim 8°$。

斜楔夹紧机构的优点是有一定的扩力作用,可使力的方向改变90°,缺点是夹紧行程短,手动操作不方便。斜楔夹紧机构常用在气动、液压夹紧装置中,此时斜楔夹紧机构不需要自锁,可取$\alpha = 15° \sim 30°$。

2. 螺旋夹紧机构

采用螺旋装置直接夹紧或与其他元件组合实现夹紧的机构,统称螺旋夹紧机构。螺旋夹紧机构结构简单,容易制造。由于螺旋升角小,螺旋夹紧机构的自锁性能好,夹紧力和夹紧

行程都较大,在手动夹具上应用较多。螺旋夹紧机构可以看成是绕在圆柱表面上的斜面,将它展开就相当于一个斜楔。

如图3-37a、b所示为直接用螺钉或螺母夹紧工件的机构,称为单个螺旋夹紧机构。如图3-37a所示,螺钉头部直接与工件表面接触,拧动螺钉时,容易损伤工件表面,或使工件产生转动。为此可在螺钉头部装上摆动压块,如图3-38所示为常见摆动压块结构类型,A型的端面是光滑的,用于已加工表面。B型的端面有齿纹,用于夹紧毛坯面。当要求螺钉只移动不转动时,可采用如图3-37c所示结构。

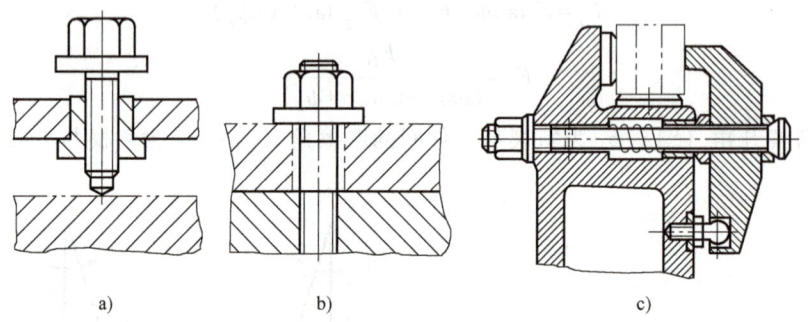

图 3-37 单个螺旋夹紧机构

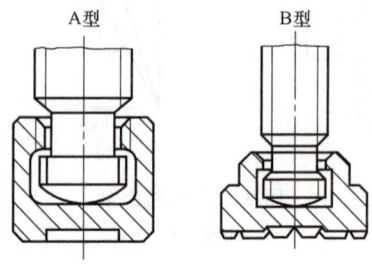

图 3-38 摆动压块

如图3-39所示为三种典型的螺旋压板夹紧机构。如图3-39a所示为移动压板,如图3-39b所示为转动压板,如图3-39c所示为翻转压板。

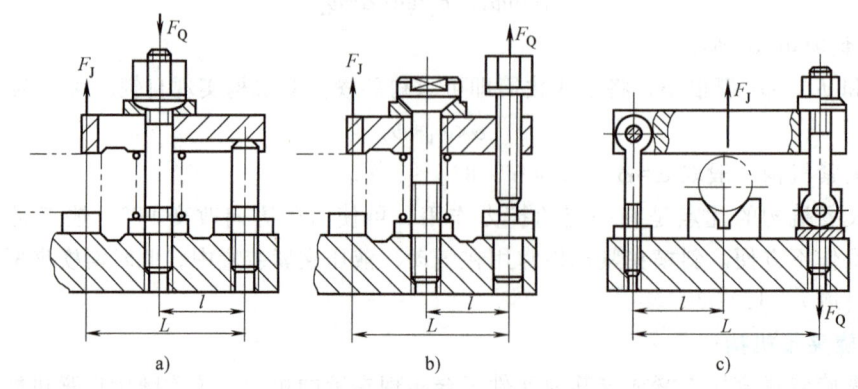

图 3-39 螺旋压板夹紧机构

3. 偏心夹紧机构

偏心夹紧机构如图 3-40 所示是斜楔夹紧机构的一种变型，它是通过偏心轮直接夹紧工件或与其他元件组合夹紧工件的。常用的偏心件有圆偏心和曲线偏心。圆偏心夹紧机构具有结构简单，夹紧迅速等优点；但它的夹紧行程小，增力倍数小，自锁性能差，故一般只在被夹紧表面尺寸变动不大和切削过程振动较小的场合应用。铣削加工属断续切削，振动较大，铣床夹具一般都不采用偏心夹紧机构。

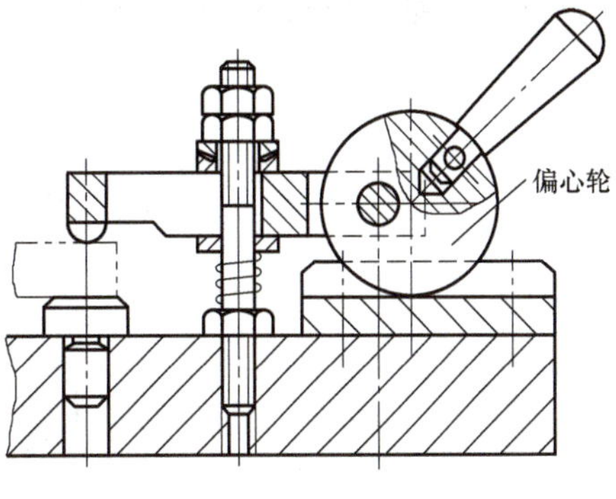

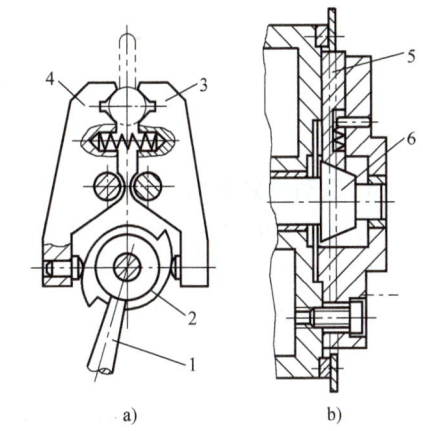

图 3-40　偏心夹紧机构

4. 定心夹紧机构

定心夹紧机构能够在实现定心作用的同时，又起着将工件夹紧的作用。定心夹紧机构中与工件定位基面相接触的元件，既是定位元件，又是夹紧元件。

如图 3-41a 所示为利用偏心轮 2 推动卡爪 3、4 同时向里夹紧工件，实现定心夹紧；如图 3-41b 所示为利用斜楔实现定心夹紧，中间传力机构推动锥体 6 向右移动，使三个卡爪 5 同时向外伸出，对工件内孔进行定心夹紧。

如图 3-42a 所示为以工件外圆柱面定位的弹簧夹头。旋转螺母 4，其内螺孔端面推动弹性筒夹 2 向左移动，锥套 3 内锥面迫使弹性筒夹 2 上的簧瓣向里收缩，将工件定心夹紧。如图 3-42b 所示为以工件内孔定位的弹簧心轴。旋转带肩螺母 8 时，其端面向左推动锥套 7 迫使弹性筒夹 6 上的簧瓣向外涨开，将工件定心夹紧。

图 3-41　机械定心夹紧机构
1—手柄　2—偏心轮　3、4、5—卡爪　6—锥体

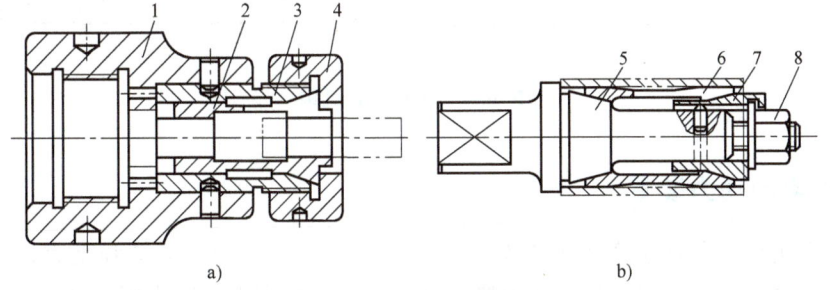

图 3-42　弹性定心夹紧机构
1—夹具体　2、6—弹性筒夹　3、7—锥套
4、8—螺母　5—锥度心轴

5. 铰链夹紧机构

铰链夹紧机构是一种增力装置，它具有增力倍数较大、摩擦损失较小的优点，广泛应用于气动夹具中。如图 3-43 所示就是一个应用实例。压缩空气进入气缸后，气缸 1 经铰链扩

力机构 2，推动压板 3、4 同时将工件夹紧。

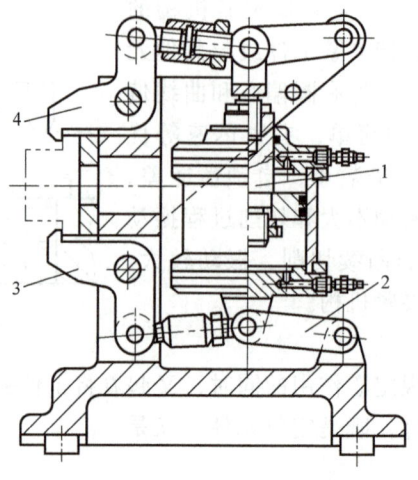

图 3-43 铰链夹紧机构

1—气缸　2—铰链扩力机构　3、4—压板

6. 联动夹紧机构

联动夹紧机构是一种高效夹紧机构，它可通过一个操作手柄或一个动力装置，对一个工件的多个夹紧点实施夹紧。如图 3-44a 所示为实现相互垂直的两个方向的夹紧力同时作用的联动夹紧机构；如图 3-44b 所示为实现相互平行的两个夹紧力同时作用的联动夹紧机构。

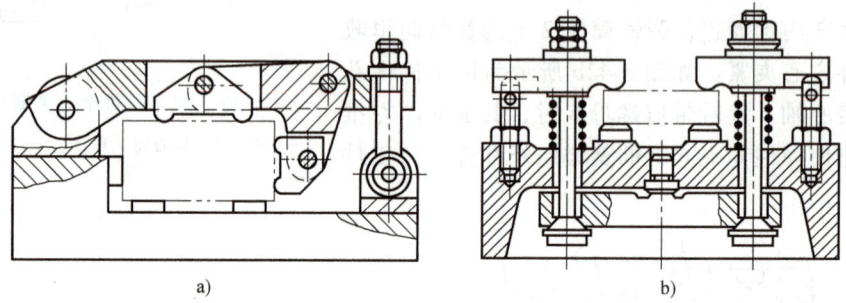

图 3-44 联动夹紧机构

四、夹紧的动力装置

手动夹紧机构在各种生产规模中都有广泛应用，但动作慢，劳动强度大，夹紧力变动大。在大批大量生产中往往采用机动夹紧装置，可以实现多点同时夹紧，如气动、液动、电磁和真空夹紧等。机动夹紧可以克服手动夹紧的缺点，提高生产率，减轻了工人劳动强度，有利于实现自动化、智能化。

1. 气动夹紧装置

气动夹紧装置以压缩空气作为动力源推动夹紧机构夹紧工件。压缩空气具有黏度小、无污染、传送分配方便的优点。缺点是夹紧力比液压夹紧小，一般压缩空气的工作压力为 0.4~0.6MPa，结构尺寸较大，有排气噪声。常用的气缸结构有活塞式和薄膜式两种。

活塞式气缸按照气缸装夹方式分类有固定式、摆动式和回转式三种，按工作方式分类有单向作用和双向作用两种，应用最广泛的是双向作用固定式气缸，如图 3-45 所示。如图 3-43 所示为双向作用摆动式气缸的应用实例。如图 3-46 所示为车床上使用的回转式气缸及其应用，由于气缸和卡盘随主轴回转，还需要一个导气接头。

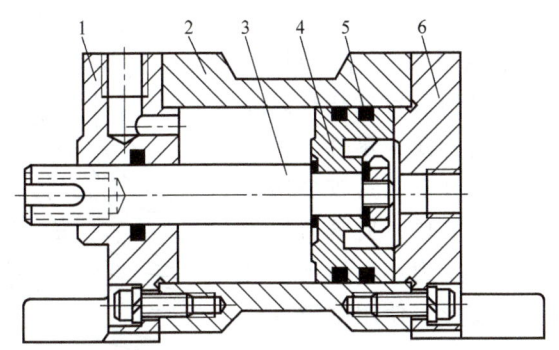

图 3-45 双向作用固定式气缸图

1—前盖 2—气缸体 3—活塞杆 4—活塞 5—密封圈 6—后盖

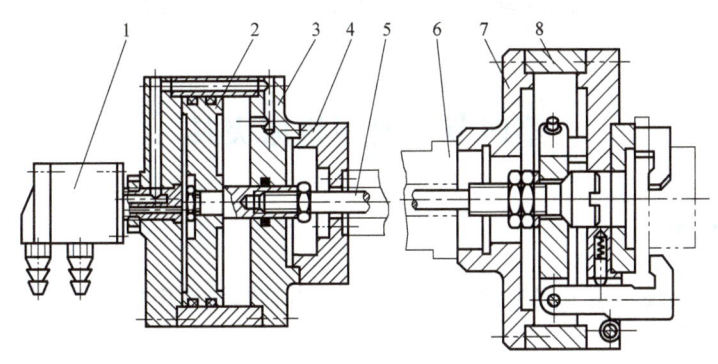

图 3-46 回转式气缸及其应用

1—导气接头 2—活塞 3—气缸 4、7—过渡盘 5—活塞杆 6—主轴 8—夹具体

如图 3-47 所示为单向作用的薄膜式气缸结构，薄膜 2 代替活塞将气室分为左右两部分。当压缩空气由导气接头 1 输入左腔后，推动薄膜 2 和推杆 5 右移夹紧工件。当左腔由导气接头经分配阀放气时，弹簧 6 使推杆左移复位，松开工件。与活塞式气缸相比，薄膜式气缸具有密封性好、结构简单、寿命较长的优点；缺点是工作行程较短，夹紧力随行程变化而变化。

2. 液压夹紧装置

液压夹紧装置的结构和工作原理基本与气动夹紧装置相同，所不同的是它所用的工作介质是压力油，工作压力可达 5~6.5MPa。与气动夹紧装置相比，液压夹紧具有以下优点：① 传动力大，夹具结构相对比

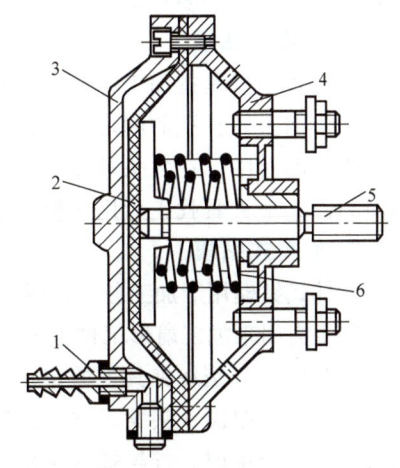

图 3-47 薄膜式气缸结构

1—导气接头 2—薄膜 3—左气缸壁 4—右气缸壁 5—推杆 6—弹簧

较小;②油液不可压缩,夹紧可靠,工作平稳;③噪声小。其缺点是需设置专门的液压系统。液压夹紧装置适用于具有液压传动系统的机床和切削力较大的场合。

3. 真空夹紧装置

当零件材料不是黑色金属和非磁性材料时,不可能采用磁力夹紧,如果遇到形状复杂难以夹持的工件,需要加工精度较高的薄壁零件,采用真空夹紧是一种很好的选择。真空夹具较多用于飞机制造。真空夹具具有结构简单,夹紧力均匀分布在工件表面,单位面积夹紧力小,抽出空气后有冷却作用有助于减少热变形,使用维护方便等特点。

如图 3-48 所示为精车磁盘片端面的真空夹具。磁盘片材料为铝合金,外径为 360mm,厚度为 2mm。

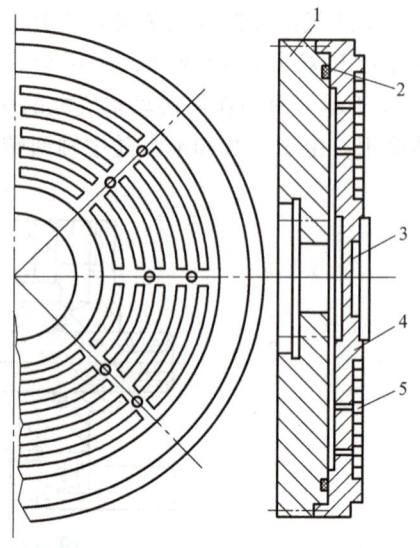

图 3-48 精车磁盘片端面的真空夹具

1—连接盘 2—密封圈 3—挡板 4—吸盘 5—工件

第四节 典型机床夹具

一、钻床夹具

钻床夹具简称钻模,主要用于加工孔,它通常由钻套、钻模板定位元件、夹紧装置和夹具体组成。

(一)钻模的主要类型及其结构特点

根据工件上被加工孔的分布情况和工件的生产类型,钻模在结构上有固定式、回转式、翻转式和滑柱式等多种形式。

1. 固定式钻模

固定式钻模是指加工中钻模板相对于工件和机床的位置保持不变的钻模。如图 3-49 所示为用于加工杠杆孔的固定式钻模。工件以大头孔和端面用定位销 7 定位,用活动 V 形块 4 使小头外圆对中。在大头端面用开口垫圈 6 和螺母将工件夹紧,小头下方用辅助支承 8 承受切削力。整个夹具找正后用压板固定在钻床工作台上。

2. 回转式钻模

回转式钻模用于加工分布在同一圆周上的平行孔系或径向孔系,适用于大批量生产。如图 3-50 所示为用来加工扇形工件上三个等分径向孔的回转式钻模。工件以内孔、键槽和侧平面为定位基面,分别在夹具上的定位销轴 6、键 7 和圆支承板 3 上定位,限制 6 个自由度。由螺母 5 和开口垫圈 4 夹紧工件。分度装置由分度盘 9、等分定位套 2、拔销 1 和锁紧手柄 11 组成;工件分度时,拧松锁紧手柄 11,拔出拔销 1,旋转分度盘 9 带动工件一起分度,当转至拔销 1 对准下一个定位套时,将拔销 1 插入,实现分度定位,然后再拧紧锁紧手柄 11,锁紧分度盘 9,即可加工工件上另一个孔。钻头由安装在固定式钻模板上的钻套 8 导向。

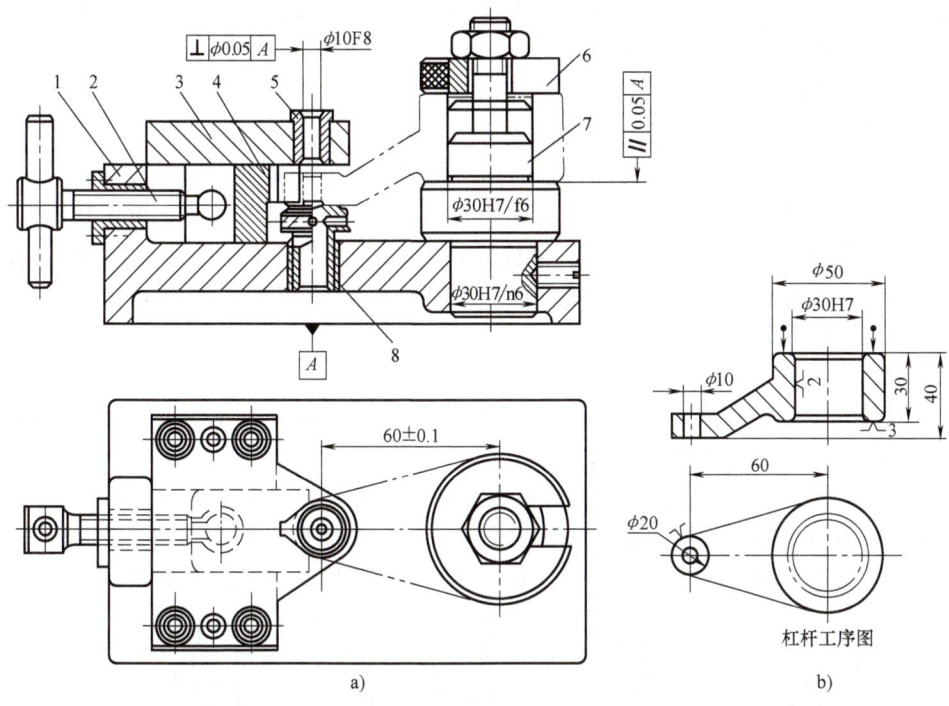

图 3-49 固定式钻模

1—夹具体　2—固定手柄压紧螺钉　3—钻模板　4—活动V形块　5—钻套　6—开口垫圈　7—定位销　8—辅助支承

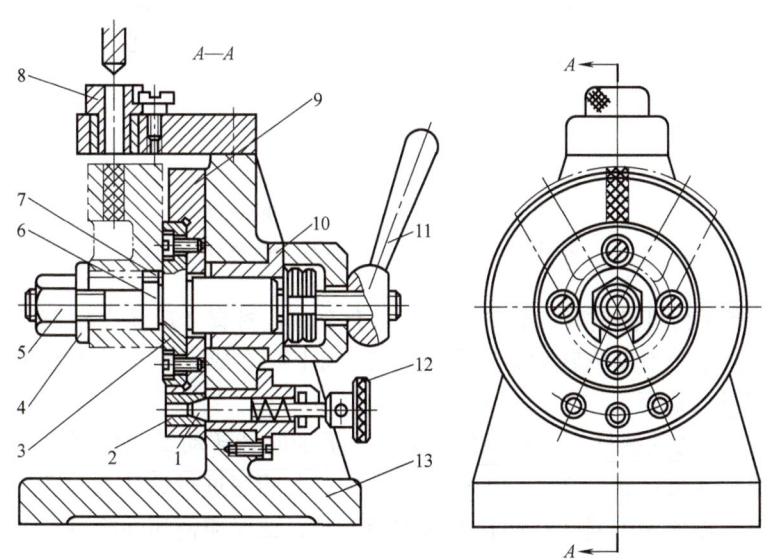

图 3-50 回转式钻模

1—拔销　2—等分定位套　3—圆支承板　4—开口垫圈　5—螺母　6—定位销轴
7—键　8—钻套　9—分度盘　10—套筒　11—锁紧手柄　12—手柄　13—底座

3. 翻转式钻模

翻转式钻模主要用于加工小型工件上几个不同方向的孔。翻转式钻模靠手工翻转，所以此类钻模连同工件的总重力不能太大,一般以不超过100N为宜。此种钻模操作方便,但效率较低,适用于在中小批生产中使用。

4. 滑柱式钻模

滑柱式钻模是钻模板可上下升降的通用可调夹具。它由钻模板、滑柱、夹具体、齿轮、齿条、锁紧机构组成。这几部分的结构已经标准化,具有不同系列,钻模板也有不同的结构形式,且可以预先制好备用。只要根据工件的形状、尺寸和加工要求等,设计制造相应的定位、夹紧装置和钻套,就可用于加工。滑柱式钻模具有结构简单、操作迅速方便、自锁可靠、制造周期短的优点,夹紧工件迅速,被广泛用于成批生产和大批量生产中。

(二)钻床夹具设计要点

1. 钻套

钻套用来引导刀具以保证被加工孔的位置精度和防止刀具在加工中发生偏斜。钻套有固定钻套、可换钻套、快换钻套和特殊钻套四种。

如图3-51a所示为固定钻套,钻套直接压装在钻模板上。固定钻套结构简单,位置精度高,但磨损后不易更换,适用于中、小批生产中只钻一次的孔。如图3-51a所示为固定钻套的两种结构,钻模板较薄时,为使钻套具有足够的引导长度,应采用有肩钻套。

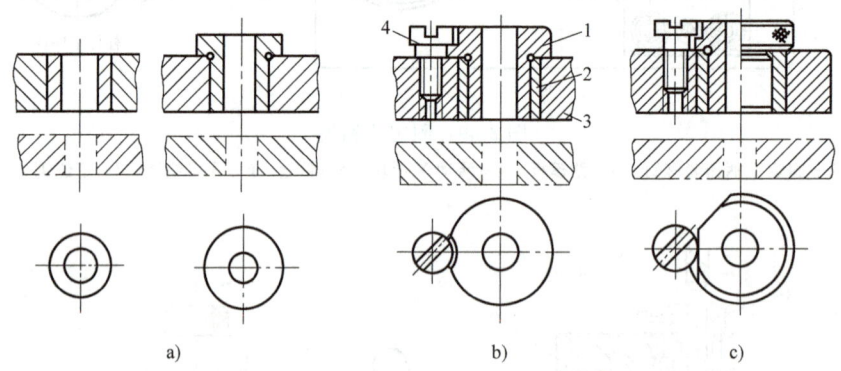

图 3-51 钻套
a)固定钻套 b)可换钻套 c)快换钻套
1—钻套 2—衬套 3—钻模板 4—螺钉

如图3-51b所示为可换钻套。钻套1装在衬套2中,衬套2压装在钻模板3中。为防止钻套在钻模板孔中上下滑动或转动,钻套用螺钉4紧固。在成批生产、大量生产中,为便于更换钻套,采用可换钻套。

如图3-51c所示为快换钻套。更换钻套时,只需逆时针转动钻套使削边平面转至螺钉位置,即可向上快速取出钻套。在工件的一次装夹中,若顺序进行钻孔、扩孔、铰孔或攻螺纹等多个工步加工,需使用不同孔径的钻套来引导刀具,此时应使用快换钻套。

上述三种钻套的结构和尺寸均已标准化,设计时可参阅有关国家标准。对于一些特殊场合,可根据加工条件的特殊性设计专用钻套。如图3-52所示为几种特殊钻套的结构形式。如图3-52a所示钻套用于两孔间距较小的场合。如图3-52b所示钻套用于钻孔表面离钻模板较远的场合;如图3-52c所示钻套用于在斜面上钻孔。

钻套导向部分高度尺寸H越大,刀具的导向性越好,但刀具与钻套的摩擦越大,一般取$H=(1\sim2.5)D$,孔径小、精度要求较高时,H取较大值。

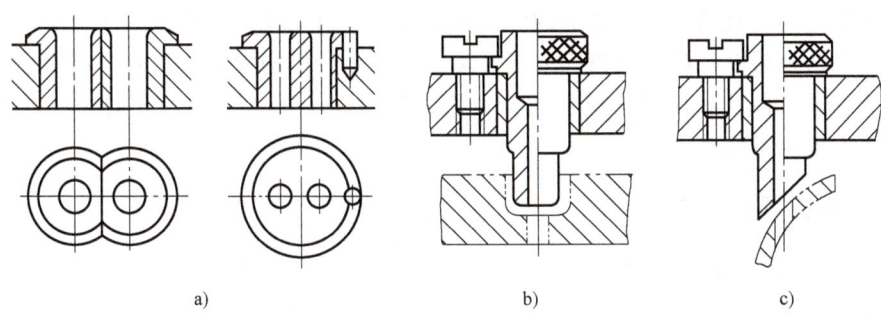

图 3-52 特殊钻套

为便于排屑,钻套下端与被加工工件间应留有适当距离 h;但是,h 值不能取得太大,否则会降低钻套对钻头的导向作用,影响加工精度。根据经验,加工钢件时,取 $h=(0.7\sim1.5)D$;加工铸铁件时,取 $h=(0.3\sim0.4)D$;大孔取较小的系数,小孔取较大的系数。

2. 钻模板

钻模板用于安装钻套,并确保钻套在钻模上的正确位置。常见的钻模板有以下几种:

(1) 固定式钻模板　加工中这种钻模相对于工件的位置保持不变。采用这种钻模板钻孔,位置精度较高,常用于立钻上加工较大的单孔,或在摇臂钻床或多轴钻床上加工平行孔系。如图 3-49 所示钻模所用钻模板就是固定式钻模板。

(2) 铰链式钻模板　铰链式钻模板与夹具体通过铰链连接,如图 3-53 所示钻模板 3 可绕铰链轴 1 翻转。装卸工件时,将钻模板往上翻;加工时将钻模板往下翻,并用菱形夹紧螺钉 2 锁紧。采用铰链式钻模板,工件可在夹具上方装入,装卸工件方便。但翻转钻模板费工费时,效率较低,且钻套位置精度受铰链间隙的影响,钻孔位置精度不高。铰链式钻模板主要用在生产规模不大、钻孔精度要求不高的场合。

(3) 悬挂式钻模板　悬挂式钻模板是与机床主轴箱相连接的。如图 3-54 所示,钻模板 2

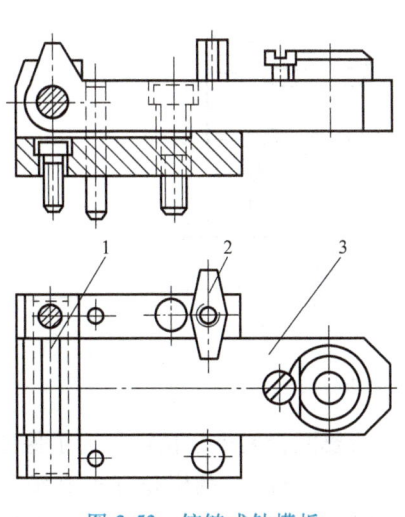

图 3-53　铰链式钻模板

1—铰链轴　2—菱形夹紧螺钉　3—钻模板

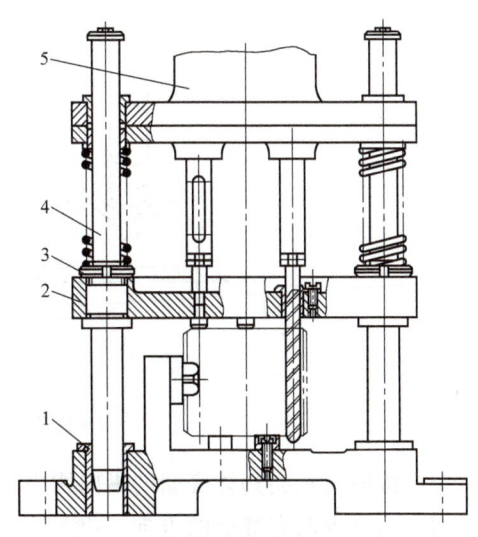

图 3-54　悬挂式钻模板

1—定位套　2—钻模板　3—螺母　4—滑柱　5—主轴箱

与夹具体的相对位置是通过夹具体上的两个定位套 1 和与钻模板 2 相连的两个滑柱 4 定位确定的。悬挂式钻模板随机床主轴箱 5 上下升降，不需另设机构操纵，同时可利用悬挂式钻模板下降动作夹紧工件。悬挂式钻模板通常在用多轴传动头加工平行孔系时采用，生产效率高，适于在大批大量生产中应用。

二、铣床夹具

铣削加工属断续切削，加工余量较大，易产生振动，切削力的大小和方向随时都可能变化，铣床夹具的受力部件要有足够的强度和刚度，夹紧机构所提供的夹紧力应足够大，且要求有较好的自锁性能。

对刀块和定位键是铣床夹具的特有元件。对刀块是用来确定铣刀相对于夹具定位元件位置关系的；定位键是用来确定夹具相对于机床位置关系的。

如图 3-55 所示为几种常见的对刀装置。对刀时，在刀齿切削刃和对刀块间塞入具有规定厚度的塞尺，让切削刃轻轻靠紧塞尺，凭抽动的松紧感觉来判断刀具的正确位置。

对刀块有标准化的可以选用，特殊形式的对刀块可以自行设计。

对刀块对刀面的位置应以定位元件的定位表面来标注，以减小基准转换误差，该位置尺寸加上塞尺厚度应等于工件的加工表面与定位基准面间的尺寸，该位置尺寸的公差应为工件该尺寸公差的 1/5~1/3。

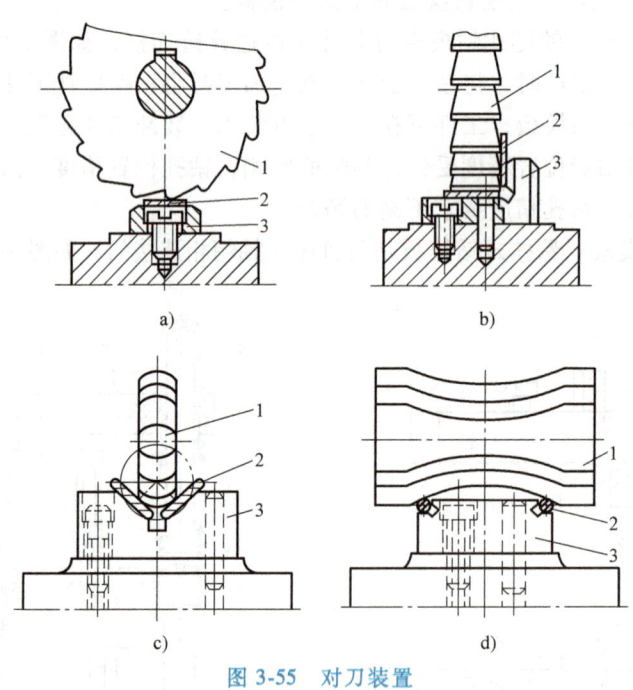

图 3-55　对刀装置

1—铣刀　2—塞尺　3—对刀块

定位键安装在夹具体底面的纵向槽中，一个夹具一般要配置两个定位键。为了保证工件相对切削运动方向有准确的方向，夹具上的第二定位基准（导向）的定位元件必须与两定位键保持较高的位置精度，如平行度或垂直度。定位键与铣床工作台 T 型槽的配合连接如图 3-56 所示。

如图 3-57 所示是加工分离叉内侧面所用铣床夹具，该图的右下角列出了铣分离叉内侧面工序的工序简图。工件以 ϕ5H9mm 孔定位支承在定位销 5 和顶锥 3 上，限制四个自由度；轴向则由右端面靠在右支座 6 侧平面上定位，限制一个自由度；叉脚背面靠在支承板 1 或 7 上，限制一个自由度，实现完全定位。由螺母 8、螺柱 9 和压板 4 组成的螺旋压板机构将工件压紧在支承板 7 和 1 上。支承板 7 还兼作对刀块用。夹具在铣床工作台上的定位，由装在夹具体底部的两个定位键 2 实现。

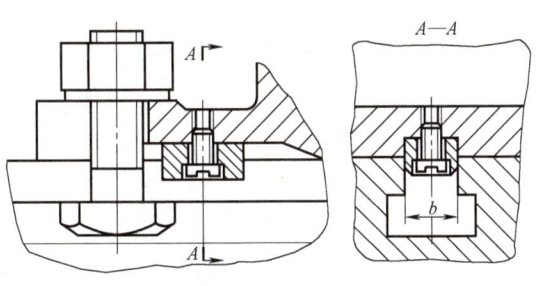

图 3-56 定位键连接图

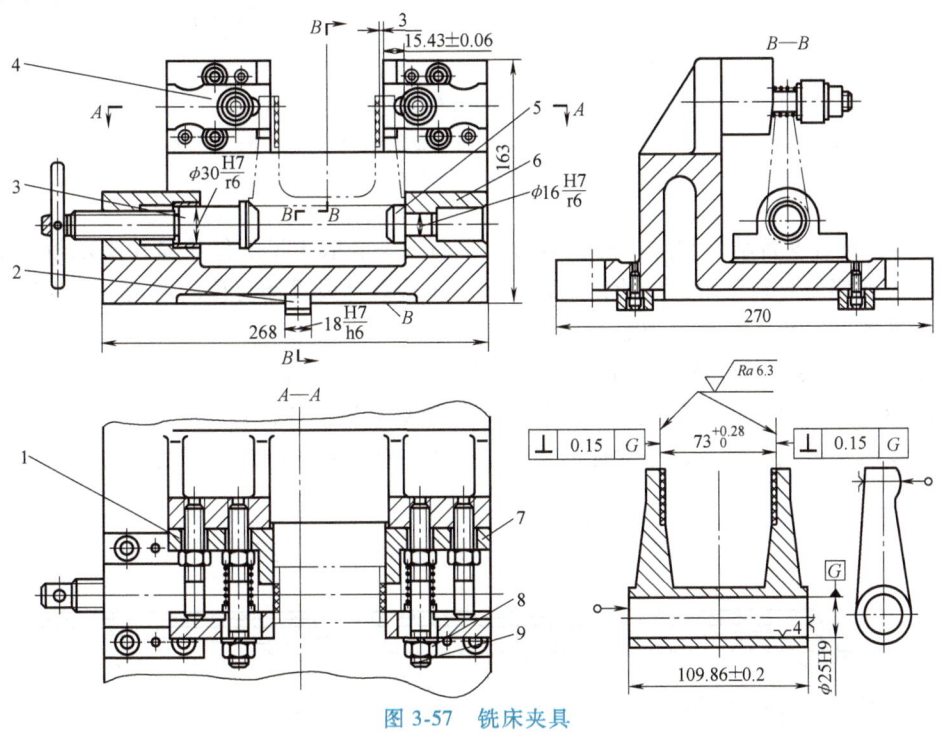

图 3-57 铣床夹具

1、7—支承板　2—定位键　3—顶锥　4—压板　5—定位销　6—右支座　8—螺母　9—螺柱

三、车床夹具

车床夹具一般用于加工回转体零件，其主要特点是：夹具都装在机床主轴上，车削时夹具高速旋转带动工件做旋转运动。由于主轴转速一般都很高，具有离心力和不平衡惯量，且多是悬臂式的，在设计这类夹具时，要注意解决由于夹具旋转带来的质量平衡问题和操作安全问题。

如图 3-58 所示为加工汽车水泵壳所用车床夹具。工件在支承板 2 和定位销 4 上定位，限制工件的五个自由度（绕工件轴线的回转自由度不需要限制），是不完全定位。装在车床尾部的气缸给气后，活塞杆拽中间拉杆（气缸、中间拉杆等均未在图中表示），中间拉杆往

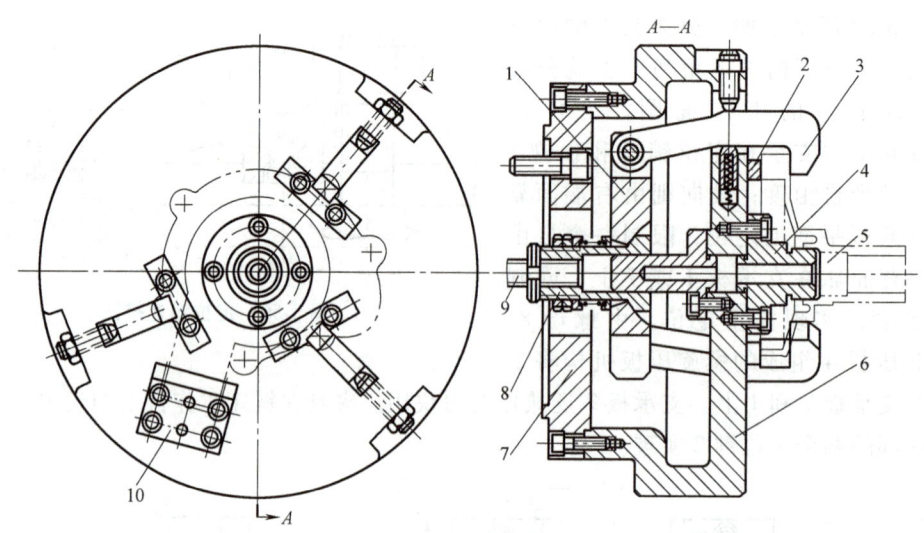

图 3-58 车床专用夹具
1—浮动盘 2—支承板 3—卡爪 4—定位销 5—工件 6—夹具体
7—连接盘 8—连接套 9—拉杆 10—配重块

左拽拉杆9，拉杆9带动浮动盘1向左运动，驱动三个卡爪3将工件压紧在支承板2上。为保证三个卡爪都能起到压紧工件的作用，浮动盘1被设计成浮动自位的结构。为保证质量平衡，在夹具体上安装了配重块10。

如图3-59所示为薄壁管外圆弹性车用心轴。工件以内孔在弹簧夹头4上定位。使用时，先拧动心轴5上的螺母6，由于锥面的作用，弹簧夹头7胀开，它与工件内孔有微量间隙，起预定心作用。装入工件后，分别拧两端的螺母1，通过圆锥套3和弹簧夹头4从两端将工件定心、夹紧。

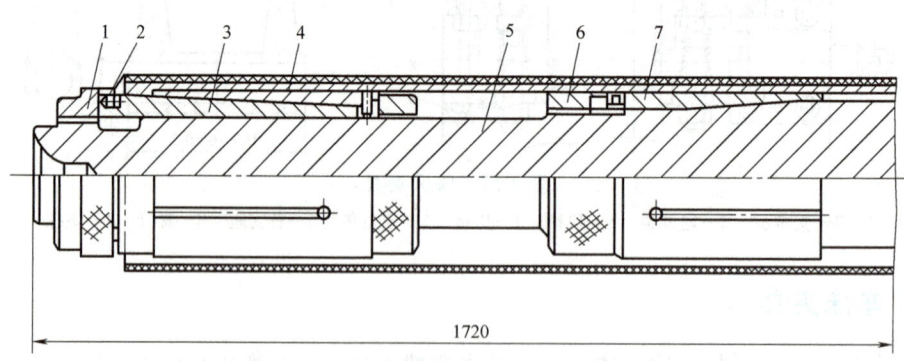

图 3-59 薄壁管外圆弹性车用心轴
1、6—螺母 2—销 3—圆锥套 4、7—弹簧夹头 5—心轴

第五节 现代机床夹具

随着现代科学技术的高速发展和社会需求的多样化，多品种、中小批量生产逐渐占

据优势，因此在大批量生产中有着长足优势的专用夹具逐渐暴露出它的不足，因而为适应多品种、中小批量生产的特点发展出了组合夹具、通用可调夹具和成组夹具。随着数控技术的发展，数控机床在机械制造业中得到越来越广泛的应用，数控机床夹具也随之迅速发展起来。

现代制造技术的飞速发展，对机床夹具提出了如下新的要求：
1) 能迅速方便地适应新产品的投产，以缩短生产准备周期，降低生产成本。
2) 能装夹一组具有相似性特征的工件。
3) 可适用于精密加工的高精度机床夹具。
4) 可适用于各种现代化制造技术的新型机床夹具。

因此现代机床夹具的发展方向主要表现为精密化、高效化、柔性化、标准化四个方面。

现代机床夹具虽各具特色，但它们的定位、夹紧等基本原理都是相同的，因此本节只重点介绍这些夹具的典型结构和特点。

一、自动线夹具

自动线是由多台自动化单机，借助工件自动传输系统、自动线夹具、控制系统等组成的一种加工系统。自动线夹具的种类取决于自动线的配置形式，常见的自动线夹具有固定夹具和随行夹具两大类。

1. 固定夹具

固定夹具即夹具固定在机床某一部位上，不随工件的输送而移动。这类夹具用于工件直接输送的生产自动线，通常要求工件具有良好的定位和输送基面，例如箱体零件、轴承环等。固定夹具的功能与一般机床夹具相似，但在结构上应具有自动定位、夹紧及相应的安全联锁信号装置，设计中应保证工件的输送方便、可靠与切屑的顺利排出。

2. 随行夹具

随行夹具用于工件间接输送的自动线中，主要适用于工件形状复杂、没有合适的输送基面，或者虽有合适输送基面，但属于易磨损的非铸材料工件，使用随行夹具可避免表面划伤与磨损。工件装在随行夹具上，自动线的输送机构把带着工件的随行夹具依次运送到自动线的各加工位置上，各加工位置的机床上都有一个相同的机床夹具来定位与夹紧随行夹具，所以，自动线上应有许多随行夹具在机床的工作位置上进行加工，另有一些随行夹具要进入装卸工位，卸下加工好的工件，装上待加工坯件，这些随行夹具随后也等待送入机床工作位置进行加工，如此循环不停。

如图 3-60 所示为随行夹具在自动线机床的固定夹具上的工作简图。随行夹具 3 由步进式输送带依次运送到各机床的固定夹具上，通过一面两销实现完全定位。图中 5 为定位支承板，1 为液压操纵的伸缩式定位销。液压缸 7 通过浮动杠杆 6 带动 4 个钩形压板 2 进行夹紧。

随行夹具在自动线上的输送和返回系统是自动线设计的一个重要环节，随行夹具的返回形式有垂直下方返回、垂直上方返回、斜上方或斜下方返回和水平返回等方式。如图 3-61 和图 3-62 所示分别是垂直上方返回和水平返回的系统图。根据随行夹具的尺寸、返回系统占地面积、输送装置的复杂程度、操作维修方便性及机床刚性等因素来选择不同的随行夹具返回系统。

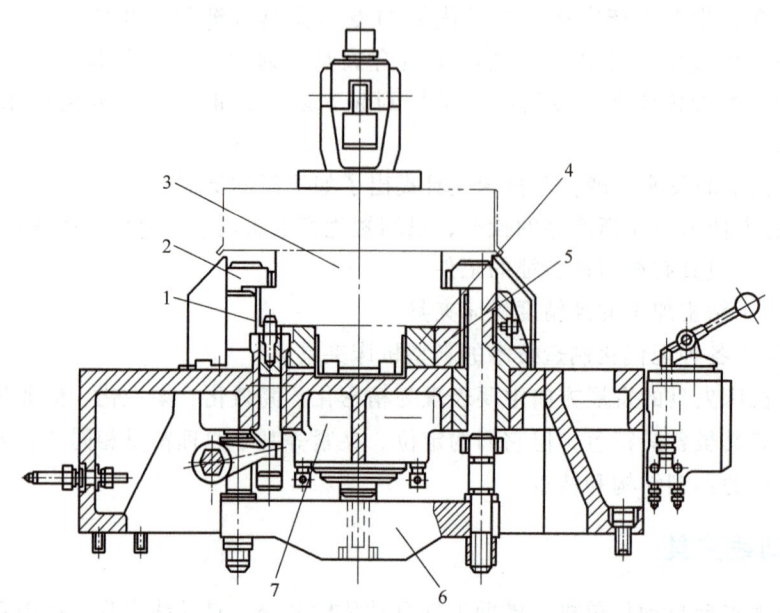

图 3-60　随行夹具在自动线机床的固定夹具上的工作简图

1—伸缩式定位销　2—钩形压板　3—随行夹具
4—输送支承　5—定位支承板　6—浮动杠杆　7—液压缸

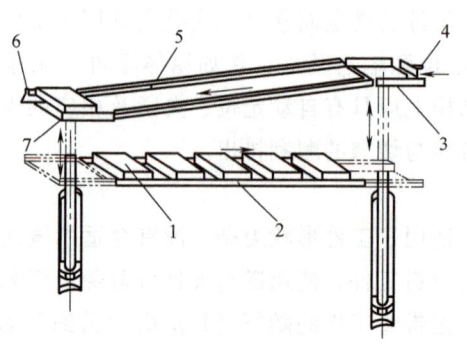

图 3-61　随行夹具垂直上方返回系统

1—随行夹具　2—随行夹具输送器　3—提升台
4—推杆　5—倾斜返回滚道　6—限位器　7—下降台

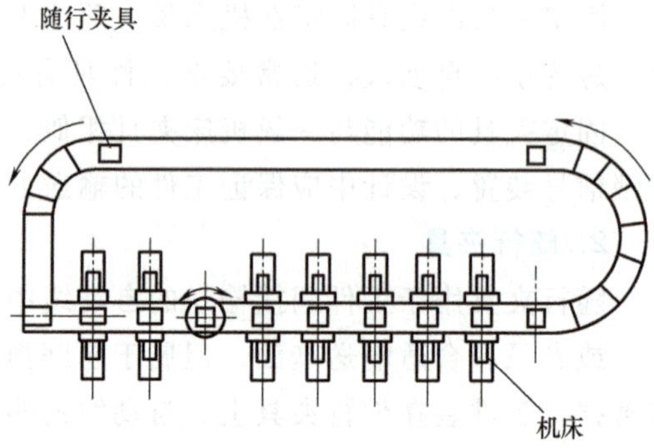

图 3-62　随行夹具水平返回系统

设计随行夹具应考虑下列主要问题：

（1）工件在随行夹具中的夹紧方法　由于随行夹具在生产自动线中不断地流动，因此在随行夹具中大多采用螺旋夹紧机构夹紧工件，原因在于螺旋夹紧机构自锁性能好，在随行夹具的输送过程中不易松动。为减轻劳动强度，缩短辅助时间，常选用气动或电动扳手夹紧。

（2）随行夹具在机床夹具中的夹紧方法　随行夹具输送到机床上的夹具后，需要准确定位并夹紧。随行夹具采用"一面两孔"的定位方式。常用的夹紧方法有 3 种：①夹紧在随行夹具底板的周边上；②由上向下夹紧在工件或随行夹具的某机构上；③由下向上夹紧。

（3）随行夹具的定位基面和输送基面的选择　随行夹具在机床夹具上大多采用"一面两孔"定位方案。随行夹具的底面既是定位基面又是输送基面。设计时应提高随行夹具底面的耐磨性以保证定位准确，并能长久保持精度。当高度方向有严格尺寸要求时，可将定位基面和输送基面分开，以保护定位基面不受循环输送引起磨损的影响。

（4）随行夹具的精度问题　在生产自动线上有一批随行夹具在工作，各随行夹具分别经过自动线上各工序的机床接受加工，这和一般专用夹具不同，一批随行夹具的有关精度就有了严格的互换要求，否则就难以保证工件的加工要求。

（5）排屑与清洗　由于随行夹具在自动线上循环输送，它同时带着切屑与切削液进入各加工位置，因而影响到随行夹具的准确定位，对此必须采取一定的防护措施。此外常在自动线末端或返回输送带上设置清洗工位，随行夹具经过隧道或清洗箱进行清洗。

（6）随行夹具结构的通用化　随行夹具大多采用"一面两孔"的统一定位方法，又需成批制造，实现随行夹具结构通用化能取得较好的经济效益。由于自动线加工对象各不相同，要使整个随行夹具结构通用化困难较大，为此可把随行夹具分为通用底板和专用结构两部分。这样不但使随行夹具结构通用化，而且也使自动线的机床夹具、随行夹具的输送装置结构通用化，从而提高整个自动线的通用化程度，缩短自动线的设计制造周期，降低制造成本。

二、组合夹具

组合夹具是在夹具元件高度标准化、通用化、系列化的基础上发展起来的一种夹具，从20世纪40年代开始，在世界上一些工业国家中采用并迅速得到了发展。我国从20世纪50年代开始使用，目前已形成了一套完整的组合夹具体系，它对保证产品质量，提高劳动生产率，降低成本，缩短生产周期等都起着重要的作用。

1. 组合夹具的工作原理及特点

组合夹具是由一套预先制好的各种不同形状、不同规格、不同尺寸，具有完全互换性、高耐磨性、高精度的标准元件及组合件，按照不同工件的工艺要求，组装成加工所需要的夹具。使用完毕后，可方便地拆散，清洗后将其存放，待再次组装时重复使用。如图3-63a所示为盘类零件钻径向分度孔组合夹具的立体图及其分解图，其定位、夹紧装置和夹具体都是由标准元件组合而成。

组合夹具将专用夹具以设计→制造→使用→报废的单向过程改变为组装→使用→拆散→再组装→使用→再拆散的循环过程。经生产实践表明，与一次性使用的专用夹具相比，由于它是以组装代替设计和制造，故具有下列特点：

（1）灵活多变，为零件的加工迅速提供夹具，使生产准备周期大为缩短。通常一套中等复杂程度的专用夹具，从设计到制造需几周甚至数月，而组装一套同等复杂程度的组合夹具只需几小时。

（2）节约大量设计、制造工时及金属材料消耗。这是由于组合夹具把专用夹具从单向过程改变为循环过程所致。

（3）减少夹具库存面积，改善管理工作。

（4）组合夹具的不足之处为：与专用夹具相比，组合夹具各标准元件的尺寸系列的级差是有限的，使组装成的夹具尺寸不能像专用夹具那样紧凑，体积较为笨重。组合夹具的各

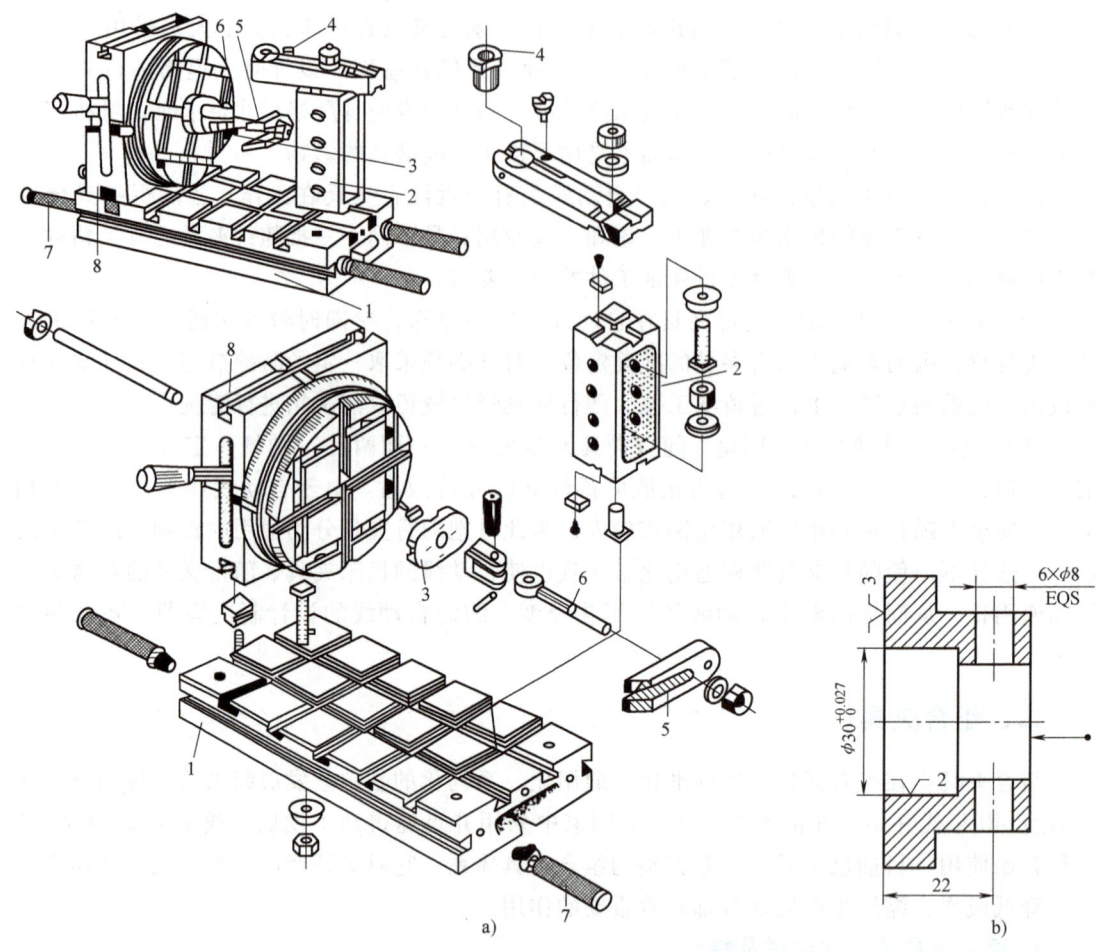

图 3-63 盘类零件钻径向分度孔组合夹具
a）立体图及分解图 b）剖视图
1—基础件 2—支承件 3—定位件 4—导向件 5—夹紧件 6—紧固件 7—其他件 8—合件

元件之间采用键定位和螺栓紧固的连接，其刚性不如整体结构好，尤其是连接处结合面间的接触刚度是一个薄弱环节。组装时应注意提高夹具的刚度。此外，为了适应组装各种不同性质和结构类型的夹具，须有大量元件的储备。

由以上特点可知，组合夹具适合于品种多、数量少、加工对象经常变换的情况，因此在模具制造中得到广泛应用，能为车、铣、刨、磨、钻、镗、插、电火花、装配、检验等工序提供各种类型的夹具。

组合夹具的元件精度高、耐磨，并且实现了完全互换，元件精度一般为IT6～IT7，用组合夹具加工的工件，精度一般能稳定在IT7～IT8，经过精确调整精度可达IT7。

2. 组合夹具系统、系列及元件

（1）组合夹具系统 组合夹具按组装时元件间连接基面的形状，可分为槽系和孔系两大类。

槽系组合夹具以槽和键相配合的方式来实现元件间的定位。因元件的位置可沿槽的纵向任意调节，故组装十分灵活，适用范围广，是最早发展起来的组合夹具系统。

孔系组合夹具主要元件表面为圆柱孔和螺纹孔组成的坐标孔系，通过定位销和螺栓来实现元件之间的组装和紧固。孔系组合夹具具有元件刚性好、定位精度和可靠性高、工艺性好等特点，特别适用于数控机床，因而自 20 世纪 60 年代以来，随着数控技术的发展，孔系组合夹具得到较快发展。

（2）组合夹具系列　为了适应不同产品加工零件尺寸大小的需要，组合夹具按其尺寸大小又分为大、中、小型 3 个系列。槽系组合夹具系列主要参数及适用范围见表 3-3。

表 3-3　槽系组合夹具系列主要参数及适用范围　　　　　　　　　（单位：mm）

系列名称	槽口宽度	连接螺栓	可加工的最大工件轮廓尺寸
大型组合夹具	16	M16	2500×2500×1000
中型组合夹具	12	M12	1500×1000×500
小型组合夹具	8.6	M8,M6	500×250×250

（3）组合夹具元件组成　如图 3-64 所示是常用的槽系中型系列组合夹具标准元件和组合件图。如图 3-64a 所示是基础件，用作夹具体底座的基础元件。如图 3-64b 所示是支承件，主要作夹具体的支架或角架等。如图 3-64c 所示是定位件，用来定位工件和确定夹具元件之间的位置。如图 3-64d 所示是导向件，用于确定或导引切削刀具位置。如图 3-64e 所示是压紧件，用来压紧工件或夹具元件。如图 3-64f 所示是紧固件，用于紧固工件或夹具元件。如图 3-64g 所示是其他件，它们在夹具中起辅助作用。如图 3-64h 所示是合件，用来完成特定动作或功用（如分度）。上述是各元件的主要功用，实际情况可有所不同。例如支承件也可用作定位工件平面的定位元件。

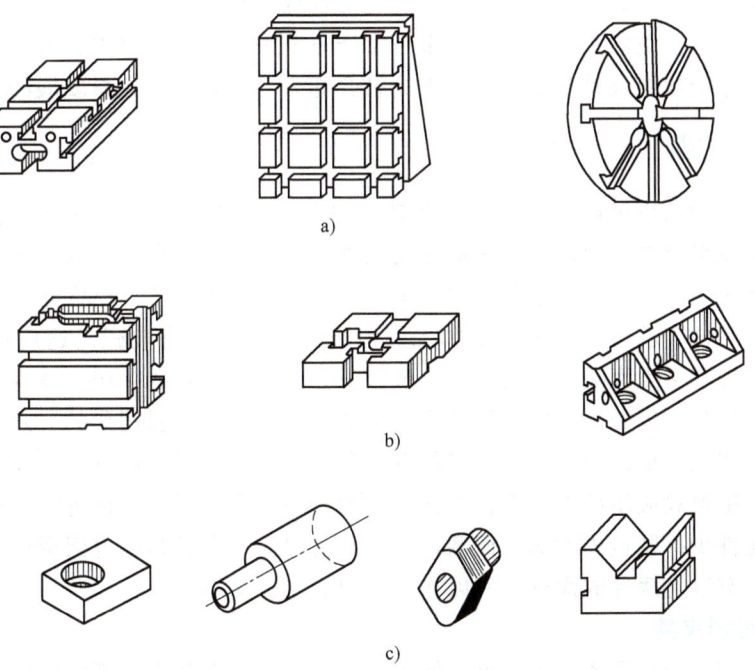

图 3-64　组合夹具标准元件和组合件

a）基础件　b）支承件　c）定位件

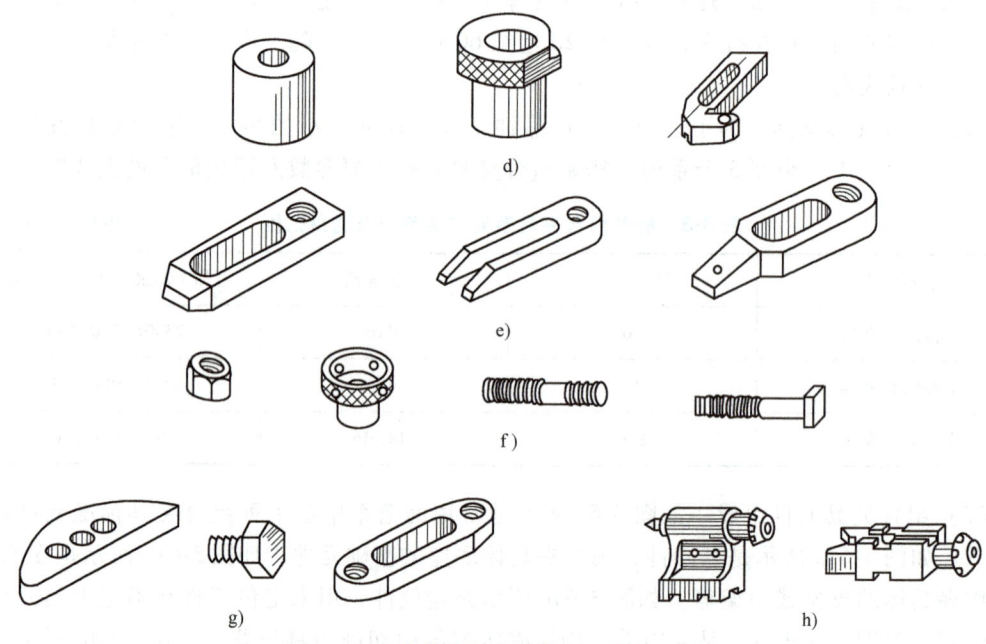

图 3-64 组合夹具标准元件和组合件（续）
d）导向件 e）压紧件 f）紧固件 g）其他件 h）合件

一个工厂所拥有的元件总数及各类元件的比例，主要根据各单位的生产规模、产品品种的多少、批量的大小等因素决定。对于新建立的组装站，建议开始按小于 10000 件配套，并且要在组装实践中积累经验，由少到多，有针对性地逐步增加。

随着现代机械工业向多品种、中小批量生产方向的发展，组合夹具也发展了某些新的元件和组件，开始与成组夹具和数控机床夹具结合起来，这是组合夹具发展的新方向。

三、可调夹具

可调夹具分为通用可调夹具和成组夹具（也称专用可调夹具）两类。它们的共同特点是：只要更换或调整个别定位、夹紧或导向元件，即可用于多种零件的加工，从而使多种零件的单件小批量生产变为一组零件在同一夹具上的"成批生产"。产品更新换代后，只要属于同一类型的零件，就可在此夹具上加工。由于可调夹具具有较强的适应性和良好的继承性，使用可调夹具可大大减少夹具数量，节省设计与制造夹具的费用，减少金属消耗，降低生产成本，缩短生产周期，是实现机床夹具标准化、系列化、通用化的有效途径。

可调夹具按照可更换调整部分的工作方式不同，有更换式、调整式以及更换调整式 3 种方式。其中，更换式应用范围较大，不同零件的适应性也较强，工作可靠，操作方便。调整式夹具组成元件少，制造成本低，但调整需要花费时间，夹具精度也因调整而受到影响。更换调整式则具有以上两种的优点，所以在生产中应用较多。

1. 通用可调夹具

专用夹具和组合夹具各有优缺点，如将二者的优势结合起来，既能发挥专用夹具精度高的特点，又能发挥出组合夹具成本低的特点，这就发展出了通用可调夹具。其原理是通过调节或更换装在通用底座上的某些可调节或可更换元件，以装夹多种不同类夹具的工件。

通用可调夹具由两部分组成,一部分是夹具体、夹紧用的动力传动装置和操纵机构等,它们做成万能的部件,对所有加工对象是不变的;另一部分是夹具的可调部分,当加工不同零件时,其定位元件和某些夹紧元件需要调整和更换,使这些定位元件与零件的外形相适应。

通用可调夹具的加工对象较广,有时加工对象不确定,如滑柱式钻模,只要更换不同的定位、夹紧、导向元件,便可用于不同类型工件的钻孔;又如可更换钳口的台虎钳、可更换卡爪的卡盘等,均适用于不同类型工件的加工。

图 3-65 所示是钻轴类零件径向孔的通用可调夹具。其中图 3-65a 所示是夹具结构图,图 3-65b 所示是所加工的工件示例。轴类零件在 V 形块 6 中定位,V 形块也起着夹具体的作用。装在 V 形块右侧端面槽内的轴向挡板 5 上的定程螺钉 8 起轴向定位作用,以保证所钻孔轴线的轴向位置尺寸。压板支座 4 安装在 V 形块的侧面 T 形槽内,转动夹紧手柄 2 带动杠杆压板 3 夹紧工件。根据不同位置的需要,整个夹紧装置可沿 T 形槽轴向移动调节。装在 V 形块另一侧 T 形槽内的移动钻模板 1,按加工孔中心线的轴向位置尺寸进行调节,并由螺母紧固。若轴上径向孔不止一个,还可装上附加移动钻模板 7,以满足加工需要。

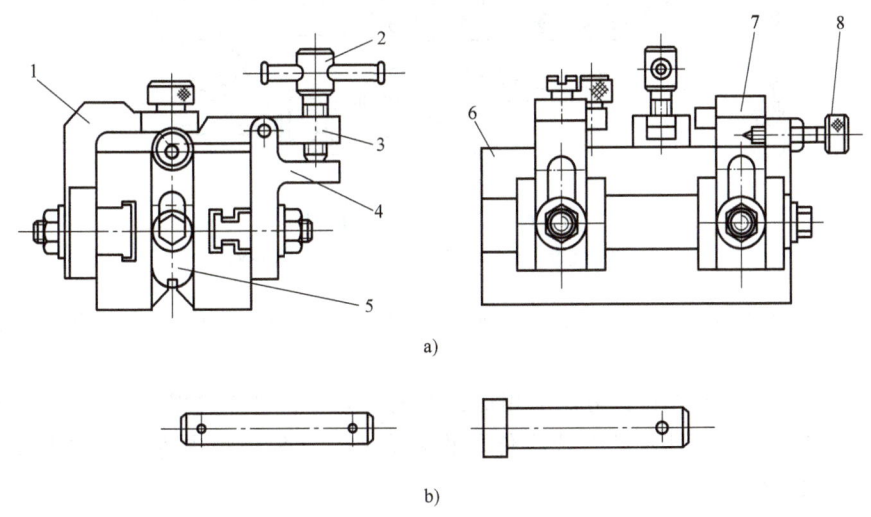

图 3-65 钻轴类零件径向孔的通用可调夹具
1—移动钻模板 2—夹紧手柄 3—杠杆压板 4—压板支座 5—轴向挡板
6—V 形块 7—附加移动钻模板 8—定程螺钉

通用可调夹具有卡盘、花盘、台虎钳、钻模等结构形式。此类夹具中的可调件适用的零件或工序越多,即重复利用的机会越多,该夹具就越经济。

图 3-66 所示为万能可调液压虎钳,它的钳口部分是可以更换的,加工不同形状的零件时,只需更换与零件外形相适应的钳口即可。

2. 成组夹具

成组夹具加工的零件都应符合成组工艺的三相似原则,即工艺相似(加工工序及定位基准相似)、工艺特征相似(加工表面与定位基准的位置关系相似)、尺寸相似(组内零件都在同一尺寸范围内)。通过工艺分析,把形状相似、尺寸相近的零件进行分组编制成组工艺,然后把定位、夹紧和加工方法相同或相似的零件集中起来考虑夹具的设计方案。成组夹

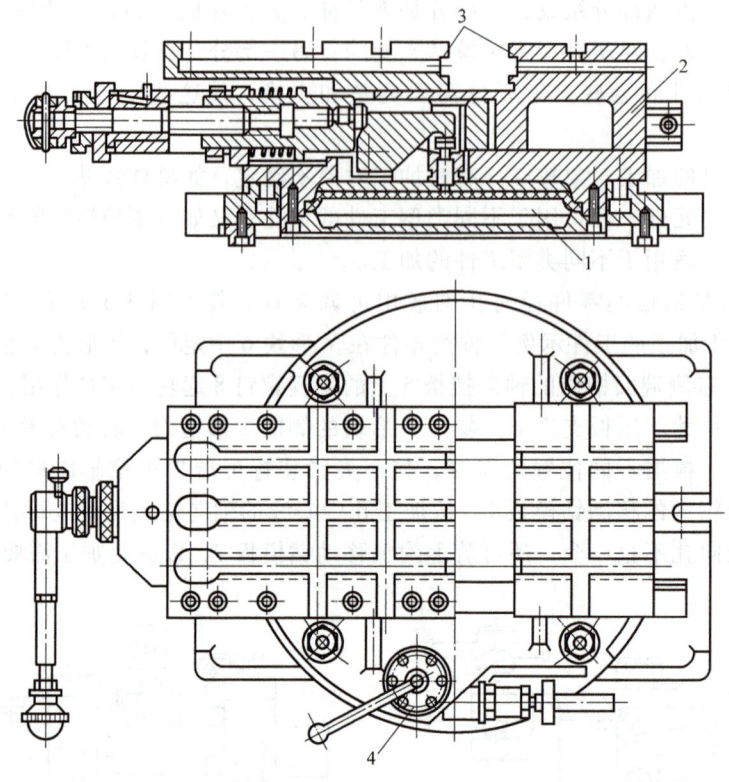

图 3-66 万能可调液压虎钳

1—传动装置　2—夹具体　3—钳口　4—操纵阀

具的结构设计是否紧凑，操作是否方便，调整是否合理都与分类归组及成组工艺有密切的关系。

成组夹具与专用夹具在设计方法上相似，首先确定一个"合成零件"，该零件能代表组内零件的主要特征，然后针对"合成零件"设计夹具，并根据组内零件的加工范围，设计可调整件和可更换件。

图 3-67 所示为按成组工艺要求划分的一组套筒零件，其结构综合可得到一个典型合成零件。按此合成零件可设计出如图 3-68 所示的套筒钻孔成组夹具。工件以端面在定位支承 1 上定位，旋转手轮 3 推动定位夹紧件 2 将工件定心并夹紧。工序尺寸 L 采用分离结构来进行调节，钻孔直径可通过可换钻套的更换，以引导相应的钻头来保证。

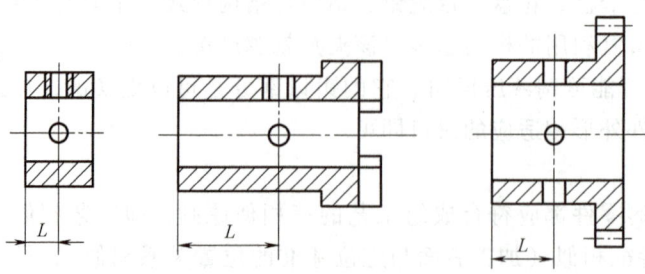

图 3-67 套筒零件组

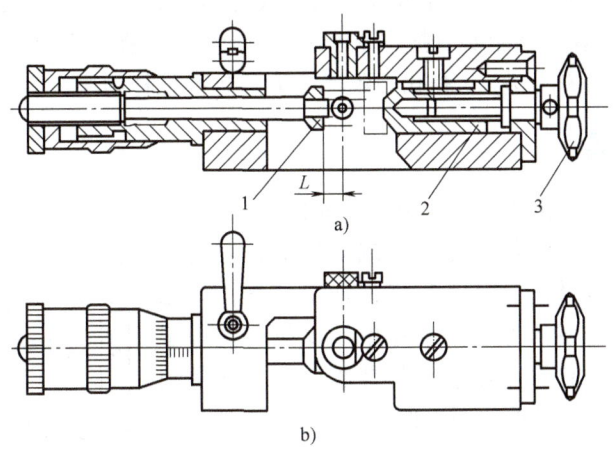

图 3-68 套筒钻孔成组夹具
1—定位支承 2—定位夹紧件 3—手轮

图 3-69 所示是钻杠杆小头孔的成组夹具。成组夹具的设计是在成组工艺前提下进行的，针对零件分类组某工序，根据该零件组的代表零件进行成组夹具设计。图 3-69 所示便是该代表零件的示例。其主要结构参数为：两孔径 D_1、D_2 和孔心距 L。该夹具选用标准滑柱式钻模为底座，加上相应的装置组成。为了清晰起见，图中省去了标准滑柱式钻模的大部分，只表示了可上下移动的钻模板 4。工件以端面装在带游标的定位板 1 和支承套 9 上，若大小头孔端面不在同一平面内而有落差时，可相应更换支承套 9。可换定位销 2 与 D_1 孔相配，并可沿槽纵向移动，根据固定刻度尺 10 的刻度调整孔心距 L 尺寸，调整好后用紧固螺钉 3 紧固。滑动 V 形块 7 在弹簧的作用下定位小头外圆面，以保证加工出的孔在杠杆对称轴线上，手柄 11 通过挡销 12 操纵滑动 V 形块的进退，便于装卸工件。滑柱式钻模的移动钻模板 4 下降，用压紧套 5 端面压紧工件加工孔的上端面。根据 D_2 孔的尺寸选用不同的可换螺旋钻套 6 旋入压紧套 5 的螺纹内，采用螺纹连接使结构简单紧凑，

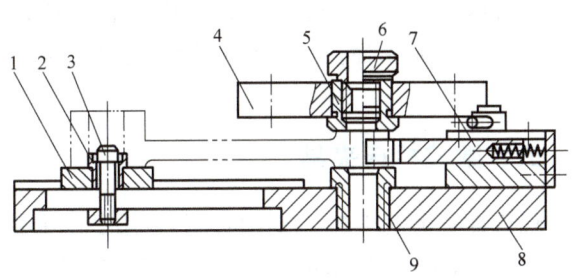

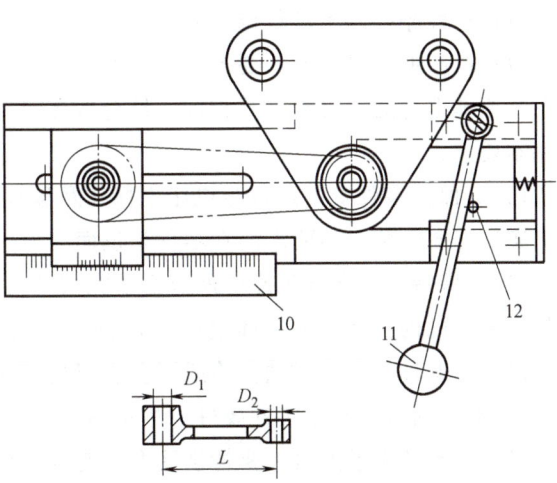

图 3-69 钻杠杆小头孔的成组夹具
1—定位板 2—定位销 3—紧固螺钉
4—钻模板 5—压紧套 6—可换螺旋钻套
7—滑动 V 形块 8—底座 9—支承套
10—固定刻度尺 11—手柄 12—挡销

但对加工精度有影响（由于本工序钻孔加工要求较低因而是允许的）。这样只要更换定位销 2 和可换螺旋钻套 6（有时可能要更换支承套 9），调整定位销（连同定位板 1）2 的轴线尺寸，便可钻削组内不同 D_1、D_2 孔和孔心距尺寸 L 的各种杠杆的小头孔 D_2。

四、拼拆式夹具

拼拆式夹具是将标准化的、可互换的零部件装在基础件上或直接装在机床工作台上，并利用调整件装配而成。调整件有标准的或专用的，它是根据被加工零件的结构设计的。当某种零件加工完毕，即把夹具拆开，将这些标准零部件放入仓库中，以便重复用于装配成加工另一零件的夹具。这种夹具是通过调整其活动部分和更换定位元件的方式重新调整的。

图 3-70 所示便是一种拼拆式专用夹具，由于采用的元件（包括夹具体）全部是标准元件，由专业制造厂提供，因而夹具设计工作只需要简单地表示出各元件的相互装配位置。拼拆式夹具的零部件的结构特点是能多次使用，零部件有很高的通用性，当需要重新装配加工某种零件时，调整工作简单。

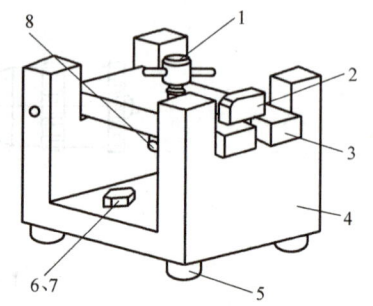

图 3-70 拼拆式专用夹具

1—压紧螺钉 2—菱形块 3—铰链压板
4—U 形夹具体 5—支脚
6、7—定位销 8—浮动压块

五、数控机床夹具

现代自动化生产中，数控机床的应用已越来越广泛，数控机床夹具必须适应数控机床的高精度、高效率、产品转换容易、生产准备周期短、多方向同时加工、数字程序控制及单件小批生产的特点。数控机床夹具主要采用可调夹具、组合夹具、拼拆夹具和数控夹具（夹具本身可在程序控制下进行调整）。

数控机床加工时一般不要求很复杂的夹具，只要求有简单的定位、夹紧机构就可以了，其设计原理也与通用机床夹具相同。结合数控机床加工的特点，数控机床夹具设计有以下几点基本要求：

1）为保持零件安装定位与机床坐标系及编程坐标系方向的一致性，夹具应能保证在机床上实现定向安装，还要求能在零件定位面与机床之间保持一定的坐标尺寸联系。

2）为保持工件在本工序中所有需要完成的待加工面充分暴露在外，夹具要做得尽可能开敞。夹紧机构元件与加工面之间应保持一定的安全距离，同时要求夹紧机构元件能低则低，以防止夹具与机床主轴套筒或刀套、刀具在加工过程中发生碰撞。

3）夹具的刚性与稳定性要好。尽量不采用在加工过程中更换夹紧点的设计，当非要在加工过程中更换夹紧点时，要特别注意不能因更换夹紧点而破坏夹具或工件定位精度。

数控机床的特点是在加工时，机床、刀具、夹具和工件之间应有严格的相对坐标位置，所以数控机床夹具在机床上应相对数控机床的坐标原点具有严格的坐标位置，以保证所装夹的工件处于规定的坐标位置上。

为此数控机床夹具常采用网格状的固定基础板，如图 3-71 所示。它长期固定在数控机床工作台上，板上加工出有准确孔心距位置的一组定位孔和一组紧固螺纹孔（也有定位孔与螺纹孔同轴布置形式），它们呈网格分布。网格状基础板预先调整好相对数控机床的坐标位置。利用基础板上的定位孔可装各种夹具，如图 3-71a 所示的角铁支架式夹具。角铁支架上也有相应的网格状分布的定位孔和紧固螺纹孔，以便安装有关可换定位元件、其他各类元件和组件，以适应相似零件的加工。当加工对象变换品种时，只需更换相应的角铁式夹具便可迅速转换为新零件的加工，不致使机床长期等待。图 3-71b 所示是立方固定基础板。它安装在数控机床工作台的转台上，其四面都有网格分布的定位孔和紧固螺纹孔，上面可安装各类夹具的底板。当加工对象变换时，只需转台转位，便可迅速转换到加工新的零件用的夹具上，十分方便。

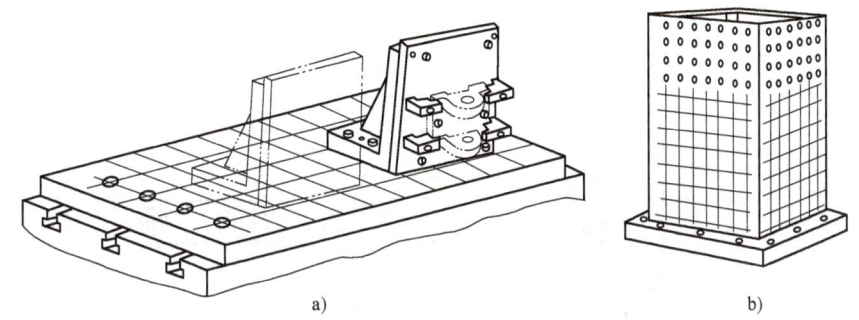

图 3-71 数控机床夹具构成简图

数控机床夹具的夹紧装置要求结构简单紧凑、体积小、采用机动夹紧方式，以满足数控加工的要求。近十年来国内外常采用高压（10~25MPa）小流量液压夹紧系统。由于压力较高，可省去中间增力机构。工作液压缸采用小直径（$\phi 10 \sim \phi 50$mm）单作用液压缸，结构紧凑，而零部件设计成单元式结构，在夹具底座上变换安装位置十分容易。这类液压夹紧装置目前还在一般机床夹具中推广应用。

图 3-72 所示是镗箱体孔的数控机床夹具。工件 6 在本工序镗削 A、B、C 3 个孔。数控机床工作台 4 上设置坐标原点 1，刀具或者工作台的运动以坐标原点 1 为起点。夹具上也设有坐标原点 2。夹具在机床上安装之后，夹具坐标原点 2 相对工作台坐标原点 1 的坐标为 (x_0, y_0)。工件 6 在夹具上的定位是通过限位表面和两个定位支承钉 3 来完成的。工件的夹紧是通过两个液压缸 8 推动活塞 9，带动拉杆 10 和压板 11 夹紧工件。定位基准平面与夹具坐标原点 2 的坐标位置为 a、b。加工孔到定位基准平面的坐标尺寸分别为 c、d、e、f。而 3 个加工孔相对数控机床工作台的坐标原点 1 的坐标尺寸分别为

A 孔：$x_A = x_0 + a + c$；$z_A = f$
B 孔：$x_B = x_0 + a + c - d$；$y_B = y_0 + b + e$
C 孔：$x_C = x_0 + a + c + d$；$y_C = y_0 + b + e$

这种以机床工作台设置坐标原点，然后计算出加工位置坐标的编程方法，叫固定零点编程法。编程人员也可根据实际情况，选定其他坐标原点。

从上面所述的夹具构成原理可以看到，数控机床夹具实质上是通用可调夹具和组合夹具的结合与发展。它的固定基础板部分与可换部分的组合是通用可调夹具组成原理的应用，而它的元件和组件高度标准化与组合化，又是组合夹具标准元件的演变与发展。国内外许多数控机床夹具采用孔系列组合夹具的结构系统，就是很好的例证。

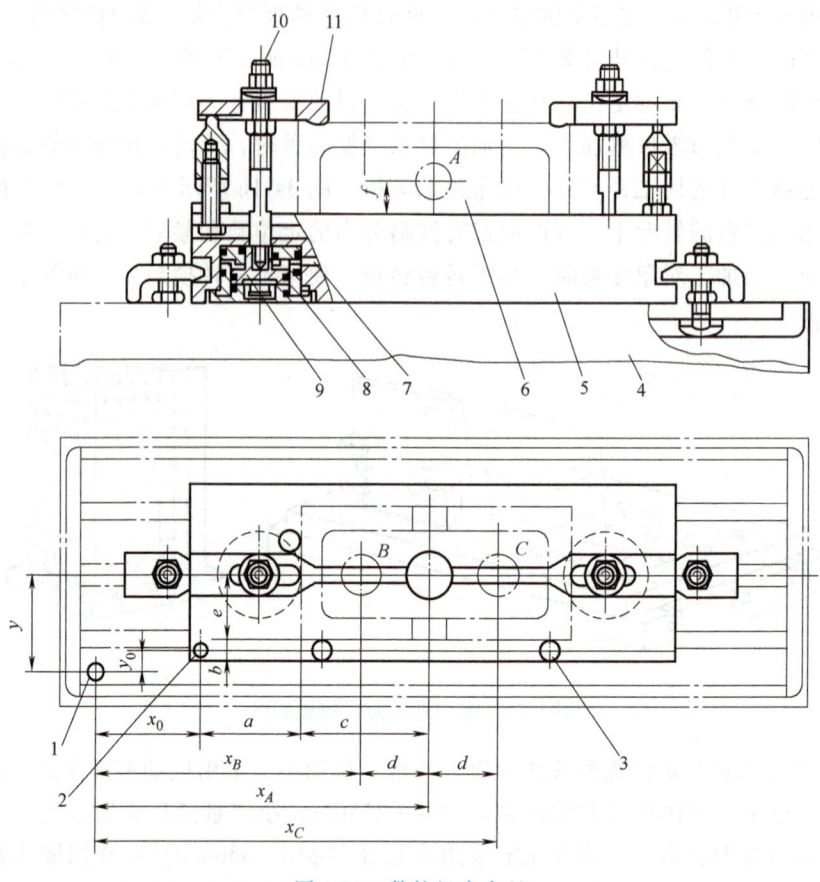

图 3-72 数控机床夹具

1、2—坐标原点 3—定位支承钉 4—数控机床工作台 5—夹具体
6—工件 7—通油孔 8—液压缸 9—活塞 10—拉杆 11—压板

第六节　机床夹具设计方法

一、机床夹具设计要求

夹具设计必须满足下列基本要求：

1. 保证工件加工的各项技术要求

要求正确确定定位方案和夹紧方案，正确确定刀具的导向方式，合理制订夹具的技术要求，必要时要进行误差分析与计算。

2. 具有较高的生产效率和较低的制造成本

应根据工件生产批量的大小选用不同复杂程度的快速高效夹紧装置，如采用多件夹紧、联动夹紧等，缩短辅助时间。但结构应尽量简单，造价要低廉。

3. 尽量选用标准化零部件

尽量选用标准夹具元件和标准件，这样可以缩短夹具的设计制造周期，提高夹具设计质量和降低夹具制造成本。

4. 夹具操作方便安全、省力

为便于操作，操作手柄一般应放在右边或前面；为便于夹紧工件，操纵夹紧件的手柄或扳手在操作范围内应有足够的活动空间；为减轻工人劳动强度，在条件允许的情况下，应尽量采用气动、液压等机械化夹紧装置。

5. 夹具应具有良好的结构工艺性

所设计的夹具应便于制造、检验、装配、调整和维修。

6. 其他设计要求

1）结构力求紧凑、简单，重量尽可能轻。
2）夹具与机床主轴、法兰连接要安全可靠。
3）夹具工作时应保持平衡，以免主轴轴承过早磨损而失去精度。
4）夹具在径向无突出和可能松脱的零件。
5）夹紧机构迅速可靠，尽可能选择离中心最远处压紧工件，在回转时的惯性和离心力作用下不应松脱。
6）加工过程中，便于工件测量。
7）切屑能顺利地从夹具中排出和清除。
8）夹具应具有一定柔性，可在不同型号机床上使用。

二、机床夹具设计的内容及步骤

1. 明确设计要求，收集和研究有关资料

在接到夹具设计任务书后，首先要仔细阅读加工件的零件图和与之有关的部件装配图，了解零件的作用、结构特点和技术要求；其次，要认真研究加工件的工艺规程，充分了解本工序的加工内容和加工要求，分析加工精度和加工工艺性，了解本工序使用的机床和刀具，研究分析夹具设计任务书上所选用的定位基准和工序尺寸。综合平衡分析计算切削力和夹紧力，确定夹具整体方案。

2. 确定夹具的结构方案

1）确定定位方案，选择定位元件，计算定位误差。
2）确定对刀或导向方式，选择对刀块或导向元件。
3）确定夹紧方案，选择夹紧机构。
4）确定夹具其他组成部分的结构形式，例如分度装置、夹具和机床的连接方式等。
5）确定夹具体的形式和夹具的总体结构。

在确定夹具结构方案的过程中，应提出几种不同的方案进行比较分析，选取其中最为合理的结构方案。

3. 绘制夹具的装配草图和装配图

夹具总图绘制比例除特殊情况外，一般均应按1∶1绘制，以使所设计夹具有良好的直观性。总图上的主视图，应尽量选取与操作者正对的位置。

绘制夹具装配图可按如下顺序进行：用双点画线画出工件的外形轮廓和定位面、加工面；画出定位元件和导向元件；按夹紧状态画出夹紧装置；画出其他元件或机构；最后画出夹具体，把上述各组成部分连接成一体，形成完整的夹具。在夹具装配图中，被加工件视为透明体。

4. 确定并标注有关尺寸、配合及技术要求

（1）夹具总装配图上应标注的尺寸

1）工件与定位元件间的联系尺寸。例如，工件基准孔与夹具定位销的配合尺寸。

2）夹具与刀具的联系尺寸。例如，对刀块与定位元件之间的位置尺寸及公差，钻套、镗套与定位元件之间的位置尺寸及公差。

3）夹具与机床连接部分的尺寸。对于铣床夹具，是指定位键与铣床工作台 T 型槽的配合尺寸及公差；对于车、磨床夹具，指的是夹具连接到机床主轴端的连接尺寸及公差。

4）夹具内部的联系尺寸及关键件配合尺寸。例如，定位元件间的位置尺寸，定位元件与夹具体的配合尺寸等。

5）夹具外形轮廓尺寸。

（2）确定夹具技术条件　在装配图上需要标出与工序尺寸精度直接有关的下列各有关夹具元件之间的相互位置精度要求。

1）定位元件之间的相互位置要求。

2）定位元件与连接元件（夹具以连接元件与机床相连）或找正基面间的相互位置精度要求。

3）对刀元件与连接元件（或找正基面）间的相互位置精度要求。

4）定位元件与导向元件的位置精度要求。

5. 绘制夹具零件图

绘制装配图中非标准零件的零件图，其视图应尽可能与装配图上的位置一致。

6. 编写夹具设计说明书

按照要求编写设计说明书。

习题与思考题

3-1　机床夹具由哪几部分组成？各有何作用？

3-2　为什么夹具具有扩大机床工艺范围的作用？试举例说明。

3-3　工件安装在夹具中，凡是有六个定位支承点，即为完全定位；凡是超过六个支承点，就是过定位；不超过六个定位支承点，就不会出现过定位。这种说法对吗？为什么？

3-4　不完全定位和过定位是否均不允许存在？为什么？

3-5　什么是欠定位？为什么不能采用欠定位？试举例说明。

3-6　夹紧与定位有何区别？对夹紧装置的基本要求有哪些？

3-7　设计夹紧机构时，对夹紧力的三要素有何要求？

3-8　如图 3-73 所示为镗削连杆小头孔工序定位简图。定位时在连杆小头孔插入削边定位销，夹紧后拔出削边定位销，就可进行镗削小孔。试分析各个定位元件所消除的自由度。

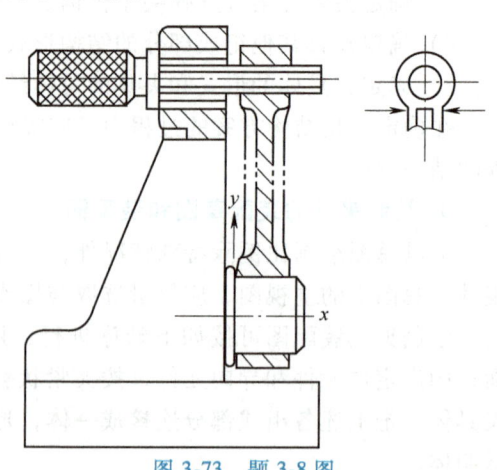

图 3-73　题 3-8 图

3-9 根据六点定位原理，试分析如图 3-74 所示各定位方案中各个定位元件所消除的自由度。如果属于过定位或欠定位，请指出可能出现什么不良后果，并提出改进方案。

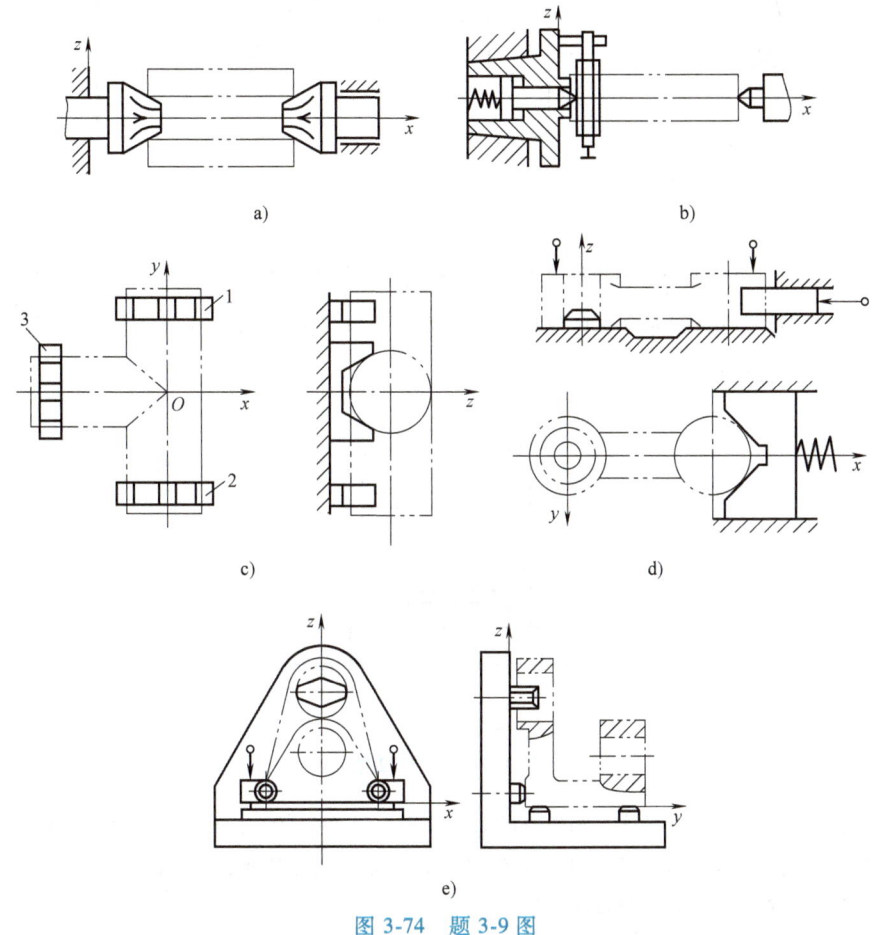

图 3-74　题 3-9 图

3-10 用如图 3-75 所示的定位方式在阶梯轴上铣槽，V 形块的 V 形角 $\alpha=90°$，试计算加工尺寸（74 ± 0.1mm）的定位误差。

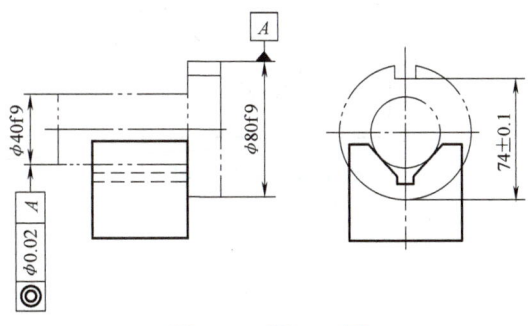

图 3-75　题 3-10 图

3-11 如图 3-76a 所示为铣键槽工序的加工要求，已知轴径尺寸 $\phi 80_{-0.1}^{0}$mm，试分别计算如图 3-76b、c 所示两种定位方案的定位误差。

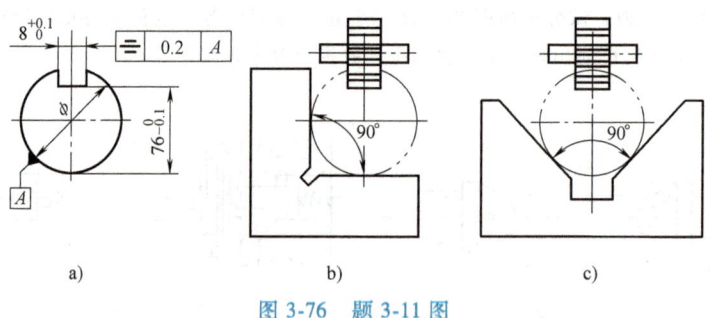

图 3-76 题 3-11 图

3-12 如图 3-77 所示活塞以底面和止口定位（活塞的周向位置靠活塞销孔定位）镗活塞销孔，要求保证活塞销孔轴线相对于活塞轴线的对称度为 0.01mm，已知止口与短销配合尺寸 $\phi 95\dfrac{H7}{f6}$mm，试计算此工序针对对称度要求的定位误差。

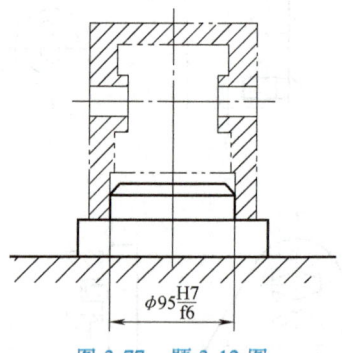

图 3-77 题 3-12 图

3-13 如图 3-78 所示齿轮坯的内孔和外圆已加工合格，即 $d=\phi 80_{-0.1}^{\ 0}$mm，$D=\phi 35_{\ 0}^{+0.025}$mm。现在插床上用调整法加工内键槽，要求保证尺寸 $H=38.5_{\ 0}^{+0.2}$mm，忽略内孔与外圆同轴度误差，试计算该定位方案能否满足加工要求？若不满足，应如何改进？

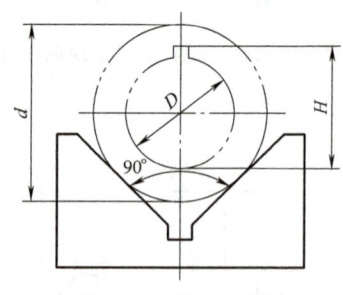

图 3-78 题 3-13 图

第四章

机械加工质量及控制

产品的质量与零件的加工质量、产品的装配质量密切相关，而零件的机械加工质量是保证产品质量的基础，它包括零件的机械加工精度和表面质量两个方面。

机械加工精度是指机械零件加工后宏观的尺寸、形状和位置精度，表面质量主要是指零件加工后表面的微观几何精度和物理力学性能。加工精度和表面质量的形成机理有很大不同。

第一节 机械加工精度概述

一、加工精度与加工误差

加工精度是指零件加工后的实际几何参数（尺寸、几何形状以及各表面相互位置等）与理想几何参数的符合程度。符合程度越高，加工精度就越高。实际加工时不可能也没有必要把零件做得与理想零件完全一致，而总会有一定的偏差，即所谓加工误差。

加工误差是指零件加工后的实际几何参数对理想几何参数的偏离程度，所以加工误差的大小反映了加工精度的高低。在满足机器使用性能要求的前提下，零件存在一定的加工误差是允许的，只要这些误差在规定的范围内，就认为是保证了加工精度。研究加工精度的目的，就是研究如何将各种误差控制在允许的范围内，弄清楚各种因素对加工精度的影响规律，从而找出减小加工误差、提高加工精度的途径和针对性的措施。

零件的加工精度包含三方面的内容：尺寸精度、形状精度和位置精度。这三者之间是有联系的。形状误差应限制在位置公差之内，而位置误差又应限制在尺寸公差之内。当尺寸精度要求高时，相应的位置精度、形状精度也要求高。但形状精度要求高时，相应的位置精度和尺寸精度有时不一定要求高，这要根据零件的功能要求来确定。

二、研究机械加工精度的目的和方法

研究机械加工精度的目的是了解机械加工工艺的基本理论，分析各种工艺因素对加工精度的影响及其规律，从而找出减小加工误差、提高加工精度和效率的工艺途径。

研究机械加工精度的方法主要有分析计算法和统计分析法。分析计算法是在掌握各种原始误差对加工精度影响规律的基础上，分析工件加工中所出现的误差可能是哪一种或哪几种主要原始误差所引起的，并找出原始误差与加工误差之间的影响关系，通过估算来确定工件加工误差的大小，再通过实验测试来加以验证。统计分析法是对具体加工条件下得到的几何参数进行实际测量，然后运用数理统计学方法对这些测试数据进行分析处理，找出工件加工误差的规律和性质，进而控制加工质量。分析计算法主要是在对单项原始误差进行分析计

算的基础上进行的，统计分析法则是在对有关的原始误差进行综合分析的基础上进行的。

在实际生产中两种方法常常结合起来应用，可先用统计分析法寻找加工误差产生的规律，初步判断产生加工误差的可能原因，再运用计算分析法进行分析、实验，找出影响工件加工精度的主要原因。

三、获得机械加工精度的方法

1. 获得尺寸精度的方法

（1）试切法 试切法是通过试切—测量—调整—再试切—……反复进行直到被加工尺寸达到要求为止的加工方法。试切法的加工效率低、劳动强度大，且要求操作者有较高的技术水平，主要适用于单件小批生产。

（2）调整法 调整法是预先调整好刀具和工件在机床上的相对位置，并在一批零件的加工过程中保持此位置不变，以保持被加工零件尺寸的加工方法。调整法广泛采用行程挡块、行程开关、靠模、凸轮或夹具等来保证加工精度。这种方法加工效率高，加工精度稳定可靠，无须操作工人有很高的技术水平，且劳动强度较小，广泛应用于成批、大量和自动化生产中。

（3）定尺寸刀具法 定尺寸刀具法是用刀具的相应尺寸来保证工件被加工部位的尺寸的加工方法，如钻孔、铰孔、拉孔、攻螺纹、用镗刀块加工内孔、用组合铣刀铣工件两侧面和槽面等。这种方法的加工精度主要取决于刀具的制造、刃磨质量和切削用量等，其生产率较高，刀具制造较复杂，常用于孔、槽和成形表面的加工。

（4）自动控制法 在加工过程中，用测量装置、进给装置和控制系统等组成自动控制加工系统，使加工过程中的尺寸测量、刀具的补偿调整和切削加工等一系列工作自动完成，从而自动获得所要求的尺寸精度的加工方法，称为自动控制法。例如，在内圆磨床上磨削内孔，可以通过主动测量装置在磨削过程中测量工件实际尺寸，在与期望尺寸进行比较后，发出信号，控制进给机构进行微量的补偿进给或使机床停止磨削工作。自动控制法加工质量稳定，生产效率高，加工柔性好，能适应多种生产，是目前机械制造的发展方向。

2. 获得形状精度的方法

（1）轨迹法 轨迹法是依靠刀具与工件的相对运动轨迹获得加工表面形状的加工方法。例如车削加工时，工件做旋转运动，刀具沿工件旋转轴线方向做直线运动，则刀尖在工件加工表面上形成的螺旋线轨迹就是外圆或内孔。用轨迹法加工所获得的形状精度主要取决于刀具与工件的相对运动（成形运动）精度。

（2）成形法 成形法是利用成形刀具对工件进行加工来获得加工表面形状的方法。例如用曲面成形车刀加工回转曲面，用模数铣刀铣削齿轮，用花键拉刀拉花键槽等。用成形法加工所获得的形状精度主要取决于切削刃的形状精度和成形运动精度。

（3）展成法 展成法是利用工件和刀具做展成切削运动来获得加工表面形状的加工方法。例如在滚齿机或插齿机上加工齿轮。用展成法获得成形表面时，切削刃必须是被加工表面发生线的共轭曲线，而作为成形运动的展成运动必须保持刀具与工件确定的速比关系。

3. 获得位置精度的方法

（1）一次装夹获得法 这是指零件有关表面间的位置精度是在工件的同一次装夹中，由各有关刀具相对工件的成形运动之间的位置关系来保证的加工方法。例如轴类零件车削时外圆与端面的垂直度，箱体孔系加工中各孔之间的同轴度、平行度和垂直度等，均可采用一次装夹获得法来保证。此时影响工件加工表面间位置精度的主要因素是所使用机床（及夹具）的几何精度，而与工件的定位精度无关。

（2）多次装夹获得法　这是指零件在加工时，虽经多次安装，但其表面的位置精度是由加工表面与定位基准面之间的位置精度来决定的。所获得的位置精度与机床精度、工件找正精度、夹具的制造和安装精度，以及量具的精度有关。多次装夹获得法根据工件的安装方式，可分为直接装夹法、找正装夹法和夹具装夹法三类。

1）直接装夹法。这是在机床上直接装夹工件来保证加工表面与定位基准面之间位置精度的加工方法。例如，在车床上加工一个要求保证与外圆同轴的内孔表面时，可采用自定心卡盘直接夹持工件的外圆面来进行。显然，此时影响加工表面与定位基准面之间位置精度的主要因素是机床的几何精度。

2）找正装夹法。这是通过找正工件相对刀具切削刃口成形运动之间准确位置，来保证加工表面与定位基准面之间位置精度的加工方法。例如，在车床上加工一个与外圆同轴度精度要求很高的内孔时，可采用单动卡盘夹持工件的外圆，并利用千分表找正工件的位置，使其外圆表面与车床主轴回转轴线同轴后再进行加工。此时，零件各有关表面之间的位置精度已不再与机床的几何精度有关，而主要取决于工件装夹时的找正精度。

3）夹具装夹法。这是通过夹具来确定工件与刀具切削刃口成形运动之间的准确位置，从而保证加工表面与定位基准面之间位置精度的加工方法。由于装夹工件时使用了夹具，故此时影响零件加工表面与定位基准面之间位置精度的主要因素，除了机床的几何精度以外，还有夹具的制造和安装精度。

四、原始误差和误差敏感方向

1. 原始误差

机械加工中零件的尺寸、形状和位置误差，主要是由于工件与刀具在切削运动中相互位置发生了变动而造成的。由机床、夹具、刀具和工件组成的机械加工工艺系统（简称为工艺系统）会有各种各样的误差产生，这些误差在各种不同的具体工作条件下，会以不同的程度反映为工件的加工误差，因而工艺系统的误差是工件产生加工误差的根源。所以把工艺系统的各种误差称之为原始误差。

工艺系统的原始误差可以分为两大类。第一类是与工艺系统初始状态有关的原始误差，可简称为"静态误差"。第二类是与工艺过程有关的原始误差，可简称为"动态误差"。

加工过程中可能出现的各种原始误差可归纳如下：

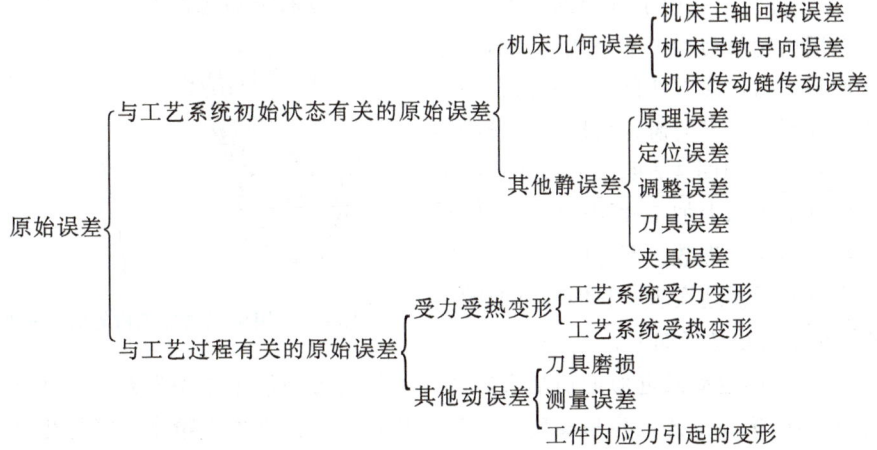

对于具体的加工过程，原始误差因素需要具体分析，上述原始误差不一定全都会出现。例如车削外圆时就不必考虑原理误差和机床传动链传动误差。

2. 误差敏感方向

所谓误差敏感方向，就是指通过切削刃的加工表面的法线方向，在此方向上原始误差对加工误差影响最大。在分析导轨导向误差对加工精度的影响时，主要考虑导轨导向误差引起刀具与工件在误差敏感方向的相对位移。

以图 4-1 所示的车削外圆为例，工件的回转中心在 O 点，刀尖正确位置在 A 点，设某一瞬时由于各种原始误差的影响，使刀尖位移到 A' 点，$\overline{AA'}$ 即为原始误差 δ，它与 $\overline{OA}$

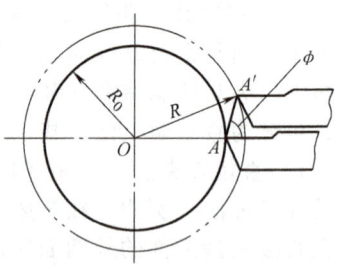

图 4-1 误差的敏感方向

间夹角为 ϕ，由此引起工件加工后的半径由 $R_0 = \overline{OA}$ 变为 $R = \overline{OA'}$，故半径上（即工序尺寸方向上）的加工误差 ΔR 为

$$\Delta R = \overline{OA'} - \overline{OA} = \sqrt{R_0^2 + \delta^2 + 2R_0\delta\cos\phi} - R_0$$

当 $\phi = 0°$ 时，ΔR 得到极大值，即 $\Delta R_{max} = \delta$；此时切削刃位于加工表面的法线方向，原始误差 1∶1 地表现为加工误差。当 $\phi = 90°$ 时，ΔR 得到极小值，由 $R_0^2 + \delta^2 = (R_0 + \Delta R_{min})^2$，得 $\delta^2 = \Delta R_{min}^2 + 2R_0\Delta R_{min}$。省略误差的平方项 ΔR_{min}^2，得到近似表达式 $\Delta R_{min} \approx \dfrac{\delta^2}{2R_0}$。这时 ΔR_{min} 很小，往往可以忽略不计。

分析原始误差对加工精度的影响时，对一般方向的原始误差，ϕ 值在 $0° \sim 90°$，可将该原始误差引起的加工误差向误差敏感方向投影，并只考虑该投影对加工误差的影响。

第二节 工艺系统的几何误差对加工精度的影响

工艺系统的几何误差包括加工方法的原理误差，机床、刀具、夹具的制造误差和磨损，机床、刀具、夹具和工件的调整及安装误差等。

一、原理误差

原理误差是指由于采用了近似的加工方法、近似的成形运动或近似的刀具轮廓而产生的误差。例如在用齿轮滚刀加工渐开线齿轮时，是应用展成法原理，由于滚刀切削刃数有限，切削是不连续的，因而滚切出的齿轮齿形不是光滑的渐开线，而是折线，如图 4-2 所示。再如，在采用普通米制丝杠的车床上加工寸制螺纹，螺纹导程的换算参数中包含无理数，不可能用调整交换齿轮的齿数来准确无误地实现，只能用近似的传动比值即近似的成形运动来加工。

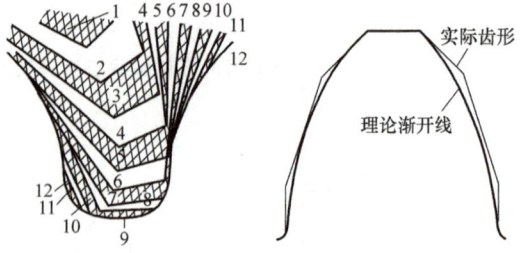

图 4-2 用展成法加工齿轮时的齿形误差

采用近似的成形运动或近似的切削刃轮廓，虽然会带来加工原理误差，但往往可以简化机床结构或刀具形状，工艺上容易实现，有利于从总体上提高加工精度、降低生产成本、提高生产率。因此，原理误差的存在有时是合理的、可以接受的。但在精加工时，对原理误差需要仔细分析，必要时还需进行计算，以确保由其引起的加工误差不会超过规定的精度要求

所允许的范围（一般，原理误差引起的加工误差应小于工件公差值的 10%~15%）。

二、机床的几何误差

引起机床误差的原因包括机床的制造误差、安装误差和磨损等。机床误差的项目很多，这里着重分析对工件加工精度影响较大的导轨导向误差、主轴回转误差和传动链传动误差。

1. 机床导轨导向误差

导轨导向误差是指机床导轨副的运动件实际运动方向与理想运动方向的误差值。机床导轨是机床中确定某些主要部件相对位置的基准，也是某些主要部件的运动基准。机床导轨在水平面内的直线度、在垂直面内的直线度以及前后导轨的平行度（扭曲）是影响工件加工精度的主要因素。

（1）导轨在水平面内直线度误差的影响　床身导轨在水平面内如果有直线度误差，则在纵向切削过程中，刀尖的运动轨迹相对于机床主轴轴线不能保持平行，因而使工件在纵向截面和横向截面内分别产生形状误差和尺寸误差。当导轨向后凸出时，工件上产生鞍形加工误差；当导轨向前凸

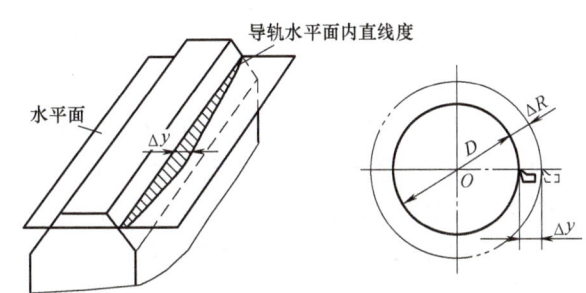

图 4-3　导轨在水平面内的直线度误差

出时，工件上产生鼓形加工误差如图 4-3 所示。当导轨在水平面内的直线度误差为 Δy 时，引起工件在半径方向的误差为 $\Delta R = \Delta y$。在车削长度较短的工件时，该直线度误差影响较小，若车削长轴，这一误差将明显地反映到工件上。

（2）导轨在垂直面内直线度误差的影响　床身导轨在垂直面内有直线度误差如图 4-4 所示，会引起刀尖产生切向位移 Δz，造成工件在半径方向产生的误差为 $\Delta R \approx \dfrac{\Delta z^2}{2R}$，由于 Δz^2 数值很小，因此该误差对工件的尺寸精度和形状精度影响甚小。但对平面磨床、龙门刨床及铣床等，导轨在垂直面内的直线度误差会引起工件相对于砂轮（刀具）产生法向位移，其误差将直接反映到被加工工件上，造成形状误差如图 4-5 所示。

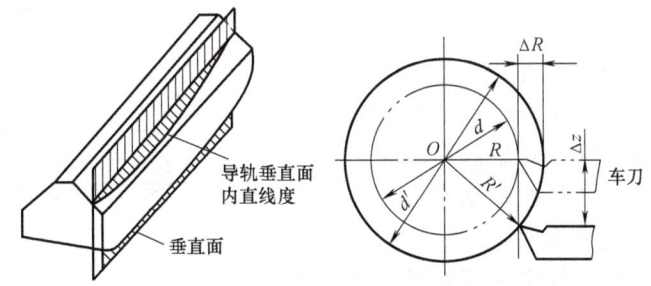

图 4-4　导轨在垂直面内的直线度误差

（3）前后导轨的平行度误差的影响　床身前后导轨有平行度误差（扭曲）时，会使车床滑板在沿床身移动时发生偏斜，从而使刀尖相对工件产生偏移，使工件产生形状误差（鼓形、鞍形、锥度）。如图 4-6 所示，车床前后导轨扭曲的最终结果反映在工件上，于是产生了加工误差 Δy。从几何关系中可得出

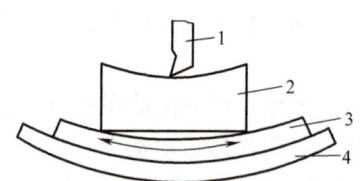

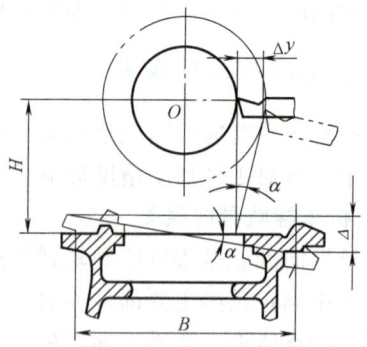

图 4-5 龙门刨床导轨垂直面内的直线度误差
1—刨刀 2—工件 3—工作台 4—床身导轨

图 4-6 车床导轨扭曲对工件
形状精度的影响

$$\Delta y \approx H\Delta/B$$

一般车床 $H \approx 2B/3$，外圆磨床 $H \approx B$，因此该项原始误差 Δ 对加工精度的影响很大。

(4) 提高导轨运动精度的主要措施　提高导轨运动精度的关键在于提高机床导轨的制造精度及其精度保持性。为此可采取如下措施：

1) 选用合理的导轨形状和导轨组合形式，并在可能的条件下增加工作台与床身导轨的配合长度。

2) 提高机床导轨的制造精度，主要是提高导轨的加工精度和配合接触精度。

3) 选用适当的导轨类型。例如，在机床上采用液体或气体静压导轨结构，由于在工作台与床身导轨之间有一层压力油或压缩空气，既可对导轨面的直线度误差起均化作用，又可防止导轨面在使用过程中的磨损，故能提高工作台的直线运动精度及其精度保持性。又如，高速导轨磨床的主运动常采用贴塑导轨，其进给运动采用滚动导轨来提高直线运动精度。

2. 机床主轴回转误差

(1) 主轴回转误差的概念及其影响因素　机床主轴工作时，理论上其回转轴线在空间的位置应当稳定不变，而实际上由于各种因素的影响，使主轴的实际回转轴线相对其理想回转轴线（一般用其平均回转轴线来代替）产生偏移，这个偏移量就是主轴的回转误差。

主轴回转误差可分为三种基本形式：纯轴向窜动、纯径向跳动和纯角度摆动，如图 4-7 所示。纯轴向窜动是指主轴实际回转轴线沿其平均回转轴线方向的轴向运动。纯径向跳动是指主轴实际回转轴线始终平行于其平均回转轴线方向的径向运动。纯角度摆动是指主轴实际回转轴线与其平均回转轴线成一倾斜角度，但其交点位置固定不变的运动。实际上主轴回转误差是上述三种形式误差的合成。由于主轴实际回转轴线在空间的位置是在不断变化的，所以上述三种运动所产生的位移（即误差）是一个瞬时值。

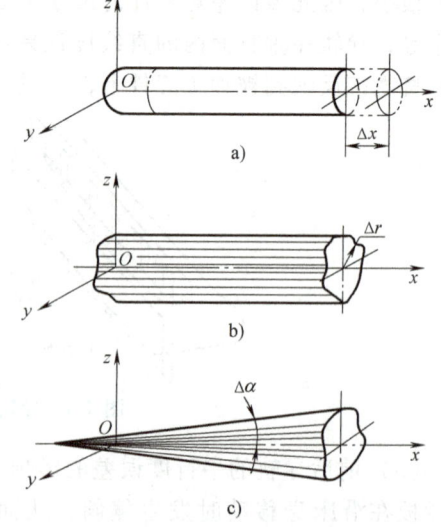

图 4-7 主轴回转误差的基本形式
a) 纯轴向窜动 b) 纯径向跳动 c) 纯角度摆动

实践和理论分析表明，当机床主轴采用滑动轴承时，影响主轴回转精度的主要因素有轴承孔和轴颈表面的圆度误差，如图 4-8 所示；当机床主轴采用滚动轴承时，影响主轴回转精度的主要因素有滚动轴承内外环滚道的圆度误差、内环的壁厚差、内环滚道的波纹度以及滚动体的圆度误差和尺寸误差，如图 4-9 所示。此外，轴承间隙以及切削过程中的受力变形、轴承定位端面与轴线垂直度误差、轴承端面之间的平行度误差、锁紧螺母的轴向圆跳动以及主轴轴颈和箱体孔的形状误差等，都会降低主轴的回转精度。

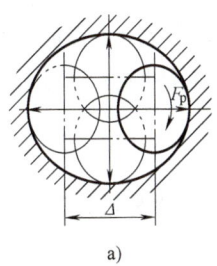 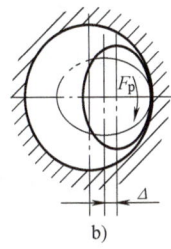

图 4-8 采用滑动轴承时影响主轴回转精度的因素
a）轴承孔圆度误差　b）主轴轴颈圆度误差

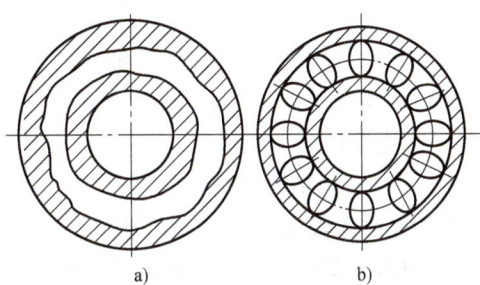

图 4-9 采用滚动轴承时影响主轴回转精度的因素
a）内外环滚道的几何误差　b）滚动体的圆度和尺寸误差

（2）主轴回转误差对加工误差的影响

1）纯轴向窜动。主轴的纯轴向窜动对内、外圆的加工精度没有影响，但加工端面时，会使加工的端面与内外圆轴线产生垂直度误差。主轴每转一周，要沿轴向窜动一次，使得切出的端面产生平面度误差，如图 4-10 所示。当加工螺纹时，会产生螺距误差。

2）纯径向跳动。主轴的纯径向跳动误差在用车床加工端面时不引起加工误差，在车削外圆时对加工误差的影响关系如图 4-11 所示，使工件产生圆柱度误差。

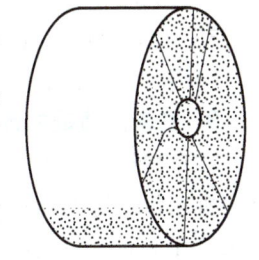

图 4-10 主轴纯轴向窜动对端面加工精度的影响

在用刀具回转类机床加工内圆表面，例如用镗床镗孔时，主轴轴承孔或滚动轴承外圆的圆度误差将直接复映到工件的圆柱面上，如图 4-12 所示，使工件产生圆柱度误差。

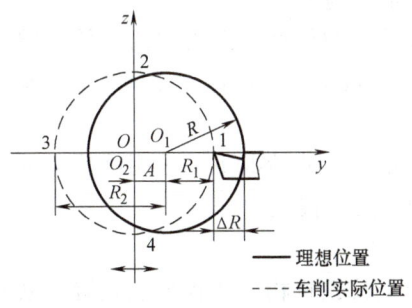 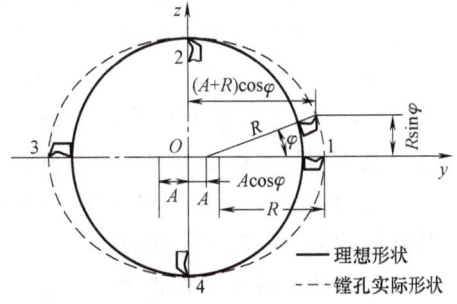

图 4-11 纯径向跳动对车削外圆的影响　　图 4-12 纯径向跳动对镗孔加工精度的影响

3）纯角度摆动　主轴轴线的纯角度摆动，无论是在空间平面内运动或沿圆锥面运动，都可以按误差敏感方向投影为加工圆柱面时某一横截面内的径向跳动，或加工端面时某一半径处的轴向窜动。因此，其对加工误差的影响就是投影后的纯径向跳动和纯轴向窜动对加工误差的影响的综合。主轴纯角度摆动对镗孔精度的影响如图 4-13 所示。

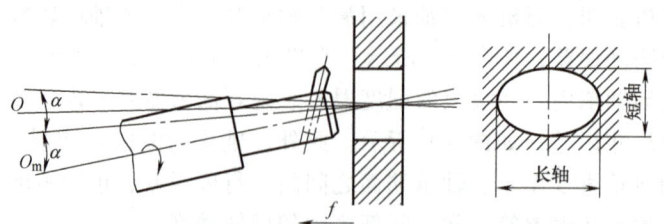

图 4-13 主轴纯角度摆动对镗孔精度的影响

实际上,主轴工作时其回转轴线的漂移运动总是上述三种形式的误差运动的合成,故不同横截面内轴心的误差运动轨迹既不相同,又不相似;既影响所加工工件圆柱面的形状精度,又影响端面的形状精度。

(3) 提高主轴回转精度的措施

1) 提高主轴的轴承精度。轴承是影响主轴回转精度的关键部件,对精密机床宜采用精密滚动轴承、多油楔动压和静压滑动轴承。

2) 减少机床主轴回转误差对加工精度的影响。如在外圆磨削加工中,采用固定顶尖磨削外圆,由于前、后顶尖都是不转的,避免了主轴回转误差对加工精度的影响。在采用高精度镗模镗孔时,可使镗杆与机床主轴浮动连接,使加工精度不受机床主轴回转误差的影响。

3) 对滚动轴承进行预紧,以消除间隙。

4) 提高主轴箱体支承孔、主轴轴颈和与轴承相配合的零件有关表面的加工精度。

3. 机床传动链的传动误差

在车螺纹、插齿、滚齿等加工时,刀具与工件之间有严格的传动比要求。要满足这一要求,机床传动链的传动误差必须控制在允许的范围内。传动链的传动误差是指传动链始末两端执行元件间相对运动的误差。它的精度由组成内联系传动链的所有传动元件的传动精度来保证。传动链误差的大小对车、磨、铣螺纹,滚、插、磨(展成法磨齿)齿轮等加工会影响分度精度,造成加工表面的形状误差,如螺距精度、齿距精度等。

通过对传动链误差的分析及实践经验的总结得知,要提高机床传动链的精度,一般可采取以下措施:

1) 尽量缩短传动链,传动件的件数越少则传动精度越高。

2) 提高传动件的制造和安装精度,尤其是末端零件的精度。因为它的原始误差对加工精度的影响要比传动链中其他零件的影响大。例如滚齿机工作台部件中作为末端传动件的分度蜗轮,其精度等级应比传动链中其他齿轮高 1~2 级。

3) 尽可能采用降速运动。因为传动件在同样原始误差的情况下,采用降速运动时,其对加工误差的影响较小。速度降得越多,对加工误差的影响越小。

4) 消除传动链中齿轮副的间隙。

5) 采用误差校正机构(校正尺、偏心齿轮、行星校正机构、数控校正装置、激光校正装置等)对传动误差进行补偿,如在精密丝杠车床、万能螺纹磨床中常有应用。

三、工艺系统其他几何误差

1. 刀具误差

刀具误差对加工精度的影响根据刀具的种类不同而异,依具体加工条件可能影响工件的尺寸、形状或位置精度。

1) 对于一般刀具（如车刀、镗刀、铣刀），其制造误差对加工精度没有直接影响。但磨损后对工件尺寸或形状精度有一定影响，在加工大型工件或用调整法批量加工时对加工误差的影响不容忽视。

2) 采用定尺寸刀具（如钻头、铰刀、键槽铣刀、镗刀块及圆拉刀等）加工时，刀具的尺寸精度直接影响工件的尺寸精度。

3) 采用成形刀具（如成形车刀、成形铣刀、成形砂轮等）加工时，刀具的形状精度将直接影响工件的形状精度。

4) 展成法刀具（如齿轮滚刀、花键滚刀、插齿刀等）加工齿轮时，切削刃的几何形状必须是加工表面的共轭曲线，因此切削刃的形状误差及有关尺寸精度会直接影响齿轮加工精度。

2. 夹具误差和工件安装误差

夹具的制造误差一般指定位元件、导向元件及夹具体等零件的加工和装配误差。这些误差对零件的加工精度影响较大。工件的安装误差包括定位误差和夹紧误差。

3. 测量误差

工件在加工过程中，要进行各种检验、测量，以便调整机床；工件加工后要用测得的结果来评定加工精度。造成测量误差的因素有以下四个方面：

1) 测量方法和测量仪器误差。由于量具、量仪及测量方法都不可能绝对准确，它们的误差约占被测量零件的 10%~30%，对于高精度的零件可占 30%~50%。可见，它们对加工精度影响还是比较大的。

2) 测量力引起的变形误差。测量时的接触力会使测量仪器本身或被测零件变形造成测量误差，特别在精密测量时，测量力必须恒定。

3) 测量环境的影响。测量时对环境的温度、洁净度都必须进行控制，精密测量应在恒温及洁净的地方进行。

4) 读数误差。目测正确程度和主观读数误差等都会直接反映到测量误差上。

4. 调整误差

机床调整对保证加工精度极为重要，有时调整误差是造成废品的主要原因。为了获得被加工表面的尺寸、形状及位置精度，要对机床、夹具和刀具进行调整。任何调整工作都会带来一定的误差，这种原始误差称为调整误差。调整误差的大小取决于调整方法和调整工人的技术水平。不同的调整方式，有不同的误差来源。

(1) 试切法调整　试切法调整是由机床操作者在加工时直接用试切的方法调整刀具与工件间的相对位置。引起这种方式的调整误差与下列因素有关：

1) 测量误差。量具本身的误差、测量方法及测量操作误差等都会影响调整精度，因而产生加工误差。

2) 微进给机构引起的位移误差。在用低速微量进给试切时，常会出现进给机构的"爬行"现象，使刀具的实际进给量比手轮转动的刻度值偏大或偏小，从而造成加工误差。

3) 最小切削厚度的影响。刀具所能切掉的最小切削厚度应该大于切削刃钝圆半径，即 $h_{Dmin}>r_n$。但是在精加工试切时常有 $h_{Dmin}<r_n$，从而产生了切削刃的打滑和挤压，使该切除的金属层实际上没有切除掉。这时如果测得的尺寸已经合格，则进行正式切削后未试切部分的尺寸将小于试切部分的尺寸。

（2）调整法调整 在调整法加工中，广泛应用行程挡块、行程开关、靠模、凸轮等定程机构保证加工精度。调整时，这些机构的制造误差、安装误差、磨损以及电、液、气动控制元件的工作性能是影响加工精度的主要因素。若采用样件、样板、对刀块、导套等调整时，它们的制造、安装误差、磨损以及调整时的测量误差就成了调整误差的主要因素。

第三节　工艺系统受力变形引起的误差

一、基本概念

切削加工时，由机床、刀具、夹具和工件组成的工艺系统，在切削力、夹紧力以及重力等的作用下，将产生相应的变形，使刀具和工件在静态下已调整好的相互位置，以及切削时成形运动的正确几何关系发生变化，从而造成加工误差。

例如，在车削细长轴时，工件在切削力的作用下会发生变形，使加工出的轴出现中间粗两头细的情况，如图4-14a所示；在内圆磨床上以横向切入法磨孔时，由于内圆磨头主轴弯曲变形，磨出的孔会出现圆柱度误差（锥度），如图4-14b所示。

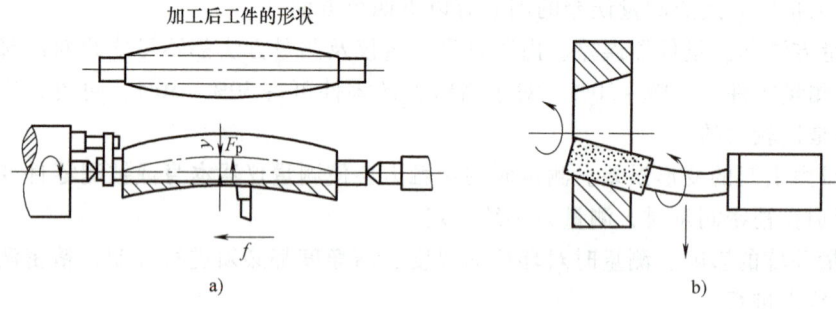

图4-14　工艺系统受力变形引起的加工误差
a）车削细长轴　b）横向切入法磨孔

由此可见，工艺系统的受力变形是加工中一项很重要的原始误差。事实上，它不仅严重地影响工件的加工精度，而且还影响加工表面的质量，限制了加工生产率的提高。

工艺系统受力变形通常是弹性变形。一般来说，工艺系统抵抗弹性变形的能力越强，则加工精度就越高。工艺系统抵抗变形的能力用刚度 k_{xt} 来描述。所谓工艺系统刚度，是指作用于工件加工表面法线方向上的切削分力 F_p 与刀具在切削力作用下相对于工件在该方向上的位移的比值。即

$$k_{xt} = F_p / y_{xt} \quad (4-1)$$

变形 y_{xt} 是总切削力的三个分力 F_c、F_p、F_f 综合作用的结果，因此有可能出现变形方向与 F_p 方向不一致的情况，若 F_p 与 y_{xt} 方向相反，工艺系统就处于负刚度状态。刀架系统在力 F_p 的作用下引起同向变形 y，如图4-15a所示；而在力 F_c 的作用

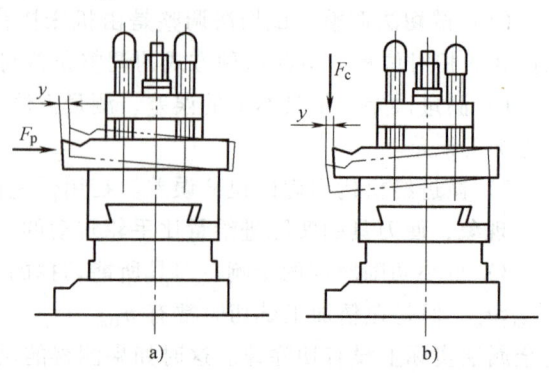

图4-15　车削加工中的负刚度现象

下引起的变形 y 与 F_p 方向相反,如图 4-15b 所示,这时工艺系统就出现负刚度现象。

负刚度现象对保证加工质量是不利的,此时车刀的刀尖将扎入工件(扎刀)的外圆表面,引起刀具的破损和振动,应尽量避免。

二、工艺系统刚度

工艺系统的刚度是指整个系统在外力作用下抵抗变形的能力。它是由组成工艺系统各部件的刚度决定的。工艺系统的总变形量为

$$y_{xt} = y_{jc} + y_{dj} + y_{jj} + y_{gj} \tag{4-2}$$

而工艺系统各部件的刚度为

$$k_{xt} = \frac{F_p}{y_{xt}}, \quad k_{jc} = \frac{F_p}{y_{jc}}, \quad k_{dj} = \frac{F_p}{y_{dj}}, \quad k_{jj} = \frac{F_p}{y_{jj}}, \quad k_{gj} = \frac{F_p}{y_{gj}}$$

代入式(4-2),整理得

$$\frac{1}{k_{xt}} = \frac{1}{k_{jc}} + \frac{1}{k_{jj}} + \frac{1}{k_{dj}} + \frac{1}{k_{gj}} \tag{4-3}$$

式(4-3)表明,若已知工艺系统各组成部分的刚度,就可以求出工艺系统的刚度。

三、工艺系统受力变形对加工精度的影响

1. 切削力作用点位置变化引起的加工误差

切削过程中,工艺系统的刚度会随切削力作用点位置的变化而变化,因此使工艺系统受力变形也随之变化,引起工件形状误差。下面以在车床顶尖间加工光轴为例来说明此问题。

(1) 机床的变形 假定工件短而粗,同时车刀悬伸长度很短,即工件和刀具的刚度好,其受力变形比机床的变形小到可以忽略不计。又假定工件的加工余量很均匀,并且由于机床变形而造成的背吃刀量(切削深度)变化对切削力的影响也很小,即假定车刀进给过程中切削力保持不变。

再设当车刀以径向力 F_y 进给到如图 4-16 所示的 x 位置时,车床主轴箱头架处受作用力 F_A,相应的变形 $y_{tj} = \overline{AA'}$;尾座受力 F_B,相应的变形 $y_{wz} = \overline{BB'}$;刀架受力 F_y,相应的变形 $y_{dj} = \overline{CC'}$。这时工件轴心线 AB 位移到 $A'B'$,因而刀具切削点处工件轴线的位移为

$$y_x = y_{tj} + \Delta x = y_{tj} + (y_{wz} - y_{tj})\frac{x}{L}$$

式中,L 为工件长度;x 为车刀至主轴箱头架处的距离。

考虑到刀架的变形 y_{dj} 与 y_x 的方向相反,所以机床总的变形为

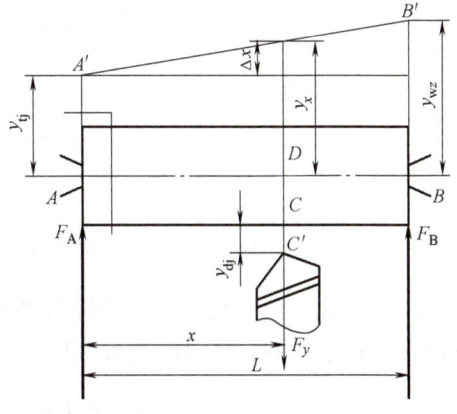

图 4-16　工艺系统变形随切削力位置变化而变化

$$y_{jc} = y_x + y_{dj} \tag{4-4}$$

运用静力学知识,由 L、x 和 F_y,求出 F_A、F_B,并依据刚度定义得

$$y_{tj}=\frac{F_A}{k_{tj}}=\frac{F_y}{k_{tj}}\frac{L-x}{L}, \quad y_{wz}=\frac{F_B}{k_{wz}}=\frac{F_y}{k_{wz}}\frac{x}{L}, \quad y_{dj}=\frac{F_y}{k_{dj}}$$

式中，k_{tj}、k_{wz}、k_{dj} 为主轴箱、尾座、刀架的刚度。

将它们代入式（4-4），最后可得机床的总变形为

$$y_{jc}=F_y\left[\frac{1}{k_{tj}}\left(\frac{L-x}{L}\right)^2+\frac{1}{k_{wz}}\left(\frac{x}{L}\right)^2+\frac{1}{k_{dj}}\right]=y_{jc}(x)$$

这说明，随着切削力作用点位置的变化，工艺系统的变形是变化的。显然，这是由于工艺系统的刚度随切削力作用点变化而变化所致。

当 $x=0$ 时，$y_{jc}=F_y\left(\dfrac{1}{k_{tj}}+\dfrac{1}{k_{dj}}\right)$；

当 $x=L$ 时，$y_{jc}=F_y\left(\dfrac{1}{k_{wz}}+\dfrac{1}{k_{dj}}\right)$；

当 $x=\dfrac{L}{2}$ 时，$y_{jc}=F_y\left(\dfrac{1}{4k_{tj}}+\dfrac{1}{4k_{wz}}+\dfrac{1}{k_{dj}}\right)$。

另外，还可以求出当 $x=\left(\dfrac{k_{wz}}{k_{tj}+k_{wz}}\right)L$ 时，机床变形 y_{jc} 最小。即

$$y_{jcmin}=F_y\left(\frac{1}{k_{tj}+k_{wz}}+\frac{1}{k_{dj}}\right)$$

由于在变形大的位置，从工件上切去的金属层薄，变形小的位置切去的金属层厚，因此因机床受力变形而使加工出来的工件呈两端粗、中间细的鞍形，如图4-17所示。

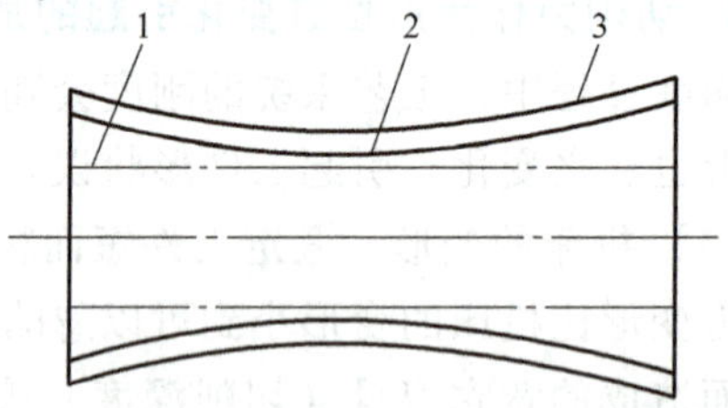

图 4-17 高刚度工件两顶尖支承车削后的形状
1—机床不变形的理想情况　2—考虑主轴箱、尾座变形的情况　3—包括考虑刀架变形在内的情况

（2）工件的变形　若在两顶尖间车削刚性很差的细长轴，则必须考虑工艺系统中的工件变形。假设此时不考虑机床和刀具的变形，则可由材料力学公式计算工件在切削点的变形量

$$y_g=\frac{F_y}{3EI}\frac{(L-x)^2x^2}{L}$$

显然，当 $x=0$ 或 $x=L$ 时，$y_g=\dfrac{F_y}{3EI}$；当 $x=\dfrac{L}{2}$ 时，工件刚度最小、变形最大，即 $y_{gmax}=F_y\left(\dfrac{L^3}{48EI}\right)$。因此，加工后的工件呈鼓形。

（3）工艺系统的总变形　当同时考虑机床和工件的变形时，工艺系统的总变形为两者的叠加（对于本例，车刀的变形可以忽略）。即

$$y=y_{jc}+y_g=F_y\left[\frac{1}{k_{tj}}\left(\frac{L-x}{L}\right)^2+\frac{1}{k_{wz}}\left(\frac{x}{L}\right)^2+\frac{1}{k_{dj}}+\frac{(L-x)^2x^2}{3EIL}\right]$$

工艺系统的刚度

$$k=\frac{F_y}{y_{jc}+y_g}=\frac{1}{\dfrac{1}{k_{tj}}\left(\dfrac{L-x}{L}\right)^2+\dfrac{1}{k_{wz}}\left(\dfrac{x}{L}\right)^2+\dfrac{1}{k_{dj}}+\dfrac{(L-x)^2x^2}{3EIL}}$$

由此可知，测得了车床主轴箱、尾座、刀架三个部件的刚度，以及确定了工件的材料和尺寸，就可按 x 值估算车削圆轴时工艺系统的刚度。当已知刀具的切削角度、切削条件和切削用量时，即可知道切削力 F_y，利用上面的公式就可估算出不同 x 处工件半径的变化。

2. 切削过程中受力大小变化引起的加工误差——误差复映规律

在加工过程中，由于工件加工余量或材料硬度不均匀，都会引起背向力的变化，从而使工艺系统受力变形不一致而产生加工误差。

以车削短圆柱工件外圆为例，如图 4-18 所示。由于毛坯的圆度误差，导致车削时背吃刀量在 a_{p1} 与 a_{p2} 之间变化。当背吃刀量为 a_{p1} 时产生的背向力为 F_{p1}，引起的让刀变形为 y_1，对于 a_{p2}，产生的背向力为 F_{p2}，引起的让刀变形为 y_2。由于毛坯存在的圆度误差 $\Delta_m = a_{p1} - a_{p2}$，因而引起了工件产生圆度误差 $\Delta_w = y_1 - y_2$，且 Δ_m 越大，Δ_w 越大，这种现象称为加工过程中的误差复映现象。用工件误差 Δ_w 与毛坯误差 Δ_m 之比值来衡量误差复映的程度

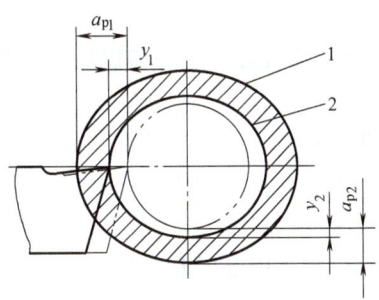

图 4-18 毛坯形状误差复映

$$\varepsilon = \frac{\Delta_w}{\Delta_m} \tag{4-5}$$

ε 称为误差复映系数，$\varepsilon < 1$。

根据车削力的计算公式

$$F_p = 9.81 C_{F_p} a_p^{x_{F_p}} f^{y_{F_p}} K_{F_p}$$

式中，C_{F_p}、K_{F_p} 为与切削条件有关的系数；f、a_p 分别为进给量、背吃刀量；x_{F_p}、y_{F_p} 为指数。均可查表 1-4 获得。

在一次进给加工中，进给量及其他切削条件设为不变。即

$$9.81 C_{F_p} f^{y_{F_p}} K_{F_p} = C$$

式中，C 为常数。

在车削加工中，$x_{F_p} \approx 1$，所以

$$F_p \approx C a_p$$

即 $F_{p1} = C(a_{p1} - y_1)$，$F_{p2} = C(a_{p2} - y_2)$

由于 y_1、y_2 相对 a_{p1}、a_{p2} 而言数值很小，可忽略不计，即有

$$F_{p1} = C a_{p1}, \quad F_{p2} = C a_{p2}$$

$$\Delta_w = y_1 - y_2 = \frac{F_{p1}}{k_{xt}} - \frac{F_{p2}}{k_{xt}} = \frac{C}{k_{xt}} (a_{p1} - a_{p2}) = \frac{C}{k_{xt}} \Delta_m$$

所以

$$\varepsilon = \frac{C}{k_{xt}}$$

由上式可知，工艺系统的刚度 k_{xt} 越大，复映系数 ε 越小，毛坯误差复映到工件上去的部分就越少。一般 $\varepsilon \ll 1$，经加工之后工件的误差比加工前的误差减小，经多道工序或多次进给加工之后，工件的误差就会减小到工件公差所允许的范围内。经过 n 次进给加工后，误差复映为

$$\Delta_w = \varepsilon_1 \varepsilon_2 \cdots \varepsilon_n \Delta_m$$

总的误差复映系数

$$\varepsilon_z = \varepsilon_1 \varepsilon_2 \cdots \varepsilon_n$$

在粗加工时，每次进给的进给量 f 一般不变，假设误差复映系数均为 ε，则 n 次进给就有

$$\varepsilon_z = \varepsilon^n$$

增加进给次数，可减小误差复映，提高加工精度，但生产率降低了。因此，提高工艺系统刚度，对减小误差复映系数具有重要意义。

3. 夹紧力、重力和惯性力引起的加工误差

（1）夹紧力的影响 工件在装夹时，由于工件刚度较低或夹紧力着力点不当，会使其产生相应的变形，造成加工误差。如图 4-19 所示，用自定心卡盘夹持薄壁套筒，假定坯件是正圆形，夹紧后坯件呈三棱形，虽在夹紧状态下镗出的孔为正圆形，但松开后，套筒弹性恢复使孔又变成三棱形。为了减少加工误差，应使夹紧力均匀分布，可采用开口过渡环如图 4-20a 所示，或采用专用卡爪如图 4-20b 所示夹紧。

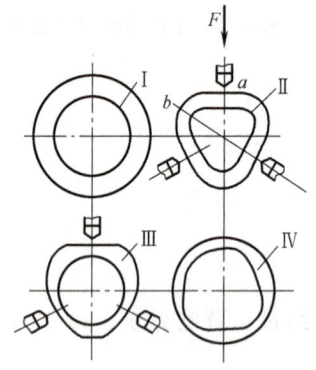

图 4-19 套筒夹紧变形误差

Ⅰ—毛坯 Ⅱ—夹紧后 Ⅲ—镗孔后 Ⅳ—松开后

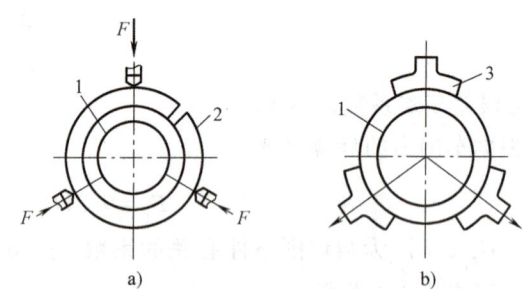

图 4-20 抑制套筒夹紧变形误差的措施

a）用开口过渡环 b）用专用卡爪

1—工件 2—开口过渡环 3—专用卡爪

（2）重力的影响 工艺系统有关零部件自身的重力所引起的相应变形也会造成加工误差。如图 4-21 所示大型立式车床刀架的自重引起横梁变形，分别造成了工件端面的平面度误差和外圆上的圆柱度误差。工件的直径越大，加工误差也越大。

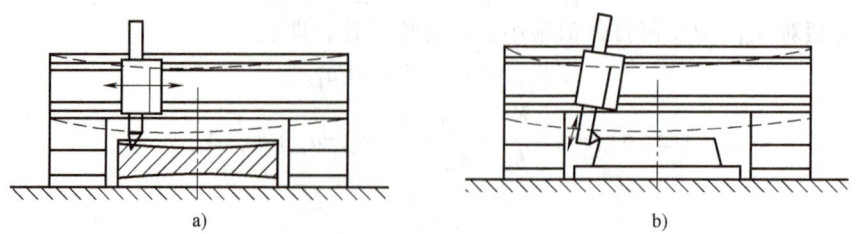

图 4-21 机床部件自重引起的横梁变形

a）刀架自重引起端面误差 b）刀架自重引起圆柱度误差

对于大型工件的加工（如磨削床身导轨面），工件自重引起的变形有时成为产生加工形状误差的主要原因。在实际生产中，装夹大型工件时，恰当地布置支承可以减小自重引起的变形。

(3) 惯性力的影响 在高速切削时，如果工艺系统中有不平衡的高速旋转的构件存在，就会产生离心力。离心力随工件的转动不断变更方向，引起工件几何轴线的回转误差和工艺系统振动，改变工件与刀具成形运动的位置，造成加工误差。

可采用"对重平衡"等方法来消除惯性力对加工误差的影响，如在不平衡质量的反向加装重块，使两者的离心力相互抵消。必要时可适当降低转速，以减少离心力的峰值，从而减少其影响。

四、机床部件刚度的测定和影响因素

1. 机床部件刚度的测定

刚度测定的基本方法是对被测系统施加载荷，测出载荷引起的变形，再计算出要求的刚度。常用的方法有两种：静态测定法和工作状态测定法。下面介绍静态测定法。

刚度的静态测定法，是在机床非工作状态下，模拟切削时的受力情况，对机床施加静载荷，然后测出机床各部件在不同静载荷下的变形，做出各部件的刚度特性曲线，并计算出其刚度。

车床的刚度可采用如图 4-22 所示的三向加载装置来测定。将加载螺钉旋入弓形架上相应的螺孔中，并调整定位杆的角向位置，使加载螺钉的轴线与 yOz 面成 β 角，与 xOz 面成 α 角。α、β 角可根据实际切削时切削分力的比值来确定。即

$$\alpha = \arctan \frac{F_f/F_c}{\sqrt{1+(F_p/F_c)^2}}, \quad \beta = \arctan \frac{F_p}{F_c}$$

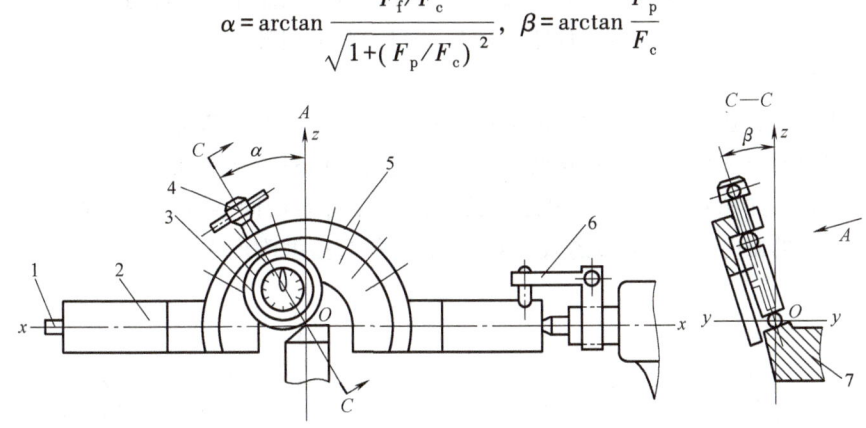

图 4-22 用三向加载装置测定车床刚度

1—前顶尖 2—接长套筒 3—测力杆 4—加载螺钉 5—弓形加载器 6—定位杆 7—模拟车刀

加载螺钉所加载荷 F，即模拟总切削力之值可在测力环中的百分表上读得，并可分解为 F_f、F_p 和 F_c。

实验中进行了三次加载—卸载循环，得到以 F_p 为纵坐标，刀架变形 y_{dj} 为横坐标的某车床刀架部件的刚度特性曲线如图 4-23 所示。

由图 4-23 可以看出，机床部件的刚度曲线有以下特点：

1) 变形与作用力不是线性关系，反映刀架变形不纯粹是弹性变形。

2) 加载与卸载曲线不重合，两曲线间包容的面积代表了加载—卸载循环中所损失的能量，也就是消耗在克服部件内零件间的摩擦和接触塑性变形所做的功。

3) 卸载后曲线不回到原点，说明有残留变形。在反复加载—卸载后，残留变形才接近于零。

4）部件的实际刚度远比按实体所估算的小。

2. 影响机床部件刚度的因素

（1）连接表面间的接触变形　由于零件表面的几何形状误差和表面粗糙度，当两个零件表面接触时，总是凸峰处先接触，实际接触面积很小，接触处的接触应力很大，相应就会产生较大的接触变形。它既有表面的弹性变形，也有局部的塑性变形，从而使得刚度曲线不呈直线，且回不到原点。

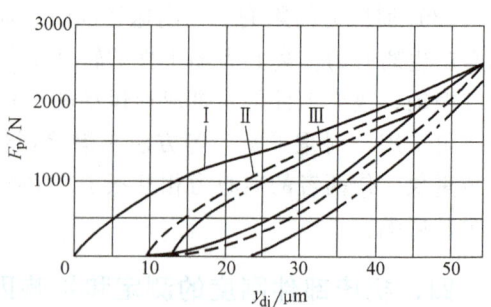

图 4-23　车床刀架部件的刚度特性曲线

Ⅰ——次加载　Ⅱ—二次加载　Ⅲ—三次加载

（2）接合面间摩擦力的影响　由于加载时摩擦力阻碍变形的发生，卸载时阻碍变形的恢复，使得加载曲线与卸载曲线不重合。

（3）接合面间的间隙　接合面间存在间隙时，在较小的力作用下就会产生较大的位移，故表现为刚度很低。间隙消除后，接合面才真正开始接触，产生弹性变形，这时表现为刚度较高。因间隙而引起的位移在卸载后不能恢复，特别是作用力方向变化时，间隙引起的位移会严重影响刀具和工件间的正确位置。

（4）部件中个别薄弱零件的影响　部件中若有刚度很低的零件时，受力后会产生较大的变形。如刀架和滑板部件中的楔铁，如图 4-24 所示结构细而长，若与导轨配合不好，容易产生较大变形，使得整个滑板部件刚度较低。当这些薄弱环节变形后改善了接触情况，部件的刚度就明显提高了。

综上所述可知，影响机床部件刚度的因素很复杂，同一个机床部件的刚度也不是一个恒定的数值。实验研究表明，两个相接触的表面间受力作用时，两表面的接触变形 y 是表面压强 p 的递增函数，如图 4-25 所示。因此，机床部件接合表面间刚度可较确切地用接触刚度来表示，即压强的微分 dp 与位移的微分 dy 的比值称为接触刚度 k_j。

$$k_j = dp/dy$$

图 4-24　滑板部件中的薄弱环节

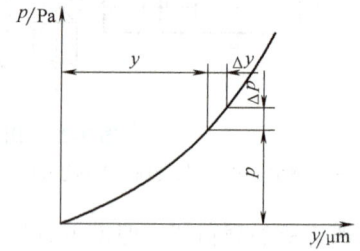

图 4-25　表面接触变形与压强的关系

五、减小工艺系统受力变形对加工精度影响的措施

减小工艺系统受力变形是保证加工精度的有效途径之一。在生产实际中，从加工质量、生产效率、经济性等方面考虑，提高工艺系统中薄弱环节的刚度是最重要的措施。

1. 提高接触刚度

提高接触刚度能有效提高工艺系统的刚度。通过提高机床导轨的刮研质量，提高锥孔与锥体、中心孔与顶尖之间的接触质量，提高刀架楔铁的刮研质量，提高接合面的形状精度并降低表面粗糙度值，都能使实际接触面积增加，有效地提高接触刚度。在接触面间预加载荷，能消除接触面间的间隙，增加接触面积，减小受力后的变形量，增大接触刚度。

2. 提高零部件刚度减小受力变形

在车床上加工细长轴时，工件刚度差，常采用中心架或跟刀架来提高工件的刚度。在转塔车床上加工较短的轴类零件时，为增强刀架刚度，常采用导套、导杆等辅助支承来加强刀架的刚度。如图 4-26a、b 所示分别为固定于床身上的支承套和装在主轴孔内的导套的结构。

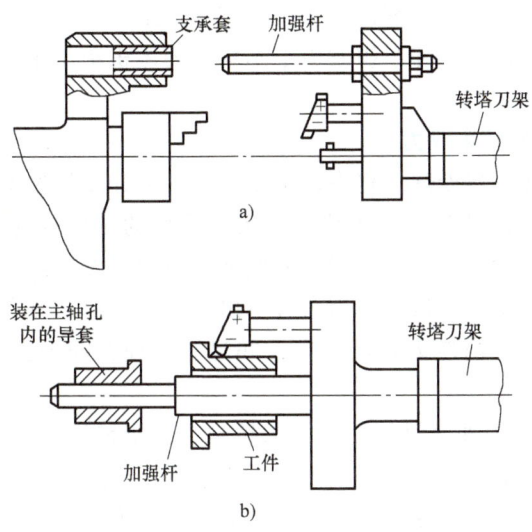

图 4-26 提高零部件刚度的装置

3. 合理安装工件减小夹紧变形

对刚性较差的工件选择合适的夹紧方法，能减小夹紧变形，提高加工精度。如图 4-27 所示为铣角铁工件时的两种装夹方法，如图 4-27a 所示为工件立式安装用圆柱铣刀加工，如图 4-27b 所示为工件卧式安装用面铣刀加工。显然后一种安装方式比前一种安装方式刚性好，工件变形小。

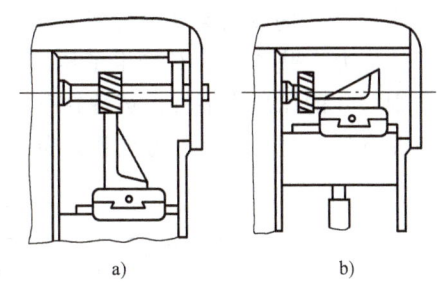

图 4-27 铣角铁工件时的两种装夹方法

4. 减少摩擦防止微量进给时的"爬行"

随着数控加工、精密和超精密加工工艺的迅猛发展，对微量进给的要求越来越高，机床导轨的质量很大程度上决定了机床的加工精度和使用寿命。数控机床导轨则要求在高速进给时不振动，低速进给时不爬行，灵敏度高，耐磨性和精度保持性好。为此，现代数控机床导轨在材料和结构上都进行了重大改进，如采用塑料滑动导轨，导轨塑料常用聚四氟乙烯导轨软带和环氧型耐磨导轨涂层两类。这种导轨摩擦特性好，能有效防止低速爬行，运行平稳，定位精度高，具有良好的耐磨性、减振性和工艺性。此外，还有滚动导轨和静压导轨。滚动导轨是使滚动体做循环运动；静压导轨是在两个相对运动的导轨面间通入压力油，使运动件浮起。这种导轨不但能长时间保持高精度，而且能高速运行，刚性好承载能力强，摩擦因数极小，磨损小，寿命长，既无爬行也不会产生振动。

第四节　工件残余应力引起的加工误差

一、残余应力的概念及其产生原因

残余应力也称内应力，是指在没有外力作用下或去除外力后工件内存留的应力。具有残余应力的零件处于一种不稳定的状态。它内部的组织有强烈的倾向要恢复到一个稳定的没有应力的状态。即使在常温下，零件也会不断地、缓慢地进行这种变化，直到残余应力完全松弛为止。在这一过程中，零件将会翘曲变形，原有的加工精度会逐渐丧失。

残余应力是由于金属内部相邻组织发生了不均匀的体积变化而产生的。促成这种变化的因素主要来自冷加工、热加工。

1. 毛坯制造中产生的残余应力

在铸造、锻造、焊接及热处理过程中，由于工件各部分冷却收缩不均匀以及金相组织转变时的体积变化，在毛坯内部就会产生残余应力。毛坯的结构越复杂，各部分壁厚越不均匀，以及散热条件相差越大，毛坯内部产生的残余应力就越大。具有残余应力的毛坯，其内部应力暂时处于相对平衡状态，虽在短期内看不出有什么变化，但当加工时切去某些表面部分后，这种平衡就被打破，内应力重新分布，并建立一种新的平衡状态，工件明显地出现变形。

如图 4-28 所示为一个内外壁厚相差较大的铸件，在浇铸后的冷却过程中产生残余应力的情况。由于壁 A 和壁 C 比较薄，散热容易，冷却速度比壁 B 快。当壁 A 和壁 C 从塑性状态冷却到弹性状态时，壁 B 尚处于塑性状态。所以壁 A 和壁 C 收缩时，壁 B 不起阻止变形作用，不会产生内应力。当壁 B 冷却到弹性状态时，壁 A 和壁 C 的温度已经降低很多，收缩速度比壁 B 的收缩速度慢得多，此时壁 B 的收缩受到壁 A 和壁 C 的阻碍。这样，壁 B 产生了拉应力，壁 A 及壁 C 产生了压应力，形成了相互平衡的状态。如果在壁 A 上开一个缺口，则壁 A 的压应力消失。铸件在壁 B 和壁 C 的内应力作用下，壁 B 收缩，壁 C 伸长，产生弯曲变形，直至残余应力重新分布，达到新的平衡为止。

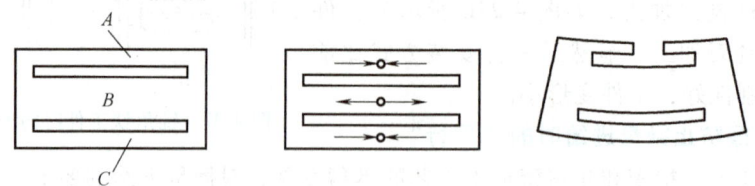

图 4-28　铸件残余应力引起的变形

2. 冷校直引起的残余应力

所谓冷校直工艺方法，是指在一些长棒料或细长零件弯曲的反方向施加外力 F 以达到校直目的的工艺方法，如图 4-29a 所示。在外力 F 的作用下，工件内部的应力重新分布，如图 4-29b 所示，在轴心线以上的部分产生压应力（用负号表示），在轴心线以下的部分产生拉应力（用正号表示）。在轴心线和两条虚线之间，是弹性变形区域，在虚线以外是塑性变形区域。当外力 F 去除后，弹性变形本可完全恢复，但因塑性变形部分的阻止而恢复不了，使残余应力重新分布而达到平衡，如图 4-29c 所示。但这种平衡同样是不稳定的，如果工件继续切削加工，工件内部的应力又会重新分布而使工件产生新的弯曲，并且最后的精度还不够稳定。所以对精度要求较高的细长轴（如精密丝杠），不允许采用冷校直来减小弯曲变形，而采用加大毛坯余量，经过多次切削和时效处理来消除内应力，或采用热校直。

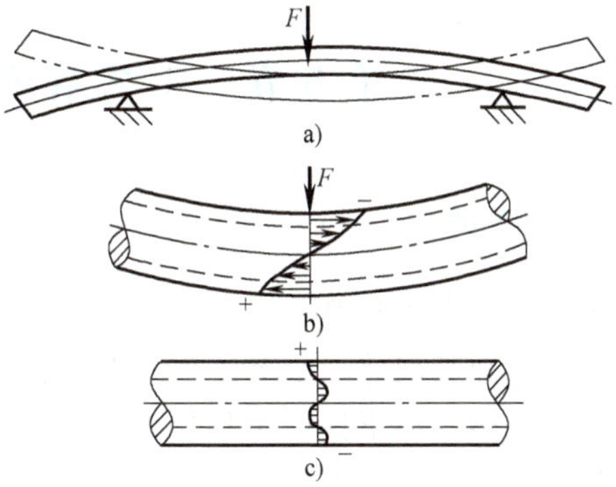

3. 切削加工中产生的残余应力

切削过程中产生的力和热，也会使被加工工件的表面层产生残余应力（参见本章第八节）。

图 4-29 冷校直引起的残余应力

二、减少或消除残余应力的措施

1. 合理设计零件结构

在零件的结构设计中，应尽量简化结构，减小零件各部分尺寸差异，以减少铸锻件毛坯在制造中产生的残余应力。

2. 增加消除残余应力的专门工序

对铸、锻、焊接件进行退火或回火，工件淬火后进行回火，对精度要求高的零件在粗加工或半精加工后进行时效处理，都可以达到消除残余应力的目的。时效处理有以下几种：

（1）自然时效处理　一般需要很长时间，往往影响产品的制造周期，所以除特别精密件外，一般较少采用。

（2）人工时效处理　它分为高温和低温两种时效处理。前者一般用于毛坯制造或粗加工以后进行，后者多用于半精加工后进行。人工时效对大型零件则需要较大的设备，其投资和能源消耗都比较大。

（3）振动时效处理　这是消除残余应力、减少变形及保持工件尺寸稳定的一种新方法，可用于铸件、锻件、焊接件以及有色金属件等。它是以激振的形式将机械能加到具有残余应力的工件内，引起工件金属内部晶格位错蠕变、转变，使金属的结构状态稳定，以此减少和消除工件的残余应力。操作时，将激振器牢固地夹持在工件的适当位置上，根据工件的固有频率调节激振器的频率，直至达到共振状态，再根据工件尺寸及内应力调整激振力，使工件在一定振动强度下，保持几分钟甚至几十分钟的振动。这种方法不需要庞大的设备，经济、简便并且效率高，对于某些零件，可用木锤击打的方式进行时效处理。一些小工件还可将它们装在滚筒里，滚筒旋转时工件相互撞击，也可以获得消除残余应力的效果。

3. 合理安排工艺过程

在安排零件加工工艺过程时，尽可能将粗、精加工分在不同工序中进行，使粗加工后有一定时间让残余应力重新分布，以减少对精加工的影响。在加工大型工件时，粗、精加工往往在一个工序中完成，这时应在粗加工后松开工件，让工件有自由变形的可能，然后再用较小的夹紧力夹紧工件进行精加工。对于精密零件（如精密丝杠），在加工过程中不允许进行冷校直（可采用热校直）。

第五节　工艺系统热变形引起的加工误差

一、概述

工艺系统在各种热源作用下，会产生相应的热变形，从而破坏工件与刀具间正确的相对位置，造成加工误差。据统计，由于热变形引起的加工误差约占总加工误差的 40%~70%。工艺系统的热变形不仅严重地影响加工精度，而且还影响加工效率的提高。实现数控加工后，加工误差不能再由人工进行补偿，全靠机床自动控制，因此热变形的影响就显得特别重要。工艺系统热变形的问题已成为机械加工技术发展必须研究的重要课题。

1. 工艺系统的热源

工艺系统的热源可分为内部热源和外部热源两大类。

内部热源主要是切削热和摩擦热。切削热是切削加工过程中最主要的热源，它对工件加工精度的影响最为直接。在切削（磨削）过程中，消耗于弹、塑性变形及刀具、工件和切屑之间摩擦的能量，绝大部分转变成热能，形成切削热源。在车削加工中，大部分热量被切屑带走，传给工件的热量在 10% 左右；铣、刨加工时传给工件的热量约在 30% 以下；钻孔和卧镗时，传给工件的热量往往超过 50%；磨削加工时传给工件的热量多达 80% 以上，磨削区温度可高达 800~1000℃。摩擦热是由于各种相对运动而产生的，如电动机、轴承、齿轮副、导轨副、离合器、液压泵、丝杠螺母副等部件的相对运动都会产生摩擦热。尽管系统内摩擦热比切削热少，但有时会使工艺系统某个局部产生较大的热变形，破坏工艺系统的原有几何精度。

外部热源主要是指外部环境温度的变化和辐射热。如靠近窗口的机床受到日光照射的影响，不同的时间机床温升和变形就会不同，而日光照射通常是单面的或局部的，其受到照射的部分与未被照射的部分之间产生温度差，从而使机床产生变形。

2. 工艺系统的热平衡和温度场概念

工艺系统在各种热源作用下，温度会逐渐升高，同时它们也通过各种传热方式向周围的介质散发热量。当工件、刀具和机床的温度达到某一数值时，单位时间内散出的热量与热源传入的热量趋于相等，这时工艺系统就达到了热平衡状态。在热平衡状态下，工艺系统各部分的温度就保持在一个相对固定的数值上，因而各部分的热变形也就相应地趋于稳定。

同一物体处于不同空间位置上的各点在不同时间其温度往往不相等；物体中各点温度的分布称为温度场。当物体未达到热平衡时，各点温度不仅是坐标位置的函数，也是时间的函数。这种温度场称为不稳态温度场。物体达到热平衡后，各点温度将不再随时间而变化，而只是其坐标位置的函数，这种温度场称为稳态温度场。

二、工件热变形对加工精度的影响

1. 工件均匀受热

对于一些形状简单、对称的零件，如轴、套筒等，加工时（如车削、磨削）切削热能较均匀地传入工件，工件热变形量可按下式估算：

$$\Delta L = \alpha L \Delta t$$

式中，α 为工件材料的热膨胀系数（1/℃）；L 为工件在热变形方向的尺寸（mm）；Δt 为工件温升（℃）。

在精密丝杠加工中，工件的热伸长会产生螺距的累积误差。如在磨削 400mm 长的丝杠螺纹时，每磨一次温度升高 1℃，则被磨丝杠将伸长

$$\Delta L = 1.17 \times 10^{-5} \times 400 \times 1 \text{mm} = 0.0047 \text{mm}$$

而 5 级丝杠的螺距累积误差在 400mm 长度上不允许超过 5μm，因此热变形对工件加工精度影响很大。

在较长的轴类零件加工中，开始切削时，工件温升为零，随着切削加工的进行，工件温度逐渐升高而使直径逐渐增大，增大量被刀具切除，因此，加工完的工件冷却后将出现锥度误差。

2. 工件不均匀受热

铣、刨、磨平面时，工件只是在单面受到切削热的作用。上、下表面间的温度差将导致工件向上拱起，加工时中间凸起部分被切去，冷却后工件变成下凹，造成平面度误差。

对于大型精密板类零件（如高 600mm、长 2000mm 的机床床身）的磨削加工，工件（床身）的温差为 2.4℃ 时，热变形可达 20μm。这说明工件单面受热引起的误差对加工精度的影响是很严重的。为了减小这一误差，通常采取的措施是在切削时使用充分的切削液以减小切削表面的温升；也可采用误差补偿的方法：在装夹工件时，使工件上表面产生微凹的夹紧变形，以此来补偿切削时工件单面受热引起的误差。

三、刀具热变形对加工精度的影响

刀具热变形主要是由切削热引起的。切削加工时虽然大部分切削热被切屑带走，传入刀具的热量并不多，但由于刀具体积小，热容量小，导致刀具切削部分的温升急剧升高，刀具热变形对加工精度的影响比较显著。

如图 4-30 所示为车削时车刀的热变形与切削时间的关系曲线。曲线 1 是刀具连续切削时的热变形曲线，刀具受热变形在切削初始阶段变化很快，随后比较缓慢，经过较短时间便趋于热平衡状态。此时，车刀的散热量等于传给车刀的热量，车刀不再伸长。曲线 3 表示在切削停止后，车刀温度立即下降，开始冷却较快，以后便逐渐减慢。

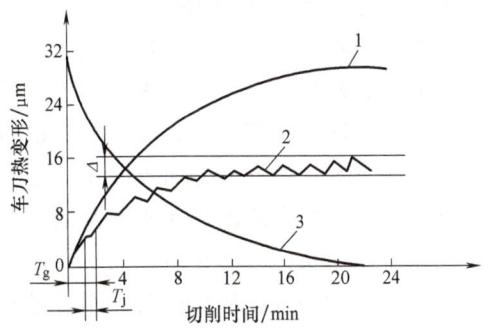

图 4-30 车刀热变形与切削时间的曲线

图 4-30 所示曲线 2 为车削短小轴类零件时的情况。由于车刀不断有短暂的冷却时间，所以是一种断续切削。断续切削比连续切削时车刀达到热平衡所需要的时间要短，热变形量也小。因此，在开始切削阶段，刀具热变形较显著，车削加工时会使工件尺寸逐渐减小，当达到热平衡后，其热变形趋于稳定，对加工精度的影响不明显。

四、机床热变形对加工精度的影响

各类机床其结构、工作条件及热源形式均不相同，因此机床各部件的温升和热变形情况是不一样的。车、铣、钻、镗等机床主轴箱中的齿轮、轴承摩擦发热、润滑油发热是主要热

源。如车床主轴箱和床身发热使主轴在垂直面内抬高和倾斜,如图 4-31a 所示。主轴的温升、位移随时间变化的测量结果(图 4-31b)表明,主轴在 $n=1200\text{r/min}$ 下工作 8h 后,主轴抬高量达 $140\mu\text{m}$;在垂直面上的倾斜为 $60\mu\text{m}/300\text{mm}$。前者主要由主轴前后轴承的较高温升引起,后者则主要由于床身的受热弯曲导致。

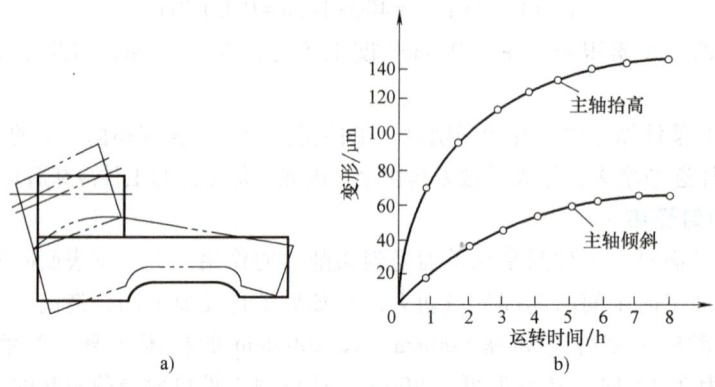

图 4-31 车床的热变形

龙门刨床、牛头刨床、立式车床等机床导轨副的摩擦热是其主要热源。这些机床床身比较长,有时床身的上下温度可相差好几度,从而导致床身产生中凸的热变形。

各种磨床通常都有液压系统并配有高速磨头,砂轮主轴轴承的发热和液压系统的发热是其主要热源。砂轮主轴轴承发热,使主轴轴线升高,并使砂轮架向工件方向趋近,使工件直径产生误差。此外,液压系统发热导致床身弯曲和前倾,都将影响工件的加工精度。

五、减少工艺系统热变形的主要途径

1. 减少发热和隔离热源

应尽可能把机床中的电动机、变速箱、液压系统、冷却系统等热源从主机中分离出去。对主轴轴承、丝杠螺母副、摩擦离合器、导轨副等不能分离出去的热源,应尽量从结构设计上采取措施,改善摩擦条件,以减少热量的产生。如机床主轴轴承可采用发热量少的静压轴承、空气轴承等;在润滑方面可改用低黏度润滑油、锂基油脂或油雾润滑等。另一方面也可采用隔热措施,将发热部件和机床基础件(如床身、立柱等)隔离开来。

对既不能从机床内部移出,又不便隔热的一些发热量大的热源,可采用强制冷却方法,吸收热源发出的热量,从而控制机床的温升和热变形。如采用风冷、水冷以及循环润滑等措施,增加散热面积,以取得良好的冷却效果。

目前,大型数控机床和加工中心普遍采用冷冻机对润滑油、切削液进行强制冷却,以提高冷却效果。精密丝杠磨床的母丝杠中则通以切削液,以减少热变形。

2. 均衡温度场

如图 4-32 所示为 M7150A 型平面磨床所采用的均衡温度场的示意图。该机床床身较长,加工时工作台纵向运动速度较高,致使床身上下部温差较大。散热措施是将油池搬出主机并做成一个单独的油箱。此外,在床身下部开出热补偿油沟 2,利用带有余热的回油流经床身下部,使床身下部的温升提高,以达到减少床身上、下部温差的目的。采取这种措施后,床身上下部温差降低 1~2℃,导轨中凸量由原来的 0.265mm 降为 0.052mm。

如图 4-33 所示为端面磨床均衡温度场的措施。它由风扇排出主轴箱内的热空气，经管道通向防护罩和立柱后壁的空间，然后排出。这样原来温度较低的立柱后壁温度升高，使立柱前后壁的温度大致相等，以降低立柱的弯曲变形，使被加工零件的端面平行度误差降低为原来的 1/4~1/3。

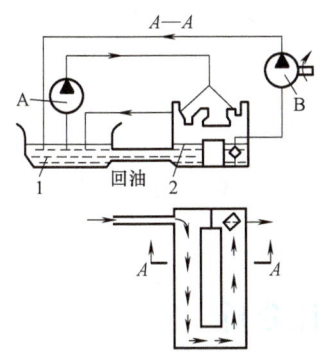

图 4-32　M7150A 型平面磨床的均衡温度场示意图
1—油箱　2—热补偿油沟

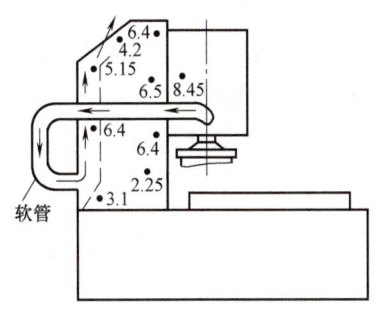

图 4-33　用热空气均衡立柱前后壁的
温度场（单位为℃）

3. 采用合理的机床部件结构及装配基准

（1）采用热对称结构　卧式加工中心采用的框式双立柱结构如图 4-34a 所示。这种结构相对热源来说是对称的。在产生热变形时，其刀具或工件回转中心对称线的位置基本不变，它的主轴箱嵌入框式立柱内，且从立柱左右导轨两内侧定位如图 4-34b 所示。这样，热变形时主轴中心将主要产生垂直方向的变化，保持了高的导向精度，而垂直方向的热变形很容易用垂直坐标移动的修正量加以补偿，从而获得高的加工精度。

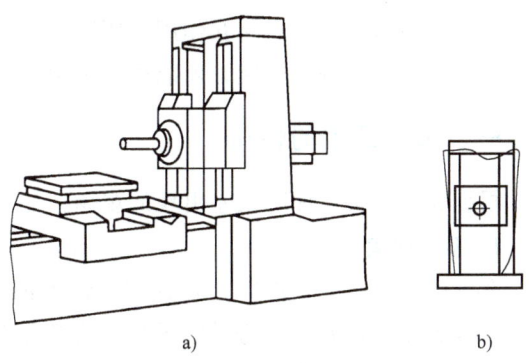

图 4-34　加工中心框式立柱
a）卧式加工中心　b）主轴箱以左右两立柱侧面定位

（2）合理选择机床零部件的安装基准　合理选择机床零部件的安装基准，使热变形尽量不在误差敏感方向。如图 4-35a 所示车床主轴箱在床身上的定位点 H 置于主轴轴线的下

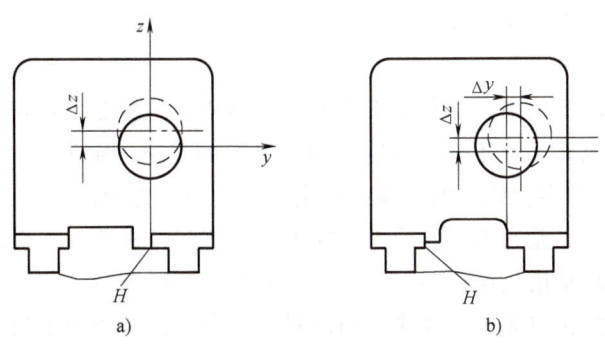

图 4-35　车床主轴箱两种结构的热位移

方，主轴箱产生热变形时，使主轴孔在 z 方向产生热位移，对加工精度影响较小。若采用如图 4-35b 所示的定位方式，主轴除了在 z 方向以外还在误差敏感方向 y 方向产生热位移，直接影响刀具与工件之间的正确位置，会产生较大的加工误差。

4. 加速达到热平衡状态

对于精密机床特别是大型机床，达到热平衡的时间较长。为了缩短这个时间，可以在加工前使机床做高速空运转，或在机床的适当部位设置控制热源，人为地给机床加热，使机床较快地达到热平衡状态，然后进行加工。

5. 控制环境温度

精密机床应安装在恒温车间，车间温度变化一般控制在 ±1℃ 以内，精密级为 ±0.5℃。恒温室平均温度一般为 20℃，冬季可取 17℃，夏季取 23℃。

第六节　加工误差的统计分析

加工误差是由一系列工艺因素综合影响的结果。从理论上说，只有逐一找出所有的因素及其对加工误差影响的大小和规律，才能有效地抑制加工误差的产生，提高工件的加工精度。但是，在实际生产中，影响加工精度的因素错综复杂，而且其中不少因素的作用常常带有随机性，因素之间也有相互作用，所以有时很难用单因素法来分析其因果关系，而需要用数理统计的方法来进行研究，才能得出正确的符合实际的结果。

一、加工误差的性质

根据加工一批工件时误差出现的规律，加工误差可分为系统误差和随机误差。

1. 系统误差

在顺序加工一批工件时，若其加工误差的大小和方向都保持不变，或者按一定规律变化，这样的加工误差统称为系统误差。前者称为常值系统误差，后者称为变值系统误差。

加工原理误差，机床、刀具、夹具的制造误差，工艺系统的受力变形等引起的加工误差，均与加工时间无关，其大小和方向在一次调整中也基本不变，因此都属于常值系统误差。机床、夹具、量具等磨损引起的加工误差，在一次调整加工中也无明显的差异，故也属于常值系统误差。

机床、刀具和夹具等在热平衡前的热变形误差，刀具的磨损等，都是随加工时间而有规律地变化的，因此属于变值系统误差。

2. 随机误差

在顺序加工的一批工件中，若其加工误差的大小和方向的变化是随机性的，则称为随机误差。如毛坯误差（余量大小不一、硬度不均匀等）的复映，定位误差（基准面精度不一、间隙影响），夹紧误差，多次调整的误差，残余应力引起的变形误差等，都属于随机误差。

在不同的场合下，误差的表现性质也可能不同。例如，机床在一次调整中加工一批工件时，机床的调整误差是常值系统误差。但是，当多次调整机床时，每次调整时发生的调整误差就不可能是常值，变化也无一定规律，因此对于经多次调整所加工出来的大批工件，调整误差所引起的加工误差又成为随机误差。

二、分布图分析法

1. 实际分布图——直方图

成批加工的某种零件,抽取其中的一定数量进行测量,抽取的这批零件称为样本,其件数 n 称为样本容量。

由于存在各种误差的影响,加工尺寸或偏差总是在一定范围内变动(称为尺寸分散),即为随机变量,用 x 表示。样本尺寸或偏差的最大值 $x_{\max}$ 与最小值 $x_{\min}$ 之差称为极差 R。即

$$R = x_{\max} - x_{\min}$$

将样本尺寸或偏差按大小顺序排列,并将它们分成 k 组,组距为 d,d 可按下式计算

$$d = R/(k-1)$$

分组数 k 和组距 d 的选择对实验分布图的显示好坏有很大影响。组数过多,组距太小,则分布图会被频数的随机波动所歪曲(同一尺寸组或同一误差组的零件数量 m_i 称为频数);组数太少,组距太大,分布特征将被掩盖。k 值一般可参考表 4-1 来选择。

表 4-1 分组数 k 的选择

样本容量 n	25~40	40~60	60~100	100	100~160	160~250
分组数 k	6	7	8	10	11	12

频数 m_i 与样本容量 n 之比称为频率 f_i。即

$$f_i = m_i/n$$

以工件尺寸(或误差)为横坐标,以频数或频率为纵坐标,就可做出该批工件加工尺寸(或误差)的实际分布图,即直方图。

为了分析该工序的加工精度情况,可在直方图上标出该工序的加工公差带位置,并计算出该样本的统计数字特征:平均值 $\bar{x}$ 和标准差 S。

样本的平均值 $\bar{x}$ 表示该样本的尺寸分散中心。它主要取决于调整尺寸的大小和常值系统误差。

$$\bar{x} = \frac{1}{n} \sum_{i=1}^{n} x_i \tag{4-6}$$

式中,x_i 为各工件的尺寸。

样本的标准差 S 反映了该批工件的尺寸分散程度。它是由变值系统误差和随机误差决定的。误差大,S 也大;误差小,S 也小。

$$S = \sqrt{\frac{1}{n-1} \sum_{i=1}^{n} (x_i - \bar{x})^2} \tag{4-7}$$

当样本的容量比较大时,为简化计算,可直接用 n 来代替上式中的 $(n-1)$。

为了使分布图能代表该工序的加工精度,不受组距和样本容量的影响,纵坐标应改成频率密度。

$$频率密度 = \frac{频率}{组距} = \frac{频数}{样本容量 \times 组距}$$

下面通过实例来说明直方图的绘制步骤。

例 4-1 磨削一批轴径 $\phi 60^{+0.06}_{+0.01}$ 的工件，绘制工件加工尺寸的直方图。

解：本例中以偏差值，即实测尺寸与公称尺寸的差值计算。

1) 收集数据。本例中取 $n=100$ 件，实测数据见表 4-2。找出最大值 $x_{\max}=54\mu m$，最小值 $x_{\min}=16\mu m$。

表 4-2 轴径偏差实测值　　　　　　　　　　　　（单位：μm）

44	20	46	32	20	40	52	33	40	25	43	38	40	41	30	36	49	51	38	34
22	46	36	30	42	38	27	49	45	45	38	32	45	40	28	36	52	32	42	38
40	42	38	52	38	36	37	43	28	45	36	50	46	38	30	40	44	34	42	47
22	28	34	30	36	32	35	22	40	35	36	42	46	42	50	40	36	20	16	53
32	46	20	28	46	28	54	18	32	33	26	46	47	36	38	30	49	18	38	38

2) 确定分组数 k、组距 d、各组组界和组中值。组数可按表 4-1 选取，本例取 $k=9$，组距为

$$d=\frac{R}{k-1}=\frac{x_{\max}-x_{\min}}{k-1}=\frac{54-16}{9-1}\mu m=4.75\mu m$$

取 $d=5\mu m$。

各组组界为

$$x_{\min}+(j-1)d\pm\frac{d}{2}\quad(j=1,2,\cdots,k)$$

各组中值为

$$x_{\min}+(j-1)d\quad(j=1,2,\cdots,k)$$

3) 记录各组数据，整理成频数分布表（表 4-3）。

表 4-3 工件频数分布表

组号	组界/μm	组中值/μm	频数	频率(%)	频率密度/μm^{-1}
1	13.5~18.5	16	3	3	0.6
2	>18.5~23.5	21	7	7	1.4
3	>23.5~28.5	26	8	8	1.6
4	>28.5~33.5	31	13	13	2.6
5	>33.5~38.5	36	26	26	5.2
6	>38.5~43.5	41	16	16	3.2
7	>43.5~48.5	46	16	16	3.2
8	>48.5~53.5	51	10	10	2.0
9	>53.5~58.5	56	1	1	0.2

4) 根据表 4-3 所列数据画出直方图如图 4-36 所示。

5) 在直方图上做出最大极限尺寸 $A_{\max}=60.06$mm 及最小极限尺寸 $A_{\min}=60.01$mm 的标志线，并计算出 $\bar{x}$ 和 S。

由式（4-6）可得 $\bar{x}=37.3\mu m$；由式（4-7）可得 $S=8.93\mu m$。

由直方图可以直观地看到工件尺寸或误差的分布情况：该批工件的尺寸有一个分散范围，尺寸偏大、偏小者很少，大多数居中；尺寸分散范围（$6S=53.58\mu m$）略大于公差值（$T=50\mu m$），说明本工序的加工精度稍显不足；分散中心 $\bar{x}$ 与公差带中心 A_m 基本重合，表

明机床调整误差（常值系统误差）很小。

2. 理论分布曲线

（1）正态分布曲线　　大量实践经验表明，在用调整法加工时，当所取工件数量足够大，尺寸间隔非常小，且无任何优势误差因素的影响，则所得一批工件尺寸的实际分布曲线便非常接近正态分布曲线。在分析工件的加工误差时，通常用正态分布曲线代替实际分布曲线，可使问题的研究大大简化。

正态分布曲线方程为

$$y = \frac{1}{\sigma\sqrt{2\pi}} e^{-\frac{1}{2}\left(\frac{x-\mu}{\sigma}\right)^2} \quad (-\infty < x < +\infty, \; \sigma > 0)$$

(4-8)

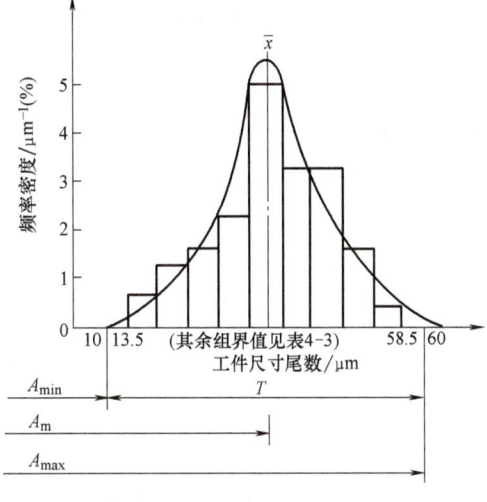

图 4-36　直方图

式中，y 为分布的概率密度（表示工件的分布密度）；x 为随机变量（表示工件的尺寸）；μ 为正态分布随机变量的算术平均值（表示工件的平均尺寸 $\bar{x}$）；σ 为正态分布随机变量的标准差。

$$\sigma = \sqrt{\frac{1}{n}\sum_{i=1}^{n}(x_i - \mu)^2}$$

正态分布曲线形状如图 4-37 所示。

由式（4-8）及图 4-37 可以看出，当 $x = \mu$ 时，则为曲线的最大值，它两边的曲线是对称的。如果 μ 值改变，分布曲线将沿横坐标移动而不改变其形状，这说明 μ 是表征分布曲线位置的参数。

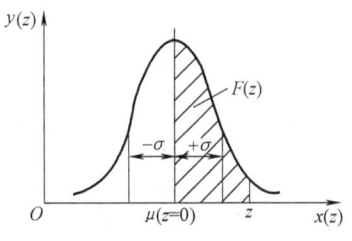

图 4-37　正态分布曲线

分布曲线所围成的面积总是等于 1。当 σ 减小时，y 的峰值增大，分布曲线向上伸展，两侧向中间收紧；反之，当 σ 增大时，y 的峰值减小，分布曲线平坦地沿横轴伸展。可见，σ 是表征分布曲线形状的参数，亦即 σ 刻画了随机变量 x 取值的分散程度如图 4-38 所示。

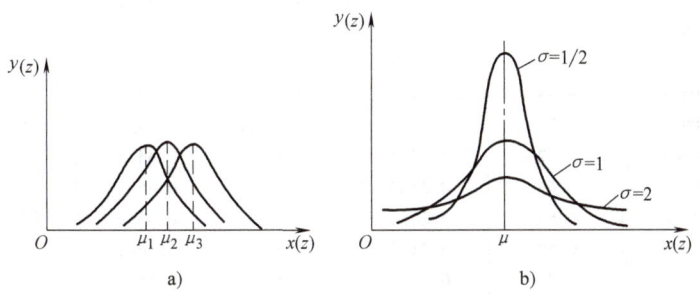

图 4-38　μ、σ 值对正态分布曲线的影响
a）μ 变化的影响　　b）σ 变化的影响

算术平均值 $\mu=0$、标准差 $\sigma=1$ 的正态分布称为标准正态分布。非标准正态分布可以通过坐标变换 $z=\dfrac{x-\mu}{\sigma}$ 转换为标准的正态分布。故可以利用标准正态分布的函数值,求得各种正态分布的函数值。

由分布函数的定义可知,正态分布函数是正态分布概率密度函数的积分。即

$$F(x)=\dfrac{1}{\sigma\sqrt{2\pi}}\int_{-\infty}^{x}e^{-\frac{1}{2}\left(\frac{x-\mu}{\sigma}\right)^2}dx \tag{4-9}$$

由式 (4-9) 可知,$F(x)$ 为正态分布曲线下方积分区间包含的面积,表征了随机变量 x 落在区间 $(-\infty, x)$ 上的概率。令 $z=\dfrac{x-\mu}{\sigma}$,则有

$$F(z)=\dfrac{1}{\sigma\sqrt{2\pi}}\int_{0}^{z}e^{-\frac{1}{2}z^2}dz \tag{4-10}$$

$F(z)$ 为图 4-37 中有阴影线部分的面积。对于不同 z 值的 $F(z)$ 值见表 4-4。

表 4-4 正态分布曲线下的面积函数 $F(z)$

z	$F(z)$	z	$F(z)$	z	$F(z)$	z	$F(z)$
0.00	0.0000	0.32	0.1255	0.78	0.2823	2.10	0.4821
0.01	0.0040	0.33	0.1293	0.80	0.2881	2.20	0.4861
0.02	0.0080	0.34	0.1331	0.82	0.2939	2.30	0.4893
0.03	0.0120	0.35	0.1368	0.84	0.2995	2.40	0.4918
0.04	0.0160	0.36	0.1405	0.86	0.3051	2.50	0.4938
0.05	0.0199	0.37	0.1443	0.88	0.3106	2.60	0.4953
0.06	0.0239	0.38	0.1480	0.90	0.3159	2.70	0.4965
0.07	0.0279	0.39	0.1517	0.92	0.3212	2.80	0.4974
0.08	0.0319	0.40	0.1554	0.94	0.3264	2.90	0.4981
0.09	0.0359	0.41	0.1591	0.96	0.3315	3.00	0.49865
0.10	0.0398	0.42	0.1628	0.98	0.3365	3.20	0.49931
0.11	0.0438	0.43	0.1664	1.00	0.3413	3.40	0.49966
0.12	0.0478	0.44	0.1700	1.05	0.3531	3.60	0.499841
0.13	0.0517	0.45	0.1736	1.10	0.3643	3.80	0.499928
0.14	0.0557	0.46	0.1772	1.15	0.3749	4.00	0.499968
0.15	0.0596	0.47	0.1808	1.20	0.3849	4.50	0.499997
0.16	0.0636	0.48	0.1844	1.25	0.3944	5.00	0.49999997
0.17	0.0675	0.49	0.1879	1.30	0.4032		
0.18	0.0714	0.50	0.1915	1.35	0.4115		
0.19	0.0753	0.52	0.1985	1.40	0.4192		
0.20	0.0793	0.54	0.2054	1.45	0.4265		
0.21	0.0832	0.56	0.2123	1.50	0.4332		
0.22	0.0871	0.58	0.2190	1.55	0.4394		
0.23	0.0910	0.60	0.2257	1.60	0.4452		
0.24	0.0948	0.62	0.2324	1.65	0.4505		
0.25	0.0987	0.64	0.2389	1.70	0.4554		
0.26	0.1026	0.66	0.2454	1.75	0.4599		
0.27	0.1064	0.68	0.2517	1.80	0.4641		
0.28	0.1103	0.70	0.2580	1.85	0.4678		
0.29	0.1141	0.72	0.2642	1.90	0.4713		
0.30	0.1179	0.74	0.2703	1.95	0.4744		
0.31	0.1217	0.76	0.2764	2.00	0.4772		

当 $z=\pm3\sigma$，即 $x-\mu=\pm3\sigma$，可查得 $2F(3)=0.49865\times2\times10026=99.73\%$。这说明，随机变量 x 落在 $\pm3\sigma$ 范围以内的概率为 99.73%，落在此范围以外的概率仅 0.27%，此值很小。因此一般认为，正态分布的随机变量的分散范围是 $\pm3\sigma$。这就是所谓的"6σ"原则。6σ 的大小代表了某种加工方法在一定条件（如毛坯余量、切削用量及正常的机床、夹具、刀具等）下所能达到的加工精度，通常应该使所选择的加工方法的标准差 σ 与公差带宽度 T 之间满足关系式：$6\sigma \leq T$。

（2）非正态分布曲线　工件的实际分布有时并不近似于正态分布，可根据分布曲线的形状分析判断变值系统误差的类型，分析产生误差的原因并采取有效措施加以抑制和消除。常见的非正态分布有以下几种：

1）平顶分布。分布曲线呈平顶状，如图 4-39b 所示。产生这种图形的主要原因是生产过程中某种缓慢变动倾向的影响，如加工中刀具的显著线性磨损，使加工后工件的尺寸误差呈平顶分布。这种分布曲线可以看成是随着时间的推移，众多正态误差分布曲线组合的结果。

2）双峰分布。分布图具有两个顶峰，如图 4-39c 所示。产生这种图形的主要原因可能是经过两次不同的调整加工的工件混在了一起。

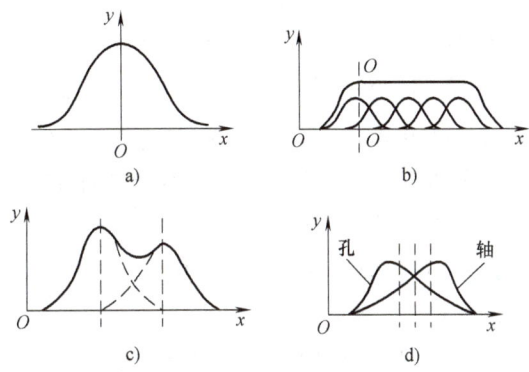

图 4-39　非正态分布曲线

a）正态分布　b）平顶分布　c）双峰分布　d）偏态分布

3）偏态分布。分布图顶端偏向一侧，图形不对称，如图 4-39d 所示。出现该图形的主要原因可能是工艺系统产生显著的热变形，如刀具受热伸长会使加工的孔偏大，图形右偏；使加工的轴偏小，图形左偏；或因为操作者为了尽量避免产生不可修复的废品，主观使外径宁大勿小，孔径宁小勿大所致。有时轴向圆跳动、径向圆跳动等几何误差也服从这种分布。

3. 分布图分析法的应用

（1）判别加工误差性质　如前所述，假如加工过程中没有变值系统误差或其影响很小，那么其尺寸分布应服从正态分布，这是判别加工误差性质的基本方法。

如果实际分布与正态分布基本相符，这时就可进一步根据样本平均值 $\bar{x}$ 是否与公差带中心重合来判断是否存在常值系统误差。

如果变值系统误差的实际分布与正态分布有较大出入，可根据直方图初步判断变值系统误差的性质。

（2）确定工序能力及其等级　所谓工序能力，是指工序处于稳定状态时，加工误差正常波动的幅度。当加工尺寸服从正态分布时，其尺寸分散范围是 6σ，所以工序能力以公差带宽度 T 与 6σ 的比值来评价。记工序能力系数 C_p 为

$$C_p = T/(6\sigma) \tag{4-11}$$

工序能力系数代表了工序能满足加工精度要求的程度。

根据工序能力系数 C_p 的大小，一般可将工序能力分为 5 级，见表 4-5。

表 4-5 工序能力系数 C_p 等级

工序能力系数	工序等级	说 明
$C_p > 1.67$	特级	工序能力很高,可以允许有异常波动,不一定经济
$1.67 \geq C_p > 1.33$	一级	工序能力足够,可以允许有一定的异常波动
$1.33 \geq C_p > 1.00$	二级	工序能力勉强,必须密切注意
$1.00 \geq C_p > 0.67$	三级	工序能力不足,可能出现少量不合格品
$0.67 \geq C_p$	四级	工序能力很差,必须加以改进

一般情况下,工序能力不应低于二级,即应该满足 $C_p>1$。

(3) 估算合格品率或不合格品率 不合格品率包括废品率和可返修的不合格品率。它可通过分布曲线进行估算。

例 4-2 在无心磨床上磨削销轴外圆,要求外径 $d = \phi 12_{-0.043}^{-0.016}$mm。抽样一批零件,经实测后计算得到 $\bar{d} = 11.974$mm,已知该机床的 $\sigma = 0.005$mm,其尺寸分布符合正态分布。试计算该工序的工序能力系数和不合格率,并提出改进措施。

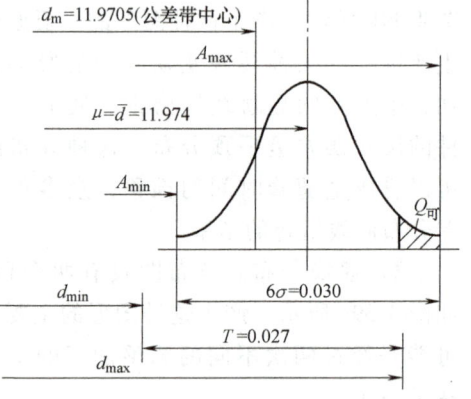

图 4-40 销轴外圆直径分布图

解: 1) 根据 $\bar{d}$ 及 σ 绘制分布图如图 4-40 所示。

2) 计算工序能力系数 C_p。

$$C_p = \frac{T}{6\sigma} = \frac{-0.016-(-0.043)}{6 \times 0.005} = 0.9 < 1$$

工序能力系数 $C_p < 1$,表明该工序的工序能力不足,产生不合格品是不可避免的。

3) 计算不合格品率 Q。合格工件的最小尺寸 $d_{\min} = 11.957$mm,最大尺寸 $d_{\max} = 11.984$mm。超出公差带上限的不合格品率 Q_1

$$z_A = \frac{d_{\max} - \bar{d}}{\sigma} = \frac{11.984 - 11.974}{0.005} = 2,\ \text{查表 4-4 得}\ F(z_A) = 0.4772$$

$$Q_1 = 0.5 - 0.4772 = 0.0228 = 2.28\%$$

超出公差带下限的不合格品率 Q_2

$$z_B = \frac{|d_{\min} - \bar{d}|}{\sigma} = \frac{|11.957 - 11.974|}{0.005} = 3.4,\ \text{查表 4-4 得}\ F(z_B) = 0.49966$$

$$Q_2 = 0.5 - 0.49966 = 0.00034 = 0.034\%$$

总的不合格品率为

$$Q = Q_1 + Q_2 = 0.0228 + 0.00034 = 0.02314 = 2.314\%$$

对于轴类零件而言,超出公差带上限的不合格品尺寸偏大,可以通过再次修复加工使之合格,所以这类不合格品称为可修复废品。反之,超出公差带下限的不合格品,则不可以修复,称为不可修复废品(对于孔类零件则相反)。当废品不可避免产生,尽量使废品属于可修复废品。

4) 改进措施应该从控制分散中心与公差带中心的距离和减小分散范围来考虑。

本例中,分散中心 $\bar{d} = 11.974$mm,公差带中心 $d_m = 11.9705$mm,若能调整砂轮使之向前进刀 (11.974-11.9705)mm/2,可以减少总的不合格品率,但不可修复的不合格品率将增大。

机床调整误差难以完全消除,即分散中心与公差带中心难以完全重合。本例中机床的工序能力不足,进一步的改进措施包括控制加工工艺参数,减小 σ,必要时还需要考虑用精度更高的机床来加工。

4. 分布图分析法的缺点

分布图分析法不能反映误差的变化趋势。加工中,由于随机性误差和系统性误差同时存在,在没有考虑工件加工先后顺序的情况下,很难把随机性误差和变值系统性误差区分开来。由于在一批工件加工结束后,才能得出尺寸分布情况,因而不能在加工过程中起到及时控制质量的作用。为此,生产中采用点图法以弥补上述不足。

三、点图分析法

在加工过程中重点要关注工艺过程的稳定性。如果加工过程中存在着影响较大的变值系统误差,或随机误差的大小有明显的变化,那么样本的平均值 $\bar{x}$ 和标准差 S 就会产生异常波动,工艺过程就是不稳定的。

分析工艺过程的稳定性通常采用点图法。用点图来评价工艺过程稳定性采用顺序样本,即样本是由工艺系统在一次调整中,按顺序加工的工件组成。这样的样本可以得到在时间上与工艺过程运行同步的有关信息,反映出加工误差随时间变化的趋势。

1. 个值点图

如果按加工顺序逐个地测量一批工件的尺寸,以工件序号为横坐标,工件尺寸(或误差)为纵坐标,就可做出如图 4-41 所示的个值点图。

为了缩短点图的长度,可将顺次加工出的 n 个工件编为一组,以工件组号为横坐标,而纵坐标保持不变,同一组内各工件可根据尺寸分别点在同一组号的垂直线上,就可以得到如图 4-42 所示的分组点图。

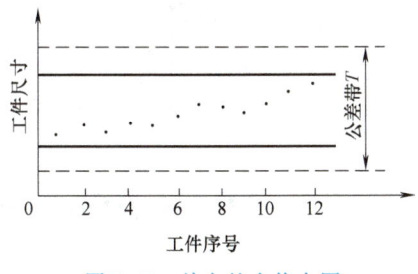

图 4-41　单点的个值点图

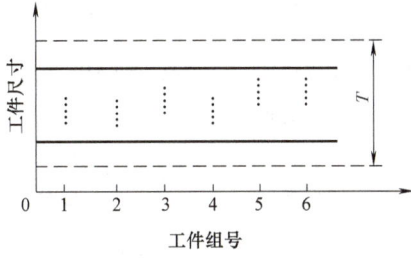

图 4-42　分组点图

上述点图都反映了每个工件尺寸(或误差)变化与加工时间的关系,故称为个值点图。

假如把点图的上下极限点包络成两根平滑的曲线,并做出这两根曲线的平均值曲线,如图 4-43 所示,就能较清楚地揭示出加工过程中误差的性质及其变化趋势。平均值曲线 OO' 表示每一瞬时的分散中心,其变化情况反映了变值系统误差随时间变化的规律,而起始点 O 则可看成常值系统误差的影响;上下限曲线 AA' 与 BB' 之间的宽度表示每一瞬时的尺

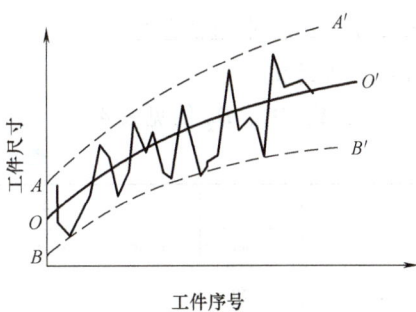

图 4-43　反映变值系统误差的个值点图

寸分散范围,反映了随机误差的影响。

单值点图上画有上、下两条控制界限线(图 4-41、图 4-42 中用实线表示)和两极限尺寸线(用虚线表示),作为控制不合格品的参考界限。

2. $\bar{x}$-R 点图

(1) $\bar{x}$-R 点图的基本形式及绘制　为了能直接反映出加工中系统性误差和随机性误差随加工时间的变化趋势,实际生产中常用样组点图来代替个值点图。样组点图的种类很多,最常用的是 $\bar{x}$-R 点图(平均值—极差点图),它由 $\bar{x}$ 点图和 R 点图结合而成。前者控制工艺过程质量指标的分布中心,反映系统性误差及其变化趋势;后者控制工艺过程质量指标的分散程度,反映随机性误差及其变化趋势。单独 $\bar{x}$ 点图或 R 点图不能全面反映加工误差的情况,必须结合起来应用。

$\bar{x}$-R 点图的绘制是以小样本顺序随机抽样为基础。在加工过程中,每隔一定的时间,随机抽取几件为一组作为一个小样本。每组工件数(即小样本容量)m = 2~10 件,一般取 m = 4~5 件,共抽取 k = 20~25 组,共 80~100 个工件的数据。在取得这些数据的基础上,再计算每组的平均值 $\bar{x}_i$ 和极差 R_i。

设现抽取顺次加工的 m 个工件为第 i 组,则第 i 组的平均值 $\bar{x}_i$ 和极差 R_i 值为

$$\bar{x} = \frac{1}{m}\sum_{i=1}^{m} x_i, \quad R_i = x_{i\max} - x_{i\min}$$

式中,$x_{i\max}$、$x_{i\min}$ 为第 i 组中工件的最大尺寸和最小尺寸。

以样组序号为横坐标,分别以 $\bar{x}_i$ 和 R_i 为纵坐标,就可以分别做出 $\bar{x}$ 点图和 R 点图,如图 4-44 所示。

(2) $\bar{x}$-R 点图上控制线的确定

$\bar{x}$ 的中心线　　　$\bar{\bar{x}} = \frac{1}{k}\sum_{i=1}^{k}\bar{x}_i$

$\bar{x}$ 的上控制线　　$\bar{x}_s = \bar{\bar{x}} + A\bar{R}$

$\bar{x}$ 的下控制线　　$\bar{x}_x = \bar{\bar{x}} - A\bar{R}$

R 的中心线　　　　$\bar{R} = \frac{1}{k}\sum_{i=1}^{k} R_i$

R 的上控制线　　　$R_s = D_1 \bar{R}$

R 的下控制线　　　$R_x = D_2 \bar{R}$

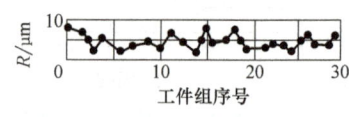

图 4-44　$\bar{x}$-R 点图

式中,k 为小样本组的组数;$\bar{x}_i$ 为第 i 组的平均值;R_i 为第 i 组的极差值。

系数 A、D_1、D_2 值见表 4-6。

表 4-6　系数 A、D_1、D_2 值

m	2	3	4	5	6	7	8	9	10
A	1.88	1.02	0.73	0.58	0.48	0.42	0.37	0.34	0.31
D_1	3.27	2.57	2.28	2.11	2.00	1.92	1.86	1.82	1.78
D_2	0	0	0	0	0	0.08	0.14	0.18	0.22

在点图上做出中线和上、下控制线后,就可根据图中点的情况来判别工艺过程是否稳定(即判断波动状态是否属于正常),判别的标志参见表 4-7。

表 4-7 正常波动与异常波动标志

正 常 波 动	异 常 波 动
1. 没有点超出控制线 2. 大部分点在中线上下波动,小部分在控制线附近 3. 点分布没有明显的规律性	1. 有点超出控制线 2. 点密集在中线上、下附近 3. 点密集在控制线附近 4. 连续 7 点以上出现在中线一侧 5. 连续 11 点中有 10 点出现在中线一侧 6. 连续 14 点中有 12 点以上出现在中线一侧 7. 连续 17 点中有 14 点以上出现在中线一侧 8. 连续 20 点中有 16 点以上出现在中线一侧 9. 点有上升或下降倾向 10. 点有周期性波动

第七节　提高加工精度的工艺措施

为了保证和提高机械加工精度,首先要找出产生加工误差的主要因素,然后采取相应的工艺措施以减少或控制这些因素的影响。在生产中可采取的工艺措施很多,这里仅举出一些常用的且行之有效的实例以起到导向和启发的作用。

一、减少误差法

这是生产中应用较广的一种基本方法。它是在查明产生加工误差的主要因素后,设法对其直接进行消除或减弱的方法。

例如加工细长轴时,因工件刚度极差,容易产生弯曲变形和振动,严重影响加工精度。为了减少因背向力使工件弯曲变形所产生的加工误差,可采取下列措施:

1) 采用反向进给的切削方式,进给方向由卡盘一端指向尾座,使 F_x 力对工件起拉伸作用,同时将尾座改为可伸缩的回转顶尖,就不会因 F_x 和热应力而压弯工件,如图 4-45 所示。

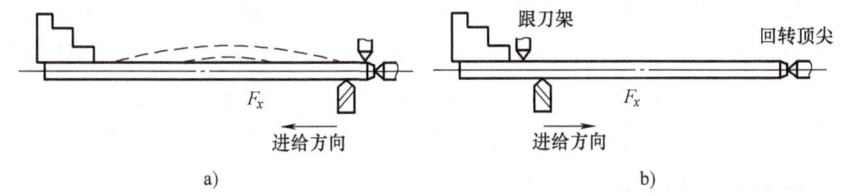

图 4-45　不同进给方向加工细长轴的比较
a) 进给方向从尾座向头架　b) 进给方向从头架向尾座

2) 采用大进给量和较大主偏角的车刀,增大 F_x 力,工件在强有力的拉伸作用下,具有抑制振动的作用,使切削平稳。

二、误差补偿法

误差补偿法就是人为地制造出一种新的原始误差去抵消当前成为问题的原有的原始误

差,并尽量使两者大小相等、方向相反,从而达到减小加工误差,提高加工精度的目的。

一个误差补偿系统一般包含三个主要功能装置:① 误差补偿信号发生装置,发出与原始误差大小相等的误差补偿信号;② 信号同步装置,保证附加的补偿误差与原始误差相位相反,即相位相差180°;③ 误差合成装置,实现补偿误差与原始误差的合成。

如图4-46所示为螺纹加工校正机构。当刀架做纵向进给运动时,校正尺工作表面使杠杆产生位移并使丝杠螺母产生附加转动,从而以校正尺上的人为误差来抵消传动链误差,以达到补偿机床丝杠的螺距误差,保证被加工工件螺距精度的目的。

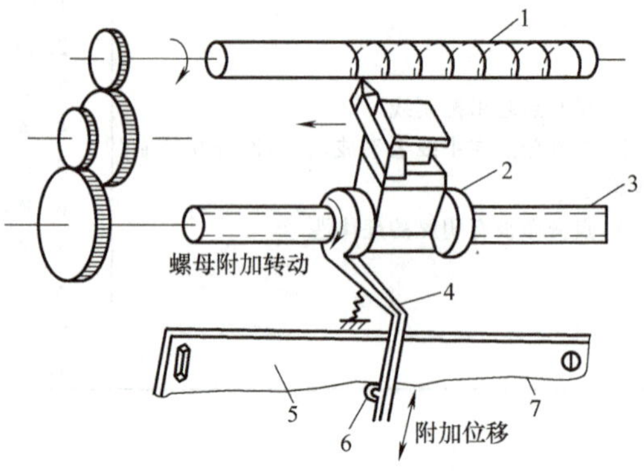

随着计算机技术的发展,可以使用柔性的"电子校正尺"来取代传统的机械校正尺,即将原始误差数字化,作为误差补偿信号;利用光、电、磁等感应装置实现信号同步;利用数控机构实现误差合成。

图4-46 螺纹加工校正机构
1—工件 2—丝杠螺母 3—车床丝杠 4—杠杆
5—校正尺 6—滚柱 7—工作尺面

三、误差分组法

误差分组法是把毛坯或上道工序加工的工件尺寸经测量按大小分为 n 组,每组工件的尺寸误差就缩减为原来的 $1/n$。然后按各组的误差范围分别调整刀具相对工件的位置,使整批工件的尺寸分散范围大大缩小。

如在精加工齿形时,为保证加工后齿圈与齿轮内孔的同轴度,应缩小齿轮内孔与心轴的配合间隙。在生产中往往按齿轮内孔尺寸进行分组,然后与相应的分组心轴进行配合,这就均分了因间隙而产生的原始误差,提高了齿轮齿圈的位置精度。

四、误差转移法

误差转移法就是把原始误差从误差敏感方向转移到误差的非敏感方向。例如,转塔车床的转位刀架,其分度、转位误差将直接影响工件有关表面的加工精度。如果改变刀具的安装位置,使分度转位误差处于加工表面的切向,即可大大减小分度转位误差对加工精度的影响。如图4-47所示,调整转塔车床的刀具时,采用立刀安装法,即把切削刃的切削基面放在垂直平面内。刀架转位时的转位误差转移到了工件内孔加工表面的切线方向,由此而产生的加工误差非常微小,从而提高加工精度。

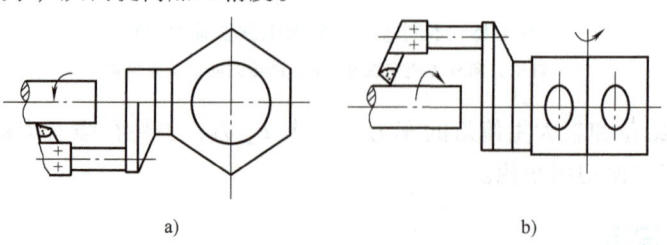

图4-47 转塔车床刀架转位误差的转移
a) 卧式安装车刀 b) 立式安装车刀

五、就地加工法

完全依靠提高零件加工精度的方法来保证部件或产品较高的装配精度，显然是不经济和不可取的。达到同样目的的经济合理方法之一是全部零件按经济精度制造，然后用它们装配成部件或产品，并且各零部件之间具有工作时要求的相对位置，最后再以一个表面为基准加工另一个有相互位置精度要求的表面，实现最终精加工，其加工精度即为部件或产品的最终装配精度（其中的一项），这就是就地加工法，也称自身加工修配法。

例如，牛头刨床、龙门刨床为了使它们的工作台面分别对滑枕和横梁保持平行的位置关系，就都是在装配后在自身机床上进行"自刨自"的精加工。平面磨床的工作台面也是在装配后进行"自磨自"的最终加工。

六、误差均分法

误差均分法就是利用有密切联系的表面之间的相互比较和相互修正或者利用互为基准进行加工，以达到很高的加工精度。原始误差是根据工艺系统局部的最大误差值来判定的。若能让这局部较大的误差对整个加工表面影响相同，使传递到工件表面的加工误差均分，工件的加工精度就相对提高了。例如，研磨时的研具精度并不很高，分布在研具上的磨料粒度大小也可能不一样，由于研磨时工件和研具的相对运动，使工件上的点均有机会与研具的各点相互接触而受到均匀的微量切削，工件与研具相互修整，接触面不断增大，高低不平处逐渐接近，几何形状精度也逐步共同提高，并进一步使误差均化，因此，就能获得精度高于研具原始精度的加工表面。

精密的标准平板就是利用三块平板相互对研，刮去显著的最高点，逐步提高这三块平板的平面度。它是利用三块平板分别两两密合，只有当三块平板都是理想的平面时才能实现。误差均分就是使被加工表面原有的误差不断缩小而使误差均分的方法。一些精密偶件，如轴孔与轴颈的研配、精密分度盘副的研配等，都常采用这种加工方法。

第八节　机械加工表面质量

一、表面质量的内容

机械加工表面质量包含以下两方面的内容：

1. 表面粗糙度及波纹度

根据加工表面不平度的特性（波距 L 与波高 H 的比值），可将不平度分为以下三种类型，如图4-48所示。

$L/H>1000$，称为宏观几何形状误差。如圆度误差、圆柱度误差等，它们属于加工精度范畴。$L/H=50\sim1000$，称为波纹度。$L/H<50$，称为微观几何形状误差，常被称为表面粗糙度。

2. 表面层物理力学性能的变化

零件在机械加工中由于受切削过程中力和

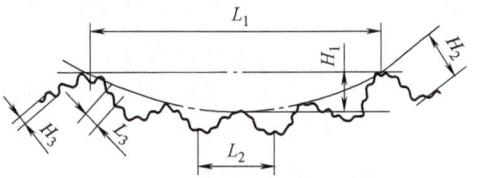

图4-48　宏观几何形状误差、微观几何形状

热的综合作用,表面层金属的物理力学性能和基体金属大不相同,主要有以下三方面的内容:

1) 表面层因塑性变形引起的冷作硬化。
2) 表面层中的残余应力。
3) 表面层因切削热引起的金相组织变化。

二、表面质量对零件使用性能的影响

1. 对耐磨性的影响

零件的耐磨性首先取决于摩擦副的材料和润滑条件,但在这些条件确定后,表面质量就起决定性作用。

表面粗糙度值直接影响有效接触面积和压强,以及润滑油的保存状况。当两个零件的表面互相接触时,首先只是在一些凸峰顶部接触,实际接触面积只是名义接触面积的一小部分。表面越粗糙,实际接触面积就越小,从而对一定的作用力,实际接触面上单位面积的压力就越大。

当两个零件相对运动时,接触凸峰处会发生弹性、塑性及剪切变形,导致表面磨损。随着磨损的发展,实际接触面积增大,压强减小,磨损速度减慢,零件表面就由初期磨损阶段进入正常磨损阶段。因此,一般来说,表面粗糙度值越小则磨损就越小。但粗糙度值太小,润滑油则不易保存,零件间分子亲合力增加,因此磨损反而增加,这表现为零件表面进入了急剧磨损阶段。所以,一对摩擦副在一定的工作条件下有一最佳粗糙度如图 4-49 所示,并且重载时的最佳粗糙度值要比轻载时的大。

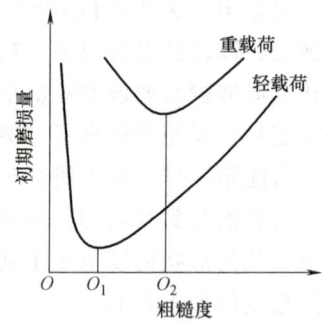

图 4-49 初期磨损量与粗糙度的关系

表面粗糙度的轮廓形状及纹理方向也会影响实际接触面积和存油情况,对耐磨性有显著影响。一般刀纹方向与运动方向相同时,耐磨性较好,但在重载时规律有所不同。

表面层加工硬化会提高硬度,减小接触区的弹性、塑性变形,使分子亲合力减小,从而减小磨损。但过度硬化时,表面脆性过高,将引起金属组织的疏松,甚至会出现疲劳裂纹,使磨损加剧,乃至产生剥落,故加工硬化的硬度也有一个最优值。

表面层金相组织变化也会改变零件材料的原有硬度,影响其耐磨性。适度的残余压应力一般使结构紧密,有助于提高耐磨性。

2. 对零件疲劳强度的影响

零件的疲劳破坏主要是在交变应力作用下,在内部缺陷或应力集中处产生疲劳裂纹而引起的。由于表面粗糙度的谷底在交变载荷作用下很容易形成应力集中,故表面粗糙度对零件疲劳强度有较大影响。对承受交变载荷的零件,减小其上容易产生应力集中部位的表面粗糙度值,可以明显提高零件的疲劳强度。

适度的加工硬化,可使表层金属强化,故能减小交变变形的幅值,阻碍疲劳裂纹的产生和扩展,从而提高疲劳强度。但高的加工硬化,会使表面脆性增加,可能出现较大的脆性裂纹,反而降低疲劳强度。

表面层残余应力对疲劳强度影响很大。适度的表层残余压应力可以抵消一部分由交变载荷引起的拉应力,有使裂纹闭合的趋势,使疲劳强度有所提高。残余拉应力则有引起裂纹扩展的趋势,使疲劳强度降低。

3. 对配合质量的影响

表面粗糙度值影响实际配合精度和配合性质。对于间隙配合,粗糙度值太大则初期磨损量大,使配合间隙增大,以致改变原定的配合性质;对于过盈配合,粗糙度值太大则在装配时相当一部分表面凸峰会被挤平,使实际过盈量减小,影响配合的可靠性。因此,对有配合要求的表面应采用较低的表面粗糙度值。

表面层残余应力可能引起变形,改变零件的形状和尺寸,从而影响配合精度。

4. 对抗腐蚀性能的影响

在粗糙表面的凹谷处容易因积聚腐蚀性介质而发生化学腐蚀,凸峰处可能因产生电化学作用而引起电化学腐蚀。因此,减小加工表面的粗糙度值有利于提高零件的抗腐蚀性能。

表面层残余应力对抗腐蚀性有较大影响。残余压应力使表面紧密,腐蚀介质不易进入,从而增强抗腐蚀性;残余拉应力则会降低抗腐蚀性。也有资料认为,表面残余应力一般都会降低零件的耐腐蚀性。表面冷硬或金相组织变化时,往往会因引起残余应力而降低耐腐蚀性。

5. 其他影响

表面质量对零件的使用性能还有一些其他的影响。例如,较大的表面粗糙度值会影响液压缸和滑阀的密封性;恰当的表面粗糙度值能提高滑动零件的运动灵活性,减少发热和功率损失;残余应力会使零件因应力重新分布而逐渐变形,从而影响其尺寸和形状精度等。

三、影响加工表面粗糙度的主要因素及其控制

机械加工中,表面粗糙度形成的原因大致可归纳为几何因素和物理力学因素两个方面。

1. 影响切削加工表面粗糙度的因素

(1) 几何因素 切削加工表面粗糙度值主要取决于切削残留面积的高度。影响残留面积高度的因素主要包括刀尖圆弧半径 r_ε、主偏角 κ_r、副偏角 κ_r' 及进给量 f 等。如图 4-50a 所示为用尖刀切削的情况,切削残留面积的高度为

$$H = f/(\cot\kappa_r + \cot\kappa_r') \tag{4-12}$$

如图 4-50b 所示为用圆弧切削刃切削的情况,切削残留面积的高度为

$$H = f^2/(8r_\varepsilon) \tag{4-13}$$

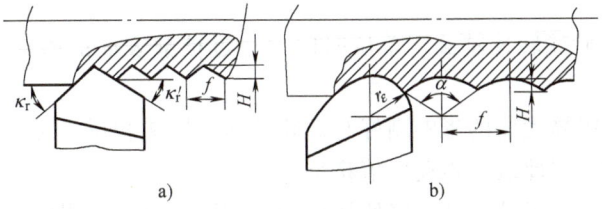

图 4-50 车削时残留面积高度

从式 (4-12) 和式 (4-13) 可知,进给量和刀尖圆弧半径对切削加工表面粗糙度的影响比较明显。切削加工时,选择较小的进给量和较大的刀尖圆弧半径,可降低表面粗糙度值。

（2）物理力学因素

1）工件材料的影响。切削加工后表面粗糙度的实际轮廓形状不同于纯几何因素所形成的理论轮廓，其原因是在切削加工中发生了塑性变形。加工弹塑性材料时，刀具对金属挤压产生的塑性变形和刀具迫使切屑与工件分离的撕裂作用，使表面粗糙度值加大。工件材料韧性越好，金属塑性变形越大，加工表面越粗糙。故对中碳钢和低碳钢材料的工件，为改善切削性能，减小表面粗糙度值，常在粗加工或精加工前安排正火或调质处理。

加工脆性材料时，其切屑呈碎粒状，由于切屑的崩碎而在加工表面留下许多麻点，使表面粗糙。

2）切削速度的影响。如图 4-51 所示，加工弹塑性材料时，切削速度 v_c 处于 20～50m/min 时，表面粗糙度值最大，因为此时容易出现积屑瘤，使加工表面质量恶化；当切削速度 v_c 超过 100m/min 时，表面粗糙度值减小，并趋于稳定。选择低速宽刃精切和高速精切，可以得到较小的表面粗糙度值。

此外，合理使用切削液，适当增大刀具的前角，提高刀具的刃磨质量等，均能有效地减小表面粗糙度值。

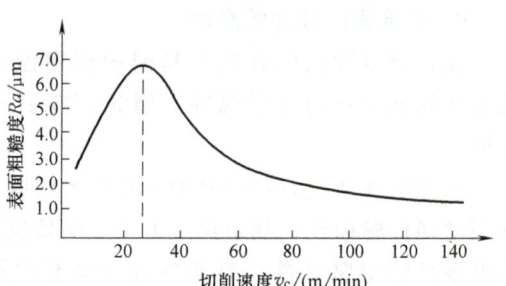

图 4-51　加工弹塑性材料时切削速度对表面粗糙度的影响

2. 影响磨削加工表面粗糙度的因素

工件的磨削表面是由砂轮上大量磨粒刻划出无数极细的刻痕形成的，工件单位面积上通过的砂粒数越多，则刻痕越多，刻痕的等高性越好，表面粗糙度值越小。

（1）砂轮粒度和砂轮修整　在相同的磨削条件下，砂轮的粒度号数越大，粒度越细，单位面积上参加磨削的磨粒越多，表面的刻痕越细密，表面粗糙度值就越小。

修整砂轮的纵向进给量对磨削表面的粗糙度影响较大。用金刚石修整砂轮时，金刚石在砂轮的外缘上打出一道螺旋槽，其螺距等于砂轮转一周时金刚石的纵向进给量。砂轮的不平整在磨削时将被复映到被加工表面上。修整砂轮时，金刚石的纵向进给量越小，砂轮表面磨粒的等高性越好，被磨工件的表面粗糙度值就越小。

（2）砂轮的硬度　砂轮的硬度是指磨粒在磨削力作用下从砂轮上脱落的难易程度。砂轮太硬，磨粒不易脱落，磨钝了的磨粒不能及时被新磨粒替代，使表面粗糙度值增大。砂轮选得太软，磨粒容易脱落，磨削作用减弱，也会使表面粗糙度值增大。通常选用中软砂轮。

（3）磨削用量　砂轮转速越高，单位时间内通过被磨表面的磨粒数越多，表面粗糙度值就越小。

工件转速对表面粗糙度值的影响刚好与砂轮转速的影响相反。工件的转速提高，通过加工表面的磨粒数减少，因此表面粗糙度值将增大。

增大磨削深度和提高工件速度，将使塑性变形加剧，使表面粗糙度值增大。为提高磨削效率，通常在开始磨削时采用较大的径向进给量，而在磨削后期采用较小的径向进给量或无进给量磨削，以减小表面粗糙度值。

（4）工件材料性质　工件材料的硬度、塑性、导热系数对表面粗糙度都有显著影响，太硬、太软、太韧的材料都不容易磨光。太硬易使磨粒磨钝；太软容易堵塞砂轮；韧性太大，导热系数差会使磨粒早期崩落，破坏砂轮表面微刃的等高性，从而使表面粗糙度值增大。

四、表面层物理力学性能的影响因素

1. 加工表面的冷作硬化

加工表面的显微硬度是加工过程中塑性变形引起的冷作硬化与切削热引起的材料弱化，以及金相组织变化引起的硬度变化综合作用的结果。

切削力使金属表面层塑性变形，晶粒间剪切滑移，晶格扭曲，晶粒拉长、破碎和纤维化，引起表层材料强化，强度和硬度提高，这种现象称为加工硬化，又称冷作硬化和强化。

切削热对硬化的影响比较复杂。当温度低于相变温度时，切削热使表面层软化，可能在塑性变形层中引起恢复和再结晶，从而使材料弱化。更高的温度将引起相变，此时需要结合冷却条件来考虑相变后的硬度变化。

可以用硬化程度 N 来描述加工表面硬化的程度。即

$$N = (HV - HV_0)/HV_0 \times 100\%$$

式中，N 为表面硬化程度；HV 为表面层显微硬度；HV_0 为加工件原表面层显微硬度。

在车、铣、刨等切削过程中，由切削力引起的塑性变形起主导作用，加工硬化较明显。

磨削温度比切削温度高得多，因此，在磨削过程中由磨削热及冷却条件决定的弱化或金相组织变化常常起主导作用。若磨削温度显著超过材料的回火温度但仍低于相变温度时，热效应将使材料软化，出现硬度较低的索氏体或托氏体。若磨削淬火钢，其表层温度已超过相变温度，由于最外层温度高，冷却充分，一般得到硬度较高的二次淬火马氏体；次外层温度略低且冷却不够充分，则形成硬度较低的回火组织。故工件表面层硬度相对于整体材料为最外层较高，次外层则稍低。

可以从塑性变形的程度、速度以及切削温度来分析减轻切削加工硬化的工艺措施。

塑性变形的程度越大，则硬化程度就越大。因此，凡是减小变形和摩擦的因素都有助于减轻硬化现象。对刀具参数来说，增大刀具前角、减小切削刃钝圆半径；对切削用量来说，减小进给量、背吃刀量等，都有利于减小切削力，减轻加工硬化。

塑性变形的速度越快，塑性变形可能就越不充分，硬化深度和程度都将减小。切削温度越高，软化作用越大，使冷硬作用减小。因此，提高切削速度，既可提高变形速度，又可提高切削温度，还可提高生产效率，是减轻加工硬化的有效措施。

此外，良好的冷却润滑可以使加工硬化减轻，工件材料的塑性也直接影响加工硬化。

2. 加工表面层残余应力

在机械加工过程中，加工表面层相对基体材料发生形状、体积或金相组织变化时，表面层中即会产生残余应力。外层应力与内层应力的方向相反、相互平衡。产生表面层残余应力的主要原因有以下三方面：

（1）冷塑性变形　冷塑性变形主要是由于切削力作用而产生。加工过程中被加工表面受切削力作用产生拉应力，外层应力较大，产生伸长塑性变形，使表面积增大。内层应力较小，处于弹性变形状态。切削力去除后内层材料趋向复原，但受到外层已塑性变形金属的限制。故外层有残余压应力，次外层有残余拉应力与之平衡。

(2) 热塑性变形　热塑性变形主要是切削热作用引起的。工件在切削热作用下产生热膨胀。外层温度比内层的高，故外层的热膨胀较为严重，但内层温度较低，会阻碍外层的膨胀，从而产生热应力。外层为压应力，次外层为拉应力。当外层温度足够高，热应力超过材料的屈服极限时，就会产生热塑性变形，外层材料在压应力作用下相对缩短。当切削过程结束，工件温度下降到室温时，外层将因已发生热塑性变形，材料相对变短而不能充分收缩，又受到基体的限制，从而外层产生拉应力，次外层则产生压应力。

(3) 金相组织变化　切削时的温度高到超过材料的相变温度时，会引起表面层的相变。不同的金相组织有不同的密度，故相变会引起体积的变化。由于基体材料的限制，表面层在体积膨胀时会产生压应力，缩小时会产生拉应力。各种常见金相组织的密度值为：马氏体 $\gamma_m \approx 7.75$，珠光体 $\gamma_z \approx 7.78$，铁素体 $\gamma_T \approx 7.88$，奥氏体 $\gamma_A \approx 7.96$。

实际切削加工后表面层残余应力是上述三方面原因综合作用的结果。

影响残余应力的工艺因素比较复杂。总的来讲，凡是减小塑性变形和降低加工温度的因素都有助于减小加工表面残余应力值。对切削加工，减小加工硬化程度的工艺措施一般都有利于减小残余应力。对磨削加工，凡能减小表面热损伤的措施，均有利于避免或减小残余拉应力。

当表面层残余应力超过材料的强度极限后，材料表面就会产生裂纹。

3. 表面层金相组织变化——磨削烧伤

金相组织变化只是在温度足够高时才会发生。磨削加工时去除单位体积材料所消耗的能量，常是切削加工时的数十倍。这样大的能量消耗绝大部分转化为热。由于磨屑细小，砂轮导热性相当差，故磨削时约 70% 以上的热量瞬时进入工件。磨削区温度可达 1500 ~ 1600℃，已超过钢的熔点；工件表层温度可达 900℃ 以上，超过相变温度 A_{C3}。结合不同的冷却条件，表面层的金相组织可发生相当复杂的变化。

(1) 磨削烧伤的主要类型　以淬火钢为例来分析磨削烧伤。磨削时，若工件表层温度超过相变温度 A_{C3}（对一般中碳钢约为 720℃），则表层转为奥氏体。此时若无切削液，则表层被退火，硬度急剧下降，称为退火烧伤。

若表层转为奥氏体后有充足的切削液，则表层急剧冷却形成二次淬火马氏体，硬度比回火马氏体高，但硬度层很薄，其下层为回火索氏体或托氏体。此时表层总的硬度下降，称为淬火烧伤。

若磨削温度在相变温度与马氏体转变温度之间（对中碳钢为 720 ~ 300℃），马氏体转变为回火托氏体或索氏体，称为回火烧伤。

(2) 影响磨削烧伤的工艺因素　减轻磨削烧伤的根本途径是减少磨削热和加强散热。此外，还应考虑减小烧伤层的厚度。

1) 磨削用量。背吃刀量 a_p 对磨削温度升高的影响最大，故从减轻烧伤的角度看，a_p 不宜太大。

进给量 f 增加，磨削功率和磨削区单位时间内的发热量会增加，但热源面积也会增加且增加的指数更大，从而使磨削区单位面积发热率下降，故提高 f 对提高生产率和减轻烧伤都是有利的。

当工件速度 $v_工$ 增加时，工件表层温度 $t_表$ 会增加，但表面与热源的接触作用时间短，热量不容易传入内层，烧伤层会变薄。很薄的烧伤层有可能在以后的无进给磨削，或精磨、研磨、抛光等工序中被去除。从这一点看，问题不在于是否有表面烧伤，而在于烧伤层有多深。因此可以认为，提高 $v_\text{工}$ 既可以减轻磨削烧伤，又能提高生产率。单纯提高 $v_\text{工}$ 表面粗糙度值会加大，为减小表面粗糙度值可同时适当提高砂轮速度 $v_\text{砂}$。

2）砂轮。首先是合理选择砂轮。一般不用硬度太高的砂轮，以保证砂轮在磨削过程中具有良好的自锐能力。选择磨料时，要考虑它对磨削不同材料工件的适应性。采用橡胶黏结剂的砂轮有助于减轻表面烧伤，因为这种黏结剂有一定弹性，磨粒受到过大切削力时可以弹让，使磨削深度减小，从而减小切削力和表层温度。

增大磨削刃间距可以使砂轮和工件间断接触，这样工件受热时间缩短，且改善了散热条件，能有效地减轻热损伤程度。

3）冷却方法。关键是怎样将切削液送入磨削区。使用普通的喷嘴浇注法冷却时，由于砂轮高速回转，表面上产生强大气流，切削液很难进入磨削区，常常只是大量地喷注在已经离开磨削区的加工表面上，冷却效果较差。一般可以采用以下改进措施：

① 高压大流量冷却。增强冷却作用，并对砂轮表面进行冲洗。但机床必须配制防护罩，以防止切削液飞溅。

② 内冷却。将切削液通过中空锥形盖引入砂轮中心腔，然后在离心力作用下通过砂轮的孔隙直接进入磨削区如图 4-52 所示。但这种方法要求砂轮必须有多孔性，而且由于冷却时有大量水雾，要求有防护罩。同时，大量水雾会使操作者无法看清磨削区的火花，在精密磨削时难以判断试切时的吃刀量。

③ 加装空气挡板。喷嘴上方的挡板紧贴在砂轮表面上，减轻高速旋转的砂轮表面的高压附着气流，切削液以适当角度喷注到磨削区如图 4-53 所示。这种方法对高速磨削很有作用。

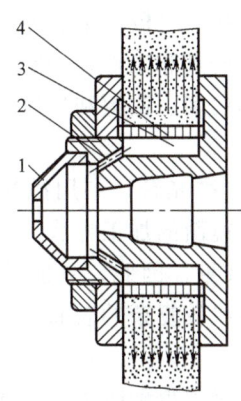

图 4-52 内冷却装置

1—锥形盖 2—通道孔 3—砂轮中心腔
4—有径向小孔的薄壁套

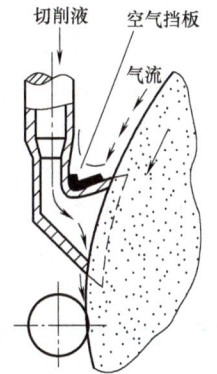

图 4-53 带空气挡板的切削液喷嘴

五、提高表面质量的加工方法

1. 减小表面粗糙度值的加工方法

光整加工采用粒度很细的油石、磨料等作为工具对工件表面进行微量切削、挤压和抛光，以有效地减小加工表面的粗糙度值。光整加工不要求机床有很精确的成形运动，故对所用设备和工具的要求较低。在加工过程中，磨具与工件间的相对运动相当复杂，工件加工表面上的高点比低点受到磨料更多、更强烈的作用，从而使各点的高度误差逐步均化，并获得很低的表面粗糙度值。

(1) 超精加工　用细粒度的磨条为磨具，并将其以一定的压力压在工件表面上。这种加工方法可以加工轴类零件，也能加工平面、锥面、孔和球面。

如图4-54所示，当加工外圆时，工件做回转运动，砂条在加工表面上沿工件轴向做低频往复运动。若工件比砂条长，则砂条还需沿轴向做进给运动。超精加工后可使表面粗糙度值 Ra 不大于 $0.08\mu m$，表面加工纹路为相互交叉的波纹曲线。这样的表面纹路有利于形成油膜，提高润滑效果，且轻微的冷塑性变形使加工表面呈现残余压应力，提高了抗磨损能力。

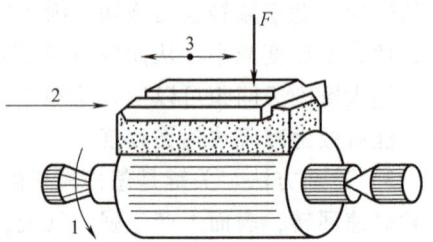

图4-54　超精加工外圆
1—工件旋转运动　2—磨具的进给运动
3—磨料的低频往复运动

(2) 珩磨　珩磨的加工原理与超精加工相似。运动方式一般为工件静止，珩磨头相对于工件既做旋转又做作往复运动。珩磨是最常用的孔光整加工方法，也可以加工外圆。

珩磨条一般较长，多根磨条与孔表面接触面积较大，加工效率较高。珩磨头本身制造精度较高，珩磨时多根磨条的径向切削力彼此平衡，加工时刚度较好。因此，珩磨对尺寸精度和形状精度也有较好的修正效果。加工精度可以达到 IT5~IT6 级，表面粗糙度值 Ra 为 $0.16~0.01\mu m$，孔的圆度和锥度修正到 $3~5\mu m$ 内。珩磨头与机床浮动连接，故不能提高位置精度。

(3) 研磨　研磨是用研磨工具和研磨剂从工件上研去一层极薄表面层的精加工方法。研磨剂一般由极细粒度的磨料、研磨液和辅助材料组成。研具和工件在一定压力下做复杂的相对运动，磨粒以复杂的轨迹滚动或滑动，对工件表面起切削、刮擦和挤压作用，也可能兼有物理化学作用，去除加工面上极薄一层金属。

(4) 抛光　抛光是在毡轮、布轮、带等软研具上涂上抛光膏，利用抛光膏的机械作用和化学作用，去掉工件表面粗糙度峰顶，使表面达到光滑镜面的加工方法。

抛光过程去除的余量很小，不容易保证均匀地去除余量，因此，只能减小表面粗糙度值，不能改善零件的精度。抛光轮弹性较大，故可抛光形状较复杂的表面。

2. 改善表面层物理力学性能的加工方法

表面强化工艺可以使材料表面层的硬度、组织和残余应力得到改善，有效地提高零件的物理力学性能。常用的方法有表面机械强化、化学热处理及加镀金属等，其中机械强化方法还可以同时降低表面粗糙度值。机械表面强化是通过机械冲击、冷压等方法，使表面层产生冷塑性变形，以提高硬度，减小表面粗糙度值，消除残余拉应力并产生残余压应力。

(1) 滚压加工　用自由旋转的滚子对加工表面施加压力如图4-55所示，使表层塑性变形，并可使粗糙度的波峰在一定程度上填充波谷。

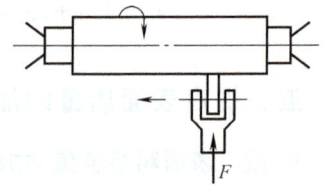

图4-55　滚柱滚压加工

滚压在精车或精磨后进行,适用于加工外圆、平面及直径大于 $\phi30$ 的孔。滚压加工可使表面粗糙度从 $Ra10\sim1.25\mu m$ 降到 $Ra0.63\sim0.08\mu m$,表面硬化层深度可达 $0.2\sim1.5mm$,硬化程度达 $10\%\sim40\%$。

（2）金刚石压光　用金刚石工具挤压加工表面。其运动关系与滚压不同的是,工具与加工面之间不是滚动。

如图4-56所示为金刚石压光内孔的示意图。金刚石压光头修整成半径为 $1\sim3mm$,表面粗糙度小于 $Ra0.02\mu m$ 的球面或圆柱面,由压光器内的弹簧压力压在工件表面上,可利用弹簧调节压力。金刚石压光头消耗的功率和能量小,生产率高。压光后表面粗糙度可达 $Ra0.32\sim0.02\mu m$。一般压光前、后尺寸差别极小,约在 $1\mu m$ 以内,表面波纹度可能略有增加,物理力学性能显著提高。

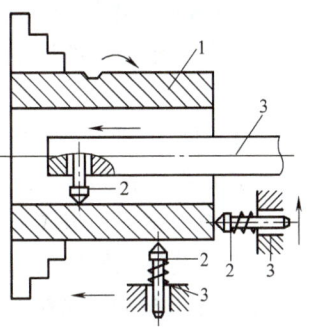

图4-56　金刚石压光

1—工件　2—压光头　3—心轴

（3）喷丸强化　利用压缩空气或离心力将大量直径为 $0.4\sim2mm$ 的钢丸或玻璃丸以 $35\sim50m/s$ 的高速向零件表面喷射,使表面层产生很大的塑性变形,改变表层金属结晶颗粒的形状和方向,从而引起表层冷作硬化,产生残余压应力。

喷丸强化可以加工形状复杂的零件。硬化深度可达 $0.7mm$,表面粗糙度可从 $Ra5\sim2.5\mu m$ 减小到 $Ra0.63\sim0.32\mu m$。若要求更小的表面粗糙度值,则可以在喷丸后再进行小余量磨削。但要注意磨削温度,以免影响喷丸的强化效果。

（4）液体磨料喷射加工　利用液体和磨料的混合物来强化零件表面。工作时将磨料在液体中形成的磨料悬浮液用泵或喷射器的负压吸入喷头,与压缩空气混合并经喷嘴高速喷向工件表面。

液体在工件表面上形成一层稳定的薄膜。露在薄膜外面的表面粗糙度凸峰容易受到磨料的冲击和微小的切削作用而除去,凹谷则在薄膜下变化较小。加工后的表面是由大量微小凹坑组成的无光泽表面,表面粗糙度可达 $Ra0.02\sim0.01\mu m$,表层有厚约数十微米的塑性变形层,具有残余压应力,可提高零件的使用性能。

第九节　机械加工中的振动

一、机械加工中的振动

1. 振动对机械加工的影响

机械加工过程中,刀具和工件之间常常产生振动,它使正常的切削过程受到干扰和破坏。会在工件加工表面出现振纹,降低了工件的加工精度和表面质量。强烈的振动会使切削过程无法进行,甚至会引起刀具崩刃打刀。振动的产生加速了刀具或砂轮的磨损,使机床连接部分松动,影响运动副的工作性能,并导致机床丧失精度。此外,强烈的振动及伴随而来的噪声,还会污染环境,危害操作者的身心健康。为减小加工过程中的振动,有时不得不降低切削用量,使机械加工生产率降低。

对于精密零件的精密加工和超精密加工，其尺寸精度要求多小于 $1\mu m$，要求表面粗糙度值在 $Ra0.02\mu m$ 以下，而且不允许出现波纹。因此，在切削过程中哪怕出现极其微小的振动，也会导致被加工零件达不到设计的质量要求。

振动一方面对机械加工不利，另一方面又可利用振动来改善或帮助机械加工。如振动切削、振动磨削、振动研抛和超声加工等。

2. 机械加工中振动的种类及其主要特点

机械加工中产生的振动，按其产生的原因可分为自由振动、强迫振动和自激振动三种类型：

（1）自由振动　当系统受到初始干扰力激励破坏了其平衡状态后，系统仅靠弹性恢复力来维持的振动称为自由振动。由于系统中总存在有阻尼，自由振动将逐渐衰减。切削过程中由于材料硬度不均匀或工件表面有缺陷，工艺系统就会产生这类振动，并在阻尼的作用下迅速减弱，其对机械加工的影响不大。

（2）强迫振动　系统在周期性变化的激振力（干扰力）持续作用下所产生的振动，称为强迫振动。

（3）自激振动　在没有周期性干扰力作用的情况下，由振动系统本身产生的交变力所激发和维持的振动，称为自激振动。切削过程中产生的自激振动也称为颤振。自激振动也属于不衰减的振动，对机械加工的影响较大。

二、机械加工中的强迫振动

1. 强迫振动的产生原因

（1）系统外部的周期性干扰力　工作机床附近其他机器的工作振动经过地基传入正在进行加工的机床。

（2）旋转零件的质量偏心　工艺系统中的高速旋转零件，如电动机转子、带轮、工件、卡盘、飞轮、砂轮、联轴器等，它们在高速旋转时产生的离心惯性力也是引起系统振动的外界激振力。

（3）传动机构的缺陷　齿轮的齿距误差会使齿轮传动时齿与齿发生冲击，而引起强迫振动。平带传动中，带厚不均匀或接口处的突变，会引起带张力的周期性变化，产生干扰力，引起强迫振动。

（4）切削过程的间隙特性　常见的铣、拉、滚齿等加工，由于切削的不连续，导致切削力的周期性改变而产生强迫振动。

2. 强迫振动的特征

1）强迫振动的稳态过程是谐振动，只要有干扰力存在，振动就不会被阻尼衰减掉。

2）强迫振动的振动频率等于干扰力的频率。这种频率对应关系是诊断机械加工中所产生的振动是否为强迫振动的主要依据，可用来分析、查找强迫振动的振源。

3）强迫振动的振幅主要取决于干扰力的幅值、频率 λ 和阻尼比 ζ。

当系统受周期性动载荷作用时，产生单位振幅所需要激振力的大小称为动刚度 k_d，$k_d = F_p/A$。根据强迫振动的幅频响应特性，可通过改变运动参数或工艺系统的结构，使干扰力源的频率发生变化或使工艺系统的某阶固有频率发生变化，当干扰力的频率远离系统固有频率时，强迫振动的幅值将明显减小。

3. 减小强迫振动的途径

强迫振动是由周期性变化的激振力所引起的,其振动频率等于激振力的频率,可根据振动频率找出振源,并采取适当措施加以消除。

(1) 消振与隔振　消振就是找出外界干扰力并加以去除,去除不了,可采取隔振措施。隔振就是在振动传播途中介入具有弹性的装置,使振源产生的大部分振动被隔振装置吸收,使振源的干扰不向外传或使外界的干扰不能影响工艺系统。如用橡胶垫将电动机与机床隔开,机床下装隔振床,机床四周挖隔振沟,沟内充满锯木屑、纤维、软木、炭渣等。对于某些动力源,如电动机、液压站等,最好与机床分离。

(2) 消除回转零件的不平衡　工艺系统中的回转零部件,如砂轮、卡盘、电动机转子及刀盘等,由于质量不平衡,当其高速旋转时,会产生离心力(即激振力),引起系统振动。对这类振源,主要是通过静平衡或动平衡加以消除。

传动机构的缺陷和往复运动机构的惯性冲击也是使系统产生振动的重要原因之一。因此应提高传动元件的制造和装配精度。

(3) 提高工艺系统的刚度和阻尼　提高系统刚度、增大阻尼是增强系统抗振能力的基本措施。如提高连接部件的接触刚度,预加载荷减小滚动轴承的间隙,采用内阻尼较大的材料制造某些零件,都能收到较好的效果。

(4) 调整振源频率　由强迫振动的特性可知,当激振力的频率接近系统固有频率时,会发生共振。因此,可通过改变电动机转速或传动比,使激振力的频率远离系统固有频率,避免共振。

三、机械加工中的自激振动

1. 自激振动的产生及特征

(1) 自激振动的产生　机械加工系统是一个由振动系统和调节系统组成的闭环系统,如图 4-57 所示。激励工艺系统产生振动运动的交变力是由切削过程产生的,而切削过程同时又受工艺系统的振动的控制,工艺系统的振动一旦停止,动态切削力也就随之消失。如果切削过程很平稳,即使系统存在产生自激振动的条件,也因切削过程没有交变的动态切削力,使自激振动不可能产生。但在实际加工过程中,偶然性的外界干扰(如工件材料硬度不均、加工余量有变化等)总是存在的,这种偶然性外界干扰所产生的切削力变化,作用在工艺系统上,会使系统产生振动。系统的振动将引起工件、刀具间的相对位置发生周期性变化,使切削过程产生维持振动的动态切削力。

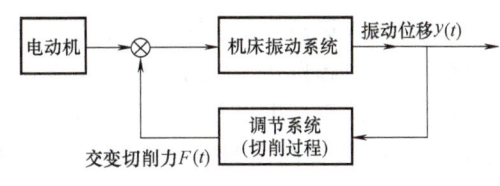

图 4-57　自激振动闭环系统

如果工艺系统不存在产生自激振动的条件,这种偶然性的外界干扰将因工艺系统存在阻尼而使振动逐渐衰减;如果工艺系统存在产生自激振动的条件,就会使工艺系统产生持续的振动。

维持自激振动的能量来自电动机,电动机通过动态切削过程把能量传输给振动系统,以维持振动。

（2）自激振动的特征　与强迫振动相比，自激振动具有以下特征：

1）机械加工中的自激振动是在没有外力干扰下所产生的振动，这与强迫振动有明显的区别。

2）自激振动的频率接近于系统的固有频率，即颤振频率取决于振动系统的固有特性。这与自由振动相似，而与强迫振动根本不同。

3）自由振动受阻尼作用将迅速衰减，而自激振动不会因阻尼存在而衰减。

2. 产生自激振动的条件

如图4-58a所示为单自由度机械加工振动模型。设工件系统为绝对刚体，振动系统与刀架相连，且只在y方向做单自由度振动。为分析简便，暂不考虑阻尼力的作用。

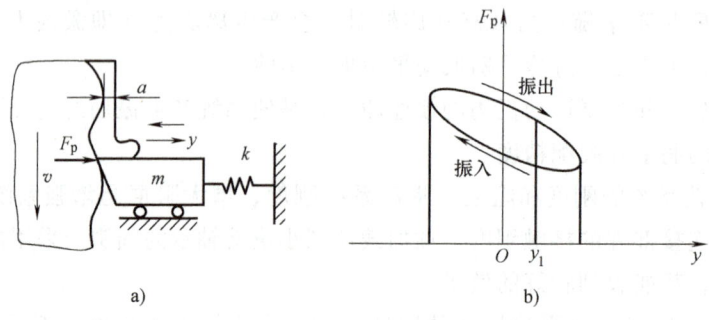

图4-58　单自由度机械加工振动模型
a）振动模型　b）力与位移的关系图

在切削力F_p作用下，刀架向外做振出运动$y_{振出}$，刀架振动系统将有一个反向的弹性恢复力$F_弹$作用在它上面。$y_{振出}$越大，$F_弹$也越大，当$F_p = F_弹$时，刀架的振出运动停止（因为实际振动系统中有阻尼力作用）。

对上述振动系统而言，切削力F_p是外力。F_p对振动系统做功，刀架振动系统则从切削过程中吸收一部分能量$W_{振出}$（这时刀架振动做正功），储存在振动系统中，如图4-58b所示。刀架的振入运动则是在弹性恢复力$F_弹$作用下产生的，振入运动与切削力方向相反，振动系统对切削过程做功，即刀架振动系统要消耗能量$W_{振入}$（此时刀架振动做负功）。

自激振动能否产生以及振幅的大小，决定于每一振动周期内系统所获得的能量与所消耗的能量对比情况。如图4-59所示，E^+为系统获得能量，E^-为系统消耗能量，只有当E^+等于E^-，振幅达到A_0，系统处于稳定的等幅振动。

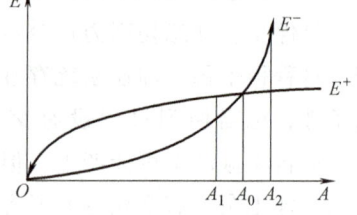

图4-59　振动系统的能量关系

当$W_{振出} < W_{振入}$时，正功小于负功，振动系统吸收的能量小于消耗的能量，故不会产生自激振动。当$W_{振出} = W_{振入}$时，正功等于负功，因实际机械加工系统中存在阻尼，刀架振动系统每振动一次，便会损失一部分能量，因此系统也不会有自激振动产生。当$W_{振出} > W_{振入}$时，正功大于负功，刀架振动系统将有持续的自激振动产生。

3. 产生自激振动的学说

（1）再生颤振

1）再生原理。如图4-60a所示，车刀只做横向进给。如图4-60b所示，在稳定的切削过程中，刀架系统因材料的硬疵点，加工余量不均匀，或其他原因的冲击等，受到偶然的扰动。如图 4-60c 所示，刀架系统因此产生了一次自由振动，并在被加工表面留下相应的振纹。如图 4-60d 所示，当工件转过一周后，刀具要在留有振纹的表面上切削，产生了重叠切削，因切削厚度发生了变化，所以引起了切削力周期性的变化。如果切削过程中各种条件的匹配是促进振动的，刀架系统将会进一步发展到如图 4-60e 所示的颤振状态。

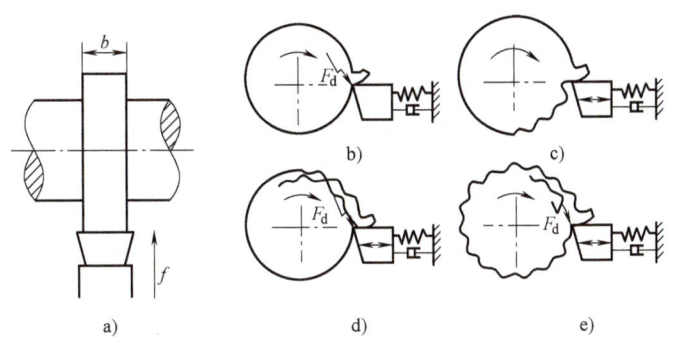

图 4-60 自由正交切削时再生颤振的产生

通常，将这种由于切削厚度的变化而引起的自激振动，称为再生颤振。

2）再生颤振产生的条件。如果工艺系统稳定，也不一定会产生自激振动。在一个振动周期内，只有切削力所做的正功大于负功，有多余的能量输入到系统中去才能维持和加强自激振动。

如图 4-61 所示表示了四种情况。图中实线表示前一转切削的工件表面振纹，细双点画线表示后一转切削的表面振纹。如图 4-61a 所示表示前后两转的振纹没有相位差（$\psi=0$），这时切入、切出（切离）时切削厚度没有变化，切削力也没有变化，因此不会产生自激振动。如图 4-61b 所示表示前后两转的振纹相位差为 $\psi=\pi$，这时切入、切出的平均切削厚度不变，两者没有能量差，也不可能产生自激振动。如图 4-61c 所示表示后一转的振纹相位超前，即 $0<\psi<\pi$，切入的平均切削厚度大于切出的平均切削厚度，负功大于正功，也不可能产生自激振动。如图 4-61d 所示表示后一转振纹的相位滞后，即 $-\pi<\psi<0$，这时切出比切入时有较大的切削力，推动刀架后移，使刀架储能，正功大于负功，即可产生自激振动。所以在再生颤振中，只有当后一转振纹的相位滞后于前一转振纹时才有可能产生再生颤振。

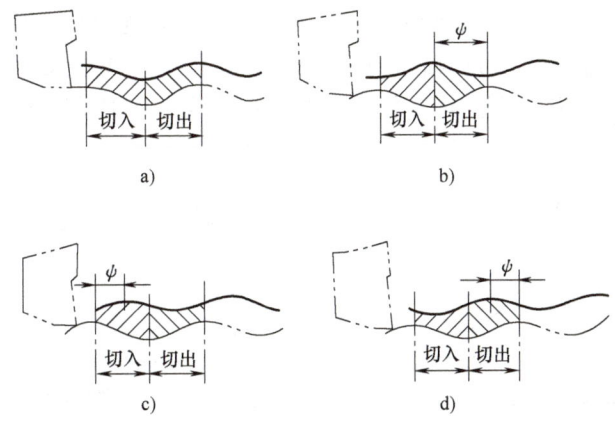

图 4-61 再生颤振时振纹相位差与平均切削厚度的关系

（2）振型耦合颤振原理　当纵车矩形螺纹的外圆表面如图 4-62 所示，刀具并未发生重叠切削，若按再生颤振原理，则不应该产生颤振。但在实际加工中，当切削深度达到一定值时，仍会发生颤振，这可以用振型耦合颤振原理来解释。

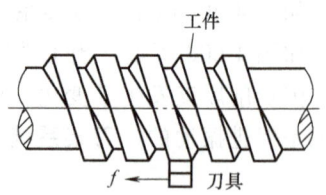

图 4-62　纵车矩形螺纹外圆表面

如图 4-63 所示为 2 自由度振型耦合颤振动力学模型，刀具等效质量为 m，由相互垂直的等效刚度系数分别为 k_1、k_2（设 $k_1<k_2$）的两组弹簧支承。为使 2 自由度系统的振型能很好分开，最简单的形式是两个振型 x_1 和 x_2 互相垂直，刚度低的方向振型为 x_1，刚度高的方向振型为 x_2。

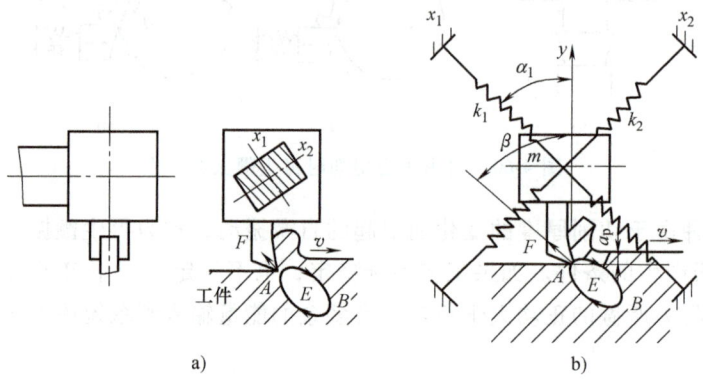

图 4-63　2 自由度的耦合振动模型

当刀架系统以 ω 的频率振动时，质量 m 在 x_1、x_2 两个方向上以不同的振幅和相位进行振动，其合成运动轨迹近似椭圆 E。若刀具沿顺时针方向由 A 到 B 再回到 A，则在前半周刀具由 A 到 B（切入）时，位移与切削力方向相反，做负功，振动系统消耗能量；由 B 到 A（切出）时，位移与切削力方向相同，做正功，系统储存能量。由于切出时的平均切削厚度大于切入时的平均切削厚度，正功大于负功，在一个振动周期内，有多余的能量输入振动系统。因此，振动得以维持。

4. 控制自激振动的途径

（1）合理选择切削用量　如图 4-64 所示是车削时切削速度 v_c 与振幅 A 的关系曲线。v_c 在 20~60m/min 范围内时，A 增大很快，而 v_c 高于或低于此范围时，振动逐渐减弱。

如图 4-65 所示是进给量 f 与振幅 A 的关系曲线，f 较小时 A 较大，随着 f 的增大 A 反而减小。如图 4-66 所示是背吃刀量 a_p 与振幅 A 的关系曲线，a_p 越大 A 也越大。

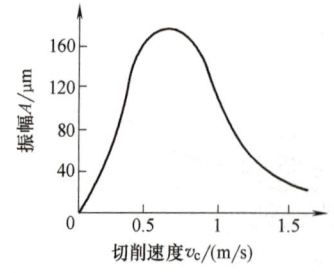

图 4-64　切削速度 v_c 与振幅 A 的关系

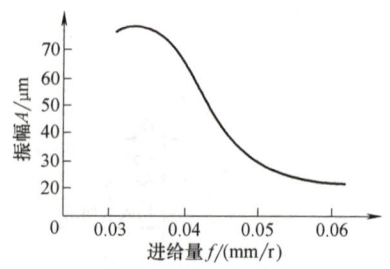

图 4-65　进给量 f 与振幅 A 的关系

（2）合理选择刀具几何参数 适当增大前角 γ_0、主偏角 κ_r 能减小 F_p 而减小振动。后角 α_0 可尽量取小。但在精加工时，由于 α_0 较小，切削刃不容易切入工件，而且 α_0 过小时，刀具后面与加工表面间的摩擦可能过大，这样反而容易引起颤振。通常在车刀的后面上磨出一段负倒棱，能起到很好的消振作用，这种刀具称为消振车刀，如图4-67所示。

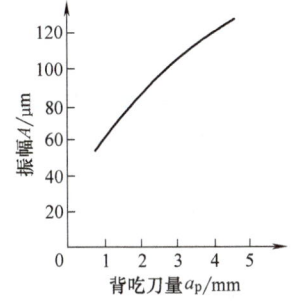

图 4-66 背吃刀量 a_p 与振幅 A 的关系

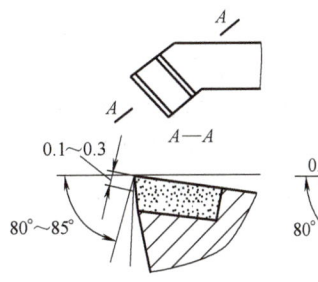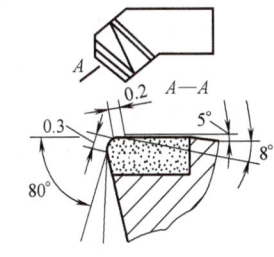

图 4-67 消振车刀

（3）提高工艺系统的抗振性 工艺系统本身的抗振性能是影响颤振的主要因素之一。可通过以下途径收到较好的减振效果：

1）提高机床的抗振性。设法提高工艺系统的接触刚度，如对接触面进行刮研，减小主轴系统的轴承间隙，对滚动轴承施加一定的预紧力，提高中心孔的研磨质量等。

2）提高工件安装时的刚性。加工细长轴时，使用中心架或跟刀架，尽量缩短镗杆和刀具的悬伸量，用固定顶尖代替回转顶尖等。

3）提高刀具的抗振性。使刀具具有高的弯曲和扭转刚度、高的阻尼系数，采用弹性刀杆等。

（4）采用减振装置 当采用上述措施仍然达不到消振的目的时，可考虑使用减振装置。减振装置通常附加在工艺系统中，用来吸收或消耗振动时的能量，达到减振的目的。它对抑制强迫振动和颤振同样有效，是提高工艺系统抗振性的一个重要途径。但它并不能提高工艺系统的刚度。减振装置主要有阻尼器和消振器两种类型。

1）阻尼器的原理及应用。阻尼器利用固体或液体的阻尼来消耗振动的能量，实现减振。常用的有固体摩擦阻尼器、液体摩擦阻尼器和电磁阻尼器等。如图4-68所示为利用多层弹簧片相互摩擦，消除振动能量。

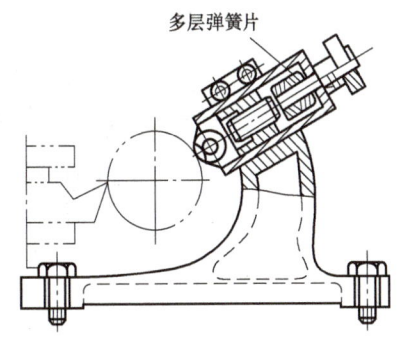

图 4-68 干摩擦阻尼器

阻尼器的减振效果与其运动速度的快慢、行程的大小有关。运动越快，行程越长，则减振效果越好。故阻尼器应装在振动体相对运动最大的地方。

2）消振器的原理及应用。如图4-69所示为螺栓式冲击消振器。当刀具振动时，自由质量1也振动，但由于自由质量与刀具是弹性连接，振动相位相差180°。当刀具向下挠曲时，自由质量却克服弹簧2的弹力向上移动。这时自由质量与刀杆之间形成间隙。当刀具向上运动时，自由质量以一定速度向下运动，产生冲击而消耗能量。它是通过一个与振动系统刚性连接的壳体和一个在壳体内自由冲击的质量块组成。当系统振动时，由于自由质量的往复运动而冲击壳体,消耗了振动的能量,故可减小振动。

(5) 根据振型耦合原理合理调整振型的刚度比 工艺系统的振动还受到各振型的刚度比及其组合的影响。合理调整它们之间的关系,就可以有效地提高系统的抗振性,抑制自激振动。

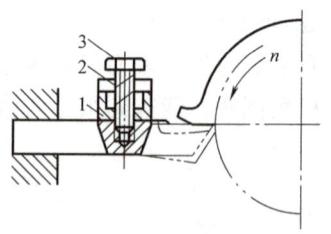

图 4-69 螺栓式冲击消振器

1—自由质量 2—弹簧 3—螺钉

如图 4-70a 所示为削扁镗杆,刀头 2 用螺钉 3 固定在镗杆的任意角度位置上。镗杆 1 削扁部分的厚度 $a=(0.6\sim0.8)d$,其中 d 为镗杆直径。镗杆削扁后,两个互相垂直的主振型模态具有不同的刚度 k_1 和 k_2,再通过刀头 2 在镗杆上的转位调整,即可找到稳定性较高的方位角 α (α 为加工表面法向与镗杆削边垂线的夹角)。

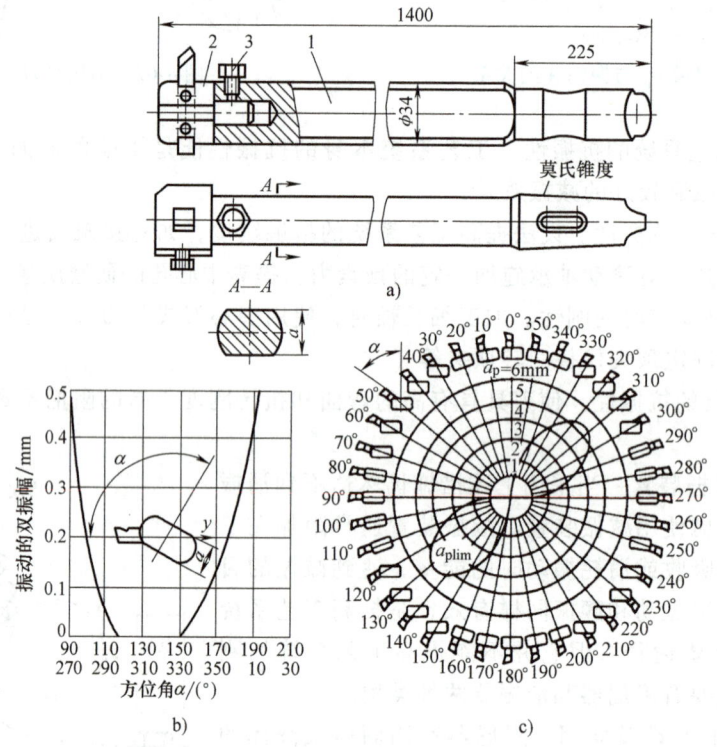

图 4-70 削扁镗杆镗孔

1—镗杆 2—刀头 3—螺钉

取镗杆 $a=0.8d$,$v_c=40\text{m/min}$,$f=0.3\text{mm/r}$,$a_p=3\text{mm}$,镗杆悬伸长度为 550mm。由图 4-70b 可知,当 $115°<\alpha<150°$ 时,不产生自激振动。由图 4-70c 所示的 "8" 字形区域可知,最适宜的方位角在 120°~140° (或 $\alpha=300°\sim320°$) 的范围内。

习题与思考题

4-1 试举例说明加工精度、加工误差、公差的概念以及它们之间的区别。

4-2 工艺系统的静态、动态误差各包括哪些内容?

4-3 数控机床加工中有哪些原始误差？它们对加工精度有何影响？
4-4 何谓误差复映规律？如何利用这一规律测定机床的刚度？
4-5 何谓误差敏感方向？车床与镗床的误差敏感方向有何不同？
4-6 加工车床导轨时为什么要求导轨中部要凸起一些？磨削导轨时采取什么措施达到此目的？
4-7 数控机床导轨与普通机床导轨相比采取了哪些措施以减少其误差对加工精度的影响？
4-8 数控机床有哪些热源？数控机床热变形对加工精度有何影响？应采取哪些措施？
4-9 举例说明传动链误差对哪些加工的加工精度影响大，对哪些加工的加工精度影响小或没有影响。
4-10 何谓接触刚度？有哪些影响因素？
4-11 影响机床刚度的因素有哪些？提高机床部件刚度有哪些措施？
4-12 举例说明保证和提高加工精度常用方法的原理及应用场合。
4-13 何谓分布曲线法？控制图法有哪几种？各有哪些特点？
4-14 什么是工序能力系数 C_p？按 C_p 值可将工艺分为哪几级？
4-15 在外圆磨床上加工如图 4-71 所示，当 $n_1 = 2n_2$，若只考虑主轴回转误差的影响，试分析在图中给定的两种情况下，磨削后工件的外圆应是什么形状？为什么？

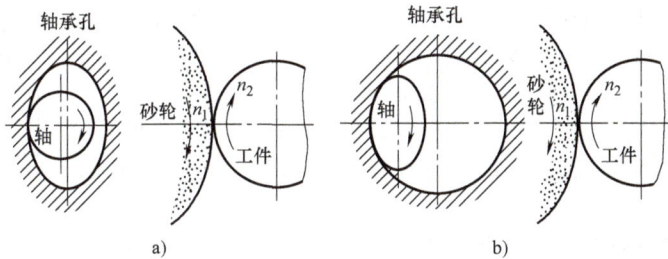

图 4-71 题 4-15 图

4-16 在卧式镗床上对箱体件镗孔，试分析采用：①刚性主轴镗杆；②浮动镗杆（指与主轴连接的方式）和镗模夹具时，影响镗杆回转精度的主要因素有哪些？
4-17 磨外圆时，工件安装在固定顶尖上有什么好处？实际使用时应注意哪些问题？
4-18 在车床上加工圆盘件的端面时，有时会出现圆锥面（中凸或中凹）或端面凸轮似的形状（螺旋面），试从机床几何误差的影响分析造成如图 4-72 所示的端面几何形状误差的原因。
4-19 在卧式车床上加工一光轴，已知光轴长度 $L=800\text{mm}$，加工直径 $D=80_{-0.06}^{0}\text{mm}$，当该车床导轨相对于前、后顶尖连心线在水平面内平行度为 0.015/1000 时，在垂直面内平行度为 0.015/1000，如图 4-73 所示，试求所加工的工件几何形状的误差值，并绘出加工后光轴的形状。

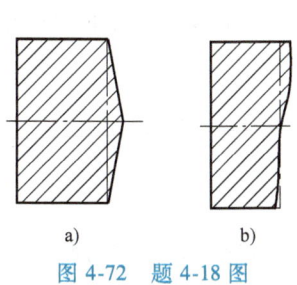

图 4-72 题 4-18 图

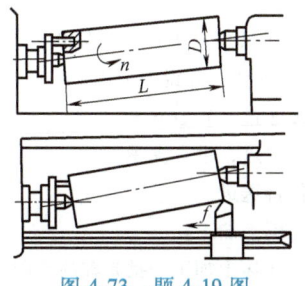

图 4-73 题 4-19 图

4-20 题 4-19 中若车床因使用年限较久，前后导轨磨损不均，前导轨磨损较大，且中间最明显，形成导轨扭曲，如图 4-74 所示，经测量前后导轨在垂直面内的平行度（扭曲值）为 0.015/1000，试求所加工的工件几何形状的误差值，并绘出加工后光轴的形状。

4-21 装在心轴上（图 4-75）车削齿轮坯 A、B、C、D、E 五个表面（内孔 F 面已加工好），其加工顺序如下：先车 A、B、C，然后调头车削 D、E（调头时不从心轴上拆下工件，只调换心轴位置，即把心轴转 180°）。若前顶尖相对于主轴回转中心有偏心量 e，且调头时前顶尖处于图示位置（即处于偏心量 e 的最上方）。试分析 A、B、C、D、E 各面之间将出现何种相互位置误差。

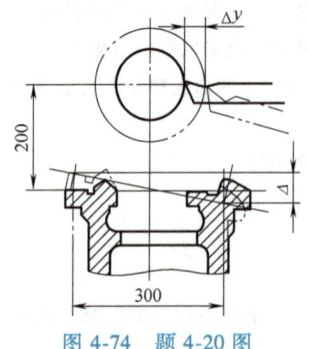

图 4-74 题 4-20 图

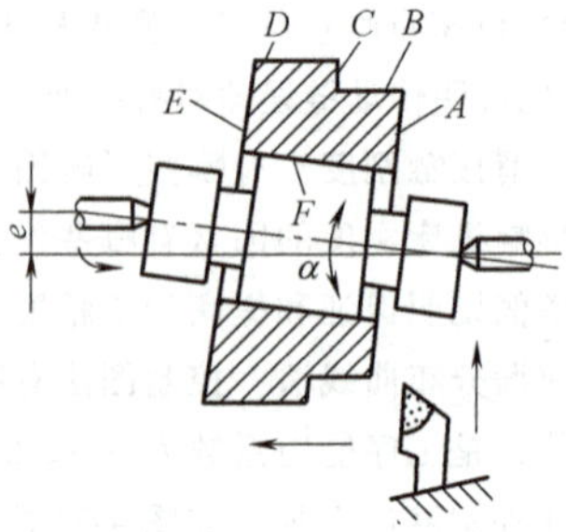

图 4-75 题 4-21 图

4-22 在平面磨床上用端面砂轮磨削平板工件。加工中为改善切削条件，减少砂轮与工件的接触面积，常将砂轮倾斜一个很小的角度，如图 4-76 所示。若 $\alpha = 2°$，试绘出磨削后平面的形状并计算其平面度误差。

4-23 精镗连杆大小头孔时，其安装情况如图 4-77 所示。精镗后在机床上测量两孔中心距、平行度均合格。工件卸下后再测量，发现两孔的平行度超差，试问是什么原因引起的？

4-24 龙门刨床床身导轨不直，如图 4-78 所示：① 当工件刚度很差时，加工后的工件会成什么形状？② 当工件刚度很大时，加工后的工件会成什么形状？

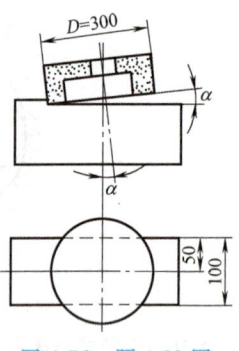

图 4-76 题 4-22 图

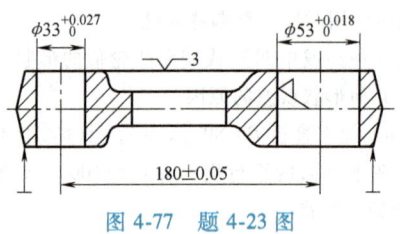

图 4-77 题 4-23 图

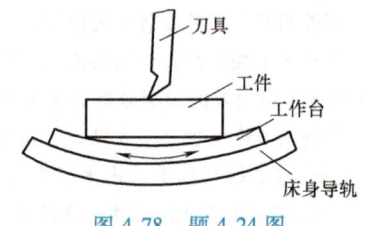

图 4-78 题 4-24 图

4-25 在卧式镗床上加工箱体孔，若只考虑镗杆刚度的影响，试在图 4-79 中画出下列四种镗孔方式加工后孔的几何形状，并说明原因。

1) 镗杆送进，有后支承。
2) 镗孔送进，没有支承。
3) 工作台送进。
4) 在镗模上加工。

4-26 在车床上加工一批光轴的外圆，加工后经度量，若整批工件发现有下列几何形状误差（图 4-80），试分别说明可能产生这些误差的各种因素。

4-27 在车床上精车一刚度很高的轴，已知直径 $D = 120$mm，长度 $L = 600$mm，机床部件刚度为 $k_{tz} = 80000$ N/mm，$k_{wz} = 50000$ N/mm，$k_{dj} = 60000$ N/mm，径向切削分力 $F_p = 500$N，试分析计算在不考虑工件变形条件下，一次进给后工件轴向形状误差，并求出加工后工件的最小直径尺寸。

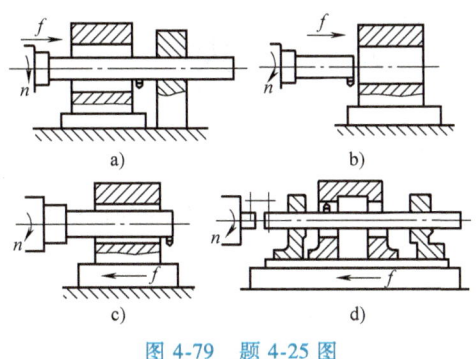

图 4-79 题 4-25 图

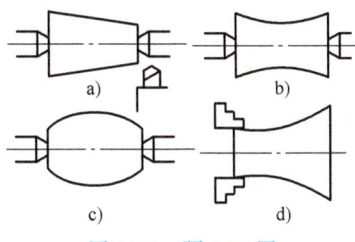

图 4-80 题 4-26 图

4-28 一批圆柱销外圆的设计尺寸为 $\phi 50_{-0.04}^{-0.02}$ mm，加工后测量发现外圆尺寸按正态规律分布，其均方根偏差为 0.003mm，曲线顶峰位置相对公差带中心向右偏移 0.005mm，试绘出分布曲线图，求出合格品率和废品率，并分析废品能否修复及产生的原因。

4-29 在车床上车削一批小轴，整批工件尺寸按正态分布，其中不可修复的废品率为 2%，实际尺寸大于允许尺寸而需修复加工的零件数占 24%，若小轴直径公差 $T=0.16$mm，试确定代表该加工方法的均方根偏差 σ。

4-30 在自动车床上加工一批小轴，从中抽检 200 件，若以 0.01mm 为组距将该批工件按尺寸大小分组，所测数据如下表

尺寸间隔 /mm	自	15.01	15.02	15.03	15.04	15.05	15.06	15.07	15.08	15.09	15.10	15.11	15.12	15.13	15.14
	到	15.02	15.03	15.04	15.05	15.06	15.07	15.08	15.09	15.10	15.11	15.12	15.13	15.14	15.15
零件数 n_i		2	4	5	7	10	20	28	58	26	18	8	6	5	3

若图样的加工要求为 $\phi 15_{-0.04}^{+0.14}$ mm，试：

1）绘制整批工件实际尺寸的分布曲线。
2）计算合格品率及废品率。
3）计算工序能力系数，若该工序允许废品率为 3%，问工序精度能否满足？
4）分析出现废品的原因并提出改进方法。

4-31 表面质量的含义是什么？其主要内容有哪些？为什么机械零件的表面质量与加工精度具有同等重要的意义？

4-32 为什么会产生磨削烧伤及裂纹？它们对零件的使用性能有何影响？试举例说明减小磨削烧伤及裂纹的办法有哪些。

4-33 加工精密零件时，为了保证加工表面的表面质量，粗加工前常有硬化处理、退火、正火。粗加工后常有调质、回火。精加工前常有渗碳、渗氮及淬火工序。试分析这些热处理工序的作用。

4-34 什么是强迫振动？它有何特征？什么是自激振动？它有何特征？自激振动与强迫振动有何区别？

4-35 圆镗杆的刚度与削扁镗杆的刚度哪个高？两者的抗振性哪个好？为什么？

4-36 车外圆时，车刀安装高一点或低一点哪种情况抗振性好？镗孔时，镗刀安装高一点或低一点哪种情况抗振性好？为什么？

4-37 如图 4-81 所示车削轴，当刀具处于水平位置（图 4-81a）时振动较强；若将刀具反装（图 4-81b）或采用前后刀架同时切削（图 4-81c）或设法将刀具沿工件旋转方向转过某一角度（图 4-81d）时，振动可能会减弱或消失。试分析上述四种情况的原因。

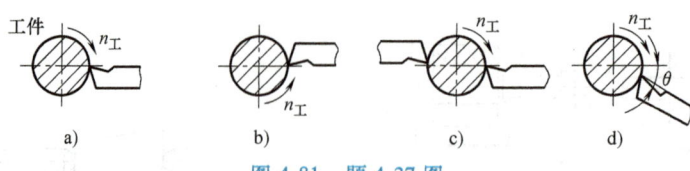

图 4-81　题 4-37 图

4-38　试分析比较刚性车刀（图 4-82a）、弹性车刀（图 4-82b）、直杆刨刀（图 4-82c）和弯头刨刀（图 4-82d）哪一种对减振有利？为什么？

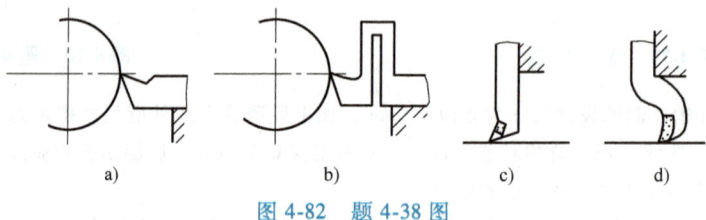

图 4-82　题 4-38 图

第五章

工艺规程设计

第一节 工艺规程概述

一、生产过程与机械加工工艺过程

生产过程是指将原材料转变为成品的全过程。它包括原材料的准备、运输和保管，生产的准备，毛坯的制造，零件的机械加工及热处理，部件及产品的装配、质量检验及其运行试验、调试、涂装与包装，以及产品的销售和售后服务等。

工艺过程是指生产过程中，直接改变对象的形状、尺寸、相对位置和物理力学性能，使其成为成品或半成品的过程。机械产品的工艺过程主要包括铸造、锻造、冲压、焊接、机械加工、热处理、装配、涂装等工艺过程。其中与原材料转变为产品直接有关的过程，称为直接生产过程，是生产过程的主要部分。而与原材料转变为产品间接有关的过程，如生产准备、运输、保管、机床与工艺装备的维修等，称为辅助生产过程。

机械制造工艺过程一般包括零件的机械加工工艺过程和机器的装配工艺过程。

机械加工工艺过程是指用机械加工方法直接改变毛坯的形状、尺寸、相对位置和性质等，使其成为合格零件的工艺过程。从广义上来说，特种加工（包括各种电加工、超声波加工、激光加工、电子束及离子束加工）也是机械加工工艺过程的一部分，然而其实质已不属于切削加工范畴。机械加工工艺过程直接决定零件及产品的质量和性能，对产品的成本、生产周期都有较大影响，是整个工艺过程的重要组成部分。

二、机械加工工艺过程的组成

机械加工工艺过程是由若干个顺序排列的工序组成的。每一个工序又可分为若干个安装、工位、工步和走刀。

1. 工序

工序是指一个（或一组）工人，在一个工作地点对同一个（或同时对几个）工件所连续完成的那一部分工艺过程。

对于一个工件的机械加工工艺过程，划分工序的依据是"一不变，一连续"。不变是指工作地（机床）不变；连续是指工序内对一个工件的加工内容必须连续完成，否则即构成另一工序。

工序是组成机械加工工艺过程的基本单元，又是制订生产计划、生产组织和进行成本核算的基本单元。一个零件的工序安排和工序数目的确定与零件的技术要求、复杂程度、零件的生产类型和现有工艺条件等有关。例如图 5-1 所示的阶梯轴，当单件小批生产时，其加工工艺见表 5-1。当中批生产时，其工序划分见表 5-2。

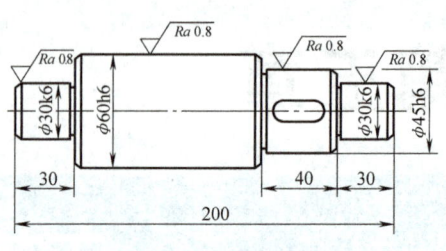

图 5-1　阶梯轴简图

表 5-1　阶梯轴加工工艺过程（单件小批生产）

工 序 号	工 序 内 容	设　备
10	车一端面、钻中心孔；调头，车另一端面，钻中心孔。车全部外圆、车槽与倒角	卧式车床
20	铣键槽、去毛刺	立式铣床
30	磨外圆	外圆磨床

表 5-2　阶梯轴加工工艺过程（中批生产）

工 序 号	工 序 内 容	设　备
10	铣端面、钻中心孔	专用机床
20	车外圆、车槽与倒角	卧式车床
30	铣键槽	立式铣床
40	去毛刺	钳工台
50	磨外圆	外圆磨床

2. 安装

安装是指在一道工序中，工件经一次装夹后所完成的那一部分工序内容，包括定位和夹紧两个过程。在一道工序中，工件可能只需装夹一次，也可能需要安装几次。例如表 5-2 中，工序 30 中一次装夹即可加工出键槽，而工序 20 中，为了车出全部外圆至少需要两次装夹。加工过程中应尽量减少装夹次数，这样不仅可以减少辅助时间，而且可以减少因装夹误差而导致的加工误差。

3. 工位

为减少工序中的装夹次数，常常采用各种移动或转动工作台、回转夹具或移位夹具，使工件在一次安装中可先后在机床上占有不同的位置，进行连续加工。为了完成一定的工序内容，一次安装工件后，工件与夹具或设备的可动部分相对刀具或设备的固定部分所占据的每一个位置称为工位。如图 5-2 所示，在三轴钻床上利用回转工作台在一次安装中可连续完成每个工件的装卸、钻孔、扩孔和铰孔四个工位的加工。

采用多工位加工，可以提高生产率和保证加工表面间的相互位置精度。

如果一个工序只有一次安装，并且该安装中只有一个工位，则工序内容就是安装内容，同时也就是工位内容。

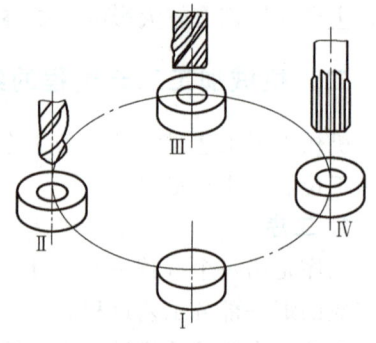

图 5-2　多工位加工
Ⅰ—装卸工件工位　Ⅱ—钻孔工位
Ⅲ—扩孔工位　Ⅳ—铰孔工位

4. 工步

在一个工序内,往往需要采用不同的工具对不同的表面进行加工。为了便于分析和描述比较复杂的工序,更好地组织生产和计算工时,工序还可以进一步划分为工步。工步是指加工表面、切削刀具和切削用量(仅指机床主轴转速和进给量)都不变的情况下所完成的那部分工艺过程。一个工序可以包括几个工步,也可以只包括一个工步。

如图 5-3 所示,车削阶梯轴 $\phi 85\text{mm}$ 外圆面为第一工步,车削 $\phi 65\text{mm}$ 外圆面为第二工步。这是因为加工的表面变了。有时为了提高生产率,用几把刀具同时加工几个加工表面,这也可看成一个工步,称为复合工步。如图 5-4 所示为用一把车刀和一个钻头同时加工外圆和内孔的复合工步。

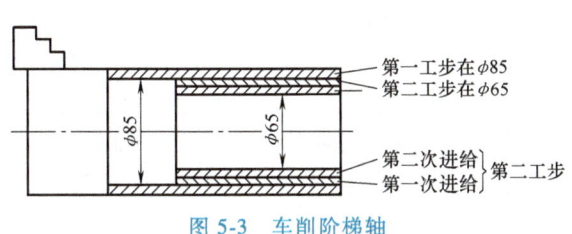

图 5-3 车削阶梯轴   图 5-4 复合工步

5. 进给

在一个工步内,若被加工表面要切去的金属层很厚,需要分几次切削,则每进行一次切削就称为一次进给。一个工步可包括一次或几次进给。如图 5-3 所示车削阶梯轴的第二个工步中,就包含了两次进给。

三、生产纲领与生产类型

1. 生产纲领

产品的年生产纲领是指在计划期内,应当生产的产品产量和进度计划。计划期为一年的生产纲领称为年生产纲领。产品的用途不同,其市场需求量是不同的,因此不同的产品有不同的年生产纲领。零件的年生产纲领按下列公式计算

$$N = Qn(1+a\%)(1+b\%)$$

式中,N 为零件的生产纲领(件/年);Q 为产品的年产量(台/年);n 为每台产品中所含该零件的数量(件/台);$a\%$ 为零件的备品率;$b\%$ 为零件的废品率。

2. 生产类型的划分

生产类型是指企业(或车间、工段)生产专业化程度的划分。根据产品投入生产的连续性,可大致分为三种不同的生产类型。

1) 单件生产。产品品种不固定,每一品种的产品数量很少,大多数工作地点的加工对象经常改变,生产很少重复。例如,重型机械、造船业等一般属于单件生产。

2) 大量生产。产品品种固定,每种产品数量很大,大多数工作地点的加工对象固定不变,每台设备经常重复地进行某一工件的某一工序的生产。例如,汽车、轴承制造等一般属于大量生产。

3) 成批生产。产品品种基本固定,但数量少,品种较多,大多数工作地点的加工对象

需要周期性地变换。例如，机床、电机制造一般属于成批生产。

生产类型的划分主要决定于生产纲领，同时也要考虑产品本身的大小和结构的复杂性。划分生产类型的参考数据见表 5-3，可供参考。

在成批生产中，根据批量大小可分为小批、中批和大批生产。小批生产的工艺特点接近于单件生产的工艺特点，大批生产的工艺特点接近于大量生产的工艺特点，中批生产的工艺特点介于单件和大量生产工艺特点之间。因此，生产类型又可分为：单件小批生产，大批大量生产，中批生产。各种生产类型的工艺特点见表 5-4。

表 5-3 划分生产类型的参考数据

生产类型		同类零件的年产量/件		
		重型零件 （零件质量>50kg）	中型零件 （零件质量 15~50kg）	轻型零件 （零件质量<15kg）
单件生产		~5	~10	~100
成批生产	小批	5~100	10~200	100~500
	中批	100~300	200~500	500~5000
	大批	300~1000	500~5000	5000~50000
大量生产		1000~	5000~	50000~

表 5-4 各种生产类型的工艺特点

项目	单件小批生产	中批生产	大批大量生产
加工对象	不固定、经常换	周期性地变换	固定不变
机床设备和布置	采用通用设备，按机群式布置	采用通用和专用设备，按工艺路线成流水线布置或机群式布置	广泛采用专用设备，全部流水线布置，广泛采用自动线
工艺装备	广泛采用通用夹具、量具和刀具	广泛采用专用或成组夹具、通用刀具和万能量具，部分用专用刀具、专用量具	广泛采用高效率夹具、量具或自动检测装置，高效复合刀具
毛坯制造	广泛采用木模手工造型、自由锻造 毛坯精度低，加工余量大	部分采用金属型造型、模锻等，部分采用木模手工造型、自由锻造 毛坯精度中等	广泛采用金属型机器造型、模锻等 毛坯精度高，加工余量小
装夹方法	通用夹具装夹，找正装夹	夹具装夹	高效专用夹具
尺寸获得方法	试切法	调整法	调整法、自动化加工
零件互换性	广泛采用钳工修配	大部分零件具有互换性，同时还保留某些钳工修配工作	全部互换，高精度偶件采用分组装配、配磨
对工人的技术要求	需要技术熟练的工人	需要一定熟练程度的技术工人	对操作工人的技术要求较低，对调整工人的技术要求较高
工艺文件	只有工艺过程卡	一般有工艺过程卡，重要工序有工序卡	工艺过程卡片，工序卡，检验卡片

应当指出，生产类型对零件工艺规程的制订影响很大。此外，生产同一产品，大量生产一般具有生产效率高、成本低、质量可靠、性能稳定等优点。因此，应大力推广产品结构的标准化、系列化，便于组织专业化的大批量生产，以提高经济效益。因此，推行成组技术，以及采用数控机床、柔性制造系统和计算机集成制造系统等现代化的生产手段及方式，实现机械产品多品种、小批量生产的自动化，是当前机械制造工艺技术的重要发展方向。

四、机械加工工艺规程

工艺规程是规定产品或零部件制造工艺过程和操作方法的工艺文件,是企业生产中的指导性技术文件。它是把工艺过程的有关内容,用文字及表格的形式写成工艺文件。

1. 工艺规程的种类

生产中使用的工艺文件种类很多,这里只介绍两种最常用的工艺文件。

(1)机械加工工艺过程卡片 该卡片是以工序为单位简要说明工件的加工工艺路线,包括工序号、工序名称、工序内容、所经车间工段、所用机床与工艺装备的名称、时间定额等,如图 5-5 所示。由于各工序的内容规定得不够具体,因此不能直接指导工人操作。它主要用来表示工件的加工流向,供安排生产计划、组织生产调度用。

图 5-5 机械加工工艺过程卡片

(2)机械加工工序卡片 如图 5-6 所示,工序卡片是在机械加工工艺过程卡片的基础上分别为每一道工序编制的一种工艺文件,它用来具体指导操作工人完成某一工序的加工。工序卡片主要用于大批大量生产。成批生产中加工一些比较重要的零件时,有时也编制机械加工工序卡片。工序卡片要求画工序简图,在工序简图中需用定位夹紧符号表示定位基面、夹紧位置和夹紧方式;用加粗实线标出本工序的加工表面,标明工序尺寸、公差及技术要求。对于多刀加工和多工位加工,还应绘出工序布置图,要求表明每个工位刀具和工件的相对位置和加工要求。

若机械加工工艺过程中有数控工序或全部由数控工序组成,则不管生产类型如何,都必须对数控工序做出详细规定,填写数控加工工序卡、刀具卡等必要的与编程有关的工艺文

(厂名全称)	机械加工工序卡片	产品型号		零(部)件图号		文件编号	
						共 页	
		产品名称		零(部)件名称		第 页	

	车间	工序号	工序名称	材料牌号
	毛坯种类	毛坯外形尺寸	每坯件数	每台件数
(工序简图)				
	设备名称	设备型号	设备编号	同时加工件数
	夹具编号	夹具名称		切削液
				工序时间
				准终 | 单件

工步号	工步内容	工艺装备	主轴转速 /(r/min)	切削速度 /(m/min)	进给量 /(mm/r)	背吃刀量 /mm	进给次数	工时定额 基本 | 辅助

描图					编制 (日期)	审核 (日期)	会签 (日期)		
描校									
底图号									
装订号									
*							*	*	
	标记	处数	更改文件号	签字	日期	标记	处数	更改文件号	签字	日期

图 5-6 机械加工工序卡片

件,以利于编程。

2. 机械加工工艺规程作用

(1) 工艺规程是指导生产的主要技术文件　合理的工艺规程是在总结广大工人和技术人员的实践经验基础上,依据工艺理论和必要的工艺实验而制订的。按照工艺规程进行生产,可以稳定保证产品质量和较高的生产效率及经济效果。因此,生产中应严格地执行既定的工艺规程。实践表明,不按照科学的工艺进行生产,往往会引起产品质量的严重下降,生产效率的显著降低,甚至使生产陷入混乱状态。

(2) 工艺规程是组织生产和管理工作的基本依据　在生产管理中,产品投产前原材料及毛坯的供应,通用工艺装备的准备,机床负荷的调整,专用工艺装备的设计和制造,作业计划的编排,劳动力的组织以及生产成本的核算等,都是以工艺规程作为基本依据的。

(3) 工艺规程是新建、扩建工厂或车间的基本资料　在新建、扩建工厂或车间时,只有根据工艺规程和生产纲领才能正确地确定生产所需的机床和其他设备的种类、规格和数量,确定车间的面积、机床的布置、生产工人的工种、等级和数量以及辅助部门的安排等。

随着科学技术的进步和企业生产条件的变化,工艺规程会出现某些不相适应的情况,因而工艺规程应定期修改,及时吸收合理化建议、技术革新成果、新技术和新工艺,使工艺规程更加完善和合理。

3. 机械加工工艺规程制订的原则

工艺规程设计必须遵循以下原则:

1)所设计的工艺规程必须保证机器零件的加工质量和机器的装配质量,达到设计图样上规定的各项技术要求。

2)工艺过程应具有较高的生产效率,使产品能尽快投放市场,必须能满足生产纲领的要求。

3)尽量降低制造成本。

4)注意减轻工人的劳动强度,保证生产安全。

4. 机械加工工艺规程设计的步骤

1)阅读装配图和零件图。了解产品的用途、性能和工作条件,熟悉零件在产品中的地位和作用。

2)对零件图和装配图进行工艺审查。审查图样上的视图、尺寸公差和技术要求是否完整、正确、统一;找出主要技术要求和分析关键的技术问题;审查零件的结构工艺性。如发现有不合理之处应及时提出,并同有关设计人员商讨图样修改方案,报主管领导审批。

3)由产品的年生产纲领和自身特性确定零件生产类型。

4)确定毛坯。主要确定毛坯的类型和尺寸。

5)拟定机械加工工艺路线。这是制订机械加工工艺规程的核心。其主要内容包括:选择定位基准、确定各加工表面的加工方法、划分加工阶段、确定工序集中和分散程度,安排加工顺序以及安排热处理、检验和其他工序等。在拟定工艺路线时,须同时提出几种可能的加工方案,然后通过技术和经济的对比分析,最后确定一种最为合理的工艺方案。

6)确定各工序所用机床设备和工艺装备(含夹具、刀具、量具等),对需要改装或重新设计的专用工艺装备,应提出具体设计任务书。

7)确定各主要工序的技术要求及检验方法。

8)确定各工序的加工余量,计算工序尺寸及其公差。

9)确定各工序的切削用量和工时定额。

10)填写工艺文件。

5. 机械加工工艺规程设计所需原始资料

1)产品的装配图和零件图。

2)产品的生产纲领。

3)现有生产条件和资料。毛坯的生产条件或协作关系、工艺装备及专用设备的制造能力、有关机械加工车间的设备和工艺装备的条件、技术工人的水平以及各种工艺资料和标准等。

4)国内外同类产品的有关工艺资料等。

第二节　机械加工工艺规程设计

一、零件的结构工艺性分析

零件的结构工艺性是指所设计的零件在满足使用要求的前提下，制造的可行性和经济性。零件的结构是根据其用途和使用要求来进行设计的，功能相同的零件，其结构工艺性可以有很大差异。所谓结构工艺性好，是指在现有工艺条件下既能方便制造，又有较低的制造成本。

零件的制造包括毛坯生产、切削加工、热处理和装配等许多生产阶段，各个生产阶段都是有机地联系在一起的。结构设计时，必须全面考虑，使在各个生产阶段都具有良好的工艺性。产生矛盾时，应统筹考虑，予以妥善解决。并且，在设计的开始阶段，就应充分注意结构设计的工艺性。

零件机械加工结构工艺性的分析包括以下几方面：

1. 零件结构要素必须符合标准规定

零件结构要素如螺纹、花键、齿轮、中心孔、空刀槽等的结构和尺寸，都应符合国家标准规定。零件结构要素的标准化，不仅可以简化设计工作，而且在产品加工过程中可以使用标准的和通用的工艺装备（刀具、量具等），可以缩短零件的生产准备周期，可以降低生产成本，产品上市也快。

2. 合理标注零件的尺寸、公差和表面粗糙度

零件图上的尺寸标注既要满足设计要求，又要便于加工。直接影响装配精度的设计尺寸通过装配尺寸链的分析来标注（详见第六节机器装配工艺规程设计），其余尺寸应按工艺要求标注。

1）按加工顺序标注尺寸，避免多尺寸同时保证。如图 5-7 所示的零件，端面 A 和 B 都需要最终磨削，在图 5-7a 中，磨削 A 面后同时获得尺寸 45mm 和 165mm；磨削 B 面后同时获得尺寸 45mm、60mm 和 145mm。这两组尺寸中，都只有一个尺寸可以直接获得，其余尺寸则要经过工艺尺寸链换算才能获得。这将会增加零件的精度要求，故工艺性不好。改为如图 5-7b 所示的标注后，磨削 A 面时，仅保证尺寸 165mm；磨削 B 面时，仅保证尺寸 60mm。没有多尺寸同时保证问题，不会增加零件的加工难度，结构工艺性好。

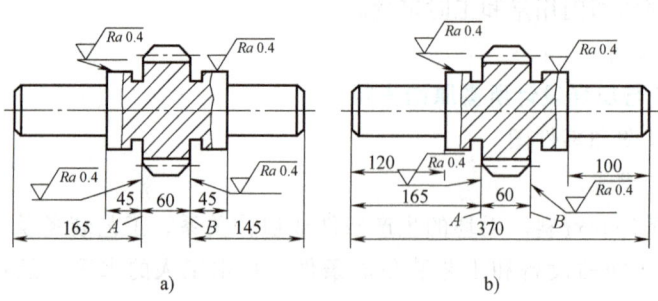

图 5-7　按加工顺序标注尺寸

a）不正确　b）正确

2）尽可能由定位基准或工序基准标注尺寸，避免基准不重合误差。

3）零件上的尺寸公差、几何公差和表面粗糙度的标注，应根据零件的功能，经济合理地决定。过高的要求会增加制造难度，过低的要求会影响工作性能，两者都不合理。

3. 有便于装夹的定位基准和夹紧表面

产品设计人员在设计零件图时，应充分考虑零件加工时可能采用的定位基准面和夹紧表面。尽量选用能够进行稳定定位的表面作设计基准。如果零件上没有合适的设计基准、装配基准作为定位基准，应考虑设置辅助基准面。辅助基准面应标注相应的尺寸公差、几何公差和表面粗糙度值。

4. 保证刀具正常工作和能以较高的生产率加工

零件机械加工结构应使刀具可以正常工作，加工中不出现干涉，且要保证较高的生产率，即要便于加工。

表 5-5 列举了在常规工艺条件下零件结构工艺性分析的范例。

表 5-5 零件结构工艺性分析范例

序号	零件结构		
	工艺性不好		工艺性好
1	孔离箱壁太近：① 钻头在圆角处易引偏；② 箱壁高度尺寸大，需加长钻头才能钻孔		① 加长箱耳，不需加长钻头可钻孔；② 只要使用上允许，将箱耳设计在某一端，则不需加长箱耳，可方便加工
2	车螺纹时，螺纹根部易打刀；工人操作紧张，且不能清根		留有退刀槽，可使螺纹清根，操作相对容易，可避免打刀
3	插键槽时，底部无退刀空间，易打刀		留出退刀空间，避免打刀
4	小齿轮无法加工，插齿无退刀空间		大齿轮可滚齿或插齿加工，小齿轮可以插齿加工
5	斜面钻孔，钻头易引偏		只要结构允许，留出平台，可直接钻孔

(续)

序号	零件结构			
	工艺性不好		工艺性好	
6	加工面设计在箱体内,加工时调整刀具不方便,观察也困难	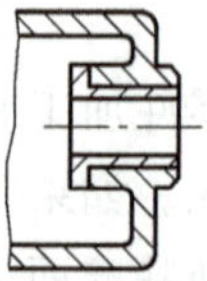	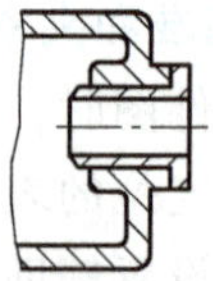	加工面设计在箱体外部,加工方便
7	加工面高度不同,需两次调整刀具加工,影响生产率	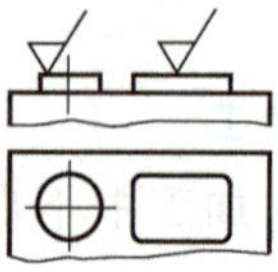	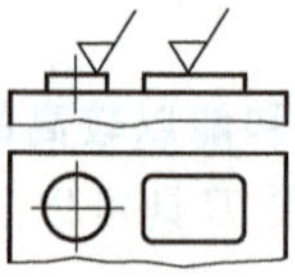	加工面在同一高度,一次调整刀具,可加工两个平面
8	三个空刀槽的宽度有三种尺寸,需用三把不同尺寸的刀具加工	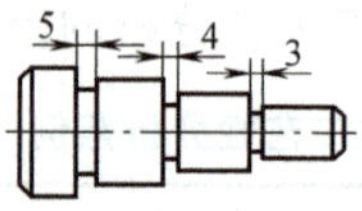	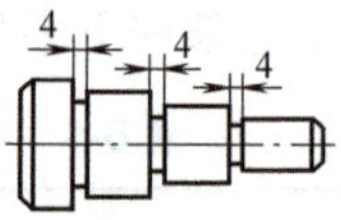	同一个宽度尺寸的空刀槽,使用同一把刀具即可加工
9	加工面大,加工时间长,并且零件尺寸越大,平面度误差越大	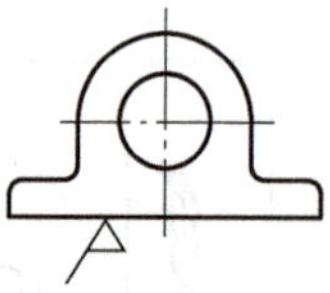	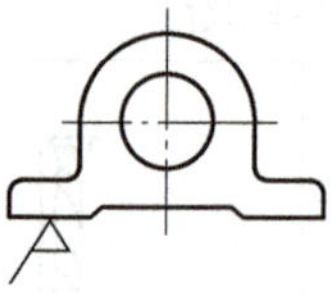	加工面减小,节省工时,减少刀具损耗,并且容易保证平面度要求
10	键槽设置在阶梯轴90°方向上,需两次装夹加工	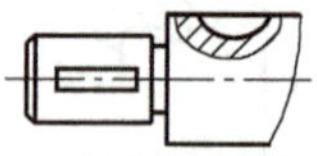	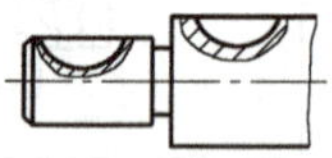	将阶梯轴的两个键槽设计在同一方向上,一次装夹即可对两个键槽加工
11	钻孔过深,加工时间长,钻头损耗大,并且钻头易偏斜	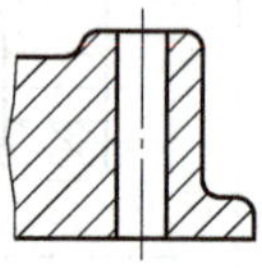	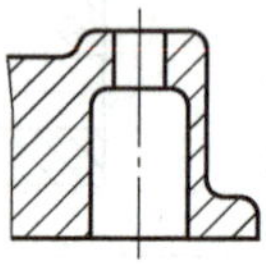	钻孔的一端留空刀,钻孔时间短,钻头寿命长,钻头不易偏斜

二、毛坯的选择

在制订机械加工工艺规程时,毛坯选择是否正确,不仅直接影响毛坯的制造工艺及费用,而且对零件的机械加工工艺、设备、工具以及工时的消耗等都有很大影响。毛坯的形状和尺寸越接近成品零件,机械加工的劳动量就越少,但毛坯制造的成本可能会越高。由于原材料消耗的减少,会抵消或部分抵消毛坯制造成本的增加。所以应根据生产纲领、零件的材料、形状、尺寸、精度、表面质量及具体的生产条件等综合考虑,合理地确定毛坯的类型及制造方法,确定毛坯精度等级。在毛坯选择时,既要考虑到热加工方面的因素,也要兼顾冷加工方面的要求,同时应充分注意到采用新工艺、新技术、新材料的可能性,以降低成本、提高质量和生产率。

1. 毛坯种类的确定

常用毛坯的种类有:铸件、锻件、型材、焊接件、冲压件、粉末冶金件和工程塑料件等。其特点见表5-6。

表 5-6 机械制造业常用毛坯特点

毛坯种类	毛坯制造方法	材料	形状复杂性	公差等级	特点及适应的生产类型	
型材	热轧	钢、有色金属（棒料、板、异形等）	简单	IT11、IT12	常用作轴、套类零件及焊接毛坯件,冷轧坯尺寸精度高但价格昂贵,多用于自动机加工坯料	
	冷轧（拉）			IT9、IT10		
铸件	木模手工造型	铸铁、铸钢和有色金属	复杂	IT12、IT14	单件小批生产	铸造可获得复杂形状毛坯,其中灰铸铁因其成本低廉,耐磨性和吸振性好而广泛用于机架、箱体类零件毛坯
	木模机器造型			~IT12	成批生产	
	金属型机器造型			~IT12	大批大量生产	
	离心铸造	有色金属、部分黑色金属	回转体	IT12~IT14	成批以上生产	
	压铸	有色金属	可复杂	IT9、IT10	大批大量生产	
	熔模铸造	铸钢、铸铁	复杂	IT10、IT11	成批以上生产	
	失蜡铸造	铸铁、有色金属			大批大量生产	
锻件	自由锻造	钢	简单	IT12~IT14	单件小批生产	金相组织纤维化且走向合理,零件机械强度高
	模锻		较复杂	IT11、IT12	大批大量生产	
	精密模锻			IT10、IT11		
冲压件	板料加工	钢、有色金属	较复杂	IT8、IT9	大批大量生产	
粉末冶金件	粉末冶金	铁、铜、铝基材料	较复杂	IT7、IT8	机械加工余量极小或无机械加工余量,适用于大批大量生产	
	粉末冶金热模锻			IT6、IT7		
焊接件	普通焊接	铁、铜、铝基材料	较复杂	IT12、IT13	单件小批或成批生产,生产周期短,不需准备模具,刚性好,节省材料,常用以代替铸件	
	精密焊接			IT10、IT11		
工程塑料件	注射成形 吹塑成形 精密模压	工程塑料	复杂	IT9、IT10	大批大量生产	

合理选择毛坯,除参考表 5-6 外,还要综合考虑下列因素的影响:

1) 零件的材料及其力学性能。在选择毛坯制造方法时,首先要考虑材料的工艺特性,如可铸性、可锻性、可焊性等。当零件的材料确定后,毛坯的类型也就大致确定了。例如,零件材料是铸铁,就选铸造毛坯;材料是钢材,且力学性能要求高时,就选锻件;当力学性能要求较低时,可选型材或铸钢。

2) 生产类型。生产类型在很大程度上决定了采用某种毛坯制造方法的经济性。大批大量生产时,可选精度和生产率都比较高的毛坯制造方法,虽然毛坯制造费用较高,但可通过材料消耗的减少和机械加工费用的降低来补偿。如锻件可采用模锻、冷轧和冷拉型材;铸件可采用金属型机器造型或精铸等。单件小批量生产时,可选精度和生产率都比较低的毛坯制造方法。如木模手工造型和自由锻等。

3) 零件的形状和尺寸。形状复杂的毛坯,常用铸造方法。薄壁零件,不可用砂型铸造;尺寸大的零件宜用砂型铸造;中、小型零件可用较先进的铸造方法。常见的一般用途的钢质阶梯轴零件,如各台阶的直径相差不大,可选用棒料;如各台阶的直径相差较大,宜用锻件;对于锻件,尺寸大的可选自由锻,尺寸小时可选用模锻。

4）现有生产条件。确定毛坯时，必须结合具体的生产条件，如现场毛坯制造的实际水平和能力、外协的可能性等。

5）充分考虑利用新工艺、新技术和新材料的可能性。

2. 毛坯形状和尺寸的确定

现代机械制造技术的发展趋势之一，就是通过毛坯的精化使之形状和尺寸尽量接近于零件，以减少机械加工的劳动量，力求实现少、无切削加工。但是，受毛坯制造技术的限制，加之对零件精度和表面质量的要求越来越高，故毛坯仍留有一定的加工余量，以便通过机械加工来达到质量要求。因此毛坯尺寸和零件尺寸是有差异的，其差值称为毛坯加工余量，毛坯制造尺寸的公差称为毛坯公差。毛坯加工余量及公差同毛坯制造方法有关，生产中可参照有关工艺手册或企业的标准来确定。

另外，工艺人员在设计机械加工工艺规程之前，还要进一步熟悉毛坯的特点。例如，对于铸件应了解其分型面、浇口和铸钢件冒口的位置以及铸件公差和起模斜度等。这些都是设计机械加工工艺规程时不可缺少的原始资料。毛坯的种类和质量与机械加工关系密切。例如精密铸件、压铸件、精铸件等，毛坯质量好，精度高，它们对保证加工质量、提高劳动生产率和降低机械加工工艺成本有重要作用，但毛坯制造成本较高。因此，在选择毛坯的时候，除了要考虑零件的作用、生产纲领和零件的结构以外，还必须综合考虑产品的制造成本和市场需求。

有些零件为了加工时安装方便，常在其毛坯上做出工艺凸台，如图5-8所示，活塞的毛坯在顶面上铸出一工艺凸台，加工时，在工艺凸台上打一中心孔作为定位基准；加工结束时，再将其切除。

为了保证加工质量和加工方便，常将分离零件做成一个整体毛坯，加工到一定阶段后再切割分离。对于半圆形的零件，一般应合并成一个整圆的毛坯；对于一些小的、薄的零件（如轴套、垫圈和螺母等），可以将若干零件合成一件毛坯，待加工到一定阶段后再切割分离。如图5-9所示为车床进给系统中的开合螺母外壳，就是将其毛坯做成整体，待加工到一定阶段后再分割成两个零件。

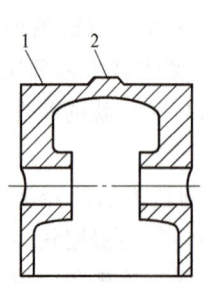

图5-8 具有工艺凸台的活塞毛坯

1—顶面 2—工艺凸台

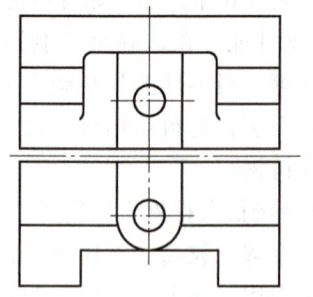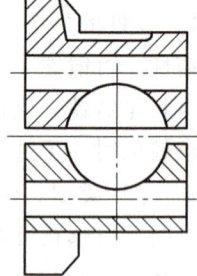

图5-9 车床开合螺母外壳简图

三、定位基准的选择

定位基准的选择直接影响零件的加工精度能否保证，加工顺序的安排以及夹具结构的复杂程度等，所以它是制订工艺规程中的一个十分重要的问题。

1. 基准的概念

基准是用来确定生产对象上几何要素之间的几何关系所依据的那些点、线、面。基准是由具体的几何表面来体现的，称为基面。基准根据其功用的不同可分为设计基准和工艺基准。

(1) 设计基准 设计图样上标注设计尺寸所依据的基准，称为设计基准。如图 5-10a 所示的钻套，轴线 OO 是各外圆表面及内孔的设计基准；端面 A 是端面 B、C 的设计基准；内孔表面 D 的中心线是 $\phi 40h6$ 外圆表面的径向圆跳动和端面 B 轴向圆跳动的设计基准。同理，如图 5-10b 所示 F 面是 C 面及 E 面尺寸的设计基准，也是两孔垂直度和 C 面平行度的设计基准；A 面为 B 面尺寸及平行度的设计基准。作为设计基准的点、线、面

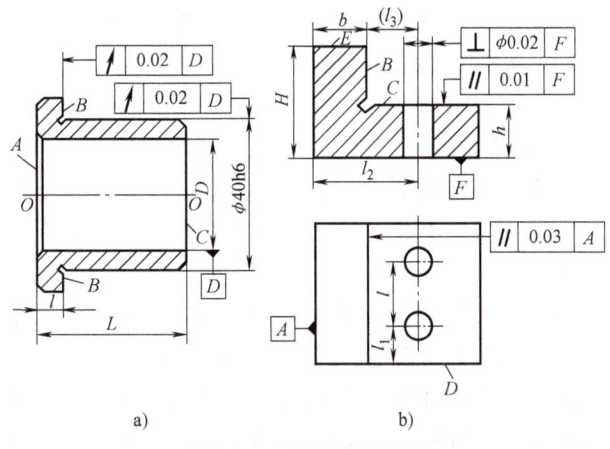

图 5-10 设计基准示例

在工件上不一定具体存在，例如表面的几何中心、对称线、对称平面等。

(2) 工艺基准 工艺过程中所使用的基准，称为工艺基准。按其用途不同又可分为工序基准、定位基准、测量基准和装配基准。

1) 工序基准。在工序图上用来确定本工序加工表面尺寸、形状和位置所依据的基准，称为工序基准。如图 5-11 所示为一个工序简图，对于轴向尺寸，端面 C 是端面 T 的工序基准，端面 T 是端面 A、B 的工序基准；对于径向尺寸，孔中心线为外圆 D 和内孔 d 的工序基准。为减少基准转换误差，应尽量使工序基准和设计基准重合。

2) 定位基准。在加工中用于工件定位的基准，称为定位基准。作为定位基准的点、线、面，在工件上有时不一定具体存在（例如，孔的中心线、轴的中心线、平面的对称中心

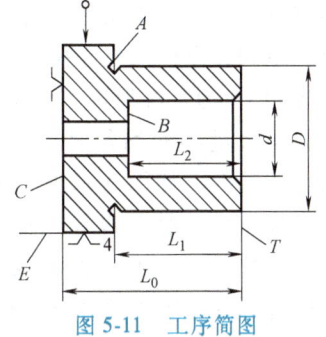

图 5-11 工序简图

面等），而常由某些具体的定位表面来体现，这些定位表面称为定位基面。例如，在图 5-11 中，工件被夹持在自定心卡盘上，车外圆 D 和镗内孔 d，此时被加工尺寸 D 和 d 的设计基准与定位基准皆为中心线，定位基面为外圆面 E。

3) 测量基准。工件在加工中或加工后，测量尺寸和几何误差所依据的基准，称为测量基准。例如，在图 5-11 中，尺寸 L_1 和 L_2 可用深度卡尺来测量，端面 T 就是端面 A、B 的测量基准。

4) 装配基准。在装配时用来确定零件或部件在产品中相对位置所依据的基准，称为装配基准。如图 5-10a 所示钻套的外圆表面 $\phi 40h6$ 就是钻套的装配基准。

上述各种基准应尽可能使之重合。在设计机器零件时，应尽量选用装配基准作为设计基准；在编制零件的加工工艺规程时，应尽量选用设计基准作为工序基准；在加工及测量工件时，应尽量选用工序基准作为定位基准及测量基准；以消除由于基准不重合引起的误差。

2. 定位基准的选择

在工艺规程设计中,正确选择定位基准,对保证零件技术要求、确定加工先后顺序有着至关重要的影响。定位基准有精基准与粗基准之分。用毛坯上未经加工的表面作定位基准,称为粗基准;用加工过的表面作定位基准,称为精基准。在选择定位基准时一般都是先根据零件的加工要求选择精基准,然后再考虑用哪一组表面作粗基准才能把精基准加工出来。

(1) 精基准的选择原则　选择精基准时,应从整个工艺过程来考虑如何保证工件的尺寸精度和位置精度,并使装夹方便可靠。选择精基准一般应遵循以下几项原则:

1) 基准重合原则。应尽可能选择所加工表面的设计基准为精基准,这样可以避免由于基准不重合引起的定位误差。有关由于基准不重合而引起的定位误差的分析与计算参见第三章。在数控机床上装夹的工件应力求使设计基准、工艺基准与编程原点重合,以减少基准不重合误差和数控编程中的计算工作量。

2) 基准统一原则。在工件的加工过程中尽可能地采用统一的定位基准,称为基准统一原则。采用基准统一原则便于保证各加工表面间的位置精度,避免基准转换所产生的误差,并简化夹具的设计和制造。例如,加工轴类零件时,一般都采用两个中心孔作为统一的精基准来加工轴类零件上的所有外圆表面和端面,这样可以保证各外圆表面间的同轴度和端面对轴心线的垂直度。一般箱体类零件常用一个平面和两个距离较远的孔作为统一精基准。盘类零件常用一端面和一端孔作为统一精基准。有些工件可能找不到合适的表面作为统一基准,必要时可在工件上增设一组专供定位用的表面,即辅助基准面定位。如活塞零件的止口和端面。

3) 互为基准原则。当工件上两个加工表面之间的位置精度要求比较高时,可以采用互为基准、反复加工原则。例如车床主轴前后支承轴颈与主轴锥孔间的同轴度要求高,一般先以支承轴颈定位加工锥孔,再以锥孔定位加工轴颈,如此反复加工来达到同轴度要求。

4) 自为基准原则。当精加工或光整加工工序要求余量小而均匀时,常以加工表面本身作为定位基准。如图5-12所示在导轨磨床上磨削床身导轨面,就是以导轨面本身为基准来找正定位。此外,拉孔、浮动铰孔、浮动镗孔、无心磨外圆及珩磨等都是自为基准的例子。

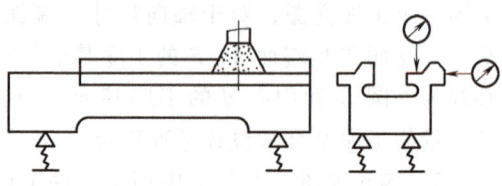

图 5-12　自为基准的例子

精基准选择时,一定要保证工件定位准确,夹紧可靠,夹具结构简单,工件装夹方便。因此,精基准应该是精度较高、表面粗糙度值较小、支承面积较大的表面。零件上的某些次要表面(非配合表面),因工艺上宜作定位基准而提高它的加工精度和表面质量以便定位时使用,这种表面也称为辅助基准。例如丝杠螺纹的加工中,外圆表面是导向基面,它的圆度和圆柱度直接影响到螺纹的加工精度,所以要提高其加工精度,并降低其表面粗糙度值。

采用数控加工的零件,以同一基准定位十分必要,否则难以保证两次定位安装加工后各个加工面的轮廓位置及尺寸精度。如果零件本身有合适的孔,就用它来作定位基准孔;如果零件上没有合适的孔,可设置工艺孔作为定位基准;如零件上无法打工艺孔,可以零件轮廓的基准边定位或在毛坯上增加工艺凸耳,打出工艺孔,在完成定位加工后再切除。如图5-13所示为增加定位用工艺凸耳的例子。

应当指出的是:上述精基准选择的各项原则,有时不可能同时满足,必须结合具体情况,综合考虑,灵活掌握。

（2）粗基准的选择原则　选择粗基准主要是选择第一道机械加工工序的定位基准，以便为后续工序提供精基准。它主要考虑如何合理分配各加工表面的余量和保证不加工表面与加工表面间的尺寸及相互位置要求。选择粗基准时，一般应遵循以下几项原则：

图 5-13　增加定位用工艺凸耳的例子

1）为了保证不加工表面与加工表面之间的位置关系，应选择不加工表面作粗基准，如图 5-14a 所示零件，表面 1 为不加工表面，为保证镗孔后零件的壁厚均匀，应选表面 1 作粗基准镗孔、车外圆、车端面。如果零件上有几个不加工表面，则应以其中与加工面相互位置要求较高的表面作粗基准，如图 5-14b 所示，该零件有三个不加工表面，若加工表面 4 与表面 2 所组成的壁厚均匀度要求较高时，则应选择表面 2 作为粗基准来加工台阶孔。

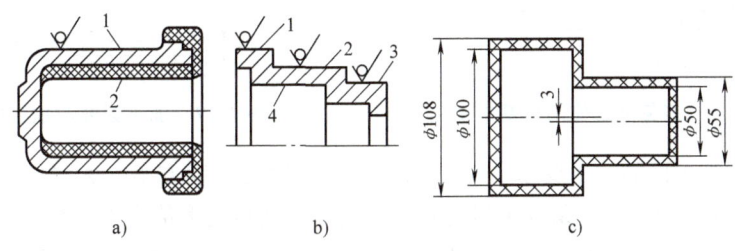

图 5-14　粗基准的选择

2）对于有多个加工表面的工件，选择粗基准时，应考虑合理地分配各表面的加工余量。在加工余量的分配上应考虑以下两点：

① 应保证各主要加工表面都有足够的余量。为满足这一要求，应选择毛坯余量最小的表面作粗基准，如图 5-14c 所示的阶梯轴，大头直径上的加工余量为 8mm，小头直径上的加工余量为 5mm，应选择 φ55mm 外圆表面作粗基准。

② 对于工件上的某些重要表面（如床身导轨面和箱体的重要孔等），为了尽可能使其加工余量均匀，应选择重要表面作粗基准。如图 5-15 所示的车床床身，导轨表面是重要表面，要求耐磨性好，且在整个导轨表面内具有大体一致的力学性能。因此，加工时应选择导轨表面作为粗基准加工床腿底面，然后以床腿底面为基准加工导轨平面。

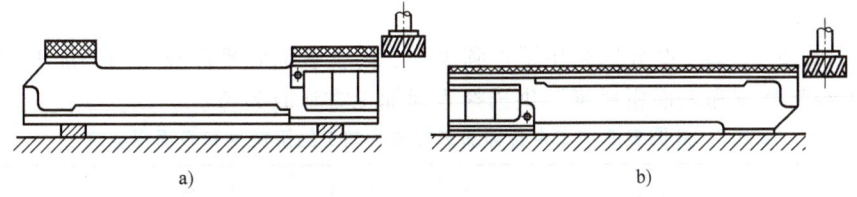

图 5-15　床身加工粗基准选择

3）粗基准应避免重复使用。在同一尺寸方向上，粗基准通常只允许使用一次，以免产生较大的定位误差。如图 5-16 所示的小轴加工，如重复使用 B 面去加工 A，C 面，则必然会使 A 面与 C 面的轴线产生较大的同轴度误差。

4）选作粗基准的表面应平整，没有浇口、冒口或飞边等缺陷，以便定位可靠。

四、机械加工工艺路线的拟订

1. 表面加工方法的选择

工件上的加工表面往往需要通过粗加工、半精加工、精加工等才能逐步达到质量要求。而达到同样加工质量要求的表面,其加工过程和最终加工方法可以有多种方案。表面加工方案的选择应根据零件各表面所要求的加工精度、表面粗糙度和零件结构特点,选用相应的加工方法和加工方案。选择表面加工方案时应注意以下几点:

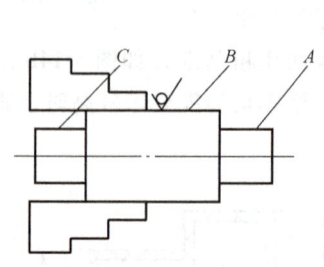

图 5-16 避免重复使用粗基准示例

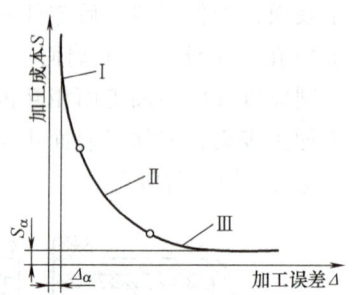

图 5-17 加工误差与加工成本的关系

(1) 根据加工表面的技术要求,尽可能采用经济加工精度方案 大量统计资料表明,同一种加工方法,在不同的加工条件下所得到的精度和表面粗糙度值是不一样的。某一种加工方法的加工误差(或精度)和成本的关系如图 5-17 所示。在Ⅰ段,当零件加工精度要求很高时,零件成本也很高,甚至成本再高,其精度也不能再提高了,存在着一个极限的加工精度,其误差为 Δ_α。相反,在Ⅲ段,虽然精度要求很低,但成本也不能无限降低,其最低成本的极限值为 S_α。在Ⅱ段,加工方法与加工精度是相互适应的,加工误差与成本基本上是反比关系,可以较经济地达到一定的精度。Ⅱ段的精度范围就是该种加工方法经济精度的范围。因此,某种加工方法的经济精度,就是指在正常的工作条件下(包括完好的机床设备、必要的工艺装备、标准的工人技术等级、标准的耗用时间和生产费用)所能达到的加工精度。

与经济加工精度相似,各种加工方法所能达到的表面粗糙度值也有一个较经济的范围。各种加工方法所能达到的经济精度、表面粗糙度值以及表面形状、位置精度可查阅《金属机械加工工艺人员手册》。工程技术人员的任务,就是要根据具体加工条件(加工表面技术要求、生产类型、设备状况、工人的技术水平等)选用最适当的加工方法,加工出合乎图样要求的机器零件。

表 5-7、表 5-8、表 5-9 分别列出了外圆表面、内孔表面和平面较常用的加工方案及其能达到的加工经济精度和表面粗糙度,供选择表面加工方法时参考。

表 5-7 外圆表面加工中各种加工方法的加工经济精度和表面粗糙度

序号	加工方法	经济精度 公差等级	表面粗糙度 $Ra/\mu m$	适应范围
1	粗车	IT13~IT11	50~12.5	
2	粗车—半精车	IT10~IT8	6.3~3.2	适用于除淬火钢以外的金属材料
3	粗车—半精车—精车	IT8~IT7	0.8~1.6	
4	粗车—半精车—精车—滚压(抛光)	IT8~IT7	0.2~0.025	

（续）

序号	加工方法	经济精度公差等级	表面粗糙度 $Ra/\mu m$	适应范围
5	粗车—半精车—磨削	IT8~IT7	0.8~0.4	主要用于淬火钢,也可用于未淬火钢,但不宜加工有色金属
6	粗车—半精车—粗磨—精磨	IT7~IT6	0.4~0.1	
7	粗车—半精车—粗磨—精磨—超精加工	IT5	0.1~0.01	
8	粗车—半精车—精车—精细车	IT7~IT6	0.4~0.025	主要用于有色金属加工
9	粗车—半精车—粗磨—精磨—超精磨	IT5~	0.025~0.005	极高精度的外圆加工
10	粗车—半精车—粗磨—精磨—研磨	IT5~	0.1~0.01	

表5-8 内孔表面加工中各种加工方法的加工经济精度和表面粗糙度

序号	加工方法	经济精度公差等级	表面粗糙度 $Ra/\mu m$	适应范围
1	钻	IT13~IT11	≥12.5	加工未淬火钢及铸铁实心毛坯,也可用于加工有色金属
2	钻—扩	IT11~IT10	12.5~6.3	
3	钻—扩—铰	IT9~IT8	3.2~1.6	
4	钻—扩—粗铰—精铰	IT7	1.6~0.8	
5	钻—铰	IT10~IT8	6.3~1.6	
6	钻—粗铰—精铰	IT8~IT7	1.6~0.8	
7	钻—(扩)—拉	IT9~IT7	1.6~0.1	大批量生产
8	粗镗(或扩孔)	IT13~IT11	12.5~6.3	除淬火钢外的各种钢材,毛坯上已有铸出或锻出孔
9	粗镗(扩)—半精镗(精扩)	IT9~IT8	3.2~1.6	
10	粗镗(扩)—半精镗(精扩)—精镗(铰)	IT8~IT7	1.6~0.8	
11	粗镗(扩)—半精镗(精扩)—精镗(铰)—浮动镗	IT7~IT6	0.8~0.4	
12	粗镗(扩)—半精镗—磨	IT8~IT7	0.8~0.2	主要用于淬火钢,不宜用于有色金属
13	粗镗(扩)—半精镗—粗磨—精磨	IT7~IT6	0.2~0.1	
14	粗镗—半精镗—精镗—金刚镗	IT7~IT6	0.4~0.05	主要用于有色金属

表5-9 平面加工中各种加工方法的加工经济精度和表面粗糙度

序号	加工方法	经济精度公差等级	表面粗糙度 $Ra/\mu m$	适应范围
1	粗车—半精车	IT13~IT11	6.3~3.2	回转体零件的端面
2	粗车—半精车—精车	IT8~IT7	1.6~0.8	
3	粗车—半精车—磨削	IT8~IT6	0.8~0.2	
4	粗刨(或粗铣)—精刨(或精铣)	IT9~IT8	6.3~1.6	一般未淬硬表面
5	粗刨(或粗铣)—精刨(或精铣)—刮研	IT7~IT6	0.8~0.1	
6	粗刨(或粗铣)—精刨(或精铣)—宽刀精刨	IT7~IT6	0.8~0.2	
7	粗刨(或粗铣)—精刨(或精铣)—磨削	IT7	0.8~0.2	精度要求高的淬硬表面和不淬硬表面
8	粗刨(或粗铣)—精刨(或精铣)—粗磨—精磨	IT7~IT6	0.4~0.02	
9	粗铣—拉	IT9~IT7	0.8~0.2	大量生产较小平面
10	粗铣—精铣—精磨—研磨	IT5~	0.1~0.008	高精度平面

（2）根据工件材料的性质及热处理，选用相应的加工方法　例如，淬火钢的精加工要用磨削，对于硬度低、韧性较高的金属材料，如有色金属，为避免磨削时堵塞砂轮，则要用高速精细车或精细镗等高速切削的方法。

（3）考虑工件的结构形状和尺寸　例如，对于公差为 IT7 的孔采用镗、铰、拉和磨削等都行，但是，箱体上的孔一般不宜采用拉或磨，而常常选择镗孔（大孔时）或铰孔（小孔时）。对于由任意直线和曲线组成的形状复杂的回转体零件，可用数控车削；对于零件上的曲线轮廓，特别是由数学表达式描绘的非圆曲线和列表曲线等曲线轮廓，以及采用通用铣床加工难以观察、测量和控制进给的内外凹槽等，宜用数控铣削；但对于简单的粗加工表面、需长时间占机调整的粗加工表面、毛坯上的加工余量不太充分或不太稳定的部位及必须用细长铣刀加工的部位等，不宜用数控铣削加工。

（4）结合生产类型考虑生产率和经济性　选择加工方法必须考虑生产率和经济性。大批大量生产应选用生产率高和质量稳定的加工方法，可采用专用机床和自动机床。例如平面和孔可采用拉削加工，轴类零件可用半自动液压仿形车。而单件小批生产则用通用机床、通用工艺装备和一般的加工方法，如采用刨削、铣削平面，采用钻、扩、铰加工孔等。

（5）考虑本厂（或本车间）的现有设备状况和技术条件　应充分利用现有设备，挖掘潜力，发挥人的积极性和创造性。

在选择加工方法时，一般总是首先根据零件主要表面的技术要求和工厂具体条件，先选定该表面终加工工序加工方法，然后再逐一选定该表面各有关前道工序的加工方法。例如，加工一个精度等级为 IT6、表面粗糙度为 $Ra0.2\mu m$ 的淬硬钢件外圆表面，其终加工方法选用精磨，则其前道工序加工方法可分别选用粗车、半精车和粗磨，其加工方案为：粗车—半精车—热处理—粗磨—精磨。主要表面的加工方案和加工方法选定之后，再选定次要表面的加工方案和加工方法。

2. 加工阶段的划分

零件的加工质量要求较高时，一般都要经过粗加工、半精加工和精加工三个阶段；如果零件的加工精度要求特别高、表面粗糙度值要求特别小时，还要经过光整加工阶段。各个加工阶段的主要任务是：

（1）粗加工阶段　主要任务是切除加工表面上的大部分加工余量，使毛坯在形状和尺寸上接近成品零件，应着重考虑如何获得高的生产率。

（2）半精加工阶段　去除粗加工后留下的误差和缺陷，使被加工工件达到一定精度，为精加工作准备（控制精度和适当余量），并完成次要表面的加工，例如钻孔、攻螺纹、铣键槽等。

（3）精加工阶段　使各主要表面达到图样规定的质量要求。

（4）光整加工阶段　对于质量要求很高的表面，需进行光整加工，以进一步提高尺寸精度和形状精度，减小表面粗糙度值，但一般不能纠正表面间相互位置误差。

划分加工阶段的原因是：

1）保证加工质量。粗加工因切削余量大，切削力、切削热较大，装夹工件所需夹紧力亦较大，被加工工件会产生较大的受力变形和受热变形；此外，毛坯本身具有内应力，粗加工后，残存在工件中的内应力要重新分布，也会使工件产生变形。如果加工过程不划分阶段，把各个表面的粗、精加工工序混在一起交错进行，那么安排在工艺过程前期通过精加工工序获得的加工精度势必会被后续的粗加工工序所破坏,这是不合理的。加工过程划分为几个阶段后,粗加工阶段产生的误差和缺陷,可以通过半精加工和精加工阶段逐步予以修正,零件的加工质量可以得到保证。

2)有利于合理使用设备。粗加工工序需选用功率大、刚性好、生产率高、精度一般的设备,精加工工序则选用精度高的设备。划分加工阶段后,就可充分发挥粗、精加工设备的特点,避免以精干粗,做到合理使用设备。

3)便于安排热处理工序,使冷、热加工工序配合得更好。例如,粗加工后工件残余应力大,可安排时效处理,消除残余应力;热处理引起的变形又可在精加工中予以消除。

4)便于及时发现毛坯缺陷。毛坯的各种缺陷如气孔、砂眼和加工余量不足等,在粗加工后即可发现,便于及时修补或决定报废,以免继续加工后造成工时和费用的浪费。

5)精加工、光整加工安排在后,可保护精加工和光整加工过的表面少受磕碰损坏。

应当指出:加工阶段的划分不是绝对的,在应用时要灵活掌握。例如,对于加工质量要求不高,工件刚性好,毛坯精度较高、余量小时,就可少划分几个阶段或不划分阶段;有些刚性好的重型工件,由于装夹及运输很费时,也常在一次装夹下完成全部粗精加工。为了弥补不分阶段带来的缺陷,重型工件在粗加工工步后,松开夹紧机构,让工件有变形的可能,然后用较小的夹紧力重新夹紧工件,继续进行精加工。

3. 工序的集中与分散

工序集中与工序分散是拟定工艺路线时,确定工序数目(或工序内容多少)的两种不同的原则。工序集中就是将工件的加工,集中在少数几道工序内完成,每道工序的加工内容较多。工序分散就是将工件的加工,分散在较多的工序内进行,每道工序的加工内容很少,最少时每道工序仅一个简单工步。

工序集中具有如下特点:

1)有利于采用高效专用机床设备及工艺装备,生产率高。

2)工件装夹次数减少,不但可缩短辅助时间,还有利于保证各加工表面间的位置精度。

3)工序数目少,可减少机床数量、操作工人数和生产面积。

工序分散具有如下特点:

1)设备及工艺装备简单,调整和维修方便。

2)可采用最合理的切削用量,减少基本时间。

3)工序数多,设备数量多,操作工人多,占用生产面积大。

工序集中与工序分散各有利弊,应根据生产类型、现有生产条件、工件结构特点和技术要求等进行综合分析后选用。生产批量小时多采用工序集中,生产批量大时,可采用工序集中,也可采用工序分散。传统的以专用机床、组合机床为主体组建的流水生产线可以实现高效生产,但对产品改型的适应性较差,转产比较困难。采用数控机床和加工中心加工零件都按工序集中原则组织工艺过程,虽然设备的一次性投资较大,但由于可重组生产的能力强,生产适应性好,转产相对容易,因而受到越来越多的重视。

4. 加工顺序的安排

复杂工件的机械加工工艺路线中要经过切削加工、热处理和辅助工序。因此,在拟定工艺路线时,工艺人员要全面地把切削加工、热处理和辅助工序三者一起加以考虑。

(1) 机械加工工序的安排原则

1) 基面先行。选为精基准的表面,应安排在起始工序先进行加工,以便尽快为后续工序的加工提供精基准。

2) 先粗后精。当零件需要划分加工阶段时,先安排各表面的粗加工,中间安排半精加工,最后安排主要表面的精加工和光整加工。

3) 先主后次。先安排零件上的装配基面和工作表面等主要表面的加工,将次要表面(如键槽、紧固用的光孔、螺纹孔等)的加工穿插进行。因为次要表面的加工面积较小,它们又往往与主要表面有一定的相互位置要求,所以一般应放在主要表面半精加工之后进行加工。

4) 先面后孔。对于箱体、支架和连杆等工件,应先加工平面后加工孔。这是因为平面的轮廓平整,安放和定位比较稳定可靠,若先加工好平面,就能以平面定位加工孔,保证平面和孔的位置精度。此外,由于平面先加工,对于平面上的孔加工也带来方便,刀具的初始工作条件能得到改善。

另外,在安排数控加工顺序时,尚须考虑以下情况:

1) 进给路线短。数控加工中,应缩短刀具移动距离,减少空行程时间。

2) 换刀次数少。使用加工中心加工,一般每换一把新的刀具后,应通过移动坐标、回转工作台等将由该刀具切削的所有表面全部完成。

3) 工件刚性好。数控铣削中,先铣加强肋,后铣腹板,有利于提高工件刚性,防止振动。

(2) 热处理工序的安排 热处理工序在工艺路线中的位置安排,主要取决于热处理的目的。一般可分为:

1) 预备热处理。退火与正火常安排在粗加工之前,以改善材料切削加工性能和消除毛坯的内应力;调质一般应安排在粗加工之后、半精加工之前进行,以保证调质层的厚度;时效处理用以消除毛坯制造和机械加工中产生的内应力。对于精度要求不太高的工件,一般在毛坯进入机械加工之前安排一次人工时效即可。对于机床床身、立柱等结构复杂的铸件,应在粗加工前、后都进行时效处理,使材料组织稳定,日后不再有较大的变形产生。对于一些刚性差的精密零件(如精密丝杠),在粗加工、半精加工和精加工过程中要安排多次人工时效。所谓人工时效,就是将毛坯件以 50~100℃/h 的速度加热到 500~550℃,保温 3~5h,然后以 20~50℃/h 的速度随炉冷却。所谓自然时效,就是将毛坯件在露天放置几天到几个月时间,让毛坯在自然界经受日晒雨淋的锤炼,使材料组织内部应力松弛并逐渐趋于稳定。

2) 最终热处理。主要用于改善工件材料力学性能,如提高零件的表面硬度和耐磨性以及防腐、美观等。淬火、渗碳淬火等安排在磨削加工之前进行,这是因为淬火处理后尤其是渗碳淬火后工件会有较大的变形产生;渗氮处理由于温度低,变形小,且渗氮层较薄,故应放在精磨之后进行。表面装饰性镀层、发蓝处理,应安排在机械加工完毕之后进行。

(3) 辅助工序的安排 检验工序是主要的辅助工序,是保证产品质量的重要措施。除各工序操作者自检外,在关键工序前后、送往外车间加工前后、最终加工结束之后,一般均应安排检验工序。

零件表层或内腔的毛刺对机器装配质量影响甚大,切削加工之后,应安排去毛刺工序。

零件在进入装配之前,一般都应安排清洗工序。工件内孔、箱体内腔易存留切屑;研磨、珩磨等光整加工工序之后,微小磨粒易附着在工件表面上,要注意清洗。

在用磁力夹紧的工序之后，要安排去磁工序，不让带有剩磁的工件进入装配线。

此外，密封、称重、平衡及涂防锈油等都是不可忽视的辅助工序。

（4）工序间的衔接　有些零件的加工是由普通机床和数控机床共同完成的，数控机床加工工序一般穿插在整个工艺过程之间，应注意解决好数控工序与非数控工序间的衔接。如作为定位基准的孔和面的精度是否满足要求；后道工序的加工余量是否足够等。

5. 机床及工艺装备的选择

（1）机床设备的选择

1）机床的主要规格尺寸应与被加工工件的外形轮廓尺寸相适应，即小工件应选小的机床，大工件应选大的机床，做到设备合理使用。

2）机床的精度应与工序要求的加工精度相适应。对于高精度的工件，在缺乏精密设备时，可通过设备改装，以粗干精。

3）机床的生产率应与被加工工件的生产类型相适应。单件小批生产一般选择通用机床，大批量生产宜选高生产率的专用机床。

4）机床的选择应结合现场的实际情况。例如设备的类型、规格及精度状况，设备负荷的平衡情况以及设备的分布排列情况等。

5）合理选用数控机床。当有通用机床无法加工的内容，或通用机床难加工、质量也难以保证的加工内容时，可选用数控机床来加工。对于通用机床加工效率低，工人手工操作劳动强度大的加工内容，可在数控机床存在富余能力的基础上进行选择。

（2）工艺装备的选择　选择工艺装备，即确定各工序所用的夹具、刀具、量具和辅助工具等。工艺装备的选择将直接影响工件的加工精度、生产率和制造成本。

1）夹具的选择。单件小批生产应首先采用各种通用夹具和机床附件，如卡盘、台虎钳、分度头等。有组合夹具站的，可采用组合夹具。大批大量生产为提高劳动生产率应采用专用高效夹具。多品种中、小批生产可采用可调夹具或成组夹具。

采用数控加工时，对夹具有两个基本要求：一是要保证夹具的坐标方向与机床的坐标方向相对固定；二是要能协调零件与机床坐标系的尺寸。此外，还要考虑下列几点：

① 当零件加工批量小时，尽量采用组合夹具、可调夹具及其他通用夹具。

② 当小批或成批生产时可采用专用夹具，但应力求简单。

③ 夹具要敞开，其定位、夹紧机构元件不能影响加工中的进给（如产生碰撞等）。

④ 装卸零件要方便可靠，以缩短准备时间，批量较大的零件可采用气动或液压夹具、多工位夹具。

2）刀具的选择一般优先采用标准刀具。若采用工序集中时，应采用各种高效的专用刀具、复合刀具和多刃刀具等。刀具的类型、规格和精度等级应符合加工要求。

数控加工对刀具的刚性及寿命要求较普通加工严格。如果刀具的刚性不好，会影响加工效率，容易打断切削刃，还会使加工精度大大下降。如果刀具寿命短，则要经常换刀、对刀，既增加了准备时间，也容易在工件轮廓上留下接刀痕迹，影响工件表面质量。因此在选择各种刀具、辅具（刀柄、刀套、夹头等）时，应注重质量第一，价格第二。

3）量具的选择。单件小批生产应广泛采用通用量具，如游标卡尺、百分表和千分尺等。大批大量生产应采用各种量规和高效的专用检验夹具和量仪等。量具的精度必须与加工精度相适应。

五、加工余量、工序尺寸及公差的确定

1. 加工余量的概念

用去除材料方法制造机器零件时，一般都要从毛坯上切除一层层材料之后才能制造出符合图样规定要求的零件。

加工余量是指加工过程中所切去的金属层厚度。加工余量有工序余量和加工总余量（毛坯余量）之分。工序余量是指某一工序所切除的金属层厚度；加工总余量（毛坯余量）是毛坯尺寸与零件图样的设计尺寸之差。

加工总余量 Z_0 和工序余量 Z_i 的关系为

$$Z_0 = \sum_{i=1}^{n} Z_i$$

式中，n 为某一表面所经历的加工工序数。

工序余量有单边余量和双边余量之分。对于非对称表面如图 5-18a 所示，加工余量用单边余量 Z_b 表示

$$Z_b = l_a - l_b$$

式中，Z_b 为本工序的加工余量；l_a 为前工序的公称尺寸；l_b 为本工序的公称尺寸。

对于外圆与内圆这样的对称表面如图 5-18b、c 所示，其加工余量用双边余量 $2Z_b$ 表示。对于外圆表面如图 5-18b 所示

$$2Z_b = d_a - d_b$$

对于内圆表面如图 5-18c 所示

$$2Z_b = D_b - D_a$$

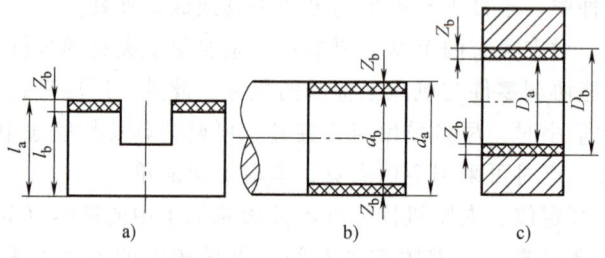

图 5-18 单边余量与双边余量

由于毛坯制造和各工序尺寸都有误差，各工序实际切除的余量值是变动的，所以加工余量又分为公称余量（简称余量）、最大余量 Z_{max} 和最小余量 Z_{min}。相邻两工序的公称尺寸之差即是公称余量。对于如图 5-19 所示被包容面加工情况，本工序加工的公称余量为

$$Z_b = l_a - l_b$$

公称余量的变动范围

$$T_z = Z_{max} - Z_{min} = T_b + T_a$$

式中，T_b 为加工面在本道工序的工序尺寸公差；T_a 为加工

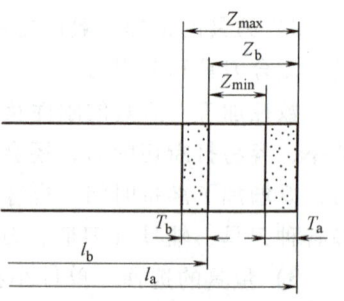

图 5-19 被包容面工序余量及其变动量

面在前道工序的工序尺寸公差。

工序尺寸偏差一般按入体原则标注。对被包容尺寸（例如轴径），上极限偏差为 0，其最大尺寸就是公称尺寸；对包容尺寸（例如孔径、槽宽），下极限偏差为 0，其最小尺寸就是公称尺寸。孔距类工序尺寸偏差按对称偏差配置。

2. 影响加工余量的因素

加工余量的大小对于工件的加工质量和生产率均有较大的影响。加工余量过大，不仅增加机械加工的劳动量，降低生产率，而且增加材料、工具和电力的消耗，提高了加工成本。若加工余量过小，则既不能消除前道工序的各种缺陷和误差，又不能补偿本道工序加工时工件的装夹误差，造成废品。因此，应当合理地确定加工余量。确定加工余量的基本原则是在保证加工质量的前提下越小越好。影响加工余量的因素如下：

（1）前道工序的各种表面缺陷和误差

1）表面粗糙度 Ra 和缺陷层 H_a。本道工序必须把前道工序留下的表面粗糙度 Ra 全部切除，还应切除前道工序在表面留下的一层金属组织已遭破坏的缺陷层 H_a，如图 5-20 所示。

2）前道工序的尺寸公差 T_a。工序的基本余量中包括了前道工序的尺寸公差 T_a。

3）前道工序的几何误差 ρ_a。ρ_a 是指不由尺寸公差 T_a 所控制的几何误差。形成上述误差的情况各异，有的可能是前道工序加工方法带来的，有的可能是热处理后产生的，也有的可能是毛坯带来的，虽经前道工序加工过，但仍未得到完全纠正。在确定加工余量时，必须考虑它们的影响。例如，如图 5-21 所示小轴，当轴线有直线度误差 ρ_a 时，须在本工序中纠正，因而直径方向的加工余量应增加 $2\rho_a$。

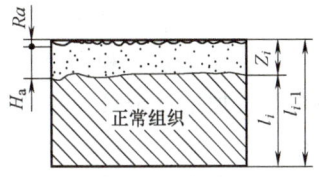

图 5-20　表面粗糙度 Ra 和缺陷层 H_a

（2）本道工序加工时的装夹误差 ε_i　装夹误差包括工件的定位误差和夹紧误差，当用夹具安装时，还包括夹具在机床上的安装误差。这些误差会使工件在加工时的位置发生偏移，所以加工余量还必须考虑装夹误差的影响。例如图 5-22 所示用自定心卡盘夹持工件外圆磨削孔时，由于自定心卡盘定心不准，使工件轴线偏离主轴旋转轴线 e 值，造成孔的磨削余量不均匀，为确保前道工序各项误差和缺陷的切除，孔的直径余量应增加 $2e$。

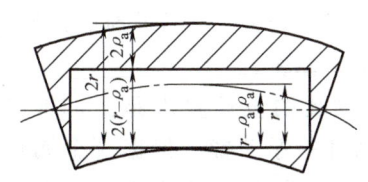

图 5-21　轴线直线度误差对加工余量的影响

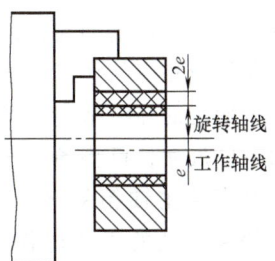

图 5-22　自定心卡盘装夹误差对加工余量的影响

ρ_a 与 ε_i 在空间可有不同的方向，它们的合成应为矢量和。

综上所述，可以得出工序余量的计算式

对于单边余量
$$Z_b = T_a + Ra + |\rho_a + \varepsilon_i|$$
对于双边余量
$$2Z_b = T_a + 2(Ra + H_a) + 2|\rho_a + \varepsilon_i|$$

在应用上述公式时,要结合具体情况进行修正。例如,在无心磨床上加工光轴、销或用浮动铰刀、浮动镗刀和拉刀加工孔时,都采用了自为基准原则,不计装夹误差 ε_i。几何误差 ρ_a 中也仅剩形状误差,不计位置误差,故公式为

$$2Z_b = T_a + 2(Ra + H_a) + 2\rho_a$$

对于研磨、珩磨、超精磨和抛光等光整加工,若主要是为改善表面粗糙度,则公式为

$$2Z_b = 2Ra$$

若还需提高尺寸和形状精度,则公式为

$$2Z_b = T_a + 2Ra + 2|\rho_a|$$

3. 确定加工余量的方法

确定加工余量的方法有三种:

(1) 查表法 根据《机械加工工艺手册》或工厂中积累的经验数据,可以查出各种工序余量或加工总余量,并结合具体情况加以修正来确定加工余量。此法在实际生产中广泛应用。

(2) 经验估算法 凭经验来确定加工余量。为防止因余量过小而产生废品,所估余量往往偏大。此法只可用于单件小批生产。

(3) 分析计算法 通过对影响加工余量的各项因素进行分析和综合计算,来确定所需要的最小工序余量。它是最经济合理的方法,但必须要有齐全而可靠的实验数据资料,且计算较繁琐,在实际生产中应用尚少。应该指出,对于大批大量生产,应力求采用分析计算法。

4. 工序尺寸及其公差的确定

零件图上所标注的尺寸及公差是零件加工最终所要求达到的尺寸要求,工艺过程中许多中间工序的尺寸公差,必须在设计工艺规程中予以确定。工序尺寸是零件加工过程中每道工序应保证的尺寸。正确地确定工序尺寸及其公差,是制订工艺规程的重要工作之一。生产上绝大部分加工都是在基准重合(工艺基准和设计基准重合)的情况下进行的。也有部分加工因各种原因是在基准不重合的情况下加工的,此时工序尺寸及公差一般通过解算工艺尺寸链确定。

对于各工序的定位基准与设计基准重合时的表面多次加工,各工序尺寸及公差取决于各工序的加工余量及相应的加工方法所能获得的经济精度。计算方法是:先确定各工序的基本余量及各工序加工的经济精度,然后根据设计尺寸和各工序余量,从后向前推算各工序公称尺寸,直到毛坯尺寸,再将各工序尺寸的公差按入体原则标注。

例如,某车床主轴箱箱体(材料为铸铁)的主轴孔的设计要求是:$\phi 100^{+0.035}_{0}$ mm、$Ra0.8\mu m$。该主轴孔的工艺过程为粗镗—半精镗—精镗—浮动镗。根据《金属切削工艺人员手册》查得各工序的加工余量和所能达到的经济精度见表 5-10 中第 2~4 列所示。最后即可确定各工序尺寸、公差、表面粗糙度及毛坯尺寸,具体计算及结果见表 5-10 第 5~7 列所示。

以上是基准重合时工序尺寸及其公差的确定方法。当工艺基准无法同设计基准重合的情况下,就必须应用尺寸链的原理进行分析计算。具体计算方法将在工艺尺寸链中介绍。

表 5-10 工序尺寸及公差的计算

工序名称	工序间余量 /mm	工序间 经济精度 /mm	工序间 表面粗糙度 /μm	工序尺寸 /mm	工序间 尺寸公差 /mm	工序间 表面粗糙度 /μm
浮动镗	0.1	H7($^{+0.035}_{0}$)	Ra0.8	100	$\phi 100^{+0.035}_{0}$	Ra0.8
精镗孔	0.5	H8($^{+0.054}_{0}$)	Ra1.25	100−0.1=99.9	$\phi 99.9^{+0.054}_{0}$	Ra1.25
半精镗孔	2.4	H10($^{+0.14}_{0}$)	Ra2.5	99.9−0.5=99.4	$\phi 99.4^{+0.14}_{0}$	Ra2.5
粗镗孔	5	H13($^{+0.54}_{0}$)	Ra16	99.4−2.4=97	$\phi 97^{+0.54}_{0}$	Ra16
毛坯孔	—	$^{+1}_{-2}$	—	97−5=92	$\phi 92^{+1}_{-2}$	—

六、工艺过程的生产率

（一）时间定额

时间定额是在一定生产条件下，规定生产一件产品或完成一道工序所需消耗的时间。时间定额是安排生产计划、核算生产成本的重要依据，也是设计或扩建工厂（或车间）时计算设备和工人数量的依据。因此，时间定额是工艺规程的重要组成部分。

时间定额规定的过紧会影响生产工人的劳动积极性和创造性，并容易诱发忽视产品质量的倾向；时间定额规定的过松就起不到指导生产和促进生产发展的积极作用。合理制订时间定额对保证产品加工质量、提高劳动生产率、降低生产成本具有重要意义。

完成一个工件的一个工序的时间称为单件时间 t_d，它由下列几部分组成。

1. 基本时间 t_j

基本时间是指直接改变生产对象的尺寸、形状、相对位置、表面状态或材料性质等工艺过程所消耗的时间。对于切削加工来说，基本时间是切除金属所耗费的机动时间。基本时间可通过计算的方法来确定。不同的加工面，不同的刀具或者不同的加工方式、方法，其计算公式不完全一样。但是计算公式中一般包括有刀具的切入、切削加工和切出时间。例如车削外圆，其计算公式为

$$t_j = \frac{l+l_1+l_2}{nf}i$$

式中，l 为加工长度（mm）；l_1 为刀具的切入长度（mm）；l_2 为刀具的切出长度（mm）；i 为进给次数，$i=\dfrac{Z}{a_p}$；Z 为加工余量（mm）；a_p 为背吃刀量（mm）；f 为进给量（mm/r）；n 为机床主轴转速（r/min），$n=\dfrac{1000v_c}{\pi D}$；v_c 为切削速度（m/min）；D 为加工直径（mm）。

2. 辅助时间 t_f

辅助时间是指为实现工艺过程所必须进行的各种辅助动作所消耗的时间。如装卸工件、

操作机床、改变切削用量、试切和测量工件、引进及退回刀具等动作所消耗的时间。

辅助时间的确定方法随生产类型不同而不同。大批大量生产时，为了使辅助时间规定得合理，须将辅助动作分解成单一动作，再分别查表求得各分解动作的时间，最后予以综合；对于中批生产，则可根据以往的统计资料确定；在单件小批生产中，一般用基本时间的百分比进行估算。

基本时间和辅助时间的总和称为作业时间。

3. 布置工作地时间 t_b

布置工作地时间是为使加工正常进行，工人照管工作地（如更换刀具、润滑机床、清理切屑、收拾工具等）所消耗的时间。一般按作业时间的 2%~7% 估算。

4. 休息和生理需要时间 t_x

休息和生理需要时间是指工人在工作班内，为恢复体力和满足生理上的需要所消耗的时间。一般按作业时间的 2% 估算。

以上四部分时间的总和即为单件时间 t_d。即

$$t_d = t_j + t_f + t_b + t_x$$

5. 准备与终结时间 t_z

在成批生产中，每加工一批工件的开始和终了时，工人需做以下工作：开始时，工人需熟悉工艺文件，领取毛坯、材料，领取和安装刀具和夹具，调整机床及其他工艺装备等；终了时，工人要拆下和归还工艺装备，送交成品等。工人为了生产一批产品和零部件，进行准备和结束工作所消耗的时间，称为准备终结时间 t_z。设一批工件的数量为 N，则分摊到每个工件上的准备终结时间为 t_z/N，将这部分时间加到单件时间上去，即为成批生产的单件核算时间 t_{dj}。即

$$t_{dj} = t_d + \frac{t_z}{N}$$

大批大量生产时，每个工作地始终完成某一固定工序，$t_z/N \approx 0$，故不考虑准备终结时间。即

$$t_{dj} = t_d$$

（二）提高机械加工生产率的工艺措施

提高劳动生产率不单纯是一个工艺技术问题，而是一个综合性问题，它涉及产品设计、制造工艺和生产组织管理等方面的问题。

1. 缩短单件时间定额

缩短单件时间定额中的每一个组成部分的时间都是有效的措施，特别应缩短其中占比重较大的那部分时间。

（1）缩短基本时间　大批大量生产中，基本时间在单件时间中占有较大比重。缩短基本时间的主要途径有以下几种：

1）提高切削用量。增大切削速度、进给量和背吃刀量都可缩短基本时间。但切削用量的提高受到刀具寿命和机床刚度的制约。随着新型刀具材料的出现，切削速度得到了迅速的提高。目前，硬质合金刀具的切削速度可达 100~300m/min，近年来出现的聚晶人造金刚石和聚晶立方氮化硼新型刀具材料，其切削速度可达 600~1200m/min。

采用高速磨削和强力磨削可大大提高磨削生产率。目前，国内生产的高速磨床的磨削速度已达 60m/s，国外已达 90~120m/s。强力磨削的背吃刀量可达 6~12mm，已可用来直接取代铣削或刨削进行表面粗加工。

2）缩短工作行程长度。采用多刀加工可成倍地缩短工作行程长度，从而大大缩短基本时间。如图 5-23a 所示为多刀车削加工实例。如图 5-23b 所示为用组合铣刀铣床身导轨面实例。

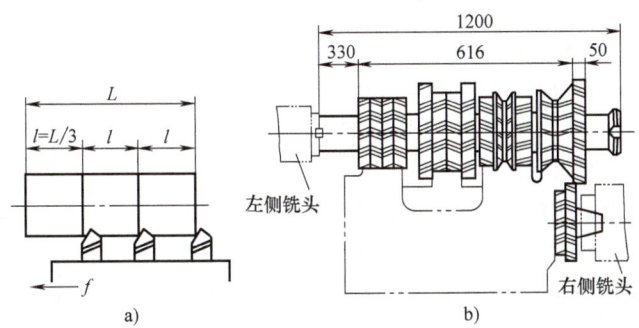

图 5-23 缩短工作行程长度示例

a) 多刀减少切削长度　b) 多刀同时加工不同的表面

3）多件加工。通过减少刀具的切入、切出时间或使其与基本时间重合，从而缩短每个零件加工的基本时间，来提高生产率。主要有平行加工、顺序加工和平行顺序加工三种不同方式，如图 5-24 所示。其中如图 5-24a 所示为多件顺序加工，可减少每个工件的切入切出时间；如图 5-24b 所示为多件平行加工，其基本时间与加工一个工件的基本时间相同；如图 5-24c 所示为平行顺序加工，为上述两种方法的综合。

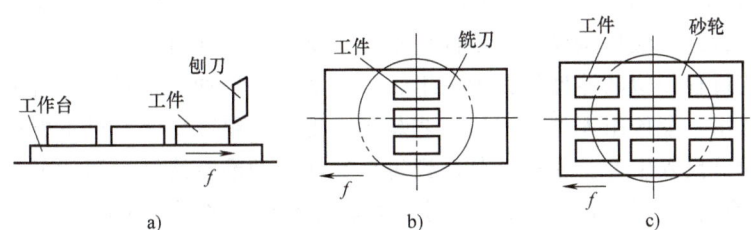

图 5-24 多件加工方法示例

a) 多件顺序加工　b) 多件平行加工　c) 平行顺序加工

（2）缩减辅助时间　辅助时间在单件时间中占有较大的比重，尤其是在大幅度提高切削用量之后，基本时间显著减少，辅助时间所占比重就更高。此时，采取措施缩减辅助时间就成为提高生产率的重要措施。缩减辅助时间有两种不同途径：一是使辅助动作实现机械化和自动化，从而直接缩减辅助时间；二是设法将辅助时间与基本时间重合。

1）直接缩减辅助时间。采用专用夹具装夹工件，工件在装夹中不需找正，可缩短装卸工件的时间。大批大量生产中，广泛采用高效的气动、液动夹具来缩短装卸工件的时间。单件小批生产中，由于受专用夹具制造成本的限制，为缩短装卸工件的时间，可采用组合夹具及可调夹具。

为减少加工中停机测量的辅助时间,可采用主动检测装置或数字显示装置在加工过程中进行实时测量。主动测量的自动测量装置能在加工过程中测量工件的实际尺寸,并能由测量结果操作或自动控制机床的进给运动。以光栅、感应同步器为检测元件的数字显示装置,可以连续显示出刀具或工件在加工过程中的位移量,操作者能直接看出加工过程中工件尺寸的变化情况,大大地节省了停机测量的时间。

2) 使辅助时间与基本时间重合。为了使辅助时间与基本时间重合,可采用多工位夹具和连续加工的方法。如图 5-25 所示为在立式铣床上采用多工位夹具连续加工的实例。当在一个工位上加工工件时,工人可在工作台的另外工位上装、卸工件,使辅助时间与基本时间完全重合,因而可大大地提高生产效率。

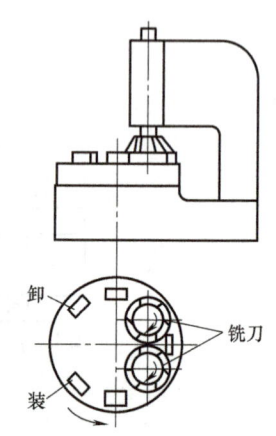

图 5-25 多工位连续加工示例

(3) 缩短布置工作地时间 布置工作地时间,大部分消耗在更换刀具(包括调整刀具)的工作上,因此必须减少换刀次数,并缩减每次换刀所需时间。可通过提高刀具或砂轮的寿命以减少换刀次数、改进刀具的安装方法和采用先进对刀装置以缩短换刀、对刀所需的时间。

使用机夹不重磨刀具可显著减少换刀时间。刀片通过机械夹持方法固定在刀杆上;刀片上有 3~5 个切削刃,一个切削刃用钝后,可以松开紧固装置,换一个新的切削刃继续加工;刀片上所有切削刃用钝后可更换一个新的刀片继续加工。

(4) 缩短准备终结时间 缩减准备终结时间的主要途径是减少调整机床、刀具和夹具的时间,缩短数控编程时间和调试时间,主要措施有:

1) 扩大零件的生产批量。中小批生产中,产品经常更换,准备终结时间在单件时间中占有较大比重,因此,应尽量设法使零件标准化、通用化;或采用成组技术,把结构形状、技术要求和工艺过程相似的零件划归为一组,以增加零件的加工批量,然后按组制订工艺规程,并设计或选用一套该组零件共用的工艺装备,更换同组零件时,可不更换工艺装备,只需经少量调整即可投入生产。这样,分摊到每个零件上的准备终结时间就可大大减少。

2) 减少调整机床、刀具和夹具的时间。主要措施有:采用易于调整的机床,如液压仿形机床、数控机床等先进设备;充分利用夹具与机床连接用的定位元件,减少夹具在机床上的找正装夹时间;采用机外对刀的可换刀架或刀夹,在机外按加工要求将刀具预先调整好,更换加工对象时,只需将事先调整好的刀具或刀夹装到机床上便可进行加工,以减少调整刀具时间。

2. 采用先进工艺方法

提高劳动生产率,不能只限于机械加工本身,应重视采用先进工艺或新工艺、新技术。例如:

1) 对特硬、特脆、特韧材料及复杂型面的加工,应采用非常规加工方法来提高生产率。例如,用电火花加工锻模、线切割加工冲模、激光加工深孔等,能减少大量的钳工劳动。

2) 在毛坯制造中采用冷挤压、热挤压、粉末冶金、失蜡铸造、压力铸造等新工艺方法，能提高毛坯精度，减少切削加工，节约原材料，经济效果十分显著。

3) 采用少、无切屑工艺代替切削加工。例如，用冷挤压齿轮代替剃齿，此外还有滚压、冷轧等。

4) 改进加工方法。例如，在大批量生产中采用拉削、滚压代替铣、铰和磨削；成批生产中采用精刨、精磨或金刚镗代替刮研，都可以大大提高生产率。

3. 高效及自动化加工

对于大批大量生产，可采用刚性流水线、刚性自动线的生产方式，广泛采用专用自动机床、组合机床及工件输送装置，使零件加工的整个工作循环都是自动进行的。这种生产方式的生产率极高，在汽车、发动机、拖拉机、轴承等制造业中应用十分广泛。

对于成批生产，多采用数控机床、加工中心、柔性制造单元及柔性制造系统，进行部分或全部的自动化生产，实现多品种小批量生产的自动化，提高生产效率。

对于单件小批生产，可以实行成组工艺，扩大成组批量，借助于数控机床、加工中心的灵活加工方式，最大限度地实现自动化加工。

七、工艺方案的技术经济分析

在制订某一零件的机械加工工艺规程时，一般可以拟订出几种不同的加工方案，其中有些方案具有很高的生产率，但设备和工艺装备方面的投资大；另一些方案则可能节省投资，但生产率低。为了选取在给定的生产条件下最经济合理的方案，必须对不同的工艺方案进行技术经济分析。

所谓技术经济分析，就是通过比较不同工艺方案的生产成本，选出其中最经济的工艺方案。生产成本是指制造一个零件或一台产品必需的一切费用的总和。生产成本包括两大类费用：第一类是与工艺过程直接有关的费用，叫作工艺成本，占生产成本的 70%～75%；第二类是与工艺过程无关的费用，如行政人员工资、厂房折旧、照明取暖等。由于在同一生产条件下与工艺过程无关的费用基本上是相等的，因此对零件工艺方案进行经济分析时，只要分析与工艺过程直接有关的工艺成本即可。

1. 工艺成本的组成及计算

工艺成本由可变费用 V 与不变费用 C 两部分组成。可变费用与零件（或产品）年产量有关，它包括材料费或毛坯费、操作工人的工资、机床的维护费、万能机床和万能夹具及刀具的折旧费。不变费用与零件（或产品）年产量无关，它是指专用机床和专用夹具、刀具的折旧和维护费用。因为专用机床、专用夹具及刀具是专为加工某一零件所用，不能用来加工其他零件。而设备及工艺装备的折旧年限是一定的，因此专用机床、专用夹具及刀具的费用与零件（或产品）的年产量无直接关系，即当年产量在一定范围内变化时，这种费用基本上保持不变。

零件（或一道工序）的全年工艺成本 E 和单件工艺成本 E_d 可用下式表示

$$E = NV + C$$

$$E_d = V + \frac{C}{N}$$

式中，V 为每个零件的可变费用（元/件）；N 为工件的年产量（件/年）；C 为全年的不变费用（元）。

如图 5-26 及图 5-27 所示分别表示全年工艺成本 E 及单件工艺成本 E_d 与年产量 N 之间的关系。由图 5-26 可知，全年工艺成本 E 与年产量 N 呈直线变化关系，说明全年工艺成本的变化量 ΔE 与年产量的变化量 ΔN 成正比。而由图 5-27 可知，单件工艺成本 E_d 与 N 呈双曲线关系。曲线的 A 区相当于单件小批生产时设备负荷很低的情况，此时若 N 略有变化，E_d 就会有很大变化；曲线的 B 区，即使 N 变化很大，其工艺成本的变化也不大，这相当于大批大量生产的情况，此时，不变费用对单件成本影响很小；A、B 之间相当于成批生产情况。在数控加工条件下，单件工艺成本 E_d 随零件年产量 N 的变化率将减缓，尤其是在年产量 N 取较小时，此种减缓趋势尤为明显。

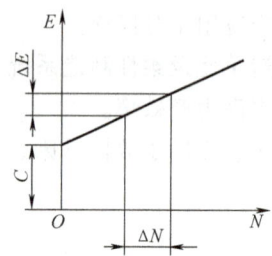

图 5-26 全年工艺成本与年产量的关系

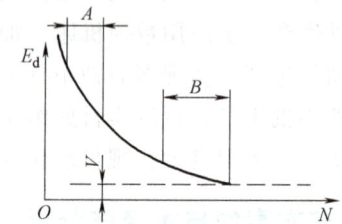

图 5-27 单件工艺成本与年产量的关系

2. 工艺方案的经济评比

对不同的工艺方案进行经济比较时，有以下两种情况：

（1）工艺方案的基本投资相近或都采用现有设备时的情况　此时，工艺成本即可作为衡量各方案经济性的依据。比较方法如下：

1）当两方案中少数工序不同，多数工序相同时，可通过计算少数不同工序的单件工序成本进行比较

$$E_{d1} = V + \frac{C_1}{N}$$

$$E_{d2} = V + \frac{C_2}{N}$$

若产量 N 为一定量时，可根据上面两式直接算出 E_{d1} 和 E_{d2}，若 $E_{d1} > E_{d2}$，则第二方案经济性好。

若产量 N 为一变量时，则可根据上述方程式做出曲线进行比较，如图 5-28 所示 N_c 为两条曲线交点，称为临界产量。当产量 $N < N_c$ 时，$E_{d2} < E_{d1}$，所以第二方案为可取方案；当 $N > N_c$ 时，则第一方案为可取方案。

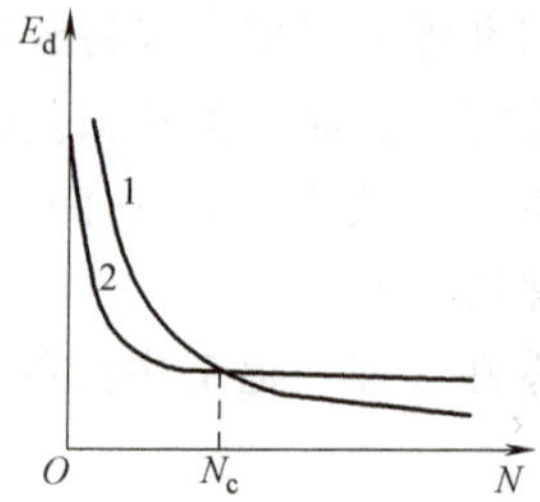

2）两方案中多数工序不同，少数工序相同时，则以该零件全年工艺成本进行比较，两方案全年工艺成本分别为

$$E_1 = NV_1 + C_1$$
$$E_2 = NV_2 + C_2$$

图 5-28 两种方案单件工艺成本比较

同样，当产量 N 为一定量时，可根据上式直接算出 E_1 及 E_2，若 $E_1 > E_2$，则第二方案经

济性好，为可取方案。

若产量 N 为一变量时，可根据上述公式绘图进行比较，如图 5-29 所示。由图可知，各方案的优劣与加工零件的年产量有密切关系，当 $N<N_c$ 时，宜采用第一方案，当 $N>N_c$ 时，宜采用第二方案，图中 N_c 为临界产量，当 $N=N_c$ 时，$E_1=E_2$，于是有

$$N_c V_1 + C_1 = N_c V_2 + C_2$$

所以

$$N_c = \frac{C_2 - C_1}{V_1 - V_2}$$

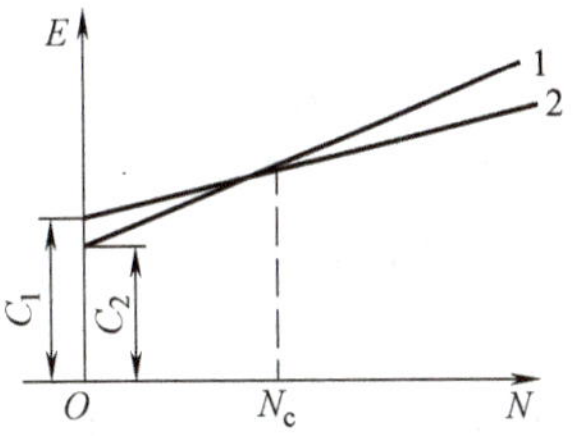

图 5-29 两种方案全年工艺成本比较

（2）两种工艺过程方案的基本投资差额较大的情况　此时，在考虑工艺成本的同时，还要考虑基本投资差额的回收期限。

设方案 1 采用了价格较贵的高生产率机床及工艺装备，基本投资 K_1 大，但工艺成本 E_1 较低；方案 2 采用了价格较便宜的生产率较低的一般机床及工艺装备，基本投资 K_2 小，但工艺成本 E_2 较高。这时只比较其工艺成本是难以全面评定其经济性的，而应同时考虑两个方案基本投资差额的回收期限，也就是应考虑方案 1 比方案 2 多花的投资需要多长时间才能收回。投资回收期限的计算公式为

$$\tau = \frac{K_1 - K_2}{E_2 - E_1} = \frac{\Delta K}{\Delta E}$$

式中，τ 为投资回收期限（年）；ΔK 为基本投资差额（又称为追加投资）（元）；ΔE 为全年生产费用节约额（又称为追加投资年度补偿额）（元/年）。

投资回收期越短，则经济效果越好，回收期限一般应满足以下要求：

1）回收期限应小于所采用的设备或工艺装备的使用年限。
2）回收期限应小于该产品市场寿命（年）。
3）回收期限应小于国家所规定的标准回收期限。例如采用新机床的标准回收期通常规定为 4~6 年；采用新夹具的标准回收期通常规定为 2~3 年。

在决定工艺方案的取舍时，我们强调一定要做经济分析。但算经济账不能只算投资账。如某一工艺方案虽然投资大，工件的单件工艺成本也许相对较高；但若能使产品上市快，工厂可以从中取得较大的经济收益，从工厂整体经济效益分析，选取该工艺方案仍是可行的。

第三节　工艺尺寸链

一、尺寸链的基本概念

1. 尺寸链的定义与基本术语

（1）尺寸链的定义　尺寸链就是在零件加工或机器装配过程中，由相互联系并按一定顺序排列的封闭尺寸组合。如图 5-30a 所示为某工件以面 1 定位加工面 2，工序尺寸 A_1；然后仍以面 1 定位加工面 3，工序尺寸 A_2，面 2 和面 3 之间的距离为 A_0。又如图 5-30b 所示为在尺寸为 A_1 的孔内装入尺寸为 A_2 的轴，其形成的间隙为 A_0。由图 5-30 可知，$A_1 - A_2 - A_0$ 就

形成了一个封闭的尺寸组——尺寸链。其中 A_0 是在加工或装配后间接形成的，它的误差与 A_1、A_2 的误差大小有关。

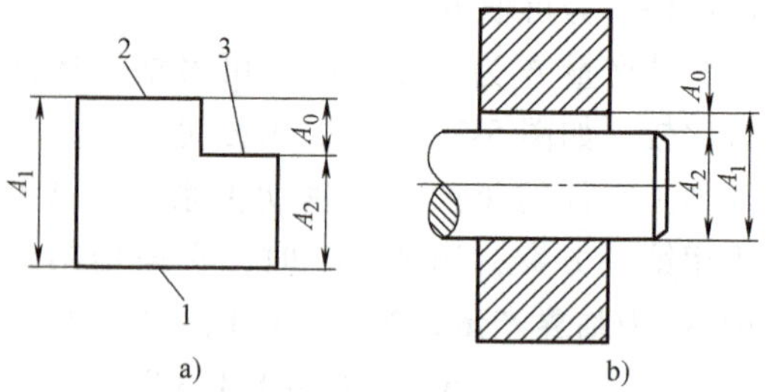

（2）尺寸链的基本术语

环：尺寸链中的每一个尺寸。它可以是长度，也可以是角度。

封闭环：尺寸链中，在加工或装配过程中最后形成的一环，用 A_0 表示。

组成环：尺寸链中对封闭环有影响的全部环。这些环中任一环的变动必然引起封闭环的变动，组成环按其对封闭环的影响又可分为增环和减环。

增环：当其他组成环的大小不变，若该环的变动引起封闭环的同向变动，则该环为增环，用 $\vec{A}$ 表示。

减环：当其他组成环的大小不变，若该环的变动引起封闭环的反向变动，则该环为减环，用 $\overleftarrow{A}$ 表示。

图 5-30 尺寸链示例
a）工艺尺寸链　b）装配尺寸链

对于环数较多的尺寸链来说，用定义来判别增减环很费事且易弄错。为了能迅速地判别增减环，可在尺寸链图上，先给封闭环任定一个方向画上箭头，然后沿此方向环绕尺寸链依次给每一组成环画出箭头，凡是组成环箭头与封闭环箭头方向相反的，均为增环，相同的则为减环。如图 5-31 中，$\vec{A}_1$、$\vec{A}_2$、$\vec{A}_4$、$\vec{A}_5$、$\vec{A}_7$、$\vec{A}_8$ 为增环，而 $\vec{A}_3$、$\vec{A}_6$、$\vec{A}_9$、$\vec{A}_{10}$ 为减环。

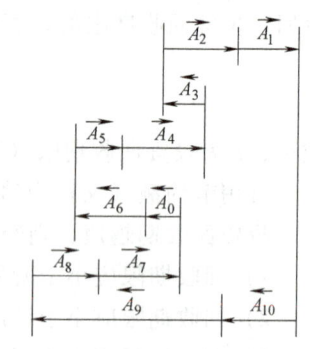

图 5-31 增、减环的简易判别

（3）尺寸链的建立　尺寸链的建立主要包括以下三个步骤：

1）封闭环的确定。首先根据工艺过程，找出间接（或最后）获得的尺寸，作为封闭环，如图 5-30a、b 中的 A_0。

2）组成环的查找。从封闭环的一端起，按照工件（或装配体）表面间的联系，依次找出有关直接获得且对封闭环有影响的尺寸作为组成环，直到尺寸的终端回到封闭环的另一端，形成一个封闭的尺寸链图。如图 5-30a、b 中的 A_1、A_2。

3）增、减环的判断。在确定全部组成环的基础上，可进一步根据定义或采用如图 5-31 所示的简易判别法来确定各组成环的增、减性。

2. 尺寸链的分类

尺寸链分类的方法较多，一般有以下两种：

（1）按尺寸链的形成与应用范围，可分为工艺尺寸链及装配尺寸链。

（2）按尺寸链中各组成尺寸所处的空间位置和几何特征分类，又可分为以下几种：

1）直线尺寸链。全部组成环平行于封闭环的尺寸链如图 5-30 所示。

2）平面尺寸链。全部组成环位于一个或几个平行平面内，但某些组成环不平行于封闭环的尺寸链如图 5-32 所示。

3）空间尺寸链。组成环位于几个不平行平面内的尺寸链。

4) 角度尺寸链。全部环为角度的尺寸链如图 5-33 所示。

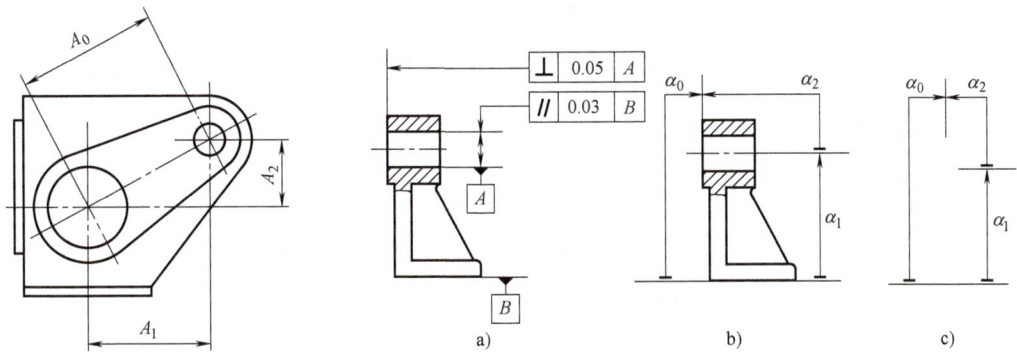

图 5-32　平面尺寸链　　　　　　　图 5-33　角度尺寸链

由于最常见的是直线尺寸链，而且平面尺寸链和空间尺寸链都可以通过坐标投影方法转换为直线尺寸链，故此处只介绍直线尺寸链的计算方法。

3. 尺寸链的特征

（1）封闭性　因尺寸链是封闭的尺寸组合，它是由一个封闭环和若干个组成环构成的封闭图形，所以它具有封闭性。不封闭就不成为尺寸链。

（2）关联性　因尺寸链封闭，所以尺寸链中各环都相互关联。封闭环随所有组成环变动而变动。

（3）传递系数 ξ_i　表示各组成环对封闭环影响大小的系数称为传递系数。尺寸链中封闭环与组成环的关系可用方程式表示，即 $A_0 = f(A_1, A_2, \cdots, A_n)$。设第 i 个组成环的传递系数为 ξ_i，$\xi_i = \dfrac{\partial f}{\partial A_i}$。对于增环，$\xi_i$ 为正值；对于减环，ξ_i 为负值。若组成环与封闭环平行，$|\xi_i| = 1$；若组成环与封闭环不平行，$-1 < \xi_i < +1$。直线尺寸链中，增环 $\xi_i = +1$，减环 $\xi_i = -1$。

二、尺寸链计算的基本公式

尺寸链计算有极值法与统计法两种。用极值法解尺寸链是按尺寸链各环均处于极值条件来分析计算封闭环尺寸与组成环尺寸之间关系的。用统计法解尺寸链则是运用概率论理论来分析计算封闭环尺寸与组成环尺寸之间关系的。

1. 极值法

（1）各环公称尺寸之间的关系　封闭环的公称尺寸 A_0 等于增环的公称尺寸 $\vec{A}_i$ 之和减去减环的公称尺寸 $\overleftarrow{A}_i$ 之和。即

$$A_0 = \sum_{i=1}^{m} \vec{A}_i - \sum_{i=m+1}^{n-1} \overleftarrow{A}_i \tag{5-1}$$

式中，m 为增环的环数；n 为尺寸链总环数。

（2）封闭环的极限尺寸　封闭环的最大极限尺寸 $A_{0\max}$ 等于增环的最大极限尺寸 $\vec{A}_{i\max}$ 之和减去减环的最小极限尺寸 $\overleftarrow{A}_{i\min}$ 之和。即

$$A_{0\max} = \sum_{i=1}^{m} \vec{A}_{i\max} - \sum_{i=m+1}^{n-1} \overleftarrow{A}_{i\min} \tag{5-2}$$

封闭环的最小极限尺寸 $A_{0\min}$ 等于增环的最小极限尺寸 $\vec{A}_{i\min}$ 之和减去减环的最大极限尺寸 $\overleftarrow{A}_{i\max}$ 之和。即

$$A_{0\min} = \sum_{i=1}^{m} \vec{A}_{i\min} - \sum_{i=m+1}^{n-1} \overleftarrow{A}_{i\max} \tag{5-3}$$

（3）封闭环的上、下极限偏差　封闭环的上极限偏差 $ES(A_0)$ 等于增环的上极限偏差 $ES(\vec{A}_i)$ 之和减去减环的下极限偏差 $EI(\overleftarrow{A}_i)$ 之和。即

$$ES(A_0) = \sum_{i=1}^{m} ES(\vec{A}_i) - \sum_{i=m+1}^{n-1} EI(\overleftarrow{A}_i) \tag{5-4}$$

封闭环的下极限偏差 $EI(A_0)$ 等于增环下极限偏差 $EI(\vec{A}_i)$ 之和减去减环的上极限偏差 $ES(\overleftarrow{A}_i)$ 之和。即

$$EI(A_0) = \sum_{i=1}^{m} EI(\vec{A}_i) - \sum_{i=m+1}^{n-1} ES(\overleftarrow{A}_i) \tag{5-5}$$

（4）封闭环的公差　封闭环的公差 $T(A_0)$ 等于各组成环的公差 $T(A_i)$ 之和。即

$$T(A_0) = \sum_{i=1}^{m} T(\vec{A}_i) + \sum_{i=m+1}^{n-1} T(\overleftarrow{A}_i) = \sum_{i=1}^{n-1} T(A_i) \tag{5-6}$$

极值法解算尺寸链的特点是简便、可靠。但当封闭环公差较小，组成环数目较多时，分摊到各组成环的公差可能过小，从而造成加工困难，制造成本增加，在此情况下，常采用统计法进行尺寸链的计算。

2. 统计法

机械制造中的尺寸分布多数为正态分布，但也有非正态分布的。为了讨论问题简单、方便，假定各环尺寸按正态分布，且其分布中心与公差带中心重合。各环公差、平均尺寸、平均偏差之间的关系如图 5-34 所示。

（1）各环公差之间的关系

$$T(A_0) = \sqrt{\sum_{i=1}^{n-1} T^2(A_i)} \tag{5-7}$$

（2）各环平均尺寸之间的关系

$$\overline{A_0} = \sum_{i=1}^{m} \overline{\vec{A}_i} - \sum_{i=m+1}^{n-1} \overline{\overleftarrow{A}_i} \tag{5-8}$$

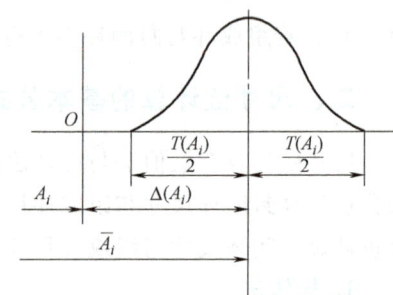

图 5-34　（对称分布时）公差、平均尺寸、平均偏差之间的关系

（3）各环平均偏差之间的关系

$$\Delta A_0 = \sum_{i=1}^{m} \Delta \vec{A}_i - \sum_{i=m+1}^{n-1} \Delta \overleftarrow{A}_i \tag{5-9}$$

当计算出各环的公差、平均尺寸、平均偏差之后，该环的公差对平均尺寸应按双向对称分布，即写成 $A \pm \dfrac{T(A)}{2}$，然后将之改写成上、下极限偏差的形式。即

$$ES(A_i) = \Delta A_i + \frac{T(A_i)}{2} \tag{5-10}$$

$$EI(A_i) = \Delta A_i - \frac{T(A_i)}{2} \tag{5-11}$$

3. 尺寸链计算的几种情况

在利用尺寸链来解决生产实际问题时，往往会遇到三种计算问题：

（1）正计算　已知各组成环的公称尺寸、公差，求封闭环公称尺寸、公差。正计算主要用于验算所设计的产品能否满足性能要求及零件加工后能否满足零件的技术要求。

（2）反计算　已知封闭环公称尺寸、公差，反求各组成环尺寸、公差。反计算主要用于产品设计、加工和装配工艺计算等方面，在实际工作中经常碰到。反计算的解不是唯一的。如何将封闭环的公差正确地分配给各组成环，这里有一个优化的问题。

在确定各组成环公差大小时，主要有以下三种方法：

1）等公差值分配。按等公差值分配的方法来分配封闭环的公差时，各组成环的公差值取相同的平均公差值 T_{av}。即

极值法　　　　　　　　　　　$T_{av} = T_0/(n-1)$

统计法　　　　　　　　　　　$T_{av} = T_0/\sqrt{n-1}$

这种方法计算比较简单，但没有考虑到各组成环加工的难易、尺寸的大小，显然是不够合理的。

2）按等公差级分配。按等公差级分配的方法来分配封闭环的公差时，各组成环的公差取相同的公差等级，公差值的大小根据公称尺寸的大小，由标准公差数值表中查得。

这种方法考虑了由于尺寸大小对加工的影响，但没考虑由于形状、结构而引起的加工难易程度的不同（如同一公差等级的内孔和外圆，内孔的加工要比外圆困难），并且计算也比较麻烦。

3）按具体情况分配。按具体情况来分配封闭环的公差时，第一步先按等公差值或等公差级的分配原则求出各组成环所能分配到的公差，第二步再从加工的难易程度和设计要求等具体情况调整各组成环的公差。

这种方法在尺寸链的反计算中应用较为广泛。

在确定各待定组成环公差带的分布位置时，主要有以下两种标注方法：

1）按入体原则标注。公差带的分布按入体原则标注时，对于被包容面尺寸可标注成上极限偏差为零、下极限偏差为负的形式（即 $_{-T}^{0}$）；对于包容面的尺寸可标注成下极限偏差为零、上极限偏差为正的形式（即 $_{0}^{+T}$）。

2）按双向对称分布标注。对于诸如孔系中心距、相对中心的两平面之间的距离等尺寸，一般按对称分布标注，即可标注成上、下极限偏差绝对值相等、符号相反形式（即 $\pm T/2$）。

当组成环是标准件时，其公差大小和分布位置按相应标准确定。当组成环是公共环时，其公差大小和分布位置应根据对其有严格要求的那个尺寸链来确定。

应当指出，如有可能，应尽可能使各组成环的公差大小和分布位置符合相应的国家标准，从而给生产组织工作带来便利。

（3）中间计算　已知封闭环和部分组成环的公称尺寸及公差，求其余的一个或几个组

成环公称尺寸及公差（或偏差）。

中间计算可用于设计计算与工艺计算，也可用于验算。

三、工艺过程尺寸链的分析与解算

正确地分析与解算工艺过程尺寸链是制订工艺规程不可缺少的重要内容，应用它可以合理地确定工序尺寸，也有助于分析工艺路线拟定的合理性。在工艺过程尺寸链解算中，主要采用极值法，在组成环较多时，才采用统计法。下面介绍几种通常情况下利用尺寸链原理计算工序尺寸及其公差的示例。

1. 定位基准与设计基准不重合时工序尺寸公差的计算

在制订机械加工工艺路线时，若某工序选择的定位基准与设计基准不重合，工序尺寸就无法直接选取零件图上的设计尺寸，因此必须进行尺寸换算来确定其工序尺寸。但在利用工艺尺寸链原理对工艺尺寸进行换算时，需要注意可能出现假废品。

例 5-1 某零件设计要求如图 5-35a 所示。设面 1 已加工好，现以面 1 定位加工面 2、面 3，其工序简图如图 5-35b 所示，试确定工序尺寸 A_1 及 A_3。

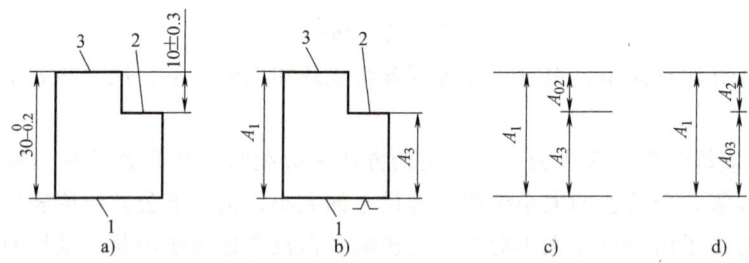

图 5-35 基准不重合工艺尺寸链计算图例

a) 零件设计简图　b) 工序简图　c) 工艺尺寸链　d) 零件设计尺寸链

解 由于加工面 3 时定位基准（面 1）与设计基准（面 1）重合，因此，工序尺寸 A_1 取为设计尺寸，即 $A_1 = 30_{-0.2}^{0}$ mm。

加工面 2 时，定位基准（面 1）与设计基准（面 3）不重合，工艺尺寸链如图 5-35c 所示，在此尺寸链中，A_{02} 是间接获得的尺寸，为封闭环，A_1、A_2 是直接保证的尺寸，故为组成环，其中 A_1 为增环，A_2 为减环。

$$A_3 = A_1 - A_{02} = (30 - 10) \text{mm} = 20 \text{mm}$$

$$ES(A_{02}) = ES(A_1) - EI(A_3), EI(A_3) = ES(A_1) - ES(A_{02}) = (0 - 0.3)\text{mm} = -0.3\text{mm}$$

$$EI(A_{02}) = EI(A_1) - ES(A_3), ES(A_3) = EI(A_1) - EI(A_{02}) = [-0.2 - (-0.3)]\text{mm} = 0.1\text{mm}$$

所以
$$A_3 = 20_{-0.3}^{+0.1}\text{mm} = 20.1_{-0.4}^{0}\text{mm}$$

在本例中，从零件设计要求看，A_{03} 是零件设计尺寸链如图 5-35d 所示的封闭环，它的上、下极限偏差要求应为

$$ES(A_{03}) = ES(A_1) - EI(A_2) = [0 - (-0.3)]\text{mm} = 0.3\text{mm}$$

$$EI(A_{03}) = EI(A_1) - ES(A_2) = (-0.2 - 0.3)\text{mm} = -0.5\text{mm}$$

所以
$$A_{03} = 20_{-0.5}^{+0.3}\text{mm}$$

比较工艺尺寸链中 A_3 和设计尺寸链中 A_{03}（A_3 与 A_{03} 为同一尺寸），可以发现在设计时 A_{03} 的变化范围为 19.5～20.3mm，而零件在制造时该尺寸 A_3 的允许变化范围为 19.7～20.1mm，公差范围压缩了 0.4mm，这就是定位基准与设计基准不重合造成的，也是引起测量时假废品的真正原因。

如果工序尺寸不满足 $A_3 = 20^{+0.1}_{-0.3}$ mm，但仍满足设计要求 $A_{03} = 20^{+0.3}_{-0.5}$ mm，则不能肯定该零件一定为废品。此时尚需测量工序尺寸 A_1 的实际大小，经过计算才能确定该零件是否是真废品。如若实际测得 $A_3 = 19.5$ mm，已超过工艺尺寸链中该尺寸的允许变化范围（19.7～20.1mm），但未超出设计尺寸链中该尺寸的变化范围（19.5～20.3mm），此时尚需再测量一下 A_1；若测得 $A_1 = (30-0.2)$ mm = 29.8mm，则 $A_2 = A_1 - A_3 = (29.8-19.5)$ mm = 10.3mm，不超差，该零件为假废品；若测得 $A_1 = (30-0.1)$ mm = 29.9mm，不超差，但 $A_2 = A_1 - A_3 = (29.9-19.5)$ mm = 10.4mm，已超差了，则该零件为真废品。

假废品的出现，给生产质量管理带来诸多麻烦，因此，不到万不得已，不要使工艺基准与设计基准不重合。

2. 一次加工满足多个设计尺寸要求时工序尺寸及公差的计算

例 5-2 如图 5-36a 所示一带有键槽的内孔需要淬火，其工艺路线为：

工序一 镗内孔至 $\phi 44.6^{+0.10}_{0}$ mm。

工序二 插键槽至尺寸 A。

工序三 热处理。

工序四 磨内孔至 $\phi 45^{+0.03}_{0}$ mm，同时保证键槽深度尺寸 $48.6^{+0.30}_{0}$ mm。

若考虑到磨孔的中心线与镗孔的中心线的同轴度误差为 $\phi 0.06$ mm。试确定插键槽工序尺寸 A。

解 键槽设计尺寸 $48.6^{+0.30}_{0}$ mm 的设计基准是内孔，而所求插键槽工序尺寸 A 的

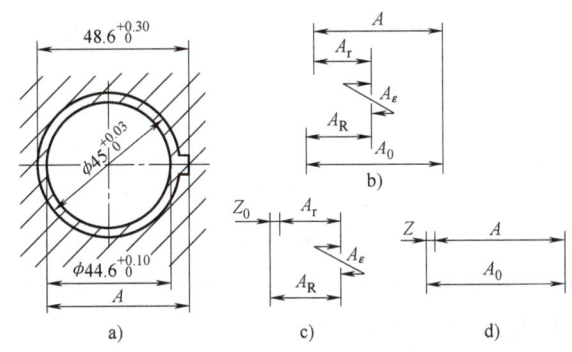

图 5-36 加工内孔及键槽的工序尺寸链

工序基准是尚未磨削的内孔。在磨内孔工序中，一方面要直接保证设计尺寸 $\phi 45^{+0.03}_{0}$ mm，另一方面还需间接保证设计尺寸 $48.6^{+0.30}_{0}$ mm。

由于镗孔直径和磨孔直径之间是通过彼此的中心线发生位置联系的，故分别以半径尺寸 A_r 和 A_R 表示。按加工路线可画出如图 5-36b 所示的工艺尺寸链，其中 $A_0 = 48.6^{+0.30}_{0}$ mm 为封闭环，$A_R = 22.5^{+0.015}_{0}$ mm 和 A 为增环，$A_r = 22.3^{+0.05}_{0}$ mm 为减环，同轴度误差 $A_\varepsilon = 0 \pm 0.03$ mm 为减环（因其为对称偏差，也可将之作为增环，计算结果一样）。

$$A_0 = A_R + A - A_\varepsilon - A_r$$

所以 $A = A_0 - A_R + A_r + A_\varepsilon = (48.6 - 22.5 + 22.3 + 0)$ mm = 48.4mm

同理 $ES(A) = (0.30 - 0.015 + 0 - 0.03)$ mm = 0.255mm

$EI(A) = (0 - 0 + 0.05 + 0.03)$ mm = 0.08mm

故工序尺寸 $A = 48.4^{+0.255}_{+0.08}$ mm

若按入体原则标注，则为 $A = 48.48^{+0.175}_{0}$ mm。

由于中间工序尺寸 A 是从还需继续加工的表面标注的，所以它与设计尺寸 $48.6^{+0.30}_{0}$ mm

之间有着半径磨削余量 Z 的差别，这样也可把如图 5-36b 所示的尺寸链分解成两个加工尺寸链，如图 5-36c、d 所示，因而工序尺寸 A 也可按这两个尺寸链求出。只不过在图 5-36c 中半径余量 Z_0 为封闭环；在图 5-36d 中设计尺寸 $48.6^{+0.30}_{0}$mm 为封闭环，半径余量 Z 为组成环。

3. 有关余量的尺寸换算

工序余量的变动量不仅与本道工序的公差及前道工序的公差有关，而且还与其他有关工序的公差有关。在以工序余量为封闭环的工艺尺寸链中，如果组成环数目较多，由于误差累积原因，有可能使工序的余量过大或过小，因此，必须对余量进行校核。由于粗加工的余量一般取值较大，故粗加工余量一般不进行校核而仅对精加工余量进行校核。

例 5-3 如图 5-37a 所示的小轴，其轴向尺寸的加工过程为：车端面 A；车台阶面 B，保证尺寸 $49.5^{+0.3}_{0}$mm；车端面 C，保证总长 $80^{0}_{-0.2}$mm；热处理；钻中心孔；磨台阶面 B，保证尺寸 $30^{0}_{-0.14}$mm。试校核台阶面 B 的加工余量。

解 工艺尺寸链如图 5-37b 所示，由于余量 Z_0 是间接获得的，为封闭环；$80^{0}_{-0.2}$mm 为增环，$49.5^{+0.3}_{0}$mm、$30^{0}_{-0.14}$mm 为减环。余量 Z_0 的有关尺寸及偏差为

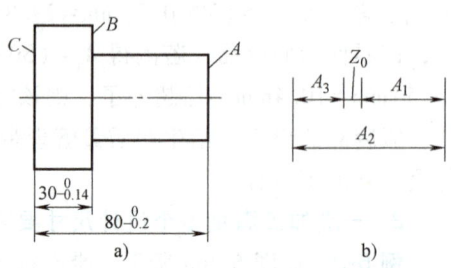

图 5-37 精加工余量校核示例

$$Z_0 = (80-49.5-30)\text{mm} = 0.5\text{mm}$$
$$ES(Z_0) = [0-(0-0.14)]\text{mm} = +0.14\text{mm}$$
$$EI(Z_0) = [-0.2-(0.3+0)]\text{mm} = -0.5\text{mm}$$

故 $Z_0 = 0.5^{+0.14}_{-0.5}$mm，$Z_{0\max} = 0.64$mm，$Z_{0\min} = 0$mm。

因 $Z_{0\min} = 0$mm，在磨台阶面 B 时，有的零件可能磨不着，因而要将最小余量加大。现取 $Z_{0\min} = 0.10$mm，则

$$EI(Z_0) = Z_{0\min} - Z_0 = (0.1-0.5) = -0.4\text{mm}$$
$$-0.2-0-ES(A_1) = -0.4\text{mm}$$
$$ES(A_1) = +0.2\text{mm}$$

即可将中间工序尺寸改为 $A_1 = 49.5^{+0.2}_{0}$mm，以确保有最小的磨削余量 0.1mm。

4. 零件进行表面处理的尺寸换算

表面处理一般分为两类：一类是渗入类的表面热处理（如渗碳、渗氮、碳氮共渗等）；另一类是电镀类的表面处理（如镀铬、镀锌、镀铜等）。

（1）渗入类的表面热处理 有些零件的表面需要渗碳、渗氮、碳氮共渗等表面热处理，其表面经热处理后通常还需进一步加工以达到零件图的尺寸及渗层深度的要求，此时图样上的渗层深度应为封闭环。

例 5-4 如图 5-38a 所示的轴套，内孔 $\phi 120^{+0.04}_{0}$mm 的表面要求渗碳，要求渗层深度为 $0.3 \sim 0.5$mm（即单边为 $0.3^{+0.2}_{0}$mm，双边为 $0.6^{+0.4}_{0}$mm）。其工艺路线为：车内孔至 $\phi 119.7^{+0.06}_{0}$mm；渗碳，渗入深度为 A_t；磨内孔至 $\phi 120^{+0.04}_{0}$mm。求渗碳工序的渗入深度 A_t。

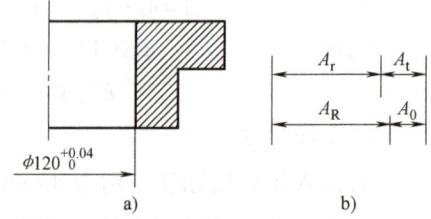

图 5-38 渗碳表面热处理工艺尺寸链示例

解 在如图 5-38b 所示的加工尺寸链中，$A_0 = 0.3^{+0.2}_{0}$mm 为封闭环，A_t、$A_r = 59.85^{+0.03}_{0}$mm 为增环，$A_R = 60^{+0.02}_{0}$mm 为减环。则

$$A_t = A_0 - A_r + A_R = (0.3 - 59.85 + 60)\text{mm} = 0.45\text{mm}$$
$$ES(A_t) = (0.2 - 0.03 + 0)\text{mm} = 0.17\text{mm}$$
$$EI(A_t) = (0 - 0 + 0.02)\text{mm} = 0.02\text{mm}$$

故渗碳工序的渗入深度为 $A_t = 0.45^{+0.17}_{+0.02}$mm。

（2）电镀类的表面处理　某些零件的表面需要进行电镀等处理，其目的是为了美观和防锈，因此在表面处理后一般不再进行机械加工。由于可通过控制电镀时的工艺参数来控制镀层厚度（即为图样上的镀层厚度），故在工艺尺寸链中，图样上的镀层厚度为组成环，而镀后零件的设计尺寸则是间接获得的，为封闭环。

例 5-5　如图 5-39a 所示的零件，外表面镀铬，其尺寸要求为 $\phi 28^{0}_{-0.045}$mm，镀层厚度要求为 $0.025 \sim 0.04$mm（即单边为 $0.04^{0}_{-0.015}$mm，双边为 $0.08^{0}_{-0.030}$mm）。采用的工艺是：车→磨→镀铬，求镀前工序尺寸 A。

解　在如图 5-39b 所示的加工尺寸链中，设计尺寸 $A_0 = \phi 28^{0}_{-0.045}$mm 为封闭环，镀前尺寸 A、镀层厚度 $A_t = 0.08^{0}_{-0.030}$mm 为增环。

$$A = (28 - 0.08)\text{mm} = 27.92\text{mm}$$
$$ES(A) = (0 - 0)\text{mm} = 0\text{mm}$$
$$EI(A) = [-0.045 - (-0.03)]\text{mm} = -0.015\text{mm}$$

故镀前尺寸为 $A = \phi 27.92^{0}_{-0.015}$mm。

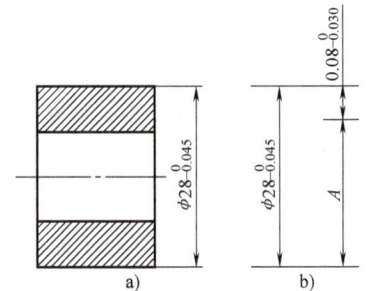

图 5-39　电镀类表面处理工艺尺寸链示例

5. 直线工艺尺寸链的综合图表跟踪法

上面所介绍的直线工艺尺寸链的分析计算法，在一般情况下，能迅速地得出所要求的计算结果，应用起来也比较方便。但是当工件形状复杂、工艺过程很长、工艺基准多次转换、工艺尺寸链环数较多时，就不容易迅速、简便地列出相应的工艺尺寸链来进行工序尺寸的换算，而且容易出差错。应用综合图表跟踪方法将加工过程中的尺寸关系直观地列在一张图表上，可以帮助工程技术人员查找建立尺寸链，就能够更直观、更简便地去解工艺尺寸链的问题。而且也便于利用计算机进行辅助工艺设计。

（1）跟踪图的绘制　跟踪图表的格式如图 5-40 所示。其跟踪图的绘制过程如下：

1）在图表的上方画出零件的简图，标出有关设计尺寸，并将有关表面向下引出表面线。

2）按加工顺序自上而下地填入工序号。

3）将查表法或经验比较法所确定的工序基本余量填入表中。

4）按图 5-40 规定的符号，标出定位基准、工序基准、加工表面、工序尺寸、相关尺寸、结果尺寸及加工余量。加工余量的剖面线部分按入体方向画出；与确定工序尺寸无关的粗加工余量一般不标出；同一工序内的所有工序尺寸，应按加工时或尺寸调整时的先后顺序依次列出。

5）为方便计算，将设计尺寸的公差换算成平均尺寸和对称偏差的形式，标于图表下方。

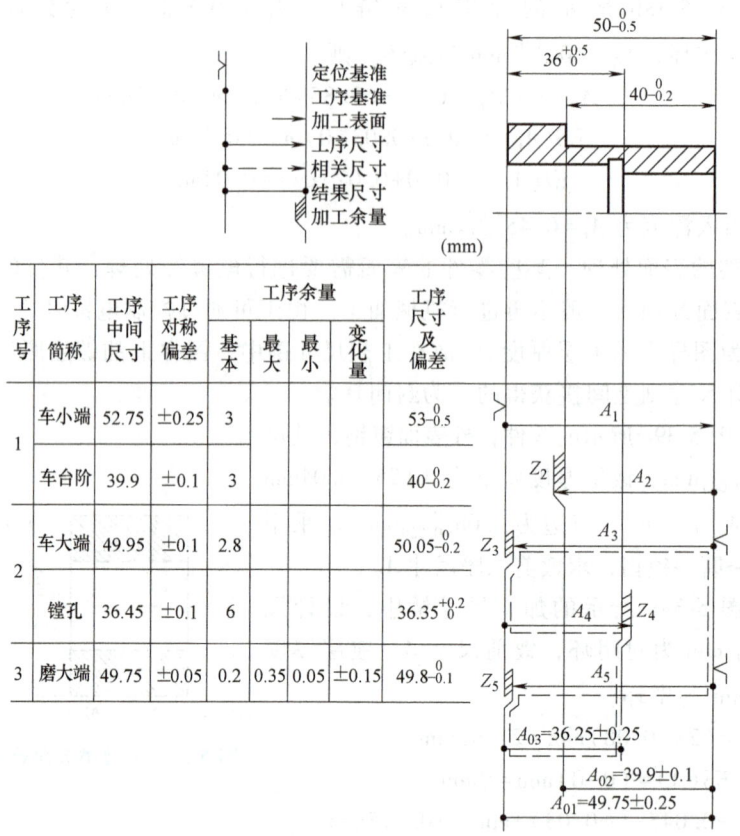

图 5-40 工序尺寸链的跟踪图表

（2）用跟踪法列工艺尺寸链的方法　一般情况下，设计要求和加工余量（除直接控制余量的加工方式外）往往是工艺尺寸链的封闭环，所以应查找出以所有的设计要求和加工余量为封闭环的工艺尺寸链。查找方法为：从封闭环的两端出发，沿零件表面引线同时垂直向上跟踪，当遇到尺寸箭头时就沿箭头拐入，经过该尺寸线到末端后垂直折向继续向上跟踪，直至两路跟踪线汇合封闭为止。如图 5-40 所示虚线就是以结果尺寸 A_{03} 为封闭环向上跟踪所找到的一个工艺尺寸链。按照上述方法，可分别列出以各个结果尺寸和加工余量为封闭环的尺寸链，如图 5-41 所示。

（3）工艺尺寸链的解题方法　在如图 5-41 所示的五个尺寸链中，如图 5-41d 所列尺寸链并不是独立的，它是由如图 5-41c 所列尺寸链分解出来的。在其他四个尺寸链中应先解哪个尺寸链呢？因为环 A_5 同时属于图 5-41a、c 所列尺寸链，为公共环，比较图 5-41a、c 可见，其在图 5-41c 中要求较高，故应先解图 5-41c 所列尺寸链。确定哪个尺寸链先解，是图表跟踪法解尺寸链关键的一步，处理不好就会造成计算上较大的返工。解题过程如下：

1）确定各工序尺寸的公称尺寸。

　　由图 5-41a　　　　　　　$A_5 = A_{01} = 49.75\text{mm}$

　　由图 5-41d　　　　　　　$A_3 = A_5 + Z_5 = (49.75 + 0.2)\text{mm} = 49.95\text{mm}$

　　由图 5-41c　　$A_4 = A_{03} + A_3 - A_5 = (36.25 + 49.95 - 49.75)\text{mm} = 36.45\text{mm}$

2）确定各工序尺寸的公差。将封闭环 A_{03} 的公差 $T(A_{03})$ 按等公差原则并考虑到加工方

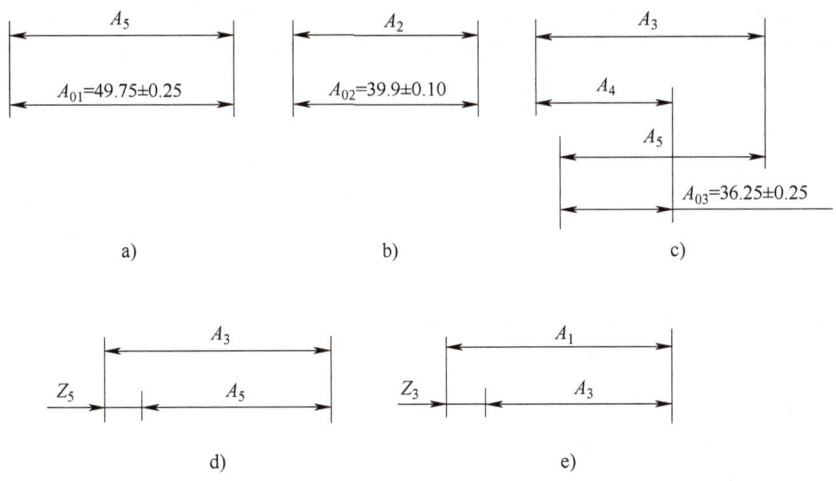

图 5-41 用跟踪法列出的工艺尺寸链

法的经济精度及加工的难易程度分配给工序尺寸 A_3、A_4、A_5。

令 $T(A_3) = \pm 0.10\text{mm}$，$T(A_4) = \pm 0.10\text{mm}$，$T(A_5) = \pm 0.05\text{mm}$。

则 $A_3 = 49.95 \pm 0.1\text{mm}$，$A_4 = 36.45 \pm 0.1\text{mm}$，$A_5 = 49.75 \pm 0.05\text{mm}$。

3) 解图 5-41b 所列尺寸链。因为 A_2 不是有关尺寸链的公共环，所以可直接由图 5-41b 得到

$$A_2 = A_{02} = 39.9 \pm 0.10\text{mm}$$

4) 解图 5-41e 所列尺寸链　因为 A_1 也不是有关尺寸链的公共环，所以可直接由图 5-41e 得到

$$A_1 = A_3 + Z_3 = (49.95 + 2.8)\text{mm} = 52.75\text{mm}$$

按粗车的经济精度取 $T_1 = \pm 0.25\text{mm}$。

所以 $A_1 = (52.75 \pm 0.25)\text{mm}$

5) 按图 5-41d 所列尺寸链验算磨削余量

$$Z_{5\max} = A_{3\max} - A_{5\min} = (50.05 - 49.7)\text{mm} = 0.35\text{mm}$$
$$Z_{5\min} = A_{3\min} - A_{5\max} = (49.85 - 49.8)\text{mm} = 0.05\text{mm}$$

$Z_5 = (0.05 \sim 0.35)\text{mm}$，满足磨削余量要求。

6) 将各工序尺寸按入体原则转换为 $A_1 = 53_{-0.5}^{0}\text{mm}$，$A_2 = 40_{-0.2}^{0}\text{mm}$（按图样要求标注偏差），$A_3 = 50.05_{-0.2}^{0}\text{mm}$，$A_4 = 36.35_{0}^{+0.2}\text{mm}$，$A_5 = 49.8_{-0.1}^{0}\text{mm}$（不可按图样尺寸标注）。

最后，将上述计算过程的有关数据及计算结果填入跟踪图表中。

6. 平面尺寸链的分析计算

在工艺设计中，常遇到箱体、机身等一些基础件，这类零件除平面外，通常都有若干具有相互位置精度要求的圆柱孔组成的孔系。这些孔可能是机床主轴或发动机曲轴或传动轴的支承孔。在零件图样上，根据设计要求给出孔距公差。加工时，常用坐标法加工或镗模法加工。因此，必须将孔距尺寸和公差换算为加工用的坐标尺寸和公差，这种尺寸换算属平面尺寸链问题，是最常见的一种平面尺寸链。

孔系有两种形式：一种是两孔之间用一个孔距尺寸联系起来的开式孔系；另一种是由三

个或三个以上的孔距尺寸形成的闭式孔系。开式孔系的换算比较简单，一般可将平面尺寸链中各环投影到斜边上后，再按直线尺寸链计算。这里主要通过实例介绍闭式孔系的尺寸链换算方法。

例 5-6 如图 5-42 所示车床主轴箱箱体，三个孔中心分别为 O、A 和 B。O 点为主轴孔的中心线位置，并取之为坐标原点。各个孔距的设计要求分别为：$\overline{OA} = L_1 = (120 \pm 0.05)$ mm，$\overline{AB} = L_2 = (70 \pm 0.05)$ mm，$\overline{OB} = L_0 = (130 \pm 0.05)$ mm 以及 $y_1 = 60$ mm。各孔的加工顺序为：

1）在坐标镗床上，先镗主轴孔 O。
2）以 O 为坐标原点，移动坐标 x_1、y_1，镗出 A 孔。
3）以 A 点为起点，移动坐标 x_2、y_2，镗出 B 孔，同时保证孔 O 和孔 B 之间的距离应符合图样要求。

试确定坐标尺寸 x_1、y_1 和 x_2、y_2 及其偏差。

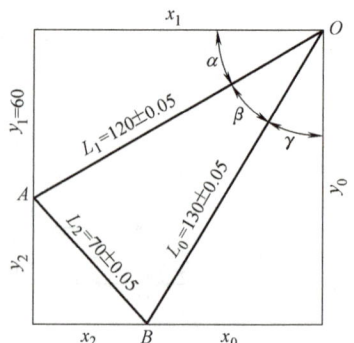

图 5-42 车床主轴箱箱体孔系坐标尺寸的换算

解 （1）坐标尺寸的确定 从图 5-42 中几何关系，可求得所需的坐标尺寸。

1）计算 α

$$\sin\alpha = \frac{y_1}{L_1} = \frac{60\text{mm}}{120\text{mm}} = 0.5$$

所以 $\alpha = 30°$

2）计算 β，利用余弦定理可得

$$\cos\beta = \frac{L_1^2 + L_0^2 - L_2^2}{2L_0 L_1} = \frac{120^2 + 130^2 - 70^2}{2 \times 130 \times 120} = 0.84615$$

所以 $\beta = 32°12'45''$

3）计算 γ

$$\gamma = 90° - (\alpha + \beta) = 90° - (30° + 32°12'15'') = 27°47'45''$$

4）计算坐标尺寸

已知 $y_1 = 60$ mm，$L_1 = 120$ mm，$L_0 = 130$ mm，$\gamma = 27°47'45''$

则
$$x_1 = \sqrt{L_1^2 - y_1^2} = \sqrt{120^2 - 60^2}\,\text{mm} = 103.923\,\text{mm}$$
$$x_0 = L_0 \sin\gamma = 130\,\text{mm} \times \sin 27°47'45'' = 60.622\,\text{mm}$$
$$y_0 = L_0 \cos\gamma = 130\,\text{mm} \times \cos 27°47'45'' = 115\,\text{mm}$$
$$x_2 = x_1 - x_0 = (103.923 - 60.622)\,\text{mm} = 43.301\,\text{mm}$$
$$y_2 = y_0 - y_1 = (115 - 60)\,\text{mm} = 55\,\text{mm}$$

5）验算
$$\overline{OB} = \sqrt{x_0^2 + y_0^2} = \sqrt{60.622^2 + 115^2}\,\text{mm} = 130\,\text{mm}$$
$$\overline{AB} = \sqrt{x_2^2 + y_2^2} = \sqrt{43.301^2 + 55^2}\,\text{mm} = 69.998\,\text{mm} \approx 70\,\text{mm}$$

坐标尺寸计算结果正确。

（2）坐标尺寸公差的确定 坐标法加工孔系的孔距精度是由坐标尺寸的位移精度间接

保证的，坐标尺寸和孔距尺寸之间的关系是平面尺寸链问题。解算平面尺寸链的关键是查找尺寸链图，并确定封闭环。

1) 查找尺寸链图，并确定封闭环。根据题意，先加工孔 O，移动坐标 x_1、y_1 加工孔 A，再移动坐标 x_2、y_2 加工孔 B，可见，L_1、L_2 和 L_0 形成封闭的尺寸链，即形成平面尺寸链，且 L_0 是最后形成的尺寸，即封闭环。由于 L_1、L_2 和 L_0 的尺寸偏差都是 ±0.05mm，所以加工顺序无特殊要求。一般应选偏差最大的尺寸为封闭环。

2) 分解平面尺寸链。由图 5-43 可知，封闭环 L_0 是坐标尺寸 x_0、y_0 所形成的封闭环，其中，x_0 也是 x_1 和 x_2 所形成的封闭环，y_0 也是坐标尺寸 y_1 和 y_2 所形成的封闭环。因此，把闭式孔系的平面尺寸链分解成两个直线尺寸链和一个开式的平面尺寸链后（图 5-43），就能较方便地解算闭式孔系的平面尺寸链问题。

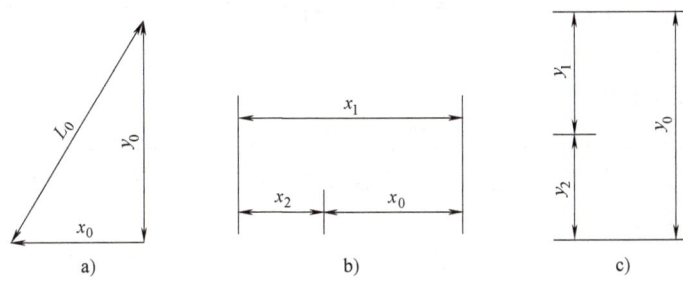

图 5-43 孔系坐标尺寸链的分解

a) 开式平面尺寸链 b) 直线尺寸链一 c) 直线尺寸链二

3) 计算平面尺寸链，确定各坐标尺寸及公差。先解如图 5-43a 所示的平面尺寸链。

因为
$$L_0^2 = x_0^2 + y_0^2$$

全微分上式后得
$$2L_0 \mathrm{d}L_0 = 2x_0 \mathrm{d}x_0 + 2y_0 \mathrm{d}y_0$$

以公差近似替代微分值后可得
$$L_0 T_{L_0} = x_0 T_{x_0} + y_0 T_{y_0}$$

再设如图 5-43b 和 c 所示的直线尺寸链中的各组成环公差均为 T。即
$$T = T_{x_1} = T_{x_2} = T_{y_1} = T_{y_2}$$

则封闭环公差
$$T_{x_0} = T_{y_0} = 2T$$

因而
$$L_0 T_{L_0} = 2x_0 T + 2y_0 T$$

所以
$$T = \frac{L_0}{2(x_0 + y_0)} T_{L_0} = \frac{130}{2 \times (60.622 + 115)} \times 0.1 \mathrm{mm} = 0.037 \mathrm{mm}$$

则得
$$x_1 = (103.923 \pm 0.0185) \mathrm{mm}$$
$$y_1 = (60 \pm 0.0185) \mathrm{mm}$$
$$x_2 = (43.301 \pm 0.0185) \mathrm{mm}$$
$$y_2 = (55 \pm 0.0185) \mathrm{mm}$$

验算

$$T_{L_0} = \frac{2x_0 T + 2y_0 T}{L_0} = \frac{2 \times 60.622 \times 0.037 + 2 \times 115 \times 0.037}{130} \text{mm}$$
$$= 0.09996 \text{mm} \approx 0.1 \text{mm}$$

符合要求。

第四节　数控加工工艺设计

一、数控加工工艺概述

数控加工工艺是以数控机床加工中的工艺问题为研究对象，以机械制造中的工艺基本理论为基础，结合数控机床高精度、高效率和高柔性等特点，综合应用多方面的知识，解决数控加工中的工艺问题。

1. 数控加工工艺的特点

数控加工工艺问题与普通加工工艺基本相同，在设计零件的数控加工工艺时，首先要遵循普通加工工艺的基本原则与方法，同时还需考虑数控加工本身的特点和零件编程要求。数控加工的基本特点如下：

（1）工艺内容详细　数控加工工艺与普通加工工艺相比，在工艺文件的内容和格式上都有较大区别，如在加工部位加工顺序、刀具配置与使用顺序、刀具轨迹、切削参数等方面，都要比普通机床加工工艺中的工序内容更详细。普通加工工艺规程最多详细到工步，数控加工工艺必须详细到每一次车削和每一个操作细节，即普通加工工艺通常留给操作者完成的工艺与操作内容（如工步的安排、刀具几何形状及安装位置等），都必须由编程人员在编程时给予预先确定。也就是说，在普通机床加工时本来由操作工人在加工中灵活掌握并通过适时调整来处理的许多工艺问题，在数控加工时就必须由编程人员事先具体设计和明确安排。

（2）工艺工作要求准确、严密　数控机床虽然自动化程度高，但自适应性差，它不能像普通加工时那样可以根据加工过程中出现的问题自由地进行人为的调整。例如，在数控机床上加工内螺纹时，它并不知道孔中是否挤满了切屑，何时需要退一次刀，待清除切屑后再进行加工。所以，在数控加工的工艺设计中必须注意加工过程中的每一个细节，尤其是对图形进行数学处理、计算和编程时一定要力求准确无误。

（3）采用多坐标联动自动控制加工复杂表面　对于一般简单表面的加工方法，数控加工与普通加工无太大的差异。但是对于一些复杂表面、特殊表面或有特殊要求的表面，数控加工与普通加工有根本不同的加工方法。例如：对于曲线和曲面的加工，普通加工是用划线、样板、靠模、钳工、成形加工等方法进行，不仅生产效率低，而且难以保证加工质量；而数控加工则采用多坐标联动自动控制的加工方法，其加工质量与生产效率是普通加工方法无法比拟的。

（4）采用先进的工艺装备　为了满足数控加工中高质量、高效率和高柔性的要求，数控加工中广泛采用先进的数控刀具、组合夹具等工艺装备。

（5）采用工序集中　现代数控机床具有刚性好、精度高、刀库容量大、切削参数范围广及多坐标、多工位等特点。因此，在工件的一次装夹中可以完成多个表面的多种加工，甚至可在工作台上装夹几个相同或相似的工件进行加工，从而缩短了加工工艺路线和生产周期，减少了加工设备、工艺装备和工件的运输工作量。

2. 数控加工工艺的主要内容

数控加工工艺处理是数控编程中的一个重要流程，其内容主要包括：

1）选择适合在数控机床上加工的零件，确定工序内容。

2）分析被加工零件的图样，明确加工内容及技术要求。

3）确定零件的加工方案，制订数控加工工艺路线。如划分工序、安排加工顺序，处理与非数控加工工序的衔接。

4）加工工序的设计，如选取零件的定位基准，夹具方案的确定，划分工步，选取刀辅具，确定切削用量等。

5）数控加工程序的调整，选取对刀点和换刀点，确定刀具补偿，确定加工路线。

6）首件试加工与现场问题处理。

7）数控加工工艺技术文件的定型与归档。

虽然数控加工工艺内容较多，但主要内容与普通机床加工工艺非常相似。

3. 数控加工工艺与数控编程的关系

数控编程是把零件的工艺过程、工艺参数及其他辅助动作，按动作顺序和数控机床规定的指令、格式，编成加工程序，再记录于控制介质即程序载体（磁盘等），输入数控装置，从而指挥机床加工并根据加工结果加以修正的过程。因此，数控加工工艺分析与处理是数控编程的前提和依据，没有符合实际的科学合理的数控加工工艺，就不可能有真正可行的数控加工程序。数控编程就是将制订的数控加工工艺内容程序化。

二、数控加工工艺内容的选择

1. 选择适合数控加工的零件

虽然数控机床具有高精度、高柔性、高效率等特点，但不是所有的零件都适合在数控机床上加工。一般可按适应程度将零件分为以下三类：

（1）最适应类

1）形状复杂，加工精度要求高，通用机床无法加工或很难保证加工质量的零件。

2）具有复杂曲线或曲面轮廓的零件。

3）具有难测量、难控制进给、难控制尺寸型腔的壳体或盒型零件。

4）必须在一次装夹中完成铣、镗、锪、铰或攻螺纹等多道工序的零件。

对于此类零件，首要考虑的是加工的可行性，只要有可能，应把采用数控加工列为首选方案，而不要过多地考虑生产率与成本问题。

（2）较适应类

1）零件价值较高，在通用机床上加工时容易受人为因素干扰而影响加工质量，从而造成较大经济损失的零件。

2）在通用机床上加工时必须制造复杂专用的工艺装备的零件。

3）需要多次更改设计后才能定型的零件。

4）在通用机床上加工需要做长时间调整的零件。

5）用通用机床加工时，生产率很低或工人体力劳动强度很大的零件。

此类零件在分析其可加工性的基础上，还要综合考虑生产率和经济效益，一般情况下可把它们列为数控加工的主要选择对象。

（3）不适应类

1）生产批量大的零件（不排除其中个别工序采用数控加工）。

2）装夹困难或完全靠找正定位来保证加工精度的零件。

3）加工余量极不稳定，且数控机床上无在线检测系统可自动调整零件坐标位置的零件。

4）必须用特定的工艺装备协调加工的零件。

这类零件采用数控加工后，在生产率和经济性方面一般无明显改善，甚至有可能得不偿失，一般不应该把此类零件列为数控加工的选择对象。

另外，数控加工零件的选择，还应该结合本单位拥有的数控机床的具体情况来选择加工对象。

2. 确定数控加工的内容

当选择并决定对某个零件进行数控加工后，一般情况下，并非其全部加工内容都采用数控加工，而经常只是其中的一部分进行数控加工。因此，在选择并做出决定时，一定要结合实际情况，注意充分发挥数控机床的优势，选择那些最需要进行数控加工的内容和工序。一般可按照以下顺序考虑：

1）普通机床无法加工的内容应作为优先选择内容。

2）普通机床难加工，质量也难保证的内容应作为重点选择内容。

3）普通机床加工效率低，工人手工操作劳动强度大的内容，可在数控机床尚有加工能力的基础上进行选择。

相比之下，下列一些加工内容则不宜选择数控加工：

1）需要用较长时间占机调整的加工内容。

2）不能在一次安装中加工完成的零星分散部位，采用数控加工很不方便，效果不明显，可以安排普通机床补充加工。

此外，在选择和决定数控加工内容时，还要考虑生产批量、生产周期、工序间周转情况等。

3. 合理选用数控机床

在数控机床上加工零件，一般有以下两种情况：一种是有零件图样和毛坯，要选择适合加工该零件的数控机床；另一种是已经有了数控机床，要选择适合该机床加工的零件。无论哪种情况，考虑的因素主要有毛坯的材料和类型、零件轮廓形状复杂程度、尺寸大小、加工精度、零件数量、热处理要求等。概括起来，机床的选用要满足以下要求：

1）保证加工零件的技术要求，能够加工出合格产品。

2）有利于提高生产率。

3）可降低生产成本。

由于每一类机床都有不同的型式，其工艺范围、技术规格、加工精度、生产率及自动化程度都各不相同。为了正确地为每一道工序选择机床，除了充分了解机床的性能外，尚需考虑以下几点：

1）机床的类型应与工序划分的原则相适应。数控机床或通用机床适用于工序集中的单件小批生产；对大批大量生产，则应选择高效自动化机床和多刀、多轴机床。加工工序按分散原则划分，则应选择结构简单的专用机床。

2) 机床的主要规格尺寸应与工件的外形尺寸和加工表面的有关尺寸相适应。即小工件用小规格的机床加工，大工件用大规格的机床加工。

3) 机床的精度与工序要求的加工精度相适应。粗加工工序，应选用精度低的机床；精度要求高的精加工工序，应选用精度高的机床。但机床精度不能过低，也不能过高。机床精度过低，不能保证加工精度；机床精度过高，会增加零件制造成本。应根据零件加工精度要求合理选择机床。

如图 5-44 所示为数控机床加工范围的定性分析。

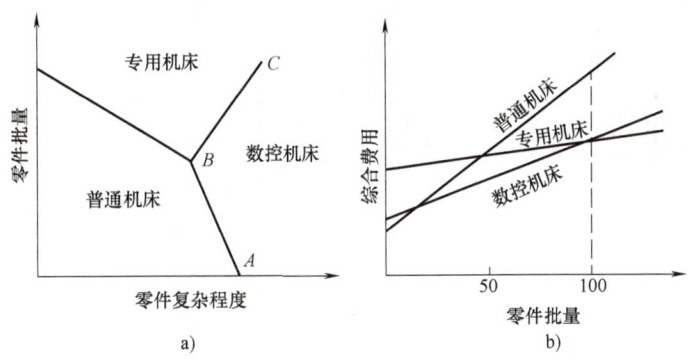

图 5-44 数控机床加工范围的定性分析
a) 零件复杂程度与零件批量的关系 b) 零件批量与综合费用的关系

从加工工艺的角度分析，选用的数控机床功能还必须适应被加工零件的形状、尺寸精度和生产节拍等要求。

三、数控加工工艺性分析

1. 零件图分析

1) 尺寸标注方法分析。零件图上尺寸标注方法应适应数控加工的特点。在数控加工零件图上，应以同一基准引注尺寸或直接给出坐标尺寸。这种标注方法既便于编程，又有利于设计基准、工艺基准、测量基准和编程原点的统一。如果设计人员在零件尺寸标注中较多地考虑装配方面的使用特性而采用局部分散的尺寸标注方法，这样就会给工序的安排和数控加工带来许多不便。由于数控加工精度和重复定位精度都很高，不会产生较大的累积误差而破坏零件的使用特性，因此，可将局部的分散标注法改为同一基准标注或直接给出坐标尺寸的坐标法。

2) 零件图的完整性与正确性分析。构成零件轮廓的几何元素（点、线、面）的条件（如相切、相交、垂直和平行等），是数控编程的重要依据。手工编程时，要依据这些条件计算基点或节点坐标。自动编程时，则要根据这些条件才能对构成零件轮廓的所有几何元素进行定义，无论哪一条件不明确，编程都无法进行。因此在分析零件图时，务必要分析几何元素的给定条件是否充分，发现问题及时与设计人员协商解决。

如图 5-45 所示为套筒零件的尺寸标注方法。如图 5-45a 所示为局部分散的标注方法，如图 5-45b 所示为集中引注方法，适合数控加工。图 5-45b 中轴向尺寸均从右端面引注。为表示圆弧与直线相切，将图 5-45a 中外圆与台肩之间的过渡圆弧 R4mm，标注为图 5-45b 中的切点径向尺寸 φ65mm 和 R4mm。为表示圆弧与直线相交，将图 5-45a 中内螺纹的退刀槽 R0.8mm，标注为图 5-45b 中的轴向尺寸 19.2mm 和径向尺寸 φ39.4mm 及 R0.8mm，使构成零件轮廓的各几何元素定义充分。

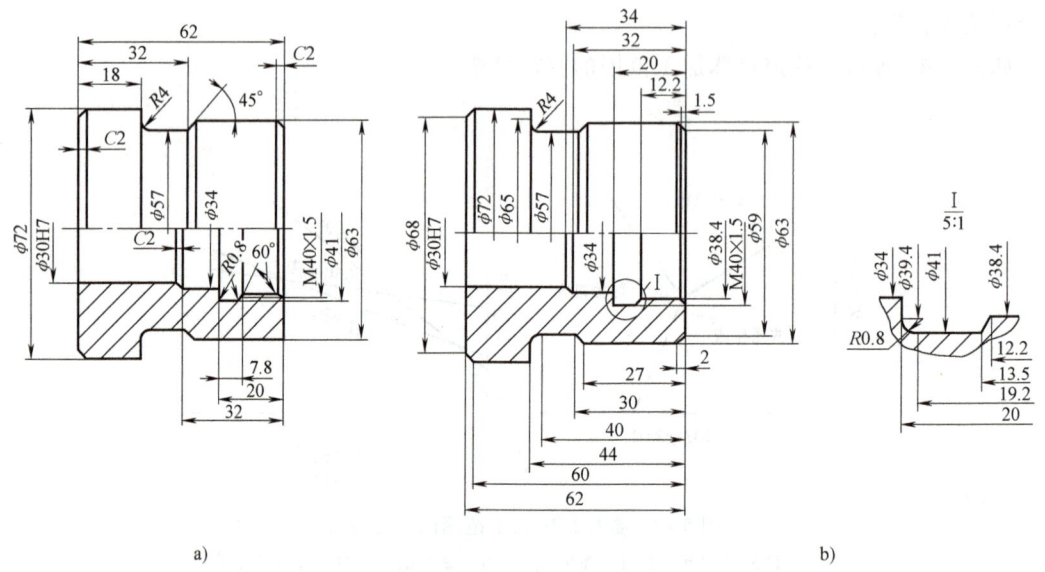

图 5-45 套筒零件的尺寸标注方法
a) 局部分散的标注方法 b) 集中引注方法

3) 零件技术要求分析。零件的技术要求主要是指尺寸精度、形状精度、位置精度、表面粗糙度及热处理等。这些要求在保证零件使用性能的前提下，应经济合理。过高的精度和表面粗糙度要求会使工艺过程复杂、加工困难、成本提高。

4) 零件材料分析。在满足零件功能的前提下，应选用廉价、切削性能好的材料。

2. 零件的结构工艺性分析

良好的结构工艺性，可以使零件加工容易，节省工时和材料。而较差的零件结构工艺性，会使加工困难，浪费工时和材料，有时甚至无法加工。因此，零件各加工部位的结构工艺性应符合数控加工的特点。

1) 零件的内腔或外形最好采用统一的几何类型和尺寸。这样可以减少刀具规格和换刀次数，使编程方便，生产效益提高。

2) 内槽圆角的大小决定着刀具直径的大小，因而内槽圆角半径不应太小。如图 5-46 所示零件，其结构工艺性的好坏与被加工轮廓的高低、转角圆弧半径大小等因素有关。图 5-46b 与图 5-46a 相比，转角圆弧半径大，可以采用较大直径的立铣刀来加工；加工平面时，进给次数也相应减少，表面加工质量也会好一些，因而工艺性较好。通常 $R<0.2H$ 时，可以判定零件该部位的结构工艺性不好。

3) 铣槽底平面时，槽底圆角半径 r 不要过大。如图 5-47 所示，铣刀端面刃与铣削平面

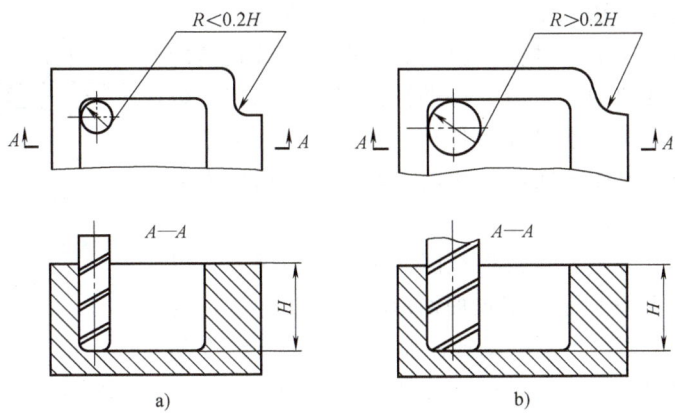

图 5-46 内槽结构工艺性对比
a) 工艺性不好 b) 工艺性好

的最大接触直径 $d=D-2r$（D 为铣刀直径），当 D 一定时，r 越大，铣刀端面刃铣削平面的面积越小，加工平面的能力就越差、效率越低，工艺性也越差。当 r 大到一定程度时，甚至必须用球头铣刀加工，这是应该避免的。

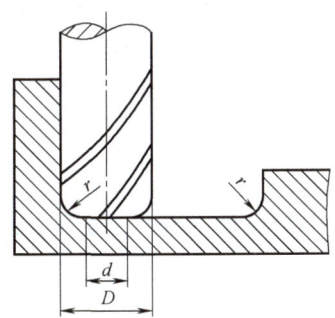

图 5-47 槽底平面圆弧对加工工艺的影响

4）应采用统一的基准定位。在数控加工中若没有统一的定位基准，则会因工件的二次装夹而造成加工后两个面上的轮廓位置及尺寸不协调现象。另外，零件上最好有合适的孔作为定位基准孔。若没有，则应设置工艺孔作为定位基准孔。若无法制出工艺孔，最起码也要用精加工表面作为统一基准，以减少二次装夹产生的误差。

四、数控加工工艺路线的设计

数控加工工艺路线的拟订与传统机械加工工艺规程的制订相似，其主要内容包括：选择定位基准、选择加工方法、划分加工阶段、安排工序顺序等。可参考本章第二节机械加工工艺规程设计。

1. 平面轮廓和曲面轮廓加工方法的选择

平面轮廓常用的加工方法有数控铣、线切割及磨削等。如图 5-48a 所示的内平面轮廓，当曲率半径较小时，可采用数控线切割方法加工。若选择铣削的方法，因铣刀直径受最小曲率半径的限制，直径太小，刚性不足，会产生较大的加工误差。如图 5-48b 所示的外平面轮廓，可采用数控铣削方法加工，常用粗铣—精铣方案，也可采用数控线切割方法加工。对精度及表面粗糙度要求较高的轮廓表面，在数控铣削加工之后，再进行数控磨削加工。数控铣削加工适用于除淬火钢以外的各种金属，数控线切割加工可用于各种金属，数控磨削加工适用于除有色金属以外的各种金属。

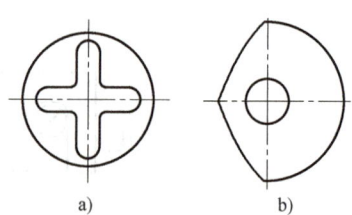

图 5-48　平面轮廓类零件

a) 内平面轮廓　b) 外平面轮廓

立体曲面加工方法主要是数控铣削，多用球头铣刀，以行切法加工，如图 5-49 所示。根据曲面形状、刀具形状以及精度要求等，通常采用二轴半联动或三轴半联动。对精度和表面粗糙度要求高的曲面，当用三轴联动的行切法加工不能满足要求时，可用模具铣刀，选择四轴或五轴联动加工。

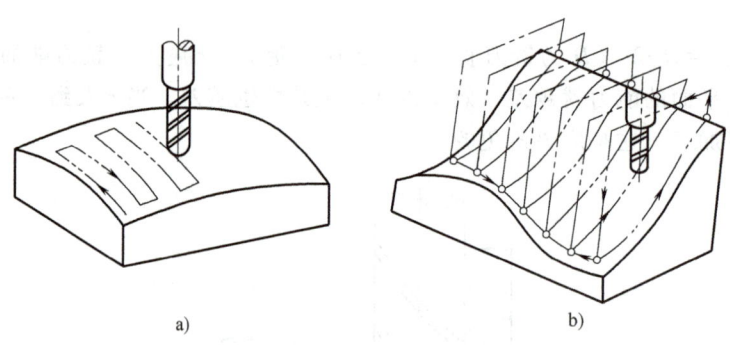

图 5-49　立体曲面的行切法加工示意图

2. 工序划分的方法

在数控机床上加工零件，工序应比较集中，在一次装夹中尽可能完成大部分或全部加工内容。首先应根据零件图样，考虑被加工零件是否可以在一台数控机床上完成整个零件的加工工作。如不能，则应选择哪部分零件表面需用数控机床加工，哪部分在其他机床上完成，即对零件进行加工工序的划分。数控加工工序划分有以下几种方式：

（1）按零件装夹定位方式划分工序　由于零件结构形状不同，各表面的技术要求也有所不同，所以加工时的定位方式各有差异。一般加工外形时，以内形定位，加工内形时以外形定位，因而可根据定位方式的不同来划分工序。如图 5-50 所示的片状凸轮，按定位方式可分为两道工序，第一道工序可在普通机床上进行。以外圆表面和一端面定位加工另一端面和 $\phi22H7$ 的内孔，然后再加工未加工的端面和 $\phi4H7$ 的工艺孔；第二道工序以已加工过的两个孔和一个端面定位，在数控铣床上铣削凸轮外表面曲线。

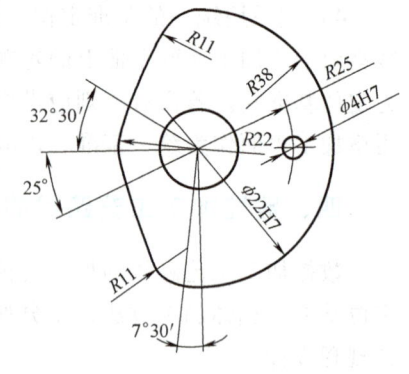

图 5-50　片状凸轮

（2）按粗、精加工划分工序　根据零件的加工精度、刚度和变形等因素来划分工序时，可按粗、精加工分开的原则来划分工序，即先粗加工再精加工。此时可用不同的机床或不同的刀具进行加工。通常在一次装夹中，不允许将零件某一部分表面加工完毕后，再加工零件的其他表面。

（3）按所用刀具划分工序　为了减少换刀次数，压缩空程时间，减少不必要的定位误差，可按刀具集中工序的方法加工零件。即在一次装夹中，尽可能用同一把刀具加工出可能加工的所有部位，然后再换另一把刀加工其他部位。在专用数控机床和加工中心中常采用这种方法。

3. 数控加工工序与普通加工工序的衔接

数控工序前后一般都穿插有其他普通工序，如衔接不好就容易产生矛盾，因此要解决好数控工序与非数控工序之间的衔接问题。最好的办法是建立相互状态要求。例如：要不要为后道工序留加工余量，留多少；定位面孔的精度要求及几何公差等。其目的是达到相互能满足加工需要，且质量目标与技术要求明确，交接验收有依据。关于手续问题，如果是在同一个车间，可由编程人员与主管该零件的工艺员协商确定，在制订工序工艺文件中互审会签，共同负责；如果不是在同一个车间，则应用交接状态表进行规定，共同会签，然后反映在工艺规程中。

五、数控加工工序的设计

1. 进给路线和工步顺序的确定

进给路线是刀具在整个加工工序中相对于工件的运动轨迹，它不但包括了工步的内容，而且也反映出工步的顺序。进给路线是编写程序的依据之一。因此，在确定进给路线时最好画一张工序简图，将已经拟定出的进给路线画上去（包括进、退刀路线），这样可为编程带来很多方便。

工步顺序是指同一道工序中，各个表面加工的先后次序。它对零件的加工质量、加工效率和数控加工中的进给路线有直接影响，应根据零件的结构特点和工序的加工要求等合理安排。工步的划分与安排一般可随进给路线来进行，在确定进给路线时，主要考虑以下几个方面：

1）对点位加工的数控机床，如钻、镗床，要考虑尽可能缩短进给路线，以减少空行程时间，提高加工效率。

2）为保证工件轮廓表面加工后的表面粗糙度要求，最终轮廓应安排最后一次进给连续。

3）刀具的进、退刀路线必须认真考虑，要尽量避免在轮廓处停刀或垂直切入切出工件，以免留下刀痕。

4）铣削轮廓的加工路线要合理选择，加工路线不同，加工结果也会不同。如图5-51所示为加工凹槽的三种进给路线，图5-51a表示行切法，图5-51b表示环切法。两种进给路线的共同点是都能切净内腔中全部面积，不留死角，不伤轮廓，同时尽量减少重复进给的搭接量。不同点是行切法的进给路线比环切法的短，但行切法将在每两次进给的起点和终点间留下残留面积，达不到所要求的表面粗糙度；而采用环切法获得的表面粗糙度要好于行切法，但需逐次向外扩展轮廓线，刀位点的计算稍微复杂一些。综合行切、环切的优点，采用如图5-51c所示的进给路线，即先用行切法切去中间部分，最后环切一刀，则既能使总的进给

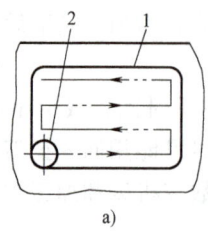 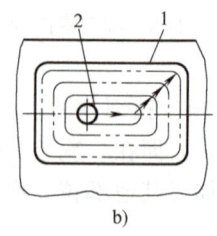 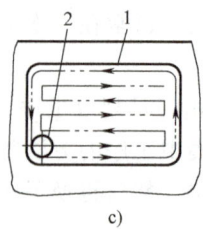

图 5-51 铣内槽的三种进给路线
a) 行切法 b) 环切法 c) 先行切法后环切法
1—工件凹槽轮廓 2—铣刀

路线较短，又能获得较好的表面粗糙度。

5）旋转体类零件的加工一般采用数控车床或数控磨床加工，由于车削零件的毛坯多为棒料或锻件，加工余量大且不均匀，因此合理制订粗加工时的进给路线，对于编程至关重要。

2. 工件的安装与夹具的选择

（1）工件安装的基本原则 在数控机床上工件安装的原则与普通机床相同，也要合理地选择定位基准和夹紧方案。为提高数控机床效率，在确定定位基准与夹紧方案时应注意以下三点：

1）力求设计基准、工艺基准与编程计算的基准统一。

2）尽量减少装夹次数，尽可能在一次装夹后就能加工出全部待加工表面。

3）避免采用占机人工调整式加工方案，以充分发挥数控机床的效能。

（2）选择夹具的基本原则 数控加工的特点对夹具提出了两个基本要求：一是要保证夹具的坐标方向与机床的坐标方向相对固定；二是要能协调零件和机床坐标系的尺寸关系。除此之外，还要考虑以下几点：

1）当零件加工批量不大时，应尽量采用组合夹具、可调夹具和其他通用夹具，以缩短准备时间、节省生产费用。

2）在成批生产时才考虑采用专用夹具，并力求结构简单。

3）夹具要敞开，加工部位开阔，夹具的定位、夹紧机构元件不能影响工件的送进。

4）装卸工件要快速、方便、可靠，以缩短准备时间，批量较大时应考虑采用气动或液压夹具、多工位夹具。

3. 数控加工刀具的选择

数控机床主轴转速比普通机床高 1~2 倍，且主轴输出功率大，因此与传统的加工方法相比，数控加工对刀具的要求更高，不仅要求精度高、强度大、刚度好、寿命长，而且要求尺寸稳定、安装调整方便。这就要求采用新型优质材料制造数控加工刀具，并合理选择刀具结构、几何参数。

刀具的选择应考虑工件材料、加工轮廓类型、机床允许的切削用量和刚性以及刀具寿命等因素。一般情况下应优先选用标准刀具（特别是硬质合金可转位刀具），必要时也可采用各种高生产率的复合刀具及其他一些专用刀具。对于硬度大的难加工工件，可选用整体硬质合金刀具、陶瓷刀具、立方氮化硼刀具等。刀具的类型、规格和精度等级应符合加工要求。

选取刀具时，要使刀具的尺寸与被加工工件的表面尺寸和形状相适应。生产中，平面零件周边轮廓的加工，常采用立铣刀。铣削平面时，应选硬质合金铣刀；加工凸台、凹槽时，选用高速钢铣刀。

对一些立体型面的加工，常采用球头铣刀、环形铣刀、鼓形刀和盘形刀等。

4. 切削用量的选择

数控加工中选择切削用量，是在保证加工质量和刀具寿命的前提下，充分发挥数控机床性能和刀具切削性能，使切削效率最高，加工成本最低。对于不同的加工方法需选择不同的切削用量，并应编入程序单内。

数控加工的切削用量（切削速度、进给量和背吃刀量）的选用原则与普通加工相同。由于数控机床动力参数较高、速度参数范围大，粗加工应尽可能选取较大的背吃刀量以减少进给次数。精加工可选取较高切削速度和较低进给量，由于是无级变速，有可能达到最佳切削参数。轮廓铣削时，进给速度的选取应注意内轮廓拐角处由于速度惯性而引起的超程现象而多切去一部分，可适当降低进给速度或分段进给。

（1）背吃刀量 a_p　粗加工时，在机床有效功率允许的条件下，应尽可能选取较大的背吃刀量，使大部分余量在一次或少数几次进给中切除。为了保证加工精度和表面粗糙度，可留下精加工余量。数控机床的精加工余量可略小于普通机床。

（2）进给量 f　应根据零件的加工精度、表面粗糙度要求、刀具和工件材料来选取。加工表面粗糙度值较小时，进给量应选择小些。一般数控机床进给量是连续变化的，编程时选定的进给量要求填入相应指令。轮廓加工中，应考虑由于惯性或工艺系统的变形而造成轮廓拐角处的超程或欠程。因此，要选择变化的进给量，即在接近拐角处应适当降低进给量，过拐角后再逐渐升高，以保证加工精度。

（3）切削速度 v_c　提高切削速度，就能提高生产率。因切削速度与刀具寿命的关系比较密切，随着切削速度的加大，刀具寿命将急剧下降。故在确定了工序的背吃刀量、进给量后，在保证刀具寿命的前提下，通过计算公式或工厂的实际经验来确定切削速度大小。

六、对刀点与换刀点的确定

对刀点与换刀点的确定，是数控加工工艺分析的重要内容之一。对刀点就是数控加工时刀具相对工件运动的起点，又称起刀点，也就是程序运行的起点。对刀点选定后，即确定了机床坐标系和工件坐标系之间的相互位置关系。选择对刀点的原则：

1）选择的对刀点便于数学处理和简化程序编制。
2）对刀点在机床上容易校准。
3）加工过程中便于检查。
4）引起的加工误差小。

对刀点可以设在零件或夹具上。为提高零件的加工精度，减少对刀误差，对刀点应尽可能选在零件的设计基准或工艺基准上。如以孔定位的零件，可以选取孔的中心作为对刀点。对于车削加工，则通常将对刀点设在工件外端面的中心线上。

所谓对刀，是指使刀位点与对刀点重合的操作。所谓刀位点，是指刀具的定位基准点。

不同的刀具，刀位点不同。平头立铣刀的刀位点是刀具轴线与刀具底面的交点；对于球头铣刀，刀位点则为球心；对于车刀，刀位点则为刀尖或刀尖圆弧中心；对钻头，刀位点则为钻尖。

对数控车床、镗铣床、加工中心等多刀加工数控机床，在加工过程中需要进行换刀，故编程时应考虑不同工序之间的换刀位置（即换刀点）。为避免换刀时刀具与工件及夹具发生干涉，换刀点应设在工件的外部。

切入点和切出点的选择也是设计数控工序时应该考虑的一个问题。刀具应沿工件加工表面的切线方向切入和切出，以避免在工件表面留下刀痕。

七、数控加工专用技术文件的编写

编写数控加工专用技术文件是数控加工工艺设计的内容之一。这些专用技术文件既是数控加工的依据，也是操作者要遵守、执行的规则；有的则是加工程序的具体说明，目的是让操作者更加明确程序的内容、安装与定位方式、各个加工部位所选用的刀具等。

（1）数控加工编程任务书　数控加工编程任务书记载并说明了工艺人员对数控加工工序的技术要求、工序说明以及数控加工前应保证的加工余量，是编程员与工艺人员协调工作和编制数控程序的重要依据。

（2）数控加工工序卡片　数控加工工序卡与普通加工工序卡有许多相似之处，是操作人员配合数控加工工序进行数控加工的主要指导性工艺资料。工序卡应按已确定的工艺路线填写。

如果在数控机床上只加工零件的一个工步时，也可不填写工序卡。在工序内容不十分复杂时，可把零件草图反映在工序卡上，并注明编程原点和对刀点。

（3）机床调整单　机床调整单是机床操作人员在加工前调整机床的依据。它主要包括机床控制面板开关调整单和数控加工零件安装、零点设定卡片两部分。

机床控制面板开关调整单，主要记有机床控制面板上有关开关的位置，如进给速度 f、调整旋钮位置、刀具半径补偿旋钮位置和刀具补偿拨码开关组数值表、垂直校验开关及冷却开关等内容。

（4）数控加工刀具调整单　数控加工刀具调整单主要包括刀具卡片（简称刀具卡）和数控刀具明细表（简称刀具表）两部分。数控加工对刀具要求十分严格，一般要在机外对刀仪上预先调整好刀具的直径和长度。

刀具卡主要反映刀具编号、刀具结构、尾柄规格甚至刀片型号、材料等。它是组装刀具和调整刀具的依据。

（5）数控加工路线进给图　设计好数控加工刀具进给路线是编制合理加工程序的条件之一。另外，在数控加工中要经常注意并防止刀具在运动中与工件、夹具等发生意外的碰撞，因此机床操作者要了解刀具运动路线（如从哪里下刀，从哪里抬刀等），了解并计划好夹紧位置及控制夹紧元件的高度，以避免碰撞事故发生。这在上述工艺文件中难以说明或表达清楚，常常采用进给路线图加以说明。

为了简化进给路线图，一般可采取统一约定的符号来表示，不同的机床可以采用不同的图例与格式。

（6）数控加工程序单　数控加工程序单是编程员根据工艺分析情况，经过数据计算，按照机床的指令代码编制的。它是记录数控加工工艺过程、工艺参数、位移数据的清单，以及手动数据输入（MDI）和实现数控加工的主要依据。不同的数控机床，不同的数控系统，程序单的格式不同。

第五节　计算机辅助工艺规程设计

一、概述

随着机械制造技术的发展及多品种、小批量生产的要求，特别是计算机辅助设计及制造系统向集成化、智能化方向的发展，传统的工艺设计方法已远远不能满足要求。计算机辅助工艺规程设计（Computer Aided Process Planning，CAPP）也应运而生。CAPP 是通过向计算机输入被加工零件的原始数据、加工条件和加工要求，由计算机进行编码、编程直至最后输出优化的工艺规程。CAPP 的基础技术之一是成组技术。

二、成组技术（Group Technology，GT）

1. 成组技术的基本概念

成组技术是将企业的多种产品、部件和零件，按一定的相似性准则分类编组，并以这些组为基础组织生产各个环节，从而实现多品种中小批量的生产，使产品设计、制造和管理合理化的技术。在机械加工中，它是将多种零件按上述准则分类以形成零件族（组），并对一个零件族设计一种工艺方法或工艺路线，使该族中的零件都能用该工艺方法和路线进行加工。

2. 零件的分类编码

用数字描述零件的几何形状、尺寸大小和工艺特征，即将零件的特征数字化。它是标识零件相似性的手段。迄今为止，世界上已有几十种分类编码系统，其中奥匹兹（Opitz）分类编码系统应用最广。我国机械行业于 1984 年底制订了机械零件编码系统（简称 JLBM-1 系统），如图 5-52 所示。

JLBM-1 系统由功能名称代码、形状及加工码、辅助码三部分共 15 个码位组成，每一码位包括 0 到 9 的 10 个特征项来描述零件的各种信息。系统的特点是零件类别按名称类别矩阵划分，便于检索；码位适中，又有足够的描述信息的容量。各码位及其特征项号的具体内容可查阅《机械制造工艺手册》。

根据编码系统，即可对所有零件进行编码。如图 5-53 所示给出了两个零件的编码示例。

3. 成组工艺

（1）划分零件族（组）　根据零件编码划分零件族（组）的方法如下：

1）特征码位法。以加工相似性为出发点，选择几位与加工特征直接有关的特征码位作为形成零件组的论据。例如制造部门从加工要求的相似性出发，往往把影响较大的零件类别、外形、尺寸和材料等码位作为特征码位。如果采用奥匹兹分类编码系统，即将一、二、六、七等四个码位相同的零件划分为一组。根据这个规定，编码为 043603072、041103070、047023072 的三个零件可划分为同一组。

2）码域法。将每个码位上的特征码规定一定的允许变动范围，凡零件的代码在这个允

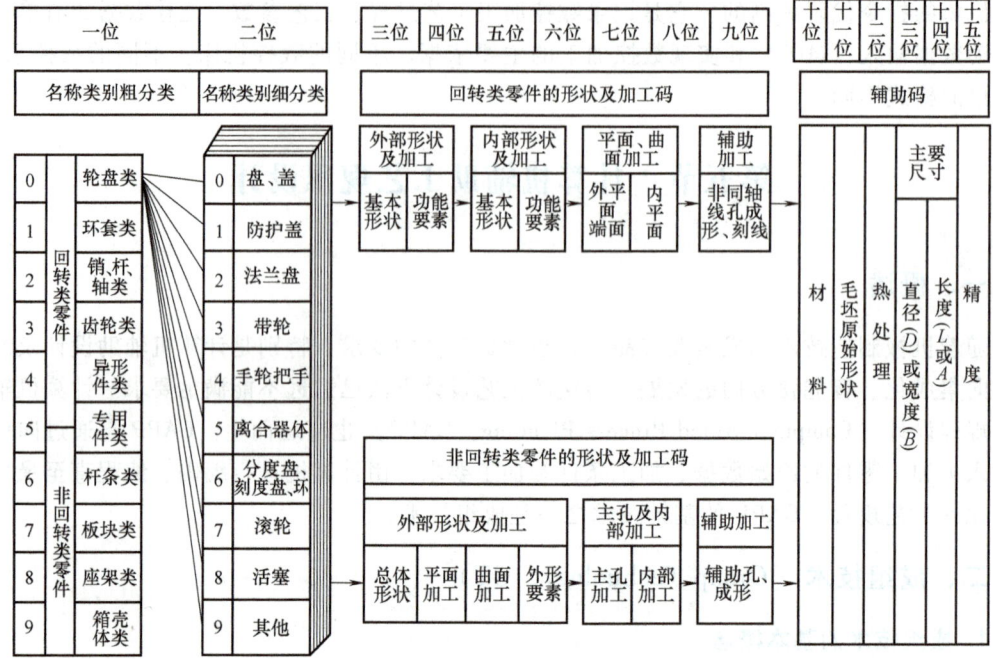

图 5-52 JLBM-1 系统

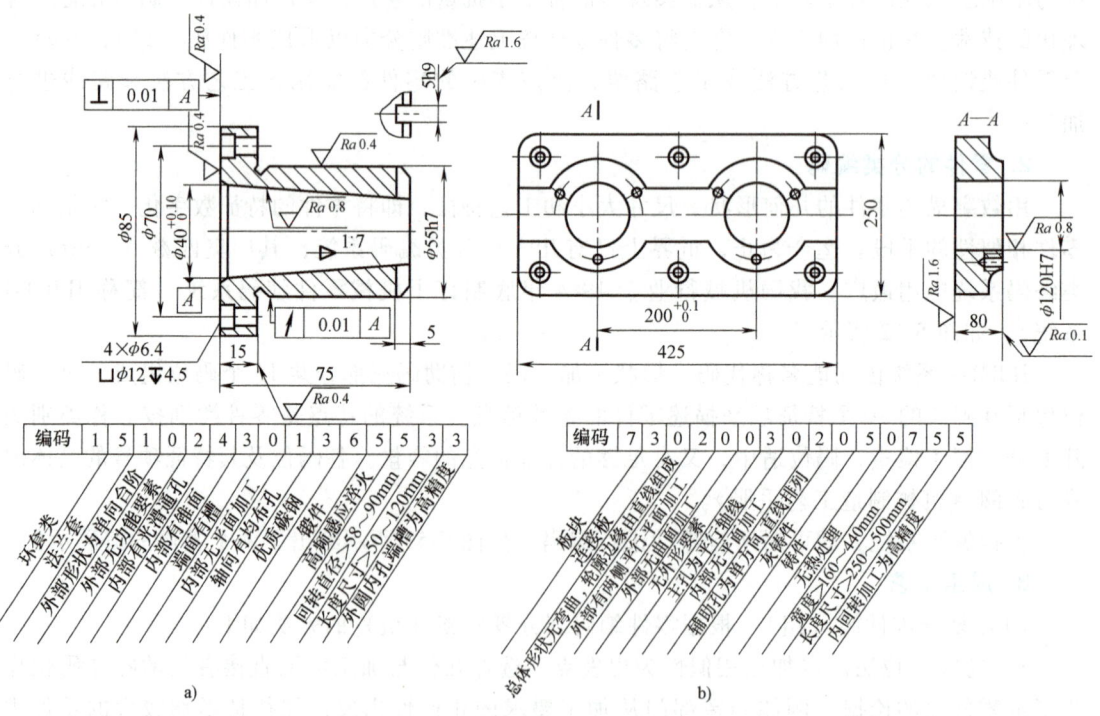

图 5-53 JLBM-1 系统编码示例

a) 回转类零件　名称：锥套；材料：45 钢（锻件）　b) 非回转类零件　名称：连接板；材料：HT150

许范围内的，就属于这个零件组。例如可以规定某一组零件的第一码位的特征码只允许取 0 和 1，第二码位的特征码只允许取 0、1、2、3 等，凡各码位上的特征落在规定码域内的零件划为同一组。

3）特征位码域法。在分组时，若采用特征码位法，则分组数多，但每组中的零件种数少。而采用码域法分组时，由于在非主要码位上对零件的相似程度也进行了限制，而那些被摒弃在外的零件特征并不一定影响成组技术的效果，这对扩大零件组中的零件数也是不利的。因此通常将上述两种方法结合起来使用，既按要求选取特征性较强的特征码位，又规定这些码位上特征码允许的变化范围（码域），并以此作为零件分组的依据。

（2）拟定成组工艺路线 编制成组加工工艺规程常用的方法有如下几种：

1）综合零件法。在零件组内，选择或设计一个能包括组内所有零件全部结构特征和工艺特征的零件，称为综合零件。综合零件既可以是实际零件，也可以是假想的（人为虚拟的）零件。编制零件组成组加工工艺规程实际上就是为该零件组的综合零件编制工艺规程，该工艺规程对零件组内的每一个零件都适用，有的零件可能没有其中的一个工序（工步）或几个工序（工步）。综合零件法常用于编制形体比较简单的回转体类零件的成组加工工艺规程。如图 5-54 所示为用综合零件法编制的成组工艺过程示例。

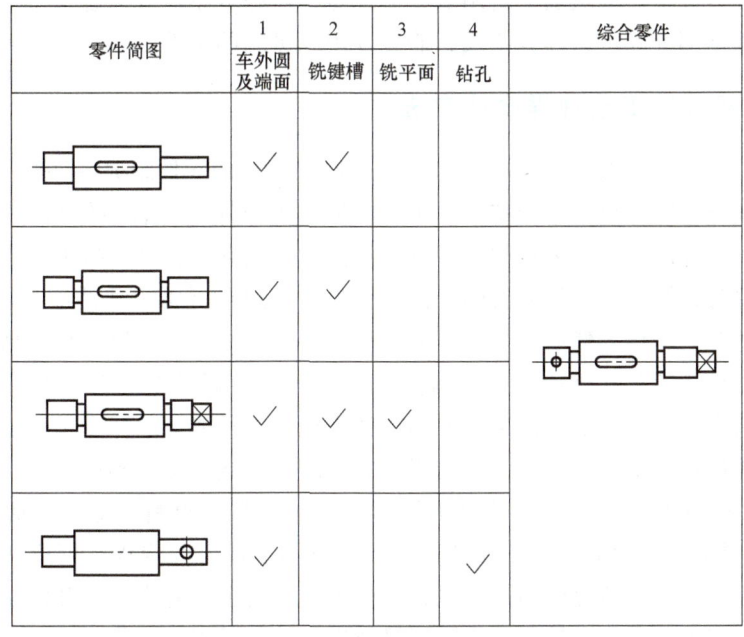

图 5-54 轴类零件成组工艺过程

2）综合工艺路线法。对结构复杂的零件，要将组内全部形状结构要素综合而形成一个复合零件，常常是困难的。此时可采用综合工艺路线法，即分析组内各零件的工艺路线，综合成一个工序完整、安排合理、适合全组零件的工艺路线。如图 5-55 所示是用综合工艺路线法编制的成组工艺过程示例。

（3）选择设备并确定生产组织形式 根据拟定的工艺过程，可采用通用机床改装，也可选择可调高效自动化机床或数控机床，将它们编制成机床组，并按工艺流程原则布置这一机床组。随着成组技术的推广和发展，它的组织形式已由初级形式的成组单机加工逐步发展到成组生产单元、成组流水线和自动线，以至现代最先进的柔性制造系统和全盘无人化工厂。

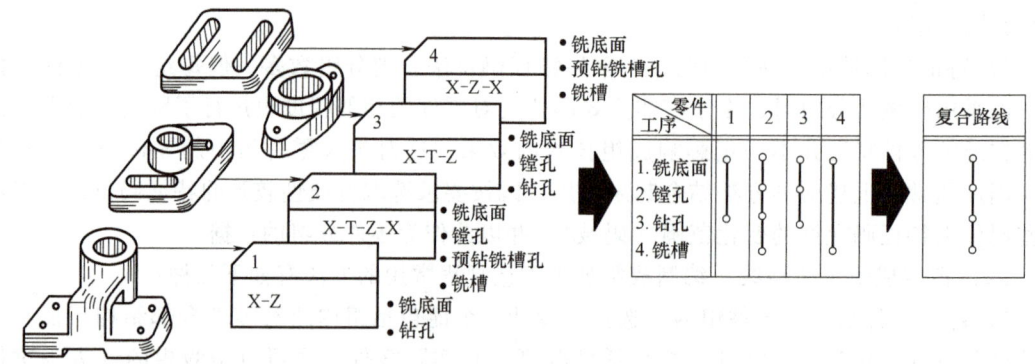

图 5-55 编制非回转体类零件成组工艺过程

(4) 设计成组夹具、刀具的结构和调整方案　在成组加工中，更换工件时，机床上的夹具并不更换，只做适当的调整，但要求调整简便、迅速。根据这个原则，设计成组夹具及刀具的结构和调整方案。成组加工所用机床夹具是针对综合零件或综合工艺路线的某一工序设计的，它由基础部分和可调部分组成，兼有专用和可调的特性。

三、计算机辅助工艺规程设计方法

(1) 派生法　在成组技术的基础上将编码相同或相近的零件组成零件组（族），并设计一个能集中反映该组零件全部结构特征和工艺特征的主样件（综合零件），然后按主样件设计适合本厂生产条件的典型工艺规程，并以数据库的形式存储在计算机中。当需要设计某一零件的工艺规程时，输入该零件的编码，计算机自动识别它所属的零件组（族），并检索该组主样件的典型工艺文件，然后再进一步输入所设计零件的形面编码、加工精度和表面质量要求等数据，从典型工艺文件中筛选出有关工序，还可以通过人机对话方式进行修改和编辑，并进行切削用量计算，最后输出零件的工艺规程。这种方法的特点是系统简单，但要求工艺人员参与并进行决策，所编制的工艺规程只局限于特定的工厂和产品。

(2) 创成法　创成法只要输入零件的图形和工艺信息（材料、毛坯、加工精度和表面质量要求等），计算机在没有人工干预的情况下，自动生成工艺规程。创成法 CAPP 系统在获取零件信息后，能自动地提取制造知识，产生零件所需要的各个工序和加工顺序，自动地选择机床，选择工具、夹具、量具、切削用量及进行加工过程的优化，模拟工艺设计人员的决策过程。按其决策知识的应用形式，可分为常规程序和采用人工智能技术两种类型。其特点是自动化程度高，但系统复杂，技术上尚不成熟，其通用系统有待于进一步研究开发。

(3) 综合法　这是一种以派生法为主、创成法为辅的设计方法，综合法兼取两者之长，因此是一种很有发展前途的方法。

第六节　机器装配工艺规程设计

一、概述

机器的质量是以机器的工作性能、使用效果、可靠性和寿命等综合指标来评定的。这些指标除了和产品结构设计及材料选择的正确性有关外,还取决于零件的制造质量和装配质量。装配是机器制造过程中的最后工艺环节,它将最终保证机械产品的质量。

近年来,在毛坯制造和机械加工等方面实现了高度的机械化和自动化,发展了大量新工艺,大大节省了人力和费用。机械装配在整个机器制造中所占的工作量比例日益加大,如何提高装配工作的技术水平和劳动生产率,已经成为机械生产中研究的重点之一。

(一) 装配的概念

组成机器的最小单元是零件,无论多么复杂的机器都是由许多零件所构成的。一台机械产品往往由上千至上万个零件所组成,为了便于组织装配工作,必须将产品分解为若干个可以独立进行装配的装配单元,以便按照单元次序进行装配并有利于缩短装配周期。装配单元通常可划分为五个等级。

1. 零件

零件是组成机械和装配的最基本单元。大部分零件都是预先装成合件、组件和部件再进入总装。

2. 合件

合件是比零件大一级的装配单元。下列情况皆属合件:

1) 两个以上零件,是由不可拆卸的连接方法(如铆、焊、热压装配等)连接在一起。

2) 少数零件组合后还需要合并加工,如齿轮减速箱体与箱盖、柴油机连杆与连杆盖,都是组合后镗孔的,零件之间对号入座,不能互换。

3) 以一个基准零件和少数零件组合在一起,如图 5-56a 所示属于合件,其中蜗轮为基准零件。

3. 组件

组件是一个或几个合件与若干个零件的组合。如图 5-56b 所示即属于组件,其中蜗轮与齿轮为一个先装好的合件,而后以阶梯轴为基准件,与合件和其他零件组合为组件。

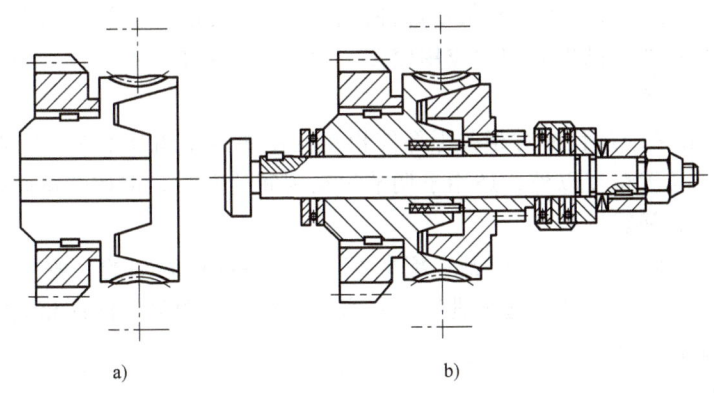

图 5-56 合件和组件实例
a) 合件 b) 组件

4. 部件

部件是一个基准件和若干个组件、合件和零件的组成。如主轴箱、进给箱等。

5. 机器

它是由上述全部装配单元组成的整体。

按照规定的技术要求，将零件进行组合和连接，使之成为部件或机器的工艺称为装配。组合整台机器的过程称为总装配（简称总装）；组成部件的过程称为部件装配（简称部装）；把零件组合成组件的过程称为组件装配（简称组装）。

（二）装配工作的基本内容

机械产品装配阶段的主要工作包括装配、检验、试验、涂装和包装等。装配工作主要内容如下：

1. 清洗

使用合适的清洗液清除产品或工件在制造、储存、运输等环节造成的油污及其他杂质的过程。常用的清洗方法有擦洗、浸洗、高压喷射清洗、气相清洗、电解清洗、超声波清洗等。

2. 平衡

在生产中常用静平衡法和动平衡法来消除由于质量分布不均匀而造成的旋转体的不平衡。对于盘类零件，一般采用静平衡法消除静力不平衡。而对于长度较大的零件（如电动机转子和机床主轴等），则需采用动平衡法。

平衡的办法有：加重（采用铆、焊、胶结、压装、螺纹连接、喷涂等），去重（采用钻、铣、刨、偏心车削、打磨、抛光、激光熔化等），调节转子上预先设置的可调重块的位置等方法。

3. 连接

1) 可拆卸连接。是指相互连接的零件拆卸时不受任何损坏，而且拆卸后还能重新装在一起，如螺纹连接、键联结、弹性环连接、楔连接、榫连接和销钉连接等。

2) 不可拆卸连接。是指相互连接的零件在使用过程中不可拆卸，若拆卸将损坏某些零件，如焊接、铆接、胶接等。

4. 校正、调整与配作

1) 校正是指在装配过程中对相关零部件的位置进行找正、校平及相应的调整工作，在产品总装和大型机械的基础件装配中应用较多。常用的校正工具有平尺、角尺、水平仪、光学准直仪及相应检具等。

2) 调整是指在装配过程中对相关零部件相互位置的具体调节工作。它除了配合校正工作去调节零部件的位置精度以外，还用于调节运动副间的间隙，例如轴承间隙、导轨副间隙及齿轮与齿条的啮合间隙等。

3) 配作通常指配钻、配铰、配刮和配磨等，这是装配中附加的一些钳工和机械加工工作，并应与校正、调整工作结合起来进行。只有经过校正、调整，保证相关零件间的正确位置后，才能进行配作。

5. 性能检验

性能检验是机械产品出厂前的最终检验工作。它是根据产品标准和规定，对其进行全面的检验和试验。主要内容包括：检测和试验的项目及检验质量指标；检测和试验的方法、条件与环境要求；检测和试验所需的工艺装备的选择或设计；质量问题的分析方法和处理措施。

例如金属切削机床验收试验工作的主要步骤和内容有检查机床的几何精度、空运转试验、机床负荷试验、机床工作精度试验等。

(三) 装配精度

装配精度是指机器装配后实际达到的精度，可根据机器的工作性能来确定。正确规定机器和部件的装配精度是产品设计的重要环节之一，它不仅关系到产品质量，也影响产品制造的经济性。装配精度是制订装配工艺规程的主要依据，也是选择合理的装配方法和确定零件加工精度的依据，所以，应正确规定机器的装配精度。

对于一些标准化、通用化和系列化的产品，如通用机床和减速器等，它们的装配精度可根据国家标准、部颁标准或行业标准制订。对于没有标准可循的产品，其装配精度可根据用户的使用要求，参照经过实践考验过的类似部件或产品的已有数据，采用类比法确定。

装配精度一般包括：零部件间的尺寸精度、位置精度、相对运动精度和接触精度等。

1. 零部件间的尺寸精度

零部件间的尺寸精度包括配合精度和距离精度。配合精度是指配合面间达到规定的间隙或过盈的要求。例如，轴和孔的配合间隙或配合过盈的变化范围，它影响配合性质和配合质量。距离精度是指零部件间的轴向间隙、轴向距离和轴线距离等，如车床主轴与尾座的等高性精度、钻模夹具中钻套孔中心到定位元件工作面的距离尺寸等。

2. 零部件间的位置精度

零部件间的位置精度包括平行度、垂直度、同轴度和各种跳动等，如车床主轴的径向圆跳动、钻模中钻套轴线对夹具底面的垂直度等。

3. 零部件间的相对运动精度

相对运动精度是指有相对运动的零部件在运动方向和运动位置上的精度。运动方向上的精度包括零部件间相对运动时的直线度、平行度和垂直度等。运动位置精度即传动精度是指内联系传动链中始末两端传动元件间相对运动（转角）精度。如滚齿机滚刀主轴与工作台的相对运动精度和车床车螺纹时主轴与刀架移动的相对运动精度等。

4. 接触精度

接触精度是指两配合表面、接触表面和连接面间达到规定的接触面积大小与接触点分布情况。它影响接触刚度和配合质量的稳定性，如导轨副的接触情况、齿轮副的接触斑点等要求。

各种装配精度之间存在着一定的关系，接触精度和配合精度是距离精度和位置精度的基础，而位置精度又是相对运动精度的基础。

一般情况下，装配精度是由有关组成零件的加工精度来保证的，这些零件加工误差的累积将影响装配精度。在加工条件允许时，可以合理地规定有关零部件的制造精度，使它们的累积误差不超出装配精度所规定的范围，从而简化装配过程，这对于大批大量生产过程是十分必要的。

对于某些装配精度要求高的装配单元，特别是装配单元包含零件较多时，如果装配精度完全由有关零件的加工精度来直接保证，则对各零件的加工精度要求很高，这样会造成加工困难，甚至无法加工。遇到这种情况，常按经济加工精度来确定大部分零件的精度要求，使之易于加工，而在装配阶段采用一定的装配工艺措施（如修配、调整、选配等）来保证装配精度。

因此，机械产品的装配精度是由相关零件的加工精度和合理的装配方法共同保证的。零件加工精度与装配精度间具有紧密的相互关系，为了定量地分析这种关系，常将尺寸链的基本理论应用于装配过程，建立装配尺寸链，通过解算装配尺寸链，最后确定零件精度与装配精度之间的定量关系。

（四）装配尺寸链的概念与建立方法

1. 装配尺寸链的基本概念

装配尺寸链是在机器的装配过程中，由相关零件的有关尺寸（表面或轴线间距离）或相互位置关系（平行度、垂直度或同轴度等）所组成的尺寸链。按照各个组成环和封闭环的几何特征和所处空间位置分布情况，装配尺寸链可以分为直线尺寸链、平面尺寸链、空间尺寸链和角度尺寸链。其中组成环由相关零件的尺寸或相互位置关系所组成。封闭环为装配过程中最后形成的一环，即装配后获得的精度或技术要求。这种精度要求是装配完成后才最终形成和保证的。

2. 装配尺寸链的建立方法

装配尺寸链的建立是在装配图的基础上，根据装配精度的要求，找出与该项精度有关的零件及相应的有关尺寸，并画出尺寸链图。

例如，如图 5-57a 所示车床主轴中心与尾座套筒中心装配后在垂直方向有等高要求。车床主轴锥孔轴心线和尾座套筒锥孔轴心线的等高度（A_0），主要取决于主轴箱、尾座及底板的 A_1、A_2 及 A_3 的尺寸精度，这是一个线性装配尺寸链。它的建立一般可按下列步骤进行：

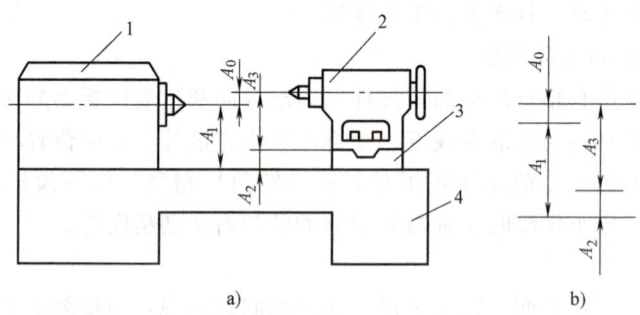

图 5-57 车床主轴中心与尾座套筒中心等高

a）等高示意图　b）尺寸链

1—主轴箱　2—尾座　3—底板　4—床身

（1）确定封闭环　如前所述，装配精度即封闭环。为了正确地确定封闭环，必须深入了解机器的使用要求及各部件的作用，明确设计人员对整机及部件所提出的装配技术要求。如图 5-57 所示车床主轴中心与尾座套筒中心等高是机床装配后所形成的机床精度指标之一，即封闭环，用 A_0 表示。

（2）查找组成环　装配尺寸链的组成环是对机器或部件装配精度有直接影响的环节。组成环的查找方法：以封闭环两端的零件为起始点，沿着装配精度要求的方向，以装配基准面为联系线索，分别查找出装配关系中影响装配精度要求的那些相关零件，直至找到同一个基准零件，甚至是同一个基准表面为止。这样，所有相关零件上直接连接两个装配基准面间的位置尺寸或位置关系，便是装配尺寸链的全部组成环。如图 5-57a 所示，A_1、A_2 及 A_3 为车床主轴中心与尾座套筒中心等高尺寸链的组成环。

（3）建立尺寸链图　如图 5-57b 所示即为尺寸链图，从中可清楚地判别出增环和减环，便于进行求解。

3. 建立装配尺寸链应注意的问题

装配尺寸链与工艺尺寸链相比有其特殊性，需要注意以下三点：

（1）遵循最短路线（环数最少）原则 在封闭环精度一定时，尺寸链的组成环数越少，则每个环分配到的公差越大，这有利于减小加工的难度和成本的降低。因此，在建立装配尺寸链时，要遵循最短路线（环数最少）原则，即应使每一相关零件仅有一个组成环列入尺寸链。如图 5-58a 所示，轴只有 A_1 一个尺寸进入尺寸链，是正确的。如图 5-58b 所示的标注法中，轴有 a、b 两个尺寸进入尺寸链，是不正确的。

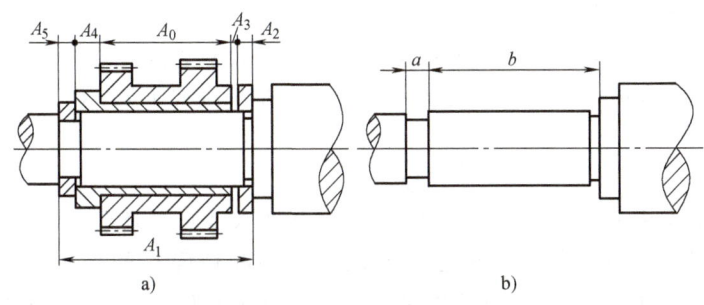

图 5-58 组成环尺寸选择

a）正确尺寸链 b）选择组成环不正确

（2）装配尺寸链应进行必要的简化 机械产品的结构通常都比较复杂，对装配精度有影响的因素很多，在查找尺寸链时，可以不考虑那些影响较小的因素，使装配尺寸链适当简化。例如，如图 5-57 所示在研究车床主轴与尾座中心线等高性问题时，就忽略主轴滚动轴承外圆与内孔的同轴度误差；尾座顶尖套锥孔与外圈的同轴度误差；尾座顶尖套与尾座孔配合间隙引起的向下偏移量；床身上安装主轴箱和尾座的平导轨面的高度差等。

（3）装配尺寸链的方向性 在同一装配结构中，当不同位置方向都有装配精度要求时，应按不同方向分别建立装配尺寸链。例如，蜗杆副传动结构，为保证正常啮合，要同时保证蜗杆副两轴线间的距离精度、垂直度精度、蜗杆轴线与蜗轮中间平面的重合精度，这是三个不同位置方向的装配精度，因而需要在三个不同方向分别建立尺寸链。

二、保证装配精度的方法

机械的装配首先应当保证装配精度。对不同的生产条件，采取适当的装配方法，在不过高地提高相关零件制造精度的情况下来保证装配精度，是装配工艺的首要任务。

保证装配精度的方法有互换法、选择装配法、修配装配法和调整装配法四种。在生产中，根据生产纲领、生产技术条件及机器的性能、结构和技术要求来选择。

（一）互换装配法

互换装配法是在装配过程中，零件互换后仍能达到装配精度要求的装配方法。产品采用互换装配法时，装配精度主要取决于零件的加工精度。互换法的实质就是控制零件的加工误差来保证产品的装配精度。

根据零件的互换程度的不同，互换法又分为完全互换法和不完全互换法。

1. 完全互换法

在全部产品中，装配时各组成环不需挑选或改变其大小或位置，装配后即能达到装配精度的要求，这种装配方法称为完全互换法。

这种装配方法的特点是：装配质量稳定可靠，对装配工人的技术等级要求较低，装配工作简单、经济、生产率高，便于实现流水装配和自动化装配，又可保证零、部件的互换性，有利于组织专业化生产和协作生产，容易解决备件供应。因此完全互换装配法是比较先进和理想的装配方法。

因此，只要各组成环的加工在技术上有可能，且经济上合理时，应该优先采用完全互换装配法。尤其在成批、大量生产时，更应如此。例如，大批、大量生产汽车、拖拉机和自行车等产品时，大多采用完全互换装配法。

采用完全互换装配法时，装配尺寸链采用极值公差公式计算。为保证装配精度要求，尺寸链各组成环公差之和应小于或等于封闭环公差（装配精度要求），即

$$\sum_{i=1}^{n-1} T_i \leq T_0$$

式中，T_0 为封闭环公差；T_i 为第 i 个组成环公差；n 为尺寸链总环数。

在进行装配尺寸链反计算时，即已知封闭环（装配精度）的公差 T_0，分配有关零件（各组成环）公差 T_i 时，可按等公差原则（$T_1 = T_2 = \cdots = T_{av}$）先确定它们的平均极值公差 T_{av}

$$T_{av} = T_0/(n-1)$$

然后根据各组成环尺寸的大小和加工的难易，对各组成环的公差进行适当的调整。在调整中可参照下列原则：

1) 组成环是标准件尺寸（如轴承环或弹性挡圈的厚度等）时，其公差值及分布在相应标准中已有规定，为既定值。

2) 组成环是几个尺寸链的公共环时，其公差值及其分布由对其要求最严的尺寸链先行确定，对其余尺寸链则也为已定值。

3) 尺寸相近、加工方法相同的组成环，可取其公差相等；尺寸大小不同，所用加工方法、加工精度相当的可取其精度相等。

4) 难加工或难测量的组成环，其公差可取较大数值；易加工、易测量的组成环，其公差取较小值。

5) 确定好各组成环的公差后，按入体原则确定极限偏差，属外尺寸（如轴）的组成环按基轴制（h）决定其极限偏差；属内尺寸（如孔）的组成环按基孔制（H）决定其极限偏差；孔中心距的尺寸极限偏差按对称分布选取。必须指出，如有可能，应使各组成环的公差大小和分布位置符合《公差与配合》国家标准的规定，这样给生产组织工作带来一定的好处。

但是，当各组成环都按上述原则确定偏差时，按公式计算的封闭环极限偏差常不符合封闭环的要求值。为此就需要选取一个组成环，其极限偏差不是事先定好，而是经过计算确定，以便与其他组成环相协调，最后满足封闭环极限偏差的要求，这个组成环称为协调环。一般情况下，协调环不能选取标准件或几个尺寸链的公共组成环。可先取易加工的零件作为协调环，而将难加工零件作为组成环；也可选取难加工零件作为协调环，而将易加工的零件的尺寸公差从严选取。

例 5-7 如图 5-59a 所示为车床主轴部件的局部装配图，要求装配后轴向间隙 $A_0 = 0.1 \sim$

0.35mm。已知各组成环的公称尺寸为：$A_1 = 43$mm，$A_2 = 5$mm，$A_3 = 30$mm，$A_4 = 3_{-0.04}^{0}$mm（标准件），$A_5 = 5$mm，现采用完全互换法装配。试确定各组成环公差和极限偏差。

解 采用完全互换法装配，装配尺寸链应用极值法进行解算。

1) 画出装配尺寸链图如图 5-59b 所示，校验各环公称尺寸。依题意，轴向间隙为 0.1~0.35mm，则封闭环 $A_0 = 0$，封闭环公差 $T_0 = 0.25$mm。本装配尺寸链共有 5 个组成环，其中 A_1 为增环，其余为减环。

封闭环的公称尺寸：$A_0 = \vec{A_1} - (\overleftarrow{A_2} + \overleftarrow{A_3} + \overleftarrow{A_4} + \overleftarrow{A_5}) =$ 43mm$-$(5+30+3+5)mm$=0$mm。由计算可知，各组成环公称尺寸的已定数值正确。

2) 确定各组成环的公差。封闭环公差 $T(A_0) = (0.35 - 0.1)$ mm $= 0.25$mm，组成环的平均公差 $T_{\mathrm{av}1}$ 为

$$T_{\mathrm{av}1} = \frac{T(A_0)}{n-1} = \frac{0.25\mathrm{mm}}{6-1} = 0.05\mathrm{mm}$$

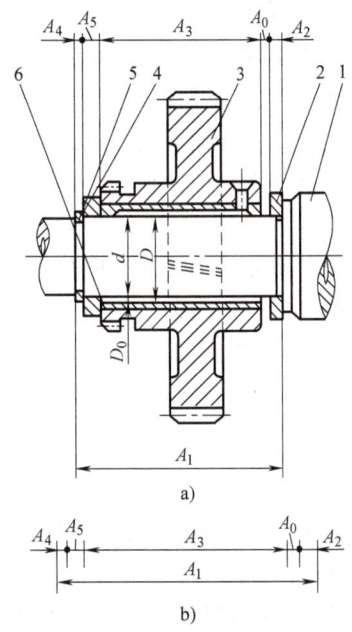

图 5-59 车床主轴部件装配尺寸链的建立
a) 车床主轴部件局剖装配简图
b) 车床主轴部件装配尺寸链图

根据各组成环公称尺寸大小与零件加工难易程度，以各环平均公差为基础，确定各组成环公差。

A_1 和 A_3 尺寸大小和加工难易程度大体相当，故取 $T(A_1) = T(A_3) = 0.06$mm；A_2 和 A_5 尺寸大小和加工难易相当，故取 $T(A_2) = T(A_5) = 0.045$mm；A_4 为标准件，其公差为已定值 $T(A_4) = 0.04$mm。

$$\sum T(A_i) = T(A_1) + T(A_2) + T(A_3) + T(A_4) + T(A_5)$$
$$= (0.06+0.045+0.06+0.04+0.045)\mathrm{mm} = 0.25\mathrm{mm} = T(A_0)$$

3) 确定各组成环的极限偏差。在组成环中选择一个组成环为协调环。协调环不能选取标准件或公共环，应选易于加工、测量的零件。本例将 A_3 作为协调环，协调环极限偏差按尺寸链公式求得，其余组成环的极限偏差按入体原则分布，尺寸如下：$A_1 = 43_{0}^{+0.06}$mm，$A_2 = 5_{-0.045}^{0}$mm，$A_4 = 3_{-0.04}^{0}$mm，$A_5 = 5_{-0.045}^{0}$mm。

计算协调环 A_3 的上下极限偏差 $ES(A_3)$、$EI(A_3)$，将各环相应尺寸代入式（5-4）：

$$+0.35\mathrm{mm} = 0.06\mathrm{mm} - [-0.045 + EI(A_3) - 0.045 - 0.04]\mathrm{mm}$$

计算得 $EI(A_3) = -0.16$mm

$$ES(A_3) = T(A_3) - EI(A_3) = 0.06\mathrm{mm} + (-0.16\mathrm{mm}) = -0.10\mathrm{mm}$$

求得 $A_3 = 30_{-0.16}^{-0.10}$mm

如果装配精度要求较高，尤其是组成环的数目较多时，若应用极值法确定组成环的公差，则组成环的公差将会很小，这样就很难满足零件的经济精度要求。因此，在大批量生产的条件下，就可以考虑不完全互换装配法，即用统计法解算装配尺寸链。

2. 不完全互换法

不完全互换装配法与完全互换装配法相比，其优点是零件公差可以放大$\sqrt{n-1}$倍，从而使零件加工容易、成本低，也能达到互换性装配的目的。其缺点是将会有一部分产品的装配精度超差。这就需要采取补救措施或进行经济论证。

统计法和极值法所用计算公式的区别只在封闭环公差的计算上，其他完全相同。

例 5-8 已知条件与例 5-7 相同，各加工尺寸符合正态分布。现采用不完全互换法装配，试确定各组成环公差和极限偏差。

解 1）画装配尺寸链图，校验各环公称尺寸，其方法与例 5-7 相同。

2）确定除协调环外的各组成环公差和极限偏差。因为该产品在大批大量生产条件下，工艺过程稳定，各组成环、封闭环尺寸趋近正态分布，则各组成环的平均公差为

$$T_{av} = \frac{T(A_0)}{\sqrt{n-1}} = \frac{0.25}{\sqrt{6-1}} \text{mm} \approx 0.112\text{mm}$$

根据组成环的原则，确定：$T(A_1) = 0.15\text{mm}$，$T(A_2) = T(A_5) = 0.10\text{mm}$，$T(A_4) = 0.04\text{mm}$（标准件）。

选 A_3 为协调环，其公差 $T(A_3)$ 可按下式计算。即

$$T(A_3) = \sqrt{[T(A_0)]^2 - \sum_{i=1}^{n-2}[T(A_i)]^2} = \sqrt{0.25^2 - (0.15^2 + 0.10^2 + 0.10^2 + 0.04^2)}\text{mm} \approx 0.13\text{mm}$$

除协调环 A_3 和标准件外，其他组成环均按入体原则确定其极限偏差。即 $A_1 = 43^{+0.15}_{0}\text{mm}$，$A_2 = A_5 = 5^{0}_{-0.1}\text{mm}$，$A_4 = 3^{0}_{-0.04}\text{mm}$。

3）计算协调环 A_3 的上下极限偏差 $ES(A_3)$、$EI(A_3)$。

各组成环中间偏差 $\Delta A_1 = 0.075\text{mm}$，$\Delta A_2 = \Delta A_5 = -0.05\text{mm}$，$\Delta A_4 = -0.02\text{mm}$。

封闭环的中间偏差 $\Delta A_0 = 0.225\text{mm}$。

计算协调环的中间偏差 ΔA_3。将已知各中间偏差代入下式

$$\Delta A_0 = \Delta A_1 - (\Delta A_2 + \Delta A_3 + \Delta A_4 + \Delta A_5)$$

计算得 $\Delta A_3 = -0.03\text{mm}$

协调环 A_3 的上下极限偏差 $ES(A_3)$、$EI(A_3)$，由式（5-10）、式（5-11）得

$$ES(A_3) = +0.035\text{mm}$$
$$EI(A_3) = -0.095\text{mm}$$

于是 $A_3 = 30^{+0.035}_{-0.095}\text{mm}$。

分析：从装配精度看，例 5-7 与例 5-8 相同。极值法计算补偿环公差较小，补偿环加工精度要求高。比较两者计算结果可知：在同等装配精度要求下，统计法设计组成环尺寸，降低了对组成环加工精度的要求，减小了加工难度。

（二）选择装配法

在成批或大量生产的条件下，对于组成环不多而装配精度要求却很高的尺寸链，若采用完全互换法，则零件的公差将过严，甚至超过了加工工艺的现实可能性。在这种情况下可采用选择装配法。该方法是将相关零件按经济加工精度加工，然后选择合适的零件进行装配，以保证规定的装配精度。

选择装配法有三种：直接选配法、分组装配法和复合选配法。

1. 直接选配法

所谓直接选配法，就是从许多待装的零件中，凭经验挑选合适的零件通过试凑进行装配的方法。例如，发动机中活塞与活塞环的装配，为了避免活塞环可能在活塞的环槽内卡住，装配工人可凭经验直接挑选合适的活塞环进行装配。

这种方法的优点是简单，零件不必要先分组。但装配中挑选零件的时间长，装配质量取决于工人的技术水平，而且装配工时也不稳定。因此，直接选择装配法常用于封闭环公差要求不太严、产品的产量不大或生产节拍要求不很严格的成批生产。

2. 分组装配法

分组装配法是先将组成环的公差相对于完全互换装配法所求的公差数值增大若干倍，使组成环零件加工较为经济。然后，将各组成环零件按实际尺寸进行分组，各对应组零件进行装配，从而达到封闭环公差要求的装配方法。分组装配法采用极值法计算。

分组装配法可降低装配精度对组成环的加工精度要求。但是，分组装配法增加了测量、分组和配套工作。当组成环数较多时，上述工作就会变得非常复杂。

如图 5-60a 所示为活塞与活塞销的装配情况。根据装配技术要求，活塞销直径 D 与销轴直径 d 在冷态装配时应有 0.0025 ~ 0.0075mm 的过盈量。与此相应的配合公差仅为 0.005mm。若活塞与活塞销采用完全互换法装配，且销孔与活塞直径公差按等公差分配时，则它们的公差只有 0.0025mm。由于销轴是外尺寸按基轴制确定极限偏差，以销孔为协调环，则 $d = \phi 28_{-0.0025}^{0}$ mm，$D = \phi 28_{-0.0075}^{-0.0050}$ mm。显然，制造这样精确的活塞销和活塞销孔是很困难的，也是不经济的。生产中采用的办法是先将上述公差

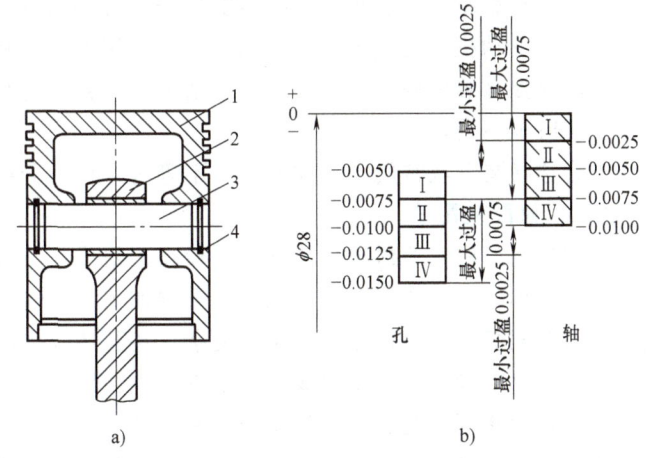

图 5-60 活塞与活塞销组件
a) 装配简图　b) 分组示意
1—活塞　2—连杆　3—活塞销　4—挡圈

值都增大四倍（$d = \phi 28_{-0.01}^{0}$ mm，$D = \phi 28_{-0.015}^{-0.005}$ mm），这样便可采用高效率的无心磨和金刚镗去分别加工活塞外圆和活塞销孔，然后用精度量仪进行测量，并按尺寸大小分成四组，涂上不同的颜色，以便进行分组装配。具体分组情况见表 5-11。从该表可以看出，各组的公差和配合性质与原来要求相同。

表 5-11　活塞销与活塞销孔直径分组　　　　　　　　　　（单位：mm）

组　别	标志颜色	活塞销直径 $d = \phi 28_{-0.010}^{0}$	活塞销孔直径 $D = \phi 28_{-0.015}^{-0.005}$	配合情况	
				最小过盈	最大过盈
Ⅰ	红	$\phi 28_{-0.0025}^{0}$	$\phi 28_{-0.0075}^{-0.0050}$	0.0025	0.0075
Ⅱ	白	$\phi 28_{-0.0050}^{-0.0025}$	$\phi 28_{-0.0100}^{-0.0075}$		
Ⅲ	黄	$\phi 28_{-0.0075}^{-0.0050}$	$\phi 28_{-0.0125}^{-0.0100}$		
Ⅳ	绿	$\phi 28_{-0.0100}^{-0.0075}$	$\phi 28_{-0.0150}^{-0.0125}$		

采用分组互换装配时应注意以下几点：

1）为了保证分组后各组的配合公差符合原设计要求，配合件公差增大的方向应当相同，增大的倍数要等于分组数，如图 5-60b 所示。

2）为了便于配合件分组、保管、运输及装配工作，分组不宜过多。

3）分组后配合件尺寸公差放大但几何公差、表面粗糙度数值不能扩大，仍按原设计要求制造。

4）分组后应使组内相配零件数相等。如不相等，待不配套的零件集中一定数量后，专门加工一些零件与其相配。

分组装配法适用于成批大量生产中封闭环公差要求很严、尺寸链组成环少（一般不超过四个环）的部件装配中。例如，柴油机制造中的活塞销和活塞销孔、燃油设备的柱塞副、针阀副等的装配中。

3. 复合选择装配法

复合选择装配法是分组装配和直接选择装配的复合形式。它是先将组成环的公差相对于互换法所求之值增大，零件加工后预先测量、分组，装配时工人将在各对应组内进行选择装配。

例如，发动机中的气缸与活塞的配合多采用本法。复合选择装配法吸取了前两种方法的特点，既能提高装配精度，又不必过多增加分组数。但是，装配精度仍然要依赖工人的技术水平，工时也不稳定。

复合选择装配法常用于相配件公差不等时，作为分组装配法的一种补充形式。

（三）修配装配法

在成批生产中，若封闭环精度要求较高，组成环又较多时，用互换装配法势必要求组成环的公差很小，增加了加工的困难，并影响加工经济性。用分组装配法，又因环数多会使测量、分组和配套工作变得非常困难和复杂，甚至造成生产上的混乱。在单件小批生产时，当封闭环公差要求较严，即使组成环数很少，也会因零件生产数量少而不能采用分组装配法。此时，常采用修配装配法达到封闭环公差要求。

修配装配法是将装配尺寸链中各组成环的公差相对于互换装配法所求之值增大，使其能按现有生产条件下较经济的加工精度制造，装配时通过去除补偿环（或称修配环，是预先选定的某一组成环）部分材料，改变其实际尺寸，使封闭环达到精度要求的装配方法。修配装配法简称修配法。修配装配法通常采用极值公差公式计算。

一般应选形状比较简单，便于装卸，易于修配，并对其他尺寸链没有影响的零件尺寸作修配环。修配环在零件加工时应留有一定量的修配量。

修配环在修配时对封闭环尺寸变化的影响有两种情况，一种是封闭环尺寸变大，另一种是封闭环尺寸变小。相应的修配环公差带分布的计算也相应分为两种情况。

如图 5-61 所示为封闭公差带与各组成环（含修配环）公差放大后的累积误差之间的关系。图中 T_0、$L_{0\max}$ 和 $L_{0\min}$ 分别表示设计要求封闭环的公差、最大极限尺寸、最小极限尺寸；T_0'、$L_{0\max}'$ 和 $L_{0\min}'$ 分别为放大组成环公差后实际封闭环的公差、最大极限尺寸、最小极限尺寸；$F_{\max}$ 为最大修配量。

当修配结果使封闭环尺寸变大，简称越修越大，如图 5-61a 所示，在这种情况下设计修配环尺寸时应该保证 $L_{0\max}'$ 不能超过 $L_{0\max}$，那么最佳设计自然是：$L_{0\max}' = L_{0\max}$。

修配环的一个极限尺寸（修配环为增环时可求出最大极限尺寸，为减环时可求出最小

极限尺寸）可按下式计算

$$L'_{0\max} = L_{0\max} = \sum_{i=1}^{m} \vec{L}_{i\max} - \sum_{i=m+1}^{n-1} \overleftarrow{L}_{i\min}$$

修配环的公差可按经济加工精度给出，则另外一个极限尺寸也可以确定。

当修配结果使封闭环尺寸变小，简称越修越小，如图 5-61b 所示，在这种情况下设计修配环尺寸时应该保证 $L_{0\min}$ 不能小于 $L'_{0\min}$，最佳设计：$L_{0\min} = L'_{0\min}$。

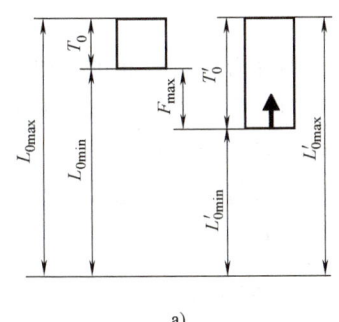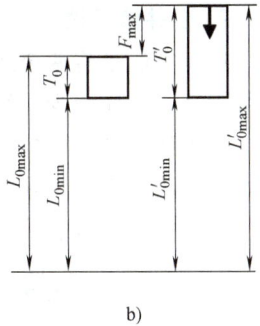

图 5-61 封闭环公差带与组成环累计误差的关系
a) 越修越大　b) 越修越小

修配环的一个极限尺寸（修配环为增环时可求出最大极限尺寸，为减环时可求出最小极限尺寸）：

$$L'_{0\min} = L_{0\min} = \sum_{i=1}^{m} \overleftarrow{L}_{i\min} - \sum_{i=m+1}^{n-1} \vec{L}_{i\max}$$

同样，修配环的公差可按经济加工精度给出，则另外一个极限尺寸也可以确定。

生产中通过修配达到装配精度的方法很多，常见的有单件修配法、合并修配法以及自身加工修配法等三种。

1. 单件修配法

这种方法是将零件按经济精度加工后，装配时将预定的修配环用修配加工来改变其尺寸，以保证装配精度。

如图 5-57 所示，卧式车床前后顶尖对床身导轨的等高要求为 0.06mm（只许尾座高），此尺寸链中的组成环有三个：主轴箱主轴中心到底面高度 $A_1 = 201$mm，尾座底板厚度 $A_2 = 49$mm，尾座顶尖中心到底面距离 $A_3 = 156$mm。A_1 为减环，A_2、A_3 为增环。

若用完全互换法装配，则各组成环平均公差为 $T_{av} = 0.02$mm。这样小的公差将使加工困难，所以一般采用修配法，各组成环仍按经济精度加工。根据镗孔的经济加工精度，取 $T_1 = 0.1$mm，$T_3 = 0.1$mm，根据半精刨的经济加工精度，取 $T_2 = 0.15$mm。由于在装配中修刮尾座底板的下表面比较方便，修配面也不大，所以选尾座底板为修配件。

组成环的公差一般按单向入体原则分布，此例中 A_1、A_3 系中心距尺寸，故采用对称原则分布，$A_1 = 205 \pm 0.05$mm，$A_3 = 156 \pm 0.05$mm。至于 A_2 的公差带分布，要通过计算确定。

本例中，修配尾座底板的下表面，会使封闭环尺寸变小，求封闭环最小极限尺寸，则

$$A_{0\min} = A_{2\min} + A_{3\min} - A_{1\max}$$

因此 $A_{2\min} = 49.10$mm。

因为 $T(A_2) = 0.15$mm，所以 $A_2 = 49^{+0.25}_{+0.10}$mm。

修配加工是为了补偿组成累积误差与封闭环公差超差部分的误差，所以最大修配量为

$$F_{\max} = \sum_{i=1}^{3} T(A_i) - T(A_0) = (0.1 + 0.15 + 0.1)\text{mm} - 0.06\text{mm} = 0.29\text{mm}$$

而最小修配量为 0。考虑到车床总装时，尾座底板与床身配合的导轨面还需配刮，则应补充修正，取最小修刮量为 0.05mm，修正后的 A_2 尺寸为 $A_2 = 49^{+0.30}_{+0.15}$mm，此时最大修配量为 0.34mm。

2. 合并修配法

这种方法是将两个或多个零件合并在一起进行加工修配。合并加工所得的尺寸可看成一个组成环,这样减少了组成环的环数,就相应减少了修配的劳动量。

如上例中尾座装配时,也可采用合并修配法。一般先把尾座和底板相配合的平面分别加工好,并配刮横向小导轨;然后再将两者装配为一体,以底板的底面为基准,镗尾座的套筒孔,直接控制尾座套筒孔至底板面的尺寸公差。这样组成环 A_2、A_3 合并成一环,仍取公差为 0.1mm,其最大修配量 $F_{\max} = \sum_{i=1}^{3} T(A_i) - T(A_0) = (0.1 + 0.1)\text{mm} - 0.06\text{mm} = 0.14\text{mm}$,修配工作量相应减少了。

合并加工修配法由于零件要对号入座,给组织装配生产带来一定麻烦,因此多用于单件小批生产中。

3. 自身加工修配法

在机床制造中,有一些装配精度要求,是在总装时利用机床本身的加工能力,自己加工自己,可以很简捷地解决,即自身加工修配法。

例如图 5-62 所示,在转塔车床上六个安装刀架的大孔中心线必须保证和机床主轴回转中心线重合,而六个平面又必须和主轴中心线垂直。若将转塔作为单独零件加工出这些表面,在装配中达到上述两项要求,是非常困难的。当采用自身加工修配法时,这些表面在装配前不进行加工,而是在转塔装配到机床上后,在主轴上装镗杆,使镗刀旋转,转塔做纵向进给运动,依次精镗出转塔上的六个孔;再在主轴上装个能径向进给的小刀架,刀具边旋转边径向进给,依次精加工出转塔的六个平面。这样可方便地保证上述两项精度要求。

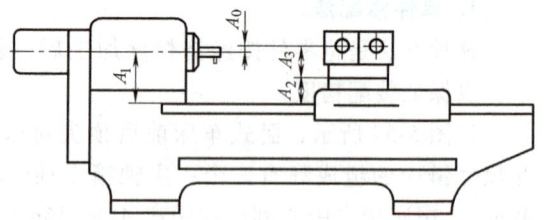

图 5-62 转塔车床转塔自身加工修配

修配法的特点是各组成环零、部件的公差可以扩大,按经济精度加工,从而使制造容易,成本低,装配时可利用修配件的有限修配量达到较高的装配精度要求。但装配中零件不能互换,装配劳动量大(有时需拆装几次),生产率低,难以组织流水生产,装配精度依赖于工人的技术水平。修配法适用于单件和成批生产中组成环多而装配精度要求比较高的场合。

(四)调整装配法

调整法与修配法相似,各组成环也按经济精度加工,但所引起的封闭环累积误差的扩大,不是装配时通过对修配环的补充加工来实现补偿,而是采用调整的方法改变某个组成环(称补偿环或调整环)的实际尺寸或位置,使封闭环达到其公差和极限偏差的要求。

根据调整方法的不同,常见的调整法可分为以下几种。

1. 可动调整法

在装配尺寸链中,选定某个零件为调整环,根据封闭环的精度要求,采用改变调整环的位置,即移动、旋转或移动旋转同时进行,以达到装配精度,这种方法称为可动调整法。此方法在调整过程中不必拆卸零件,比较方便。

在机器装配中可动调整法的应用较多。如图 5-63 所示的结构是靠转动调整螺钉 3 来调整轴承外圈相对于内圈的位置以取得合适的间隙或过盈量的,调整合适后,用锁紧螺母 2 锁紧,保证轴承既有足够的刚性,又不至于过分发热。如图 5-64 所示为丝杠螺母副调整间隙的机构。当发现丝杠螺母副间隙不合适时,可转动中间的调节螺钉 5,通过楔块 2 的上下移动来改变轴向间隙的大小。

可动调整法能获得比较理想的装配精度。它不但用于装配中,而且当产品在使用过程中由于某种零件的磨损、受力和受热变形等使装配精度下降时,可以及时进行调整以保持或恢复所要求的精度,所以在实际生产中应用较广。

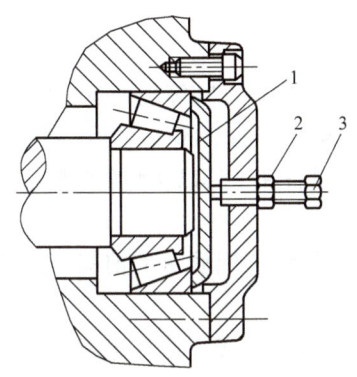

图 5-63 用调整螺钉调整轴承间隙

1—压盖　2—锁紧螺母　3—调整螺钉

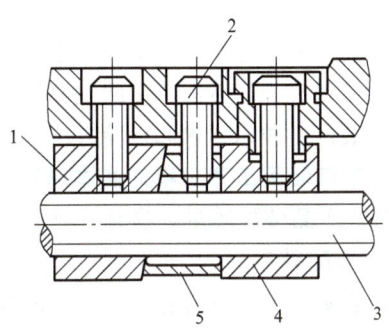

图 5-64 丝杠螺母副轴向间隙的调整

1、3—螺母　2—楔块　4—丝杠　5—调节螺钉

2. 固定调整法

这种装配方法,是在装配尺寸链中选择一个组成环作调整环。作为调整环的零件是按一定尺寸间隔制成的一组零件,装配时根据封闭环超差的大小,从中选出某一尺寸等级适当的零件来进行补偿,从而保证规定的装配精度。通常使用的调整环有垫圈、垫片、轴套等。

在产量大、精度要求高的装配中,固定调整环可用不同厚度的薄金属片冲出,再与一定厚度的垫片组合成需要的各种不同尺寸,在不影响接触刚度的情况下使调整更为方便,故它在汽车、拖拉机和自行车等生产中应用很广。

3. 误差抵消调整法

这种方法是在总装或部装时,通过对尺寸链中某些组成环误差的大小和方向的合理配置,达到使加工误差相互抵消或使加工误差对装配精度的影响减小的目的。它在机床装配中应用较多,如在组装机床主轴时,通过调整前后轴承径向圆跳动和主轴锥孔径向圆跳动大小和方位,来控制主轴的径向圆跳动;又如在滚齿机工作台分度蜗轮装配中,采用调整蜗轮与轴承二者偏心方向来抵消误差,提高二者的同轴度。这种方法增加了辅助时间,影响生产率,对工人技术水平要求也较高,但可获得较高的精度,一般适用在批量不大的场合中。

以上论述了互换装配法、选择装配法、修配装配法及调整装配法等保证装配精度的方法。那么一个产品(或部件)究竟采用什么装配方法来保证装配精度呢?首先在产品设计阶段就应该确定,因为只有装配方法确定后,才能通过尺寸链解算,合理地确定出各个零、部件在加工和装配中的技术要求。在装配阶段,就要根据产品的装配精度要求、部件(或产品)的结构特点、尺寸链的环数、生产批量及现场生产条件等因素,进行综合考虑，确定一种最佳的装配方案，以保证产品优质、高产和低成本的要求。一般选择原则为优先选择互换装配法，因为该法的装配工作简单、可靠、经济、生产率高以及零、部件具有互换性，能满足产品（或部件）成批或大量生产的要求，并且对零件的加工也无过高的要求。

当装配精度要求较高时，采用互换装配法装配，将会使零件的加工比较困难或很不经济，就应该采用其他装配方法。例如，大批量生产时可采用分组装配法或调整法，单件成批生产时可采用修配装配法等。

三、装配工艺规程制订

装配工艺规程是用文件、图表等形式将装配的内容、顺序、检验等规定下来的工艺文件，是指导装配工作和保证装配质量的主要技术文件。其内容包括产品及部件的装配顺序、采用的装配方法、装配的技术要求和检验方法、装配时所需要的设备和工具以及装配时间定额等。

（一）制订装配工艺规程的基本原则

1）保证产品装配质量。这是一项最基本的要求。在保证装配质量的前提下，才能够考虑如何提高装配效率。

2）满足装配生产周期的要求。装配周期是根据产品的生产纲领计算出来的，即所要求的装配生产率。在大批量生产中，多采用流水线进行装配，装配周期的要求由生产节拍来满足。在单件小批生产中，多用月产量来表示装配周期，应防备不均匀现象。

3）合理安排装配工序，尽量减少钳工装配的工作量。装配工作中的钳工劳动量是很大的，在机器和仪器制造中，分别占总劳动量的20%和50%以上。所以减少手工劳动量，降低工人的劳动强度，改善装配工作条件，使装配工作实现机械化与自动化是装配工艺发展的方向之一。

4）节约装配工作所占成本，减少装配环节的投资。尽可能减少车间的生产面积，合理确定装配线设备的投资、装配工人的数量和水平，以提高单位面积生产率。

（二）制订装配工艺规程所需要的原始资料

1）产品的总装配图和部件装配图，有时还需要有关零件图，以便装配时进行补充机械加工，核算装配尺寸链。

2）产品验收的技术条件。

3）产品的生产纲领。

4）现有生产条件，包括现有装配装备、车间面积、工人技术水平、时间定额等。

（三）制订装配工艺规程的步骤

1. 研究产品装配图和验收技术条件

制订装配工艺规程时，要通过对产品的总装配图、部件装配图、零件图及技术要求的研究，深入地了解产品及其各部件的具体结构；产品及各部件的装配技术要求；设计人员所确定的保证产品装配精度的方法，以及产品的试验内容、方法等，从而对与制订装配工艺规程有关的一些原则性问题做出决定，诸如采取何种装配组织形式、装配方法及检查和试验方法等。此外，还要对图样的完整性、装配技术要求及装配结构工艺性等方面进行审查，如发现问题应及时提出，由设计人员研究后予以修改。下面针对产品结构的装配工艺性问题加以阐述。

产品结构的装配工艺性是指在一定的生产条件下产品结构符合装配工艺上的要求。表 5-12 列举了对机器结构装配工艺性的基本要求。

表 5-12 机器结构装配工艺性的对比

序号	设计原则	结构对比		
		工艺性不好	工艺性好	
1	机器结构应能分成独立的装配单元	轴上齿轮直径大于箱体轴承孔孔径,轴上零件需依次在箱内装配		齿轮直径小于轴承孔孔径,轴上零件可在组装成组件后,一次性装入箱体内,从而简化装配过程,缩短装配周期
2		各齿轮轴系分别装在大箱体上,装配过程十分不便		传动齿轮轴系装配在分离的小齿轮箱内,成为独立的装配单元,既提高了装配的劳动生产率,又便于以后的维修
3		主轴箱采用山形导轨定位,装配时,基准面修刮工作量大		主轴箱以平导轨定位,装配时,基准面修刮工作量显著减少
4	减少装配的修配量	锥齿轮轴向定位时采用修配轴肩的方式调整锥齿轮的啮合间隙,修配工作量大		采用削面圆销定位结构,只需修刮圆销的销面调整锥齿轮的啮合间隙,修刮工作量显著减少
5		该结构通过修刮压板装配面保证滑板压板与床身导轨具有合理的间隙		该结构采用调整装配法代替修配法,从根本上减少修配工作量

（续）

序号	设计原则	结构对比		
		工艺性不好	工艺性好	
6	减少装配时机械加工量	该结构在轴套装到箱体上后需配钻油孔，增加了装配中的机械加工量		该结构改在轴套上预先加工油孔，装配工艺性好
7		活塞上的销钉连接孔需在装配时配钻		将销钉连接改为螺纹连接，取消了装配中的机械加工
8	便于装配和拆卸	轴上的两个轴承同时装入箱体孔中，既不好观察，也不易同时对准		轴上右端轴承先行装入孔中3mm后，左端轴承才开始装入孔中，容易装配
9		扳手操作空间过小，螺栓拧紧困难		扳手操作空间大，操作方便
10		轴承更换时拆卸困难		轴承更换时拆卸容易
11		定位销孔为不通孔，定位销取出困难		采用通孔或带螺纹孔的定位销，可方便地取出销子

2. 确定装配生产的组织形式

在装配过程中，产品结构的特点和生产纲领不同，所采用的装配组织形式也不相同。制订产品装配工艺与装配组织形式密切相关。例如，具体划分总装、部装，确定装配工序的集中分散程度，产品装配的运输方式及工作地的组织等，都与组织形式有关。

常见的装配组织形式有固定式装配和移动式装配两种。

固定式装配是指产品或部件的全部装配工作都安排在某一固定的装配工作地上进行的装配。在装配过程中，产品的位置不变，装配所需要的所有零部件都汇集在工作地附近。其特点是要求装配工人的技术水平较高，占地面积较大，装配生产周期较长，生产率较低。因此，它主要适用于单件小批生产以及装配时不便于或不允许移动的产品的装配，如新产品试制或重型机械的装配等。

移动式装配是指在装配生产线上，通过连续或间歇式的移动，依次通过各装配工作地，以完成全部装配工作的装配。其特点是装配工序分散，每个装配工作地重复完成固定的装配工序内容，广泛采用专用设备及工具，生产率高，要求装配工人的技术水平不高。因此，多用于大批大量生产，如汽车、柴油机等的装配。

3. 划分装配单元、选定装配基准件

装配单元的划分就是从工艺角度出发，将产品分解成可以独立装配的单元，即分成组件和各级分组件，以便组织装配工作的平行和流水作业。特别是在大量生产结构复杂的产品时，在此基础上才便于拟定装配顺序、划分装配工序、组织装配工作的作业形式。

装配单元划分后，首先要选择一个零件或低一级的装配单元作为基准件，其余零件或组件、部件按一定顺序装配到基准件上，成为下一级的装配单元。

选择装配基准件时，应注意：

1) 通常选择产品的基体或主干零部件为装配基准件，其体积和质量较大，有足够的支承面，可以满足陆续装入其他零部件作业需要和稳定性要求，有利于保证产品的装配精度。

2) 避免装配基准件在后续装配工序中还有机加工工序。

3) 基准件应有利于装配过程中的检测、工序间的传递输送和翻身转位等作业。

4. 确定装配顺序、绘制装配工艺系统图

确定装配基准件后，就可以确定其他零件或装配单元的装配顺序，确定各分组件、组件、部件和产品的装配顺序，最后将装配系统图规划出来。

（1）确定装配工艺顺序的一般原则

1) 预处理工序先行。如零件清洗、去毛刺与飞边、防腐、防锈等应安排在前。

2) 先里后外。使先装部分不至于成为后续作业的障碍。

3) 先下后上。使在装品在整个装配过程中的重心处于最稳的状态。

4) 先难后易。刚开始装配时，基准件上有较开阔的安装、调整、检测空间，有利于较难的零、部件的装配。

5) 先重后轻。先对重型零件进行装配，而轻小零件可以穿插安排进行。

6) 前不妨碍后，后不破坏前。应使前道工序的内容，不妨碍后续工序的进行；后面的工序内容不应损伤前面工序得到的装配质量。如冲击性装配、压力装配、加热装配及补充加工工序等应尽量安排在前面进行。

7) 处于基准件同一方位的装配工序，尽可能集中连续安排，减少装配中的翻身、转位。

8) 使用相同设备、工艺装备及需要特殊环境的装配作业，在不影响装配节拍的情况下，应尽可能集中安排，减少产品在装配地的迂回搬运。

9) 及时安排检验工序，尤其是在对产品质量和性能有较大影响的工序之后，必须安排检验工序。检验合格后才允许进行下面的装配工序。

10）电线，油（气）管路的安装应与相应工序同时进行，以防止零、部件的反复拆装。易燃、易爆、易碎、有毒物质等零部件的安装，尽可能放在最后，以减少安全防护工作量及其设备。

（2）绘制装配工艺系统图　装配工艺系统图是表明产品零、部件间相互装配关系及装配工艺流程的示意图。它是深入研究产品结构和制订装配工艺的重要内容。在装配工艺系统图上，每一个单元用一个长方形框表示，标明零件、套件、组件和部件的名称、编号及数量。装配工作由基准件开始沿水平线自左向右进行，一般将零件画在上方，套件、组件、部件画在下方，其排列次序就是装配工艺的先后次序。如图 5-65a 所示为部件装配工艺系统图，如图 5-65b 所示为产品总装配工艺系统图。

对于复杂零部件数量较多的产品，既要绘制产品的装配系统图，又要绘制部件的装配系统图。若是结构简单、零部件数量很少的产品，如千斤顶、台虎钳之类，只要绘制产品装配系统图即可。

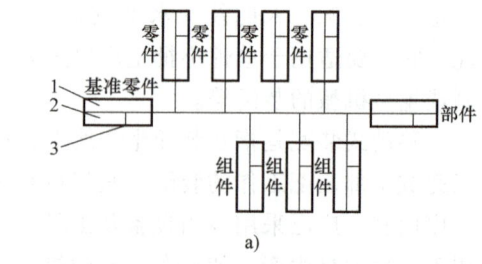

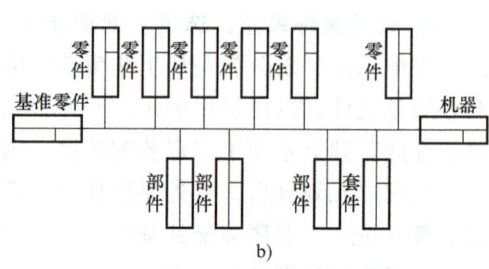

图 5-65　装配单元系统图

a）部件装配工艺系统图　b）产品总装配工艺系统图
1—名称　2—件号　3—件数

5. 装配方法的选择

这里所指的装配方法，其含义包含两个方面，一是指手工装配还是机械装配，二是指保证装配精度的工艺方法和装配尺寸链的计算方法，如互换法、分组法等。具体选择时主要根据生产纲领、产品结构及其精度要求等确定。

大批大量生产多采用机械化、自动化装配手段，以及互换法、分组互换法和调整法等装配达到装配精度的要求，单件小批生产多采用手工装配手段，以及修配法来达到装配要求，某些高的装配精度要求，目前仍然需要靠高级钳工手工操作来获得。表 5-13 综合了各种装配方法的适用范围和应用实例。

表 5-13　各种装配方法的适用范围和应用实例

装配方法	适 用 范 围	应 用 实 例
完全互换法	适用于零件数较少、批量很大、零件可用经济精度加工时	汽车、拖拉机、中小型柴油机、缝纫机及小型电动机的部分部件
不完全互换法	适用于零件数稍多、批量大、零件加工精度可适当放宽时	机床、仪器仪表中的某些部件
分组法	适用于成批或大量生产中，装配精度很高，零件数很少，又不采用调整装配时	中小型柴油机的活塞与缸套、活塞与活塞销、滚动轴承的内外圈与滚子
修配法	单件小批生产中，装配精度要求高且零件数较多的场合	车床尾座垫板、滚齿机分度蜗轮与工作台装配后精加工齿形
调整法	除必须采用分组法选配的精度配件外，调整法可用于各种装配场合	机床导轨的楔形镶条、滚动轴承调整间隙的间隔套垫圈

6. 划分装配工序

工序的划分是根据装配系统图进行的，按照由低级分组件到高级分组件的次序，直至产品总装配完成。将装配过程划分为若干个工序，确定工序的工作内容和所需的设备和工时定额等。装配工序的划分主要任务有：

1) 确定装配工序的集中和分散的程度，组织各装配工序的工作内容。
2) 制订各工序的装配质量和检验项目规范，还应安排必要的检验和试验工作。
3) 制订工序的操作规范，如过盈配合所需的压力，变温装配的温度值，紧固螺栓连接的预紧转矩，以及装配环境要求。
4) 选择设备和工艺装备。若需要专用设备和工艺装备，则应提出设计任务书。
5) 确定工时定额，并协调各工序内容。在大批大量生产时，要平衡工序的节拍，均衡生产，实现流水装配。

7. 制订装配工艺卡片

在前述工作内容完成并确定之后，应填写有关的装配工艺文件。

在单件小批生产时，通常不制订装配工艺卡片，按装配图和装配系统图进行装配。成批生产时，通常根据装配系统图制订组件、部件装配工艺卡片和产品总装配工艺卡片。卡片的每一工序内应简要地说明该工序的工作内容、所需要的设备和工艺装备的名称及编号、时间定额等，例如某厂轴承套组件装配工艺卡见表 5-14。大批量生产时，应为每一个工序单独制订工序卡片，详细说明该工序的工艺内容，以直接指导工人进行装配。

表 5-14 轴承套组件装配工艺卡

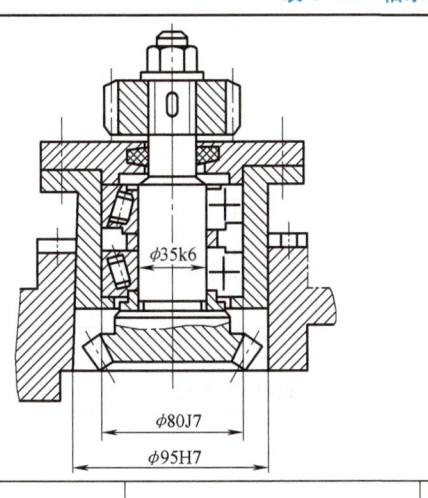

						装配技术要求			
						1. 组装时，各装入零件应符合图样要求 2. 组装后锥齿轮应转动灵活，无轴向窜动			
工 厂		装配工艺卡			产品型号	部件名称		装配图号	
						轴 承 套			
车间名称		工 段	班 组		工序数量	部 件 数		质 量	
装配车间					4	1			
工序号	工步号	装配内容			设 备	工艺装备		工人等级	工序时间
						名 称	编 号		
Ⅰ	1	锥齿轮与衬垫的组件装配 以锥齿轮轴为基准，将衬套套在轴上							
Ⅱ	1	轴承盖与毛毡的组件装配 将已剪好的毛毡塞入轴承盖槽内							

(续)

工序号	工步号	装配内容	设 备	工艺装备 名称	工艺装备 编号	工人等级	工序时间
Ⅲ	1	轴承套与轴承外圈的组件装配 用专用的量具分别检验轴承套孔及轴承外圈尺寸 在装配面上涂上机油	压力机				
	2	以轴承套为基准,将轴承外圈压入孔内至底面					
	3						
Ⅳ	1	轴承套组件装配	压力机				
	2	以锥齿轮组件为基准,将轴承套分组件套在轴上					
	3	在配合面上加油,将轴承内圈压装在轴上,并紧贴衬垫					
	4	套上隔圈,将另一轴承内圈压装在轴上,直至与隔圈接触					
	5	将另一轴承外圈涂上油,轻压至轴承套内					
	6	装入轴承盖分组件,调整端面的高度,使轴承间隙符合要求后,拧紧轴承盖上螺钉					
	7	安装平键,套装齿轮、垫圈,拧紧螺母,注意配合面加油 检查锥齿轮转动的灵活性及轴向窜动					
						共	张
编号	日期	签章	编号	日期	签章	编制 移交 批准	共 张

四、自动化装配

(一) 自动化装配概述

随着计算机集成制造技术和信息技术的发展,制造业进入全盘自动化的时代。装配技术由于其自身的特点,自动化发展水平落后于加工技术,已成为现代化生产的薄弱环节。现代制造技术的发展使传统的装配工艺面临着严峻的挑战。据有关资料统计,一些典型产品的装配时间占总生产时间的53%左右,而目前产品装配的平均自动化水平仅为10%~15%,因此,自动化装配是制造业自动化中需要解决的关键技术之一。

机械装配自动化的主要目的是:保证产品质量及其稳定性,改善劳动条件,提高劳动生产率,降低生产成本。实现装配自动化是生产过程自动化或工厂自动化的重要标志,也是系统工程学在机械制造领域里实施的重要内容。自动化装配系统包括装配过程的物流自动化、信息流自动化和装配作业自动化。

过程中的物流自动化是指装配工艺过程的物料运储系统的自动化。物流系统一般包括产品及零、部件出入库、运输和储存，其作业设备是自动化立体仓库、堆垛起重机、自动小车和搬运机器人等。

装配过程中的信息流自动化，是指装配过程中的各种信息数据的收集、处理和传送的自动化。主要包括市场预测、订货与生产计划信息数据的汇集、处理和传送自动化；零件外购件的存取、自动仓库堆垛配套发放等管理信息自动化；使各种设备工作协调的信息自动化及装配过程中的监测、统计、检查和计划调度的信息自动化等。

装配作业自动化是指各个自动装配工序的自动化，自动装配工序是指在确定的工位上所完成的装配对象的连接动作，工序之间由传送机构连接起来。自动装配工序包括装配工序、调整工序以及清洗、去毛刺等辅助工序。常见的自动装配作业有：轴孔类零件的配合装配，螺钉连接，热压过盈连接，开口销连接，铆接等。

目前，世界上工业发达国家的机械制造自动化过程中，已将一些产品、部件的装配过程逐渐摆脱了人工操作，及早地将注意力转向装配自动化系统的研究，并取得了卓越的成果，出现了柔性装配系统（Flexible Assembly System，FAS）。例如：世界上著名的汽车生产公司如通用、福特、大众等均采用配有装配机器人的柔性化装配线，生产节拍普遍在一分钟以内。

我国对装配自动化技术的研究起步较晚，近年来有一定的进展，陆续自行设计、建立和引进了一些半自动、自动装配线及装配工序半自动装置。但国内设计的半自动和自动装配线的自动化程度不高，装配速度和生产效率较低，自动化装配技术在我国具有很大的开发和应用潜力。

（二）实现自动化装配的条件

通常，机器的装配作业比其他加工作业复杂，它需要依靠人的感觉器官来综合判断、检测零部件的机械加工质量及配套情况，根据装配的技术要求，运用人的智慧和经验进行判断，做出决策，并采取一定的工艺措施，才能获得装配质量完好的机器。自动化装配能顺利实施，通常需具备以下条件：

（1）生产纲领稳定，且年产量大、批量大，零部件的标准化、通用化程度较高　生产纲领稳定是装配自动化的必要条件。目前，自动装配设备基本上还属于专用设备，生产纲领改变，原先设计制造的自动装配设备就不适用，即使修改后能加以使用，也将造成设备费用增加，耽误时间，在技术上和经济上都不合理。年产量大、批量大，有利于提高自动装配设备的负荷率；零部件的标准化、通用化程度高，可以缩短设计、制造周期，降低生产成本，有可能获得较高的技术经济效果。

（2）产品具有较好的自动装配工艺性　产品具有较好的自动装配工艺性，主要体现在能够满足自动装配中的定向、供料和传输要求；满足自动装配时的装入、连接和紧固要求。零件的自动装配结构工艺性一般性要求如下：

1）零件几何形状尽量规则，结构要便于自动传输、自动上料和定向识别。

2）零件结构要便于夹持，刚度要满足夹持力的要求，受力后的变形应在弹性范围内，而且变形量不应给装配带来困难。

3）零件结构设计时应考虑避免采用在自动上料时相互镶嵌等不易顺利分开的结构。

4）设计者应考虑零件装配的初始连接时易于导入，如设计倒角、锥面等。

5) 应尽量采用便于装配的连接方式，而且尽可能地减少零件数量。
6) 零件设计尽量做到标准化、通用化和系列化，这样可以减少装配工艺装备的种类。
7) 设计时应尽量考虑统一的装配方向，减少翻转装配次数。

因此实施自动装配必然要求在产品设计时不仅考虑加工时具有良好的结构工艺性，而且考虑产品结构具有较好的自动装配工艺性。一些改善零部件自动装配工艺性的具体实例见表 5-15。

表 5-15 改善零部件自动装配工艺性实例

序号	改进结构的目的和作用	零件结构改进对比	
		改 进 前	改 进 后
1	为有利于自动给料，零件不对称改为对称结构		
2	为有利于自动传送，将零件的端平面改为球面，使其在传动中易于定向		
3	为有利于自动传送，将圆柱形零件一端加工出装夹面		
4	为有利于自动装配作业中识别，在相对于小孔径处切槽		
5	为有利于自动装配作业，将轴的一端定位平面，改为环形槽，以简化装配		
6	为有利于自动装配作业，将光轴装入再用紧固螺钉结构改为轴的一端滚花，做成过盈配合		
7	为有利于自动给料、防止发生镶嵌，对带有内外锥度零件，使内外锥度不等，以免发生卡死		

(3) 实现装配自动化以后，经济上合理，生产成本降低 装配自动化程度需要根据工艺的成熟程度和实际经济效益确定，也就是说装配作业的自动化程度需要根据技术经济分析结果确定。一些基本考虑原则如下：

1) 形状规则、对称而数量多的装配件易于实现自动给料，故其给料自动化程度较高；复杂件和关键件往往不易自动定向，自动化程度较低。

2) 装配质量检测和不合格件的调整、剔除等工作的自动化程度较低，可用手工操作，以免自动检测头的机构过分复杂。

3）在螺纹连接工序中，由于多轴工作头对螺纹孔位置偏差的限制较严，又往往要求检测和控制拧紧力矩，导致自动装配机构十分复杂。因此，多用单轴工作头，且检测拧紧力矩多用手工操作。

4）品种单一的装配线自动化程度较高，多品种则较低。但随着装配工作头的标准化、通用化程度日益提高，多品种装配的自动化程度也可以提高。

5）对于尚不成熟的工艺，除采用半自动化外，需要考虑手动的可能性。对于采用自动或半自动装配而实际经济效益不显著的工序，可同时采用人工监视或手工操作。

（三）自动化装配工艺设计

自动装配需要编制详细的工艺规程，其工艺设计要比人工装配的工艺设计复杂得多。比如几何形状复杂的装配件的定向问题，人工装配中很容易解决，可是在自动装配中可能成为复杂的工作。又如，按照已装入件的配合间隙，通过手工测量、修配或选择相应厚度的垫片装入。在自动装配中，就需要配备自动检测装置和储料器，根据自动检测结果，驱动执行机构，从不同厚度的各组垫片中取出厚度合适的垫片再进行自动装入。因此，在编制自动化装配工艺规程时一方面要遵循与人工装配一致的共性要求，如同样要进行划分装配单元、确定装配基础件、解算装配尺寸链、平衡工序节拍等工作。另一方面，从产品设计阶段开始起，即应充分考虑自动装配的工艺要求，合理设计零件结构，拟订自动程度适当的工艺规程。在编制时重点考虑以下问题：

1. 保证装配工作循环的节拍同步

自动装配设备中，多工位刚性传送系统多采用同步方式，故总是有多个装配工位同时进行装配作业。为使各工位工作协调，并提高装配工位和生产场地的效率，必然要求各个装配工位工作同时开始和同时结束，即要求装配工作节拍同步。对装配工作周期较长的工序，可分散几个装配工位，这样可以平衡各个装配工位上的工作时间，使各个装配工作节拍相等。而对非同步装配系统则无严格要求。

2. 除正常传送外，宜避免或减少装配基础件的位置变动

装配过程是将装配件按规定顺序和方向装到装配基础件上。通常装配基础件需要在传送装置上自动传送，并要求在每个装配工位上准确定位。故在装配过程中应尽量避免或减少装配基础件的翻身、转位、升降等位置变动，以免影响装配过程中的定位精度，并可简化传动装置的结构。

3. 要合理选择装配基准面

装配基准面通常应是精加工面或是面积大的配合面，同时应考虑装配夹具所必需的装夹面和导向面。只有合理选择装配基准面，才能保证装配定位精度。

4. 对装配件要进行分类

为提高装配自动化程度，必须对装配件进行分类。大多数装配件是一些形状比较规则、容易分类分组的零件，按几何特性可分为四类：轴类、套类、平板类和小杂件四类，每类按尺寸比例又可分为长件、短件、匀称件三组，每组零件又可分为四种稳定状态。经分类分组后，采用相应料斗装置，即可实现多数装配件的自动给料。

5. 关键件和复杂件的自动定向

（1）概率法　零件自由落下呈各种位置，将其送到分类口，分类口按零件几何形状设

计，凡能通过分类口的零件即能定向排列。

（2）极化法　利用零件的极化，即利用零件形状和质量的明显差异性，达到定向排列。

（3）测定法　按零件的形状，转化为电动的、气动的或机械量的，来确定定向排列。

6. 易缠绕零件要能进行定量隔离

装配件中的螺旋弹簧、纸箔垫片等都是易缠绕粘连的，在装配过程中，要能实现对它们的定量隔离。

7. 精密配合副要进行分组选配

自动装配中精密配合副的装配由选配来保证。根据配合副的配合要求，如配合尺寸、质量、转动惯量来确定分组选配，一般可分 3~20 组。分组越多，配合精度越高，但选配、分组、储料的机构越复杂，占用车间的面积和空间尺寸也越大。因此，除机械式手表因零部件多，装配分组也较多外（15~20 组），一般不宜分组过多。

（四）柔性装配系统简介

柔性装配系统具有相应柔性，可对某一特定产品的类型产品按程序编制的随机指令进行装配，也可根据需要，增加或减少一些装配环节，在功能、功率和几何形状允许范围内，最大限度地满足一族产品的装配。

柔性装配系统一般由装配机器人系统和外围设备组成。这些外围设备可以根据具体的装配任务来选择，为保证装配机器人完成装配任务，其通常包括：灵活的物料搬运系统、零件自动供料系统、工具自动更换装置及工具库、视觉系统、基础件系统、控制系统和计算机管理系统。

柔性装配系统通常有两种形式：一种是模块积木式柔性装配系统，另一种是以装配机器人为主体的可编程柔性装配系统。按其结构又可分为三种：

1）柔性装配单元。这种单元借助一台或多台机器人，在一个固定工位上按照程序来完成各种装配工作。

2）多工位的柔性同步系统。这种系统各自完成一定的装配工作，由传送机构组成固定或专用的装配线，采用计算机控制，各自可编程序和可选工位，因而具有柔性。

3）组合结构的柔性装配系统。这种系统结构上通常要具有三个以上装配功能，一般由装配所需的设备、工具和控制装置组合而成，可封闭或置于防护装置内。例如，安装螺钉的组合机构是由装在箱体里的机器人送料装置、导轨和控制装置组成，可以与传送装置连接。

严格说来只有手工装配才是柔性的，机器人模拟人的手工技巧和感观智能进行自动装配，都只能达到一定限度。装配机器人在实际应用中只有 4~6 个自由度，而人的手和臂能实现大约 50 个自由度，所以 FAS 的柔性还是有限度的。据统计，在机电产品的装配中，只有 35% 左右的装配工序是柔性的，而其他工序是非柔性的，必须用刚性设备或手工操作来完成。

习题与思考题

5-1　什么是生产过程？什么是工艺过程？

5-2　试简述工艺规程的设计原则、设计内容及设计步骤。

5-3　什么是工序、工位、工步和进给？试举例说明。

5-4 单件生产、成批生产、大量生产各有哪些工艺特征？

5-5 常用的零件毛坯有哪些形式？各应用于什么场合？

5-6 拟定工艺路线需完成哪些工作？

5-7 试简述粗、精基准的选择原则。为什么在同一尺寸方向上粗基准通常只允许使用一次？

5-8 试分析如图 5-66 所示零件的结构工艺性，并提出改进意见。

5-9 选择表面加工方法的依据是什么？

5-10 零件的加工为什么一般要划分加工阶段？在什么情况下可以不划分或不严格划分加工阶段？

5-11 何谓工序集中与工序分散？它们各有什么优缺点，各用于什么场合？试举例说明。

5-12 安排工序顺序时，一般应遵循哪些原则？

5-13 退火、正火、时效、调质、淬火、渗碳淬火、渗氮等热处理工序各应安排在工艺过程中哪个位置才恰当？

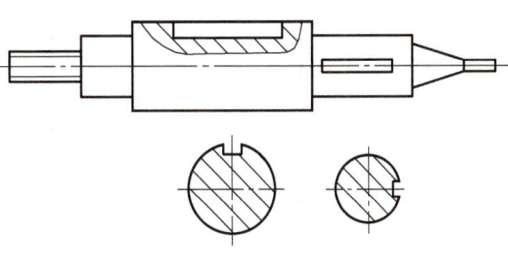

图 5-66 题 5-8 图

5-14 如图 5-67 所示三个零件，其中图 5-67a 所示为齿轮，$m=2$，$z=37$，毛坯为热轧棒料；图 5-67b 所示为液压缸，毛坯为铸铁件，孔已铸出；图 5-67c 所示为飞轮，毛坯为铸件。均为批量生产。图中除了有不加工符号的表面外，其余均为加工表面。试选择三个零件的粗、精基准。

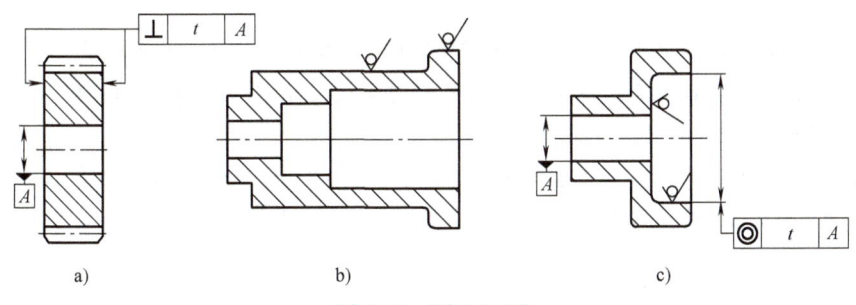

图 5-67 题 5-14 图

a) 齿轮 b) 液压缸 c) 飞轮

5-15 什么是加工余量、工序余量和总余量？

5-16 试分析影响工序余量的因素。为什么在计算本道工序加工余量时必须考虑本工序装夹误差和上道工序制造公差的影响？

5-17 某轴类零件，其中有一外圆直径的设计尺寸为 $\phi 45_{-0.016}^{0}$ mm，现已知其加工过程及各工序余量和精度，试确定各工序尺寸、偏差和毛坯尺寸，将结果填入下表（表中余量为双边余量）。

工序名称	工序余量/mm	精度/mm	工序尺寸及偏差（或毛坯尺寸）
磨外圆	0.2	IT6（0.016）	
精车外圆	0.8	IT7（0.025）	
半精车外圆	1.5	IT9（0.062）	
粗车外圆	3.5	IT10（0.1）	
毛坯	—	±1.0	

5-18 何谓尺寸链？何谓封闭环、组成环？何谓增环、减环？

5-19 试分析比较用极值法解尺寸链计算公式与用统计法解尺寸链计算公式的异同。

5-20 如图 5-68 所示箱体，以工件底面 1 为定位基准，镗孔 2，然后再以同样的定位基准镗孔 3。试分析：1）加工后，如果 $A_1 = 60^{+0.2}_{0}$ mm，$A_2 = 35^{0}_{-0.2}$ mm，尺寸 $25^{+0.40}_{+0.05}$ mm 能否保证？

2）如果加工时确定 $A_1 = 60^{+0.2}_{0}$ mm，A_2 为何值时才能保证尺寸 $25^{+0.40}_{+0.05}$ mm 的精度？

5-21 加工如图 5-69 所示零件，要求保证尺寸 (6 ± 0.1) mm。由于该尺寸不便测量，只好通过测量尺寸 L 来间接保证。试求测量尺寸 L 及其上、下极限偏差，并分析有无假废品现象存在？

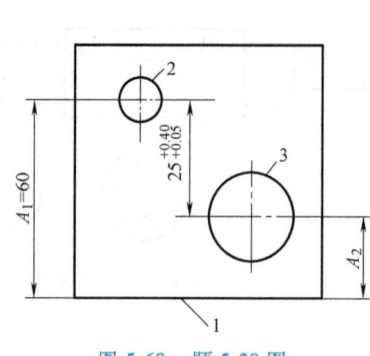

图 5-68 题 5-20 图

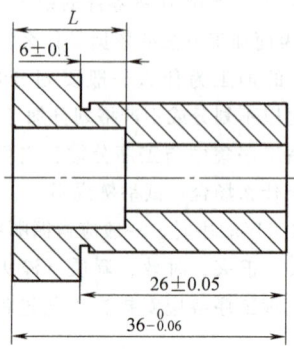

图 5-69 题 5-21 图

5-22 如图 5-70 所示为某齿轮轴截面图，要求保证轴径尺寸 $\phi 28^{+0.024}_{+0.008}$ mm 和键槽深 $t = 4^{+0.16}_{0}$ mm。其工艺过程为：1）车外圆至 $\phi 28.5^{0}_{-0.10}$ mm；2）铣键槽槽深至尺寸 H；3）热处理；4）磨外圆至尺寸 $\phi 28^{+0.024}_{+0.008}$ mm。试求工序尺寸 H 及其偏差。

5-23 如图 5-71a 所示零件，有关端面要求保证轴向尺寸 $50^{0}_{-0.1}$ mm，$25^{0}_{-0.3}$ mm 和 $5^{+0.4}_{0}$ mm。如图 5-71b、c 所示为加工上述有关端面的工序草图，试求工序尺寸 A_1、A_2、A_3 及其极限偏差。

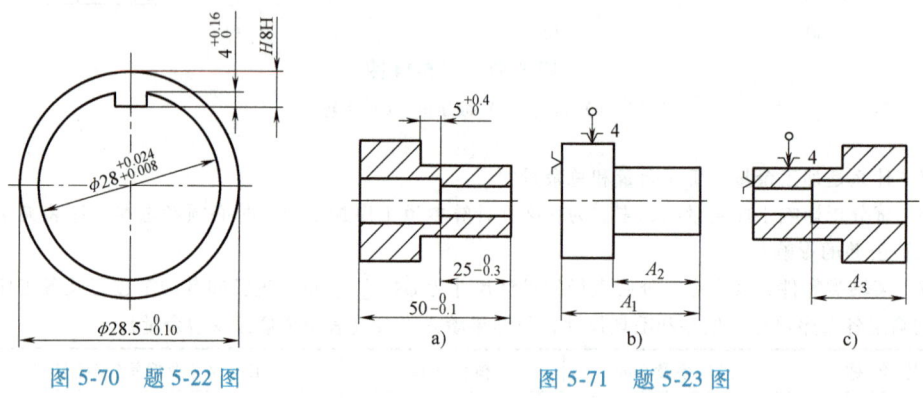

图 5-70 题 5-22 图   图 5-71 题 5-23 图

5-24 有一配合件 $\phi 40$H9/f9，两者均需电镀，镀层厚度 $t = 0.008 \sim 0.012$ mm，试计算两零件电镀前的尺寸。

5-25 如图 5-72a 所示为一轴套零件图，尺寸 $38^{0}_{-0.1}$ mm 和 $8^{0}_{-0.05}$ mm 已加工好。如图 5-72b 所示为车削工序图，如图 5-72c 所示给出了钻孔工序三种不同定位方案的工序简图，要求保证图 5-72a 所规定的位置尺寸 (10 ± 0.1) mm。试分别计算工序尺寸 A_1、A_2 和 A_3 的尺寸及公差。为表达清晰起见，图中只标出了与计算工序尺寸 A_1、A_2、A_3 有关的轴向尺寸。

5-26 现磨削一表面淬火后的外圆面，磨后尺寸要求为 $\phi 60^{0}_{-0.03}$ mm。为了保证磨后工件表面淬硬层的厚度，要求磨削的单边余量为 (0.3 ± 0.05) mm，若不考虑淬火时工件的变形，求淬火前精车的工序尺寸。

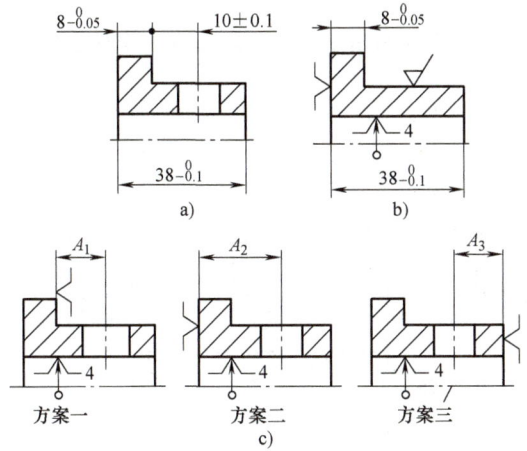

图 5-72 题 5-25 图

5-27 简述数控加工的主要特点。

5-28 简述在数控工序设计中有哪些必须考虑的主要问题。

5-29 如图 5-73 所示为某零件的外轮廓,已知零件毛坯为板厚 10mm 的板材,周边留有约 2mm 余量,工件材料为铝。需要采用数控铣床进行外轮廓铣削精加工。试为该工序编写数控加工程序。

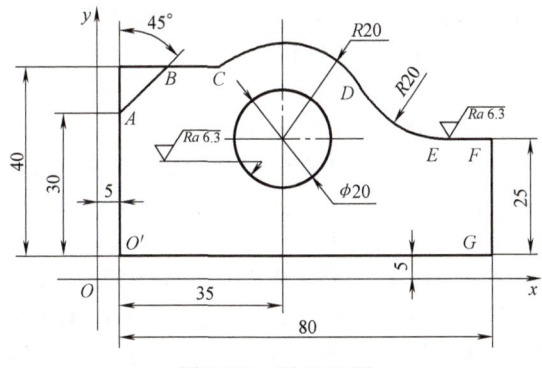

图 5-73 题 5-29 图

5-30 在确定数控加工工艺内容时,应考虑哪些方面的问题?

5-31 如何进行数控加工工艺性分析?

5-32 数控加工对刀具有何要求?

5-33 为提高数控加工的精度,在加工中应注意哪些问题?

5-34 如何选择数控铣削的刀具?

5-35 工序时间定额由哪几部分组成?

5-36 举例说明减少辅助时间的工艺措施。

5-37 工艺成本由哪几部分组成?如何进行工艺方案的比较?

5-38 试简述进行工艺方案经济评价的方法。

5-39 试举例说明生产实际中通常采用的提高劳动生产率的方法。

5-40 什么是生产成本、工艺成本?什么是可变费用、不变费用?在市场经济条件下,如何正确运用经济分析方法合理选择工艺方案?

5-41 CAPP 有何意义?

5-42 什么是成组技术？如何实施？

5-43 应用 JLBM-1 系统为如图 5-74 所示零件进行编码，并将其转换为零件特征矩阵。

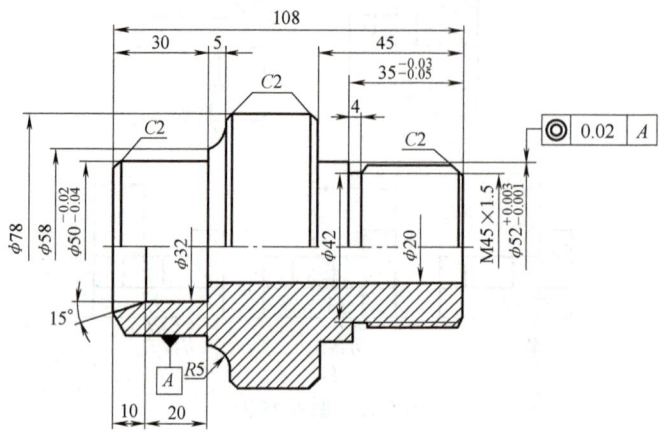

图 5-74　题 5-43 图

5-44 成组技术最适合于哪些生产类型的工厂采用？它能提高生产率的原因何在？

5-45 什么叫机器装配？它包括哪些内容？在机器产品的生产中起什么作用？

5-46 机器产品的质量是以什么综合评定的？其性能和技术指标是什么？

5-47 机器产品的装配精度与零件的加工精度、装配工艺有什么关系？

5-48 什么叫装配尺寸链？它与一般尺寸链有什么不同？

5-49 装配尺寸链的建立通常分为几步？需注意哪些问题？

5-50 保证装配精度的方法有哪几种？各适用于什么场合？

5-51 如图 5-75 所示的齿轮箱部件，根据使用要求齿轮轴肩与轴承端面间的轴向间隙应在 1～1.75mm 范围内。若已知各零件的公称尺寸为 $A_1=101$mm，$A_2=50$mm，$A_3=A_5=5$mm，$A_4=140$mm。

1）试确定当采用完全互换法装配时，各组成环尺寸的公差及偏差。

2）试确定当采用不完全互换法装配时，各组成环尺寸的公差及偏差。

5-52 如图 5-76 所示为键槽与键的装配尺寸结构，其中 $A_1=20$mm，$A_2=20$mm，$A_0=^{+0.15}_{+0.05}$mm。

1）大批量生产时采用完全互换法装配，试求各组成零件尺寸的上下极限偏差。

2）小批量生产时采用修配法装配，试确定修配的零件并求出各有关零件尺寸的公差及修配量。

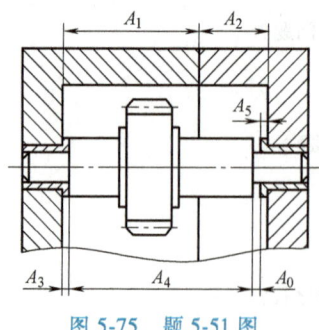

图 5-75　题 5-51 图

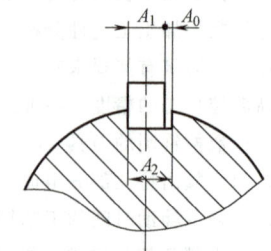

图 5-76　题 5-52 图

5-53 某轴与孔的设计配合为 $\phi 10$H7/h5mm，为降低加工成本，两件按 $\phi 10$H9/h9mm 制造，试计算分组装配法：

1）分组数和每一组的尺寸及偏差。

2）如加工 1000 套，且孔的实际尺寸分布符合正态分布规律，每一组孔的零件数是多少？

5-54 什么叫装配工艺规程？它包括的内容是什么？有什么作用？

5-55 制订装配工艺规程的原则及原始资料有哪些？

5-56 简述制订装配工艺的步骤是什么？

5-57 什么叫装配单元？为什么要把机器分成许多独立的装配单元？什么叫装配的基准零件？

5-58 自动化装配条件下零件的结构工艺性应符合什么原则？

5-59 自动化装配工艺设计一般应该满足什么要求？

第六章

典型零件加工

机械产品是由很多不同功能和结构的零件组成的。零件的基本几何构成虽然不外乎外圆、内孔、平面、螺纹、齿面、曲面等典型表面，但很少有零件是由单一形状表面所构成，往往是由一些典型表面组合而成，其加工方法较单一表面加工复杂，是各类表面加工方法的综合应用。

同种类型零件的加工工艺具有一定的共性。分析典型零件的加工工艺，找出这类零件的加工特性，就可以用来指导同种类型零件的工艺设计工作。本章主要介绍轴类、箱体类和齿轮零件的加工工艺。

第一节 轴类零件加工

轴类零件是机械加工中最常见的一类零件。在机器中，主要用来支承传动零件，如齿轮、带轮；传递运动与转矩，如机床主轴；装夹工件，如心轴。

一、轴类零件的结构特点和技术要求

（一）轴类零件的结构特点

轴类零件是回转体零件，其长度大于直径，通常主要由内外圆柱面、内外圆锥面、螺纹、花键及横向孔等组成。按其结构特点分类为光轴、阶梯轴、空心轴和异形轴（包括曲轴、半轴、凸轮轴、偏心轴、十字轴和花键轴等）四类，如图6-1所示。若按轴的长度和直径的比例来分，又可分为刚性轴（$L/d \leqslant 12$）和挠性轴（$L/d > 12$）两类。

（二）轴类零件的主要技术要求

根据轴类零件的功用和工作条件，其技术要求主要有：

（1）尺寸精度　轴类零件的尺寸精度常为两类：一类是与轴承的内圈配合的外圆轴颈，即支承轴颈，用于确定轴的位置并支承轴，尺寸精度要求较高，通常为IT5～IT7级；另一类为与各类传动件配合的轴颈，即配合轴颈，其精度稍低，常为IT6～IT9级。

（2）几何形状精度　主要指轴颈表面、外圆锥面、锥孔等重要表面的圆度、圆柱度。其误差一般应限制在尺寸公差范围内，对于精密轴，需在零件图上另行规定其几何形状精度。

（3）相互位置精度　包括内、外表面及重要轴线的同轴度、圆柱面的径向圆跳动、重要端面对轴心线的垂直度、端面间的平行度等。

（4）表面粗糙度　传动件配合轴颈 Ra 为 1.6～0.4μm，支承轴颈 Ra 为 0.1～0.04μm。

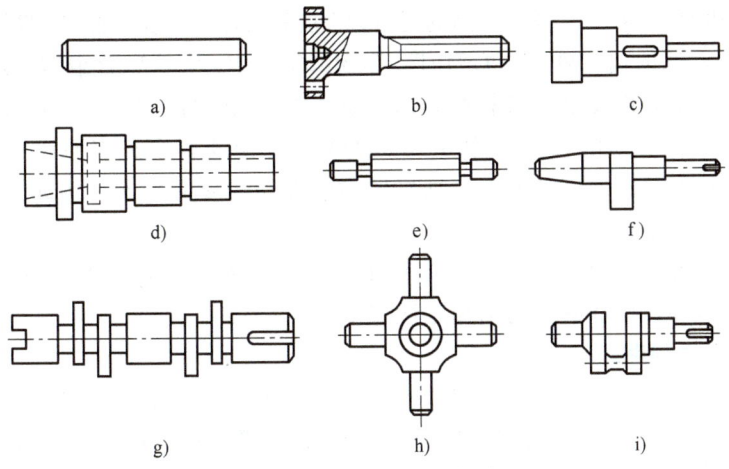

图 6-1 常见轴的类型

a) 光轴 b) 半轴 c) 阶梯轴 d) 空心轴 e) 花键轴 f) 偏心轴 g) 凸轮轴 h) 十字轴 i) 曲轴

CA6140 型车床主轴零件各项技术指标如图 6-2 所示。

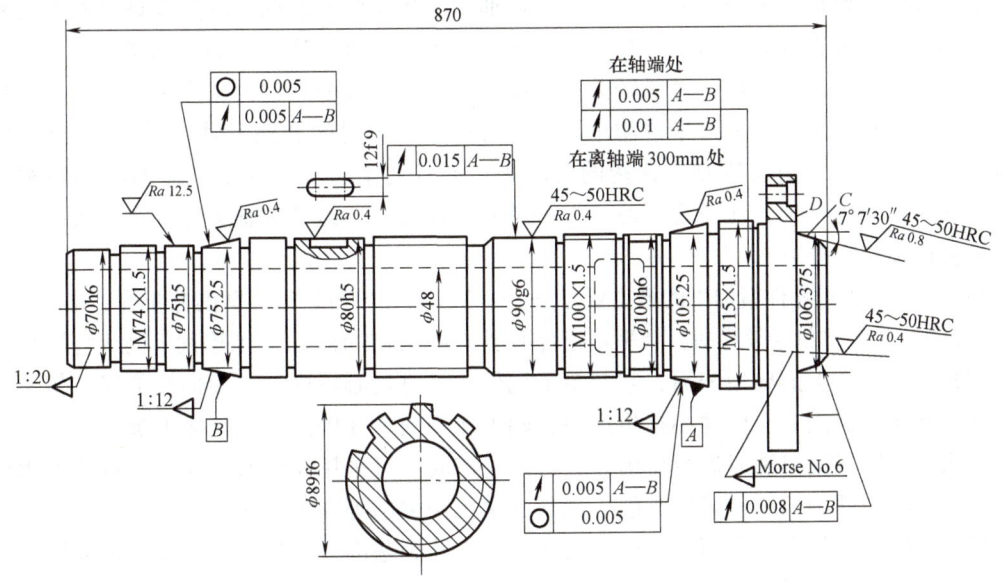

图 6-2 CA6140 型车床主轴零件图

二、轴类零件的材料及毛坯

(一) 轴类零件的材料

常用的轴类零件材料有碳钢、合金钢及球墨铸铁。

(1) 一般轴类零件　常用 45 钢，根据其工作条件选取不同的热处理工艺，可得到较好的切削性能及综合力学性能。但淬透性较差，淬火后易产生较大的内应力。

(2) 中等精度且转速较高的轴　可选用 40Cr 等合金钢。这类钢采用油冷淬火，内应力小，并具有良好的韧性。例如：精密车床主轴、中型载重汽车半轴。

(3) 精度较高的轴　可用轴承钢 GCr15、弹簧钢 65Mn。经调质和表面高频感应淬火后再回火，表面硬度可达 50~58HRC，具有较高的耐疲劳性能和较好的耐磨性能，但韧性较差。

（4）高速、重载的轴 可用 20CrMnTi、20Mn2B、20Cr 等低碳合金钢。经正火和渗碳淬火处理可获得较高的表面硬度，较软的芯部，耐冲击、韧性好。例如：齿轮磨床主轴。

（5）高精度、高转速的轴 可用 38CrMoAlA 氮化钢经调质和表面渗氮化后，变形小，且硬度也很高，具有很高的芯部强度，良好的耐磨性和耐疲劳性能。例如：卧式镗床主轴，高精度外圆磨床砂轮架主轴。

（6）大型轴或结构复杂的轴 可采用铸钢或球墨铸铁。例如：曲轴一般选用 QT900-2，等温淬火后，力学综合性能好，切削加工性能也较好。

（二）轴类零件的毛坯

常用圆棒料和锻件。光轴、直径相差不大的阶梯轴，采用圆钢作为毛坯。直径相差较大的阶梯轴、比较重要的轴，应采用锻件，毛坯经过加热锻造后，可使金属内部纤维组织沿表面均匀分布，获得较高的抗拉、抗弯及抗扭强度。

三、轴类零件主要加工方法

轴类零件主要加工表面是外圆，加工方法通常采用车削和磨削。轴类零件外圆表面粗加工、半精加工一般在卧式车床上进行。使用液压仿形刀架可实现车削加工的半自动化，更换靠模、调整刀具都比较简单，可减轻劳动强度，提高加工效率。大批生产可采用多刀半自动车床以及数控车床加工。多刀半自动车床加工可缩短加工时间和测量轴向尺寸等辅助时间，从而提高生产率。但是调整刀具花费的时间多，而且切削力大，要求机床的功率和刚度较大。以数控车床为基础，配备简单的机械手及零件输送装置组成的轴类零件自动线，已成为大批量生产轴的重要方法。

磨削外圆是轴类零件精加工的最主要方法，一般安排在最后进行。磨削分粗磨、精磨、细磨及镜面磨削。当生产批量较大时，常采用组合磨削、成形砂轮磨削及无心磨削等高效磨削方法。

花键是轴零件上的典型表面，它与单键比较，具有定心精度高、导向性能好、传递转矩大、易于互换等优点。在单件小批生产中，轴上花键通常在卧式通用铣床上加工，工件装夹在分度头上，用三面刃铣刀进行切削。大批量生产时，可采用花键滚刀在花键铣床上用展成法加工。轴类零件的螺纹可采用车削、铣削、滚压和磨削等加工方法。

另外，轴类零件在外表面加工中，通常以中心孔为基准。成批生产均用铣端面钻中心孔机床来加工中心孔。对于精密轴，在轴加工过程中中心孔还会磨损、拉毛，热处理后产生氧化皮及变形，这需要在精磨外圆之前对中心孔进行修研。修研中心孔可在车床、钻床或专用中心孔磨床上进行。

车削中心加工轴类零件采用工序集中方式加工，车表面、加工沟槽、铣键槽、钻孔、加工螺纹等各种表面能在一次安装中完成，效率高，加工精度也比卧式车床高。

四、轴类零件加工工艺的拟定

（一）轴类零件定位基准的选择

轴类零件加工时，为保证各主要表面的相互位置精度，选择定位基准时，应尽可能做到基准统一、基准重合、互为基准，并实现在一次安装中尽可能加工出较多的面。常见的有以下四种：

（1）以工件的中心孔定位　在轴类零件加工中，一般以重要的外圆面作为粗基准定位，加工出中心孔，在之后的加工过程中，尽量考虑以轴两端的中心孔为定位精基准。因为轴类零件各外圆表面、螺纹表面的同轴度及端面对轴线的垂直度是相互位置精度的主要项目，而这些表面的设计基准一般都是轴的中心线，采用两中心孔定位符合基准重合原则。而且，多数工序都采用中心孔作为定位基面，能最大限度地加工出多个外圆和端面，这也符合基准统一原则。这样，可以很好地保证各外圆表面的同轴度以及外圆与端面的垂直度，并且能在一次安装中加工出各段外圆表面及其端面，加工效率高并且所用夹具结构简单。

（2）以外圆和中心孔作为定位基准（一夹一顶）　用两中心孔定位虽然定心精度高，但刚性差，尤其是加工较重的工件时不够稳固，切削用量也不能太大。粗加工时，为了提高零件的刚性，可采用轴的外圆表面和一中心孔作为定位基准来加工。这种定位方法能承受较大的切削力矩，是轴类零件常见的一种定位方法。

（3）以两外圆表面作为定位基准　在加工空心轴的内孔时，不能采用中心孔作为定位基准，可用轴的两外圆表面作为定位基准。当工件是机床主轴时，常以两支承轴颈（装配基准）为定位基准，可消除基准不重合误差，保证锥孔相对支承轴颈的同轴度要求。

（4）以带有中心孔的锥堵作为定位基准　在加工空心轴的外圆表面时，往往还采用带中心孔的锥堵作为定位基准，如图6-3a所示。当主轴孔的锥度较大或为圆柱孔时，则用带有锥堵的拉杆心轴，如图6-3b所示。

锥堵或锥堵心轴应具有较高的精度，其上的中心孔既是其本身制造的定位基准，又是空心轴外圆精加工的基准。因此，必须保证锥堵或锥堵心轴上锥面与中心孔有较高的同轴度。在装夹中应尽量减少锥堵的安装次数，减少重复安装误差。故中、小批量生产中，锥堵安装后，中途加工一般不得拆下和更换，直至加工完毕。

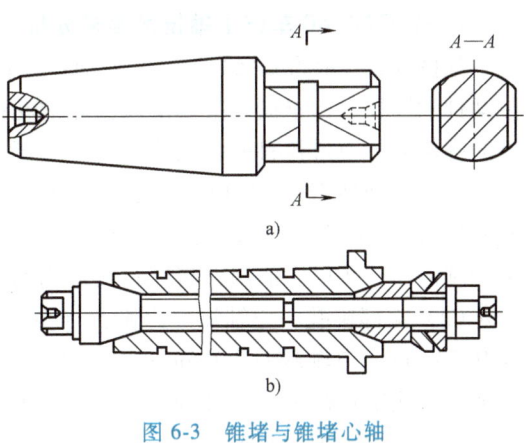

图 6-3　锥堵与锥堵心轴
a）锥堵　b）锥堵心轴

（二）轴类零件加工顺序安排

除了应遵循加工顺序安排的一般原则，如先粗后精、先主后次等，还应注意外圆表面加工顺序应为，先加工大直径外圆，然后再加工小直径外圆，以免一开始就降低了工件的刚度；轴上的花键、键槽等表面的加工应在外圆精车或粗磨之后，精磨外圆之前。因为如果在精车前就铣出键槽，在精车时由于断续切削而易产生振动，影响加工质量，又容易损坏刀具，也难以控制键槽的尺寸要求。它们的加工也不宜放在主要表面的磨削之后进行，以免划伤已加工好的主要表面；轴上的螺纹一般有较高的精度，如安排在局部淬火之前进行加工，则淬火后产生的变形会影响螺纹的精度。因此螺纹加工宜安排在工件局部淬火之后进行。

在轴类零件的加工过程中，应当安排必要的热处理工序，以保证其力学性能和加工精度，并改善工件的可加工性。一般毛坯锻造后安排正火或退火工序，而调质则安排在粗加工后进行，以便消除粗加工后产生的应力及获得良好的综合力学性能。淬火工序则安排在磨削工序之前。

(三) 轴类零件的一般加工工艺路线

轴类零件的加工工艺过程需要根据轴的结构类型、生产批量、精度、表面粗糙度要求、毛坯类型等条件制订。一些轴类零件工艺路线如下：

一般精度调质钢的轴类零件加工工艺路线：备料→锻造→正火（退火）→钻中心孔→粗车→调质→半精车、精车→表面淬火、回火→粗磨→次要表面加工→精磨。

渗碳钢的轴类零件加工工艺路线：备料→锻造→正火→钻中心孔→粗车→半精车、精车→渗碳（或碳氮共渗）→淬火、低温回火→粗磨→次要表面加工→精磨。

整体淬火轴类零件的加工工艺路线：备料→锻造→正火（退火）→钻中心孔→粗车→调质→半精车、精车→次要表面加工→整体淬火→粗磨→低温时效→精磨。

五、轴类零件工艺过程示例与分析

CA6140车床主轴精度要求较高，加工表面多，其加工工艺在轴类零件中具有代表性，下面以CA6140车床主轴为例介绍主轴工艺过程和特点。

(一) CA6140车床主轴技术要求分析

如图6-2所示为CA6140车床主轴零件简图，该主轴呈阶梯状，其上有安装支承轴承、传动件的圆柱、圆锥面，安装滑动齿轮的花键，安装卡盘及顶尖的内外圆锥面，连接紧固螺母的螺旋面，通过棒料的深孔等。各主要部分的作用及技术要求：

(1) 支承轴颈 主轴两个支承轴颈 A、B 圆度公差为0.005mm，径向圆跳动公差为0.005mm；表面粗糙度 Ra 为0.4μm。因为主轴支承轴颈用来安装支承轴承，是主轴部件的装配基准面，所以它的制造精度直接影响到主轴部件的回转精度。

(2) 端部锥孔 主轴端部内锥孔（莫氏6号）对支承轴颈 A、B 的跳动在轴端面处公差为0.005mm，离轴端面300mm处公差为0.01mm；表面粗糙度 Ra 为0.4μm；该锥孔是用来安装顶尖或工具锥柄的，其轴心线必须与两个支承轴颈的轴心线严格同轴，否则会使工件（或工具）产生同轴度误差。

(3) 端部短锥和端面 端部短锥 C 和端面 D 对主轴两个支承轴颈 A、B 的径向圆跳动公差为0.008mm；表面粗糙度 Ra 为0.8μm。它是安装卡盘的定位面。为保证卡盘的定心精度，该圆锥面必须与支承轴颈同轴，而端面必须与主轴的回转中心垂直。

(4) 空套齿轮轴颈 空套齿轮轴颈对支承轴颈 A、B 的径向圆跳动公差为0.015mm。由于该轴颈是与齿轮孔相配合的表面，对支承轴颈应有一定的同轴度要求，否则会引起主轴传动啮合不良，当主轴转速很高时，还会影响齿轮传动平稳性并产生噪声。

(5) 螺纹 主轴上螺旋面的误差是造成压紧螺母端面跳动的原因之一，所以应控制螺纹的加工精度。当主轴上压紧螺母的轴向圆跳动过大时，会使被压紧的滚动轴承内环的轴心线产生倾斜，从而引起主轴的径向圆跳动。

(二) 主轴加工工艺的制订

拟订该主轴加工工艺的主要问题是如何保证主轴支承轴颈的尺寸、形状、位置精度和表面粗糙度，主轴前端内、外锥面的形状精度、表面粗糙度以及它们对支承轴颈的位置精度。

(1) 定位基准的选择 由于主轴外圆表面的设计基准是主轴轴心线，根据基准重合的原则考虑，应选择主轴两端的中心孔作为精基准面，所以主轴在粗车之前应先加工中心孔。

在主轴的加工过程中，通孔加工后作为定位基准面的中心孔消失，可将锥堵塞到主轴两端孔中，利用锥堵的中心孔做定位基准。

为了达到主轴前后支承轴颈与前锥孔的径向圆跳动要求，可采用互为基准原则。因该主轴支承轴颈系外锥面，不便装夹，工艺中可以考虑与支承轴颈同一基准加工出来的外圆柱面为定位基准面。因此，空心主轴零件定位基准的选择与转换的过程为：开始时以外圆作粗基准钻中心孔，为粗车外圆准备好定位基准。粗车外圆又为深孔加工准备好定位基准。之后在加工好的前后锥孔上配锥堵，为半精和精加工外圆准备定位基准。最后以主轴的装配基准（前后支承轴颈）作为定位基准，精磨锥孔，使锥孔的各项精度达到要求。需要注意的是外圆和锥孔需反复多次、互为基准进行加工，在重装锥堵时必须重新修磨中心孔。

（2）加工工序安排　主轴是多阶梯形并带通孔的零件，切除大量的金属后会引发内应力重新分布而变形，安排工序应将粗、精加工分开，主要表面的精加工应放在最后进行。

主轴加工工艺过程可划分为三个加工阶段，即粗加工阶段（包括铣端面、加工中心孔、粗车外圆等）；半精加工阶段（半精车外圆，钻通孔，车锥面、锥孔，钻大头端面各孔，精车外圆等）；精加工阶段（包括精铣键槽，粗、精磨外圆、锥面、锥孔等）。

在机械加工工序中间尚需插入必要的热处理工序，这就决定了主轴加工各主要表面循着以下顺序进行，即粗车→调质（预备热处理）→半精车→精车→淬火→回火（最终热处理）→粗磨→精磨。

安排加工工艺时，要注意先加工好定位基准面，即基准先行，为后续工序准备好定位基准。

深孔加工的安排。为了使中心孔能够在多道工序中使用，希望深孔加工安排在最后。但是，深孔加工属粗加工，余量大，发热多，变形也大，会使得加工精度难以保持，故不能放到最后。一般深孔加工安排在外圆粗车或半精车之后，以便有一个较为精确的轴颈作定位基准，这样加工出的孔容易保证主轴壁厚均匀。

综上所述，主轴主要表面的加工顺序安排如下：

外圆表面粗加工（以中心孔定位）→外圆表面半精加工（以中心孔定位）→钻通孔（以半精加工过的外圆表面定位）→锥孔粗加工（以半精加工过的外圆表面定位，加工后配锥堵）→外圆表面精加工（以锥堵中心孔定位）→锥孔精加工（以支承轴颈定位）。

当主要表面加工顺序确定后，就要合理地插入次要表面加工工序。对该主轴来说，次要表面指的是螺孔、键槽、螺纹。

（3）工艺的制订　某厂成批生产CA6140车床主轴，加工工艺制订见表6-1。

表 6-1　CA6140车床主轴加工工艺过程

工序	工序名称	工序内容	定位基准	设备及主要工艺装备
1	模锻	锻造毛坯		立式精锻机
2	热处理	正火		
3	铣端面，钻中心孔	铣端面，钻中心孔，控制总长 872mm	毛坯外圆	专用机床
4	粗车	粗车外圆、各部留量 2.5~3mm	中心孔	仿形车床
5	热处理	调质		
6	半精车	车大头各台阶面	中心孔	卧式车床

(续)

工序	工序名称	工序内容	定位基准	设备及主要工艺装备
7	半精车	车小头各部外圆,留余量 1.2~1.5mm	中心孔	仿形车床
8	钻	钻 φ48 通孔	两轴颈外圆及小头端面	深孔钻床
9	车	车小头 1:20 锥孔及端面(配 1:20 锥堵,涂色法检查接触率≥50%)	大头短锥处外圆、端面、小头轴颈外圆	卧式车床
10	车	车大头莫氏 6 号孔、外短锥及端面(配锥堵)	大头轴颈外圆、小头外圆及其端面	卧式车床
11	钻	钻大头端面各孔	大头短锥处外圆及端面	钻床
12	热处理	短锥及莫氏 6 号锥孔, φ75h5, φ90g6, φ100h6 进行高频淬火		
13	精车	仿形精车各外圆,留余量 0.4~0.5mm,并切槽	锥堵中心孔	数控车床
14	粗磨	粗磨 φ75h5, φ90g6, φ100h6 外圆	锥堵中心孔	万能外圆磨床
15	粗磨	粗磨小头工艺内锥孔(重配锥堵)	大头短锥处外圆、端面、小头轴颈外圆	内圆磨床
16	粗磨	粗磨大头莫氏 6 号内锥孔(重配锥堵)	大头轴颈外圆、小头轴颈外圆及端面	内圆磨床
17	铣	粗、精铣花键	锥堵中心孔	花键铣床
18	铣	铣 12f 9 键槽	该键槽及端面	铣床
19	车	车三处螺纹 M115×1.5, M100×1.5, M74×1.5	锥堵中心孔	卧式车床
20	精磨	精磨外圆至尺寸	锥堵中心孔	万能外圆磨床
21	精磨	精磨圆锥面及端面 D	锥堵中心孔	专用组合磨床
22	精磨	精磨莫氏 6 号锥孔	支承轴颈外圆	主轴锥孔磨床
23	钳工	端面孔去锐边倒角,去毛刺		
24	检验	按图样要求检验		

由于该主轴结构上的特殊性,制订工艺过程中还需要注意深孔与主轴锥孔的精加工方法。通常将孔的长度与直径之比大于 5 的孔称为深孔。加工深孔比加工普通孔的难度大,生产率低,加工方法也不同。深孔钻削有以下特点:由于深孔刀具细长,刚性差,加工中易产生引偏和振动,因此孔的轴线易歪斜;刀具冷却散热条件差,切削温度容易升高,刀具寿命低;切屑排出困难,不仅会划伤已加工表面,严重时会造成切削刃崩刃,甚至折断。所以深孔加工要有相应对策,如采取工件旋转方式,改进刀具导向结构,防止引偏;采用压力输送切削液既冷却刀具又方便排屑;改进刀具结构以便强制断屑,使切屑在切削液的压力下顺利排出。单件小批生产时,常采用接长柄麻花钻在车床上加工深孔,但排屑与冷却刀具困难,需要多次退刀操作,生产率低,劳动强度大。大批量生产时,则采用在专用深孔钻床上进行。

主轴锥孔对主轴支承轴颈的径向圆跳动是机床的主要精度指标之一,因此锥孔的最后磨削是主轴加工关键工序之一。锥孔加工通常在专用夹具上进行，如图 6-4 所示。浮动夹头左端插入磨床头架主轴锥孔内。弹簧 8 将浮动夹头外壳连同工件向左拉，通过钢球 3 压向镶有硬质合金的端面，限制了工件的轴向窜动。磨床头架通过拨盘 1、拨销 2 及浮动夹头带动工件旋转；而工件主轴与头架主轴间无刚性连接，工件的回转中心线由该专用夹具决定，不受头架主轴回转精度的影响。可以很好地保证主轴锥孔对主轴支承轴颈位置精度的要求。

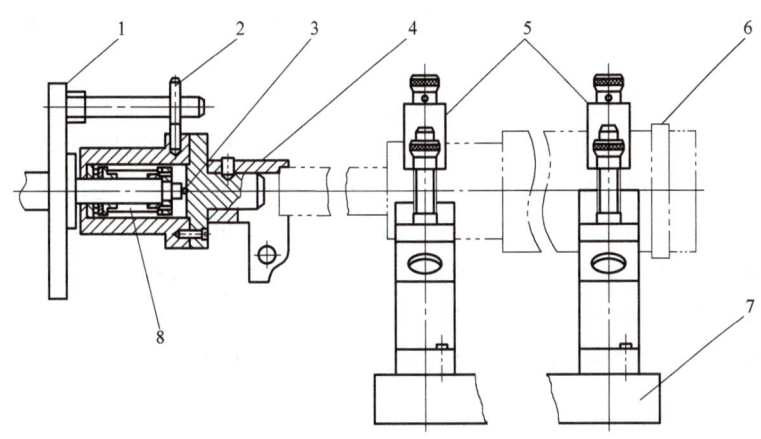

图 6-4　精磨主轴内锥孔
1—拨盘　2—拨销　3—钢球　4—弹性套　5—支架　6—工件　7—底座　8—弹簧

六、轴类零件的检验

零件的检验可分为加工后检验和加工中检验。加工中检验是指利用作为辅助装置安装在机床上的自动测量装置在加工过程中检验。这种检验方式能在不影响加工的情况下，根据测量结果，主动地控制机床的工作过程，如改变进给量，自动补偿刀具磨损，自动退刀、停车等，使之适应加工条件的变化，防止产生废品，故又称为主动检验。主动检验属在线检验，即在设备运行、生产不停顿的情况下，根据信号处理的基本原理，掌握设备运行状况，对生产过程进行预测预报及必要调整。随着计算机测控技术的高速发展，这种检验方法得到越来越多的应用。

目前，实际生产中应用广泛的仍然是加工后的检验。轴类零件加工后根据具体的技术要求选择检验的项目。常见的检验项目和方法如下：

（1）硬度　硬度在热处理后用硬度计全检或抽检。

（2）表面粗糙度　通常使用标准样板用外观比较法凭目测比较，对于表面粗糙度值较小的零件，可用干涉显微镜或轮廓仪检验。

（3）形状精度　轴类零件形状精度主要需要检测圆度和圆柱度。当圆柱面的误差为椭圆形时，可用千分尺测出同一截面的最大与最小直径，其差的半值为该截面的圆度误差。当圆柱面的误差为奇数棱形时，将被测表面放在 V 形架上用千分表测量，测出零件旋转一周表面尺寸的最大与最小值，其差的半值为圆度误差。精度高的轴用圆度仪测量圆度和圆柱度。

圆柱度误差可将零件放在 V 形架或直角座上用千分表测量，精度高的轴用三坐标测量仪。

(4) 尺寸精度 在单件小批量生产中，一般用千分尺检验轴的直径；在大批大量生产中，常用极限卡规检验轴的直径。尺寸精度高时，可用杠杆千分尺或以量块为标准进行比较测量。长度尺寸可用游标卡尺、深度游标卡尺和深度千分尺等检验。

(5) 相互位置精度 主轴相互位置精度检验一般以轴两端中心孔或工艺锥堵上的中心孔为定位基准，在两支承轴颈上方分别用千分表测量。主轴转一周后从两表所得读数即分别为两支承轴颈相对于轴线的径向圆跳动误差；两读数之差为两支承轴颈的同轴度误差。

主轴其他表面对支承轴颈的相互位置精度可用如图6-5所示方法检验。将轴的两支承轴颈放在平板上的两个V形架上，轴的一端用挡铁1、钢球2限制其轴向窜动，用工艺锥堵5和检验心棒6及表Ⅹ检测主轴的轴向窜动。测量相互位置精度时，先用表Ⅰ、Ⅱ和可调V形块3调整轴心线与平板7平行，然后将平板7倾斜一定角度（通常为15°），使工件靠自重压向钢球而紧密接触。最后，将轴均匀转动一周，从各表读数即可确定各表面间的相互位置误差。表Ⅷ和表Ⅸ检查锥孔轴线对支承轴颈轴线的同轴度误差，表Ⅰ、Ⅱ、Ⅳ、Ⅴ、Ⅵ检查各相应轴颈相对于支承轴颈的径向圆跳动误差，表Ⅺ、Ⅻ和ⅩⅢ检查F、E、D轴向圆跳动误差。

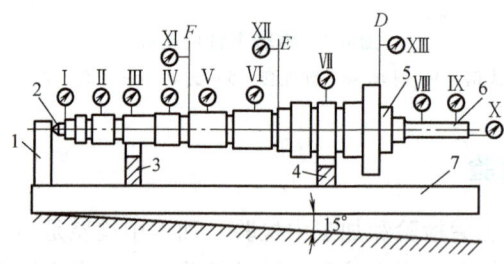

图6-5 轴的相互位置精度检验
1—挡铁 2—钢球 3—可调V形块 4—V形块 5—锥堵 6—检验心棒 7—平板

第二节 箱体类零件加工

箱体类零件是机器的基础件之一，由它将一些轴、套和齿轮等零件组装在一起，保持正确的相互位置关系，并且能按照一定的传动要求传递动力和运动。箱体是构成机器的一个重要部件。

一、箱体类零件的结构特点和技术要求

（一）箱体类零件的结构特点

箱体的种类很多，其尺寸大小和结构形式随着机器的结构和箱体在机器中功用的不同有着较大的差异，如图6-6所示。但从工艺上分析，它们仍有许多共同之处，其结构特点是：外形基本上是由六个或五个平面组成的封闭式多面体，又分成整体式和组合式两种；结构形状比较复杂，内部常为空腔形，某些部位有隔墙，壁薄且不均匀；箱壁上通常都布置有平行孔系或垂直孔系；箱体上的加工面，主要是大量的平面，此外还有许多精度要求较高的轴承支承孔和精度要求较低的紧固用孔。

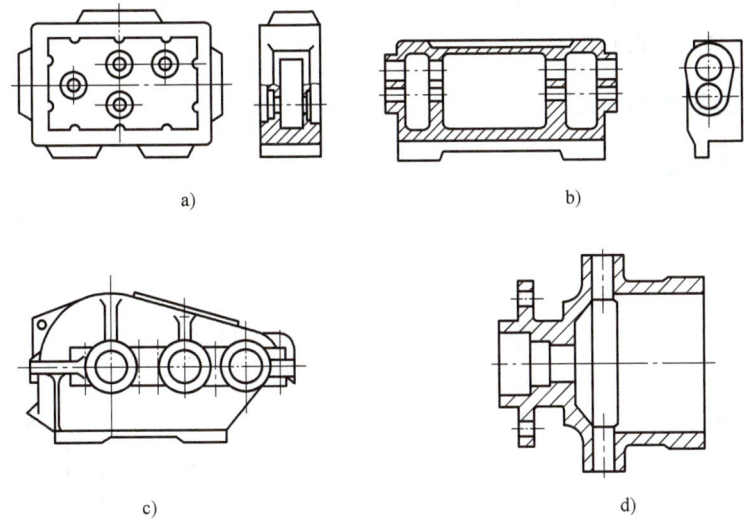

图 6-6 几种箱体类零件结构简图
a）组合机床主轴箱　b）车床进给箱　c）分离式减速箱　d）泵壳

（二）箱体类零件的主要技术要求

箱体类零件中，主要技术要求集中在以下几个方面：

（1）孔本身的精度要求　箱体上的孔大都是轴承孔，对孔径尺寸、几何形状及表面粗糙度，均有较严格的要求，以确保轴承外圈与箱体孔的配合正确和防止外圈变形。

（2）孔与孔、孔与平面的相互位置要求　两个以上的同轴线孔，应具有同轴度要求，通常规定不大于其中最小孔径的尺寸公差的一半。有齿轮啮合关系的相邻孔之间，应有一定的孔距尺寸精度和孔轴线的平行度要求。对主要孔来说，它对装配基准平面应有一定的尺寸精度和平行度，或与端面有一定垂直度要求。

（3）平面本身精度要求　无论是箱体的装配基准平面还是加工中的定位基准平面，均有较高的平面度和较小的粗糙度值要求。

通过箱体类零件的结构特点和主要技术要求，可以看出箱体类零件结构较复杂，加工部位多，加工难度大。据统计资料表明，一般中型机床制造厂花在箱体类零件的机械加工工时占整个产品加工工时的 15%~20%。

二、箱体类零件的材料及热处理

箱体类零件材料常选用各种牌号的灰铸铁，因为灰铸铁具有较好的耐磨性、铸造性和可加工性，而且吸振性好，成本又低。某些负荷较大的箱体采用铸钢件，某些简易箱体为了缩短毛坯制造的周期而采用钢板焊接结构。

结构特点决定了箱体类零件在铸造时会产生较大的残余应力。为了消除残余应力，减少加工后的变形和保证精度的稳定，在铸造之后应安排人工时效处理。普通精度的箱体类零件，一般在铸造之后安排 1 次人工时效处理。对一些高精度或形状特别复杂的箱体类零件，在粗加工之后还要安排 1 次人工时效处理，以消除粗加工所造成的残余应力。有些精度要求不高的箱体类零件毛坯，有时不安排时效处理，而是利用粗、精加工工序间的停放和运输时间，使之得到自然时效。箱体类零件人工时效的方法，除了加热保温法外，也可采用振动时效来达到消除残余应力的目的。

三、箱体类零件的加工

（一）平面的加工

箱体平面的粗加工及半精加工常采用刨削或铣削，精加工则采用磨削或刮研。刨削的刀具结构简单，机床成本低，调整方便，但生产率较低。在龙门刨床工作台上一次装夹若干个箱体可以实现多件加工，提高了加工生产率。

铣削箱体平面的生产率比刨削高，适用于批量较大的场合。在多轴龙门铣床上利用多把铣刀加工，如图6-7所示。面铣刀在结构上比刨刀复杂，但目前从其制造精度、切削部分材料等方面都有了很大进展，例如采用密齿面铣刀进给速度可达 $1500 \sim 4000 \text{mm/min}$，表面粗糙度仅为 $Ra0.8 \mu m$。单件小批生产精度较高的平面时，除一些高精度的箱体仍需手工刮研外，一般采用宽刃精刨。宽刀精刨后的平面表面粗糙度达 $Ra0.4 \sim 2.5 \mu m$；平面度小于 0.002mm/m。

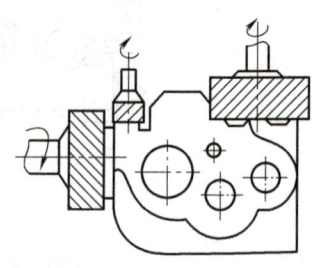

图6-7 多刀铣削

生产批量较大时，平面精加工一般用磨削的方法。有时还可以采用组合磨，如图6-8所示。此时，磨削形式为周磨，砂轮与工件的接触面较小，排屑与冷却条件好，工件热变形小，既能获得高的磨削质量，各被磨削平面间有较高的相互位置精度，而且生产率也得到了提高。

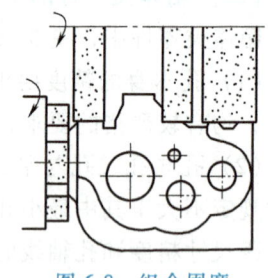

图6-8 组合周磨

（二）孔系加工

所谓孔系，是指箱体类零件上一系列具有相互位置精度要求的轴承孔的集合。可分成平行孔系、同轴孔系和交叉孔系三类，如图6-9所示。各孔径的尺寸精度由孔加工刀具保证。而如何保证各孔之间或孔与其他表面间的相互位置精度，是孔系加工中的关键技术。

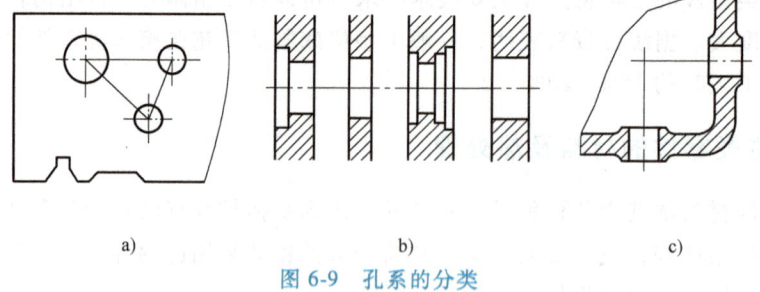

图6-9 孔系的分类

1. 平行孔系的加工

所谓平行孔系，是指这样一些孔，它们的轴线互相平行且孔距也有精度要求，如图6-9a所示。因此，平行孔系加工的主要技术要求是保证孔的加工精度，保证各平行孔轴心线之间以及轴心线与基面之间的尺寸精度和相互位置精度。下面主要介绍生产中保证孔距精度的方法。

(1) 找正法 找正法是工人在通用机床上利用辅助工具来找正要加工孔的正确位置的加工方法。这种方法加工效率低，一般只适用于单件小批生产。根据实施找正的具体手段不同，找正法又可分为以下几种：

1) 划线找正法。加工前按照零件图样要求在毛坯上划出各孔的加工位置线，然后按划线进行找正和加工。划线找正法操作难度较大，生产效率低，孔距精度较低，一般为±0.3mm左右。适合于单件小批生产中孔距精度要求不高的孔系加工。

2) 心轴和量块找正法。如图6-10所示，镗第一排孔时将精密心轴插入主轴孔内（或直接利用镗床主轴），然后根据孔和定位基准的距离，用组合一定尺寸的量块来校正主轴位置。校正时用塞尺测量量块与心轴之间的间隙，以避免量块与心轴直接接触而损伤量块，如图6-10a所示。镗第二排孔时，分别在机床主轴和已加工孔中插入心轴，采用同样的方法来校正主轴轴线的位置，如图6-10b所示。这种找正法的孔距精度可达±0.03mm。

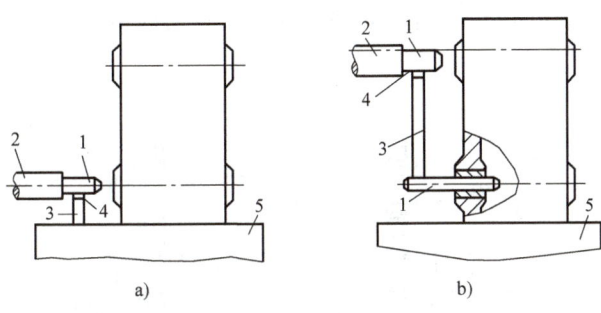

图 6-10 用心轴和量块找正
a) 第一工位 b) 第二工位
1—心轴 2—镗床主轴 3—量块 4—塞尺 5—镗床工作台

3) 样板找正法。如图6-11所示，用10~20mm厚的钢板按箱体的孔系关系制造样板1，样板上的孔距精度较箱体孔系的孔距精度高（一般为±0.01mm），样板上的孔径较工件孔径大，以便于镗杆通过。样板上孔径尺寸精度要求不高，但有较高的形状精度和较小的表面粗糙度值。使用时将样板准确地装到工件上（垂直于各孔的端面），在机床主轴上装一个千分表2，按样板逐个找正主轴位置，换上镗刀即可加工。此法加工中找正迅速，不易出错，孔距精度可达±0.05mm，且样板成本低（仅为镗模成本的1/9~1/7），常用于小批量大型箱体的加工。

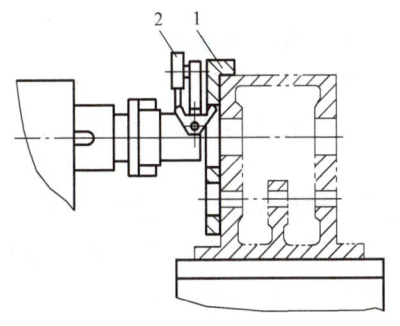

图 6-11 样板找正法
1—样板 2—千分表

(2) 坐标法 坐标法是按照孔系的坐标尺寸，在普通卧式镗床、坐标镗床或数控镗铣床上，借助于测量装置，调整机床主轴在水平及垂直方向的坐标位置来进行镗孔的一种方法。孔距精度取决于坐标的移动精度，即坐标测量装置的精度。此方法不需要采用专用的镗夹具就可适应各种箱体的镗孔。

普通镗床的坐标测量装置主要有四种：① 普通刻度尺与游标尺，再加上放大镜，位置精度为0.1~0.3mm；② 千分尺与量块，一般与普通刻度尺配合使用，位置精度达±(0.02~0.04)mm；

③ 精密刻度尺与光学读数头装置,刻度尺的任意两刻线间误差小于 $5\mu m$,光学读数头的读数精度为 $0.01mm$;精度较高,且操作方便。这是国内外卧式镗床上用得最多的测量装置;
④ 光栅数字显示装置和感应同步器测量系统,读数精度高达 $2.5~10\mu m$。

精密度很高的孔系直接在坐标镗床上镗孔既有很好的经济效果,又有稳定的高加工精度。坐标定位精度高达 $3~8\mu m$,镗削后的孔距精度可达 $0.01~0.03mm$。

(3) 镗模法 在成批生产中,广泛采用镗模加工孔系,如图 6-12 所示。工件 5 装夹在镗模上,镗杆 4 被支承在镗模的导套 6 内,导套的位置决定了镗杆的位置,装在镗杆上的镗刀 3 将工件上相应的孔加工出来。当用两个或两个以上的镗架支承 1 来引导镗杆时,镗杆与镗床主轴 2 必须浮动连接。当采用浮动连接时,机床精度对孔系加工精度影响很小,因而可以在精度较低的机床上加工出精度较高的孔系。孔距精度主要取决于镗模,一般可达 $0.05mm$。能加工公差等级 IT7 的孔,其表面粗糙度可达 $Ra12.5~5\mu m$。当从一端加工、镗杆两端均有导向支承时,孔与孔之间的同轴度和平行度可达 $0.02~0.03mm$;当分别由两端加工时,可达 $0.04~0.05mm$。

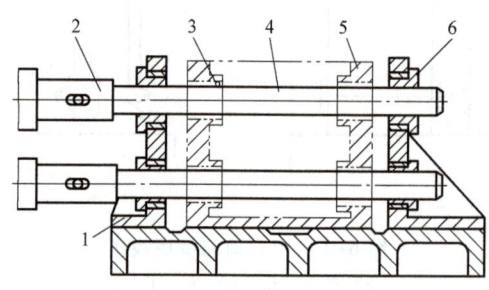

图 6-12 用镗模加工孔系

1—镗架支承 2—镗床主轴 3—镗刀 4—镗杆 5—工件 6—导套

2. 同轴孔系的加工

同轴孔系的加工主要是保证各孔的同轴度精度。同轴孔系加工的技术关键是要保证同一轴线上各孔的同轴度。在中批及大批大量生产中,一般用镗模加工孔系,其同轴度由镗模保证。当孔径大小向一个方向递减,且相邻两孔直径之差大于孔的毛坯加工余量时,镗杆和刀具从一端伸入同时加工同轴线上的各孔,同轴度可达 $0.02~0.03mm$;当孔径大小从两端向中间递减,镗杆和刀具从两端同时加工,同轴度可达 $0.04~0.05mm$。单件小批生产中,其同轴度用下面几种方法来保证:

(1) 利用已加工孔作支承导向 如图 6-13 所示,当箱体前壁上的孔加工好后,在孔内装一导向套,以支承和引导镗杆加工后壁上的孔,从而保证两孔的同轴度要求。这种方法只适用于加工箱壁较近的孔。

(2) 采用调头镗 当箱体的箱壁相距较远时,可采用调头镗。工件在一次装夹下,镗好一端孔后,将镗床工作台回转 180°,再调整工作台位置,使已加工孔与镗床主轴同轴,然后再加工另一端孔。

当箱体上有一较长并与所镗孔轴线有平行度要求的

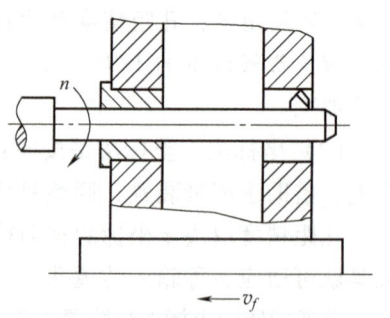

图 6-13 利用已加工孔导向

平面时，镗孔前应先用装在镗杆上的百分表对此平面进行校正如图 6-14a 所示，使其和镗杆轴线平行，校正后加工孔 B，孔 B 加工后，回转工作台，并用镗杆上装的百分表沿此平面重新校正，这样就可保证工作台准确地回转 180°，如图 6-14b 所示。然后再加工孔 A，从而保证孔 A、B 同轴。

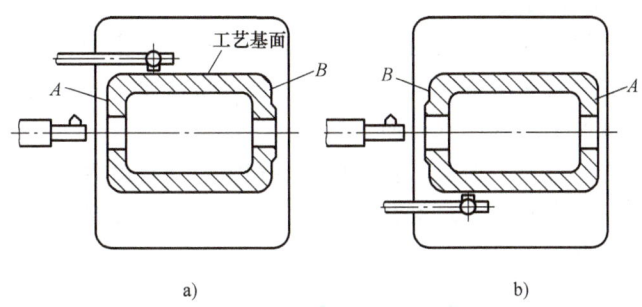

图 6-14　调头镗孔时工件的校正

（3）利用镗床后立柱上的导向套支承导向　这种方法其镗杆为两端支承，刚性好。但此法调整麻烦，镗杆长，较笨重，故只适用于单件小批生产中大型箱体的加工。

3. 交叉孔系的加工

交叉孔系的加工主要技术要求是控制相关孔的垂直度误差。成批生产中多采用镗模法，垂直度误差主要由镗模保证。单件小批生产时，一般靠普通镗床工作台上的 90°对准装置，该装置是挡块结构，对准精度低，所以还要借助找正来加工。

交叉孔系也可以在精密镗床上利用坐标法加工。精密镗床上的回转台一般分为机械转台、光学转台和感应同步器三种。利用它们就可进行高精度交叉孔系的加工。

四、拟定箱体类零件机械加工工艺规程的原则

在拟定箱体类零件机械加工工艺规程时，有一些基本原则应该遵循。

（一）先面后孔

先加工平面，后加工孔是箱体加工的一般规律。平面面积大，用其定位稳定可靠。从加工难度来看，平面比孔加工容易。支承孔大多分布在箱体外壁平面上，先加工外壁平面可切去铸件表面的凹凸不平及夹砂等缺陷，这样可减少钻头引偏，防止刀具崩刃等，对孔加工有利。

（二）粗精分开、先粗后精

箱体均为铸件，加工余量较大，在粗加工中切除的金属较多，因而夹紧力、切削力都较大，切削热也较多。加之粗加工后，工件内应力重新分布也会引起工件变形，多种因素引起的变形对加工精度影响较大。为此，把粗精加工分开进行，有利于把已加工后由于各种原因引起的工件变形充分暴露出来，然后在精加工中将其消除。

粗、精加工分开的原则：对于刚性差、批量较大、要求精度较高的箱体，一般要粗、精加工分开进行，即在主要平面和各支承孔的粗加工之后再进行主要平面和各支承孔的精加工。这样，可以消除由粗加工所造成的内应力、切削力、切削热、夹紧力对加工精度的影响，并且有利于合理地选用设备等。

粗、精加工分开进行，会使机床、夹具的数量及工件安装次数增加，而使成本提高，所以对单件、小批生产、精度要求不高的箱体，常常将粗、精加工合并在一道工序进行。但必须采取相应措施，以减少加工过程中的变形。例如粗加工后松开工件，让工件充分冷却，然后用较小的夹紧力、以较小的切削用量，多次进给进行精加工。

（三）工序集中，先主后次

箱体类零件上相互位置要求较高的孔系和平面，一般尽量集中在同一工序中加工，以保证其相互位置要求和减少装夹次数。紧固螺纹孔、油孔等次要工序的安排，一般在平面和支承孔等主要加工表面精加工之后再进行加工。

各箱体类零件结构差别大，加工工艺过程区别较大。而且就算类似的箱体类零件，根据具体生产批量、生产条件不同，工艺也有所不同。下面结合具体箱体类零件加工过程，分析箱体类零件加工工艺特点。

五、箱体类零件工艺过程示例与分析

（一）主轴箱技术指标分析

如图 6-15 所示为某车床主轴箱简图。其技术指标如下：

（1）孔的尺寸精度与几何形状精度　同轴线孔的同轴度一般为 0.01~0.02mm；支承主轴的三个孔的同轴度为 0.012mm。有传动关系的各轴孔间的中心距公差为 ±0.05mm。各纵向孔轴线的平行度为 400：0.05~300：0.04。

（2）主要平面的精度　基准平面的平面度为 0.04mm。主要平面与基准平面的垂直度为 300：0.1。

（3）孔与面位置精度　孔与装配基准平面的平行度为 600：0.1。

（4）表面粗糙度　主轴孔为 $Ra0.4\mu m$；其他各纵向孔为 $Ra1.6\mu m$。基准平面为 $Ra2.5~0.63\mu m$。

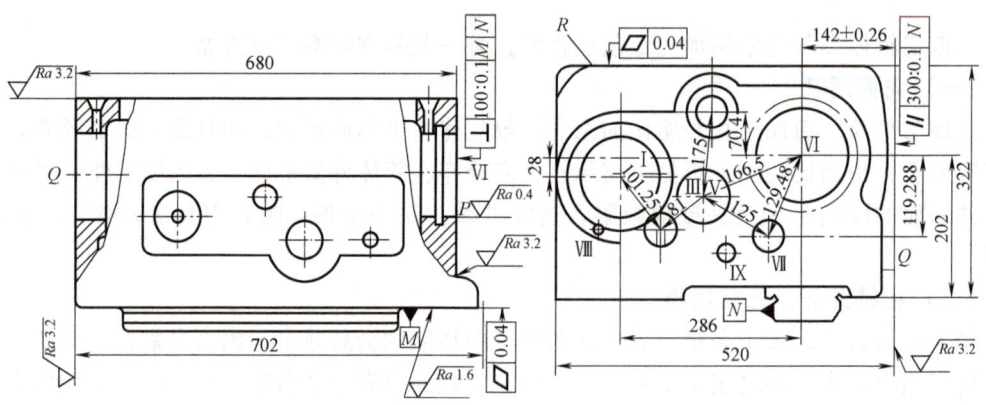

图 6-15　车床主轴箱简图

（二）不同批量主轴箱加工工艺过程

通常箱体平面的加工精度容易达到，而箱体上一系列孔的精度较难保证。所以，在制订箱体加工工艺过程时，应以如何保证孔系的精度作为重点；同时也要注意批量的大小和工厂的条件。

表 6-2 与表 6-3 为不同生产批量的如图 6-15 所示车床主轴箱箱体的两个工艺过程。

表 6-2 中小批生产的主轴箱箱体工艺过程

序号	工序内容	定位基准	序号	工序内容	定位基准
1	铸造		9	精加工装配基面 M、N 及侧面 O	顶面 R 及侧面 O
2	时效				
3	涂装		10	精加工两端面 P、Q	装配基面 M、N
4	划线:考虑主轴孔余量足够并尽量均匀 孔与平面及不加工平面的尺寸要求	先划出轴孔中心	11	粗、半精加工各纵向孔	
			12	精加工主轴孔	
			13	粗精加工横向孔	
5	粗、半精加工顶面 R	按线找正	14	精加工主轴孔Ⅵ	
6	粗、半精加工装配基面 M、N 及侧面 O	顶面 R 并校正主孔轴线	15	加工螺孔、紧固孔、油孔等次要孔,钳工修锉毛刺	
7	粗、半精加工两端面 P、Q	装配基面 M、N	16	清洗	
8	精加工顶面 R		17	检验	

表 6-3 大批量生产的主轴箱箱体工艺过程

序号	工序内容	定位基准	序号	工序内容	定位基准
1	铸造		9	精镗各纵向孔	R 面及两工艺孔
2	时效				
3	涂装		10	半精镗、精镗主轴三孔	R 面及Ⅲ-Ⅴ轴孔
4	铣顶面 R	Ⅵ轴与Ⅰ轴铸孔	11	加工各横向孔	R 面及两工艺孔
5	钻扩铰两工艺孔及钻 M8 孔 8 个	顶面 R,Ⅵ轴孔导向,中间隔墙支承	12	磨 M,N,O,P,Q 平面	R 面及两工艺孔(装配时,以主轴孔为基准磨 M、N)
6	铣 M、N、O、P 及 Q 平面	顶面 R 及两工艺孔	13	钳工去毛刺	
7	磨 R 面	M 面和 Q 面	14	清洗	
8	粗镗各纵向孔	R 面及两工艺孔	15	检验	

(三) 不同批量箱体工艺过程分析

1. 粗基准的选择

选择主轴箱体粗基准时应注意:保证最重要的主轴孔有足够而均匀的加工余量;装入箱内的回转零件如齿轮等距内壁有足够的空隙。通常应选择主轴孔和距主轴孔较远的一个轴承孔作为粗基准。一般铸造时各轴孔和内腔的泥芯是整体的,毛坯精度较高,上述要求不难满足。

大批大量生产时,所采用的粗铣顶面 R 的专用铣夹具。如图 6-16 所示。箱体工件先放在预定位支承 1、3、5 上，侧面紧靠挡销 6，端面紧靠支架 4；操纵手柄后由压力缸推动两短轴 7 插入两端主轴孔内，短轴上各有三个活动支承柱 8 伸出并撑住两端主轴孔，工件将被略微抬起，这时，主轴孔轴心线与两短轴轴心线重合，实现了以主轴孔为粗基准定位。为了限制工件绕两短轴的回转自由度，在工件抬起后，调整两可调支承 10 并用样板校正另一轴孔位置，使箱体顶面成水平，然后操纵手柄 9，使两只夹紧块 11 插入两端孔内夹紧工件。再调节辅助支承 2，使其与箱体底面接触以提高支承刚度即可进行加工。

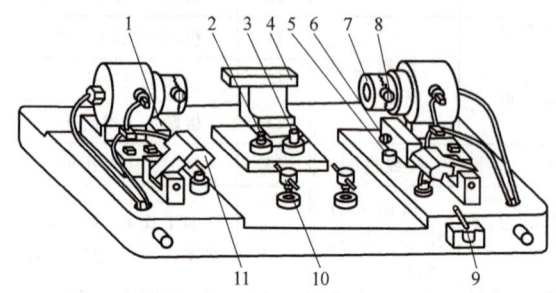

图 6-16　主轴孔为粗基准的铣夹具

1、3、5—支承　2—辅助支承　4—支架　6—挡销　7—短轴　8—活动支承柱　9—手柄　10—可调支承　11—夹紧块

小批量生产时，则采用划线工序，先划出主轴毛坯孔的中心位置，然后校核箱体上各表面与箱壁间的尺寸，适当照顾到其他各轴孔和平面有足够的余量。加工时，按划的线找正，先加工出顶面 R，再以 R 面为基准加工 M、N 面。

2. 精基准的选择

选择合适的精基准，对保证箱体加工质量尤为重要。应该尽可能选择设计基准作为精基准，以使基准重合，且还可以作为箱体其他表面加工的定位基准，做到精基准统一。

（1）以箱体底面和导向面作为精基准　M 和 N 面是主轴箱的装配基准，也是主轴孔的设计基准。此方案符合基准重合和基准统一原则，定位稳定可靠，而且加工各孔时，由于箱口朝上，所以更换导向套、安装调整刀具、测量孔径尺寸、观察加工情况等都很方便。

由于箱体内中间壁上往往还有支持孔需要镗削，必须设置导向支承板，提高刚度。由于箱口朝上，中间导向支承板只能选在夹具上，如图 6-17 所示每加工一个工件，吊架需要装卸一次，这使工序辅助时间增加。中间吊架有定位销定位，但其制造安装精度较低，且吊架本身刚性较差，影响了加工孔的位置精度。因此，这种方案适用于中小批量生产。

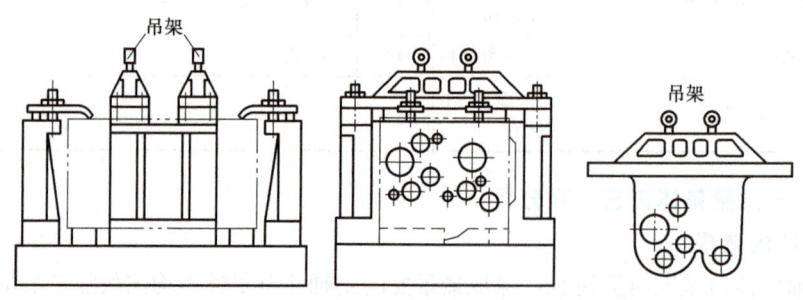

图 6-17　吊架式镗模夹具

（2）以箱体顶面 R 及两销孔作定位精基准　如图 6-18 所示，其特点是：箱体口朝下，中间导向支承板可以紧固在夹具上，固定支架刚性好，对保证各支承孔的加工位置精度有

利，工件装卸方便，辅助时间少；各工序定位基准也符合基准统一的原则，但与设计基准或装配基准不重合，应进行尺寸链的换算；由于箱口朝下，加工过程不便于观察、调整刀具及测量等。为此，可采用定尺寸刀具控制孔径误差；箱体类零件上本无销孔，但因工艺定位需要，在前几道工序中必须增加钻—扩—铰两工艺销孔的工序。尽管如此，此方案生产率高，精度也高，因此，适用于大批量生产。

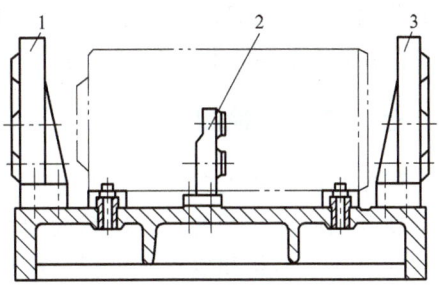

图 6-18 用箱体顶面及两孔定位的镗模
1、3—镗模板 2—中间导向支承板

六、箱体自动化生产

精密镗铣床卧式加工中心机床（简称加工中心）是一种具有自动换刀装置的复合型数控机床。加工中心能实现铣、镗、钻等多种加工功能的有效转换，在一次安装中，对主轴箱体实现多工位多工步的连续加工。此法无须专用的镗模。各孔的位置精度由机床数控系统保证，其移动坐标尺寸的定位精度约 0.01mm。特别适用于单件小批和成批生产，其加工精度高，且生产率也高、成本较低。如图 6-19 所示为卧式加工中心结构示意图。

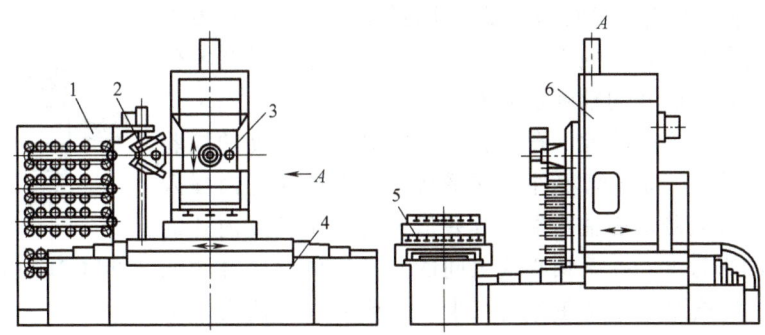

图 6-19 卧式加工中心结构示意图
1—刀库 2—换刀装置 3—主轴头 4—床身 5—工作台 6—移动式立柱

大量生产中，广泛采用组合机床与输送装置组成的自动线进行箱体类零件加工。所有的加工和工件的输送等辅助动作，都无须工人直接操作，整个过程按照一定的生产节拍自动地、顺序地进行，如图 6-20 所示。它不仅大大提高了劳动生产率，降低了成本和减轻了工

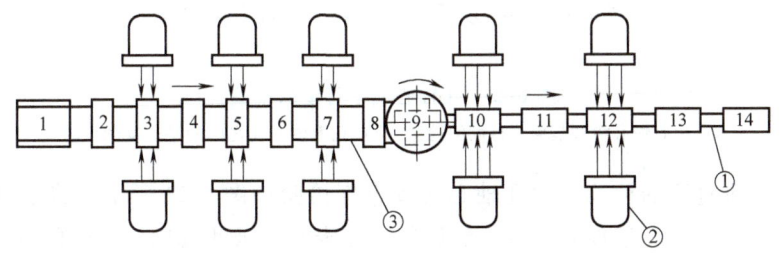

图 6-20 组合机床自动线加工箱体示意图
1、14—传动装置 2—装料工位 3、5、7、10、12—加工工位 4、6、8、11—中间工位
9—翻转 13—卸料工位 ①、③—输送带 ②—动力头

人的劳动强度，而且能稳定地保证工件的加工质量，对操作工人的技术水平要求也较低。我国目前在汽车、柴油机、拖拉机等行业中，都广泛地采用自动线来加工箱体。

七、箱体的检测

箱体类零件的主要检验项目包括：各加工表面的表面粗糙度及外观；孔与平面的尺寸精度及几何形状精度；孔距精度和孔系相互位置精度等。利用三坐标测量机可同时对零件的尺寸、形状和位置等进行高精度的测量。一般检验方法是根据需要对各项目分别检测。

表面粗糙度检验通常用目测或样板比较法，只有当 Ra 值很小时，才考虑使用光学量仪。外观检查只需根据工艺规程检查完工情况及加工表面有无缺陷即可。

孔的尺寸精度一般用塞规检验，在需确定误差数值或单件小批生产时可用内径千分尺或内径千分表检验；若精度要求很高，可用气动量仪检验。平面的直线度可用平尺和塞尺或水平仪与桥板检验；平面的平面度可用自准直仪或水平仪与桥板检验，也可用涂色检验。

箱体类零件各孔系相互位置精度检测项目较多，分述如下：

孔的距离精度检验。孔距精度要求不高时，可直接用游标卡尺检验；当孔距精度较高时，用心轴与千分尺检验或使用心轴、量块检验。

孔的同轴度使用综合量规检验，是一种简便的方法，如图 6-21 所示。量规的直径尺寸为孔的实效尺寸。若量规能通过被测零件的同轴线孔时，即说明其同轴度在公差之内。

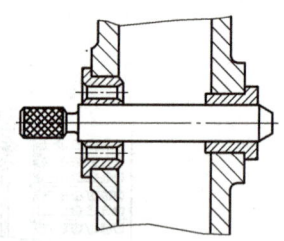

图 6-21 同轴度的检验

孔轴线相互平行度的检验。孔的轴心线对基面平行度的检验方法如图 6-22a 所示。将被测零件放在平板上，在被测孔内插入一根心轴，用百分表测量心轴两端，其差值即为测量长度内孔的轴心线对基面的平行度。孔系轴心线之间的平行度的检验方法如图 6-22b 所示。将被测零件放在等高支承上，或放在可调支承上将其调至等高。在基准孔与被测孔内插入心轴，用百分表分别在水平与垂直方向（工件需转 90°）上测量其平行度。

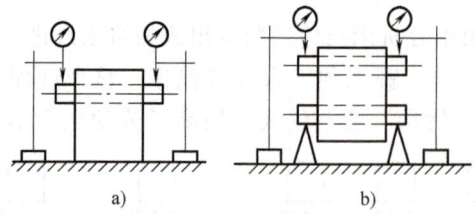

图 6-22 孔轴心线平行度的检验

a) 孔的轴心线对基面平行度的检验　b) 孔系轴心线之间的平行度的检验

两孔轴心线垂直度的检验。两孔轴心线垂直度检验如图 6-23 所示。将工件放在可调支承上，让基准孔轴心线与平板面垂直。然后用千分表测量被测孔内的心轴的两端，其差值即为测量长度内两孔中心线的垂直度误差。

孔轴心线与端面垂直度的检验。如图 6-24 所示，在心轴上装上百分表，心轴左端使用钢球支承在直角铁上，将心轴旋转一周，即可测出直径 D 范围内孔与端面的垂直度。

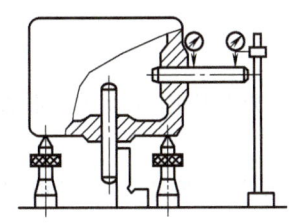
图 6-23 两孔轴心线垂直度检验

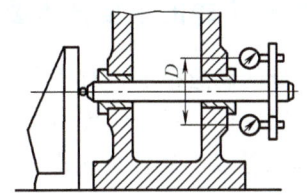
图 6-24 孔轴心线与端面垂直度检验

第三节 圆柱齿轮加工

齿轮是机械工业的标志性零件,它是用来按规定的速比传递运动和动力的重要零件,在各种机器和仪器中得到了广泛应用。

一、圆柱齿轮结构特点和分类

齿轮的结构形状按使用场合和要求不同可分为:盘形齿轮(图 6-25a 单联、图 6-25b 双联、图 6-25c 三联)、套筒齿轮(图 6-25d)、内齿轮(图 6-25e)、齿轮轴(图 6-25f)、扇形齿轮(图 6-25g)、齿条(图 6-25h)等。

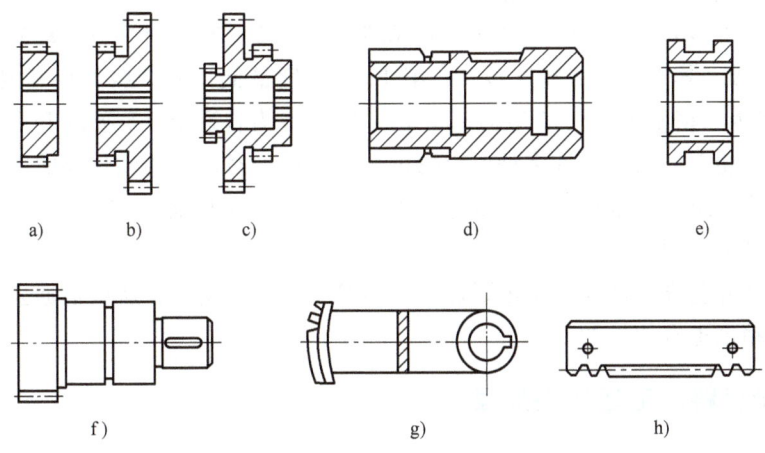

图 6-25 圆柱齿轮的结构形式
a) 单联齿轮 b) 双联齿轮 c) 三联齿轮
d) 套筒齿轮 e) 内齿轮 f) 齿轮轴 g) 扇形齿轮 h) 齿条

在上述各种齿轮中,以盘形齿轮应用最广。盘形齿轮的内孔多为精度较高的圆柱孔和花键孔。其轮缘具有一个或几个齿圈。单齿圈齿轮的结构工艺性最好,可采用任何一种齿形加工方法加工轮齿;双联或三联等多齿圈齿轮(图 6-25b、c),当其轮缘间的轴向距离较小时,小齿圈齿形的加工方法的选择就受到限制,通常只能选用插齿。如果小齿圈精度要求高,需要精滚或磨齿加工,而轴向距离在设计上又不允许加大时,可将此多齿圈齿轮做成单齿圈齿轮的组合结构,以改善加工的工艺性。

二、圆柱齿轮的主要技术要求

齿轮本身的制造精度，对整个机器的工作性能、承载能力及使用寿命都有很大影响。根据齿轮的使用条件，对齿轮传动提出以下几方面的要求：

(1) 运动精度　确保齿轮准确的传递运动和恒定的传动比，要求最大转角误差不能超过相应的规定值。

(2) 工作平稳性　在齿轮传动过程中要求传递运动平稳、冲击和振动小、噪声低。这就要限制齿轮传动瞬间传动比的变化，也就是要限制齿轮瞬时转角误差的变化。

(3) 齿面接触精度　为保证传动中载荷分布均匀，齿面接触要求均匀，避免局部载荷过大、应力集中等造成过早磨损或折断。

(4) 齿侧间隙　在齿轮传动中，互相啮合的一对齿轮的非工作面间应留有一定的间隙，以便储存润滑油减少磨损。齿侧间隙还可补偿齿轮误差和变形，以防止齿轮传动发生卡死或齿面烧蚀现象。

齿轮的制造精度和齿侧间隙主要根据齿轮的用途和工作条件加以规定。对于分度传动用齿轮，主要的要求是齿轮运动精度，使得传递的运动准确可靠；对于高速动力传动用的齿轮，必须要求工作平稳，没有冲击和噪声；对于重载低速传动用的齿轮，则要求齿的接触精度要好，使啮合齿的接触面积大，不致引起齿面过早的磨损；对于换向传动和读数机构，齿侧间隙应严格控制，必要时还需消除间隙。

现行国家标准 GB/T 10095.1—2022 和 GB/T 10095.2—2008 对平行传动的圆柱齿轮规定了 13 个精度等级，其中第 0 级精度最高，第 12 级精度最低，0~2 级为待开发的精度等级，通常称 3、4 级为超精密级，5、6 级为精密级，7、8 级为普通级，8 级以下为低精度级。影响齿轮及齿轮副精度的误差有许多种，根据齿轮各项误差对齿轮传动性能的主要影响，将齿轮各项公差分为三组，可根据齿轮精度等级不同，从三个组中各选定 1、2 项控制和检验齿轮前三项传动精度的项目。

齿坯的内孔和基准端面通常是齿形加工、检验、装配的基准，所以根据齿轮的精度等级对齿坯的加工精度也有相应的要求。

三、齿轮材料、毛坯和热处理

1. 齿轮的材料和热处理

速度较高的齿轮传动，齿面易产生点蚀，应选用硬层较厚的高硬度材料；有冲击载荷的齿轮传动，轮齿易折断，应选用韧性较好的材料；低速重载的齿轮传动，轮齿极易折断又易磨损，应选择机械强度大、经热处理后齿面硬度高的材料。当前生产中常用的材料及热处理如下。

中碳结构钢（如 45 钢）进行调质或表面淬火，常用于低速、轻载或中载的 7 级精度以下的齿轮。中碳合金结构钢（如 40Cr）进行调质或表面淬火，适用于制造速度较高、载荷较大、精度 6 级以上的齿轮。低碳合金结构钢（如 20Cr）经渗碳后淬火，齿面硬度可达 58~63HRC，而芯部又有较好的韧性，既耐磨又能承受冲击载荷。这种材料适合于制造高速、中载或具有冲击载荷的齿轮。渗氮钢（如 38CrMoAlA）经渗氮处理后，比渗碳淬火齿轮具有更高的耐磨性与耐蚀性，由于变形小，可以不磨齿，常用于制作高速传动的齿轮。铸铁容易铸成形状复杂的齿轮，成本低，但抗弯强度、耐冲击性能差，常用于受力不大、冲击小的低速齿轮。其他非金属材料（如夹布胶木与尼龙等），强度低，容易加工，适于制造轻载荷的传动齿轮。

2. 齿轮毛坯

毛坯的选择取决于齿轮的材料、形状、尺寸、使用条件、生产批量等因素。常用的毛坯种类有：

1) 铸铁件。用于受力小、无冲击、低速的齿轮。
2) 棒料。用于尺寸小、结构简单、受力不大的齿轮。
3) 锻坯。用于高速重载齿轮。
4) 铸钢坯。用于结构复杂、尺寸较大不宜锻造的齿轮。

四、圆柱齿轮零件加工工艺过程示例与分析

圆柱齿轮的加工工艺过程，是根据轮体结构、技术要求和生产批量等条件制订而成的，圆柱齿轮的加工工艺过程一般应包括以下内容：齿坯加工、齿面加工、热处理工艺及齿面的精加工。

（一）圆柱齿轮零件加工工艺过程示例

如图 6-26 所示为一成批生产淬硬齿面双联齿轮（材料 40Cr，精度 7 级）的简图，表 6-4 列出了该齿轮机械加工工艺过程。

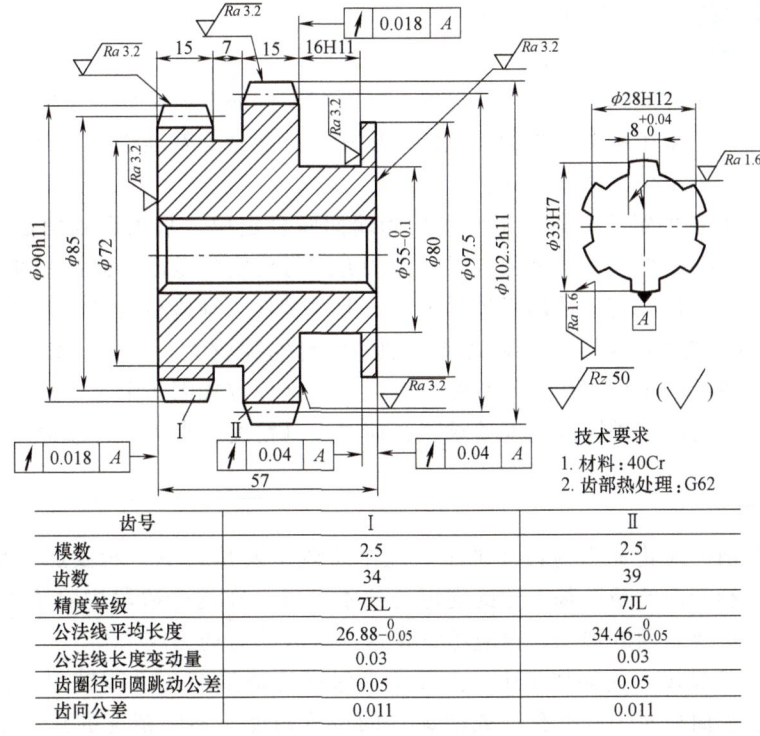

图 6-26 淬硬齿面双联齿轮

表 6-4 淬硬齿面双联齿轮的加工工艺过程

序 号	工序内容	定位基准
1	毛坯锻造	
2	正火	
3	粗车外圆和端面（精车余量 1～1.5mm）钻、镗花键底孔至尺寸 ϕ28H12	外圆和端面
4	拉花键孔	ϕ28H12 孔和端面
5	精车外圆、端面及槽至图样要求	花键孔和端面
6	检验	
7	滚齿（z=39）留余量 0.06～0.08mm	花键孔和端面
8	插齿（z=34）留余量 0.03～0.05mm	花键孔和端面
9	齿圈倒角	花键孔和端面
10	钳工去毛刺	
11	剃齿（z=39）	花键孔和端面
12	剃齿（z=34）	花键孔和端面
13	齿部高频感应淬火	
14	推孔	花键孔和端面
15	珩齿	花键孔和端面
16	检验	

（二）圆柱齿轮加工工艺过程分析

1. 定位基准的选择

对于齿轮定位基准的选择，常因齿轮的结构形状不同而有所差异。带轴齿轮主要采用顶尖定位，孔径大时则采用锥堵。顶尖定位的精度高，且能做到基准统一。带孔齿轮在加工齿形时常采用以下两种定位、夹紧方式：

（1）以内孔和端面定位　即以工件内孔和端面联合定位，采用心轴确定齿轮中心和轴向位置，并采用面向定位端面的夹紧方式。这种方式可使定位基准、设计基准、装配基准和测量基准重合，定位精度高，适用于批量生产。但对夹具的制造精度要求较高。

（2）以外圆和端面定位　工件和夹具心轴的配合间隙较大，用千分表校正外圆以决定中心的位置，并以端面定位，从另一端面施以夹紧。这种方式因每个工件都要找正，故生产效率低，它对齿坯的内、外圆同轴度要求高，而对夹具精度要求不高，故适用于单件、小批量生产。

2. 齿坯加工

齿形加工之前的齿轮加工为齿坯加工。这个阶段主要是为下一阶段加工齿形准备精基准，使齿的内孔和端面的精度基本达到规定的技术要求。在这个阶段中除了加工出基准外，对于齿形以外的次要表面的加工，也应尽量在这一阶段的后期完成。

（1）齿坯加工精度　齿坯加工中，主要要求保证的是基准孔（或轴颈）的尺寸精度和形状精度、基准端面相对于基准孔（或轴颈）的位置精度。不同精度的孔（或轴颈）的齿坯公差见表 6-5 和表 6-6。

表 6-5 齿坯公差

齿轮精度等级[①]	5	6	7	8	9
孔尺寸公差 形状公差	IT5	IT6	IT7		IT8
轴尺寸公差 形状公差	IT5		IT6		IT7
顶圆直径[②]	IT7	IT8			IT8

① 当三个公差组的精度等级不同时,按最高精度等级确定公差值。
② 当顶圆不作为测量齿厚基准时,尺寸公差按 IT11 给定,但应小于 0.1mm。

表 6-6 齿轮基准面径向圆和轴向圆跳动公差　　　　　　　　　　（单位：μm）

分度圆直径/mm		精 度 等 级				
大于	到	IT1 和 IT2	IT3 和 IT4	IT5 和 IT6	IT7 和 IT8	IT9 和 IT12
0	125	2.8	7	11	18	28
125	400	3.6	9	14	22	36
400	800	5	12	20	32	50
800	1600	7	18	28	45	71

国家标准对齿轮工作面和齿坯基准面的表面粗糙度未作具体规定,表 6-7 可作为参考。

表 6-7 齿轮孔（轴）和齿面的表面粗糙度 Ra 值　　　　　（单位：μm）

精度等级	IT5	IT6	IT7	IT8	IT9
齿轮孔	0.4~0.2	0.8	1.6~0.8	1.6	3.2
齿轮轴	0.2	0.4	0.8	1.6	1.6
齿形面	0.4	0.8~0.4	0.8	3.2	6.3

（2）齿坯加工方案　齿坯加工方案的选择主要与齿轮的轮体结构、技术要求和生产批量等因素有关。对轴、套筒类齿轮的齿坯,其加工工艺与一般轴、套筒零件的加工工艺相类同。下面主要对盘齿轮的齿坯加工方案进行介绍。

1）大批大量生产时的齿坯加工。在大批大量生产中,齿坯常在高效率机床（如拉床,单轴、多轴半自动车床,数控机床等）组成的流水线上或自动线上加工。加工方法：

① 毛坯以外圆及端面定位钻孔、扩孔。

② 以待加工孔本身和端面定位拉孔（为便于拉孔,有时先粗车支承端面）。

③ 以内孔定位将齿坯装在心轴上,在多刀半自动车床上粗、精车外圆、端面、切槽及倒角等。

2）中小批生产的齿坯加工。中小批生产时,齿坯加工方案较多,需要考虑设备条件和工艺习惯。加工方法：

① 以齿坯外圆或突出的轮毂定位,在卧式车床或转塔车床上加工外圆、端面及内孔。

② 以内孔和端面定位拉出花键孔（如有现成的拉刀时）,或在插床上插花键。

③ 以花键孔定位,装夹在心轴上,在卧式车床上精车外圆、端面及其他部分。

3. 齿形加工

齿形加工主要包括齿形的粗加工和精加工。齿形的粗加工,对于不需要淬火的齿轮,一一般来说这个阶段也就是齿轮的最后加工阶段，经过这个阶段就应当加工出完全符合图样要求的齿轮来。对于需要淬硬的齿轮，必须在这个阶段中加工出能满足齿形的最后精加工所要求的齿形精度。齿形的精加工，这个阶段的目的，在于修正齿轮经过淬火后所引起的齿形变形，提高齿形精度和降低表面粗糙度值，使之达到最终的精度要求。

（1）齿轮齿形加工方法的分类　一个齿轮的加工过程是由若干工序组成的。为了获得符合精度要求的齿轮，整个加工过程都是围绕着齿形加工工序服务的。齿形加工方法很多，按加工中有无切削，可分为无切削加工和有切削加工两大类。

无切削加工包括热轧齿轮、冷轧齿轮、精锻、粉末冶金等新工艺。无切削加工具有生产率高，材料消耗少，成本低等一系列的优点，目前已推广使用。例如：凸轮轴齿形带轮是各种汽车发动机中普遍使用的粉末冶金零件，通过一次成形和精整工艺，不需要其他后处理工艺，可以完全达到尺寸精度要求，尤其是齿形精度。但因其加工精度较低，工艺不够稳定，这些缺点限制了它的使用。

齿形的切削加工，具有良好的加工精度，目前仍是齿形的主要加工方法。按其加工原理可分为成形法和展成法两种。

（2）圆柱齿轮齿形加工方法选择　齿轮齿形的精度要求大多较高，加工工艺复杂，选择加工方案时应综合考虑齿轮的结构、尺寸、材料、精度等级、热处理要求、生产批量及工厂加工条件等。常用的齿形加工方案见表6-8。

表6-8　齿形加工方案

齿面加工方案	齿轮精度等级	齿面粗糙度 $Ra/\mu m$	适 用 范 围
铣齿	IT9 以下	6.3~3.2	单件修配生产中，加工低精度的外圆柱齿轮、齿条、锥齿轮、蜗轮
拉齿	IT7	1.6~0.4	大批量生产 IT7 级内齿轮，外齿轮拉刀制造复杂，故很少使用
滚齿	IT7~IT8	3.2~1.6	各种批量生产中，加工中等质量外圆柱齿轮及蜗轮
插齿	IT7~IT8	1.6	各种批量生产中，加工中等质量的内、外圆柱齿轮、多联齿轮及小型齿条
滚（或插）齿—淬火—珩齿		0.8~0.4	用于齿面淬火的齿轮
滚齿—剃齿	IT6~IT7	0.8~0.4	主要用于大批量生产
滚齿—剃齿—淬火—珩齿		0.4~0.2	
滚（插）齿—淬火—磨齿	IT3~IT6	0.4~0.2	用于高精度齿轮的齿面加工，生产率低，成本高

4. 齿轮的热处理

齿轮热处理一般包括齿坯热处理和齿面热处理。

1）齿坯热处理。在齿坯粗加工前后常安排正火或调质为预先热处理，其主要目的是改善材料的可加工性，减少锻造引起的内应力，为以后淬火时减少变形做好组织准备。正火一般安排在粗加工之前，调质则安排在粗加工之后。

2）齿面热处理。根据齿轮的材料与技术要求，在齿形加工后，为了提高齿面的硬度和耐磨性，常安排高频感应加热淬火或渗碳淬火。

5. 齿端的加工

齿轮的齿端加工有倒圆、倒尖、倒棱和去毛刺等方式，如图6-27所示。倒圆、倒尖后的齿轮在换挡时容易进入啮合状态，减少撞击现象。倒棱可除去齿端飞边和毛刺。齿端加工必须在齿面热处理之前进行，通常都在滚（插）齿之后、剃齿之前安排齿端加工。

指形齿轮铣刀倒圆的原理如图 6-28 所示。倒圆时，齿轮慢速旋转，指形齿轮铣刀在高速度旋转的同时沿齿轮轴向做往复直线运动。齿轮每转过一齿，铣刀往复运动一次，两者在相

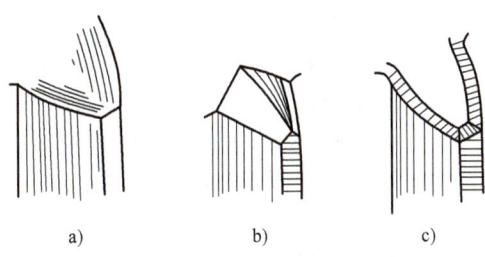

图 6-27　齿端加工方式

a）倒棱　b）倒圆　c）倒尖

对运动中即完成齿端倒圆。同时由齿轮的旋转实现连续分齿，生产率较高。

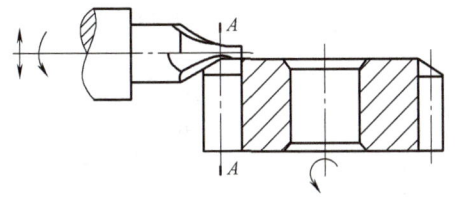 

图 6-28　指形齿轮铣刀倒圆

6. 精基准修正

齿轮淬火后基准孔产生变形，孔直径可缩小 0.01～0.05mm。为保证齿形精加工质量，对基准孔必须给予修正，对于成批或大批大量生产的未淬硬的外径定心的花键孔及圆柱孔齿轮，常采用推刀在压床上推孔。

对于以小径定心的花键孔或已淬硬的齿轮，以磨孔为好。磨孔应以齿轮分度圆定位，符合互为基准原则，如图 6-29 所示，这样可使磨孔后的齿圈径向圆跳动较小，对以后磨齿或珩齿有利。如果工件齿数不能被 3 整除，则需要专用夹具。

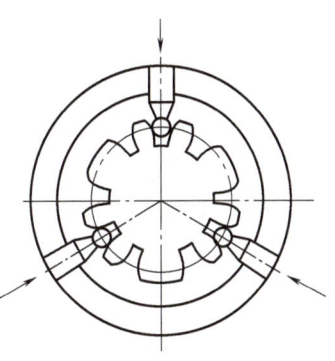

图 6-29　齿轮分度圆定心示意图

习题与思考题

6-1　轴类零件的技术要求有哪些？

6-2　常用的轴类零件材料有哪些？不同材料应该安排哪些热处理工序？

6-3　轴类零件的安装方式和应用有哪些？中心孔起什么作用？为什么有时中心孔需要研修？

6-4　制订如图 6-30 所示阶梯轴加工的工艺规程。材料 45 钢，成批生产。

6-5　主轴的结构特点和技术要求有哪些？为什么要对其进行分析？它对制订工艺规程起什么作用？

6-6　主轴前锥孔与支承轴颈的相互位置精度是如何达到的？

6-7　箱体类零件常用什么材料？箱体类零件加工工艺要点是什么？

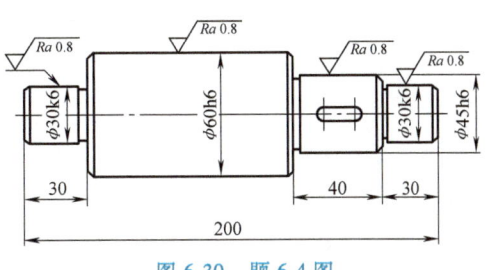

图 6-30　题 6-4 图

6-8　箱体的结构特点和主要的技术要求有哪些？为什么要规定这些要求？

6-9　举例说明箱体类零件选择粗、精基准时应考虑的问题。

6-10　何谓孔系？孔系加工方法有哪几种？试举例说明各种加工方法的特点和适用范围。

6-11　圆柱齿轮规定了哪些技术要求和精度指标？它们对传动质量和加工工艺有什么影响？

6-12　齿形加工的精基准选择有几种方案？各有什么特点？淬火后精基准为什么要修整？通常采用什么方法？

6-13　编制如图 6-31 所示批量生产的直齿圆柱齿轮的工艺规程。

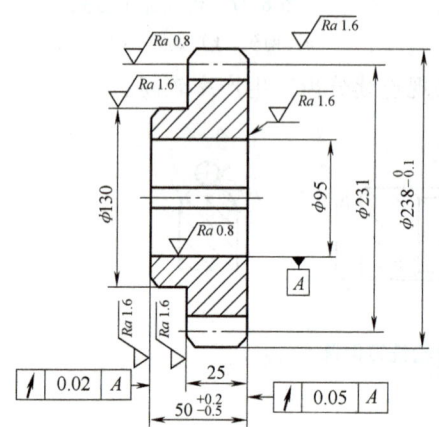

模数 m	4mm
齿数 z	50
压力角 α	20°
变位系数 x	0
精度等级	76KM
公法线长度变动公差 F_W	0.0036mm
径向综合公差 F_z	0.08mm
齿向公差 F_n	0.009mm
公法线平均长度 W	80.72mm

技术要求
1. 材料：45。
2. 热处理：G52。

图 6-31　题 6-13 图

第七章

制造技术新发展

第一节 新制造技术概述

微电子技术、信息技术、计算机技术、互联网技术、物联网技术、人工智能技术和大数据分析技术,以及材料科学、生命科学和宇航科学等交叉学科的迅猛发展,为现代制造技术的诞生和发展提供了足够的技术支撑。与此同时,随着社会经济和科学技术的发展,人们对产品的要求也在发生着很大的变化,如要求品种要多样、更新要快捷、质量要高、使用要方便、价格要合理、外形要美观、自动化程度要高、售后服务要好等。因此,发达国家一直把发展和使用先进的现代制造技术作为一项长期国策。

现代制造技术是在传统机械制造技术基础上发展起来的,其主要标志就是数控机床、工业机器人等机电一体化装备。现代制造技术是指以保证加工质量和提高生产效率为根本目标,发展适用于多品种、中小批量生产方式的,集成当代一切设计、生产、监控和管理等领域科技发展成果的技术综合。近年来兴起的增材制造技术、智能制造技术涵盖了先进材料、人工智能、工业机器人等学科知识,为现代制造技术注入了新的活力。

一、现代制造技术的发展趋势

按中国科学院院士、著名机械工程专家和教育家杨叔子教授的研究,先进的现代制造技术的发展趋势可以归结为机电产品要"精""极""文",制造过程要"绿""快""省""效",制造方法要"数""自""集""网""智",这12个方面彼此渗透,相互依赖,相互促进,并形成一个有机整体服务于现代制造技术。

"精"是指"精密化",一方面是指对产品、零件的精度要求越来越高,另一方面是指对产品的操作与控制尺度要求越来越高。有了前者,才要求有后者;有了后者,才促使前者得以发展。"精密化"是发展的关键,涉及精密与超精密加工、微细加工和纳米加工等。

"极"是"极端化",是指对产品有极端要求或指能在极端条件下工作。例如,一般高科技产品或者在高温、高压、高湿、强磁场、强腐蚀条件下工作,或者有高硬度、大弹性要求,或者在几何形体上有极大、极小、极厚、极薄、异形等要求。

"文"是指"人文化"。这是指在人类文明高度发展的今天,机电产品不仅是一个工业产品,只解决实用的问题,满足物质层面上的需要;还应该是一个艺术产品,人文文化含量高,真正解决物美问题,满足精神层面上的需要,能同环境协调,能供欣赏,能悦人心,经得起"看",经得起"想"。

"绿"是指"绿色化"。这是从环境保护和资源合理利用角度提出的发展要求。要求现代机电产品从方案构思,到结构设计与生产制造,再到销售与服务、使用与回收的各个阶段都必须充分考虑到环境保护,并努力发展绿色制造技术。所谓绿色制造技术,是指不仅要保护自然环境,还要保护生产环境,不仅要保护社会环境,还要保护生产者的身心健康。

"快"是指"快速化",即指对产品市场的快速响应,以及对生产资源的快速重组,这两个"快"必然要求生产模式要有高度的柔性与敏捷性。适应快速多变的机电产品市场需求,发展快速响应制造技术是当代市场经济走向"买方市场""多变市场""顾客是上帝"、企业满足"客户化"的必然结果。

"省"是指"节省化"。任何一种经济行为都要核算成本,都要力求资源的合理配置和有效利用。因此,立足于市场经济、低碳经济和循环经济的发展,以及环保节约型社会建设的需要,机电产品的制造过程必须力求节省、节约、节俭。

"效"是指"高效化",主要是指"高生产率",即指单位时间内生产的产品数量多,这也是市场经济行为对机电产品生产制造的根本要求。否则,无法保证产品的市场竞争力和企业的可持续发展。

"数"是指"数字化"。"数字化"在现代制造业中的应用包括设计、制造、控制和管理等诸多领域。"数字化"是机械制造企业信息化的基础,计算机辅助设计与制造技术和数字测控技术在机电装备和机电一体化产品中的应用是大势所趋,各种管理信息系统也是机械制造企业提升加工质量和生产效率的必由之路。

"自"是指"自动化",它是指用于强化、延伸甚至取代人的有关劳动的重要技术与手段。以保证加工质量和提高生产效率为重要技术指标的现代机电产品必然是自动化技术的载体。自动化技术的广泛应用不仅可以大大减轻操作人员的劳动强度,而且极大地规避了人为因素在制造和使用中大量可能的故障或失误。特别是自动化技术和信息技术的有机集成,还可部分地解放设计与使用人员的脑力劳动。

"集"是指"集成化"。"集成化"包括技术的集成,管理的集成,技术与管理的集成三个层面,最终目标是要努力形成人员、技术、管理和信息的四维集成,其本质是知识的集成,亦即知识表现形式的集成,根本目标是实现总体效益的最大化。

"网"是指"网络化"。随着科学技术的发展,制造业必将走向整体化、有序化。因此,"网络化"将是现代制造技术的发展方向和必由之路。这是因为随着机电产品的复杂程度和技术水平的提高,在全球化的市场竞争环境下,必将导致机械制造企业的分工协作和专业化生产。机械企业要想获得可持续发展,一方面于内部要在设计制造和流程管理上充分利用网络化技术来合理配置和有效利用各种制造资源,一方面于外部要通过网络化技术来加强协同研究和合作生产,从而使企业自身专注于核心竞争力的维持和发展上。

"智"是指"智能化"。现代制造系统正在由原先的能量驱动型逐步转变为信息驱动型,这就要求制造系统不但要具备柔性,而且还要能实现某些智能,以应对大量复杂信息的处理。智能化的最终目标将是形成具备某种特定功能的全智能制造模式,主要特点将包括:人-机-环境的整体最优,具有自组织和超柔性,具备自学习和自维护功能,基于网络技术实现专家指导和协同制造,并能借助计算机信息处理技术实现人类专家的某些智能活动。

二、现代制造技术的研究领域

传统制造技术一般指加工制造的工艺方法,实际上只是解决机械产品生产全过程中的制造加工问题。而现代制造技术则贯穿了从市场预测、产品设计、材料购置、制造装配、质量保证、经营管理、市场营销、售后服务、报废处理甚至回收再利用等整个机械产品的生产过程。同时现代制造技术也不再是单纯的技术问题，而是已发展成为由信息主导的，集机械、电子、材料和管理等技术于一体的，有机集成技术、管理、人员三者的，以使生产全过程达到整体优化运行的现代制造技术系统。

按照制造技术的功能性不同，可将现代制造技术分为四大研究领域：

1) 现代设计方法。现代设计方法是现代制造技术的前提和基础，包括计算机辅助设计、反求工程、优化设计、有限元分析方法等先进设计方法，以及绿色设计和全生命周期设计等先进理念。

2) 现代加工技术。主要包括数控加工技术、超精密切削技术、快速成形技术、表面工程技术及特种加工技术等。

3) 先进生产管理技术。主要包括全面质量管理（Total Quality Management，TQM）、成组技术（Group Technology，GT）、物料需求计划（Material Requirement Planning，MRP）、企业资源计划（Enterprise Resource Planning，ERP）等。

4) 先进制造模式。主要包括并行工程（Concurrent Engineering，CE）、计算机集成制造系统（Computer Integrated Manufacturing System，CIMS）、准时制生产（Just In Time，JIT）、精益生产（Lean Production，LP）、敏捷制造（Agile Manufacturing，AM）、虚拟制造技术（Virtual Manufacturing Technology，VMT）等。

现代制造技术的研究内容和涉及领域极为宽泛，本章将介绍具有代表性的制造技术。

第二节 超精密加工技术

生产的发展要求不断提高机器的工作精度和运转精度，为此在20世纪70年代提出了精密、超精密加工的概念。精密、超精密加工技术在提高机电产品的性能、质量和发展高新技术中起着至关重要的作用，尤其对于尖端技术和国防工业的发展有着至关重要的影响。

超精密加工是一项内容广泛的新技术，主要研究内容包括超精密机床的设计理论、超精密加工刀具制造技术、超精密加工机理、超精密测量与误差补偿技术、加工环境控制技术等。超精密加工技术主要包括三大领域：超精密切削，超精密磨削和超精密特种加工技术。本节在简要介绍超精密加工技术内涵的基础上，着重介绍超精密切削和超精密磨削的基本原理和典型应用。

纳米加工技术是指纳米级精度的加工和纳米级表层的加工，通常是指原子和分子的去除、搬迁和重组。目前，纳米加工技术已成为国家科学技术发展水平的重要标志之一，本节也将对纳米加工技术进行简要介绍。

一、精密与超精密加工技术概述

在不同的历史时期，由于加工手段和支持技术的限制，精密与超精密加工曾被赋予不同的内涵（就能达到的极限指标而言）。目前，一般将加工精度为 $1\sim0.1\mu m$、表面粗糙度 $Ra 0.1\sim0.025\mu m$ 的加工称为精密加工，将加工精度达到 $0.1\mu m$ 以下、表面粗糙度 $Ra\leq 0.025\mu m$ 的加工称为超精密加工。

国内外的文献中还将精密与超精密加工分为微米级（形状尺寸误差为 3~0.3μm、表面粗糙度为 Ra0.3~0.03μm）、亚微米级（形状尺寸误差为 0.3~0.03μm、表面粗糙度为 Ra0.03~0.005μm）和纳米级（形状尺寸误差小于 0.03μm、表面粗糙度小于 Ra0.005μm）精度的加工，并且把微米级精度加工称为精密加工。为了实现这些加工所采取的工艺方法和技术措施，则称为精密与超精密加工技术。由于还涉及传感检测、数控技术、人机工程、环境控制和材料科学等领域的技术问题，因此，人们把这种加工技术总称为精密工程。

精密与超精密加工技术是适应现代高科技发展需要而发展起来的机械加工新技术，它既是现代制造技术的基础和关键，更是一个国家制造业与科技发展水平的重要标志。不仅在提高机电产品的性能、质量方面起着至关重要的作用，而且直接影响电子信息、航空航天、核能工业、国防工业等尖端技术领域的发展速度与水平，并且其应用正在逐步扩展到国民经济的各个领域。因此，发达国家都把精密、超精密加工技术作为重点与关键技术投入大量人力、物力进行研究。

微细加工是指制造微小尺寸零件的生产加工技术，这主要是针对集成电路的制造要求而提出来的。而精密与超精密加工技术既可用来加工大尺寸零件，也可用于加工小尺寸零件。因此，微细加工也应属于超精密加工的范畴，两者的许多加工方法是相同的。

精密与超精密加工工艺方法与特种加工关系密切。特种加工是指利用机、光、电、声、热、磁、化学、原子等能源来进行加工的非传统加工方法。典型特种加工方法包括电火花加工、电解磨削、激光加工、离子束加工等，它不仅可以单独使用，而且可以和传统方法或非传统方法构成复合加工方法。近年来，特种加工方法在精密与超精密加工领域取得了广泛的应用，特别是对于一些硬脆难加工材料如硬质合金、工程陶瓷，和一些刚度差、易变形的零件如薄壁零件、弹性零件等，特种加工甚至是唯一手段，并形成精密特种加工的概念。

二、超精密切削技术

超精密切削是 20 世纪 60 年代发展起来的超精密加工技术。金刚石刀具主要用于对表面质量要求非常高的铝合金、无氧铜、黄铜、非电解镍等有色金属材料和一些非金属材料。在符合条件的机床和工作环境下，可以得到表面粗糙度 Ra0.02~0.005μm，尺寸精度≤0.01μm 的超光滑表面。目前，超精密切削主要用于加工计算机磁盘、光学系统的反射镜与透镜（平面、球面及非球面）和激光打印机的多面棱镜，以及一些国防尖端产品零件如陀螺仪、雷达波导管等，也可进行大型零件和复杂形状零件的超精密加工。

对脆性材料进行塑性域的超精密车削加工始于 1987 年，美国卡罗莱那州立大学的学者 Blake 和 Scattergood 等人首先对光学材料单晶锗进行了一系列车削实验研究，并成功实现了脆性材料塑性域超精密车削。近年来，对超精密切削机理的研究有了不少进展。例如，超精密切削脆性材料时，加工表面可以不产生脆性破裂痕迹而获得镜面，这涉及极薄切削时脆性材料塑性切除的脆塑转换问题。

目前，结合超声振动或超低温技术等辅助措施的超精密金刚石切削也取得了进展。另外，使用分子动力学仿真可以对超精密切削极薄层材料的动态切除过程进行观察和分析，既可以深化对极薄层材料切削去除机理的认识，也可对超精密切削效果做出比较准确的预报。

超精密切削使用的单晶金刚石刀具要求刃口极为锋锐，刃口半径在 0.01~0.5μm。使用单晶金刚石刀具在超精密机床上进行超精密切削，可以加工出表面粗糙度值极小的镜面。超精密切削的切削厚度极小，最小切削厚度可至1nm。

作为金属切削加工方式的一种，超精密切削也服从金属切削的普遍规律。但鉴于金刚石刀具特殊的物理与化学性能，以及极薄的切削层等因素，金刚石刀具的超精密切削也有一些特殊的规律和要求。如对于机床装备来说，要求有高精度和高刚度的支承部件、高精度的定位与检测元件、高分辨率的微进给机构，以及良好的加工环境等。

三、超精密磨削技术

超精密磨削技术是指利用细粒度磨料或微粉进行高加工精度、小表面粗糙度值的加工，一般是指加工精度达到或高于 $0.1\mu m$、表面粗糙度达到或小于 $Ra0.025\mu m$ 的磨削加工，这是一种亚微米级的加工方法，并正逐步向纳米级发展。

对于铜、铝等有色金属及其合金，用金刚石刀具进行超精密切削是十分有效的，而对黑色金属和工程陶瓷、硬质合金等硬脆材料，超精密磨削则是当前最主要的超精密加工方式。超精密磨削加工可分成固结磨料加工和游离磨料加工两大类。

在超精密加工研究的初期，由于砂轮切削刃高度沿径向分布的随机性及其磨损的不规律性难以得到有效解决，作为传统精密加工工艺的磨削曾被国内外研究者所忽视。随着砂轮精密修整技术的解决及超微细粒度砂轮的使用，超精密磨削技术获得了空前的重视和发展。超精密磨削具有广泛的应用范围，可用于超精密金刚石车削无法实现的黑色金属、硬质合金、工程陶瓷、光学玻璃、蓝宝石、光学晶体、单晶硅、砷化镓等材料的超精密加工。现在，超精密磨削可以稳定达到 $0.1\mu m$ 以下的加工精度和 $Ra0.003\mu m$ 左右的表面粗糙度。

在精密与超精密磨削加工中，除使用刚玉系和碳化物系磨料外，还大量地使用金刚石、立方氮化硼等超硬磨料，及以上述超硬磨料为主要成分的各种复合材料。超硬磨料具有硬度高、耐磨性好等优良的切削性能，非常适合硬脆材料的超精密高效磨削加工。

目前，国外在超精密磨削硬脆难加工材料时，使用金刚石微粉砂轮已经非常普遍，其磨料粒度尺寸一般为 $0.01\sim 10\mu m$。美国 LLNL 国家试验室，日本宫下研究室、难波研究室和理化研究所，英国 CUPE 研究中心等先后开发出用于硬脆材料纳米级表面超精密磨削的陶瓷、树脂、青铜、铸铁基结合剂的超微细粒度金刚石砂轮，实现了表面粗糙度在 10nm 以下的超光滑表面磨削加工。日本微细粒度及超微细粒度金刚石砂轮的研究成果处于世界领先地位，已研制出 5000#（$1.5\sim 3\mu m$）、8000#（$1\sim 2\mu m$）、15000（$0.5\sim 1.5\mu m$），甚至 300000#（$0.015\mu m$）的树脂、金属结合剂金刚石砂轮。日本理化学研究所还曾进行过 3000000#（即 5nm）粒度金刚石砂轮超精密磨削结构陶瓷、光学玻璃的试验研究，并取得了非常理想的磨削效果，其磨削表面粗糙度达 $Ra\ 0.971nm$。

四、微纳加工技术

人们要求工业产品的功能集成化和外形小型化，特别是航空航天事业的发展对许多设备提出了微型化要求，使积蓄零部件的尺寸日趋微小化。日本最先提出了微型机械（Micro-machine）的概念。接着美国提出了微型机电系统（Micro Electro-Mechanical Systems，MEMS）的概念，而欧洲也提出了微型系统（Micro-systems）的概念。从广义上说，微型机械系统是指集微型机构、微型传感器、微型执行器、信号处理系统、电子控制电路，以及外围接口、通信电路和电源等一体的微型机电一体化产品。微型机械按尺寸特征可以分为1~10mm的微小机械，1μm~1mm的微机械，1nm~1μm的纳米机械。制造微机械的关键技术是微细加工技术和纳米加工技术（微纳加工技术）。

纳米加工（Nanomaching）技术是指其工件的加工精度要求在纳米级，包含纳米级尺寸精度、纳米级几何形状精度、纳米级表面质量三个方面。欲得到纳米级的加工精度，加工的最小单位必然在亚纳米级。由于原子间的距离为 0.1~0.3nm，纳米级加工实际上已到加工精度的极限。纳米级加工中试件表面的一个个原子或分子将成为直接的加工对象，因此纳米级加工的物理实质就是要切断原子间的结合，实现原子或分子的去除。在纳米级加工中切断原子间结合，需要很大的能量密度，约为 $10^5 \sim 10^6 \text{J/cm}^3$。

按加工方式不同，纳米级加工可分为切削加工、磨料加工（分固结磨料和游离磨料）、特种加工和复合加工四大类。前两类又称为传统加工，特种加工又称为非传统加工。纳米级加工技术也可以分为机械加工、化学腐蚀、能量束加工、复合加工、隧道扫描显微技术加工等多种方法。

五、发展趋势及其重点发展的关键技术

超精密加工技术具有以下发展趋势：

1）向高精度方向发展，向加工精度的极限冲刺，由现阶段的亚微米级向纳米级进军，其最终目标是做到"移动原子"，实现原子级精度的加工。

2）向大型化方向发展，研制各种大型超精密加工设备，以满足航天航空、电子通信等领域的需要。

3）向微型化方向发展，以适应微型机械、集成电路的发展。

4）向超精结构、多功能、光机电一体化、加工检测一体化方向发展，并广泛采用各种测量、控制技术实时补偿误差。

5）不断出现许多新工艺和复合加工技术，被加工的材料范围不断扩大。

6）在作业环境建造方面诸如高性能的基础隔振技术、净化技术与环境温控技术将有更大发展。

目前，我国在超精密加工技术方面取得了一定进展，但与国外先进水平差距还很大，急需加强这项技术的研究和开发，需重点突破的相关关键技术有：超精密加工方法和机理，超精密加工刀具、磨具及刃磨技术，超精密加工装备技术，超精密测量技术和误差补偿技术以及超精密加工工作环境建造技术等。

第三节 特种加工技术

一、特种加工技术概述

20世纪50年代以来，随着航空航天工业、武器装备和核能工业发展的需要，对机电装备的强度质量比和性能价格比等要求越来越高，相应地所用新材料越来越难加工，零件形状与结构越来越复杂，加工精度与表面粗糙度等要求越来越高，于是特种加工技术应运而生。

特种加工是相对于常规加工方式而言的，所以国外一般称之为非传统加工（Nontraditional Machining，NTM）；它是泛指一些利用机械能、电能、热能、光能、声能、磁力、化学能及原

子方法等达到去除或增加工件材料的非传统加工方法，见表 7-1。特种加工方法往往还可进行适当组合，或与传统机械能方法结合以保证加工质量或提高加工效率，并称之为复合加工。

表 7-1 常用特种加工方法分类表

加工机理	加工方法		主要能量形式	作用方式	英文代号
电火花加工	电火花成形、穿孔加工		电能、热能	熔化、气化	EDM
	电火花线切割		电能、热能	熔化、气化	WEDM
电化学加工	电解加工		电化学能	金属离子阳极溶解	ECM
	电解磨削		电化学能、机械能	阳极溶解、磨削	EGM
	电解研磨、珩磨		电化学能、机械能	阳极溶解、研磨、珩磨	ECH
	电铸		电化学能	金属离子阴极沉积	EFM
	涂镀		电化学能	金属离子阴极沉积	EPM
高能束加工	激光束	切割、打孔	光能、热能	熔化、气化	LBM
		打标记	光能、热能	熔化、气化	LBM
		表面处理	光能、热能	熔化、气化	LBT
	电子束加工		光能、热能	熔化、气化	LBM
	离子束加工		电能、机械能	注入、切蚀、镀覆	IBM
	等离子弧加工	切割	电能、热能	熔化、气化	PAM
		喷镀	电能、热能	涂覆	PAM
物料切蚀加工	超声加工		声能、机械能	切蚀	USM
	磨料流加工		机械能	切蚀	AFM
	液体喷射加工（水射流切割）		液流能、机械能	切蚀	LJM（WJC）
化学加工	化学抛光		化学能、机械能	腐蚀	CHP
	光刻		光能、化学能	光化学腐蚀	PCM
复合加工	电化学电弧加工		电化学能	熔化、气化、腐蚀	ECAM
	电解电化学机械磨削		电能、电化学能、机械能	离子溶解、磨削	MEEC

二、特种加工技术特点

除了不是采用机械力和机械能进行加工之外，与传统加工方式相比，特种加工技术一般还具有以下特点：

1）工具硬度可以低于被加工材料的硬度，故加工的难易与工件硬度无关。

2）加工机理与一般切削方法普遍不同，同时由于工具与工件往往属于非接触，加工过程中不存在显著的机械切削力。

3）加工适应范围广，不受工件材料物理、化学和力学性能的限制，即理论上能加工任何硬的、软的、脆的、耐热或高熔点金属以及非金属材料。

4）易于加工复杂型面、微细表面以及柔性、低刚度零件。

5）能获得良好的加工表面质量，热应力、残余应力、冷作硬化、热影响区以及毛刺等均比较小。

6）特种加工能量易于转换和控制，往往可以同时实现粗、精加工。一般来说主运动速度不高，机床结构也并不复杂，因此便于推广应用。

7) 通过与检测和数控技术结合以提高机床的运动与位置控制精度，以及通过加强工艺参数的调节，特种加工技术还可用于精密和超精密加工，以及镜面光整加工，甚至纳米级（原子级）加工。

特种加工技术种类繁多，加工原理各不相同，其中以电火花和电解加工为主要方式的电加工技术是其主体。这是因为电加工技术已成为模具制造业中不可缺少的加工手段，尤其是在难加工材料和复杂结构加工中具有独特的优势。特种加工方法可按能量来源、作用形式以及加工原理进行分类，见表7-1。

特种加工技术为新产品设计与开发提供了许多加工手段，并已成为当前机械制造领域不可或缺的加工方法，尤其是对新型武器装备和航空航天装备的研制和生产起到了至关重要的作用，因此在国际上被称为21世纪的技术。

目前，特种加工主要用于难加工材料的加工（如淬火钢、硬质合金、陶瓷、金刚石等），以及模具型腔与复杂型面的加工。特种加工的发展方向主要是：提高加工精度和表面质量，提高生产率和自动化程度，发展几种方法联合使用的复合加工，发展纳米级的微细加工与超精密加工等。

尽管特种加工技术优点突出，并且应用日益广泛，但是各种特种加工的能量来源、作用形式和工艺特点却不尽相同，其应用范围自然也不一样，而且均具有一定的局限性。为了更好地应用和发挥各种特种加工的最佳功能及效果，必须依据工件材料、尺寸、形状、精度、生产率、经济性等情况具体分析，区别对待，以便合理选择特种加工方法。

实现特种加工技术的核心关键技术主要有：电火花加工技术、电化学加工技术、激光加工技术等。

第四节　增材制造技术

一、增材制造技术的成形原理

1. 机械零件的成形方法

根据制造零件具体方式的不同，目前主要存在以下三种零件成形方法：

（1）去除成形（减材制造）　这类制造工艺都是采用在原始材料上通过不同的方法去除一部分多余的材料，从而达到设计所要求的形状、尺寸和公差的成形方法。传统金属切削加工方法如车、铣、刨、磨、镗、钻等，以及电火花型腔和蚀刻加工、激光打孔、化学腐蚀加工和掩膜加工等特种加工方法，都属于去除成形加工。这是目前应用最广的一种成形方法，大部分能量消耗在去除材料上，并且成形周期长、材料浪费严重。

（2）受迫成形（等材制造）　这类制造工艺是利用材料的塑性，通过模具构造特定边界，并在一定压力的作用下，将物料约束形成各种形状与尺寸的成形方法。由于在成形过程中体积不发生明显的变化，因此又称为净尺寸成形。这类制造工艺材料利用率高，但产生变形的能量消耗较大，并且内部结构复杂的零件制造非常困难，甚至不可能实现。对金属材料而言，典型工艺方法有铸造、锻造、粉末冶金、挤压成形等；于塑料而言，注射成形、吹塑成形和热压成形等都属于受迫成形。

（3）添加成形（增材制造）　这类制造工艺是充分利用计算机数据模型，并和自动成形系统相结合，基于分层堆积原理，采用材料添加的方法制造机械零件原型，或者直接制造各种形状复杂的零件的成形方法。该成形工艺的材料利用率高，制造周期大大缩短，在制造过程中不产生力，能量消耗很低。

通过受迫成形的方法造出初型，然后使用去除成形加工出最终零件，仍然是目前最为常用的产品制造方法。但从制造零件的形状来看，传统的加工方法由于受刀具或模具等的形状限制，难以制造出复杂的内部结构和曲面形状。基于添加成形的增材制造技术一经产生就以其显著优点获得机械制造工业的一致推崇，并通过不断发展和完善，形成了目前各式各样的增材制造方法。

2. 增材制造技术的工艺过程

增材制造技术（Additive Manufacturing，AM）是20世纪80年代后期起源于美国，并取得快速发展的制造新技术。该技术是机械工程、计算机技术、数控技术以及材料科学等技术的集成运用，它是基于分层制造、逐层堆积的构造思想，运用离散与堆积原理，并由CAD模型直接驱动，在计算机控制下采用不同方法堆积材料，最终能够完成物体原型或实体零件的成形与制造的技术。

增材制造技术的工艺流程如图7-1所示：首先由三维CAD软件（Pro-E、UG、Solid-Works等）在计算机中根据技术要求设计或采用逆向工程获取零件的三维曲面或实体模型；然后根据成形工艺要求，按照一定的离散规则将该模型离散为一系列有序的单元，通常在高度方向将其按一定厚度进行离散（分层），从而将三维计算机模型转换成一系列二维的层片；再根据每个层片的轮廓信息，进行工艺规划，选择合适成形参数，并自动生成层片的数控加工代码；最后由带有数控系统的自动化成形设备接受数控指令，引导成形头（如激光扫描头、喷射头等）以平面加工方式有序地连续加工出每个薄层并使它们自动粘结成形，从而得到一个三维物理实体。其中，后续处理是指一般要对已完成的原型或零件实体进行深度固化、去除支撑、修磨和表面着色等处理。

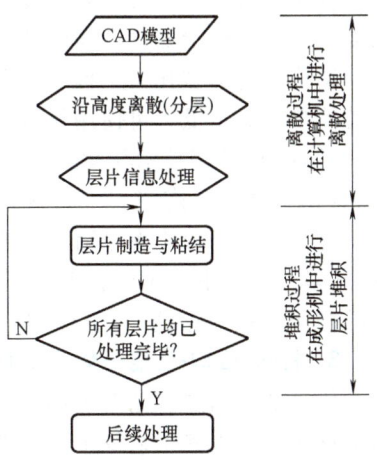

图7-1 增材制造技术的工艺流程

通过模型离散和分层堆积两大步骤，增材制造技术可将一个复杂物理实体的三维加工离散成一系列二维层片的简单加工和叠加粘结。与传统成形方式相比，其成形机理和工艺控制具有以下显著特点：

1) 基于离散分层、逐层堆积的原理，可以制造任意复杂的三维几何实体，并且成形工艺过程的难度与待成形物理实体形状和结构的复杂程度无关。

2) 由CAD模型直接驱动，成形工艺过程一般不需要人为干预，自动化程度很高。

3) 成形工艺是利用光、热、电等物理手段实现材料的转移或堆积，不需要一般机械加工方式所必需的刀具、夹具或模具，实现了CAD/CAM高度一体化，所以加工过程更为简便和高效。

4) 物体原型或实体零件的力学性能首先取决于成形材料本身，并且和成形过程中所施加的能量大小及施加方式有密切关系，故在成形工艺方面需要对多个坐标进行精确控制。

5) 与传统的去除成形和受迫成形不同,在增材制造工艺过程中,能量形式、强度、分布和供给方式,以及轨迹变化等,都需要进行准确的预设和实时控制,以确保二维层片的正确建造和整个实体结构的准确成形。

二、增材制造新发展

1. 多材料增材制造

多材料增材制造（Multi-material Additive Manufacturing）技术是利用现有的增材制造加工方法,使用多种具有优异性能的材料进行整体成形,从而改善零部件的性能或者实现零部件的多种特殊功能的加工方法。随着高端设备对部件性能的要求越来越高,在部件的不同部位需要实现高强度、高韧性、高导热和耐腐蚀等特殊性能。多材料增材制造为实现上述性能提供了可行的制造手段。航空航天、生物支架等领域对结构性能的要求越来越高,增材制造迫切需要从单一材料向多个方向发展,多材料增材制造技术也逐渐成为了研究的热点。

2. 微纳增材制造

微纳尺度3D打印技术是一种高速发展并被集成到制造业和日常生活中的技术,微纳尺度3D打印目前已经被用于航空航天、组织工程、生物医疗、微纳机电系统、新材料（超材料、经量化材料、智能材料、复合材料）、新能源（燃料电池、太阳能等）、柔性电子、印刷电子、微纳光学器件、微流控器件等众多领域和行业。微纳尺度3D打印技术在复杂的微纳米结构、高深宽比微结构、复合材料微纳米结构等领域具有突出的潜力和优势,而且具有设备简单、成本低、可使用材料种类多、无需掩膜及模具、直接成形等特点。

随着3D打印技术与微纳技术的迅速发展,近年来,微纳尺度3D打印技术、打印材料（聚合物、金属、陶瓷、生物材料、复合材料等）及设备的研制与应用。基于不同成形原理、打印材料、分辨率等因素,微纳尺度3D打印可大致划分为:微立体光刻、双光子聚合3D打印、静电驱动3D打印、微激光烧结、电化学沉积、喷墨打印、气溶胶喷射打印、微三维打印（喷射粘结）、复合3D打印、4D打印等。

3. 材料-结构-性能一体化增材制造

传统增材制造遵循典型的"串联式路线",即结构设计-材料选择-加工工艺-实现性能。由于材料、结构和工艺等多因素耦合规律复杂,增材制造精确成形需反复试错,高精度高性能零件制造困难,"材料-结构-性能一体化增材制造"（MSPI-AM）这一整体性概念应运而生。其概念性创新在于:变革传统的串联式增材制造路线,发展新的材料-结构-工艺-性能一体化"并行模式",在复杂整体构件内同步实现多材料设计与布局、多层级结构创新与打印,以主动实现构件的高性能和多功能。这种将串联式设计和增材制造结合为一体化并联式方案,有助于在制造过程中设计和创新出更具独特功能的构件,实现多材料设计与布局,在航空航天等极端苛刻环境中具有重要的应用价值。

第五节　智能制造技术

一、智能制造技术内涵

纵观智能制造概念与技术的发展,经历了兴起和缓慢推进阶段,直到2013年以来的爆发式发展。特别是2013年德国工业4.0概念的正式推出,究其原因主要有两点:其一,近几年来，世界各国都将"智能制造"作为重振和发展制造业战略的重要抓手；其二，随着以互联网、物联网和大数据为代表的信息技术的快速发展，智能制造的范畴有了较大扩展，以 CPS、数字孪生、大数据分析为主要特征的"智能制造"已经成为制造企业转型升级的巨大推动力。近年来，随着数字化、自动化、信息化、网络化和智能技术的发展，智能制造已成为现代先进制造业新的发展方向，其概念及内涵也在不断发展和丰富。学术界普遍认为智能制造是现代制造技术、人工智能技术和计算机技术三者结合的产物。

综合众多定义，本书采用《智能制造技术基础》第 2 版一书对智能制造的定义：面向产品的全生命周期，以物联网、大数据、云计算、数字孪生等新一代信息技术为基础，以制造装备、制造单元、制造车间、制造企业和企业生态系统等不同层次的制造系统为载体，在其设计、生产、管理、服务等制造活动的关键环节，具有一定自主性的感知、学习、分析、决策、通信与协调控制、执行能力，能动态地适应制造环境的变化，从而实现有效缩短产品研制周期、降低运营成本、提高生产效率、提升产品质量、降低资源能源消耗等目标的先进制造过程、系统与模式的总称。

智能制造技术是在现代制造技术、新一代信息技术支撑下，面向产品全生命周期的智能设计、智能加工与装配、智能监测与控制、智能服务、智能管理等专门技术及其集成。

智能制造系统是指应用智能制造技术、达成全面或部分智能化的制造过程或组织，按其规模与功能可分为智能机床、智能加工单元、智能生产线、智能车间、智能工厂、智能制造联盟等层级。

二、发展趋势及其重点发展的关键技术

21 世纪将是智能化在制造业获得大发展和广泛应用的时代，可能引发制造业的变革。正如《经济学人》杂志刊发的《第三次工业革命》一文所言，"制造业的数字化变革将引发第三次工业革命"。当今世界制造业智能化发展呈现五大趋势。

1. 制造全系统、全过程应用数字孪生技术

数字孪生是充分利用物理模型、传感器更新、运行历史等数据，集成多学科、多物理量、多尺度、多概率的仿真过程，利用数字技术对物理实体对象的特征、行为、形成过程和性能等进行描述和建模，在虚拟空间中完成映射，从而反映相对应实体装备的全生命周期过程。作为一种充分利用模型、数据、智能并集成多学科的技术，数字孪生技术通过虚实交互反馈、数据融合分析、决策迭代优化等手段，为物理实体增加或扩展新的能力。数字孪生技术面向产品全生命周期过程，发挥连接物理世界和信息世界的桥梁和纽带作用，提供更加实时、高效、智能的服务。

2. 重视使用机器人和柔性生产线

柔性与自动生产线和机器人的使用可以积极应对劳动力短缺和用工成本上涨。同时，利用机器人高精度操作，提高产品品质和作业安全，是市场竞争的取胜之道。以工业机器人为代表的自动化制造装备在生产过程中应用日趋广泛，在汽车、电子设备、奶制品和饮料等行业已大量使用基于工业机器人的自动化生产线。

3. 物联网和务联网在制造业中作用日益突出

基于物联网和务联网构成的制造服务互联网（云），实现了制造全过程中制造工厂内外人、机、物的共享、集成、协同与优化。通过信息物理系统，整合智能机器、储存系统和生

产设施。通过物联网、服务计算、云计算等信息技术与制造技术融合，构成制造务联网（Internet of Services），实现软硬制造资源和能力的全系统、全生命周期、全方位的透彻的感知、互联、决策、控制、执行和服务化，使得从入厂物流配送到生产、销售、出厂物流和服务，实现泛在的人、机、物、信息的集成、共享、协同与优化的云制造。同时支持了制造企业从制造产品向制造产品加制造服务综合模式的发展。

4. 普遍关注供应链动态管理、整合与优化

供应链管理是一个复杂、动态、多变的过程，供应链管理更多地应用物联网、互联网、人工智能、大数据等新一代信息技术，更倾向于使用可视化的手段来显现数据，采用移动化的手段来访问数据；供应链管理更加重视人机系统的协调性，实现人性化的技术和管理系统。企业通过供应链的全过程管理、信息集中化管理、系统动态化管理实现整个供应链的可持续发展，进而缩短了满足客户订单的时间，提高了价值链协同效率，提升了生产效率，使得全球范围的供应链管理更具效率。

5. 增材制造技术与作用发展迅速

增材制造技术（3D 打印技术）是综合材料、制造、信息技术的多学科技术。它以数字模型文件为基础，运用粉末状可沉积、黏合材料，采用分层加工或叠加成形的方式逐层增加材料来生成各类三维实体。其最突出的优点是无须机械加工或模具，就能直接从计算机图形数据中生成任何形状的物体，从而极大地缩短产品的研制周期，提高生产率和降低生产成本。三维打印与云制造技术的融合将是实现个性化、社会化制造的有效制造模式与手段。

美国、欧洲、日本都将智能制造视为 21 世纪最重要的先进制造技术，认为智能制造是国际制造业科技竞争的制高点。

实现智能制造的核心关键技术主要有：数据获取与处理技术、数字孪生技术、建模与仿真技术、工业机器人技术、智能控制技术以及工业互联网技术等。

习题与思考题

7-1 现代制造技术的发展趋势有哪些？
7-2 现代制造技术的研究领域包括哪几个方面？
7-3 如何理解精密与超精密加工的技术内涵？
7-4 简述纳米加工技术的含义及其典型加工方式。
7-5 分析说明特种加工方式具有哪些特点。
7-6 机械零件表面的成形方式有哪几种？
7-7 分析说明增材制造技术的工艺流程。

参 考 文 献

[1] 于骏一，邹青．机械制造技术基础［M］．2版．北京：机械工业出版社，2011．
[2] 熊良山，严晓光，等．机械制造技术基础［M］．武汉：华中科技大学出版社，2006．
[3] 卢秉恒．机械制造技术基础［M］．2版．北京：机械工业出版社，2006．
[4] 王先逵．机械制造工艺学［M］．2版．北京：机械工业出版社，2007．
[5] 张世昌，李旦，高航．机械制造技术基础［M］．北京：高等教育出版社，2003．
[6] 曾志新，吕明．机械制造技术基础［M］．武汉：武汉大学出版社，2001．
[7] 吉卫喜．机械制造技术基础［M］．北京：高等教育出版社，2008．
[8] 李凯岭．机械制造技术基础［M］．北京：科学出版社，2007．
[9] 孙波，赵汝嘉．计算机辅助工艺设计［M］．北京：化学工业出版社，2008．
[10] 姚英学，蔡颖．计算机辅助设计与制造［M］．北京：高等教育出版社，2002．
[11] 黄鹤汀．机械制造装备［M］．北京：机械工业出版社，2010．
[12] 黄鹤汀．金属切削机床［M］．北京：机械工业出版社，2001．
[13] 易红．数控技术［M］．北京：机械工业出版社，2011．
[14] 蔡兰，王霄．数控加工工艺学［M］．北京：化学工业出版社，2005．
[15] 张振明，许建新，贾晓亮，等．现代CAPP技术与应用［M］．西安：西北工业大学出版社，2004．
[16] 王先逵．精密加工技术实用手册［M］．北京：机械工业出版社，2001．
[17] 朱晓春．先进制造技术［M］．北京：机械工业出版社，2004．
[18] 李伟．先进制造技术［M］．北京：机械工业出版社，2007．
[19] 卢小平．现代制造技术［M］．北京：清华大学出版社，2003．
[20] 袁哲俊，王先逵．精密和超精密加工技术［M］．北京：机械工业出版社，2007．
[21] 许茂桃．超精密加工技术的发展及其对策［J］．制造技术与机床，2001（1）：7-9．
[22] 王贵成，张银喜．精密与特种加工［M］．武汉：武汉理工大学出版社，2003．
[23] 王先逵，刘为刚，应宝阁．超硬磨料磨具修整技术的发展［J］．磨料磨具与磨削，1994（3）：30-32．
[24] 康仁科，原京庭，史兴宽，等．超硬磨料砂轮的激光修锐技术研究［J］．中国机械工程，2000（5）：493-496．
[25] 何丹龙．纳米制造［M］．上海：华东理工大学出版社，2011．
[26] 白基成，郭永丰，刘晋春．特种加工技术［M］．哈尔滨：哈尔滨工业大学出版社，2006．
[27] 姚智慧，张广玉，侯珍秀，等．现代机械制造技术［M］．哈尔滨：哈尔滨工业大学出版社，2000，11．
[28] 周晓宏．数控加工工艺与设备［M］．北京：机械工业出版社，2008．
[29] 卢秉恒．机械制造技术基础［M］．4版．北京：机械工业出版社，2017．
[30] 王先逵．机械制造工艺学［M］．4版．北京：机械工业出版社，2019．
[31] 张维合．机械制造技术基础［M］．北京：北京理工大学出版社，2021．
[32] 吉卫喜．机械制造技术基础［M］．2版．北京：高等教育出版社，2015．
[33] 邓朝晖，万林林，邓辉，等．智能制造技术基础［M］．2版．武汉：华中科技大学出版社，2021．
[34] 李培根，高亮．智能制造概述［M］．北京：清华大学出版社，2021．
[35] 张洁，汪俊亮，吕佑龙，等．大数据驱动的智能制造［J］．中国机械工程，2019，30（2）：127-133．
[36] 周济．智能制造："中国制造2025"的主攻方向［M］．北京：电子工业出版社，2016．
[37] 谢家瀛．机械制造技术概论［M］．北京：机械工业出版社，2001．